20
25

GUIA DE APROVAÇÃO PARA PROVAS E CONCURSOS PÚBLICOS

CRISTIANO
CAMPIDELLI

DIREITO PROCESSUAL PENAL

Dados Internacionais de Catalogação na Publicação (CIP) de acordo com ISBD

C196d   Campidelli, Cristiano
           Direito processual penal / Cristiano Campidelli. – Indaiatuba, SP : Editora Foco, 2025.
           384 p. ; 17cm x 24cm.
           Inclui índice e bibliografia.
           ISBN: 978-65-6120-518-4
           1. Direito. 2. Direito Processual Penal. I. Título.

2025-2053   CDD 341.43   CDU 343.1

Elaborado por Vagner Rodolfo da Silva - CRB-8/9410
Índices para Catálogo Sistemático:
1. Direito Processual Penal 341.43
2. Direito Processual Penal 343.1

GUIA DE
APROVAÇÃO
PARA PROVAS E
CONCURSOS
PÚBLICOS

CRISTIANO
CAMPIDELLI

DIREITO PROCESSUAL PENAL

2025 © Editora Foco
Autor: Cristiano Campidelli
Diretor Acadêmico: Leonardo Pereira
Editor: Roberta Densa
Coordenadora Editorial: Paula Morishita
Revisora Sênior: Georgia Renata Dias
Revisora Júnior: Adriana Souza Lima
Capa Criação: Leonardo Hermano
Diagramação: Ladislau Lima e Aparecida Lima
Impressão miolo e capa: META BRASIL

DIREITOS AUTORAIS: É proibida a reprodução parcial ou total desta publicação, por qualquer forma ou meio, sem a prévia autorização da Editora FOCO, com exceção do teor das questões de concursos públicos que, por serem atos oficiais, não são protegidas como Direitos Autorais, na forma do Artigo 8º, IV, da Lei 9.610/1998. Referida vedação se estende às características gráficas da obra e sua editoração. A punição para a violação dos Direitos Autorais é crime previsto no Artigo 184 do Código Penal e as sanções civis às violações dos Direitos Autorais estão previstas nos Artigos 101 a 110 da Lei 9.610/1998. Os comentários das questões são de responsabilidade dos autores.

NOTAS DA EDITORA:

Atualizações e erratas: A presente obra é vendida como está, atualizada até a data do seu fechamento, informação que consta na página II do livro. Havendo a publicação de legislação de suma relevância, a editora, de forma discricionária, se empenhará em disponibilizar atualização futura.

Erratas: A Editora se compromete a disponibilizar no site www.editorafoco.com.br, na seção Atualizações, eventuais erratas por razões de erros técnicos ou de conteúdo. Solicitamos, outrossim, que o leitor faça a gentileza de colaborar com a perfeição da obra, comunicando eventual erro encontrado por meio de mensagem para contato@editorafoco.com.br. O acesso será disponibilizado durante a vigência da edição da obra.

Impresso no Brasil (5.2025) – Data de Fechamento (5.2025)

2025
Todos os direitos reservados à
Editora Foco Jurídico Ltda.
Rua Antonio Brunetti, 593 – Jd. Morada do Sol
CEP 13348-533 – Indaiatuba – SP

E-mail: contato@editorafoco.com.br
www.editorafoco.com.br

PREFÁCIO

O ano era 2003 e dois jovens aprovados no concurso de Delegado de Polícia Federal acabariam tendo seus destinos cruzados na Academia Nacional de Polícia, em Sobradinho, no Distrito Federal.

Tudo era uma grande novidade, sendo que a primeira delas seria descobrir aqueles que seriam seus companheiros de alojamento no Curso de Formação Profissional, por três meses, em regime de semi-internato.

Para completa alegria, houve uma conexão imediata entre dois mineiros, atleticanos, com idades muito próximas e histórias de vida semelhantes. Além de compartilhar o alojamento, se tornariam alunos na mesma sala de aula neste curso de formação, conheceriam as maravilhas da carreira policial federal e compartilhariam dezenas de experiências pessoais e profissionais dali em diante.

Foi assim que há 22 anos conheci Cristiano Jomar Costa Campidelli, este dileto amigo, que me deu a honra de escrever o prefácio desta sua primeira edição da obra Direito Processual Penal, livro que chega em excelente momento, dada a quantidade de transformações que estamos vivendo no campo prático da ciência processual, seja do ponto de vista legislativo ou jurisprudencial.

Campidelli se dedicou por anos a esta escrita, jamais abrindo mão de sua didática e metodologia apurada. O livro não é apenas mais um compêndio sobre Direito Processual Penal, sendo um verdadeiro guia que alia rigor técnico, clareza conceitual e direcionamento estratégico para aqueles que desejam compreender a fundo essa disciplina fundamental da ciência jurídica.

Reconhecido por sua sólida formação como Professor de Direito Processual Penal e sua atuação prática como Delegado de Polícia Federal, seja no campo da Polícia Judiciária conduzindo inquéritos e grandes operações policiais, ou na área de Polícia Administrativa, onde também se destacou em nível nacional trabalhando em Brasília, Campidelli conseguiu aliar na obra estas habilidades. Portanto, o leitor terá acesso a esta soma de conhecimentos, fruto da conjugação dessas experiências teórica e prática.

Uma das principais virtudes do autor reside em sua didática. Cada capítulo foi estruturado com o objetivo de facilitar a assimilação do conteúdo, sem abrir mão da profundidade necessária. Conceitos complexos como sistema acusatório, juiz das garantias, princípios constitucionais e técnicas de investigação são tratados com objetividade e clareza, o que torna a leitura fluida e enriquecedora. É certo que haverá prazer em estudar e consultar uma obra que conversa diretamente com o leitor, seja ele um acadêmico de Direito, um candidato a concursos públicos, ou um colega das carreiras jurídicas de Estado.

Além disso, o livro é meticulosamente atualizado, incorporando temas atuais, como por exemplo, as dezenas de interpretações derivadas da introdução do Pacote Anticrime (Lei 13.964/2019) em nosso ordenamento jurídico, a jurisprudência consolidada do STF e do STJ, demonstrando o compromisso do autor em compartilhar o que há de mais recente na seara do mutante processo penal brasileiro.

A estrutura do livro é pensada para a aprendizagem progressiva. O leitor encontrará um percurso bem delineado, que parte dos fundamentos e princípios do processo penal, passa pela investigação criminal, ação penal, competências e medidas cautelares, até alcançar os temas mais avançados como recursos, provas digitais, colaboração premiada e procedimentos especiais.

Para os estudantes que almejam aprovação em concursos públicos, a obra é de valor inestimável. Isso porque Campidelli foca em pontos-chave que costumam ser cobrados pelas principais bancas do país, como CEBRASPE, FGV e FCC. Certamente, este aspecto do livro retrata a experiência de Campidelli nos últimos dez anos, sendo professor do Curso Supremo, onde tenho novamente a honra de ser seu colega. Esta oportunidade de preparar candidatos para os mais diversos concursos jurídicos é enriquecedora e está mais que retratada no livro. Por isso, as explicações são objetivas, com linguagem acessível e enfoque prático, tornando este livro um aliado poderoso na preparação para provas.

Outro diferencial desta obra que se apresenta está no compromisso com a formação crítica. O autor não apenas descreve institutos legais; ele os analisa, contextualiza e relaciona com os fundamentos constitucionais, oferecendo ao leitor não só a informação, mas o entendimento necessário para aplicá-la em situações concretas. Raciocínio jurídico, afinal, é essencial na formação do jurista em qualquer tempo.

O índice analítico e a organização interna tornam a obra extremamente funcional para consultas rápidas, o que a torna indispensável também na rotina de profissionais do Direito, como advogados criminalistas, delegados, promotores e magistrados.

Outro mérito relevante é o embasamento doutrinário. Campidelli dialoga com grandes nomes da doutrina processual penal, como Renato Brasileiro, Aury Lopes Jr. e Guilherme Nucci, entre outros, o que reforça a credibilidade do conteúdo e permite ao leitor estabelecer conexões entre diferentes pontos de vista.

A escolha da Editora Foco, a editora que mais cresce no Brasil, através do trabalho incansável dos amigos Roberta Densa, Márcio Dompieri e Leonardo Pereira, certamente amplia o alcance desta obra, reafirmando seu compromisso com a excelência acadêmica e o aprimoramento técnico dos operadores do Direito.

Ao leitor, deixamos registrado a certeza de estar diante de um material completo, confiável, moderno e absolutamente atualizado, que reflete anos de estudo, dedicação e comprometimento com o ensino jurídico e o exercício do cargo de Delegado de Polícia Federal. Esta obra não apenas ensina Direito Processual Penal: ela o inspira.

Certamente, as quatro mulheres da vida de Campidelli, sua amada Rosi e as filhas Amanda, Marina e Lívia estão orgulhosas de mais este triunfo, numa jornada permeada por muito trabalho, dedicação e humildade. Pelo que será visto nas próximas páginas, a publicação de Direito Processual Penal é digna de fervorosos aplausos. Assim, parabenizo o amigo Cristiano Campidelli, estando certo de que serei também espectador de outras enormes contribuições ao direito brasileiro.

Bruno Zampier

APRESENTAÇÃO

Quando eu era criança, na cabeceira da minha cama ficavam dois quadrinhos de madeira com as seguintes frases escritas:

Na simplicidade das pequenas coisas, a grandiosidade pode surgir. (autoria desconhecida)
É incrível a força que as coisas parecem ter, quando elas precisam acontecer. (Caetano Veloso)

Essas duas frases sempre foram uma espécie de bússola para mim, pois me levaram a crer que eu poderia ser uma pessoa simples, de origem humilde, e mesmo assim conquistar grandes coisas em minha vida, desde que eu fizesse as coisas direito e trabalhasse com afinco.

E foi assim, estudando bastante, me dedicando e contando com o apoio da minha família, que conquistei a aprovação nos concursos públicos para: Detetive da Polícia Civil de Minas Gerais, em 1996; Técnico Bancário da Caixa Econômica Federal, em 2000; Advogado da Caixa Econômica Federal, em 2002; e Delegado de Polícia Federal, em 2002.

Na crença de que muitas outras pessoas, também de origem humilde como a minha, podem chegar lá, ou seja, podem alcançar a aprovação no concurso público dos sonhos, para viver dignamente do seu trabalho e contribuir, de maneira muito especial, para uma sociedade melhor, que escrevi este livro, como forma de auxiliá-las na conquista do sucesso profissional.

A você, desejo muita saúde, felicidade, amor, harmonia e sucesso!

Um forte abraço, um beijo no coração e bons estudos!

Cristiano Campidelli

AGRADECIMENTOS

A Deus, pelo Dom da Vida!

Aos meus pais, Sô João e Dona Naná, meus amores, meus heróis, meus exemplos, meus guias, minhas bússolas morais!

Às minhas irmãs, Tati e Ângela, pelo carinho, amor, amizade, parceria e apoio durante toda a minha vida!

Aos meus sogros, Senhor Cezar e Dona Maria, pelo apoio incondicional, acolhimento, parceria e por me confiarem o seu maior tesouro!

À minha esposa, Rosi, minha parceira de vida, meu amor, minha companheira de aventuras, aquela que sempre esteve ao meu lado e foi responsável direta por fazer minhas inscrições e não me deixar desistir de prestar os concursos públicos em que efetivamente tomei posse; a pessoa que acreditou mais em mim do que eu mesmo!

Às minhas filhas, Amanda, Marina e Lívia, meus maiores acertos, minha vida, minhas fontes inesgotáveis de amor, alegrias e orgulho!

Aos meus sobrinhos Arthur, Fábio, Miguel, Cecília e Matheus, por tanto carinho, afeto e amor!

Aos cunhados Lado de Dona Dudu e Anselmo, pela amizade, apoio e carinho durante boa parte dessa caminhada!

Aos amigos do SupremoTv, por terem pavimentado o caminho para esse livro, tornando-o um sonho possível!

Aos alunos, por tanto carinho, respeito, confiança e instigação!

À Editora Foco, pela confiança e oportunidade!

Cristiano Campidelli

SUMÁRIO

PREFÁCIO V

APRESENTAÇÃO IX

AGRADECIMENTOS XI

1. DIREITO PROCESSUAL PENAL 1
   1.1 Princípios 2
   1.2 Princípio da legalidade 3
       1.2.1 O princípio da legalidade no âmbito penal e processual penal 4
   1.3 Princípio da proporcionalidade 5
       1.3.1 O princípio da proporcionalidade no âmbito penal e processual penal 6
   1.4 Princípios constitucionais do processo penal 7
       1.4.1 Princípio da jurisdicionalidade ou da garantia de jurisdição 8
       1.4.2 Garantia do sistema acusatório 8
       1.4.3 Princípio da presunção de inocência 9
       1.4.4 Princípio do contraditório e ampla defesa 17
       1.4.5 O direito ao silêncio e o *nemo tenetur se detegere* 24
       1.4.6 Princípios da publicidade e motivação das decisões judiciais 30
       1.4.7 Princípio do duplo grau de jurisdição 33
       1.4.8 Princípio da dignidade da pessoa humana 34
       1.4.9 Princípio da duração razoável do processo 35
   1.5 Fontes 37
   1.6 Sistemas processuais penais 38
       1.6.1 Sistema acusatório *mitigado* 40
       1.6.2 Distinção entre as atividades de investigar e acusar 40

1.7　Lei processual penal: eficácia; interpretação; analogia; e imunidades diplomáticas 44

1.8　Imunidades parlamentares 48

1.9　Juiz das garantias.. 58

2. INQUÉRITO POLICIAL.. 77

2.1　Polícia judiciária *versus* polícia administrativa.. 78

2.2　Conceito de inquérito policial.. 79

2.3　Características, fundamentos, titularidade, grau de cognição e valor probatório 80

2.4　Formas de instauração do inquérito policial... 88

2.5　Procedimentos investigativos... 92

2.6　Prazos para conclusão do inquérito policial 95

2.7　Atribuições da polícia federal na persecução criminal................................. 97

2.8　Encerramento do inquérito policial 100

2.9　Instauração de inquérito policial e indiciamento em casos de foro especial por prerrogativa de função 108

2.10 Arquivamento implícito ou tácito 115

2.11 Investigação criminal conduzida pelo ministério público 115

2.12 Comissão parlamentar de inquérito... 119

2.13 Termo circunstanciado 119

3. AÇÃO PENAL 121

3.1　Conceito e natureza jurídica da ação penal... 121

3.2　Condições da ação penal.. 121

3.3　Classificação da ação penal 123

3.4　Ação penal pública... 123

3.5　Confisco alargado 135

3.6　Princípios da ação penal pública 137

3.7　Acordo de não persecução penal 139

3.8　Ação penal privada 155

3.9　Espécies de ação penal privada 157

3.10 Causas de extinção da punibilidade na ação penal privada 159

3.11 Ação civil *ex delicto* 160

4. JURISDIÇÃO E COMPETÊNCIA PROCESSUAL PENAL 165

4.1 Competência absoluta e competência relativa 166

4.2 Competência da justiça militar (da união e dos estados) 171

4.3 Competência da justiça eleitoral 174

4.4 Crimes de competência da justiça federal 175

4.5 Tribunal do júri 186

4.6 Competência em razão da pessoa 189

4.7 Competência em razão do lugar 194

4.8 Regras de conexão e continência 200

    4.8.1 Conexão 200

    4.8.2 Continência 201

    4.8.3 Regras para definição da competência nos casos de conexão e continência 202

4.9 Disposições especiais 204

4.10 Jurisdição na *internet* 204

5. QUESTÕES E PROCESSOS INCIDENTES 209

5.1 Questões prejudiciais 209

5.2 Exceções, impedimentos, incompatibilidades e conflito de jurisdição 210

5.3 Restituição das coisas apreendidas 215

5.4 Medidas assecuratórias 216

5.5 Incidente de falsidade 220

5.6 Insanidade mental do acusado 221

6. PROVAS 223

6.1 Ônus da prova 224

6.2 Provas ilícitas 225

6.3 Sistemas de valoração das provas 226

6.4 Prova pericial 227

6.5	Interrogatório e confissão	230
6.6	Declarações do ofendido	232
6.7	Prova testemunhal	232
6.8	Reconhecimento de pessoas e coisas	232
6.9	Acareação	240
6.10	Documentos	241
6.11	Busca e apreensão	241
6.12	Busca pessoal	248
6.13	Interceptação telefônica	252
6.14	A questão do acesso ao celular	259
6.15	Persecução penal, novas tecnologias e provas digitais	267
6.16	Colaboração premiada	270
6.17	Infiltração policial	274

7. SUJEITOS DO PROCESSO 279

7.1	Sujeitos principais	279
7.2	Sujeitos secundários	281
7.3	Atos jurisdicionais	284
7.4	Atos praticados pelas partes, por auxiliares da justiça e por terceiros	285
7.5	Citação e intimação	286
7.6	Princípio da correlação	288
7.7	*Emendatio libelli*	289
7.8	*Mutatio libelli*	290

8. PRISÕES E LIBERDADE PROVISÓRIA 293

8.1	Prisão em flagrante	293
8.2	Prisão preventiva	297
8.3	Prisão temporária	305
8.4	Medidas cautelares diversas da prisão	309
8.5	Liberdade provisória	311
8.6	Relaxamento da prisão, liberdade provisória e revogação da prisão cautelar	314

9. PROCESSOS E PROCEDIMENTOS 317
    9.1   Procedimento comum ordinário 318

    9.2   Procedimento comum sumário 320

    9.3   Procedimento comum sumaríssimo 320

    9.4   Suspensão condicional do processo 323

    9.5   Procedimento especial relativo aos processos da competência do tribunal do júri 324

            9.5.1 Decisão de pronúncia 325

            9.5.2 Decisão de impronúncia 326

            9.5.3 Absolvição sumária 326

            9.5.4 Desclassificação própria 327

            9.5.5 Segunda fase 327

    9.6   Crimes de responsabilidade dos funcionários públicos 330

    9.7   Audiências virtuais 332

10. RECURSOS 337
    10.1 Fungibilidade 337

    10.2 Proibição da *reformatio in pejus* 337

    10.3 Disponibilidade dos recursos 337

    10.4 Interposição 338

    10.5 Efeitos dos recursos 338

    10.6 Recurso em sentido estrito 339

    10.7 Apelação 345

    10.8 Embargos infringentes e embargos de nulidade 348

    10.9 Agravo em execução ou agravo de execução 348

11. QUESTÕES 349

REFERÊNCIAS 359

1
DIREITO PROCESSUAL PENAL

O Poder Legislativo elabora as leis penais e prevê penas para quem vier a praticar condutas criminosas ou contravencionais. A partir do momento que alguém praticar tais condutas ilícitas, surge para o Estado o poder-dever de punir os infratores.

Contudo, tal punição não é automática, pois para que o Estado possa efetivamente aplicar uma pena a quem infringiu a lei penal deve-se observar o devido processo legal, o qual deve ser realizado conforme as normas constitucionais e legais estabelecidas.

É aí que entra o direito processual penal, que pode ser conceituado como sendo "o corpo de normas jurídicas com a finalidade de regular o modo, os meios e os órgãos encarregados de punir do Estado, realizando-se por intermédio do Poder Judiciário, constitucionalmente incumbido de aplicar a lei ao caso concreto" (Nucci, 2023, p. 22).

Assim, o direito processual penal constitui um conjunto de normas que compreendem os princípios e garantias constitucionais, bem como as regras legais, que *regulam a aplicação do direito penal*, desde as investigações preliminares, passando pelo exercício da ação penal e realização da jurisdição por parte do Estado-juiz competente, respeitados no processo o contraditório e a ampla defesa, com os meios e recursos a ela inerentes, constituindo verdadeira garantia do cidadão de que somente sofrerá sanção penal após o devido processo legal.

O direito processual penal se apresenta como meio necessário para a condenação criminal de alguém e aplicação da pena correspondente, já que a Constituição Federal de 1988 estabelece que *ninguém será processado nem sentenciado senão pela autoridade competente* e que *ninguém será considerado culpado até o trânsito em julgado de sentença penal condenatória* (Art. 5º, LIII e LVII, CF/88).

Deste modo, o direito processual penal constitui o *caminho que condiciona* o exercício do poder punitivo estatal, de maneira que o Estado precisa observar as normas que compõem o direito processual penal para o exercício do seu *jus puniendi* (poder-dever de punir ou direito-dever de punir).[1]

Há, portanto, uma dupla obrigação Estatal, fundamentada na máxima eficiência e no máximo garantismo, por força dos quais:

1. por um lado, a máxima eficiência determina que o Estado deve se preocupar com a punição de quem infringiu a lei penal, sob pena de poder ser responsa-

---
1. MARCÃO, Renato. *Curso de processo penal.* 6. ed. rev., ampl. e atual. São Paulo: Saraiva, 2020. p. 56.

bilizado em caso de omissão, como ocorreu com o Brasil que, em 04/07/2006, foi condenado pela Corte Interamericana de Direitos Humanos por não ter havido investigação e punição dos responsáveis pelo assassinato de Damião Ximenes Lopes (Dezem, 2021, p. 63);

2. por outro lado, segundo o máximo garantismo, para que tal punição seja válida, deve o Estado respeitar o devido processo legal, visto como o instrumento que permite a aplicação de vários princípios constitucionais, consagradores de garantias humanas fundamentais, servindo de anteparo entre a pretensão punitiva estatal e a liberdade do acusado (Nucci, 2023, p. 22).

Embora nas ações penais privadas o Estado outorgue ao particular a legitimidade para o ajuizamento da ação (*jus persequendi in juditio* – direito de ajuizar a ação penal, pedir a condenação e seguir com o processo), isso não acontece em relação ao *jus puniendi*, que é exclusivo do Estado.[2]

Até mesmo nas hipóteses de infrações penais de menor potencial ofensivo, em que se admite a composição dos danos civis e a transação penal, é imprescindível a homologação judicial do acordo,[3] de maneira que a aplicação do direito penal material na solução das lides é exclusividade do Estado-juiz, por meio da observância estrita às normas estabelecidas.[4]

1.1 PRINCÍPIOS

A palavra princípios da expressão princípios fundamentais do Título I da Constituição Federal exprime a noção de mandamento nuclear de um sistema,[5] "verdadeiro alicerce dele, disposição fundamental que se irradia sobre diferentes normas, compondo-lhes o espírito e servindo de critério para exata compreensão e inteligência delas", definindo a lógica e a racionalidade do sistema normativo, de forma a lhe dar sentido harmônico.[6]

Na essência, os princípios jurídicos são fundamentais porque são ponto de partida de interpretação e elaboração de todo o ordenamento jurídico.[7] Assim, na análise jurídica, para a construção de um trabalho científico, "a preparação dos elementos para a construção e os resultados da mesma devem responder a certos princípios que não podem ser vulnerados, sob pena de inutilizar as proposições a que se cheguem ao término da investigação".[8]

---

2. MARCÃO, Renato, 2020, p. 56.
3. Lei nº 9.099/1995, art. 74, *caput*, e art. 76, §§ 3º, 4º e 5º.
4. CAPEZ, Fernando. *Curso de processo penal*. 27. ed. São Paulo: Saraiva, 2020. p. 46.
5. SILVA, José Afonso da, 2012, p. 91.
6. MELLO, Celso Antônio Bandeira de. *Curso de direito administrativo*. 25. ed. São Paulo: Malheiros, 2008. p. 53.
7. MAGALHÃES, José Luiz Quadros de. *Poder municipal*: paradigmas para o Estado Constitucional brasileiro. Belo Horizonte: Del Rey, 1997. p. 191.
8. ZAFFARONI, Eugenio Raúl; PIERANGELI, José Henrique. *Manual de direito penal brasileiro*: parte geral. 2 ed. rev. e atual. São Paulo: RT, 1999. p. 173.

Princípios são, também, mandamentos de otimização que se irradiam para todo o sistema, são normas que ordenam que algo seja realizado na maior medida possível dentro das possibilidades jurídicas e fáticas existentes.[9]

Em síntese, os princípios constitucionais são fontes materiais de outras normas jurídicas que, para ter validade, devem ser com eles compatíveis, além de auxiliarem na interpretação das normas, interligando-as e suprindo as lacunas, tornando o ordenamento jurídico um todo único e harmônico. Mas as funções dos princípios vão além. Constituem, também, limites às atuações do Estado e ao exercício abusivo de direitos, bem como possuem aplicação imediata aos casos concretos que regulam, determinando que as coisas sejam realizadas na maior medida possível dentro das possibilidades jurídicas e fáticas existentes.

1.2 PRINCÍPIO DA LEGALIDADE

O art. 5º, inciso II, da Constituição Federal de 1988, preceitua que "ninguém será obrigado a fazer ou deixar de fazer alguma coisa senão em virtude de lei". Tal dispositivo estatuiu o princípio da legalidade que tem por escopo limitar o poder do Estado, impedindo o seu exercício de maneira arbitrária.

Segundo o princípio em questão, o indivíduo só pode ser obrigado a fazer, deixar de fazer ou tolerar que se faça algo, se houver alguma lei que preveja a obrigação. Assim, o princípio da legalidade constitui segurança jurídica ao indivíduo, para o qual somente podem ser criadas obrigações por meio de leis aprovadas conforme as regras do processo legislativo constitucional.[10]

O princípio da legalidade é a base direta da própria noção de Estado de Direito, implantada "com o advento do constitucionalismo, porquanto acentua a ideia de 'governo das leis', expressão da vontade geral, e não mais 'governo dos homens', em que tudo se decidia ao sabor da vontade, dos caprichos, do arbítrio de um governante".[11]

Sendo assim, o artigo 37, *caput*, da Constituição Federal de 1988 estabelece que "a administração pública direta e indireta de qualquer dos Poderes da União, dos Estados, do Distrito Federal e dos Municípios obedecerá aos princípios da legalidade, impessoalidade, moralidade, publicidade e eficiência".

A ideia matriz consiste no fato de que só o Poder Legislativo pode criar regras que contenham novidade modificativa da ordem jurídico-formal, devendo ser distinguida a competência legislativa de conteúdo inovador da competência regulamentar, de forma

---

9. ALEXY, Robert. *Teoria dos direitos fundamentais*. Trad. Virgílio Afonso da Silva. São Paulo: Malheiros, 2012. p. 90.
10. MORAES, Alexandre de. *Direito constitucional*. 36. ed. rev., atual. e ampl. até a EC nº 105. São Paulo: Atlas, 2020. p. 42.
11. PAULO, Vicente; ALEXANDRINO, Marcelo. *Direito constitucional descomplicado*. 9. ed. São Paulo: Método, 2012. p. 125-126.

que o Estado, o Poder Público ou os administradores "não podem exigir qualquer ação, nem impor qualquer abstenção, nem mandar tampouco proibir nada aos administrados, senão em virtude de lei".[12]

1.2.1 O princípio da legalidade no âmbito penal e processual penal

O princípio da legalidade, no âmbito penal, encontra-se insculpido no inciso XXXIX do art. 5º da Constituição da República, segundo o qual *não há crime sem lei anterior que o defina, nem pena sem prévia cominação legal*.[13]

Para se falar na existência de crime é preciso que haja uma lei definindo-o como tal, ou seja, tudo o que não for expressamente proibido é lícito em Direito Penal.[14]

Por mais socialmente reprovável que uma conduta seja, inexistindo a sua previsão legal como criminosa ou contravencional, o Estado não poderá impor ao cidadão uma sanção penal.

Assim, "o princípio da legalidade tem importância ímpar em matéria de segurança jurídica, pois salvaguarda os cidadãos contra punições criminais sem base em lei escrita, de conteúdo determinado e anterior à conduta. Exige, ademais disso, que exista uma perfeita e total correspondência entre o ato do agente e a lei penal para fins de caracterização da infração e imposição de sanção respectiva".[15]

Portanto, o princípio da legalidade no âmbito penal constitui essa garantia, essa segurança jurídica do cidadão de que poderá fazer tudo aquilo que não for expressamente proibido pela lei penal, podendo ter a tranquilidade de realizar as condutas que não forem proibidas, que não estejam previstas legalmente em um tipo incriminador.[16]

GRECO ensina ainda que o princípio da legalidade possui quatro funções fundamentais:

1ª) proibir a retroatividade da lei penal (*nullum crimen nulla poena sine lege praevia*);

2ª) proibir a criação de crimes e penas pelos costumes (*nullum crimen nulla poena sine lege scripta*);

3ª) proibir o emprego de analogia para criar crimes, fundamentar ou agravar penas (*nullum crimen nulla poena sine lege stricta*);[17]

---

12. SILVA, José Afonso da, 2012, p. 420.
13. No mesmo sentido, assim dispõe o art. 1º do Código Penal: *Art. 1º Não há crime sem lei anterior que o defina. Não há pena sem prévia cominação legal.*
14. GRECO, Rogério. *Curso de direito penal*: parte geral. 20. ed. Niterói, RJ: Impetus, 2018. v. I, p. 144.
15. ESTEFAM, André. *Direito penal*: parte geral. 10. ed. São Paulo: Saraiva, 2021. p. 65.
16. GRECO, Rogério, 2018, p. 145.
17. Não obstante, *o Supremo Tribunal Federal*, no julgamento da Ação Direta de Inconstitucionalidade por Omissão (ADO) nº 26, em 13/06/2019, *legislou* ao criar, por meio de decisão judicial, tipo penal incriminador, incluindo a homofobia e a transfobia nos tipos penais da Lei nº 7.716/1989. *Em decisão mais recente*, que concedeu liminar para suspender *sine die* a eficácia de diversos dispositivos da lei anticrime, o Ministro Luiz Fux asseverou que: "Em termos concretos, *não cabe ao Supremo Tribunal Federal, ainda que com as melhores intenções, aperfeiçoar, criar ou aditar políticas públicas, ou*, ainda, *inovar na regulamentação de dispositivos legais*, sob pena de usurpar

4ª) proibir incriminações vagas e indeterminadas (*nullum crimen nulla poena sine lege certa*).

Não é por menos que o inciso XL do art. 5º da Constituição da República, em complementação ao princípio da legalidade insculpido no inciso anterior, estabelece que *a lei penal não retroagirá, salvo para beneficiar o réu*, dando a "certeza de que ninguém será punido por um fato que, ao tempo da ação ou da omissão, era tido como um indiferente penal".[18]

Decorre ainda do princípio da legalidade a exigência de que os tipos penais incriminadores sejam taxativos, ou seja, exprimam uma definição precisa das condutas proibidas ou impostas, sendo vedada a criação de tipos que contenham conceitos vagos e imprecisos.[19]

No âmbito processual penal, o princípio da legalidade tem fundamental aplicação, na medida em que ninguém será privado da liberdade ou de seus bens sem o devido processo legal (Art. 5º, LIV, CF/88).

Logo, ao decretar medidas cautelares de natureza processual penal, que privem alguém de sua liberdade ou de seus bens, o Estado-juiz deve fazê-lo nos estritos limites da lei, observando se a medida determinada possui previsão legal, se o caso concreto amolda-se a alguma das hipóteses de cabimento da medida, bem como se estão presentes os seus pressupostos e requisitos.

Nessa mesma esteira, a prisão penal de alguém, por exemplo, somente será cabível após o trânsito em julgado de uma sentença penal condenatória, a qual deverá ser proferida dentro do devido processo legal, por autoridade judiciária competente, assegurados o contraditório e a ampla defesa.[20]

1.3 PRINCÍPIO DA PROPORCIONALIDADE

O princípio da proporcionalidade é o instrumento por meio do qual se afere, por exemplo, a legitimidade de leis e atos administrativos que restringem direitos fundamentais por meio da análise da adequação, da necessidade (ou vedação de excesso e de insuficiência) e da proporcionalidade em sentido estrito.[21]

Haverá adequação quando o meio escolhido for adequado e pertinente para atingir a sua finalidade, ou seja, para alcançar o resultado almejado. Estará presente a necessidade quando a medida for estritamente necessária, de maneira que a medida

---

a linha tênue entre julgar, legislar e executar. No âmbito do controle de constitucionalidade, a competência deste Tribunal restringe-se a verificar a coexistência entre, de um lado, os valores morais e empíricos que sublinham a Constituição, e, de outro, o texto da legislação" (STF, Medida Cautelar nas ADIs nº 6.298, 6.299, 6.300 e 6.305/DF, Ministro Luiz Fux, J. 22/01/2020).
18. GRECO, Rogério, 2018, p. 147.
19. GRECO, Rogério, 2018, p. 147.
20. CF/88, art. 5º, LVII e Ações Declaratórias de Constitucionalidade nº 43, 44 e 54. Vide tópico 1.3.3.
21. MARMELSTEIN, George, 2013, p. 366-367.

deve ser a menos prejudicial entre as opções existentes, não podendo, por outro lado, ser insuficiente à repressão das violações dos direitos fundamentais. Por fim, a proporcionalidade em sentido estrito existirá quando o benefício alcançado com a medida adotada for axiologicamente mais importante do que os sacrifícios experimentados.[22]

Em síntese, se pode afirmar que o princípio da proporcionalidade ou da proibição de excesso se constitui de *três subprincípios*: o *princípio da conformidade ou da adequação* segundo o qual a medida adotada para a realização do interesse público deve ser apropriada à consecução dos seus fins, ou seja, o ato deve ser apto *para* e *conforme* os fins justificativos da sua adoção; *princípio da exigibilidade ou da necessidade* segundo o qual o cidadão tem direito à menor ingerência ou desvantagem possível, de forma que deve ser adotado o *meio menos oneroso* para o cidadão (limitar o menos possível os direitos fundamentais, com a menor abrangência temporal e espacial possível, limitando-se à pessoa ou pessoas cujos interesses devem ser sacrificados); *princípio da proporcionalidade em sentido estrito* segundo o qual, após se concluir pela necessidade e adequação da medida coativa do poder público para atingir determinado fim, se deve investigar se *o resultado obtido é proporcional ao mal causado*, sopesando as desvantagens do meio em relação às vantagens do fim.[23]

1.3.1 O princípio da proporcionalidade no âmbito penal e processual penal

Em matéria penal, o princípio da proporcionalidade abrange, particularmente, o campo das penas, devendo haver harmonia entre os modelos de condutas proibidas e as penas abstratamente previstas, as quais, no caso concreto, devem ser individualizadas e proporcionalmente aplicadas, conforme a gravidade da infração penal praticada.[24]

Assim, o legislador deve observar o princípio da proporcionalidade quando cria um novo tipo penal, bem como quando altera algum já existente. Por outro lado, o juiz também deve julgar o caso e aplicar a sanção tendo o princípio da proporcionalidade como norte, de maneira que haja "proporção entre o peso da sanção e o dano provocado pela infração penal".[25]

Importante registrar, ainda, que o princípio da proporcionalidade impõe, de um lado, a vedação do excesso "como importante mecanismo de contenção dos exageros praticados pelo Estado em face da esfera individual" e, de outro, a proibição de proteção deficiente que obriga o Estado a não se omitir diante de ataques aos bens jurídicos mais importantes, devendo ser adotado um conjunto de medidas aptas a tutelar os bens jurídicos mais relevantes, aí incluída a tutela penal.[26]

---

22. MARMELSTEIN, George, 2013, p. 365-377.
23. CANOTILHO, José Joaquim Gomes, 2002, p. 269-270.
24. NUCCI, Guilherme de Souza. *Curso de direito penal*: parte geral. 5. ed., rev. e atual. Rio de Janeiro: Forense, 2021. v. 1. p. 98.
25. NUCCI, Guilherme de Souza, 2021, p. 98.
26. ESTEFAM, André, 2021, p. 62.

No âmbito processual penal, o princípio da proporcionalidade possui igual relevância, pois *proíbe o excesso e veda o arbítrio de poder*,[27] na medida em que ninguém será privado da liberdade ou de seus bens sem o devido processo legal (Art. 5º, LIV, CF/88).

Assim, ao decretar medidas cautelares de natureza processual penal, que privem alguém de sua liberdade ou de seus bens, o Estado-juiz deve fazê-lo nos estritos limites da lei, observando se a medida determinada possui previsão legal, se o caso concreto amolda-se a alguma das hipóteses de cabimento da medida, bem como se estão presentes os seus pressupostos e requisitos.

Além disso, é preciso que a medida imposta seja *necessária* e *adequada*, devendo o Estado-juiz verificar a sua *necessidade* para aplicação da lei penal, para a investigação ou a instrução criminal e, nos casos expressamente previstos em lei, para evitar a prática de infrações penais, bem como a sua *adequação* à gravidade do crime, circunstâncias do fato e condições pessoais do indiciado ou acusado (Art. 282, I e II, CPP).

Nessa esteira, para a decretação da prisão preventiva de alguém, por exemplo, será preciso demonstrar que: a) a medida é necessária e adequada (Art. 282, I e II, CPP); b) as medidas cautelares diversas da prisão, isolada ou cumulativamente consideradas, não são suficientes e adequadas para atingir a mesma finalidade buscada com a decretação da prisão preventiva (Art. 282, §§ 4º e 6º c/c Art. 310, II, CPP); c) foram cumpridos os pressupostos para a decretação da prisão preventiva (Art. 311, CPP), ou seja, que tenha havido representação da autoridade policial ou requerimento do Ministério Público, querelante ou assistente de acusação; d) estão presentes os três requisitos cumulativos e, ao menos, um dos requisitos alternativos (Art. 312, CPP); e) o fato se enquadra em alguma das hipóteses legais de cabimento da prisão preventiva (Arts. 312, § 1º, e 313, CPP); f) a decisão é motivada (Art. 315, *caput* e § 1º, CPP) e fundamentada (Art. 315, *caput* e § 2º, CPP).

1.4 PRINCÍPIOS CONSTITUCIONAIS DO PROCESSO PENAL

O direito processual penal é constituído de uma série de princípios constitucionais, dentre os quais destacam-se o *princípio da jurisdicionalidade ou da garantia de jurisdição*, a *garantia do sistema acusatório*, a *presunção de inocência*, o *contraditório e ampla defesa*, o *direito ao silêncio* e o *nemo tenetur se detegere*, a *publicidade e motivação das decisões judiciais*, o *duplo grau de jurisdição*, a *dignidade da pessoa humana* e o *princípio da duração razoável do processo*, os quais serão estudados nos próximos tópicos.

---

27. LIMA, Renato Brasileiro de. *Manual de processo penal*. 9. ed. rev., ampl. e atual. Salvador: JusPodivm, 2021. p. 77.

1.4.1 Princípio da jurisdicionalidade ou da garantia de jurisdição

O *princípio da jurisdicionalidade* ou da *garantia de jurisdição* assegura o direito a um *juiz natural, imparcial* e *competente* (Arts. 69 a 91 do CPP e Art. 5º, LIII, CF/88),[28] sendo expressamente vedada a instituição de juízo ou tribunal de exceção (Art. 5º, XXXVII, CF/88).[29]

Este *princípio-garantia* estabelece, ainda, a *exclusividade do poder jurisdicional* do Estado-juiz para o exercício do *jus puniendi*, ou seja, o direito de punir criminalmente é exclusivo do Estado-juiz, que aplicará o direito penal material na solução das lides, legitimado pela Constituição Federal, de forma independente e com submissão apenas às normas constitucionais e legais, no âmbito do devido processo legal.[30]

Há, contudo, algumas hipóteses constitucionais, legais e jurisprudenciais que constituem verdadeiras exceções ao princípio do juiz natural, a exemplo do que acontece com o denominado incidente de deslocamento de competência, da Justiça Estadual para a Justiça Federal, previsto no Art. 109, inciso V-A e § 5º, da Constituição Federal, que poderá ser suscitado pelo Procurador-Geral da República perante o Superior Tribunal de Justiça, em qualquer fase do inquérito ou processo, nas hipóteses de grave violação de direitos humanos, com a finalidade de assegurar o cumprimento de obrigações decorrentes de tratados internacionais de direitos humanos dos quais o Brasil seja parte.

Em tal hipótese, ocorre a chamada *federalização do caso*, ou seja, um crime que era originariamente de competência da Justiça Estadual ou do Tribunal do Júri Estadual, passa a ser de competência da Justiça Federal ou do Tribunal do Júri Federal.

Para tanto, segundo jurisprudência do Superior Tribunal de Justiça, devem estar presentes três requisitos cumulativos: (i) a existência de grave violação de direitos humanos; (ii) o risco de responsabilização internacional do Brasil decorrente do descumprimento de obrigações jurídicas assumidas em tratados internacionais; e (iii) a incapacidade ou desinteresse das instâncias e autoridades locais (estaduais) em oferecer respostas efetivas, ou seja, em investigar, processar e julgar, adequadamente, a grave violação de direitos humanos que foi perpetrada.[31]

1.4.2 Garantia do sistema acusatório

A *garantia do sistema acusatório* veda o juiz inquisidor, na medida em que separa o órgão julgador daquele responsável pela acusação, atribuindo ao Ministério Público

---

28. CF/88, Art. 5º, LIII – ninguém será processado nem sentenciado senão pela autoridade competente.
29. CF/88, Art. 5º, XXXVII – não haverá juízo ou tribunal de exceção. No mesmo sentido: art. 14, 1, do Pacto Internacional sobre Direitos Civis e Políticos, promulgado pelo Decreto nº 592, de 6 de julho de 1992; art. 8, 1, da Convenção Americana sobre Direitos Humanos (Pacto de São José da Costa Rica), promulgada pelo Decreto nº 678, de 6 de novembro de 1992.
30. LOPES JUNIOR, Aury Celso Lima. *Direito processual penal*. 18. ed. São Paulo: Saraiva, 2021. p. 23 (versão digital).
31. STJ, Incidente de Deslocamento de Competência 2/DF, 3ª Seção, J. 27/10/2010.

a função institucional de *promover, privativamente, a ação penal pública, na forma da lei* (Art. 129, I, CF/88).

Essa garantia foi reforçada pelo art. 3º-A do Código de Processo Penal, incluído pela Lei Anticrime (Lei nº 13.964/2019), que deixa claro que *o processo penal terá estrutura acusatória, vedadas a iniciativa do juiz na fase de investigação e a substituição da atuação probatória do órgão de acusação.*[32]

O art. 3º-A do Código de Processo Penal foi objeto de aprofundado estudo no tópico *juiz das garantias*, para onde remetemos o leitor.

1.4.3 Princípio da presunção de inocência

O *princípio da presunção de inocência* foi consagrado no art. 9º da Declaração de Direitos do Homem e do Cidadão de 1789, segundo o qual *todo acusado é considerado inocente até ser declarado culpado e, se julgar indispensável prendê-lo, todo o rigor desnecessário à guarda da sua pessoa deverá ser severamente reprimido pela lei.*

No mesmo sentido, o Pacto Internacional sobre Direitos Civis e Políticos, promulgado no Brasil pelo Decreto nº 592, de 6 de julho de 1992, dispõe, em seu art. 14, item 2, que *toda pessoa acusada de um delito terá direito a que se presuma sua inocência enquanto não for legalmente comprovada sua culpa.*

No item 5 do seu art. 14, o Pacto Internacional sobre Direitos Civis e Políticos dá a tônica do que seria a *comprovação de culpa*, ao estabelecer que *toda pessoa declarada culpada por um delito terá direito de recorrer da sentença condenatória e da pena a uma instância superior, em conformidade com a lei.*

Da leitura do dispositivo resta claro que entender-se-á legalmente comprovada a culpa quando houver uma sentença penal condenatória, ainda que recorrível a uma instância superior, ou seja, segundo o Pacto Internacional sobre Direitos Civis e Políticos, a partir da sentença penal condenatória, mesmo que de primeira instância e ainda recorrível, há o afastamento da presunção de inocência, dando lugar à presunção de culpa.

Mantendo a coerência com os diplomas internacionais supracitados, a Convenção Americana sobre Direitos Humanos,[33] promulgada no Brasil pelo Decreto nº 678, de 6 de novembro de 1992, em seu art. 8º, item 2, estatuiu que *toda pessoa acusada de delito tem direito a que se presuma sua inocência enquanto não se comprove legalmente sua culpa.*

Por sua vez, *a Constituição Federal*, se comparada aos documentos internacionais referidos acima, *ampliou significativamente o alcance do princípio da presunção de inocência.*

---

32. CPP, Art. 3º-A. O processo penal terá estrutura acusatória, vedadas a iniciativa do juiz na fase de investigação e a substituição da atuação probatória do órgão de acusação.
33. Também denominada Pacto de São José da Costa Rica.

No Brasil, a *presunção de inocência* encontra guarida no art. 5º, inciso LVII, da Constituição Federal, o qual estabelece que *ninguém será considerado culpado até o trânsito em julgado de sentença penal condenatória*.

Portanto, o princípio da presunção de inocência *tem origem mais restrita* na Declaração de Direitos do Homem e do Cidadão de 1789, no Pacto Internacional sobre Direitos Civis e Políticos e na Convenção Americana sobre Direitos Humanos *do que na abrangente previsão* estampada na Constituição Federal. Explico.

Segundo os supracitados documentos internacionais, a presunção de inocência persiste somente até que haja a *declaração de culpa* ou a *comprovação de culpa*, o que, a depender do ordenamento jurídico do Estado signatário, poderá ocorrer com a prolação da sentença penal condenatória de primeira instância, ainda que recorrível, ou com a sua confirmação em sede recursal, ainda que pendentes outros recursos para outras instâncias.

A Constituição brasileira foi muito mais abrangente, presumindo a inocência até o *trânsito em julgado* de sentença penal condenatória, o que somente ocorre quando a decisão condenatória não é mais recorrível, quer seja pelo decurso *in albis* do prazo recursal, quer seja pelo esgotamento dos recursos cabíveis, que no Brasil podem alcançar até quatro instâncias.

Não obstante a clareza do art. 5º, inciso LVII, da Constituição Federal, o Supremo Tribunal Federal apresentou *jurisprudência vacilante* sobre a possibilidade ou não da execução provisória de pena, após condenação em segunda instância, ainda que pendentes recursos especial ou extraordinário. Vejamos.

O Código de Processo Penal, em sua redação ainda original, estabelece no art. 637 que *o recurso extraordinário não tem efeito suspensivo, e uma vez arrazoados pelo recorrido os autos do traslado, os originais baixarão à primeira instância, para a execução da sentença*.

Portanto, após o esgotamento dos recursos em segunda instância, a eventual interposição de recurso extraordinário não impedia a execução da pena imposta. O recurso extraordinário subia por traslado (cópia), enquanto os autos originais retornavam para a primeira instância para fins de execução da pena imposta.

Vale lembrar que o citado art. 637 do Código de Processo Penal não menciona o recurso especial porque, em 1941, data em que o dispositivo foi redigido, ainda não havia, nem recurso especial, nem Superior Tribunal de Justiça, os quais somente foram criados em 1988, pela Constituição Federal.

Em 1984, a Lei de Execução Penal (Lei nº 7.210/1984) passou a exigir o trânsito em julgado da sentença penal condenatória para a execução da pena, conforme Arts. 105, 106, III, 147, 164 e 171.

Quatro anos depois, como dito, a Constituição Federal, em seu art. 5º, inciso LVII, estabeleceu o princípio da presunção de inocência, segundo o qual *ninguém será considerado culpado até o trânsito em julgado de sentença penal condenatória*.

A *coisa julgada* constitui a *imutabilidade da sentença* contra a qual não sejam cabíveis recursos, quer seja pela sua não interposição no prazo legal, quer seja pela inexistência de outros recursos além daqueles já interpostos e julgados.[34]

Contudo, mesmo após o advento da Lei de Execução Penal e da Constituição Federal de 1988, o Supremo Tribunal Federal manteve o seu entendimento no sentido de que o recurso extraordinário, assim como o novo recurso especial, não tinham efeito suspensivo, somente devolutivo, razão pela qual continuou sendo aplicada a regra do art. 637 do Código de Processo Penal, apenas ampliada para abarcar, também, o novel recurso especial (STF, HC 68.726/DF, Pleno, J. 28/06/1991).

Somente em 05 de fevereiro de 2009, no julgamento do *Habeas Corpus* nº 84.078/MG, por meio de uma *viragem jurisprudencial*, o Supremo Tribunal Federal julgou inconstitucional a chamada execução antecipada da pena (STF, HC 84.078/MG, Pleno, J. 05/02/2009).

Em decorrência desta decisão do Supremo Tribunal Federal, o legislador brasileiro acabou por positivar o novo entendimento por meio da Lei nº 12.403, de 4 de maio de 2011, que deu nova redação ao art. 283 do Código de Processo Penal:

> Art. 283. Ninguém poderá ser preso senão em flagrante delito ou por ordem escrita e fundamentada da autoridade judiciária competente, em decorrência de sentença condenatória transitada em julgado ou, no curso da investigação ou do processo, em virtude de prisão temporária ou prisão preventiva.[35]

Com essa nova redação, dada em 2011, as hipóteses de prisão criminal foram limitadas a quatro: (i) prisão em flagrante; (ii) prisão em decorrência de sentença penal condenatória transitada em julgado; (iii) prisão temporária; e (iv) prisão preventiva.

Positivou-se, assim, a impossibilidade de execução provisória da pena, após condenação em segunda instância, se ainda estiverem pendentes recursos especial ou extraordinário.

Sete anos depois do supracitado julgamento do *Habeas Corpus* nº 84.078/MG, o Supremo Tribunal Federal promoveu uma *nova viragem jurisprudencial* ao julgar o *Habeas Corpus* nº 126.292/SP, quando decidiu que "a execução provisória de acórdão penal condenatório proferido em grau de apelação, ainda que sujeito a recurso especial ou extraordinário, não compromete o princípio constitucional da presunção de inocência afirmado pelo artigo 5º, inciso LVII da Constituição Federal" (STF, HC 126.292/SP, Pleno, J. 17/02/2016).[36]

---

34. DEZEM, Guilherme Madeira. *Curso de processo penal*. 4. ed. rev., atual. e ampl. São Paulo: RT, 2018. p. 545.
35. Em 2019, com a Lei Anticrime (Lei nº 13.964/2019), o dispositivo passou a ter a seguinte redação: "Art. 283. Ninguém poderá ser preso senão em flagrante delito ou por ordem escrita e fundamentada da autoridade judiciária competente, em decorrência de prisão cautelar ou em virtude de condenação criminal transitada em julgado".
36. Decisão tomada por 7 votos a 4.

Visando reverter esse novo entendimento, em 18 e 19 de maio de 2016, bem como, posteriormente, em 18 de abril de 2018, foram protocoladas no Supremo Tribunal Federal as Ações Declaratórias de Constitucionalidade nº 43, 44 e 54, respectivamente, pleiteando a declaração da constitucionalidade da nova redação dada ao art. 283 do Código de Processo Penal pela Lei nº 12.403/2011.

O objetivo das ações era o reconhecimento da constitucionalidade da vedação à execução antecipada da pena após a condenação em segunda instância, caso ainda estivessem pendentes recursos especial ou extraordinário, ou seja, buscava-se que o Supremo Tribunal Federal reconhecesse que somente poderia haver execução de pena após o trânsito em julgado da sentença penal condenatória.

Mantendo o entendimento firmado meses antes no julgamento do *Habeas Corpus* nº 126.292/SP, o Supremo Tribunal Federal, ao julgar as Ações Declaratórias de Constitucionalidade nº 43 e 44, no dia 5 de outubro de 2016, por 6 votos contra 5, decidiu ser constitucional o início da execução da pena quando houvesse sentença penal condenatória confirmada em segundo grau, salvo se fosse conferido efeito suspensivo a eventuais recursos a cortes superiores.

Naquele momento, para a nossa Suprema Corte, isso não constituiria violação ao *princípio da presunção de inocência*, argumentando-se que: (1) O *princípio da presunção de inocência* não é absoluto, cabendo ponderação de valores com outros princípios constitucionais, tais como (1.1) *a efetividade do sistema penal*, que constitui instrumento que protege a vida das pessoas para não serem mortas, sua integridade para não serem agredidas e seu patrimônio para não serem roubadas; e (1.2) *a preservação da confiabilidade do sistema*, base das instituições democráticas, com uma *duração razoável do processo*; (2) Recursos especiais e extraordinários não possuem efeito suspensivo e não podem revisar matéria fática, sendo que o julgamento da apelação encerra o exame de fatos e provas, concretizando o duplo grau de jurisdição.[37]

No mesmo sentido, pouco mais de um mês depois, em regime de repercussão geral, nossa Corte Constitucional reafirmou "a jurisprudência do Supremo Tribunal Federal no sentido de que a execução provisória de acórdão penal condenatório proferido em grau recursal, ainda que sujeito a recurso especial ou extraordinário, não compromete o princípio constitucional da presunção de inocência afirmado pelo artigo 5º, inciso LVII, da Constituição Federal" (STF, ARE 964.246 RG/SP, Pleno, *J.* 10/11/2016).[38]

Em 04 de abril de 2018, ao julgar o *Habeas Corpus* nº 152.752/PR, interposto em favor do Presidente da República Luiz Inácio Lula da Silva, o Supremo Tribunal Federal, por 6 votos a 5, manteve o entendimento quanto à constitucionalidade da execução provisória da pena, após condenação em segunda instância, ainda que pendentes eventuais recursos especial ou extraordinário (STF, HC 152.752/PR, Pleno, *J.* 04/04/2018).

---

37. STF, Ações declaratórias de constitucionalidade nº 43 e 44, Pleno, *J.* 05/10/2016.
38. Decisão tomada por 6 votos a 4. Não se manifestou a Ministra Rosa Weber.

No ano seguinte, em 07 de novembro de 2019, julgando o mérito das Ações Declaratórias de Constitucionalidade nº 43, 44 e 54, o Supremo Tribunal Federal, por 6 votos a 5, *mudou novamente o seu entendimento* e declarou a constitucionalidade do art. 283 do Código de Processo Penal, no que condiciona o início do cumprimento da pena ao trânsito em julgado da sentença penal condenatória, tendo em vista o disposto no art. 5º, inciso LVII, da Constituição Federal.[39]

Portanto, atualmente, o Supremo Tribunal Federal entende não ser possível a execução provisória ou antecipada da pena. Mesmo após a condenação em segunda instância, caso ainda estejam pendentes recursos especial ou extraordinário, por não ter havido o trânsito em julgado da sentença penal condenatória, não será possível realizar a execução provisória da pena.

Logo, se não estiverem presentes os requisitos que autorizam a decretação da prisão preventiva, o réu deverá aguardar o julgamento dos seus recursos em liberdade, até que haja uma decisão condenatória definitiva, transitada em julgado.

Vale lembrar que, com o advento da Lei Anticrime (Lei nº 13.964/2019), o art. 283 do Código de Processo Penal recebeu nova redação, a qual não alterou a essência do dispositivo, apenas o aperfeiçoou, ficando assim a redação atual:

> Art. 283. Ninguém poderá ser preso senão em flagrante delito ou por ordem escrita e fundamentada da autoridade judiciária competente, em decorrência de prisão cautelar ou em virtude de condenação criminal transitada em julgado.

A Lei Anticrime (Lei nº 13.964/2019) ainda alterou a redação do art. 492, inciso I, *alínea e*, estabelecendo que o juiz presidente do Tribunal do Júri, "no caso de condenação a uma pena igual ou superior a 15 (quinze) anos de reclusão, determinará a execução provisória das penas, com expedição do mandado de prisão, se for o caso, sem prejuízo do conhecimento de recursos que vierem a ser interpostos".

Para a Defensoria Pública de Minas Gerais, em entendimento explicitado no Enunciado 26 sobre a Lei nº 13.964/2019, tal inovação legislativa é inconstitucional, pois ofende o princípio da presunção de inocência (Art. 5º, LVII, CF/88):

> O artigo 492, I, e, do CPP, é inconstitucional e inconvencional, visto que a prisão baseada em quantitativo de pena viola: (i) o direito de defesa ao intimidar o comparecimento do réu ao julgamento, (ii) estimular por via transversa a aplicação de pena que implique em prisão, e (iii) violar a presunção de inocência, na forma da jurisprudência do STF.

Em favor desse posicionamento há, ainda, o disposto nos arts. 283, 313, § 2º, e 315, todos do Código de Processo Penal, dispositivos esses que reafirmam, mais de uma vez, a natureza cautelar de toda prisão provisória. Vejamos:

---

39. Vide Informativo 958 do STF.

Art. 283. *Ninguém poderá ser preso* senão em flagrante delito ou por ordem escrita e fundamentada da autoridade judiciária competente, em decorrência de prisão cautelar ou em virtude de *condenação criminal transitada em julgado*.

Art. 313, § 2º *Não será admitida a decretação da prisão preventiva com a finalidade de antecipação de cumprimento de pena* ou como decorrência imediata de investigação criminal ou da apresentação ou recebimento de denúncia.

Art. 315. A decisão que decretar, substituir ou denegar a prisão preventiva será sempre motivada e fundamentada.

§ 1º Na motivação da decretação da prisão preventiva ou de qualquer outra cautelar, o juiz deverá indicar concretamente a existência de fatos novos ou contemporâneos que justifiquem a aplicação da medida adotada.

Por outro lado, o Conselho Nacional de Procuradores-Gerais dos Ministérios Públicos dos Estados e da União (CNPG) e o Grupo Nacional de Coordenadores de Centro de Apoio Criminal (GNCCRIM), em seu Enunciado 37 sobre a Lei nº 13.964/2019, defendem a constitucionalidade da execução provisória da pena prevista na *alínea e* do inciso I do art. 492 do Código de Processo Penal, ao argumento de que tem por fundamento o princípio da soberania dos veredictos do Tribunal do Júri:

A execução provisória da pena decorrente de condenação pelo Tribunal do Júri é constitucional, fundamentando-se no princípio da soberania dos veredictos (CF, art. 5º, XXXVIII, c).

Em favor desse posicionamento, há quem alegue que as hipóteses de apelação contra as decisões do Tribunal do Júri são restritas àquelas explicitadas no art. 593, inciso III, *alíneas a, b, c e d*, do Código de Processo Penal, o que diminui as chances de reforma da decisão, dando assim ao édito condenatório uma estabilidade maior, invertendo assim a presunção de não culpabilidade para uma presunção de culpabilidade.

A mesma Lei nº 13.964/2019 incluiu no art. 492 os §§ 3º, 4º, 5º e 6º, segundo os quais: (§ 3º) a execução provisória de pena, que é a regra no caso de condenação a uma pena igual ou superior a 15 (quinze) anos de reclusão, poderá, excepcionalmente, não ser autorizada se houver questão substancial que indique a possibilidade de revisão da condenação pelo tribunal; (§ 4º) a apelação não terá, em regra, efeito suspensivo em caso de condenação a pena igual ou superior a 15 (quinze) anos, mas (§ 5º) o tribunal poderá atribuir tal efeito suspensivo quando verificar que o recurso não é meramente protelatório e que levanta questão substancial que pode levar à absolvição, anulação da sentença, novo julgamento ou redução da pena para patamar inferior a 15 (quinze) anos de reclusão; (§ 6º) o pedido de concessão do efeito suspensivo pode ser feito no bojo da própria apelação, de forma incidental, ou em petição apartada encaminhada diretamente ao relator no tribunal, petição esta que deverá ser instruída com *cópias da sentença condenatória, das razões da apelação e de prova da tempestividade, das contrarrazões e das demais peças necessárias à compreensão da controvérsia*.

Sobre a questão, mais uma vez, a jurisprudência do Supremo Tribunal Federal é vacilante, uma vez que a 1ª Turma da Suprema Corte entende ser constitucional a execução provisória da pena em caso de condenação pelo Tribunal do Júri, enquanto a 2ª Turma entende que tal execução provisória é inconstitucional:

1ª Turma do STF

Ementa: Direito Constitucional e Penal. Habeas Corpus. Duplo Homicídio, ambos qualificados. *Condenação pelo Tribunal do Júri. Soberania dos veredictos. Início do cumprimento da pena. Possibilidade.* 1. *A Constituição Federal prevê* a competência do Tribunal do Júri para o julgamento de crimes dolosos contra a vida (art. 5°, inciso XXXVIII, d). Prevê, ademais, *a soberania dos veredictos (art. 5°, inciso XXXVIII, c), a significar que os tribunais não podem substituir a decisão proferida pelo júri popular.* 2. Diante disso, *não viola o princípio da presunção de inocência ou da não culpabilidade a execução da condenação pelo Tribunal do Júri, independentemente do julgamento da apelação ou de qualquer outro recurso.* Essa decisão está em consonância com a lógica do precedente firmado em repercussão geral no ARE 964.246-RG, Rel. Min. Teori Zavascki, já que, também no caso de decisão do Júri, o Tribunal não poderá reapreciar os fatos e provas, na medida em que a responsabilidade penal do réu já foi assentada soberanamente pelo Júri. 3. Caso haja fortes indícios de nulidade ou de condenação manifestamente contrária à prova dos autos, hipóteses incomuns, o Tribunal poderá suspender a execução da decisão até o julgamento do recurso. 4. Habeas corpus não conhecido, ante a inadequação da via eleita. Não concessão da ordem de ofício. Tese de julgamento: *"A prisão de réu condenado por decisão do Tribunal do Júri, ainda que sujeita a recurso, não viola o princípio constitucional da presunção de inocência ou não culpabilidade".* (STF, HC 118.770/SP, 1ª T, J. 07/03/2017)

Ementa: Processual Penal. Habeas Corpus originário. Homicídio. Condenação pelo Tribunal do Júri. *Execução provisória da pena. Ausência de ilegalidade ou abuso de poder.* 1. A orientação firmada pelo Plenário do STF, no julgamento do HC 126.292 e do ARE 964.246-RG, ambos da relatoria do Min. Teori Zavascki, é no sentido de que a execução provisória da pena não compromete o princípio da presunção de inocência. Ademais, o julgamento condenatório em segundo grau de jurisdição impõe a prisão preventiva como medida de garantia da ordem pública. 2. Por outro lado, *a Primeira Turma do STF já decidiu que não viola o princípio da presunção de inocência ou da não culpabilidade a execução da condenação pelo Tribunal do Júri, independentemente do julgamento da apelação ou de qualquer outro recurso* (HC 118.770, Redator para o acórdão o Min. Luís Roberto Barroso). 3. Habeas corpus denegado, revogada a liminar. (STF, HC 144.712/SP, 1ª T, J. 27/11/2018).

(...) 3. *Em se tratando de paciente condenado pelo Tribunal do Júri, nada impede a execução da pena,* na linha dos reiterados pronunciamentos da Primeira Turma do STF. Veja-se, nessa linha, o HC 118.770, para o qual fui designado redator para o acórdão. 4. Agravo regimental a que se nega provimento. (STF, HC 183.263 AgR/CE, 1ª T, J. 16/06/2020).

2ª Turma do STF

Ementa: "Habeas Corpus" – *Condenação Recorrível Emanada Do Júri – Determinação Do Juiz Presidente Do Tribunal Do Júri Ordenando A Imediata Sujeição Do Réu Sentenciado À Execução Antecipada (Ou Provisória) Da Condenação Criminal – Invocação, Para Tanto, Da Soberania Do Veredicto Do Júri – Inadmissibilidade –* A inconstitucionalidade da execução provisória de condenações penais não transitadas em julgado – Interpretação do art. 5°, INCISO LVII, da Constituição da República – Exigência constitucional de prévio e efetivo trânsito em julgado da condenação criminal como requisito legitimador da execução da pena – Inadmissibilidade de antecipação ficta do trânsito em julgado, que constitui noção inequívoca em matéria processual – Consequente inaplicabilidade às decisões do conselho de sentença – A questão da soberania dos veredictos do júri – Significado da cláusula inscrita no art. 5°, inciso XXXVIII, "c", da Constituição. Caráter não absoluto da soberania do júri – Doutrina – Precedentes – Existência, ainda, no presente caso, de ofensa ao postulado que veda a "reformatio in pejus" – Considerações em torno da regra consubstanciada no art. 617, "in fine", do CPP – Exame da jurisprudência do Supremo Tribunal Federal a respeito da prisão meramente cautelar do sentenciado motivada por condenação recorrível, notadamente quando o réu tenha permanecido em liberdade ao longo do processo penal de conhecimento – Prisão cautelar decretada na hipótese de condenação penal recorrível: Instituto de tutela cautelar penal inconfundível com a esdrúxula concepção da execução provisória ou antecipada da pena – "Habeas corpus" concedido de ofício. (STF,

HC 174.759/CE, 2ª T, J. 10/10/2020). No mesmo sentido: STF, HC 176.229, Rel. Min. Gilmar Mendes, decisão monocrática em 26/09/2019; STF, HC 163.814 ED/MG, 2ª T, J. 19/11/2019.

Na doutrina, dentre outros, AURY e PACELLI afirmam a inconstitucionalidade da execução provisória da pena em caso de condenação pelo Tribunal do Júri, o que fazem com base nos seguintes argumentos:

> Sem dúvida um grande erro do legislador, pois (resumidamente):
>
> – viola a presunção constitucional de inocência, na medida em que trata o réu como culpado, executando antecipadamente sua pena, sem respeitar o marco constitucional do trânsito em julgado;
>
> – se o STF já reconheceu ser inconstitucional a execução antecipada após a decisão de segundo grau, com muito mais razão é inconstitucional a execução antecipada após uma decisão de primeiro grau (o tribunal do júri é um órgão colegiado, mas integrante do primeiro grau de jurisdição);
>
> – da decisão do júri cabe apelação em que podem ser amplamente discutidas questões formais e de mérito, inclusive com o tribunal avaliando se a decisão dos jurados encontrou ou não abrigo na prova, sendo um erro gigantesco autorizar a execução antecipada após essa primeira decisão;
>
> – tanto a instituição do júri como a soberania dos jurados estão inseridos no rol de direitos e garantias individuais, não podendo servir de argumento para o sacrifício da liberdade do próprio réu;
>
> – ao não se revestir de caráter cautelar, sem, portanto, analisar o *periculum libertatis* e a necessidade efetiva da prisão, se converte em uma prisão irracional, desproporcional e perigosíssima, dada a real possibilidade de reversão já em segundo grau (sem mencionar ainda a possibilidade de reversão em sede de recurso especial e extraordinário);
>
> – a soberania dos jurados não é um argumento válido para justificar a execução antecipada, pois é um atributo que não serve como legitimador de prisão, mas sim como garantia de independência dos jurados;
>
> – é incompatível com o disposto no art. 313, § 2º, que expressamente prevê que "não será admitida a decretação da prisão preventiva com a finalidade de antecipação de cumprimento de pena". (Aury)[40]
>
> Pensamos que a possibilidade de execução provisória da pena afronta não apenas o texto legal vigente do art. 283 do CPP, com redação dada pela Lei nº 12.403/11, mas também (e principalmente) o princípio constitucional da não culpabilidade, como também atinge o texto legal vigente do art. 283, CPP, com redação dada pela Lei nº 12.403/11.
>
> Por isso e para isso a referida execução (provisória) somente seria possível em situações excepcionais, em que se comprovasse o manifesto interesse protelatório dos recursos aviados. (Pacelli)[41]

A questão foi objeto do Tema 1.068 no STF (RE 1.235.340), onde se decidiu pela *constitucionalidade da execução imediata de pena aplicada pelo Tribunal do Júri*, ou seja, que *a soberania dos veredictos do Tribunal do Júri autoriza a imediata execução de pena imposta pelo Conselho de Sentença*, independentemente do total da pena aplicada.[42]

O STF, por maioria, deu interpretação conforme à Constituição, com redução de texto, ao art. 492 do CPP, excluindo da *alínea e* do inciso I do referido artigo o limite mínimo de 15 anos para a execução da condenação imposta pelo corpo de jurados. Por arrastamento, excluiu do § 4º e do § 5º, inciso II, do mesmo art. 492 do CPP, a referência ao limite de 15 anos.

---

40. LOPES JUNIOR, Aury Celso Lima. *Direito processual penal*. 18. ed. São Paulo: Saraiva, 2021, p. 373.
41. PACELLI, Eugênio. *Curso de processo penal*. 25. ed. rev. e atual. São Paulo: Atlas, 2021, p. 497.
42. Disponível em: https://portal.stf.jus.br/processos/detalhe.asp?incidente=5776893. Acesso em: 21 set. 2024.

Assim, o STF fixou a tese de que "*a soberania dos veredictos do Tribunal do Júri autoriza a imediata execução de condenação imposta pelo corpo de jurados, independentemente do total da pena aplicada*".

Face ao *princípio da presunção de inocência*, ainda é importante dizer que o imputado deve ser tratado como inocente, reduzindo-se, ao máximo, as medidas que restrinjam os seus direitos, tanto durante a fase de investigação preliminar, quanto durante o curso do processo penal.

Ser tratado como inocente significa que, em regra, a pessoa será investigada e processada em liberdade e com os seus bens, somente devendo ser decretadas medidas restritivas de liberdade ou de bens em situações excepcionais, por meio de decisões motivadas e fundamentadas (Art. 5º, LIV, CF/88 e Art. 315, §§ 1º e 2º, CPP).

Além disso, é preciso ter em mente que a carga probatória quanto à existência da infração penal, suas circunstâncias e autoria é uma responsabilidade (ônus, carga) da acusação, ou seja, não é o acusado que precisa demonstrar a sua inocência, mas sim o acusador que precisa comprovar a culpa do acusado.

Como o réu é presumidamente inocente, as dúvidas surgidas durante o processo devem ser resolvidas em seu favor, aplicando-se o brocardo *in dubio pro reo* ou *favor rei* (Art. 386, II, V, VI e VII, CPP; Art. 5º, LVII, CF/88).

Assim, impõe-se a absolvição do réu, por exemplo: não só quando *restar provada* a inexistência do fato, mas também quando *não houver prova* da sua existência; não só quando *restar provado* que o réu não concorreu para a infração penal, mas também quando *não existir prova* de tal concorrência; não só quando existirem circunstâncias que excluam o crime ou isentem o réu de pena, mas também quando houver *fundada dúvida* sobre sua existência; bem como quando *não existir prova suficiente* para a condenação (Art. 386, CPP).

1.4.4 Princípio do contraditório e ampla defesa

O *contraditório* é a "ciência bilateral dos atos e termos do processo e a possibilidade de contrariá-los",[43] é um "método de confrontação da prova e comprovação da verdade", que se funda sobre o conflito entre as partes contrapostas (acusação e defesa), de forma disciplinada e ritualizada, sendo imprescindível à própria estrutura dialética do processo.[44]

Trata-se da possibilidade de conhecer e contradizer as afirmações da parte contrária, do direito de audiência bilateral, no sentido de se ouvir a parte adversa, com alegações mútuas das partes na forma dialética.[45]

---
43. ALMEIDA, Joaquim Canuto Mendes de, 1973, p. 82 apud DEZEM, 2017, p. 113.
44. LOPES JUNIOR, Aury Celso Lima, 2021, p. 39.
45. LOPES JUNIOR, Aury Celso Lima Lopes, 2021, p. 39.

Corolário do princípio do contraditório, o art. 155 do Código de Processo Penal estabelece que o juiz formará sua convicção *pela livre apreciação da prova produzida em contraditório judicial*, não podendo fundamentar sua decisão *exclusivamente* nos elementos informativos colhidos na investigação, *ressalvadas as provas cautelares, não repetíveis e antecipadas*.

No entanto, é preciso interpretar corretamente o dispositivo. Para tanto, é imprescindível que o intérprete, antes de mais nada, perceba que o art. 155 do Código de Processo Penal possui três partes, interdependentes e complementares.

A primeira parte do dispositivo traz uma regra geral, ao estabelecer que *o juiz formará sua convicção pela livre apreciação da prova produzida em contraditório judicial*. Assim, em regra, o caso será decidido pela prova produzida durante o processo penal, sob o crivo do contraditório e da ampla defesa.

Na segunda parte, o dispositivo traz norma proibitiva, segundo a qual o juiz *não poderá fundamentar sua decisão exclusivamente nos elementos informativos colhidos na investigação*, ou seja, o caso em julgamento não pode ser decidido com base *exclusiva, única* e *unilateralmente*, em *elementos informativos* colhidos durante a investigação preliminar. Nesse sentido:

> O sistema jurídico-constitucional brasileiro não admite nem tolera a possibilidade de prolação de *decisão de pronúncia com apoio exclusivo em elementos de informação produzidos, única e unilateralmente, na fase de inquérito policial ou de procedimento de investigação criminal instaurado pelo Ministério Público*, sob pena de frontal violação aos postulados fundamentais que asseguram a qualquer acusado o direito ao contraditório e à plenitude de defesa. Doutrina. Precedentes. – Os subsídios ministrados pelos procedimentos inquisitivos estatais não bastam, enquanto isoladamente considerados, para legitimar a decisão de pronúncia e a consequente submissão do acusado ao Plenário do Tribunal do Júri. – O processo penal qualifica-se como instrumento de salvaguarda da liberdade jurídica das pessoas sob persecução criminal. Doutrina. Precedentes. – A regra "*in dubio pro societate*" – repelida pelo modelo constitucional que consagra o processo penal de perfil democrático – revela-se incompatível com a presunção de inocência, que, ao longo de seu virtuoso itinerário histórico, tem prevalecido no contexto das sociedades civilizadas como valor fundamental e exigência básica de respeito à dignidade da pessoa humana. (STF, HC 180.144/GO, 2ª T, J. 10/10/2020)[46]

Nada impede, contudo, que a decisão judicial seja baseada, parte em elementos informativos colhidos durante a investigação preliminar, parte em prova produzida durante o processo penal. Explico.

O que o art. 155 do Código de Processo Penal veda é que o juiz fundamente a sua decisão, *exclusivamente*, em elementos informativos colhidos durante a investigação preliminar, nada impedindo, em sentido contrário, que ele fundamente a decisão, em parte, *portanto não exclusivamente*, em tais elementos informativos colhidos durante

---

46. Também sobre a inaplicabilidade da pseudonorma *in dubio pro societate*: "(...) Com efeito, não mais se aplica o referido "princípio" (pseudonorma) - com base nos edificantes postulados da legalidade, do devido processo legal e, sobretudo, da presunção de inocência, conjugados à interpretação sistêmica dos arts. 413 e 414, ambos do CPP – quando o mosaico probatório delineado nos autos não preenche (necessário) juízo de probabilidade (e não de mera prospecção ou possibilidade) da acusação. (...)" (STJ, REsp 2.159.027/PR, 6ª T, J. 11/02/2025).

a investigação, desde que a decisão *também* seja fundamentada nas provas produzidas em contraditório. Nesse sentido:

> (...) Foi com o objetivo de afastar possíveis arbitrariedades, sobretudo aquelas que, porventura, possam ter ocorrido na *fase inquisitorial*, que a doutrina e a jurisprudência, desde há muito, opunham-se à ideia de que uma condenação criminal pudesse ter por amparo apenas os elementos informativos produzidos na fase policial, na qual não há contraditório, ampla defesa, nem uma série de outras garantias inerentes ao devido processo legal, por se tratar de procedimento de natureza eminentemente inquisitiva. Exigia-se que o lastro probatório tivesse chancela do Poder Judiciário, ainda que, *paralelamente às provas, pudessem ser levados em conta também os elementos indiciários que serviram para orientar o Ministério Público ou o ofendido, conforme o caso, para o oferecimento da ação penal.*
>
> A Lei n. 11.690/2008, que modificou a redação do art. 155 do Código de Processo Penal, deu guarida a esse entendimento, passando a não mais admitir condenação amparada *exclusivamente* em elementos informativos, *exigindo, também, provas judicializadas*, obtidas no curso da dialética processual para que sustentem as conclusões acerca da autoria e da materialidade delitiva.
>
> Diante de todas essas ponderações, não se pode afirmar que a condenação carece de lastro probatório, já que se sustenta, de um lado, no depoimento da vítima, confirmado, ainda que indiretamente, em juízo e, de outro, pela presença de outros elementos que confirmam a narrativa acusatória.
>
> No caso destes autos, *muito embora a maior parte dos elementos que confirmem a autoria e a materialidade delitiva tenham sido produzidos na fase policial, houve confirmação da narrativa dos fatos também na fase judicial*, consubstanciada na *prova* testemunhal que confirmou o depoimento prestado pela vítima.
>
> Ao lado disso, deve-se levar em conta as inúmeras dificuldades que envolvem a obtenção de *provas* de crimes da espécie dos aqui narrados – praticados, no mais das vezes, longe dos olhos de testemunhas e, normalmente, sem vestígios físicos que permitam a comprovação dos eventos — a palavra da vítima adquire relevo diferenciado, como no caso destes autos. (...) (STF, RHC 181.428/MS, Rel. Min. Alexandre de Moraes, J. 19/02/2020)
>
> Ementa: *Habeas corpus*. Processual Penal. Roubo qualificado. Artigo 157, § 2º, II, do Código Penal. Condenação. Nulidade. Reconhecimento pretendido, sob o fundamento de que se baseou exclusivamente em elementos de informação do inquérito policial. Decisão, todavia, transitada em julgado. Impossibilidade de utilização do *habeas corpus* como sucedâneo de revisão criminal. Precedentes. Inexistência de flagrante ilegalidade que justifique a concessão da ordem de ofício. *Elementos de informação do inquérito que se harmonizam com as provas colhidas sob o crivo do contraditório. Inteligência do art. 155 do Código de Processo Penal.* Meio inidôneo para o revolvimento do conjunto fático-probatório e a aferição de sua suficiência ou insuficiência para a condenação. Extinção do *writ*, por inadequação da via eleita. 1. É firme o entendimento, no Supremo Tribunal Federal, de que o *habeas corpus* não pode ser utilizado como sucedâneo de revisão criminal nem constitui meio adequado para o revolvimento do conjunto fático-probatório, no intuito de se aferir sua suficiência ou insuficiência para a condenação. Precedentes. 2. *O art. 155 do Código de Processo Penal não impede que o juiz, para a formação de seu convencimento, utilize elementos de informação colhidos na fase extrajudicial, desde que se ajustem e se harmonizem à prova colhida sob o crivo do contraditório judicial*. Precedentes. 3. *Habeas corpus* extinto, por inadequação da via eleita. (STF, HC 125.035/MG, 1ª T, J. 10/02/2015)[47]
>
> (...) 8. Conquanto este Tribunal tenha firmado o entendimento no sentido de considerar *inadmissível a prolação de édito condenatório exclusivamente com arrimo em elementos de informação obtidos durante o inquérito policial*, tal situação não se verifica na espécie, porquanto *a condenação do paciente se amparou também em elementos de provas judicializadas*, colhidas no âmbito do devido processo legal. (...) (STJ, HC 226.306/RJ, 6ª T, J. 26/08/2014)

---

47. No mesmo sentido: STF, HC 170.960/DF, Rel. Min. Roberto Barroso, J. 07/05/2019.

(...) 1. De acordo com o entendimento desta Corte Superior, *não é admissível que a condenação do réu seja fundada, exclusivamente, em elementos de informação colhidos durante o inquérito e não submetidos ao crivo do contraditório e da ampla defesa, ressalvadas as provas cautelares e não repetíveis. Contudo, mister se faz reconhecer que tais provas, em atendimento ao princípio da livre persuasão motivada do juiz, desde que corroboradas por elementos de convicção produzidos na fase judicial, podem ser valoradas na formação do juízo condenatório*, tal como ocorrido na espécie. (...) 3. O aresto impugnado destacou que, à exceção da conselheira tutelar, em juízo as testemunhas e os demais envolvidos no crime, incluindo a vítima, fizeram retratações vagas e duvidosas, acerca dos fatos, quando confrontadas com os *depoimentos detalhados e coesos prestados na fase inquisitiva*. 4. Quanto à conselheira tutelar, o Tribunal ressaltou que o seu depoimento na fase inquisitiva foi integralmente confirmado na etapa judicial. 5. Assim, não há falar em ausência de prova judicializada suficiente para amparar a condenação. Com efeito, *embora o Tribunal Estadual tenha se valido do acervo probatório amealhado na fase inquisitiva, utilizou-se também de elementos produzidos na etapa judicial* para formar sua convicção, tais como o laudo de conjunção carnal, o depoimento dos pais da vítima e da funcionária do Conselho Tutelar, tudo sob o crivo do contraditório e da ampla defesa, circunstância que inviabiliza o acolhimento da tese de nulidade por violação ao art. 155 do Código de Processo Penal. (...) (STJ, AgInt nos EDcl no AREsp 1.438.774/ES, 5ª T, J. 14/05/2019)[48]

Por sua vez, a terceira parte do art. 155 do Código de Processo Penal faz *três ressalvas* expressas à proibição do juiz fundamentar sua decisão *exclusivamente* nos elementos informativos colhidos na investigação, a saber: provas cautelares; provas não repetíveis; e provas antecipadas.

O dispositivo excluiu as *provas cautelares* (Exemplos: busca e apreensão; interceptação telefônica; captação ambiental; infiltração policial), *não repetíveis* (Exemplos: perícia em local de crime; perícia em vítima de lesões corporais leves) e *antecipadas* (Exemplo: oitiva antecipada de testemunha que está com doença grave e em fase terminal) da vedação do juiz fundamentar sua decisão exclusivamente em elementos informativos colhidos na investigação, deixando claro que a decisão penal, condenatória ou de pronúncia, poderá ser fundamentada em tais *provas cautelares, não repetíveis e antecipadas*, ainda que tenham sido produzidas durante a investigação preliminar.

Vale lembrar que a prova antecipada, de qualquer forma, deve ser produzida em juízo e sob o crivo do contraditório, conforme prevê o Código de Processo Penal:

Art. 3º-B, VII – decidir sobre o requerimento de produção antecipada de provas consideradas urgentes e não repetíveis, assegurados o contraditório e a ampla defesa em audiência pública e oral;[49]

Art. 225. Se qualquer testemunha houver de ausentar-se, ou, por enfermidade ou por velhice, inspirar receio de que ao tempo da instrução criminal já não exista, *o juiz poderá*, de ofício ou a requerimento de qualquer das partes, *tomar-lhe antecipadamente o depoimento*.

Ainda sobre a prova antecipada, o STJ decidiu que policiais, por atuarem em diversos casos criminosos, tem comprometida a capacidade de memorizar detalhes de investigações concluídas há muito tempo, razão pela qual devem ser ouvidos com a possível urgência, o que justifica a produção antecipada de provas:

---

48. Grifos nossos.
49. O STF, por unanimidade, atribuiu interpretação conforme a este inciso "para estabelecer que o juiz pode deixar de realizar a audiência quando houver risco para o processo, ou diferi-la em caso de necessidade".

Agravo regimental no habeas corpus. Tráfico de drogas. Produção antecipada de provas. Testemunhas de acusação e defesa comuns à parte corré. Policiais militares que realizaram a prisão em flagrante. Nulidade. Inexistência. Art. 156 CPP. Faculdade dada ao magistrado para ordenar, de ofício, a produção antecipada de provas. Recurso desprovido.

1. Nos termos da Súmula n. 455 do Superior Tribunal de Justiça, "a decisão que determina a produção antecipada de provas com base no artigo 366 do CPP deve ser concretamente fundamentada, não a justificando unicamente o mero decurso do tempo".

2. No caso, o acórdão recorrido deixa claro que as testemunhas de acusação e defesa da corré são comuns e correspondem aos policiais militares que realizaram a prisão em flagrante, e, *por autuarem em diversos inquéritos policiais, tem comprometida a capacidade de memorizar detalhes de investigações concluídas há muito tempo.*

3. Logo, a decisão de origem se encontra em consonância com o entendimento da Terceira Seção desta Corte, segundo o qual *"a fundamentação da decisão que determina a produção antecipada de provas pode limitar-se a destacar a probabilidade de que, não havendo outros meios de prova disponíveis, as testemunhas, pela natureza de sua atuação profissional, marcada pelo contato diário com fatos criminosos que apresentam semelhanças em sua dinâmica, devem ser ouvidas com a possível urgência"* (RHC n. 64.086/DF, relator Ministro Nefi Cordeiro, relator p/ acórdão Ministro Rogerio Schietti Cruz, Terceira Seção, DJe de 9/12/2016).

4. O art. 366 do CPP possibilita ao Juiz condutor do processo determinar a produção antecipada de provas consideradas urgentes, e o art. 156, I, faculta ao magistrado ordenar, de ofício, a produção antecipada de provas.

5. Agravo desprovido. (STJ, AgRg no HC 747.441/SC, 6ª T, J. 20/03/2023).

Nos casos de urgência (Exemplo: a concessão de uma liminar em *habeas corpus*) ou a depender da natureza da medida a ser adotada (Exemplo: uma ordem judicial de interceptação telefônica ou de busca e apreensão),[50] em que se admite a concessão de medidas judiciais *inaudita altera pars* (sem ouvir a outra parte), não há que se falar em ofensa ao contraditório, uma vez que o mesmo incidirá após a tomada da decisão, ocorrendo o denominado contraditório postergado ou diferido.[51]

Neste ponto, vale lembrar que o art. 282, § 3º, do Código de Processo Penal estabeleceu, como regra, o contraditório prévio para a decretação de medidas cautelares, ressalvados os casos de urgência ou de perigo de ineficácia da medida que deverão ser justificados e fundamentados.

Por sua vez, o *princípio da ampla defesa* se manifesta nas vertentes da *defesa técnica* e da *autodefesa*,[52] que constituem seus dois pilares de sustentação, assegurando ao acusado o direito de ter conhecimento completo da acusação e de se manifestar sobre ela, com igualdade de armas (Art. 5º, LV e LXXIV, CF/88).[53]

---

50. DEZEM, Guilherme Madeira, 2017, p. 115.
51. CAPEZ, Fernando, 2020, p. 68.
52. DEZEM, Guilherme Madeira, 2017, p. 105.
53. Sobre o direito de ter conhecimento da acusação e de se manifestar sobre ela, importante o registro das seguintes Súmulas do STF: Súmula 707 – Constitui nulidade a falta de intimação do denunciado para oferecer contrarrazões ao recurso interposto da rejeição da denúncia, não a suprindo a nomeação de defensor dativo (J. 24/09/2003); Súmula 708 – É nulo o julgamento da apelação se, após a manifestação nos autos da renúncia do único defensor, o réu não foi previamente intimado para constituir outro (J. 24/09/2003); Súmula 712 – É nula a decisão que determina o desaforamento de processo da competência do júri sem audiência da defesa (J. 24/09/2003). Relevante, ainda, o registro da Súmula Vinculante 14 do STF, sobre o acesso à investigação: É direito do defensor, no interesse do representado, ter acesso amplo aos elementos de prova que, já documentados

A paridade de armas encontra-se na *defesa técnica* que pressupõe a assistência de advogado, para fins de se atender à exigência de equilíbrio funcional entre acusação e defesa, face à presunção de hipossuficiência do acusado, que via de regra não possui "conhecimentos necessários e suficientes para resistir à pretensão estatal, em igualdade de condições técnicas com o acusador", muito menos se estiver encarcerado cautelarmente.[54]

Portanto, o Estado deve organizar um serviço público de defesa (Defensoria Pública) com estrutura semelhante à da acusação (Ministério Público), para prestar assistência jurídica integral e gratuita aos que comprovarem insuficiência de recursos (Art. 5º, LXXIV, CF/88), uma vez que *nenhum acusado, ainda que ausente ou foragido, será processado ou julgado sem defensor* (Art. 261, CPP), sob pena de nulidade absoluta (Súmula 523 do STF), por ser a defesa técnica irrenunciável.

Mesmo em sede de execução penal, deve haver defesa técnica, no âmbito do procedimento administrativo disciplinar, quando se tratar de apuração de falta grave. Nesse sentido:

> STJ, Súmula 533 – Para o reconhecimento da prática de falta disciplinar no âmbito da execução penal, é imprescindível a instauração de procedimento administrativo pelo diretor do estabelecimento prisional, assegurado o direito de defesa, a ser realizado por advogado constituído ou defensor público nomeado. (3ª Seção, *J.* 10/06/2015)
>
> (...) O Plenário do col. Pretório Excelso, em julgamento do RE n. 398.269/RS, Rel. Exmo. Min. Gilmar Mendes, *DJe* 26/02/2010, concluiu pela inaplicabilidade da Súmula Vinculante n. 5 aos procedimentos administrativos disciplinares realizados em sede de execução penal, ressaltando a imprescindibilidade da defesa técnica nesses procedimentos, sob pena de afronta aos princípios do contraditório e da ampla defesa, aos ditames da Lei de Execução Penal e à legislação processual penal. Agravo regimental desprovido. (...) (STJ, AgRg no RESP 1.581.959/DF, rel. Min. Felix Fischer, *J.* 28/06/2016).
>
> (...) 2. A 3ª Seção desta Corte Superior, por ocasião do julgamento do REsp 1.378.557/RS, admitido como representativo de controvérsia, assentou o entendimento de que, para o reconhecimento da falta disciplinar de natureza grave, no âmbito da execução penal, é indispensável a realização de procedimento administrativo disciplinar, onde seja assegurado o direito de defesa do apenado, a ser exercido por advogado constituído ou defensor público nomeado. (...) (STJ, HC 540.116/MG, 5ª T, *J.* 07/11/2019)

Contudo, a imprescindibilidade do procedimento administrativo disciplinar, para apuração de falta grave, restou mitigada diante do entendimento firmado pelo Supremo Tribunal Federal, no Recurso Extraordinário nº 972.598/RS, em sede de repercussão geral, quando nossa Suprema Corte decidiu que *a apuração de falta grave em procedimento judicial*, com as garantias a ele inerentes, perante o *juízo* da *Execução Penal*, além de ser compatível com os princípios do contraditório e da ampla defesa, *torna desnecessário o prévio procedimento administrativo* (STF, RE 972.598/RS, Pleno, *J.* 04/05/2020).

---

em procedimento investigatório realizado por órgão com competência de polícia judiciária, digam respeito ao exercício do direito de defesa (*J.* 02/02/2009). Sobre os limites a tal acesso, confira: Art. 7º, inciso XIV c/c §§ 10 e 11, da Lei nº 8.906/1994; Art. 23 da Lei nº 12.850/2013; e Art. 32 da Lei nº 13.869/2019.

54. LOPES JUNIOR, Aury Celso Lima, 2021, p. 40.

Já a *defesa pessoal* ou *autodefesa*, que "encontra no interrogatório policial e judicial seu momento de maior relevância", é renunciável, pois o imputado (suspeito, investigado, indiciado, preso, acusado, réu, condenado) pode optar por *permanecer em silêncio* (sem que o seu silêncio possa ser interpretado em prejuízo da sua defesa)[55]-[56] ou decidir responder às perguntas que lhe forem feitas, inclusive podendo confessar a prática ilícita.[57]

Assim, logo após ser qualificado e cientificado do inteiro teor da acusação, o imputado deve ser informado pelo juiz (ou delegado se na fase de inquérito), antes de iniciar o interrogatório, do seu *direito ao silêncio*, ou seja, do direito de permanecer calado e de não responder às perguntas que lhe forem feitas (Art. 186, *caput* e parágrafo único c/c Art. 6º, V, ambos do CPP e Art. 5º, LXIII, CF/88). O interrogatório, que no âmbito do processo deve ser o último ato da instrução criminal,[58] deve ser livre de pressões ou torturas físicas ou mentais, devendo as declarações serem prestadas voluntariamente.[59]

A *autodefesa* permite, ainda, que o acusado interponha recursos (Art. 578, CPP), impetre *habeas corpus*, formule pedidos relativos à execução da pena,[60] além de poder requerer, em conjunto com o seu defensor se estiver preso, o seu não comparecimento perante o Tribunal do Júri (Art. 457, § 2º, CPP).

Com espectro ainda maior do que a *ampla defesa*, no Tribunal do Júri há *plenitude de defesa*. As expressões *ampla defesa* (Art. 5º, LV, CF/88) e *plenitude de defesa* (Art. 5º, XXXVIII, *a*, CF/88) não são sinônimas, mas sim distintas.

A *ampla defesa* é dirigida ao juiz togado que é norteado pela persuasão racional, ou seja, a *ampla defesa* tem um teto, pois para ser efetiva precisa basear-se em doutrina, lei em sentido lato e jurisprudência.

Já no Tribunal do Júri há mais do que *ampla defesa*, há *plenitude de defesa*, que é a possibilidade de serem articuladas teses defensivas supralegais, inclusive aquelas sem respaldo técnico, uma vez que o Conselho de Sentença julgará a causa de acordo com a *consciência* e os *ditames da justiça*, sem necessidade de fundamentação da decisão,

---

55. CPP, Art. 186, Parágrafo único. O silêncio, que não importará em confissão, não poderá ser interpretado em prejuízo da defesa.
56. Embora o art. 198 continue constando do CPP (Art. 198. O silêncio do acusado não importa confissão, mas poderá constituir elemento para a formação do convencimento do juiz.), tal dispositivo não é mais aplicável, tanto porque não foi recepcionado pela CF/88, quanto porque foi tacitamente revogado pelo parágrafo único do art. 186 do próprio CPP (incluído pela Lei nº 10.792/2003).
57. LOPES JUNIOR, Aury Celso Lima, 2021, p. 42.
58. STF, HC 127.900/AM, Pleno, *J.* 03/03/2016, *DJe* 03/08/2016.
59. LOPES JUNIOR, Aury Celso Lima, 2021, p. 42.
60. A nova Lei de Abuso de Autoridade (Lei nº 13.869/2019), em seu art. 19, criminalizou as seguintes condutas: Art. 19. Impedir ou retardar, injustificadamente, o envio de pleito de preso à autoridade judiciária competente para a apreciação da legalidade de sua prisão ou das circunstâncias de sua custódia: Pena - detenção, de 1 (um) a 4 (quatro) anos, e multa. Parágrafo único. Incorre na mesma pena o magistrado que, ciente do impedimento ou da demora, deixa de tomar as providências tendentes a saná-lo ou, não sendo competente para decidir sobre a prisão, deixa de enviar o pedido à autoridade judiciária que o seja.

pois na hipótese vigem os princípios da soberania dos veredictos e da íntima convicção dos jurados.[61]

Contudo, mesmo a plenitude de defesa encontra limites, já que nenhum direito é absoluto. Nesse sentido, no dia 12/03/2021, no julgamento da Arguição de Descumprimento de Preceito Fundamental nº 779, o Supremo Tribunal Federal firmou entendimento de que a tese de *legítima defesa da honra* é inconstitucional, por contrariar os princípios constitucionais da dignidade da pessoa humana (Art. 1º, III, CF/88), da proteção à vida e da igualdade de gênero (Art. 5º, *caput*, CF/88), não podendo ser alegada, direta ou indiretamente, durante nenhuma fase da persecução penal, ou seja, não pode ser utilizada durante a investigação, o processo ou o julgamento em plenário, sob pena de nulidade (STF, ADPF 779, Plenário, Sessão Virtual de 5.3.2021 a 12.3.2021).

Assim, fica vedada a possibilidade de suscitar a tese de legítima defesa da honra como excludente de ilicitude nas hipóteses de feminicídio ou violência contra a mulher, impedindo a absolvição por esse fundamento.

Por fim, embora o Código de Processo Penal estabeleça que, em sede de alegações finais, primeiro se manifesta a acusação e, depois dela, a defesa (Art. 403, CPP), o Supremo Tribunal Federal firmou entendimento no sentido de que, nos processos em que houver colaboração premiada, as alegações finais devem ser apresentadas na *ordem constitucional sucessiva*, ou seja, primeiro a acusação, depois a defesa do réu colaborador e, por último, a defesa do réu delatado (STF, HC 166.373/PR, Pleno, J. 02/10/2019 – Informativos 953 e 954).

Positivando tal entendimento, a Lei nº 13.964/2019 incluiu o § 10-A no art. 4º da Lei nº 12.850/2013, que *define organização criminosa e dispõe sobre a investigação criminal, os meios de obtenção da prova, infrações penais correlatas e o procedimento criminal* a ser aplicado:

> Art. 4º, § 10-A *Em todas as fases do processo*, deve-se garantir ao réu delatado a oportunidade de manifestar-se após o decurso do prazo concedido ao réu que o delatou.

Assim, a denominada *ordem constitucional sucessiva* assegura ao delatado a oportunidade de manifestar-se após o réu que o delatou, garantia esta que deve ser observada em todas as fases do processo.

1.4.5 O direito ao silêncio e o *nemo tenetur se detegere*

O Direito ao silêncio está previsto no art. 5º, inciso LXIII, da Constituição Federal, art. 8º, item 2, *alínea g*, da Convenção Americana sobre Direitos Humanos e no art. 14, item 3, *alínea g*, do Pacto Internacional sobre Direitos Civis e Políticos:

Constituição Federal

---

61. SANTOS, Marcos Paulo Dutra. *Pacote anticrime*. Aula teórica 04, bloco 03. SUPREMOTV: Belo Horizonte/MG, 2020.

Art. 5º, LXIII – o preso será informado de seus direitos, entre os quais o de permanecer calado, sendo-lhe assegurada a assistência da família e de advogado;

Convenção Americana sobre Direitos Humanos

Art. 8º, 2. Toda pessoa acusada de delito tem direito a que se presuma sua inocência enquanto não se comprove legalmente sua culpa. Durante o processo, toda pessoa tem direito, em plena igualdade, às seguintes garantias mínimas: (...) g. direito de não ser obrigado a depor contra si mesma, nem a declarar-se culpada;

Pacto Internacional sobre Direitos Civis e Políticos

Art. 14, 3. Toda pessoa acusada de um delito terá direito, em plena igualdade,[62] a, pelo menos, as seguintes garantias: (...) g) De não ser obrigada a depor contra si mesma, nem a confessar-se culpada.

Ao fazer uso da palavra *preso*, a Constituição Federal disse menos do que queria dizer, uma vez que o direito ao silêncio é reconhecido em favor de qualquer pessoa contra a qual exista alguma investigação criminal ou processo penal, independentemente dela estar presa ou solta.

Portanto, o direito ao silêncio assiste ao suspeito, investigado, indiciado, acusado ou réu, esteja ele preso ou solto. Já o *colaborador premiado*, nos depoimentos que prestar, renunciará, na presença de seu defensor, ao direito ao silêncio e estará sujeito ao compromisso legal de dizer a verdade (Art. 4º, § 14, Lei nº 12.850/2013).[63]

Importante registrar que, no bojo das Arguições de Descumprimento de Preceito Fundamental nº 395 e 444, o Ministro Gilmar mendes deferiu "*medida liminar, para vedar a condução coercitiva de investigados para interrogatório*, sob pena de responsabilidade disciplinar, civil e penal do agente ou da autoridade e de ilicitude das provas obtidas, sem prejuízo da responsabilidade civil do Estado" (STF, ADPF 395 e ADPF 444, Rel. Min. Gilmar Mendes, J. 18/12/2017).

Segundo o Ministro, "*a condução coercitiva para interrogatório representa uma restrição da liberdade de locomoção e da presunção de não culpabilidade, para obrigar a presença em um ato ao qual o investigado não é obrigado a comparecer. Daí sua incompatibilidade com a Constituição Federal.*" (Destaques constam do original).

Alguns meses depois, o Plenário do Supremo Tribunal Federal, "por maioria e nos termos do voto do Relator, julgou procedente a arguição de descumprimento de preceito fundamental, para pronunciar a *não recepção da expressão 'para o interrogatório'*, constante do *art. 260 do CPP*, e declarar a *incompatibilidade* com a Constituição Federal da *condução coercitiva de investigados ou de réus para interrogatório*", por entender que a mesma ofende o princípio da presunção de inocência ou presunção de não culpabilidade, o direito de liberdade e a dignidade da pessoa humana (STF, ADPF 395 e ADPF 444, J. 14/06/2018 – Informativo 906).

Além disso, nossa Corte Suprema esclareceu que a hipótese de condução coercitiva objeto das supracitadas arguições restringe-se, tão somente, àquela destinada à con-

---

62. No texto obtido no *site* do Planalto consta a expressão "em plena igualmente", aqui adaptada.
63. Sobre a necessidade de defesa técnica para o *colaborador premiado*, confira: Art. 3º-B, § 5º; Art. 3º-C, *caput* e §§ 1º e 2º; Arts. 4º, §§ 6º, 7º, 9º, 14 e 15; Art. 6º, incisos III e IV; Art. 7º, § 2º; todos da Lei nº 12.850/2013.

dução de investigados e réus à presença da autoridade policial ou judicial para serem interrogados, não tendo sido analisadas as demais hipóteses de condução coercitiva, tais como de vítimas para prestarem declarações (Art. 201, § 1º, CPP), de testemunhas para prestarem depoimento (Art. 218, CPP) ou mesmo de investigados ou réus para atos diversos do interrogatório, como o reconhecimento (Art. 226, CPP) e a identificação criminal (Lei nº 12.037/2009), por exemplo.

Partindo das mesmas premissas que inviabilizaram a condução coercitiva de investigados e réus para fins de interrogatório, é possível afirmar que o imputado também não pode ser conduzido coercitivamente para a *reprodução simulada dos fatos* ou *reconstituição do crime*, por se tratar de ato que pode ser realizado sem a sua presença e do qual não é obrigado a participar, na medida em que não é obrigado a produzir prova contra si. Assim, a participação do imputado na *reprodução simulada dos fatos* ou *reconstituição do crime* fica ao seu alvedrio, não podendo ser ele conduzido coercitivamente para tanto.

Nada obsta, contudo, a condução coercitiva do imputado para outros atos que não possam ser realizados sem a presença física dele, tais como o reconhecimento e a identificação criminal (modalidades passivas), desde que, previamente intimado, não compareça e nem justifique a ausência. Nesse sentido:

O comparecimento do réu aos atos processuais, em princípio, é um direito e não um dever, sem embargo da possibilidade de sua condução coercitiva, caso necessário, por exemplo, para audiência de reconhecimento. Nem mesmo ao interrogatório estará obrigado a comparecer, mesmo porque as respostas às perguntas formuladas ficam ao seu alvedrio. (STF, HC 151.395/MG, Rel. Min. Gilmar Mendes, J. 08/03/2018).

Positivando o entendimento firmado pela Suprema Corte nas Arguições de Descumprimento de Preceitos Fundamentais nº 395 e 444, a nova Lei de Abuso de Autoridade (Lei nº 13.869/2019), em seu art. 10, criminalizou a conduta de quem *decretar a condução coercitiva de testemunha ou investigado manifestamente descabida ou sem prévia intimação de comparecimento ao juízo*, punindo-a com pena de detenção, de 1 (um) a 4 (quatro) anos, e multa.

Por outro lado, considerando que o imputado deve ser informado dos seus direitos, entre os quais o de permanecer calado, o Supremo Tribunal Federal, na Reclamação nº 33.711/SP, com relatoria do Ministro Gilmar Mendes, em julgamento no dia 11/06/2019, anulou entrevista realizada e formalizada pela Polícia, durante o cumprimento de mandado de busca e apreensão, por entender que houve violação ao direito ao silêncio e a não autoincriminação:

(...) 3. Reclamante submetido a "entrevista" durante o cumprimento de mandado de busca e apreensão. Direito ao silêncio e a não autoincriminação. *Há a violação do direito ao silêncio e a não autoincriminação, estabelecidos nas decisões proferidas nas ADPFs 395 e 444, com a realização de interrogatório forçado, travestido de "entrevista", formalmente documentado durante o cumprimento de mandado de busca e apreensão, no qual não se oportunizou ao sujeito da diligência o direito à prévia consulta a seu advogado e nem se certificou, no referido auto, o direito ao silêncio e a não produzir provas contra si mesmo, nos termos da legislação e dos precedentes transcritos.* 4. A realização de interrogatório em ambiente intimidatório representa uma diminuição da garantia contra a autoincriminação. O fato de o interrogado responder a determinadas perguntas não significa que ele abriu mão do seu direito. As provas obtidas através de busca e apreensão realizada com violação à Constituição não devem ser admitidas. Precedentes dos casos Miranda v. Arizona e Mapp v. Ohio, julgados pela Suprema Corte dos Estados Unidos. Necessidade de consolidação de uma jurisprudência brasileira em favor das pessoas investigadas. 5. Reclamação julgada procedente para declarar a nulidade da "entrevista" realizada e das provas derivadas, nos termos do art. 5º, LVI, da CF/88 e do art. 157, §1º, do CPP, determinando ao juízo de origem que proceda ao desentranhamento das peças.

Nessa mesma linha, a 2ª Turma do STF, também com relatoria do Ministro Gilmar Mendes, decidiu que "a informação de que o suspeito tem direito ao silêncio deve ser prestada ao preso pelos policiais responsáveis pela voz de prisão e não apenas pelo delegado de polícia, quando de seu interrogatório formal" (STF, 2ª T, RHC 170.843 AgR/SP, *J*. 04/05/2021).[64]

Em sentido oposto, a 5ª Turma do STJ decidiu que a exigência do Aviso de Miranda[65] não se aplica às abordagens policiais, uma vez que "a legislação processual penal não exige que os policiais, no momento da abordagem, cientifiquem o abordado quanto ao seu direito em permanecer em silêncio (Aviso de Miranda), uma vez que tal prática somente é exigida nos interrogatórios policial e judicial" (STJ, AgRg no AREsp 2.465.214/SC, 5ª T, *J*. 19/03/2024).[66]

Além do direito ao silêncio, o imputado tem o direito ao *nemo tenetur se detegere*, ou seja, o direito de não produzir prova contra si, podendo se recusar a praticar qualquer ato probatório que entenda ser prejudicial à sua defesa, não sendo obrigado, por exemplo, a participar da reprodução simulada dos fatos, a fornecer material grafotécnico para perícia e a responder perguntas durante interrogatórios ou eventuais acareações. Caberá ao imputado decidir se atuará positivamente em tais situações ou se permanecerá em silêncio e omisso.[67]

Inclusive, a nova Lei de Abuso de Autoridade (Lei nº 13.869/2019), em seu art. 13, criminalizou a conduta de *constranger o preso ou o detento, mediante violência, grave ameaça ou redução de sua capacidade de resistência, a produzir prova contra si mesmo ou contra terceiro*, punindo-a com pena de detenção, de 1 (um) a 4 (quatro) anos, e multa, sem prejuízo da pena cominada à violência.

A mesma Lei, em seu art. 15, parágrafo único, também criminalizou a conduta de quem *prosseguir com o interrogatório de pessoa que tenha decidido exercer o direito*

---

64. No mesmo sentido: STF, RHC 192.798 AgR/SP, 2ª T, *J*. 24/02/2021; STF, RHC 207.459, 2ª T, *J*. 25/04/2023.
65. Caso Miranda v. Arizona, em que a Suprema Corte dos Estados Unidos decidiu que a acusação não poderia se utilizar de declarações obtidas por agentes policiais após a apreensão ou detenção de acusados, sem a demonstração da utilização de procedimentos que evidenciassem a proteção contra a autoincriminação, prevista na Quinta Emenda à Constituição dos Estados Unidos. Registrou-se, como *ratio decidendi*, que a incomunicabilidade existente nos interrogatórios policiais nos Estados Unidos constituiria um ambiente intimidatório que diminuiria o direito a não incriminação.
66. No mesmo sentido: STJ, AgRg no HC 846.215/BA, 5ª T, *J*. 02/09/2024; STJ, AgRg no HC 842.476/GO, 5ª T, *J*. 02/09/2024; STJ, AgRg no HC 936.949/SP, 5ª T, *J*. 27/08/2024; STJ, AgRg no AREsp 2.308.317/MG, 6ª T, *J*. 20/08/2024; STJ, AgRg no HC 931.475/SC, 5ª T, *J*. 12/02/2025.
67. LOPES JUNIOR, Aury Celso Lima, 2021, p. 42.

ao silêncio ou de pessoa que tenha optado por ser assistida por advogado ou defensor público, sem a presença de seu patrono, punindo-a com pena de detenção, de 1 (um) a 4 (quatro) anos, e multa.

Trazendo mitigações importantes ao *nemo tenetur se detegere*, a Lei nº 12.654/2012, por meio de alterações na Lei de Identificação Criminal (Lei nº 12.037/2009) e na Lei de Execução Penal (Lei nº 7.210/1984), previu a coleta de material biológico do imputado, voluntariamente ou não: (i) como forma de identificação criminal, *com autorização judicial*;[68] e (ii) como *consequência da condenação* por crime doloso praticado com violência grave contra a pessoa, bem como por crime contra a vida, contra a liberdade sexual ou por crime sexual contra vulnerável, por ocasião do ingresso no estabelecimento prisional.[69]-[70]

Portanto, conforme a legislação em vigor, mesmo em caso de recusa do imputado, caso haja ordem judicial determinando a coleta de seu material biológico para fins de identificação criminal ou exista condenação contra ele por crime praticado, dolosamente, com violência de natureza grave contra a pessoa ou por crime contra a vida, contra a liberdade sexual ou por crime sexual contra vulnerável, poderá ser feita a coleta de seu material biológico, desde que de forma não invasiva, por técnica adequada e indolor (cortando fios de cabelo, por exemplo).

Caso o imputado não se oponha à coleta do material biológico, o método mais recomendado é a coleta de saliva e células da mucosa bucal, por meio do ato de esfregar um *Swab* (espécie de cotonete) na parte interna das bochechas.

É importante lembrar, ainda, que em se tratando de material descartado, tais como copo, talher, guimba de cigarro etc., a prova será lícita:

---

68. Art. 3º, inciso IV, c/c art. 5º, parágrafo único, ambos da Lei nº 12.037/2009 (Lei de Identificação Criminal).
69. Art. 9º-A da Lei nº 7.210/1984 (Lei de Execução Penal), com a nova redação dada pela Lei nº 13.964/2019. Sobre a sua aplicabilidade: "(...) 5. Não se desconhece que a constitucionalidade da extração compulsória de material genético foi questionada no Supremo Tribunal Federal no RE n. 973.837/MG - com repercussão geral reconhecida (Tema n. 905) -, e o tema está pendente de julgamento. *Por ora, o art. 9º-A da Lei n. 7.210/1984 é válido e eficaz para todos os efeitos*. Contudo, ele não se aplica ao caso concreto, que se refere ao recolhimento de matéria orgânica oriunda de objeto dispensado pelo agente, ao passo que o mencionado dispositivo legal regula a obrigatoriedade da identificação do perfil genético, mediante extração de DNA, por técnica adequada e indolor, na ocasião do ingresso do reeducando no estabelecimento prisional, situação diversa. 6. Para fins de investigação criminal, esta Corte permite a realização de exame de DNA em resquício orgânico que não mais integra o corpo do indivíduo. Precedentes. (...)" (STJ, AgRg no AREsp 2.528.258/SC, 6ª T, J. 14/05/2024).
70. "Penal e execução penal. *Habeas corpus*. Coleta de material genético. Paciente condenado por crime com violência contra a pessoa (...). Preenchimento dos requisitos. Ausência de constrangimento ilegal. Ordem denegada. 1. Segundo o art. 9º-A da Lei de Execução Penal, os condenados por crime praticado, dolosamente, com violência de natureza grave contra pessoa (...), serão submetidos, obrigatoriamente, à identificação do perfil genético, mediante extração de DNA – ácido desoxirribonucleico, por técnica adequada e indolor. 2. No caso em exame, o paciente cumpre pena pela prática dos crimes de homicídio qualificado (duas vezes), ocultação de cadáver, crueldade contra animais e posse irregular de arma de fogo de uso permitido, restando atendidos, assim, os requisitos legais estatuídos pelo dispositivo supracitado: condenação por crime com violência de natureza grave contra pessoa (...). 3. Habeas corpus denegado." (STJ, HC 536.114/MG, 6ª T, J. 04/02/2020).

(...) 2. A Constituição Federal proclama em seu art. 5º, X, que são invioláveis a intimidade, a vida privada, a honra e a imagem das pessoas, assegurado o direito à indenização pelo dano material ou moral decorrente de sua violação. 3. De outra parte, o direito do investigado ou do acusado de não produzir provas contra si foi positivado pela Constituição da República no rol petrificado dos direitos e garantias individuais (art. 5.º, inciso LXIII). Nessa linha de raciocínio, o Constituinte originário, ao editar tal regra, "nada mais fez senão consagrar, desta vez no âmbito do sistema normativo instaurado pela Carta da República de 1988, diretriz fundamental proclamada, desde 1791, pela Quinta Emenda [à Constituição dos Estados Unidos da América], que compõe o "Bill of Rights" norte-americano" (STF, HC 94.082-MC/RS, Rel. Min. Celso De Mello, DJ de 25/03/2008). 4. O princípio *nemo tenetur se detegere*, expressamente reconhecido também no Pacto de San José da Costa Rica – promulgado pelo Decreto n. 678, de 1992 -, art. 8º, 2, g, serve para neutralizar os arbítrios contra a dignidade da pessoa humana eventualmente perpetrados pela atividade estatal de persecução penal. Protege os acusados ou suspeitos de possíveis violências físicas e morais empregadas pelo agente estatal na coação em cooperar com a investigação criminal (REsp 1677380/RS, 2ª Turma, julgado em 10/10/2017, DJe 16/10/2017). 5. No caso, entretanto, *não há que falar em violação à intimidade já que o investigado, no momento em que dispensou o copo e a colher de plástico por ele utilizados em uma refeição, deixou de ter o controle sobre o que outrora lhe pertencia (saliva que estava em seu corpo)*. 6. Também inexiste violação do direito a não autoincriminação, pois, embora o investigado, no primeiro momento, tenha se recusado a ceder o material genético para análise, o exame do DNA foi realizado sem violência moral ou física, utilizando-se de material descartado pelo paciente, o que afasta o apontado constrangimento ilegal. Precedentes. 7. Partes desintegradas do corpo humano: não há, nesse caso, nenhum obstáculo para sua apreensão e verificação (ou análise ou exame). São partes do corpo humano (vivo) que já não pertencem a ele. Logo, todas podem ser apreendidas e submetidas a exame normalmente, sem nenhum tipo de consentimento do agente ou da vítima. O caso Roberta Jamile (o delegado se valeu, para o exame do DNA, da saliva dela que se achava nos cigarros fumados e jogados fora por ela) assim como o caso Glória Trevi (havia suspeita de que essa cantora mexicana, que ficou grávida, tinha sido estuprada dentro do presídio; aguardou-se o nascimento do filho e o DNA foi feito utilizando-se a placenta desintegrada do corpo dela) são emblemáticos: a prova foi colhida (obtida) em ambos os casos de forma absolutamente lícita (legítima) (cf. Castanho Carvalho e, quanto ao último caso, STF, Recl. 2.040-DF, Rel. Min. Néri da Silveira, j. 21.02.02). 8. Habeas corpus não conhecido.

(STJ, HC 354.068/MG, 5ª T, J. 13/3/2018). No mesmo sentido: (STF, HC 155.364/MG, Rel. Min. Alexandre de Moraes, J. 05/02/2019)

Noutra senda, o direito de não produzir prova contra si não contempla a atribuição de falsa identidade, conforme entendimento do Supremo Tribunal Federal explicitado no Recurso Extraordinário nº 640.139[71] e sumulado pelo Superior Tribunal de Justiça pela Súmula nº 522,[72] constituindo tal conduta o crime previsto no art. 307 do Código Penal.

---

71. "ementa constitucional. Penal. Crime de falsa identidade. Artigo 307 do código penal. Atribuição de falsa identidade perante autoridade policial. Alegação de autodefesa. Artigo 5º, inciso LXIII, da Constituição. Matéria com repercussão geral. Confirmação da jurisprudência da corte no sentido da impossibilidade. Tipicidade da conduta configurada. O princípio constitucional da autodefesa (art. 5º, inciso LXIII, da CF/88) não alcança aquele que atribui falsa identidade perante autoridade policial com o intento de ocultar maus antecedentes, sendo, portanto, típica a conduta praticada pelo agente (art. 307 do CP). O tema possui densidade constitucional e extrapola os limites subjetivos das partes. (STF, RE 640.139/DF, Pleno, J. 22/09/2011)
72. STJ, *Súmula 522 – A conduta de atribuir-se falsa identidade perante autoridade policial é típica, ainda que em situação de alegada autodefesa. (3ª Seção, J. 25/03/2015)*. Precedentes: "(1) O Superior Tribunal de Justiça, alinhando-se à posição adotada pelo Supremo Tribunal Federal, firmou compreensão de ser típica a conduta de atribuir-se falsa identidade perante autoridade policial, não sendo de falar em autodefesa. O Supremo Tribunal Federal julgou, com repercussão geral sobre a matéria, o mérito do RE n. 640.139/DF (de relatoria do Ministro Dias Toffoli, publicado no DJe de 14/10/2011), no sentido de que o princípio constitucional da

Caso o imputado, ao invés de apenas atribuir-se falsa identidade, faça uso de documento de identificação falso perante a autoridade policial, o crime será o do art. 304 do Código Penal. Se o imputado utilizar, como próprio, documento de terceiro, o crime será o do art. 308 do Código Penal.

Portanto, resta claro que a garantia de permanecer calado e de não produzir prova contra si abrange o direito de calar, mentir ou omitir sobre *os fatos e circunstâncias que são imputados* à pessoa na investigação criminal ou no processo penal, mas não quanto à sua qualificação (identificação).

Nessa esteira, o art. 313, § 1º, do Código de Processo Penal permite a prisão preventiva *quando houver dúvida sobre a identidade civil da pessoa ou quando esta não fornecer elementos suficientes para esclarecê-la*, assim como o art. 1º, inciso II, da Lei nº 7.960/1989, trata do cabimento da prisão temporária quando o imputado *não fornecer elementos necessários ao esclarecimento de sua identidade*, demonstrando que o direito ao silêncio realmente não abarca os dados qualificativos, mas tão somente a matéria de fato.

Além disso, o art. 68 da Lei de Contravenções Penais (Decreto-Lei nº 3.688/1941) estabelece pena de multa para quem *recusar à autoridade, quando por esta, justificadamente solicitados ou exigidos, dados ou indicações concernentes à própria identidade, estado, profissão, domicílio e residência.*

1.4.6 Princípios da publicidade e motivação das decisões judiciais

Os princípios da *publicidade* e *motivação das decisões judiciais* estão estampados no art. 93, inciso IX, da Constituição Federal, segundo o qual *todos os julgamentos dos órgãos do Poder Judiciário serão públicos, e fundamentadas todas as decisões, sob pena de nulidade, podendo a lei limitar a presença, em determinados atos, às próprias partes e a seus advogados, ou somente a estes, em casos nos quais a preservação do direito à intimidade do interessado no sigilo não prejudique o interesse público à informação.*[73]

---

autodefesa não alcança aquele que atribui falsa identidade perante autoridade policial com o intento de ocultar maus antecedentes. (AgRg no AREsp 357943 RS, Rel. Ministro Sebastião Reis Júnior, Sexta Turma, julgado em 15/10/2013, DJe 28/10//2013). (2) Esta Corte, em recentes julgados, observando orientação emanada do Supremo Tribunal Federal, firmou compreensão no sentido de que *tanto o uso de documento falso (art. 304 do Código Penal), quanto a atribuição de falsa identidade (art. 307 do Código Penal)*, ainda que utilizados para fins de autodefesa, visando a ocultação de antecedentes, configuram crime. [...] não se pode negar que a atribuição a si próprio de falsa identidade com o intuito de ocultar antecedentes criminais não encontra amparo na garantia constitucional de permanecer calado, tendo em vista que esta abrange tão somente o direito de mentir ou omitir sobre os fatos que lhe são imputados e não quanto à sua identificação. [...]" (HC 168671 SP, Rel. Ministro Marco Aurélio Bellizze, Quinta Turma, julgado em 23/10/2012, DJe 30/10/2012).

73. Na esteira da CF/88, diversas leis também fizeram menção à necessidade de fundamentação das decisões judiciais. Sobre a questão, cito alguns exemplos: Arts. 155, 185, § 2º, 282, §§ 3º e 6º, 283, 310, 312, § 2º, 315, 316, parágrafo único, 381, III, 382, 386, 387, 413, 414, 415, 427, § 2º, 444, 564, V, 660 e 697, todos do CPP; Art. 190-A, I, da Lei nº 8.069/1990; Art. 7º, § 6º, da Lei nº 8.906/1994; Art. 5º da Lei nº 9.296/1996; Art. 4º, §§ 7º-A e 16, Art. 10, Art. 10-A, § 4º, e Art. 22, parágrafo único, todos da Lei nº 12.850/2013.

O *princípio da publicidade* traz "a garantia do acesso de todo e qualquer cidadão aos atos praticados no curso do processo", com *publicidade ampla*, assegurando "a transparência da atividade jurisdicional, oportunizando sua fiscalização não só pelas partes, como por toda a comunidade", o que "revela uma clara postura democrática".[74]

Assim, *a lei só poderá restringir a publicidade dos atos processuais quando a defesa da intimidade ou o interesse social o exigirem* (Art. 5º, LX, CF/88), o que ocorre, por exemplo, com os crimes contra a dignidade sexual,[75] em que os processos possuem apenas *publicidade restrita* ou *interna*, comumente chamada de *segredo de justiça*, cujos atos serão realizados apenas perante as pessoas diretamente interessadas no feito e seus respectivos procuradores, ou somente perante estes.[76]

Por sua vez, o *princípio da motivação das decisões judiciais* estabelece que todas as decisões judiciais, tanto as sentenças e os acórdãos, quanto as decisões interlocutórias, especialmente aquelas que impliquem restrições de direitos e garantias fundamentais (Exemplos: decretos de prisões; interceptação telefônica; busca e apreensão etc.), devem ser devidamente motivadas e fundamentadas, sob pena de nulidade, o que permite o controle da legalidade da decisão e dos seus fundamentos.

Nesse sentido, o art. 315 do Código de Processo Penal, cujo § 2º é cópia fiel do art. 489, § 1º, do Código de Processo Civil, positiva uma tendência processual pela busca de decisões judiciais mais bem elaboradas:

> Art. 315. A decisão que decretar, substituir ou denegar a prisão preventiva será sempre *motivada e fundamentada*.
>
> § 1º Na motivação da decretação da prisão preventiva ou de qualquer outra cautelar, o juiz deverá indicar concretamente a existência de fatos novos ou contemporâneos que justifiquem a aplicação da medida adotada.
>
> § 2º *Não se considera fundamentada qualquer decisão judicial, seja ela interlocutória, sentença ou acórdão, que*:
>
> I – limitar-se à indicação, à reprodução ou à paráfrase de ato normativo, sem explicar sua relação com a causa ou a questão decidida;
>
> II – empregar conceitos jurídicos indeterminados, sem explicar o motivo concreto de sua incidência no caso;
>
> III – invocar motivos que se prestariam a justificar qualquer outra decisão;
>
> IV – não enfrentar todos os argumentos deduzidos no processo capazes de, em tese, infirmar a conclusão adotada pelo julgador;
>
> V – limitar-se a invocar precedente ou enunciado de súmula, sem identificar seus fundamentos determinantes nem demonstrar que o caso sob julgamento se ajusta àqueles fundamentos;

---

74. LIMA, Renato Brasileiro de, 2021, p. 62 e 63.
75. Código Penal, Art. 234-B. Os processos em que se apuram crimes definidos neste Título correrão em segredo de justiça. (Vide, ainda, Lei nº 14.069/2020 que criou o Cadastro Nacional de Pessoas Condenadas por Crime de Estupro, o qual conterá, no mínimo, as seguintes informações sobre as pessoas condenadas por esse crime: características físicas e dados de identificação datiloscópica; identificação do perfil genético; fotos; local de moradia e atividade laboral desenvolvida, nos últimos 3 anos, em caso de concessão de livramento condicional. Instrumento de cooperação celebrado entre a União e os entes federados definirá: o acesso às informações constantes da base de dados do Cadastro; e as responsabilidades pelo processo de atualização e de validação dos dados inseridos em tal base de dados).
76. LIMA, Renato Brasileiro de, 2021, p. 64.

VI – deixar de seguir enunciado de súmula, jurisprudência ou precedente invocado pela parte, sem demonstrar a existência de distinção no caso em julgamento ou a superação do entendimento.

A exigência de fundamentação das decisões judiciais propicia a avaliação do raciocínio desenvolvido na valoração da prova, explicitando o controle da eficácia do contraditório, a existência de prova suficiente para afastar a presunção de inocência (para condenação) e se foram observadas as regras do devido processo legal, por exemplo, se o juiz formou a sua convicção pela apreciação da prova produzida em contraditório judicial, não fundamentando sua decisão *exclusivamente* nos elementos informativos colhidos na investigação, ressalvadas as provas cautelares, não repetíveis e antecipadas, conforme art. 155 do Código de Processo Penal.[77]

Por meio da fundamentação da decisão judicial, é possível examinar a sua legalidade e justiça em sede recursal, bem como propicia-se às partes o conhecimento das razões da decisão para impugná-la, verificando, inclusive, se as suas teses foram objeto de exame pelo juiz, ao qual também importa a motivação, por meio da qual resta evidenciada a sua atuação imparcial e justa.[78]

Nessa esteira, o STJ decidiu que em decisões que autorizem a interceptação das comunicações telefônicas de investigados, é inválida a utilização da técnica da fundamentação *per relationem* (por referência) sem tecer nenhuma consideração autônoma, ainda que sucintamente, justificando a indispensabilidade da autorização de inclusão ou de prorrogação de terminais em diligência de interceptação telefônica.[79]

---

77. LOPES JUNIOR, Aury Celso Lima, 2021, p. 43.
78. GRINOVER, Ada Pellegrini; GOMES FILHO, Antonio Magalhães; SCARANCE FERNANDES, Antonio, 2006, p. 119 apud DEZEM, Guilherme Madeira, 2017, p. 133.
79. "Recurso em *habeas corpus*. Operação sevandija. Interceptação telefônica. Fundamentação da decisão inicial e das prorrogações da medida. Inidoneidade. Recurso provido. 1. Consoante imposição do art. 93, IX, primeira parte, da Constituição da República de 1988, "todos os julgamentos dos órgãos do Poder Judiciário serão públicos, e fundamentadas todas as decisões, sob pena de nulidade", exigência que funciona como garantia da atuação imparcial e *secundum legis* (sentido lato) do órgão julgador. Presta-se a motivação das decisões jurisdicionais a servir de controle, da sociedade e das partes, sobre a atividade intelectual do julgador, para que verifiquem se este, ao decidir, considerou todos os argumentos e as provas produzidas pelas partes e se bem aplicou o direito ao caso concreto. 2. A decisão que autorizou a interceptação telefônica carece de motivação idônea, porquanto não fez referência concreta aos argumentos mencionados na representação ministerial, tampouco demonstrou, ainda que sucintamente, o porquê da imprescindibilidade da medida invasiva da intimidade. 3. Também as decisões que autorizaram a prorrogação da medida não foram concretamente motivadas, haja vista que, mais uma vez, o Juiz de primeiro grau se limitou a autorizar a inclusão de outros terminais a prorrogação das diligências já em vigor e a exclusão de outras linhas telefônicas, nos moldes requeridos pelo *Parquet*, sem registrar, sequer, os nomes dos representados adicionados e daqueles em relação aos quais haveria continuidade das diligências, nem sequer dizer as razões pelas quais autorizava as medidas. 4. Na clássica lição de Vittorio Grevi (*Libertà personale dell'imputato e costituzione*. Giuffrè: Milano, 1976, p. 149), cumpre evitar que a garantia da motivação possa ser substancialmente afastada "mediante o emprego de motivações tautológicas, apodíticas ou aparentes, ou mesmo por meio da preguiçosa repetição de determinadas fórmulas reiterativas dos textos normativos, em ocasiões reproduzidas mecanicamente em termos tão genéricos que poderiam adaptar-se a qualquer situação." 5. Esta Corte Superior admite o emprego da técnica da fundamentação *per relationem*. Sem embargo, *tem-se exigido, na jurisprudência desta Turma, que o juiz, ao reportar-se a fundamentação e a argumentos alheios, ao menos os reproduza e os ratifique,*

Logo, embora o STJ admita o emprego da técnica da fundamentação *per relationem*, tem-se exigido que o juiz, ao reportar-se a fundamentação e a argumentos alheios, ao menos os reproduza e os ratifique, eventualmente, com acréscimo de seus próprios motivos.

1.4.7 Princípio do duplo grau de jurisdição

O *princípio do duplo grau de jurisdição* consiste no direito da parte prejudicada pela decisão de primeira instância submeter o caso a outro órgão jurisdicional, superior hierarquicamente, para revisão da decisão, nos limites daquilo que foi discutido em primeiro grau.[80]

Assim, a principal função do duplo grau de jurisdição é possibilitar a devolução de toda a matéria, fática e jurídica, a um órgão jurisdicional superior, para análise colegiada, feita por julgadores mais experientes, cuja multiplicidade de olhares mitigará os riscos de erro judiciário, mais propenso de ocorrer em um julgamento feito por um só juiz, em regra menos experiente e bem mais atarefado do que os membros do Tribunal.

O duplo grau de jurisdição, todavia, não se aplica às pessoas que possuem foro especial por prerrogativa de função, lhes sendo permitido, apenas, conforme o caso, interpor recurso especial para o Superior Tribunal de Justiça e/ou recurso extraordinário para o Supremo Tribunal Federal, nos quais não se discutirá matéria de fato, apenas de direito.

O exercício do duplo grau de jurisdição é facultativo, *inexistindo obrigatoriedade* de qualquer das partes interpor recurso contra a decisão de primeira instância, quer seja ela condenatória, quer seja absolutória própria ou imprópria. Caso as partes, acusação e defesa, se conformem com a decisão proferida pelo juiz de primeira instância, podem renunciar ao prazo recursal ou simplesmente deixar tal prazo transcorrer *in albis*, o que levará ao seu escoamento e, com isso, à preclusão temporal, cuja consequência será o trânsito em julgado da decisão.

Caso se trate de crime político (Arts. 359-I a 359-R do Código Penal), cuja competência é da Justiça Federal (Art. 109, IV, CF/88), a sentença proferida será impugnável por meio de recurso ordinário para o Supremo Tribunal Federal, previsto no art. 102, inciso II, *alínea b*, da Constituição Federal, ou seja, em caso de crime político o duplo grau de jurisdição é exercido, diretamente, pela Suprema Corte.

---

eventualmente, com acréscimo de seus próprios motivos. Precedentes. 6. Na estreita via deste *writ*, não há como aferir se a declaração de nulidade das interceptações macula por completo o processo penal, ou se há provas autônomas que possam configurar justa causa para sustentar o feito apesar da ilicitude reconhecida. 7. Recurso provido para reconhecer a ilicitude das provas obtidas por meio das interceptações telefônicas, bem como de todas as que delas decorreram, de modo que deve o Juiz de Direito desentranhar as provas que tenham sido contaminadas pela nulidade. Extensão de efeitos aos coacusados, nos termos do voto." (STJ, RHC 119.342/SP, 6ª T, J. 20/09/2022).

80. LOPES JUNIOR, Aury Celso Lima, 2021, p. 426.

1.4.8 Princípio da dignidade da pessoa humana

Segundo o princípio da dignidade da pessoa humana, "cada indivíduo é um fim em si mesmo, com autonomia para se comportar de acordo com seu arbítrio, nunca um meio ou instrumento para consecução de resultados, não possuindo preço", de maneira que o indivíduo deve ser reconhecido como ser único e com valor superior ao de qualquer coisa.[81]

Na medida em que a dignidade da pessoa humana se tornou uma categoria jurídica, ela precisa ser dotada de conteúdos mínimos, para que haja unidade e objetividade em sua interpretação e aplicação, impedindo que se torne uma embalagem para qualquer produto, um mero artifício retórico, sujeito a manipulações diversas, devendo ser afastada de doutrinas abrangentes, totalizadoras, que expressem uma visão unitária do mundo, como as religiões ou as ideologias cerradas.[82]

A ideia de dignidade humana não deve, portanto, ser utilizada para legitimar posições intolerantes e autoritárias, mas sim determinar seus conteúdos mínimos optando, precipuamente, pela laicidade, de maneira que o seu foco não seja "uma visão judaica, cristã, muçulmana, hindu ou confucionista. Salvo, naturalmente, quanto aos pontos em que todas as grandes religiões compartilhem valores comuns".[83]

Demonstrada a interdependência entre os direitos humanos, os direitos fundamentais e a dignidade da pessoa humana, é preciso abordar as principais características dos direitos fundamentais, dentre as quais está a *universalidade*, a qual estabelece que em toda sociedade deve haver um núcleo mínimo de proteção à dignidade, o que não implica uniformidade, pois os aspectos culturais influenciam o conteúdo e a significação dos direitos fundamentais.[84]

Outra importante característica é a *historicidade*, pois os direitos fundamentais surgem e se desenvolvem conforme o momento histórico, ou seja, não surgiram simultaneamente, mas em períodos distintos, conforme a demanda de cada época, sendo que a consagração progressiva e sequencial dos direitos fundamentais nas constituições originou as chamadas gerações de direitos fundamentais.[85]

Segundo a teoria das gerações dos direitos, há três gerações dos direitos: a primeira tem por alicerce a *liberdade*, compreendendo os direitos civis e políticos, inclusive a liberdade religiosa e a liberdade de manifestação do pensamento; a segunda se fundamenta na *igualdade* e corresponde aos direitos econômicos, sociais e culturais, tais como os direitos trabalhistas, alimentação, saúde, moradia, educação, aposentadoria e assistência social; a terceira encontra sustentáculo na *fraternidade*, açambarcando os

---

81. DEZEM, Guilherme Madeira, 2018, p. 54.
82. BARROSO, Luís Roberto, 2010, p. 19-20.
83. BARROSO, Luís Roberto, 2010, p. 20.
84. NOVELINO, Marcelo, p. 383.
85. NOVELINO, Marcelo, p. 383-384.

direitos de solidariedade, dentre os quais se encontram o direito à paz, ao meio ambiente e ao desenvolvimento.[86]

Hodiernamente, face ao avanço tecnológico e científico, os direitos fundamentais evoluíram para proteger novos bens jurídicos ligados a questões como genoma humano, combate ao terrorismo, tecnologia da informação, privacidade, propriedade intelectual, *Internet*, clonagem humana, pesquisas com células-tronco, dentre tantas outras questões atuais, fazendo com que se fale em novas gerações de direitos.

Neste ponto é importante registrar que as gerações dos direitos surgem a partir de um processo de acumulação e não de sucessão, ou seja, uma não substitui a outra, mas sim complementa, razão pela qual a doutrina atual prefere utilizar o termo dimensões ao invés de gerações, devendo-se ressaltar que os direitos fundamentais são indivisíveis e interdependentes, não havendo direitos fundamentais de segunda categoria ou hierarquia entre as suas dimensões.[87]

1.4.9 Princípio da duração razoável do processo

O *princípio da duração razoável do processo*, inicialmente previsto nos itens 7.5 e 8.1 da Convenção Americana sobre Direitos Humanos, recepcionado por força do art. 5º, § 2º, da Constituição Federal, assumindo assim a condição de cláusula supralegal, foi formal e expressamente erigido à condição de princípio constitucional pela Emenda Constitucional nº 45, de 30 de dezembro de 2004, que inseriu, no art. 5º da magna carta, o inciso LXXVIII, segundo o qual *a todos, no âmbito judicial e administrativo, são assegurados a razoável duração do processo e os meios que garantam a celeridade de sua tramitação.*

No âmbito infraconstitucional, algumas leis estabelecem prazos visando a razoável duração do processo, tais como os noventa dias para encerramento da instrução preliminar no procedimento relativo aos processos da competência do Tribunal do Júri (Art. 412, CPP),[88] bem como os cento e vinte dias para encerramento da instrução criminal para apuração dos crimes previstos na Lei de organização criminosa, quando o réu estiver preso, prorrogáveis em até igual período, por decisão fundamentada, devidamente motivada pela complexidade da causa ou por fato procrastinatório atribuível ao réu (Art. 22, parágrafo único, Lei nº 12.850/2013).[89]

Como não há prazo constitucionalmente fixado estabelecendo o que seria a *razoável duração do processo*, a doutrina aponta três critérios que devem ser considerados

---

86. MARMELSTEIN, George, 2013, p. 37-46.
87. MARMELSTEIN, George, 2013, p. 50-54.
88. CPP, Art. 412. O procedimento será concluído no prazo máximo de 90 (noventa) dias.
89. Lei nº 12.850/2013, Art. 22, Parágrafo único. A instrução criminal deverá ser encerrada em prazo razoável, o qual não poderá exceder a 120 (cento e vinte) dias quando o réu estiver preso, prorrogáveis em até igual período, por decisão fundamentada, devidamente motivada pela complexidade da causa ou por fato procrastinatório atribuível ao réu.

para a sua verificação: complexidade do caso; conduta processual do acusado; conduta das autoridades judiciárias.[90]

Nessa mesma linha, a jurisprudência vem mitigando o *princípio da duração razoável do processo*, especialmente ao argumento de que a complexidade do caso, com elevado número de réus e a interposição de inúmeros requerimentos por parte da defesa, justificam, por exemplo, um processo em andamento, com réu preso, há dezoito meses:

> Processual penal e penal. Habeas corpus. Prisão preventiva. Tráfico de drogas. Associação. Excesso de prazo não configurado. Transcurso conforme o primado da razoabilidade. *Habeas corpus* denegado.
>
> 1. A aferição da razoabilidade da duração do processo não se efetiva de forma meramente aritmética. Na espécie, a ação penal tramita de forma regular e a *prisão* do paciente, *em 17/9/2015*, não pode ser considerada excessiva, tendo em vista a complexidade do feito envolvendo 8 réus com procuradores distintos, expedição de cartas precatórias e inúmeros requerimentos dos advogados dos acusados.
>
> 2. Havendo circunstâncias excepcionais a dar razoabilidade ao elastério nos prazos, como é o caso em análise, não há falar-se em flagrante ilegalidade.
>
> 3. Habeas corpus denegado. (STJ, HC 386.436/RS, 6ª T, J. 16/03/2017)

No caso acima retratado, a prisão ocorreu em 17 de setembro de 2015, enquanto o julgamento pelo Superior Tribunal de Justiça foi proferido em 16 de março de 2017, um ano e seis meses depois da prisão, sem que aquela corte superior tenha reconhecido como desarrazoada a duração do processo, fundamentando sua decisão, justamente, nos três critérios apontados pela doutrina, a saber: (i) a complexidade do caso ("complexidade do feito envolvendo 8 réus com procuradores distintos"); (ii) a conduta processual do acusado ("expedição de cartas precatórias e inúmeros requerimentos dos advogados dos acusados"); e (iii) a conduta das autoridades judiciárias ("a ação penal tramita de forma regular").

Não obstante, objetivando tornar efetivo o *princípio da duração razoável do processo*, a nova Lei de Abuso de Autoridade (Lei nº 13.869/2019), em seus artigos 31 e 37, criminalizou as condutas de quem: (i) estender injustificadamente a investigação, procrastinando-a em prejuízo do investigado ou fiscalizado; (ii) inexistindo prazo para execução ou conclusão de procedimento, o estende de forma imotivada, procrastinando-o em prejuízo do investigado ou do fiscalizado; (iii) demorar demasiada e injustificadamente no exame de processo de que tenha requerido vista em órgão colegiado, com o intuito de procrastinar seu andamento ou retardar o julgamento.

Nessa mesma linha, a Lei nº 13.964/2019, incluiu o parágrafo único no art. 316 do Código de Processo Penal, segundo o qual, *decretada a prisão preventiva, deverá o órgão emissor da decisão revisar a necessidade de sua manutenção a cada 90 (noventa) dias, mediante decisão fundamentada, de ofício, sob pena de tornar a prisão ilegal.*

---

90. DEZEM, Guilherme Madeira, 2017, p. 124-125.

1.5 FONTES

Conceitualmente, "fonte é o local de onde provém o direito",[91] portanto, quando se fala em fontes do direito processual penal é preciso buscar a origem das normas que o regulam.

As fontes do direito são divididas em: (i) *fontes materiais* ou *de produção*, que são aquelas que criam o direito, quais sejam a União, Estados e o Distrito Federal; (ii) *fontes formais*, *de cognição* ou *conhecimento*, que são os modos de expressão da norma jurídica positivada, ou seja, as leis em sentido amplo, que revelam o direito.[92]

Quanto às *fontes materiais* ou *de produção*, a Constituição Federal estabelece, em seu art. 22, inciso I, que compete privativamente à União legislar sobre *direito processual penal*, havendo três exceções em que é constitucionalmente permitido aos Estados e ao Distrito Federal legislar sobre a matéria: (1ª) se houver Lei Complementar autorizando os Estados a legislar sobre questões específicas da matéria (Art. 22, parágrafo único, CF/88); (2ª) nas hipóteses de legislação concorrente entre a União, os Estados e o Distrito Federal quando se tratar de direito penitenciário, custas dos serviços forenses, criação, funcionamento e processo do juizado de pequenas causas e procedimentos em matéria processual[93] (Art. 24, I, IV, X e XI, CF/88); (3ª) criação de lei de organização judiciária em projeto de lei de iniciativa do Tribunal de Justiça (Art. 125, § 1º, CF/88).

De qualquer forma, a legislação estadual ou distrital, quando cabível, não pode contrariar lei federal, tanto que *a superveniência de lei federal sobre normas gerais suspende a eficácia da lei estadual, no que lhe for contrário* (Art. 24, § 4º, CF/88).

Portanto, são *fontes materiais* ou *de produção* do direito processual penal a União, os Estados e o Distrito Federal, observados os supracitados limites e ressalvas estabelecidos pela Constituição Federal quanto aos Estados e o Distrito Federal.

Por outro lado, são *fontes formais*, *de cognição* ou *conhecimento* do direito processual penal a Constituição Federal, os tratados e convenções internacionais, o Código de Processo Penal e as leis especiais que tratam de matéria processual penal.

Também, podem ser entendidos como fontes formais do direito processual penal os regimentos internos dos tribunais, conforme preceitua o art. 96, inciso I, *alínea a*, da Constituição Federal, os quais, no entanto, não poderão contrariar as normas do

---

91. CAPEZ, Fernando, 2020, p. 117.
92. DEZEM, Guilherme Madeira, 2018, p. 13 e CAPEZ, Fernando, 2020, p. 117.
93. "Competência legislativa. Procedimento e processo. Criação de recurso. Juizados Especiais. Descabe confundir a competência concorrente da União, Estados e Distrito Federal para legislar sobre procedimentos em matéria processual; art. 24, XI, com a privativa para legislar sobre direito processual, prevista no art. 22, I, ambos da Constituição Federal. Os Estados não têm competência para a criação de recurso, como é o de embargos de divergência contra decisão de turma recursal" (AI 253.518-AgR, rel. Min. Marco Aurélio, *DJ* 18.08.2000). Para outras decisões sobre o assunto acesse: <http://www.stf.jus.br/portal/constituicao/artigoBD.asp?item=388>.

processo e as garantias processuais das partes.[94]-[95] As resoluções dos tribunais e conselhos,[96] também, têm se tornado fontes formais constantes do direito processual penal, não podendo igualmente contrariar a Constituição e as leis.

Quanto às medidas provisórias, é importante frisar que a Constituição Federal vedou a edição delas sobre matéria relativa a *direito penal, processual penal e processual civil* (Art. 62, § 1º, I, *b*, CF/88), razão pela qual elas não podem ser *fontes formais, de cognição* ou *conhecimento* do direito processual penal.

1.6 SISTEMAS PROCESSUAIS PENAIS

No direito processual penal há três sistemas básicos: (i) sistema acusatório; (ii) sistema inquisitivo ou inquisitório; e (iii) sistema misto. Para a maioria da doutrina, o sistema adotado no Brasil é o acusatório, enquanto uma parte minoritária sustenta ser o nosso sistema misto.[97]

No sentido majoritário, assim manifestou-se o Supremo Tribunal Federal:

(...) 2. *A Constituição de 1988 fez uma opção inequívoca pelo sistema penal acusatório. Disso decorre uma separação rígida entre, de um lado, as tarefas de investigar e acusar e, de outro, a função propriamente jurisdicional. Além de preservar a imparcialidade do Judiciário, essa separação promove a paridade de armas entre acusação e defesa, em harmonia com os princípios da isonomia e do devido processo legal.* Precedentes (STF, Ação Direta de Inconstitucionalidade 5.104/DF, Pleno, J. 21/05/2014).

O sistema acusatório é caracterizado pela distinção entre as atividades de investigar, acusar, defender e julgar, as quais são realizadas por órgãos distintos (Polícia, Ministério Público, Defensoria Pública ou defensor constituído ou nomeado e Poder Judiciário),[98] cabendo a iniciativa probatória às partes (acusação e defesa), as quais são tratadas de forma igualitária, em procedimento oral e público, com respeito ao contraditório, à ampla defesa, ao duplo grau de jurisdição e à presunção de inocência.[99]

Assim, no sistema acusatório *há clara distinção entre o órgão responsável pela acusação e aquele que proferirá o julgamento*, bem como a gestão das provas fica nas mãos das partes e não do juiz. O acusado é considerado sujeito de direitos e se encontra

---

94. DEZEM, Guilherme Madeira, 2017, p. 73-75.
95. CF/88, Art. 96. Compete privativamente: I - aos tribunais: a) eleger seus órgãos diretivos e elaborar seus regimentos internos, com observância das normas de processo e das garantias processuais das partes, dispondo sobre a competência e o funcionamento dos respectivos órgãos jurisdicionais e administrativos.
96. Exemplos: Resolução nº 213, de 15 de dezembro de 2015, do Conselho Nacional de Justiça, que dispõe sobre a apresentação de toda pessoa presa à autoridade judicial no prazo de 24 horas (instituiu a audiência de custódia); Resolução nº 63, de 26 de junho de 2009, do Conselho da Justiça Federal, que dispõe sobre a tramitação direta dos inquéritos policiais entre a Polícia Federal e o Ministério Público Federal; Resolução nº 181, de 7 de agosto de 2017, do Conselho Nacional do Ministério Público, que dispõe sobre instauração e tramitação do procedimento investigatório criminal a cargo do Ministério Público.
97. DEZEM, Guilherme Madeira, 2018, p. 30-31.
98. Em sua origem, a acusação cabia a um acusador privado e o julgamento a um júri popular (BADARÓ, Gustavo Henrique. *Processo penal*. 6. ed. rev., atual. e ampl. São Paulo: RT, 2018. p. 102).
99. BADARÓ, Gustavo Henrique, 2018, p. 102.

em posição de igualdade com o acusador, dentro de um procedimento que respeita o contraditório.

No sistema inquisitivo ou inquisitório as funções de investigar, acusar, defender e julgar são concentradas em uma mesma pessoa, que atua de ofício e em segredo, sem publicidade, inexistindo contraditório, sendo o réu mero objeto do processo, fonte de informação a ser extraída e não parte, geralmente permanecendo preso durante o processo, sem respeito à presunção de inocência.[100]

Por sua vez, o sistema misto é caracterizado por uma *fase pré-processual inquisitória*, sem publicidade e sem ampla defesa, durante a qual são realizadas, sob a presidência de um juiz, a investigação preliminar e a instrução preparatória, para fins de apurar materialidade, circunstâncias e autoria do fato criminoso, e outra *fase processual acusatória*, em que é apresentada acusação pelo órgão acusador ou querelado, o réu se defende e o juiz julga, com publicidade, oralidade, isonomia processual e direito da defesa se manifestar após a acusação.[101]

Logo, o sistema misto, também conhecido como sistema inquisitório reformado ou sistema napoleônico, constitui uma mistura entre o sistema acusatório e o sistema inquisitivo.

Aqueles que sustentam que o sistema processual penal brasileiro é misto, partem de uma análise conjunta da Constituição Federal e do Código de Processo Penal, além das leis especiais que trazem dispositivos de ordem processual penal. Para eles, embora a Constituição Federal tenha separado as funções de investigar, acusar, defender e julgar, o Código de Processo Penal permite a consideração, pelo julgador, de provas colhidas na fase inquisitiva, quando cautelares, não repetíveis e antecipadas (Art. 155, *in fine*, CPP), bem como a produção de provas de ofício pelo juiz (Art. 156, CPP).[102]

Com o objetivo de dissipar de vez a dúvida sobre a natureza do sistema processual penal brasileiro, deixando claro que ele é *acusatório*, o novo art. 3º-A do Código de Processo Penal foi expresso ao dispor que *o processo penal terá estrutura acusatória, vedadas a iniciativa do juiz na fase de investigação e a substituição da atuação probatória do órgão de acusação.*

Contudo, no julgamento das Ações Diretas de Inconstitucionalidade nº 6.298, 6.299, 6.300 e 6.305 o Supremo Tribunal Federal, por maioria, atribuiu interpretação conforme ao art. 3º-A do CPP para assentar que "*o juiz, pontualmente, nos limites legalmente autorizados, pode determinar a realização de diligências suplementares, para o fim de dirimir dúvida sobre questão relevante para o julgamento do mérito*".

O art. 3º-A do Código de Processo Penal foi objeto de aprofundado estudo no tópico *juiz das garantias*, para onde remetemos o leitor.

---

100. BADARÓ, Gustavo Henrique, 2018, p. 102.
101. LIMA, Renato Brasileiro de, 2021, p. 44.
102. DEZEM, Guilherme Madeira, 2018, p. 36.

1.6.1 Sistema acusatório *mitigado*

No dia 18/06/2020, no julgamento da Arguição de Descumprimento de Preceito Fundamental (ADPF) nº 572, o Supremo Tribunal Federal, por 10 votos a 1, declarou a constitucionalidade da Portaria GP nº 69/2019, de iniciativa da presidência da própria Corte, que determinou, de ofício, a instauração do inquérito policial nº 4.781, mais conhecido como inquérito das *fake news*, "instaurado com o objetivo de investigar a existência de notícias fraudulentas (fake news), denunciações caluniosas e ameaças contra a Corte, seus ministros e familiares".[103]

O Supremo Tribunal Federal, por maioria, entendeu ser constitucional o art. 43 do seu regimento interno, segundo o qual:

> Art. 43. Ocorrendo infração à lei penal na sede ou dependência do Tribunal, o Presidente instaurará inquérito, se envolver autoridade ou pessoa sujeita à sua jurisdição, ou delegará esta atribuição a outro Ministro.
>
> § 1º Nos demais casos, o Presidente poderá proceder na forma deste artigo ou requisitar a instauração de inquérito à autoridade competente.
>
> § 2º O Ministro incumbido do inquérito designará escrivão dentre os servidores do Tribunal.

O reconhecimento da constitucionalidade do art. 43 do Regimento Interno do Supremo Tribunal Federal constitui uma exceção ao sistema acusatório, tornando-o um *sistema acusatório mitigado*, na medida em que, a permanecer o entendimento da Suprema Corte, quando se tratar de crime praticado na sede do Supremo Tribunal Federal, contra este ou seus ministros, bem como por pessoa sujeita à sua jurisdição, a instauração do inquérito e a condução das investigações caberá ao próprio Supremo Tribunal Federal, por um dos seus ministros, que reunirá em uma só pessoa as funções de investigar e julgar, além de, em alguns casos, também figurar como vítima.

Em síntese, a instauração de tais investigações, de ofício, por autoridades do Poder Judiciário que são, a um só tempo, vítimas, investigadores e julgadores dos fatos, ofende a garantia do sistema acusatório.

A distinção entre quem investiga e quem julga é rígida, não apenas rigorosa, é absoluta, sem exceções, pois a concentração do poder de investigar e julgar em uma mesma pessoa, independentemente das circunstâncias fáticas alegadas, contraria toda a lógica constitucional brasileira.

1.6.2 Distinção entre as atividades de investigar e acusar

Quanto à distinção entre as atividades de investigar e acusar, que no sistema acusatório devem ser realizadas por órgãos distintos, o Supremo Tribunal Federal, no julgamento do Recurso Extraordinário nº 593.727/MG, firmou entendimento no sentido contrário, decidindo que o Ministério Público pode realizar investigações criminais:

---

103. Disponível em: <http://portal.stf.jus.br/noticias/verNoticiaDetalhe.asp?idConteudo=445860&ori=1>. Acesso em: 22 jul. 2020.

(...) 4. Questão constitucional com repercussão geral. Poderes de investigação do Ministério Público. Os artigos 5º, incisos LIV e LV, 129, incisos III e VIII, e 144, inciso IV, § 4º, da Constituição Federal, não tornam a investigação criminal exclusividade da polícia, nem afastam os poderes de investigação do Ministério Público. Fixada, em repercussão geral, tese assim sumulada: "*O Ministério Público dispõe de competência para promover, por autoridade própria, e por prazo razoável, investigações de natureza penal, desde que respeitados os direitos e garantias que assistem a qualquer indiciado ou a qualquer pessoa sob investigação do Estado, observadas, sempre, por seus agentes, as hipóteses de reserva constitucional de jurisdição e, também, as prerrogativas profissionais de que se acham investidos, em nosso País, os Advogados (Lei 8.906/94, artigo 7º, notadamente os incisos I, II, III, XI, XIII, XIV e XIX), sem prejuízo da possibilidade – sempre presente no Estado democrático de Direito – do permanente controle jurisdicional dos atos, necessariamente documentados (Súmula Vinculante 14), praticados pelos membros dessa instituição*". Maioria.[104] (STF, RE 593.727/MG, Pleno, J. 14/05/2015)

Assim, o Supremo Tribunal Federal, considerando a teoria dos poderes implícitos, no sentido de que *quem pode o mais, pode o menos*, associada ao disposto nos incisos VII e VIII do art. 129 da Constituição Federal, segundo os quais *são funções institucionais do Ministério Público exercer o controle externo da atividade policial* e *requisitar diligências investigatórias e a instauração de inquérito policial*, indicados os fundamentos jurídicos de suas manifestações processuais, entendeu que Ministério Público, também, pode promover suas próprias investigações.

Na doutrina, Marcão sustenta que a polícia judiciária não possui o monopólio da investigação criminal, sendo consectário lógico da própria função do órgão ministerial, titular exclusivo da ação penal pública, proceder à realização de diligências investigatórias pertinentes ao seu âmbito de atuação (Marcão, 2023, p. 89).

O autor também se baseia no art. 26 da Lei nº 8.625/1993 (Lei Orgânica Nacional do Ministério Público), que autoriza o Ministério Público, no exercício de suas funções, a "instaurar procedimentos administrativos; expedir notificações para colher depoimento ou esclarecimentos; requisitar de autoridades e órgãos: informações, exames periciais e documentos; promover inspeções e diligências investigatórias junto às autoridades, órgãos e entidades; requisitar informações e documentos a entidades privadas, para instruir procedimentos; requisitar diligências investigatórias", lembrando que no mesmo caminho segue o art. 8º da Lei Complementar nº 75/1993, que dispõe sobre o Estatuto do Ministério Público da União (Marcão, 2023, p. 89).

Ainda sobre os poderes investigatórios do Ministério Público, "considerando as manifestações favoráveis por parte do STF", Lopes Júnior sustenta que o Ministério Público "poderá instruir seus procedimentos investigatórios criminais, devendo observar, no mínimo, o regramento do inquérito. Deverá ainda observar o rol de direitos e garantias do investigado, previstos no CPP, em leis extravagantes (como a Lei n. 8.906) e na Constituição, além de submeter-se ao rígido controle de legalidade por parte do Juiz das Garantias" (Lopes Júnior, 2023, p. 56).

---

104. Decisão tomada por 7 votos a 4.

Nesse sentido, o STF, no julgamento das Ações Diretas de Inconstitucionalidade nº 6.298, 6.299, 6.300 e 6.305, decidiu atribuir interpretação conforme aos incisos IV, VIII e IX do art. 3º-B do CPP "para que todos os atos praticados pelo Ministério Público como condutor de investigação penal se submetam ao controle judicial (HC 89.837/DF, Rel. Min. Celso de Mello) e fixar o *prazo de até 90 (noventa) dias*, contados da publicação da ata do julgamento, para os representantes do Ministério Público encaminharem, *sob pena de nulidade*, todos os PIC e outros procedimentos de investigação criminal, mesmo que tenham outra denominação, ao respectivo juiz natural, independentemente de o juiz das garantias já ter sido implementado na respectiva jurisdição".

Na esteira da decisão da Suprema Corte, que reconheceu a possibilidade de o Ministério Público promover investigação criminal (Recurso Extraordinário nº 593.727/MG), o Conselho Nacional do Ministério Público editou a Resolução nº 181, de 7 de agosto de 2017, que dispõe sobre instauração e tramitação do procedimento investigatório criminal a cargo do Ministério Público.

Como consequência direta, considerando a paridade de armas que deve existir entre as partes, o Conselho Federal da Ordem dos Advogados do Brasil editou o Provimento nº 188/2018, que regulamenta a investigação defensiva, a qual compreende "o complexo de atividades de natureza investigatória desenvolvido pelo advogado, com ou sem assistência de consultor técnico ou outros profissionais legalmente habilitados, em qualquer fase da persecução penal, procedimento ou grau de jurisdição, visando à obtenção de elementos de prova destinados à constituição de acervo probatório lícito, para a tutela de direitos de seu constituinte" (Publicado no Diário Eletrônico da OAB, no dia 31 de dezembro de 2018).

Contudo, a Constituição Federal não atribuiu ao Ministério Público a função de promover investigações criminais, justamente porque atribuiu tal função à Polícia Federal e às Polícias Civis estaduais e distrital, tendo expressamente estabelecido que a Polícia Federal deve *exercer, com exclusividade, as funções de polícia judiciária da União*. Caso o constituinte originário tivesse a intenção de atribuir ao Ministério Público a função de promover investigações criminais, certamente o teria feito de *forma expressa*, o que não aconteceu.

Pelo contrário. A Constituição Federal, em seu art. 127, dispôs que ao Ministério Público incumbe *a defesa da ordem jurídica, do regime democrático e dos interesses sociais e individuais indisponíveis*, razões pelas quais não se estabeleceu como atribuição do Ministério Público a condução de investigações criminais, diante da necessidade de certo distanciamento para fins de um mínimo de isenção na análise do caso e na promoção da Justiça.

A partir do momento em que o membro do Ministério Público, que é parte na ação penal, se torna também responsável direto pela investigação criminal, ele se afasta da função de promotor de Justiça e se torna promotor de acusação.

Até mesmo a Lei Complementar nº 75/1993, que dispõe sobre a organização, as atribuições e o estatuto do Ministério Público da União, ao falar em inspeções e diligências investigatórias, o faz com vinculação expressa aos procedimentos de sua competência, que são o inquérito civil e outros procedimentos administrativos correlatos, dentre os quais não está incluída a investigação criminal (Art. 7º, inciso I, e Art. 8º, *caput* e inciso V, LC 75/1993).

No mesmo sentido, a Lei nº 8.625/1993, que instituiu a Lei Orgânica Nacional do Ministério Público, em seu art. 26, inciso I, *alínea c*, ao mencionar a possibilidade do Ministério Público promover inspeções e diligências investigatórias, faz clara vinculação aos inquéritos civis e outras medidas e procedimentos administrativos pertinentes, sem qualquer alusão à investigação criminal.

Não é crível que algo tão essencial como a possibilidade do Ministério Público promover a investigação criminal fosse ficar nas entrelinhas, sem disposição expressa, como foi feito, por exemplo, em relação aos inquéritos civis, ao controle externo da atividade policial, ao poder de requisição de diligências investigatórias e ao poder de requisição de instauração de inquérito policial.

E nem se argumente, para fins de justificar a investigação pelo Ministério Público, que as Polícias Civis estariam sem estrutura adequada para se desincumbir de suas atribuições institucionais, pois se elas estiverem em tal situação a responsabilidade, em parte, será do próprio Ministério Público por não cumprir a sua função institucional de *zelar pelo efetivo respeito dos Poderes Públicos e dos serviços de relevância pública aos direitos assegurados nesta Constituição, promovendo as medidas necessárias a sua garantia* (Art. 129, II, CF/88).

Portanto, a decisão do Supremo Tribunal Federal no Recurso Extraordinário nº 593.727/MG, no sentido de que "o Ministério Público dispõe de competência para promover, por autoridade própria, e por prazo razoável, investigações de natureza penal", foi *utilitarista*, ou seja, proferida para evitar a nulidade de centenas de investigações até então promovidas pelo Ministério Público e que seriam anuladas caso a Suprema Corte firmasse entendimento em sentido contrário.

É importante registrar que o Supremo Tribunal Federal, durante os debates e votos, enfatizou o *caráter subsidiário e complementar* da investigação ministerial, ocorrendo, apenas, quando não for possível, ou recomendável, que as investigações sejam efetivadas pela própria Polícia.

Não obstante e em que pese o nosso entendimento quanto ao equívoco interpretativo do STF, mais recentemente, no julgamento das ADIs 2.943, 3.309 e 3.318, nossa Suprema Corte reafirmou a capacidade do Ministério Público investigar, tendo fixado as seguintes teses de julgamento:

1. O Ministério Público dispõe de atribuição concorrente para promover, por autoridade própria, e por prazo razoável, investigações de natureza penal, desde que respeitados os direitos e garantias que assistem a qualquer indiciado ou a qualquer pessoa sob investigação do Estado. Devem ser observadas

sempre, por seus agentes, as hipóteses de reserva constitucional de jurisdição e, também, as prerrogativas profissionais da advocacia, sem prejuízo da possibilidade do permanente controle jurisdicional dos atos, necessariamente documentados (Súmula Vinculante 14), praticados pelos membros dessa Instituição (tema 184);

2. A realização de investigações criminais pelo Ministério Público tem por exigência: (i) comunicação imediata ao juiz competente sobre a instauração e o encerramento de procedimento investigatório, com o devido registro e distribuição; (ii) observância dos mesmos prazos e regramentos previstos para conclusão de inquéritos policiais; (iii) necessidade de autorização judicial para eventuais prorrogações de prazo, sendo vedadas renovações desproporcionais ou imotivadas; iv) distribuição por dependência ao Juízo que primeiro conhecer de PIC ou inquérito policial a fim de buscar evitar, tanto quanto possível, a duplicidade de investigações; v) aplicação do artigo 18 do Código de Processo Penal ao PIC (Procedimento Investigatório Criminal) instaurado pelo Ministério Público;

3. Deve ser assegurado o cumprimento da determinação contida nos itens 18 e 189 da Sentença no Caso Honorato e Outros *versus* Brasil, de 27 de novembro de 2023, da Corte Interamericana de Direitos Humanos – CIDH, no sentido de reconhecer que o Estado deve garantir ao Ministério Público, para o fim de exercer a função de controle externo da polícia, recursos econômicos e humanos necessários para investigar as mortes de civis cometidas por policiais civis ou militares;

4. A instauração de procedimento investigatório pelo Ministério Público deverá ser motivada sempre que houver suspeita de envolvimento de agentes dos órgãos de segurança pública na prática de infrações penais ou sempre que mortes ou ferimentos graves ocorrem em virtude da utilização de armas de fogo por esses mesmos agentes. Havendo representação ao Ministério Público, a não instauração do procedimento investigatório deverá ser sempre motivada;

5. Nas investigações de natureza penal, o Ministério Público pode requisitar a realização de perícias técnicas, cujos peritos deverão gozar de plena autonomia funcional, técnica e científica na realização dos laudos" (STF, ADIs 2943, 3309 e 3318, Plenário, J. 02/05/2024).

Portanto, conforme entendimento do STF, o Ministério Público pode realizar investigações de natureza penal, devendo o Estado lhe garantir, para o fim de exercer a função de controle externo da polícia, recursos econômicos e humanos necessários para investigar as mortes de civis cometidas por policiais civis ou militares.

1.7 LEI PROCESSUAL PENAL: EFICÁCIA; INTERPRETAÇÃO; ANALOGIA; E IMUNIDADES DIPLOMÁTICAS

A lei, inclusive a processual penal, salvo disposição contrária, começa a vigorar em todo o país quarenta e cinco dias depois de oficialmente publicada (Art. 1º, Decreto-lei nº 4.657/1942), sendo denominado *vacatio legis* o período entre a publicação e a sua entrada em vigor.[105] Esse período da *vacatio legis* poderá ser ampliado,[106] diminuído ou até mesmo dispensado,[107] o que dependerá de expressa disposição legal.

---

105. CAPEZ, Fernando, 2020, p. 94.
106. O Código de Processo Civil (Lei nº 13.105, de 16 de março de 2015), por expressa disposição contida em seu art. 1.045, entrou em vigor um ano após a sua publicação oficial.
107. A Lei nº 7.960, de 21 de dezembro de 1989, e a Lei nº 12.830, de 20 de junho de 2013, entraram em vigor nas datas de suas publicações, por expressas disposições contidas em seus Arts. 6º e 4º, respectivamente.

Uma vez em vigor, a lei encontra-se em atividade e passa a produzir efeitos e a alcançar todas as situações que lhe sejam correlatas, até que outra lei a modifique ou revogue, expressa ou tacitamente (Art. 2º, *caput* e § 1º, Decreto-lei nº 4.657/1942).

O processo penal é guiado pelos *princípios da imediatidade* e do *tempus regit actum*, estampados no art. 2º do Código de Processo Penal, segundo o qual: (i) *a lei processual penal aplicar-se-á desde logo* (princípio da imediatidade); (ii) *sem prejuízo da validade dos atos realizados sob a vigência da lei anterior* (princípio do *tempus regit actum*).

Por força do princípio do *tempus regit actum*,[108] os atos processuais são regidos pela lei em vigor no dia de sua prática. Caso haja, por exemplo, alteração da lei ou novo entendimento sobre a forma de se praticar determinado ato processual, isso não interferirá na validade do ato realizado anteriormente em conformidade com as normas então vigentes e de acordo com a jurisprudência aplicável à época da sua realização.

Importante distinguir, contudo, as leis processuais penais puras, regidas pelos *princípios* da *imediatidade* e do *tempus regit actum*, das leis processuais penais híbridas ou mistas, regidas pelo princípio da irretroatividade, quando forem mais gravosas ao réu.

Leis processuais penais puras são aquelas que não implicam aumento ou diminuição de garantias, que regulam o início, desenvolvimento ou fim do processo e os diferentes institutos processuais, tais como perícias, rol de testemunhas, forma de realizar atos processuais, ritos etc., para as quais vale o *princípio da imediatidade*, onde a lei será aplicada a partir dali, a partir da sua entrada em vigor, aos atos processuais por realizar.[109]

Por seu turno, as leis processuais penais híbridas ou mistas, quando mais gravosas, não retroagem para não prejudicar o réu, sendo aplicáveis somente aos fatos criminosos praticados posteriormente à entrada delas em vigor.

Leis processuais penais híbridas ou mistas são aquelas que possuem caracteres penais e processuais penais, disciplinando atos realizados no processo, mas que dizem respeito ao poder punitivo e à extinção da punibilidade, não podendo ser retroativas quando mais gravosas, tais como as normas que tratam de representação, ação penal, queixa-crime, perdão, renúncia, perempção, progressão de regime, livramento condicional etc. Nesses casos, sendo mais benéfica, a lei processual penal híbrida ou mista deve retroagir.

Por outro lado, quando a lei processual penal híbrida ou mista for mais gravosa, ela não retroagirá, como é o caso da redação atual do art. 225 do Código Penal,[110] dada

---

108. "(...) 1. Nos termos do art. 230-A do Regimento Interno do Supremo Tribunal Federal, havendo deslocamento de competência para o STF, a ação penal deve prosseguir no estado em que se encontra, preservada a validade dos atos já praticados na instância anterior, em homenagem ao princípio *tempus regit actum* (...)" (STF, AP 913 QO/AL, 2ª T, rel. Min. Dias Toffoli, *J.* 17/11/2015).
109. LOPES JUNIOR, Aury Celso Lima, 2021, p. 45.
110. CP, Art. 225. Nos crimes definidos nos Capítulos I e II deste Título, procede-se mediante ação penal pública incondicionada.

pela Lei nº 13.718, de 24 de setembro de 2018, que tornou de ação penal pública incondicionada todos os crimes contra a dignidade sexual.

Na parte em que transformou crimes até então de ação penal pública condicionada à representação em crimes de ação penal pública incondicionada, o dispositivo não poderá retroagir para alcançar fatos praticados antes de sua entrada em vigor, somente aplicando-se aos fatos praticados a partir desse momento.[111]

Quanto às formas de interpretação, *a lei processual penal admitirá interpretação extensiva e aplicação analógica, bem como suplemento dos princípios gerais de direito* (Art. 3º, CPP).

Interpretar é atribuir sentido ou significado a um texto normativo,[112] é "a atividade que consiste em extrair da norma seu exato alcance e real significado",[113] é traduzir para a sua própria linguagem aquilo que consta da norma.[114]

A interpretação extensiva é um método interpretativo aplicado nas hipóteses em que, por emprego de expressões inexatas ou inadequadas, a norma disse menos do que pretendia exprimir, tal como ocorre com o art. 328 do Código de Processo Penal, que se utiliza apenas da palavra *réu*, quando, na verdade, a liberdade provisória com fiança também se aplica ao *indiciado* no inquérito policial, que tenha sido preso em flagrante (Art. 310, III, CPP).[115]

O mesmo acontece no inciso LXIII do art. 5º da Constituição Federal que, ao estabelecer que *o preso será informado de seus direitos, entre os quais o de permanecer calado*, acabou dizendo menos do que queria dizer, pois não só o preso tem direito ao silêncio, mas sim toda e qualquer pessoa contra a qual exista uma investigação criminal ou processo penal, podendo calar-se sobre os fatos e circunstâncias objeto da investigação ou do processo.

Logo, onde no dispositivo está escrito *o preso* deve-se compreender *o suspeito, o investigado, o indiciado, o acusado* ou *o réu*, independentemente de estarem presos ou soltos.

Embora seja admitida a interpretação extensiva no processo penal, quando se tratar de normas processuais penais híbridas ou mistas, que tratem tanto de questões de natureza penal quanto processual penal, bem como em geral, quando afetar dispositivos restritivos da liberdade pessoal ou direito substancial do acusado, o texto deverá ser interpretado em seu sentido estrito.[116]

A interpretação ainda pode ser classificada: (a) *quanto ao sujeito que a elabora* – (a.1) *autêntica* ou *legislativa* quando feita pelo próprio órgão encarregado da produção

---

111. Aplica-se aos crimes contra a dignidade sexual praticados a partir do dia 25/09/2018, data da publicação da lei no Diário Oficial da União.
112. GUASTINI, Riccardo, 2005, p. 23 apud DEZEM, Guilherme Madeira, 2018, p. 15.
113. CAPEZ, Fernando, 2020, p. 112.
114. DEZEM, Guilherme Madeira, 2018, p. 15.
115. DEZEM, Guilherme Madeira, 2018, p. 15.
116. CAPEZ, Fernando, 2020, p. 113.

do texto legal; (a.2) *doutrinária* ou *científica* quando feita pelos estudiosos do direito; (a.3) *judicial* quando feita pelos órgãos jurisdicionais; (b) *quanto aos meios empregados* – (b.1) será *gramatical, literal* ou *sintática* quando levar em conta o sentido literal das palavras; (b.2) *lógica* ou *teleológica* quando buscar a vontade da lei; (c) *quanto ao resultado alcançado* – (c.1) será *declarativa* quando a palavra da lei corresponder à sua vontade; (c.2) *restritiva* quando a letra da lei disse mais do que queria dizer e a interpretação restringir o seu significado; (c.3) *extensiva* quando a letra da lei disse menos do que queria dizer e a interpretação ampliar o seu significado.[117]

Já a aplicação analógica consiste em "aplicar a uma hipótese não prevista em lei a disposição relativa a um caso semelhante".[118] Nessa esteira, segundo posição majoritária da doutrina, caso haja omissão no Código de Processo Penal, deve-se utilizar como fonte o Código de Processo Civil.[119]

A título de exemplo, aplica-se, por analogia, o art. 1.026 do Código de Processo Civil[120] ao processo penal, interrompendo-se o prazo para a interposição de recurso quando forem apresentados embargos de declaração.[121] Neste ponto, vale o registro de que o art. 83, § 2º, da Lei nº 9.099/1995, que se refere ao procedimento sumaríssimo, traz idêntica previsão.

Outro exemplo é encontrado no agravo em execução, previsto no art. 197 da Lei de Execução Penal (Lei nº 7.210/1984),[122] para o qual não foi estabelecido nenhum procedimento específico, razão pela qual a doutrina majoritária[123] e a jurisprudência dominante sustentam que a ele se aplica analogicamente o procedimento do recurso em sentido estrito.

Logo, o prazo para interposição do agravo em execução será de 5 dias (Art. 586 do CPP e Súmula nº 700 do STF), podendo a interposição ser feita por petição ou por termo nos autos (Art. 578, CPP). O agravante disporá de 2 dias para a apresentação das razões (Art. 588, CPP). Além disso, ao agravo em execução aplica-se o juízo de retratação (Art. 589, CPP) e a competência recursal será do Tribunal de Justiça, quando o juízo da execução penal for estadual, ou do Tribunal Regional Federal, quando o juízo da execução penal for federal.[124]

---

117. CAPEZ, Fernando, 2020, p. 112-113.
118. MAXIMILIANO, Carlos, 1995, p. 197 apud DEZEM, Guilherme Madeira, 2018, p. 15.
119. DEZEM, Guilherme Madeira, 2018, p. 15.
120. CPC, Art. 1.026. Os embargos de declaração não possuem efeito suspensivo e interrompem o prazo para a interposição de recurso.
121. BADARÓ, Gustavo Henrique Righi Ivahy, 2016, p. 116 apud DEZEM, Guilherme Madeira, 2017, p. 75-76.
122. Lei nº 7.210/1984, Art. 197. Das decisões proferidas pelo Juiz caberá recurso de agravo, sem efeito suspensivo.
123. Dentre outros: PACELLI, Eugênio. *Curso de processo penal*. 25. ed. rev. e atual. São Paulo: Atlas, 2021. p. 800 (versão digital); JUNIOR, Aury Celso Lima Lopes, 2021, p. 466; BADARÓ, Gustavo Henrique. *Processo penal*. 6. ed. rev., atual. e ampl. São Paulo: Revista dos Tribunais, 2018. p. 972; DEZEM, Guilherme Madeira, 2017, p. 1.128; MARCÃO, Renato, 2020, p. 1.247.
124. STJ, Súmula 192 – Compete ao Juízo das Execuções Penais do Estado a execução das penas impostas a sentenciados pela Justiça Federal, Militar ou Eleitoral, quando recolhidos a estabelecimentos sujeitos a Administração Estadual (J. 25/06/1997).

No campo das imunidades, é importante dizer que há, contudo, algumas pessoas que, por força dos cargos que ocupam ou das funções que exercem, possuem tratamento diferenciado.

Os chefes de Estado e os representantes de governos estrangeiros (embaixadores ou agentes diplomáticos, pessoal técnico e administrativo das representações, seus familiares e funcionários das organizações internacionais, tais como ONU e OEA), por exemplo, possuem imunidade diplomática, não se sujeitando à jurisdição dos países onde exercem suas funções, ficando sujeitos à lei do seu país, embora a garantia da imunidade diplomática possa ser renunciada pelo Estado acreditante, tudo conforme artigos 29, 30, 31, 32, 37, 38 e 39 da Convenção de Viena sobre Relações Diplomáticas, promulgada pelo Decreto nº 56.435/1965.[125]

As sedes diplomáticas, tais como as embaixadas, embora sejam invioláveis (são impenetráveis sem o consentimento do Chefe da Missão e não podem ser objeto de mandado de busca e apreensão, penhora ou qualquer outra medida constritiva), conforme preceitua o artigo 22 da Convenção de Viena sobre Relações Diplomáticas, não constituem extensão do território estrangeiro, tanto que os crimes praticados em seu interior, por pessoa não detentora de imunidade, sujeitam-se às leis do Estado acreditado.[126]

1.8 IMUNIDADES PARLAMENTARES

Os parlamentares possuem a chamada **imunidade parlamentar**, que se divide em: (i) material ou absoluta (Art. 27, § 1º, Art. 29, VIII, Art. 32, § 3º e Art. 53, *caput*, CF/88); e (ii) formal ou processual (Art. 27, § 1º, Art. 32, § 3º e Art. 53, §§ 1º ao 6º e 8º, CF/88).

As imunidades parlamentares são prerrogativas dos cargos e visam garantir ao parlamentar o exercício independente do mandato legislativo, para que ele possa atuar com liberdade no interesse da sociedade.

Como tais imunidades são prerrogativas oriundas dos cargos ocupados, somente devem ser empregadas quando efetivamente, e em cada caso concreto, servirem para o efetivo exercício do cargo, sob pena de deixarem de ser prerrogativas e passarem a constituir privilégios pessoais. Não são, portanto, um escudo protetor para a prática de crimes.

A imunidade material ou absoluta torna senadores e deputados (federais, estaduais[127] e distritais[128]) invioláveis, civil e penalmente, por quaisquer de suas opiniões,

---

125. CAPEZ, Fernando, 2020, p. 102.
126. CAPEZ, Fernando, 2020, p. 102.
127. CF/88, Art. 27, § 1º Será de quatro anos o mandato dos *Deputados Estaduais, aplicando-sê-lhes as regras desta Constituição* sobre sistema eleitoral, *inviolabilidade, imunidades,* remuneração, perda de mandato, licença, impedimentos e incorporação às Forças Armadas.
128. CF/88, art. 32, § 3º Aos Deputados Distritais e à Câmara Legislativa aplica-se o disposto no art. 27. Vide: STF, RE 456.679/DF, Pleno, J. 15/12/2005.

palavras e votos, de forma escrita ou falada, desde que no exercício ou desempenho de suas funções, ou seja, deve haver nexo funcional entre a manifestação e o exercício do mandato, pois se trata de uma garantia para o desempenho da função legislativa.[129]

Portanto, apesar da nomenclatura dada pela doutrina, nem mesmo a imunidade material ou absoluta possui caráter absoluto, não constituindo licença para o parlamentar ofender a terceiros sem que haja, por exemplo, relação de suas palavras ofensivas com o exercício do cargo. Mas a questão não é simples! Vejamos.

O Supremo Tribunal Federal, em decisão plenária, havia firmado entendimento no sentido de que, quando as eventuais ofensas fossem proferidas no interior das casas legislativas, estaria presente a inviolabilidade, inclusive em relação à entrevista concedida sobre o pronunciamento feito, desde que, durante a entrevista, o parlamentar se ativesse ao que foi dito no âmbito da casa legislativa. Contudo, se fossem proferidas ofensas fora da casa legislativa, deveria se perquirir se havia conexão com o exercício do mandato ou com a condição de parlamentar, pois, se não houvesse, a imunidade não o isentaria:

> Ementa: Inquérito. Denúncia que faz imputação a parlamentar de prática de crimes contra a honra, cometidos durante discurso proferido no plenário de assembleia legislativa e em entrevistas concedidas à imprensa. Inviolabilidade: conceito e extensão dentro e fora do parlamento. A palavra "inviolabilidade" significa intocabilidade, intangibilidade do parlamentar quanto ao cometimento de crime ou contravenção. Tal inviolabilidade é de natureza material e decorre da função parlamentar, porque em jogo a representatividade do povo. O art. 53 da Constituição Federal, com a redação da Emenda nº 35, não reeditou a ressalva quanto aos crimes contra a honra, prevista no art. 32 da Emenda Constitucional nº 1, de 1969. Assim, é de se distinguir as situações em que as supostas ofensas são proferidas dentro e fora do Parlamento. Somente nessas últimas ofensas irrogadas fora do Parlamento é de se perquirir da chamada "conexão com o exercício do mandato ou com a condição parlamentar" (INQ 390 e 1.710). Para os pronunciamentos feitos no interior das Casas Legislativas não cabe indagar sobre o conteúdo das ofensas ou a conexão com o mandato, dado que acobertadas com o manto da inviolabilidade. Em tal seara, caberá à própria Casa a que pertencer o parlamentar coibir eventuais excessos no desempenho dessa prerrogativa. No caso, o discurso se deu no plenário da Assembleia Legislativa, estando, portanto, abarcado pela inviolabilidade. Por outro lado, as entrevistas concedidas à imprensa pelo acusado restringiram-se a resumir e comentar a citada manifestação da tribuna, consistindo, por isso, em mera extensão da imunidade material. Denúncia rejeitada. (STF, Inq 1.958/AC, Pleno, J. 29/10/2003)[130-131]

---

129. CAPEZ, Fernando, 2020, p. 103.
130. Conforme consta do relatório do Ministro Carlos Velloso, no caso, um deputado estadual, "em discurso no Plenário da Assembleia Legislativa do Acre e em entrevistas concedidas à imprensa," teria imputado a um juiz federal "a prática do crime de prevaricação, bem como utilizado palavras ofensivas à sua honra, tais como 'juizinho papalvo, juizinho medíocre, juizinho suspeito, juizinho miúdo.'"
131. No mesmo sentido: "Ementa queixa. Imputação de crime contra a honra supostamente praticado por senador da república no recinto do Senado Federal. Imunidade material absoluta. Art. 53, *caput*, da constituição da república. precedentes. 1. O reconhecimento da inviolabilidade dos Deputados e Senadores por opiniões, palavras e votos, segundo a jurisprudência deste Supremo Tribunal Federal, exige vínculo causal entre as supostas ofensas e o exercício da atividade parlamentar. 2. Tratando-se de ofensas irrogadas no recinto do Parlamento, a imunidade material do art. 53, *caput*, da Constituição da República é absoluta. Despiciendo, nesse caso, perquirir sobre a pertinência entre o teor das afirmações supostamente contumeliosas e o exercício do mandato parlamentar. Precedentes. 3. Queixa rejeitada." (STF, Inq 3.814, 1ª T, J. 07/10/2014). Vide, também: STF, Inq 2.874 AgR/DF, Pleno, J. 20/06/2012.

Já no julgamento da Petição nº 7.174, por maioria, os Ministros da 1ª Turma receberam a queixa-crime oferecida contra um deputado federal, pelos crimes de difamação e injúria (arts. 139 e 140, CP), por ofensas proferidas contra artistas de renome, tanto durante discurso proferido no Plenário da Câmara dos Deputados, no dia 11/07/2017, quanto no dia seguinte, durante reunião da Comissão de Constituição e Justiça e da Cidadania da Câmara dos Deputados.[132]

Em que pese o fato das ofensas terem sido realizadas no âmbito da Câmara dos Deputados, o que, segundo o entendimento firmado no Inquérito nº 1.958/AC, faria com que o discurso estivesse abarcado pela inviolabilidade, por ocasião do julgamento da Petição nº 7.174/DF, a 1ª Turma recebeu a queixa-crime por entender que "há de haver limites"[133] à imunidade, mesmo no âmbito do Parlamento.[134]

Além disso, conforme voto do Ministro Luís Roberto Barroso, "o fato de o parlamentar estar na Casa Legislativa no momento em que proferiu as declarações não afasta a possibilidade de crimes contra a honra, nos casos em que as ofensas são divulgadas pelo próprio parlamentar na *Internet*", como aconteceu no caso concreto, em que o próprio deputado veiculou as declarações em sua página pessoal no *Facebook*.

O Ministro Luís Roberto Barroso afirmou, ainda, que "a inviolabilidade material somente abarca as declarações que apresentem nexo direto e evidente com o exercício das funções parlamentares", pois "o Parlamento é o local por excelência para o livre mercado de ideias – não para o livre mercado de ofensas. A liberdade de expressão política dos parlamentares, ainda que vigorosa, deve se manter nos limites da civilidade. Ninguém pode se escudar na inviolabilidade parlamentar para, sem vinculação com a função, agredir a dignidade alheia ou difundir discursos de ódio, violência e discriminação".

Nessa mesma esteira, em seu voto o Ministro Luiz Fux entendeu que a natureza absoluta conferida à imunidade material, vinculada ao lugar da manifestação (o interior do recinto da Casa Parlamentar), "está a merecer revisitação", pois "o critério meramente geográfico de incidência da inviolabilidade não se revela adequado ao contexto hodierno, de ampla difusão dos meios de comunicação de massas, no qual os debates e manifestações proferidas no interior das Casas Parlamentares são transmitidas, inclusive ao vivo,

---

132. Queixa – Imunidade parlamentar – Artigo 53 da Constituição Federal. A imunidade parlamentar pressupõe nexo de causalidade com o exercício do mandato. Declarações proferidas em contexto desvinculado das funções parlamentares não se encontram cobertas pela imunidade material. (STF, Pet 7.174/DF, 1ª T, J. 10/03/2020).
133. "O senhor Ministro Marco Aurélio – (...) Reconheço que está, na Constituição Federal, a imunidade dos parlamentares quanto a opiniões, quanto a palavras, quanto a votos. Mas, no caso concreto, diria, até mesmo, que o Deputado surtou, e surtou em prejuízo da própria Casa a que integrado. O ministro Luís Roberto Barroso ressaltou, ressaltou bem, que, sem relação direta com o exercício do mandato, imputou-se a prática de crimes aos querelantes, de forma exacerbada, de forma totalmente extremada. *Há de haver limites*. A partir do momento em que não se receba queixa como essa, estar-se-á, em última análise, estimulando a persistência do procedimento no âmbito da Câmara. Depois, reclama-se que o nível é muito baixo, consideradas as instituições pátrias. Peço vênia, Presidente – já tinha, inclusive, conversado com a ministra Rosa Weber –, para admitir a queixa-crime".
134. Vide, também: STF, Inq 3.932/DF, 1ª T, J. 21/06/2016.

pela televisão e pela *Internet*, podendo ser compartilhadas nas redes sociais tanto pelos parlamentares como por terceiros, correligionários ou não", devendo a manifestação do parlamentar, para ser acobertada pela imunidade material, guardar "nexo de implicação recíproca com o exercício do mandato, onde quer que seja proferida".

Por outro lado, quando se tratar de palavras ofensivas proferidas por parlamentar fora da respectiva casa legislativa, a análise da vinculação com o exercício do mandato será ainda mais rigorosa, sendo inaplicável a imunidade quando inexistir o liame.

Nesse sentido, diante de um caso concreto de ofensas caluniosas proferidas por um deputado federal, em seu *blog*, contra um delegado de Polícia Civil do Rio de Janeiro, fora do exercício da atividade parlamentar e sem liame com esta, o Supremo Tribunal Federal decidiu que "a inviolabilidade dos Deputados Federais e Senadores por opiniões palavras e votos, consagrada no art. 53 da Constituição da República, é inaplicável a crimes contra a honra cometidos em situação que não guarde liame com o exercício do mandato." (STF, Inq 3.672/RJ, 1ª T, J. 14/10/2014).

A imunidade material ou absoluta é dotada de uma *eficácia temporal absoluta*, o que significa que, mesmo após o fim do mandato, o ex-parlamentar conservará para sempre a imunidade em relação às suas opiniões, palavras e votos proferidos durante o mandato.

A imunidade material ou absoluta não se estende ao suplente e nem ao parlamentar que se licenciar[135] para ocupar outro cargo na Administração Pública. Uma vez licenciado do cargo para assumir a função de Ministro de Estado ou outro cargo mencionado no art. 56 da Constituição Federal, embora o parlamentar não perca o cargo, ele fica temporariamente sem as imunidades parlamentares.

Não obstante, como ele não perde o cargo, permanece sujeito ao ônus de poder perder o cargo de senador ou deputado por quebra de decoro parlamentar por atos praticados enquanto investido em outro cargo ou licenciado, nas hipóteses do art. 56 da Constituição Federal.[136]

Os vereadores, por sua vez, são invioláveis por suas opiniões, palavras e votos no exercício do mandato e na circunscrição do Município (Art. 29, VIII, CF/88).

Quanto à natureza jurídica da imunidade parlamentar material ou absoluta, o Supremo Tribunal Federal entendeu que se trata de causa de exclusão da tipicidade, desde que haja relação entre as opiniões, palavras e votos com o exercício do mandato

---

135. Foi cancelada a Súmula 4 do STF: *Não perde a imunidade parlamentar o congressista nomeado Ministro de Estado.*
136. "(...) o Plenário, em votação majoritária, aderiu à divergência iniciada pelo Min. Joaquim Barbosa, que considerou estar a representação formulada contra o impetrante juridicamente vinculada a sua condição de parlamentar, isto é, a sua influência política, e não a fatos qualificados como inerentes ao exercício da função de Ministro de Estado, tais como os elencados no art. 87 da CF. Por sua vez, o Min. Carlos Britto, também indeferindo a liminar, entendeu que o parlamentar, *investido temporária e precariamente no cargo de Ministro de Estado, por não ter perdido a condição de parlamentar, sujeita-se a processo disciplinar perante sua respectiva Casa legislativa.* (...)" (STF, MS 25.579, Pleno, J. 19/10/2005 – Informativo 406).

parlamentar, ainda que o parlamentar esteja fisicamente fora do parlamento (STF, Inq 2.674, Pleno, J. 26/11/2009).

Já a imunidade formal ou processual, está prevista nos §§ 1º ao 6º e 8º do art. 53 da Constituição Federal.

Segundo o § 1º, *os Deputados e Senadores, desde a expedição do diploma, serão submetidos a julgamento perante o Supremo Tribunal Federal.*

Trata-se do *foro especial por prerrogativa de função*, popularmente conhecido como "foro privilegiado", consistente na prerrogativa dos deputados federais e senadores serem julgados, originariamente, perante o Supremo Tribunal Federal.

Tal imunidade, por ser prerrogativa oriunda do cargo ocupado, como dito, somente deve ser empregada quando efetivamente, e em cada caso concreto, servir para o efetivo exercício do cargo, sob pena de deixar de ser uma prerrogativa e passar a constituir um privilégio pessoal.

É por isso que o Supremo Tribunal Federal, em 03/05/2018, no julgamento da Ação Penal nº 937, fixou tese de que "o foro por prerrogativa de função aplica-se apenas aos crimes cometidos durante o exercício do cargo e relacionados às funções desempenhadas":

> Decisão: O Tribunal, por maioria e nos termos do voto do Relator, resolveu questão de ordem no sentido de fixar as seguintes teses: (i) *O foro por prerrogativa de função aplica-se apenas aos crimes cometidos durante o exercício do cargo e relacionados às funções desempenhadas*; e (ii) Após o final da instrução processual, com a publicação do despacho de intimação para apresentação de alegações finais, a competência para processar e julgar ações penais não será mais afetada em razão de o agente público vir a ocupar outro cargo ou deixar o cargo que ocupava, qualquer que seja o motivo." (STF, AP 937 QO/RJ, Pleno, J. 03/05/2018)[137]

Mais recentemente, no julgamento do Habeas Corpus nº 232.627, em 11/03/2025, por 7 votos a 4, o STF fixou a tese de que "a prerrogativa de foro para julgamento de crimes praticados no cargo e em razão das funções subsiste mesmo após o afastamento do cargo, ainda que o inquérito ou a ação penal sejam iniciados depois de cessado seu exercício, ressalvados todos os atos praticados pelo STF e pelos demais Juízos com base na jurisprudência anterior".

Enquanto deputados federais e senadores serão processados e julgados perante o Supremo Tribunal Federal, os deputados estaduais, deputados distritais[138] e prefeitos[139]

---

137. Criando exceção ao entendimento firmado pelo STF na Ação Penal 937, o STJ na Ação Penal 878/DF decidiu que desembargador de Tribunal de Justiça, mesmo praticando crime não relacionado às suas funções, deve permanecer sendo julgado pelo STJ e não pelo juiz de primeira instância vinculado ao mesmo tribunal do desembargador réu, pois neste caso o juiz não reuniria as condições necessárias ao desempenho de suas atividades judicantes de forma imparcial (Informativo 639), *distinguishing* este que será julgado pelo STF, em repercussão geral, no ARE 1.223.589. Ainda em sede de *distinguishing*, o STJ entendeu que deve permanecer sendo observado o foro de membros do MP no TJ, para crimes com ou sem relação com o cargo, ao argumento de que não ocupam cargo eletivo, não se identificando simetria com o precedente do STF na Ação Penal 937.
138. CF/88, Art. 27, § 1º.
139. CF/88, Art. 29, X - julgamento do Prefeito perante o Tribunal de Justiça. Confira, ainda, as seguintes súmulas: STJ, *Súmula 208 – Compete a Justiça Federal processar e julgar prefeito municipal por desvio de verba sujeita a prestação de contas perante órgão federal (J. 27/05/1998, DJ 03/06/1998)*; STJ, *Súmula 209 - Compete a Justiça*

têm a prerrogativa de serem julgados perante o Tribunal de Justiça, Tribunal Regional Federal ou Tribunal Regional Eleitoral, conforme tenham praticado crime estadual, federal ou eleitoral, respectivamente.

Quanto aos corréus não detentores de foro por prerrogativa de função que tenham praticado crimes em concurso com detentores de foro privilegiado, o Supremo Tribunal Federal firmou jurisprudência no sentido de que a regra deve ser a cisão processual, ou seja, a autoridade será processada perante o tribunal competente para processá-la e julgá-la, enquanto o corréu não detentor da prerrogativa deverá ser processado e julgado na primeira instância.

Apenas em casos excepcionais, por conveniência da instrução processual penal, o corréu responderá juntamente da autoridade com foro especial por prerrogativa de função, pois a regra deve ser a cisão processual.

Assim, somente será admitida a atração do corréu para processo e julgamento perante a corte com competência originária para processar e julgar a autoridade, quando o desmembramento dos inquéritos e ações penais causar prejuízo relevante à investigação ou à instrução criminal, o que deverá ser aferido em cada caso concreto.[140] Logo, somente deixará de haver cisão processual quando os fatos estiverem de tal forma imbricados que a cisão por si só implique prejuízo ao seu esclarecimento.

Mas atenção, o foro especial por prerrogativa de função não se aplica às ações por improbidade administrativa, que serão julgadas em primeiro grau de jurisdição, pois a improbidade administrativa não tem caráter de crime, sendo ilícito civil e administrativo, com regras próprias (Lei nº 8.429/1992), ressalvado o Presidente da República que responderá por crime de responsabilidade.[141]

Por sua vez, o § 2º estabelece que *desde a expedição do diploma, os membros do Congresso Nacional não poderão ser presos, salvo em flagrante de crime inafiançável. Nesse caso, os autos serão remetidos dentro de vinte e quatro horas à Casa respectiva, para que, pelo voto da maioria*[142] *de seus membros, resolva sobre a prisão.*

Estadual processar e julgar prefeito por desvio de verba transferida e incorporada ao patrimônio municipal (J. 27/05/1998, DJ 03/06/1998); STF, Súmula 702 - A competência do Tribunal de Justiça para julgar prefeitos restringe-se aos crimes de competência da Justiça comum estadual; nos demais casos, a competência originária caberá ao respectivo tribunal de segundo grau (J. 24/09/2003, DJ 09/10/2003).

140. "(...) 4. O Supremo Tribunal Federal assentou o entendimento de que o desmembramento do feito em relação a imputados que não possuam prerrogativa de foro deve ser a regra, diante da manifesta excepcionalidade daquela prerrogativa, ressalvadas as hipóteses em que a separação possa causar prejuízo relevante. Precedentes" (STF, Inq 3842 AgR-quinto/DF, 2ª T, rel. Min. Dias Toffoli, J. 15/12/2015). No mesmo sentido: "(...) 1. A jurisprudência do Supremo Tribunal Federal passou a adotar como regra o desmembramento dos inquéritos e ações penais originárias no tocante a coinvestigados ou corréus não detentores de foro por prerrogativa de função, admitindo-se, apenas excepcionalmente, a atração da competência originária quando se verifique que a separação seja apta a causar prejuízo relevante, aferível em cada caso concreto (...)" (Supremo Tribunal Federal, Pet. 6727 AgR/DF, 2ª T, rel. Min. Edson Fachin, J. 30/06/2017).
141. STF, Pet 3240 AgR/DF, Pleno, J. 10/05/2018.
142. Maioria absoluta, ou seja, para o parlamentar não permanecer preso são necessários 257 votos na Câmara dos Deputados Federais ou 41 votos no Senado, conforme o caso.

Trata-se de uma imunidade prisional,[143] portanto, do direito de não serem presos cautelarmente, salvo em flagrante delito de crime inafiançável. O dispositivo não impede, contudo, a prisão penal, decorrente de sentença penal condenatória transitada em julgado.[144]

A partir da redação deste dispositivo, sempre se sustentou a impossibilidade de decretação de prisão preventiva ou temporária dos deputados federais, senadores e, também, dos deputados estaduais e distritais.[145]-[146]

Mas é preciso lembrar que, por ocasião da promulgação da Constituição Federal de 1988 e da Emenda Constitucional nº 35/2001, que deu nova redação ao art. 53 da Magna Carta, era possível manter alguém preso em decorrência da prisão em flagrante, durante o prazo legal para conclusão das investigações policiais, sem necessidade de conversão da prisão em flagrante em prisão preventiva.

Por isso, o § 2º do art. 53 da Constituição Federal, desde a sua redação original (que constava do antigo § 3º),[147] já determinava a remessa dos autos à casa respectiva, no prazo de 24 horas, para que, pelo voto da maioria de seus membros, resolvesse sobre a prisão, uma vez que, se a casa não determinasse a soltura, a prisão em flagrante seria mantida, pelo prazo legal de conclusão da investigação, sem necessidade de sua conversão em prisão preventiva.

Logo, ainda que não fosse possível a decretação da prisão preventiva ou temporária de senadores e deputados (federais, estaduais e distritais), os mesmos poderiam ser presos em flagrante de crime inafiançável e permanecerem nesta condição, pelo prazo legal de conclusão do inquérito policial, se a casa legislativa respectiva não decidisse pela soltura.

Contudo, após o advento da Lei nº 12.403/2011, que deu nova redação ao art. 310 do Código de Processo Penal, restou positivada a regra de que o juiz, ao receber o auto de prisão em flagrante, deveria adotar uma de três decisões: I – *relaxar a prisão ilegal*; ou II – *converter a prisão em flagrante em preventiva, quando presentes os requisitos constantes do art. 312 do Código de Processo Penal, e se revelarem inadequadas ou insu-*

---

143. CASTRO, Henrique Hoffmann Monteiro de. *Deputado cometeu crimes, mas STF se equivoca ao decretar prisão*. Curitiba: Revista Consultor Jurídico, 2021. p. 2.
144. STF, AP 396/RO, Pleno, J. 26/06/2013. No mesmo sentido: STF, AP 863/SP, 1ª T, J. 23/05/2017; STF, AP 968/SP, 1ª T, J. 22/05/2018; STF, AP 965/SP, 1ª T, J. 08/06/2020.
145. Informativo 939 do STF: "O Colegiado entendeu que a leitura da Constituição da República revela que, sob os ângulos literal e sistemático, os deputados estaduais têm direito às imunidades formal e material e à inviolabilidade conferidas pelo constituinte aos congressistas, no que estendidas, expressamente, pelo § 1º do art. 27 da CF" (STF, ADI 5.823 MC/RN, ADI 5.824 MC/RJ e ADI 5.825 MC/MT, Pleno, J. 08/05/2019).
146. Os vereadores não possuem imunidade formal ou processual, apenas a imunidade material ou absoluta e, mesmo assim, na circunscrição do município.
147. Segundo a redação original: CF/88, Art. 53, "§ 3º No caso de flagrante de crime inafiançável, os autos serão remetidos, dentro de vinte e quatro horas, à Casa respectiva, para que, pelo voto secreto da maioria de seus membros, resolva sobre a prisão e autorize, ou não, a formação de culpa." Na redação atual, agora prevista no § 2º do art. 53, não há mais voto secreto.

ficientes as medidas cautelares diversas da prisão; ou III – conceder liberdade provisória, com ou sem fiança.

Com isso, a doutrina passou a tratar a prisão em flagrante como uma prisão precautelar,[148] fugaz, capaz de manter a pessoa presa apenas por um curto espaço de tempo, até o caso ser submetido a uma autoridade judiciária, para adoção de uma das três decisões previstas no art. 310 do Código de Processo Penal.[149]

Não obstante, há *três precedentes* de prisões em flagrante de parlamentares que perduraram por muitos dias, sem que tenha sido feita a conversão em prisão preventiva, e que foram reputadas constitucionais pelo Supremo Tribunal Federal.

O *primeiro precedente* é encontrado no *Habeas Corpus* 89.417/RO,[150] referente à análise da legalidade da prisão de um deputado estadual de Rondônia, decretada pelo Superior Tribunal de Justiça, cuja competência para o caso decorria "da presença de um desembargador e de um conselheiro do Tribunal de Contas do Estado nos fatos investigados".

O *segundo precedente* foi o caso do senador Delcídio do Amaral, cuja prisão em flagrante, pelo crime de impedir ou embaraçar investigação de infração penal que envolvia organização criminosa (Art. 2º, § 1º, Lei nº 12.850/2013), foi requerida pelo Procurador-Geral da República, decretada pelo Ministro Teori Zavascki e referendada, por unanimidade, pelos ministros da 2ª Turma do Supremo Tribunal Federal.[151]

O *terceiro precedente* foi o caso do deputado federal Daniel Silveira, cuja *prisão em flagrante delito, por crime inafiançável*, foi decretada, de ofício, pelo Ministro Alexandre de Moraes, no dia 16/02/2021, em decisão[152] proferida no bojo do Inquérito nº 4.781/DF, mais conhecido como Inquérito das *Fake News*, em razão da publicação de um vídeo pelo congressista no *YouTube*, com ofensas a Ministros do STF e enaltecimento de medidas antidemocráticas, inclusive defendendo o AI-5.

Vale lembrar que tal prisão foi referendada, por unanimidade, pelo Pleno do Supremo Tribunal Federal e que a Câmara dos deputados, por maioria absoluta, deliberou pela manutenção da prisão em flagrante do parlamentar, a qual perdurou até o dia

---

148. LOPES JUNIOR, Aury Celso Lima, 2021, p. 260.
149. Atualmente, o art. 310 do CPP determina a realização da audiência de custódia no prazo máximo de *24 horas após a realização da prisão*. Anteriormente, o art. 1º da Resolução nº 213/2015-CNJ estabelecia que a audiência de custódia deveria ser realizada em até *24 horas da comunicação do flagrante*. Por sua vez, o art. 7º, itens 5 e 6, da Convenção Americana de Direitos Humanos, tratam da condução, *sem demora*, da pessoa detida ou retida, à presença de um juiz, e do direito a recorrer a um juiz ou tribunal competente, a fim de que este decida, *sem demora*, sobre a legalidade de sua prisão ou detenção e ordene sua soltura se a prisão ou a detenção forem ilegais.
150. STF, HC 89.417/RO, 1ª T, J. 22/08/2006.
151. STF, AC 4.039 Ref/DF, 2ª T, J. 25/11/2015.
152. Disponível em: <http://www.stf.jus.br/arquivo/cms/noticiaNoticiaStf/anexo/INQ4781FLAGRANTEDELITO DECISAO.pdf>. Acesso em: 9 abr. 2021.

14/03/2021, quando então foi convertida em prisão domiciliar, com monitoramento eletrônico.[153]

Como em nenhum dos três casos estavam presentes as inafiançabilidades absolutas, previstas nos incisos XLII, XLIII e XLIV do art. 5º da Constituição Federal, restou claro o entendimento do Supremo Tribunal Federal quanto à possibilidade da prisão em flagrante de parlamentares diante de uma das hipóteses de inafiançabilidade relativa (Art. 324, CPP).

Mais recentemente, no caso do assassinato da vereadora Marielle Franco e do motorista Anderson Gomes, o STF determinou, em 23/03/2024, a prisão preventiva, dentre outros, do deputado federal Chiquinho Brazão, a qual foi mantida pela Câmara dos Deputados, colocando fim à discussão.

A prisão do deputado federal, decretada, em 23/03/2024, pelo Ministro Alexandre de Moraes e cumprida, em 24/03/2024, pela Polícia Federal, foi assim referendada pela 1ª Turma do STF:

> (...) 1. Demonstração nos autos de provas de materialidade e indícios de autoria dos crimes previstos nos artigos 121, § 2º, incisos I e IV, do Código Penal; 121, § 2º, incisos I, IV e V, do Código Penal; 121, § 2º, incisos I, IV e V, c/c 14, II, ambos do Código Penal; art. 2º, §§3º e 4º, inciso II, da Lei nº 12.850/2013; e 2º, § 1º, da Lei nº 12.850/2013, na forma do artigo 69, do Código Penal. 2. Atos de obstrução das investigações praticados pelos irmãos Domingos Inácio Brazão e João Francisco Inácio Brazão, apontados como mandantes dos crimes investigados nestes autos, com a finalidade de impedir o avanço da investigação para garantir que permanecessem impunes. 3. Atos de obstrução das investigações praticados pelos irmãos Domingos Inácio Brazão e João Francisco Inácio Brazão, com a finalidade de embaraçar a investigação instaurada para apurar o envolvimento de organização criminosa instalada na Divisão de Homicídios da Polícia Civil do Estado do Rio de Janeiro. 4. Incidência, em relação a João Francisco Inácio Brazão (Deputado Federal) e Domingos Inácio Brazão (Conselheiro de Tribunal de Contas), respectivamente, do artigo 53, § 2º da Constituição Federal e do artigo 33, I, da LOMAN aplicado aos Tribunais de Contas por força do artigo 73, § 3º da Constituição Federal, que, entretanto, *na presente hipótese, autorizam A decretação da prisão preventiva*. 5. *Hipótese de prisão preventiva excepcional, sendo patente a razoabilidade e proporcionalidade para a decretação das prisões*, pois flagrante a compatibilização entre a Justiça Penal e o direito de liberdade, no sentido da garantia da ordem pública, conveniência da instrução criminal e para assegurar a aplicação da lei penal, uma vez que, presentes o *fumus commissi delicti* e *periculum libertatis*. 6. Impossibilidade de fiança prevista no art. 324, IV, do Código de Processo Penal, quando presentes os motivos que autorizam a decretação da prisão preventiva, permitindo a prisão em flagrante do parlamentar. Hipótese dos autos que se encaixa na previsão constitucional do art. 53, § 2º da CF. (AC 4.039 Ref-MC/DF, Rel. Min. Teori Zavascki, Segunda Turma, DJe de 13/5/2016; Inq 4.781 Ref, Pleno, Rel. Min. Alexandre De Moraes, DJe de 14/5/2021). 7. Prisão em flagrante do parlamentar pela prática da conduta descrita no art. 2º, § 1º, da Lei nº 12.850/2013 (Obstrução de Justiça em organização criminosa). 8. Medidas cautelares diversas da prisão dispostas no artigo 319 do CPP mostram-se necessárias até que seja finalizada a colheita probatória, pois visam resguardar as evidência, identificar terceiros que se aliaram à prática dos crimes, permitir a oitiva de pessoas sem que sofram interferência ou coação dos investigados e identificar o modus operandi da organização criminosa. 9. Decisão referendada. (STF, Inq 4954 Ref/RJ, 1ª T, J. 26/03/2024).

Quanto à decretação de medidas cautelares diversas da prisão, o Supremo Tribunal Federal firmou entendimento pela sua possibilidade, tanto em substituição à prisão em

---

153. Neste caso, que corre perante o STF, o deputado federal ficou preso em flagrante por 27 dias.

flagrante de crime inafiançável, quanto em circunstâncias de excepcional gravidade, devendo ser observada a incidência do § 2º do art. 53 da Constituição Federal quando a medida aplicada impossibilitar, direta ou indiretamente, o pleno e regular exercício do mandato parlamentar (STF, ADI 5.526/DF, Tribunal Pleno, J. 11/10/2017).

Por sua vez, os §§ 3º, 4º e 5º tratam da garantia contra o andamento de processo penal, de maneira que, recebida a denúncia contra senador ou deputado federal pelo Supremo Tribunal Federal, ou contra deputado estadual ou distrital por Tribunal de Justiça ou Tribunal Regional Federal, por crime ocorrido após[154] a diplomação, a respectiva casa legislativa do réu será cientificada e poderá, por iniciativa de partido político nela representado e pelo voto da maioria de seus membros, sustar o andamento da ação penal, o que suspenderá o prazo prescricional enquanto durar o mandato.

Vale lembrar que, desde o advento da Emenda Constitucional nº 35/2001, não há mais necessidade de prévia licença da casa legislativa respectiva para a instauração de ação penal contra senadores e deputados (federais, estaduais e distritais), conforme estabelecia a redação anterior[155] do § 1º do art. 53 da Constituição Federal.

Esta imunidade não se estende ao corréu não detentor da mesma prerrogativa[156]. Quanto ao Presidente da República, Vice-Presidente da República e Ministros de Estado, exige-se licença prévia da Câmara dos Deputados.[157]

O § 6º trata da imunidade testemunhal, ou seja, da imunidade para servir como testemunha, ao dispor que *os Deputados e Senadores não serão obrigados a testemunhar sobre informações recebidas ou prestadas em razão do exercício do mandato, nem sobre as pessoas que lhes confiaram ou deles receberam informações.*

Por fim, os §§ 7º e 8º estabelecem que *a incorporação às Forças Armadas de Deputados e Senadores, embora militares e ainda que em tempo de guerra, dependerá de prévia licença da Casa respectiva*, bem como que *as imunidades de Deputados ou Senadores subsistirão durante o estado de sítio, só podendo ser suspensas mediante o voto de dois terços dos membros da Casa respectiva, nos casos de atos praticados fora do recinto do Congresso Nacional, que sejam incompatíveis com a execução da medida.*

Por fim, é importante registrar que as imunidades parlamentares são irrenunciáveis, pois são de ordem pública e constituem prerrogativas dos cargos, pertencentes aos mandatos e não ao indivíduo. Portanto, não pode o parlamentar renunciar a algo que ele não possui, pois as imunidades não são dele, mas sim do cargo que ele ocupa. Assim, se o parlamentar não quiser as imunidades, terá que renunciar ao mandato.

---

154. Se o crime tiver sido cometido antes da diplomação, o processo terá o seu curso normal e não poderá ser sustado pelo Parlamento.
155. Veja como era a redação do § 1º do art. 53 da CF/88, antes da EC nº 35/2001: § 1º Desde a expedição do diploma, os membros do Congresso Nacional não poderão ser presos, salvo em flagrante de crime inafiançável, *nem processados criminalmente, sem prévia licença de sua Casa.* (Grifo nosso).
156. Súmula 245 do STF. A imunidade parlamentar não se estende ao corréu sem essa prerrogativa.
157. CF/88, Art. 51. Compete privativamente à Câmara dos Deputados: I – autorizar, por dois terços de seus membros, a instauração de processo contra o Presidente e o Vice-Presidente da República e os Ministros de Estado;

1.9 JUIZ DAS GARANTIAS

A Lei nº 13.964/2019 instituiu a figura do denominado juiz das garantias, incluindo no Código de Processo Penal os artigos 3º-A a 3º-F, os quais permaneceram com a eficácia suspensa, por força de decisão liminar do Ministro Luiz Fux, proferida aos 22/01/2020, no bojo das Ações Diretas de Inconstitucionalidade nº 6.298, 6.299, 6.300 e 6.305, até o advento da decisão do Plenário do Supremo Tribunal Federal, que só ocorreu em 23 de agosto de 2023, com julgamento parcialmente procedente.

Conforme nos ensina o professor Marcos Paulo, "a toda onda inovadora se contrapõe, e com muita força sempre, uma onda também conservadora. O nosso meio, o meio jurídico é em geral um meio conservador, revelado da indumentária à oratória. É um meio muito apegado à liturgia, à tradição. Então, quando se tem uma estrutura híbrida,[158] de mais de sete décadas, em vias de sofrer uma guinada de cento e oitenta graus, é óbvio que haverá vozes em sentido contrário, mormente porque as mudanças trazidas pela Lei nº 13.964/2019 foram estruturais e levaram a uma alteração ideológica da maneira por meio da qual se vê o processo, justamente para reforçar a sua estrutura acusatória".[159]

Passemos, pois, à análise dos dispositivos, iniciando pelo art. 3º-A do Código de Processo Penal:

> Art. 3º-A. O processo penal terá estrutura acusatória, vedadas a iniciativa do juiz na fase de investigação e a substituição da atuação probatória do órgão de acusação.

Trata-se de dispositivo meramente declaratório que reafirma que o sistema processual penal brasileiro é acusatório, o que já está estampado no art. 129, inciso I, da Constituição Federal ao confiar ao Ministério Público a função institucional de promover, privativamente, a ação penal pública, bem como no art. 144 da mesma Magna Carta que confiou às Polícias Civis e Federal o poder de Polícia Judiciária, com expressa distinção entre as funções de investigar, acusar, defender e julgar.

A própria doutrina majoritária sustenta que o sistema processual penal brasileiro é acusatório, o que também é afirmado pelo STF, segundo o qual "a Constituição de 1988 fez uma opção inequívoca pelo sistema penal acusatório. Disso decorre uma separação rígida entre, de um lado, as tarefas de investigar e acusar e, de outro, a função propriamente jurisdicional. Além de preservar a imparcialidade do Judiciário, essa separação promove a paridade de armas entre acusação e defesa, em harmonia com os princípios da isonomia e do devido processo legal".[160]

---

158. Sistema processual penal acusatório, mas com dezenas de dispositivos inquisitórios.
159. SANTOS, Marcos Paulo Dutra. *Pacote anticrime*. Aula teórica 02, bloco 03. SUPREMOTV: Belo Horizonte/MG, 2020.
160. STF, ADI 5.104/DF, Pleno, *J.* 21/05/2014.

Caso fosse dada eficácia plena ao art. 3º-A do CPP, ocorreria a revogação tácita de uma série de dispositivos processuais penais, tanto do Código de Processo Penal, quanto de leis penais especiais.[161]

Por exemplo, o disposto na segunda parte do *caput* do art. 156 do CPP,[162] bem como em seus incisos I e II, *restaria* revogado tacitamente, não sendo mais facultado ao juiz, de ofício, antes de iniciada a ação penal, e nem depois, ordenar a produção antecipada de provas, ainda que consideradas urgentes ou relevantes.[163]

Seria vedado ao juiz, ainda, substituir o órgão de acusação na atuação probatória, motivo pelo qual *não lhe seria* mais permitido determinar, sem requerimento das partes, a realização de diligências na fase de instrução criminal, o que *implicaria* em revogação parcial de dispositivos, tais como os arts. 209 e 404 do Código de Processo Penal.[164]

Contudo, o Supremo Tribunal Federal, por maioria, atribuiu interpretação conforme ao art. 3º-A do CPP para assentar que "*o juiz, pontualmente, nos limites legalmente autorizados, pode determinar a realização de diligências suplementares, para o fim de dirimir dúvida sobre questão relevante para o julgamento do mérito*".

Dessa forma, *o STF mitigou a eficácia do art. 3º-A*, mantendo válidos e aplicáveis os dispositivos citados nos parágrafos anteriores (arts. 156, 209 e 404 do CPP), além de diversos outros presentes no CPP e em leis especiais.

Interessante registrar que, ao tratar da *captação ambiental* de sinais eletromagnéticos, ópticos ou acústicos, para investigação ou instrução criminal, a Lei nº 13.964/2019 incluiu o art. 8º-A na Lei nº 9.296/1996, deixando claro que tal meio de obtenção de prova somente pode ser autorizado pelo juiz se houver representação da autoridade policial ou requerimento do Ministério Público, ou seja, *não pode ser decretado de ofício*.

Infelizmente, o legislador perdeu a oportunidade de corrigir o erro constante do art. 3º da mesma lei que ainda autoriza, *de forma expressa, mas incorreta*, a decretação de interceptação telefônica de ofício pelo juiz, o que, dentro do sistema processual penal acusatório brasileiro, não tem mais cabimento.

Feitas as ponderações necessárias a respeito do art. 3º-A, enfrentaremos, a seguir, as questões atinentes ao art. 3º-B do Código de Processo Penal:

---

161. Nesse sentido, Enunciado 8 da Defensoria Pública de Minas Gerais: O artigo 3º-A, do CPP, consagra na legislação infraconstitucional o sistema acusatório já previsto no modelo constitucional, revogando tacitamente todos os dispositivos de matriz inquisitorial ainda existentes no CPP.
162. CPP, Art. 156. A prova da alegação incumbirá a quem a fizer, sendo, porém, facultado ao juiz de ofício: I – ordenar, mesmo antes de iniciada a ação penal, a produção antecipada de provas consideradas urgentes e relevantes, observando a necessidade, adequação e proporcionalidade da medida; II – determinar, no curso da instrução, ou antes de proferir sentença, a realização de diligências para dirimir dúvida sobre ponto relevante.
163. Nesse sentido, Enunciado 9 da Defensoria Pública de Minas Gerais: O artigo 3º-A, do CPP, revogou tacitamente os dispositivos que dispõem sobre a possibilidade de produção probatória de ofício pelo juiz, notadamente o artigo 156, caput, parte final, e incisos I e II, e o artigo 209, todos do CPP.
164. CPP, Art. 404. Ordenado diligência considerada imprescindível, *de ofício* ou a requerimento da parte, a audiência será concluída sem as alegações finais.

Art. 3º-B. O juiz das garantias é responsável pelo controle da legalidade da investigação criminal e pela salvaguarda dos direitos individuais cuja franquia tenha sido reservada à autorização prévia do Poder Judiciário, competindo-lhe especialmente:

I – receber a comunicação imediata da prisão, nos termos do inciso LXII do *caput* do art. 5º da Constituição Federal;

II – receber o auto da prisão em flagrante para o controle da legalidade da prisão, observado o disposto no art. 310 deste Código;

III – zelar pela observância dos direitos do preso, podendo determinar que este seja conduzido à sua presença, a qualquer tempo;

IV – ser informado sobre a instauração de qualquer investigação criminal;

V – decidir sobre o requerimento de prisão provisória ou outra medida cautelar, observado o disposto no § 1º deste artigo;

VI – prorrogar a prisão provisória ou outra medida cautelar, bem como substituí-las ou revogá-las, assegurado, no primeiro caso, o exercício do contraditório em audiência pública e oral, na forma do disposto neste Código ou em legislação especial pertinente;

VII – decidir sobre o requerimento de produção antecipada de provas consideradas urgentes e não repetíveis, assegurados o contraditório e a ampla defesa em audiência pública e oral;

VIII – prorrogar o prazo de duração do inquérito, estando o investigado preso, em vista das razões apresentadas pela autoridade policial e observado o disposto no § 2º deste artigo;

IX – determinar o trancamento do inquérito policial quando não houver fundamento razoável para sua instauração ou prosseguimento;

X – requisitar documentos, laudos e informações ao delegado de polícia sobre o andamento da investigação;

XI – decidir sobre os requerimentos de:

a) interceptação telefônica, do fluxo de comunicações em sistemas de informática e telemática ou de outras formas de comunicação;

b) afastamento dos sigilos fiscal, bancário, de dados e telefônico;

c) busca e apreensão domiciliar;

d) acesso a informações sigilosas;

e) outros meios de obtenção da prova que restrinjam direitos fundamentais do investigado;

XII – julgar o *habeas corpus* impetrado antes do oferecimento da denúncia;

XIII – determinar a instauração de incidente de insanidade mental;

XIV – decidir sobre o recebimento da denúncia ou queixa, nos termos do art. 399 deste Código;

XV – assegurar prontamente, quando se fizer necessário, o direito outorgado ao investigado e ao seu defensor de acesso a todos os elementos informativos e provas produzidos no âmbito da investigação criminal, salvo no que concerne, estritamente, às diligências em andamento;

XVI – deferir pedido de admissão de assistente técnico para acompanhar a produção da perícia;

XVII – decidir sobre a homologação de acordo de não persecução penal ou os de colaboração premiada, quando formalizados durante a investigação;

XVIII – outras matérias inerentes às atribuições definidas no *caput* deste artigo.

§ 1º O preso em flagrante ou por força de mandado de prisão provisória será encaminhado à presença do juiz de garantias no prazo de 24 (vinte e quatro) horas, momento em que se realizará audiência com a presença do Ministério Público e da Defensoria Pública ou de advogado constituído, vedado o emprego de videoconferência.

§ 2º Se o investigado estiver preso, o juiz das garantias poderá, mediante representação da autoridade policial e ouvido o Ministério Público, prorrogar, uma única vez, a duração do inquérito por até 15 (quinze) dias, após o que, se ainda assim a investigação não for concluída, a prisão será imediatamente relaxada.

Por maioria, o STF declarou a constitucionalidade do *caput* do art. 3º-B do CPP e, por unanimidade, fixou "o prazo de 12 (doze) meses, a contar da publicação da ata do julgamento, para que sejam adotadas as medidas legislativas e administrativas necessárias à adequação das diferentes leis de organização judiciária, à efetiva implantação e ao efetivo funcionamento do juiz das garantias em todo o país, tudo conforme as diretrizes do Conselho Nacional de Justiça e sob a supervisão dele. Esse prazo poderá ser prorrogado uma única vez, por no máximo 12 (doze) meses, devendo a devida justificativa ser apresentada em procedimento realizado junto ao Conselho Nacional de Justiça."

O art. 3º-B estabelece regra de competência do juiz das garantias, tornando-o responsável (i) *pelo controle da legalidade da investigação criminal e* (ii) *pela salvaguarda dos direitos individuais cuja franquia tenha sido reservada à autorização prévia do Poder Judiciário* (reserva de jurisdição).

No que tange ao controle da legalidade da investigação criminal, a competência do juiz das garantias vai do início ao fim da investigação, cessando com o oferecimento da denúncia,[165] uma vez que lhe compete:

(i) *receber a comunicação imediata da prisão, nos termos do inciso LXII do caput do art. 5º da Constituição Federal.*

Conforme dispõe o inciso LXII do art. 5º da CF/88, *a prisão de qualquer pessoa e o local onde se encontre serão comunicados imediatamente ao juiz competente e à família do preso ou à pessoa por ele indicada.*

Nesse mesmo sentido, o CPP dispõe, em seu art. 306, que *a prisão de qualquer pessoa e o local onde se encontre serão comunicados imediatamente ao juiz competente, ao Ministério Público e à família do preso ou à pessoa por ele indicada.*

Criminalizando o descumprimento de tais dispositivos, assim tipificou a Lei de Abuso de Autoridade (Lei nº 13.869/2019):

Art. 12. Deixar injustificadamente de comunicar prisão em flagrante à autoridade judiciária no prazo legal:
Pena: detenção, de 6 (seis) meses a 2 (dois) anos, e multa.
Parágrafo único. Incorre na mesma pena quem:
I – deixa de comunicar, imediatamente, a execução de prisão temporária ou preventiva à autoridade judiciária que a decretou;
II – deixa de comunicar, imediatamente, a prisão de qualquer pessoa e o local onde se encontra à sua família ou à pessoa por ela indicada;

(ii) *receber o auto da prisão em flagrante para o controle da legalidade da prisão, observado o disposto no art. 310 deste Código.*

---

165. STF, Ações Diretas de Inconstitucionalidade nº 6.298, 6.299, 6.300 e 6.305: "(...) 7. Por *maioria*, declarar a inconstitucionalidade do inciso XIV do art. 3º-B do CPP, incluído pela Lei nº 13.964/2019, e atribuir interpretação conforme para assentar que a competência do juiz das garantias cessa com o *oferecimento* da denúncia, vencido o Ministro Edson Fachin (...)."

O art. 310 do CPP determina que, *após receber o auto de prisão em flagrante, no prazo máximo de até 24 (vinte e quatro) horas após a realização da prisão, o juiz deverá promover audiência de custódia com a presença do acusado, seu advogado constituído ou membro da Defensoria Pública e o membro do Ministério Público, e, nessa audiência, o juiz deverá, fundamentadamente,* decidir sobre a prisão realizada, podendo adotar uma de três decisões:

I – relaxar a prisão ilegal; ou

II – converter a prisão em flagrante em preventiva, quando presentes os requisitos constantes do art. 312 deste Código, e se revelarem inadequadas ou insuficientes as medidas cautelares diversas da prisão; ou

III – conceder liberdade provisória, com ou sem fiança.

(iii) *zelar pela observância dos direitos do preso, podendo determinar que este seja conduzido à sua presença, a qualquer tempo.*

Tal competência dá ao juiz das garantias a responsabilidade por assegurar os direitos do preso, desde o momento da sua prisão até o oferecimento da denúncia, quando então tal responsabilidade passará para o juiz da instrução e julgamento.

(iv) *ser informado sobre a instauração de qualquer investigação criminal.*

O juiz das garantias deve ser informado sobre a instauração de qualquer investigação criminal, independentemente do inquérito policial ter sido instaurado por portaria ou auto de prisão em flagrante, ou de haver ou não indiciado preso, ou mesmo de se tratar de investigação iniciada no âmbito do Ministério Público ou dos grupos por ele coordenados, tais como os GAECOS.

Nesse sentido, o STF decidiu atribuir interpretação conforme aos incisos IV, VIII e IX do art. 3º-B do CPP "para que todos os atos praticados pelo Ministério Público como condutor de investigação penal se submetam ao controle judicial (HC 89.837/DF, Rel. Min. Celso de Mello) e fixar o *prazo de até 90 (noventa) dias*, contados da publicação da ata do julgamento, para os representantes do Ministério Público encaminharem, *sob pena de nulidade*, todos os PIC e outros procedimentos de investigação criminal, mesmo que tenham outra denominação, ao respectivo juiz natural, independentemente de o juiz das garantias já ter sido implementado na respectiva jurisdição."

Tal dispositivo não se aplica às verificações preliminares da informação (VPI), que constituem procedimentos investigatórios prévios à própria investigação, ou seja, que antecedem o inquérito policial nas hipóteses legais (art. 5º, § 3º, CPP), em que não há justa causa para a imediata instauração do inquérito policial.[166]

---

166. Nesse sentido, confira a inteligência do parágrafo único do Art. 27 da Lei de Abuso de Autoridade (Lei nº 13.869/2019): Art. 27. Requisitar instauração ou instaurar procedimento investigatório de infração penal ou administrativa, em desfavor de alguém, à falta de qualquer indício da prática de crime, de ilícito funcional ou de infração administrativa: Pena: detenção, de 6 (seis) meses a 2 (dois) anos, e multa. *Parágrafo único. Não há crime quando se tratar de sindicância ou investigação preliminar sumária, devidamente justificada.*

Exemplo clássico é o recebimento de notícia de crime anônima por telefone, com base na qual não é possível instaurar inquérito, mas é permitido proceder à verificação preliminar para apurar a verossimilhança da informação. Demonstrada a procedência da notícia de crime anônima durante a VPI, aí sim será feita a instauração do inquérito policial e a efetiva comunicação ao juiz das garantias.

Tal dispositivo também não se aplica aos casos em que for lavrado termo circunstanciado de ocorrência (art. 69 da Lei nº 9.099/1995), uma vez que o juiz das garantias foi expressamente excluído das hipóteses de infração penal de menor potencial ofensivo (art. 3º-C do CPP).

O juiz das garantias não se aplica, ainda, aos crimes de pertinência a organizações criminosas armadas ou que tenham armas à disposição, ao crime de constituição de milícia privada e às infrações penais conexas aos crimes antes citados, quando tiverem sido instaladas as Varas Criminais Colegiadas previstas no art. 1º-A da Lei nº 12.694/2012 (incluído pela Lei nº 13.964/2019).

Nestas hipóteses, as Varas Criminais Colegiadas, por expressa disposição legal (art. 1º-A, §§ 1º e 3º, Lei nº 12.694/2012), terão competência para todos os atos jurisdicionais, desde a fase de investigação, passando pelo processo de conhecimento, até o processo de execução da pena.

(v) *decidir sobre o requerimento de prisão provisória ou outra medida cautelar, observado o disposto no § 1º deste artigo.*

A decisão sobre a representação da autoridade policial ou o requerimento do Ministério Público por prisão preventiva, prisão temporária, medidas cautelares diversas da prisão e medidas assecuratórias será de competência do juiz das garantias, desde o início da investigação, até o oferecimento da denúncia.

O mencionado § 1º do art. 3º-B determina que *o preso em flagrante ou por força de mandado de prisão provisória será encaminhado à presença do juiz de garantias no prazo de 24 (vinte e quatro) horas, momento em que se realizará audiência com a presença do Ministério Público e da Defensoria Pública ou de advogado constituído, vedado o emprego de videoconferência.*

Embora o dispositivo vede a realização de *audiência de custódia por videoconferência*, o STF lhe atribuiu interpretação conforme "para estabelecer que o preso em flagrante ou por força de mandado de prisão provisória será encaminhado à presença do juiz das garantias, no prazo de 24 horas, *salvo impossibilidade fática*, momento em que se realizará a audiência com a presença do Ministério Público e da Defensoria Pública ou de advogado constituído, *cabendo, excepcionalmente, o emprego de videoconferência, mediante decisão da autoridade judiciária competente, desde que este meio seja apto à verificação da integridade do preso e à garantia de todos os seus direitos*".

Nesse mesmo sentido, o STF atribuiu interpretação conforme ao *caput* do art. 310 do CPP "para assentar que o juiz, em caso de urgência e se o meio se revelar idôneo, poderá realizar a audiência de custódia por videoconferência."

(vi) *prorrogar a prisão provisória ou outra medida cautelar, bem como substituí-las ou revogá-las, assegurado, no primeiro caso, o exercício do contraditório em audiência pública e oral, na forma do disposto neste Código ou em legislação especial pertinente.*

O STF, por unanimidade, atribuiu interpretação conforme a este dispositivo "para prever que o exercício do contraditório será *preferencialmente* em audiência pública e oral."

Vale lembrar que o art. 282, § 3º, do CPP estabeleceu, como regra, o contraditório prévio para a decretação de prisões provisórias e medidas cautelares diversas da prisão, ressalvados os casos de urgência ou de perigo de ineficácia da medida que deverão ser justificados e fundamentados.

Além disso, o parágrafo único do art. 316 do CPP, incluído pela Lei nº 13.964/2019, estabeleceu que, *decretada a prisão preventiva, deverá o órgão emissor da decisão revisar a necessidade de sua manutenção a cada 90 (noventa) dias, mediante decisão fundamentada, de ofício, sob pena de tornar a prisão ilegal.*

Neste ponto, vale registrar que a eventual inobservância da reavaliação no prazo de 90 dias não implica em revogação automática da prisão preventiva, devendo o juízo competente ser instado a reavaliar a legalidade e a atualidade dos fundamentos da prisão.[167]

(vii) *decidir sobre o requerimento de produção antecipada de provas consideradas urgentes e não repetíveis, assegurados o contraditório e a ampla defesa em audiência pública e oral.*

O STF, por unanimidade, atribuiu interpretação conforme a este inciso "para estabelecer que o juiz pode deixar de realizar a audiência quando houver risco para o processo, ou diferi-la[168] em caso de necessidade".

(viii) *prorrogar o prazo de duração do inquérito, estando o investigado preso, em vista das razões apresentadas pela autoridade policial e observado o disposto no § 2º deste artigo.*

O mencionado § 2º do art. 3º-B estabelece que *se o investigado estiver preso, o juiz das garantias poderá, mediante representação da autoridade policial e ouvido o Ministério Público, prorrogar, uma única vez, a duração do inquérito por até 15 (quinze) dias, após o que, se ainda assim a investigação não for concluída, a prisão será imediatamente relaxada.*

Contudo, o STF, por unanimidade, atribuiu interpretação conforme ao § 2º do art. 3º-B do CPP para assentar que:

a) o juiz pode decidir de forma fundamentada, reconhecendo a necessidade de novas prorrogações do inquérito, diante de elementos concretos e da complexidade da investigação; e

b) a inobservância do prazo previsto em lei não implica a revogação automática da prisão preventiva, devendo o juízo competente ser instado a avaliar os motivos que a ensejaram, nos termos da ADI nº 6.581.

---

167. STF, SL 1.395 - HC 191.836, Pleno, J. 15/10/2020 e STF, ADI 6.581/DF, Pleno, J. 09/03/2022.
168. Adiá-la.

Esta prorrogação do prazo de conclusão do inquérito policial aplica-se à regra geral prevista no art. 10 do CPP, ou seja, o prazo de 10 (dez) dias para conclusão do inquérito policial com indiciado preso, que era improrrogável, passou a ser prorrogável por 15 (quinze) dias, podendo o juiz decidir de forma fundamentada por novas prorrogações, diante de elementos concretos e da complexidade da investigação.

A possibilidade de novas prorrogações também deve ser aplicada ao prazo de conclusão dos inquéritos policiais que apuram crimes de competência da Justiça Federal, previsto no art. 66 da Lei nº 5.010/1966, segundo o qual, *o prazo para conclusão do inquérito policial será de quinze dias, quando o indiciado estiver preso, podendo ser prorrogado por mais quinze dias, a pedido, devidamente fundamentado, da autoridade policial e deferido pelo Juiz a que competir o conhecimento do processo.*

Da mesma forma, tal dispositivo aplica-se às investigações presididas pelo *Parquet*, na medida em que o STF decidiu atribuir interpretação conforme aos incisos IV, VIII e IX do art. 3º-B do CPP "para que todos os atos praticados pelo Ministério Público como condutor de investigação penal se submetam ao controle judicial (HC 89.837/DF, Rel. Min. Celso de Mello) e fixar o *prazo de até 90 (noventa) dias*, contados da publicação da ata do julgamento, para os representantes do Ministério Público encaminharem, *sob pena de nulidade*, todos os PIC e outros procedimentos de investigação criminal, mesmo que tenham outra denominação, ao respectivo juiz natural, independentemente de o juiz das garantias já ter sido implementado na respectiva jurisdição."

Permanece inalterado o prazo previsto no art. 51 da Lei nº 11.343/2006, por se tratar de regra específica, que estabelece prazo de 30 (trinta) dias para conclusão do inquérito policial que investiga crime de tráfico de drogas, se o indiciado estiver preso, podendo tal prazo ser duplicado pelo juiz, ouvido o Ministério Público, mediante pedido justificado da autoridade de polícia judiciária.

Da mesma forma, caso o inquérito policial investigue crime hediondo ou equiparado e seja decretada a prisão temporária, considerando que esta espécie de prisão provisória é decretada justamente no interesse do inquérito policial, o prazo para a conclusão da investigação corresponderá à duração da prisão temporária, que terá o prazo de 30 (trinta) dias, prorrogável por igual período em caso de extrema e comprovada necessidade.[169]

(ix) *determinar o trancamento do inquérito policial quando não houver fundamento razoável para sua instauração ou prosseguimento.*

Este inciso positiva a exigência de justa causa para a instauração de inquérito policial e dá concretude ao princípio da duração razoável do processo, previsto art. 5º, inciso LXXVIII, da CF/88, segundo o qual *a todos, no âmbito judicial e administrativo,*

---

169. Lei nº 8.072/1990, Art. 2º, § 4º A prisão temporária, sobre a qual dispõe a Lei nº 7.960, de 21 de dezembro de 1989, nos crimes previstos neste artigo, terá o prazo de 30 (trinta) dias, prorrogável por igual período em caso de extrema e comprovada necessidade.

são assegurados a razoável duração do processo e os meios que garantam a celeridade de sua tramitação.[170]

(x) *requisitar documentos, laudos e informações ao delegado de polícia sobre o andamento da investigação.*

Tal competência, aliada àquela de *ser informado sobre a instauração de qualquer investigação criminal* (art. 3º-B, IV, CPP) e à de *determinar o trancamento do inquérito policial* (art. 3º-B, IX, CPP), reforça a responsabilidade do juiz das garantias pelo controle da legalidade da investigação criminal.

(xi) O inciso XI do art. 3º-B do Código de Processo Penal trata da competência do juiz das garantias para *decidir sobre os requerimentos de* uma série de *meios de obtenção de prova* que, via de regra, exigem reserva de jurisdição, muito embora o dispositivo também elenque *meios de prova* que não exigem autorização judicial, conforme ressalvas que faremos a seguir:

a) *interceptação telefônica, do fluxo de comunicações em sistemas de informática e telemática ou de outras formas de comunicação* – importante meio de obtenção de prova regulamentado pela Lei nº 9.296/1996, para o qual é necessário autorização judicial. Registro que, até bem pouco tempo, admitiam-se a gravação ambiental[171] e a gravação telefônica,[172] sem autorização judicial, quando feitas por um interlocutor, mesmo sem conhecimento do outro, constituindo provas lícitas, contudo, mais recentemente, o Supremo Tribunal Federal mudou seu entendimento, durante o julgamento do Recurso Extraordinário nº 1.040.515, ao fixar a tese, que deverá ser aplicada a partir das eleições de 2022, de que "no processo eleitoral, é ilícita a prova colhida por meio de gravação ambiental clandestina, sem autorização judicial e com violação à privacidade e à intimidade dos interlocutores, ainda que realizada por um dos participantes, sem o conhecimento dos demais. – A exceção à regra da ilicitude da gravação ambiental feita sem o conhecimento de um dos interlocutores e sem autorização judicial ocorre

---

170. Vide arts. 27, 30 e 31 da Lei de Abuso de Autoridade (Lei nº 13.869/2019): Art. 27. Requisitar instauração ou instaurar procedimento investigatório de infração penal ou administrativa, em desfavor de alguém, à falta de qualquer indício da prática de crime, de ilícito funcional ou de infração administrativa: Pena - detenção, de 6 (seis) meses a 2 (dois) anos, e multa. Parágrafo único. Não há crime quando se tratar de sindicância ou investigação preliminar sumária, devidamente justificada. (...) Art. 30. Dar início ou proceder à persecução penal, civil ou administrativa sem justa causa fundamentada ou contra quem sabe inocente: Pena - detenção, de 1 (um) a 4 (quatro) anos, e multa. Art. 31. Estender injustificadamente a investigação, procrastinando-a em prejuízo do investigado ou fiscalizado: Pena - detenção, de 6 (seis) meses a 2 (dois) anos, e multa. Parágrafo único. Incorre na mesma pena quem, inexistindo prazo para execução ou conclusão de procedimento, o estende de forma imotivada, procrastinando-o em prejuízo do investigado ou do fiscalizado.
171. "Gravação ambiental. Realização por um dos interlocutores sem conhecimento do outro. (...) É *lícita a prova* consistente em gravação ambiental realizada por um dos interlocutores sem conhecimento do outro." (STF, RE 583.937/RJ, Tribunal Pleno, Repercussão Geral, rel. Min. Cezar Peluso, J. 19/11/2009).
172. "É lícita a prova produzida a partir de gravação de conversa telefônica feita por um dos interlocutores, quando não existir causa legal de sigilo ou de reserva da conversação." (STF, Ag. Reg. no RE 630.944/BA, 2ª T, J. 25/10/2011). "É pacífico na jurisprudência do STF o entendimento de que não há ilicitude em gravação telefônica realizada por um dos interlocutores sem o conhecimento do outro, podendo ela ser utilizada como prova em processo judicial." (STF, Ag. Reg. no AI 602.724/PR, 2ª T, J. 06/08/2013).

na hipótese de registro de fato ocorrido em local público desprovido de qualquer controle de acesso, pois, nesse caso, não há violação à intimidade ou quebra da expectativa de privacidade" (STF, RE 1.040.515, Pleno, J. 26/04/2024 – Tema 979). Por outro lado, ainda se admite, mesmo sem autorização judicial, o acesso a e-mail corporativo[173] e salas de bate-papo.[174]

b) *afastamento dos sigilos fiscal, bancário, de dados e telefônico* – é preciso ressalvar: (b.1) o entendimento do Supremo Tribunal Federal[175] de que as Comissões Parlamentares de Inquérito podem determinar a quebra de sigilo de dados, nos termos do art. 58, § 3º, da Constituição Federal;[176] (b.2) que as informações fiscais e bancárias encaminhadas pela Receita Federal e COAF ao Ministério Público e à Polícia Judiciária podem ser utilizadas na persecução criminal, sem necessidade de autorização judicial (Informativo 960);[177] (b.3) que os delegados de Polícia e membros do Ministério Público têm o poder de requisitar dados cadastrais;[178]

c) *busca e apreensão domiciliar* – um dos meios de obtenção de prova mais utilizados pela Polícia Judiciária, disciplinado no art. 240 e seguintes do CPP. Embora a regra seja a realização da busca durante o dia, por determinação judicial, em caso de flagrante delito ou com consentimento do morador, a busca poderá ser realizada a qualquer hora do dia ou da noite (art. 5º, inciso XI, CF/88);

---

173. "As informações obtidas por *monitoramento de e-mail corporativo de servidor público não configuram prova ilícita* quando atinentes a aspectos não pessoais e de interesse da Administração Pública e da própria coletividade, sobretudo quando exista, nas disposições normativas acerca do seu uso, expressa menção da sua destinação somente para assuntos e matérias afetas ao serviço, bem como advertência sobre monitoramento e acesso ao conteúdo das comunicações dos usuários para cumprir disposições legais ou instruir procedimento administrativo. (...) No caso, *não há de se falar em indevida violação de dados telemáticos, tendo em vista o uso de e-mail corporativo para cometimento de ilícitos. A reserva da intimidade, no âmbito laboral, público ou privado*, limita-se às informações familiares, da vida privada, política, religiosa e sindical, não servindo para acobertar ilícitos. Ressalte-se que, no âmbito do TST, a temática já foi inúmeras vezes enfrentada (TST, RR 613/2000-013-10-0, DJe 10/6/2005)." (STJ, RMS 48.665-SP, J. 15/9/2015, DJe 5/2/2016).
174. A conversa realizada em "sala de bate papo" da internet, *não está amparada pelo sigilo* das comunicações, pois o ambiente virtual é de acesso irrestrito e destinado a conversas informais. (STJ, 6ª Turma, HC 18.116/SP, J. 16/02/2006 - Informativo 274).
175. Nesse sentido: STF, Inq. 2245, Pleno, J. 28/08/2007; STF, MS 33.817 ED/DF, Pleno, J. 17/03/2016.
176. CF/88, Art. 58, § 3º As comissões parlamentares de inquérito, que terão poderes de investigação próprios das autoridades judiciais, além de outros previstos nos regimentos das respectivas Casas, serão criadas pela Câmara dos Deputados e pelo Senado Federal, em conjunto ou separadamente, mediante requerimento de um terço de seus membros, para a apuração de fato determinado e por prazo certo, sendo suas conclusões, se for o caso, encaminhadas ao Ministério Público, para que promova a responsabilidade civil ou criminal dos infratores.
177. Tese fixada: "1. É constitucional o compartilhamento dos relatórios de inteligência financeira da UIF e da íntegra do procedimento fiscalizatório da Receita Federal do Brasil, que define o lançamento do tributo, com os órgãos de persecução penal para fins criminais, sem a obrigatoriedade de prévia autorização judicial, devendo ser resguardado o sigilo das informações em procedimentos formalmente instaurados e sujeitos a posterior controle jurisdicional. 2. O compartilhamento pela UIF e pela RFB, referente ao item anterior, deve ser feito unicamente por meio de comunicações formais, com garantia de sigilo, certificação do destinatário e estabelecimento de instrumentos efetivos de apuração e correção de eventuais desvios", vencido o Ministro Marco Aurélio, que não referendava a tese. Presidência do Ministro Dias Toffoli. Plenário, 04.12.2019. (STF, RE 1.055.941/SP, Pleno, J. 04/12/2019).
178. Art. 13-A do CPP; Art. 17-B da Lei nº 9.613/1998; Art. 2º, § 2º, da Lei nº 12.830/2013; Arts. 15 e 16 da Lei nº 12.850/2013; Art. 129, VI, da CF/88 c/c Art. 8º, incisos II e IV, da Lei Complementar nº 75/1993.

d) *acesso a informações sigilosas* – esta alínea se refere às demais informações sigilosas não abrangidas pela *alínea b*, tais como as informações financeiras referentes a investimentos no mercado de valores mobiliários;

e) *outros meios de obtenção da prova que restrinjam direitos fundamentais do investigado* – a título de exemplo, a decisão sobre a identificação criminal prevista no art. 3º, inciso IV c/c Art. 5º, parágrafo único, da Lei nº 12.037/2009, será competência do juiz das garantias.

Vale lembrar que o STF decidiu atribuir interpretação conforme aos incisos IV, VIII e IX do art. 3º-B do CPP "para que todos os atos praticados pelo Ministério Público como condutor de investigação penal se submetam ao controle judicial (HC 89.837/DF, Rel. Min. Celso de Mello) e fixar o *prazo de até 90 (noventa) dias*, contados da publicação da ata do julgamento, para os representantes do Ministério Público encaminharem, *sob pena de nulidade*, todos os PIC e outros procedimentos de investigação criminal, mesmo que tenham outra denominação, ao respectivo juiz natural, independentemente de o juiz das garantias já ter sido implementado na respectiva jurisdição."

(xii) *julgar o habeas corpus impetrado antes do oferecimento da denúncia.*

Competirá ao juiz das garantias julgar o *habeas corpus* impetrado antes do oferecimento da denúncia, desde que a autoridade coatora esteja sujeita à sua jurisdição (Exemplo: delegado de Polícia), pois se o *habeas corpus* for impetrado contra uma investigação conduzida por promotor de Justiça ou procurador da República, a competência para o julgamento será do Tribunal de Justiça ou Tribunal Regional Federal, respectivamente.[179]

(xiii) *determinar a instauração de incidente de insanidade mental.*

A competência será do juiz das garantias quando a instauração do incidente de insanidade mental ocorrer na fase de inquérito policial, conforme prevê o art. 149, § 1º, do Código de Processo Penal.

Caso a dúvida sobre a integridade mental do acusado surja após o oferecimento da denúncia, a competência para determinar a instauração do incidente de insanidade mental passará para o juiz da instrução e julgamento.[180]

(xiv) *decidir sobre o recebimento da denúncia ou queixa, nos termos do art. 399 deste Código.*

---

179. DEZEM, Guilherme Madeira. *Curso de processo penal*. 8. ed. rev., atual. e ampl. São Paulo: Thomson Reuters Brasil, 2021, p. 1.451.
180. STF, Ações Diretas de Inconstitucionalidade nº 6.298, 6.299, 6.300 e 6.305: "(...) 7. Por *maioria*, declarar a inconstitucionalidade do inciso XIV do art. 3º-B do CPP, incluído pela Lei nº 13.964/2019, e atribuir interpretação conforme para assentar que a competência do juiz das garantias cessa com o *oferecimento* da denúncia, vencido o Ministro Edson Fachin (...)".

O STF, por maioria, declarou a inconstitucionalidade deste inciso e atribuiu interpretação conforme "para assentar que a competência do juiz das garantias cessa com o *oferecimento* da denúncia".

(xv) *assegurar prontamente, quando se fizer necessário, o direito outorgado ao investigado e ao seu defensor de acesso a todos os elementos informativos e provas produzidos no âmbito da investigação criminal, salvo no que concerne, estritamente, às diligências em andamento.*

Este inciso está conforme a Súmula Vinculante nº 14 do Supremo Tribunal Federal, o art. 7º, inciso XIV c/c §§ 10 e 11, da Lei nº 8.906/1994 e o art. 32 da Lei nº 13.869/2019.

É preciso ressalvar, como exceção de acesso: (xv.1) eventuais peças protegidas pelo segredo de justiça, especialmente o relatório do COAF, no que diz respeito a dados de terceiros;[181] (xv.2) a exigência de prévia autorização judicial para que o defensor tenha acesso a inquéritos policiais que investiguem organizações criminosas e nos quais tenha sido decretado o segredo de justiça, com ressalva quanto aos elementos de prova referentes às diligências em andamento que devem permanecer em sigilo até a conclusão das diligências (art. 23 da Lei nº 12.850/2013); (xv.3) peças relativas a diligências em

---

181. "Ementa: Agravo Regimental em Agravo Regimental em Reclamação. Súmula vinculante nº 14. Dados sigilosos de terceiros. Restrição legítima de acesso. Impossibilidade de sua utilização como elemento de prova contra o acusado. Ausência de violação do contraditório e da ampla defesa. 1. Não viola o enunciado da Súmula Vinculante nº 14 decisão que garante ao reclamante acesso aos elementos de prova já documentados nos autos, excluindo excertos que não atinjam sua esfera jurídica e contenham dados sigilosos de terceiros. 2. O direito à intimidade e ao sigilo de dados de terceiros gozam de proteção constitucional qualificada por cláusula de reserva de jurisdição, relativizada somente nas hipóteses e na forma que a lei estabelecer para fins de investigação criminal ou instrução processual penal (art. 5º, XII, CF/88). 3. A decisão combatida, a um só tempo, protege direitos fundamentais de terceiros e viabiliza o pleno exercício do direito de defesa pelos investigados e acusados, atendendo aos vetores da necessidade, adequação e proporcionalidade em sentido estrito. 4. Aquilo que não disser respeito ao investigado ou acusado e, por conseguinte, tiver sido excluído de seu âmbito de conhecimento, não poderá ser objeto de cognição judicial para fins de formação de eventual juízo condenatório contra si, o que afasta a alegação de prejuízo à sua esfera jurídica material ou processual. 5. Agravo regimental conhecido e não provido". Conforme consignado no Informativo 964 do STF: "A Primeira Turma, por maioria, negou provimento a agravo regimental em reclamação em que discutida suposta afronta à Súmula Vinculante 14 do Supremo Tribunal Federal (STF) (1), em virtude de a defesa do interessado não haver obtido acesso amplo e irrestrito aos elementos de prova já documentados em inquérito policial, instaurado para apurar a prática de crime de lavagem de dinheiro por diversos agentes. No caso, a decisão agravada se baseou nas seguintes premissas: a) a investigação ocorre em segredo de justiça; e b) o Relatório de Inteligência Financeira do Coaf (ao qual se pretende acesso integral) menciona outros investigados, além do interessado. Desse modo, foi deferido o pedido do reclamante quanto à extração de cópias do inquérito, com exceção de eventuais peças protegidas pelo segredo de justiça, especialmente o relatório do Coaf, no que diz respeito a dados de terceiros. A Turma ressaltou que o direito à privacidade e à intimidade é assegurado constitucionalmente, e que é excessivo o acesso de um dos investigados a informações, de caráter privado de diversas pessoas, que não dizem respeito ao direito de defesa dele, sob pretexto de obediência à Súmula Vinculante 14. Vencido o ministro Marco Aurélio, que proveu o agravo. Entendeu que o relatório do Coaf é um documento único, e o reclamante está envolvido no episódio contido nesse documento. A Súmula Vinculante 14 não faz distinção quanto aos documentos passíveis de acesso pela parte interessada, exigindo apenas que estejam encartados nos autos. (1) Sumula Vinculante 14 do STF: 'É direito do defensor, no interesse do representado, ter acesso amplo aos elementos de prova que, já documentados em procedimento investigatório realizado por órgão com competência de polícia judiciária, digam respeito ao exercício do direito de defesa'" (STF, Rcl 25.872 AgR-AgR/SP, 1ª T, J. 17/12/2019).

curso, ou que indiquem a realização de diligências futuras, cujo sigilo seja imprescindível (art. 32 da Lei nº 13.869/2019).

(xvi) *deferir pedido de admissão de assistente técnico para acompanhar a produção da perícia.*

Este inciso revoga tacitamente e em parte o disposto no art. 159, § 4º, do Código de Processo Penal que admite a atuação do assistente técnico a partir de sua admissão pelo juiz e somente após a conclusão dos exames e elaboração do laudo pelos peritos oficiais.

Diante deste inciso XVI do art. 3º-B, está estabelecida a possibilidade do assistente técnico acompanhar a produção da perícia, o que atende a pleito do Ministério Público que, em casos mais rumorosos, tem a praxe de indicar assistentes técnicos para o acompanhamento das perícias oficiais, o que também é feito pelas defesas de grandes empresas e de investigados com grande poder socioeconômico.

Nessa mesma esteira, o art. 159, § 5º, inciso II, do Código de Processo Penal, também sofreu revogação tácita e parcial, pois autoriza a indicação de assistente técnico, que pode apresentar pareceres, somente durante o curso do processo, enquanto o inciso XVI do art. 3º-B, claramente, autoriza tal indicação na fase de inquérito policial.

(xvii) *decidir sobre a homologação de acordo de não persecução penal ou os de colaboração premiada, quando formalizados durante a investigação.*

O acordo de não persecução penal e a colaboração premiada foram tratados em tópicos próprios. Importante registrar que a homologação deles somente competirá ao juiz das garantias se isso ocorrer antes do oferecimento da denúncia.

(xviii) *outras matérias inerentes às atribuições definidas no caput deste artigo.*

Este inciso torna exemplificativo o rol de competências do juiz das garantias, pois terá competência para outras questões não explicitadas acima, desde que inerentes às atribuições definidas no *caput*, tais como, por exemplo, as medidas assecuratórias patrimoniais e a restituição de coisas apreendidas.

Art. 3º-C. A competência do juiz das garantias abrange todas as infrações penais, exceto as de menor potencial ofensivo, e cessa com o recebimento da denúncia ou queixa na forma do art. 399 deste Código.

§ 1º Recebida a denúncia ou queixa, as questões pendentes serão decididas pelo juiz da instrução e julgamento.

§ 2º As decisões proferidas pelo juiz das garantias não vinculam o juiz da instrução e julgamento, que, após o recebimento da denúncia ou queixa, deverá reexaminar a necessidade das medidas cautelares em curso, no prazo máximo de 10 (dez) dias.

§ 3º Os autos que compõem as matérias de competência do juiz das garantias ficarão acautelados na secretaria desse juízo, à disposição do Ministério Público e da defesa, e não serão apensados aos autos do processo enviados ao juiz da instrução e julgamento, ressalvados os documentos relativos às provas irrepetíveis, medidas de obtenção de provas ou de antecipação de provas, que deverão ser remetidos para apensamento em apartado.

§ 4º Fica assegurado às partes o amplo acesso aos autos acautelados na secretaria do juízo das garantias.

Segundo o texto do art. 3º-C do CPP, a competência do juiz das garantias abrangeria todas as infrações penais, exceto as de menor potencial ofensivo, e cessaria com o recebimento da denúncia ou queixa na forma do art. 399 do CPP.

Assim, na literalidade da primeira parte do *caput* do dispositivo, a competência do juiz das garantias abrangeria todas as infrações penais, exceto as de menor potencial ofensivo.

Contudo, nas Ações Diretas de Inconstitucionalidade nº 6.298, 6.299, 6.300 e 6.305, por unanimidade, o STF atribuiu interpretação conforme à primeira parte do *caput* do art. 3º-C do CPP para esclarecer que as normas relativas ao juiz das garantias não se aplicam às seguintes situações:

a) processos de competência originária dos tribunais, os quais são regidos pela Lei nº 8.038/1990;

b) processos de competência do tribunal do júri;

c) casos de violência doméstica e familiar; e

d) infrações penais de menor potencial ofensivo.

Portanto, houve uma ampliação das hipóteses de exceção à competência do juiz das garantias. Mesmo assim, o STF se esqueceu de uma outra hipótese importante. Explico.

A mesma Lei Anticrime que incluiu o art. 3º-C no CPP, também alterou a Lei nº 12.694, de 24 de julho de 2012, dispondo que os Tribunais de Justiça e os Tribunais Regionais Federais poderão instalar, nas comarcas sedes de Circunscrição ou Seção Judiciária, mediante resolução, Varas Criminais Colegiadas com competência para o processo e julgamento:

I – de crimes de pertinência a organizações criminosas armadas ou que tenham armas à disposição;

II – do crime do art. 288-A do Código Penal (constituição de milícia privada); e

III – das infrações penais conexas aos crimes a que se referem os incisos I e II.

Em adição, restou estabelecido que as Varas Criminais Colegiadas terão *competência para todos os atos jurisdicionais no decorrer da investigação, da ação penal e da execução da pena*, inclusive a transferência do preso para estabelecimento prisional de segurança máxima ou para regime disciplinar diferenciado.

Logo, o juiz das garantias também não terá competência para as infrações penais praticadas por organizações criminosas e milícias, quando instalada a Vara Criminal Colegiada prevista na Lei nº 12.694/2012. Mais do que isso.

Na hipótese de competência da Vara Criminal Colegiada, não se aplica a regra do juiz das garantias, uma vez que o colegiado, por expressa disposição legal, terá competência para atuar desde a fase de investigação, passando pelo processo de conhecimento, até chegar ao processo de execução da pena.

Vale lembrar que o preenchimento da Vara Criminal Colegiada deve ser feito por critérios objetivos, não podendo ser por designações pontuais do tribunal, pois o Supremo Tribunal Federal já entendeu, na ADI 4.414, que a designação pontual e temporária é inconstitucional por atentar contra o princípio do juiz natural, o princípio da identidade física do juiz, a garantia da inamovibilidade e a independência do Poder Judiciário.[182]

Por outro lado, na literalidade da segunda parte do *caput* do dispositivo, a competência do juiz das garantias cessaria com o recebimento da denúncia ou queixa na forma do art. 399 do CPP.

Assim, segundo a literalidade da segunda parte do *caput* do art. 3º-C do CPP, além das competências previstas no art. 3º-B, o juiz das garantias também seria competente para: (i) rejeitar ou receber a denúncia ou queixa e determinar a citação do acusado para responder à acusação (art. 3º-B, XIV, art. 395 e art. 396, CPP); (ii) apreciar a resposta à acusação e eventuais exceções opostas pelo acusado (art. 396-A, CPP); (iii) absolver sumariamente o acusado (art. 397, CPP); (iv) não sendo o caso de absolvição sumária, confirmar o anterior recebimento da denúncia ou queixa (art. 399, CPP).

Contudo, o STF decidiu que *a competência do juiz das garantias cessa com o oferecimento da denúncia* e não com o seu recebimento:

> 7. Por *maioria*, declarar a inconstitucionalidade do inciso XIV do art. 3º-B do CPP, incluído pela Lei nº 13.964/2019, e atribuir interpretação conforme para assentar que a competência do juiz das garantias cessa com o *oferecimento* da denúncia, vencido o Ministro Edson Fachin;
>
> (...)
>
> 11. Por *maioria*, declarar a inconstitucionalidade da expressão "recebimento da denúncia ou queixa na forma do art. 399 deste Código" contida na segunda parte do caput do art. 3º-C do CPP, incluído pela Lei nº 13.964/2019, e atribuir interpretação conforme para assentar que a competência do juiz das garantias cessa com o *oferecimento* da denúncia, vencido o Ministro Edson Fachin;
>
> 12. Por *maioria*, declarar a inconstitucionalidade do termo "Recebida" contido no § 1º do art. 3º-C do CPP, incluído pela Lei nº 13.964/2019, e atribuir interpretação conforme ao dispositivo para assentar que, *oferecida* a denúncia ou queixa, as questões pendentes serão decididas pelo juiz da instrução e julgamento, vencido o Ministro Edson Fachin;

---

182. "(...) 19. Os juízes integrantes de Vara especializada criada por Lei estadual devem ser designados com observância dos parâmetros constitucionais de antiguidade e merecimento previstos no art. 93, II e VIII-A, da Constituição da República, sendo inconstitucional, em vista da necessidade de preservação da independência do julgador, previsão normativa segundo a qual a indicação e nomeação dos magistrados que ocuparão a referida Vara será feita pelo Presidente do Tribunal de Justiça, com a aprovação do Tribunal. (...) 20. O mandato de dois anos para a ocupação da titularidade da Vara especializada em crimes organizados, a par de afrontar a garantia da inamovibilidade, viola a regra da identidade física do juiz, componente fundamental do princípio da oralidade, prevista no art. 399, § 2º, do CPP ("O juiz que presidiu a instrução deverá proferir a sentença"), impedindo, por via oblíqua, a aplicação dessa norma cogente prevista em Lei nacional, em desfavor do Réu, usurpando a competência privativa da União (art. 22, I, CRFB). (...) 21. O princípio do Juiz natural obsta "qualquer escolha do juiz ou colegiado a que as causas são confiadas", de modo a se afastar o "perigo de prejudiciais condicionamentos dos processos através da designação hierárquica dos magistrados competentes para apreciá-los" (FERRAJOLI, Luigi. *Direito e Razão*: teoria do garantismo penal. 2. ed. São Paulo: RT, 2006. p. 545), devendo-se condicionar a nomeação do juiz substituto, nos casos de afastamento do titular, por designação do Presidente do Tribunal de Justiça, à observância de critérios impessoais, objetivos e aprioristicos. (...)" (STF, ADI 4.414/AL, Pleno, *J*. 31/05/2012).

13. Por *maioria*, declarar a inconstitucionalidade do termo "recebimento" contido no § 2º do art. 3º-C do CPP, incluído pela Lei nº 13.964/2019, e atribuir interpretação conforme ao dispositivo para assentar que, após o *oferecimento* da denúncia ou queixa, o juiz da instrução e julgamento deverá reexaminar a necessidade das medidas cautelares em curso, no prazo máximo de 10 (dez) dias, vencido o Ministro Edson Fachin.

Portanto, oferecida a denúncia ou queixa, o juiz das garantias deverá encaminhar os autos ao juiz da instrução e julgamento para que este: (i) decida sobre a rejeição ou o recebimento da peça acusatória e adote as posteriores providências (art. 396 e seguintes do CPP); (ii) decida sobre as eventuais questões pendentes (art. 3º-C, § 1º, CPP); (iii) no prazo de dez dias, reexamine a necessidade das medidas cautelares em curso.

Em relação aos §§ 3º e 4º do art. 3º-C do CPP, sua redação é uma ofensa grave à moralidade pública, uma vez que o Estado consome parcela significativa dos seus recursos com as investigações preliminares, em especial com o inquérito policial, conduzido por delegados de Polícia Civil e Federal, para fins de apurar a materialidade, circunstâncias e autoria das infrações penais (Lei nº 12.830/2013).

Não obstante, o art. 3º-C, em seu § 3º, visava impedir que os autos do inquérito policial, bem como de outras investigações preliminares, chegassem ao juiz da instrução e julgamento, responsável por julgar o caso concreto.

Segundo a literalidade do dispositivo, esse mesmo juiz da instrução e julgamento, sem poder ter acesso aos autos do inquérito policial (ressalvados apenas os documentos relativos às provas irrepetíveis, medidas de obtenção de provas ou de antecipação de provas), após o recebimento da denúncia ou queixa, deveria reexaminar a necessidade das medidas cautelares em curso, no prazo máximo de 10 dias.

As perguntas que o legislador deveria ter feito antes de aprovar tamanha aberração seriam: Com fundamento em que o juiz conseguiria reexaminar a necessidade das medidas cautelares, se não poderia ter acesso aos autos das investigações com base nas quais tais medidas foram decretadas? Faria isso com base apenas nas peças argumentativas da acusação e da defesa? Ficaria alienado do substrato fático apurado no inquérito policial?

Cegar o juiz da instrução e julgamento, impedi-lo de ter acesso aos autos do inquérito policial e de outras investigações preliminares, não tem outra motivação que não seja aumentar, ainda mais, as cifras de impunidade.

A Polícia não é parte no processo, mas sim uma instituição que tem por função apurar os fatos, verificando se o crime efetivamente ocorreu e, em caso positivo, as suas circunstâncias e quem concorreu para a prática criminosa. Esse trabalho serve de filtro, impedindo ações penais abusivas e infundadas, de maneira que as investigações levadas a efeito nos autos do inquérito policial estão longe de servir apenas à acusação, constituindo o primeiro mecanismo de defesa do cidadão contra acusações indevidas. Tirar do juiz da instrução e julgamento o acesso aos autos do inquérito policial é um desserviço à sociedade!

Felizmente, o STF declarou a inconstitucionalidade, com redução de texto, dos §§ 3º e 4º do art. 3º-C do CPP e atribuiu interpretação conforme para entender que os autos que compõem as matérias de competência do juiz das garantias serão remetidos ao juiz da instrução e julgamento.

> Art. 3º-D. O juiz que, na fase de investigação, praticar qualquer ato incluído nas competências dos arts. 4º e 5º deste Código ficará impedido de funcionar no processo.
>
> Parágrafo único. Nas comarcas em que funcionar apenas um juiz, os tribunais criarão um sistema de rodízio de magistrados, a fim de atender às disposições deste Capítulo.

Segundo o art. 3º-D do CPP, "o juiz que, na fase de investigação, praticar qualquer ato incluído nas competências dos arts. 4º e 5º deste Código ficará impedido de funcionar no processo". Ocorre que os citados artigos 4º e 5º do CPP se referem ao inquérito policial e à atuação do delegado de Polícia, não guardando qualquer relação temática com o art. 3º-D.

Provavelmente, ao citar os "arts. 4º e 5º", o art. 3º-D tinha por objetivo fazer referência aos artigos 3º-B e 3º-C, imediatamente anteriores a ele, para deixar claro que o juiz que funcionou na fase de investigação preliminar ou que recebeu a denúncia ou a queixa ficaria impedido de funcionar no processo.

Ocorre que o erro do legislador não mais importa, uma vez que o STF, por unanimidade, declarou a inconstitucionalidade do *caput* do art. 3º-D do CPP e a inconstitucionalidade formal do seu parágrafo único.

> Art. 3º-E. O juiz das garantias será designado conforme as normas de organização judiciária da União, dos Estados e do Distrito Federal, observando critérios objetivos a serem periodicamente divulgados pelo respectivo tribunal.

O STF, por unanimidade, atribuiu interpretação conforme ao art. 3º-E do CPP "para assentar que o juiz das garantias será *investido*, e não designado, conforme as normas de organização judiciária da União, dos Estados e do Distrito Federal, observando os critérios objetivos a serem periodicamente divulgados pelo respectivo tribunal."

O juiz das garantias deve ser investido pelos próprios Tribunais, conforme suas normas de organização judiciária, com base em critérios objetivos e públicos, o que respeita o pacto federativo, na medida em que os Estados têm autonomia para a organização das suas próprias Justiças, nos termos dos artigos 96 e 125 da Constituição Federal.

As competências do *juiz das garantias* e do *juiz da instrução e julgamento* são *competências funcionais* e, por isso, *absolutas*, cuja inobservância pode ser alegada em qualquer momento e grau de jurisdição, bem como pode ser reconhecida de ofício.

> Art. 3º-F. O juiz das garantias deverá assegurar o cumprimento das regras para o tratamento dos presos, impedindo o acordo ou ajuste de qualquer autoridade com órgãos da imprensa para explorar a imagem da pessoa submetida à prisão, sob pena de responsabilidade civil, administrativa e penal.
>
> Parágrafo único. Por meio de regulamento, as autoridades deverão disciplinar, em 180 (cento e oitenta) dias, o modo pelo qual as informações sobre a realização da prisão e a identidade do preso serão, de modo padronizado e respeitada a programação normativa aludida no *caput* deste artigo, transmitidas à imprensa, assegurados a efetividade da persecução penal, o direito à informação e a dignidade da pessoa submetida à prisão.

O art. 3º-F decorre claramente do direito à imagem, à privacidade, à dignidade da pessoa humana e à presunção de inocência do preso, cuja exposição midiática, em fase ainda preliminar da persecução penal, leva à condenação social e à estigmatização de pessoas que, muitas das vezes, sequer são condenadas ao final do processo.

De outro lado, há o direito à informação e a liberdade de imprensa, corolários de um Estado democrático de direito, razão pela qual o parágrafo único do dispositivo estabeleceu o prazo de 180 dias para a regulamentação da transmissão de informações sobre a prisão e o preso.

Neste ponto, o STF, por unanimidade, atribuiu interpretação conforme ao parágrafo único do art. 3º-F do CPP "para assentar que a divulgação de informações sobre a realização da prisão e a identidade do preso pelas autoridades policiais, ministério público e magistratura deve assegurar a efetividade da persecução penal, o direito à informação e a dignidade da pessoa submetida à prisão."

Importante lembrar que a Lei de Abuso de Autoridade (Lei nº 13.869/2019), em seus artigos 13 e 28, criminalizou as seguintes condutas:

Art. 13. Constranger o preso ou o detento, mediante violência, grave ameaça ou redução de sua capacidade de resistência, a:
I – exibir-se ou ter seu corpo ou parte dele exibido à curiosidade pública;
II – submeter-se a situação vexatória ou a constrangimento não autorizado em lei;
(...)
Pena: detenção, de 1 (um) a 4 (quatro) anos, e multa, sem prejuízo da pena cominada à violência.
Art. 28. Divulgar gravação ou trecho de gravação sem relação com a prova que se pretenda produzir, expondo a intimidade ou a vida privada ou ferindo a honra ou a imagem do investigado ou acusado:
Pena: detenção, de 1 (um) a 4 (quatro) anos, e multa.

Vale lembrar, mais uma vez, que todos os dispositivos tratados neste tópico, ou seja, os arts. 3º-A a 3º-F do CPP, permaneceram com a eficácia suspensa *sine die*, por força de decisão liminar do Ministro Luiz Fux do Supremo Tribunal Federal, até 23 de agosto de 2023, quando houve a conclusão do julgamento pelo Plenário do STF.

Foi fixado o prazo de 12 meses, a contar da publicação da ata do julgamento, para que sejam adotadas as medidas legislativas e administrativas necessárias à adequação das diferentes leis de organização judiciária, à efetiva implantação e ao efetivo funcionamento do juiz das garantias em todo o país, tudo conforme as diretrizes do CNJ.

Tal prazo poderá ser prorrogado uma única vez, por no máximo, 12 meses, devendo a justificativa ser apresentada em procedimento realizado junto ao CNJ.

Por unanimidade, o STF fixou a seguinte regra de transição: "quanto às ações penais já instauradas no momento da efetiva implementação do juiz das garantias pelos tribunais, a eficácia da lei não acarretará qualquer modificação do juízo competente".

É importante registrar, também, que a Lei nº 13.964/2019 não estabeleceu qual juiz será priorizado para fins de fixação da competência, se o juiz das garantias ou o juiz da instrução e julgamento. Essa questão tem pouca ou nenhuma relevância nas comarcas onde há mais de um juiz igualmente competente, tanto em razão do lugar, quanto em razão da matéria.

Por outro lado, o assunto ganha enorme relevo nas comarcas onde há apenas um juiz criminal, pois se a competência a ser fixada for prioritariamente do juiz das garantias, o juiz da instrução e julgamento será sempre um outro juiz que não o juiz criminal daquela localidade, o que ofende o princípio da jurisdicionalidade ou da garantia de jurisdição, segundo o qual todos que vierem a praticar uma infração penal serão *julgados* por um juiz natural e imparcial (Art. 5º, XXXVII e LIII, CF/88).[183]

Portanto, para fins de definição do juiz das garantias e do juiz da instrução e julgamento, este último deverá ter respeitada a sua competência territorial e em razão da matéria, prioritariamente, o que deverá ser respeitado pelas leis de organização judiciária. O mesmo ocorrerá em localidades onde há uma única vara especializada em determinada matéria, hipótese em que outro juízo deverá ser o juiz das garantias para que a vara especializada cumpra a sua função de instruir e julgar os processos para os quais foi criada.

---

183. CF/88, Art. 5º, XXXVII – não haverá juízo ou tribunal de exceção; (...) LIII – ninguém será processado nem sentenciado senão pela autoridade competente.

2
INQUÉRITO POLICIAL

A investigação preliminar ou investigação criminal e o processo penal são instrumentos de recognição, de reconhecimento, de retrospecção, "de reconstrução aproximativa de um determinado fato histórico", destinados "a instruir o julgador, a proporcionar o conhecimento do juiz por meio da reconstrução histórica de um fato".[1]

É durante a investigação preliminar e o processo penal que são produzidas as provas que constituem "os meios através dos quais se fará essa reconstrução do fato passado"[2] e com base nos quais o juiz conhecerá os fatos, formando a sua convicção para dizer o direito no caso concreto.

A investigação preliminar ou investigação criminal corresponde à fase pré-processual, constituindo um conjunto de atividades desenvolvidas concatenadamente por órgãos de Estado, para apurar *materialidade* (verificar se a infração penal realmente ocorreu), *circunstâncias* (demonstrar em que circunstâncias a infração penal foi praticada) e *autoria* (apurar quem concorreu para a prática da infração penal como autor, coautor ou partícipe).

Em outras palavras, a finalidade da investigação criminal é *esclarecer o fato oculto*, uma vez que o crime, na maioria dos casos, é total ou parcialmente *oculto* e precisa ser investigado para ser apurada sua materialidade, circunstâncias e autoria, buscando a demonstração do *fumus commissi delicti* (probabilidade de cometimento de um fato típico, ilícito e culpável), *visando o oferecimento da acusação ou o justificado arquivamento* (Lopes Júnior, 2023, p. 55).

Além disso, a investigação criminal também tem por finalidade *dar visibilidade à atuação estatal investigatória* e assim afastar o sentimento de impunidade, contribuindo para o restabelecimento da normalidade social abalada pelo crime e desencorajando vinganças privadas (Lopes Júnior, 2023, p. 55).

A investigação criminal ainda *funciona como filtro processual* para evitar acusações infundadas e abuso do direito de acusar, na medida em que visa esclarecer o fato, sem compromisso com qualquer das partes envolvidas, produzindo provas que podem favorecer, tanto a acusação, quanto a defesa (Lopes Júnior, 2023, p. 55).

Se a investigação criminal coletar provas que indiquem a prática de fato típico, ilícito e culpável, bem como suas circunstâncias e autoria, presentes as condições da

---
1. LOPES JR., Aury, 2021, p. 153.
2. LOPES JR., Aury, 2021, p. 153.

ação penal e por força do princípio da obrigatoriedade da ação penal pública, deve ser (*em regra*) oferecida a denúncia e instaurada a ação penal, exceto se ocorrer qualquer causa extintiva da punibilidade prevista no art. 107 do Código Penal.

Vale lembrar, contudo, que o princípio da obrigatoriedade da ação penal pública vem sendo cada vez mais mitigado, pois há várias hipóteses legais em que a regra não será o oferecimento da denúncia, a saber: (i) crime de menor potencial ofensivo, em que pode haver composição civil dos danos e/ou transação penal (Arts. 74 e 76 da Lei nº 9.099/1995); (ii) acordo de não persecução penal (Art. 28-A do CPP); (iii) acordo de colaboração premiada com o não oferecimento de denúncia (Art. 4º, § 4º, da Lei nº 12.850/2013).

O gênero investigação preliminar compreende algumas espécies de investigações preliminares, tais como o inquérito policial, inquérito policial militar, comissão parlamentar de inquérito,[3] sindicância e procedimento de investigação criminal do Ministério Público.[4]

O inquérito policial produzido pela Polícia Federal e pelas Polícias Civis dos Estados é a espécie de investigação preliminar *por excelência*, a única regulamentada pelo Código de Processo Penal, sendo "o *principal* instrumento de que se vale o Estado para a investigação de fato tipificado como delito" (Marcão, 2023, p. 53).

2.1 POLÍCIA JUDICIÁRIA *VERSUS* POLÍCIA ADMINISTRATIVA

Enquanto a Polícia Administrativa é exercida pelo Estado para a prevenção de ilícitos e de danos, a Polícia Judiciária atua após a ocorrência da infração penal, visando apurar sua materialidade, ou seja, se a infração penal efetivamente ocorreu, bem como as circunstâncias em que foi praticada e quem concorreu para ela, na condição de autor, coautor ou partícipe.

Assim, as Polícias Militares, as Polícias Penais, a Polícia Rodoviária Federal e a Polícia Ferroviária Federal são Polícias Administrativas, enquanto a Polícia Federal e as Polícias Civis dos Estados e do Distrito Federal são Polícias Judiciárias e Administrativas, pois além de apurarem infrações penais, também atuam como Polícia Administrativa, a exemplo da Polícia Federal que exerce: o controle e a fiscalização sobre produtos químicos, conforme art. 3º da Lei nº 10.357/2001; o controle, a regulação e a fiscalização do segmento de segurança privada, conforme Lei nº 7.102/1983; a gestão do Sistema Nacional de Armas, conforme Lei nº 10.826/2003; a emissão de passaportes e o controle de entrada e saída de pessoas do Território Nacional, conforme art. 144. § 1º, III, da CF/88.

---

3. CF/88, Art. 58, § 3º e Lei nº 10.001/2001, Arts. 1º a 4º.
4. LOPES JR., Aury, 2021, p. 50-52.

2.2 CONCEITO DE INQUÉRITO POLICIAL

Segundo a exposição de motivos do Código de Processo Penal de 1941, o inquérito policial é um *processo preliminar ou preparatório da ação penal*, absolutamente necessário como garantia contra açodados juízos:

> IV – Foi mantido o inquérito policial como *processo preliminar ou preparatório da ação penal*, guardadas as suas características atuais. O ponderado exame da realidade brasileira, que não é apenas a dos centros urbanos, senão também a dos remotos distritos das comarcas do interior, desaconselha o repúdio do sistema vigente.
>
> (...) há em favor do *inquérito policial*, como instrução provisória antecedendo a propositura da ação penal, um argumento dificilmente contestável: é ele uma *garantia contra apressados e errôneos juízos*, formados quando ainda persiste a trepidação moral causada pelo crime ou antes que seja possível uma exata visão de conjunto dos fatos, nas suas circunstâncias objetivas e subjetivas. Por mais perspicaz e circunspeta, a autoridade que dirige a investigação inicial, quando ainda perdura o alarma provocado pelo crime, está sujeita a equívocos ou falsos juízos *a priori*, ou a sugestões tendenciosas.
>
> Não raro, é preciso voltar atrás, refazer tudo, para que a investigação se oriente no rumo certo, até então despercebido. Por que, então, abolir-se o inquérito preliminar ou instrução provisória, expondo-se a justiça criminal aos azares do detetivismo, às marchas e contramarchas de uma instrução imediata e única? Pode ser mais expedito o sistema de unidade de instrução, mas *o nosso sistema tradicional, com o inquérito preparatório, assegura uma justiça menos aleatória, mais prudente e serena*.

Contudo, doutrina e jurisprudência majoritárias afirmam que o inquérito policial não é processo, mas sim *procedimento administrativo preliminar (pré-processual)*, de natureza investigatória, presidido pelo delegado de Polícia Civil ou Federal, que tem como objetivo a apuração da *materialidade* (verificar se a infração penal realmente ocorreu), *circunstâncias* (demonstrar em que circunstâncias a infração penal foi praticada) e *autoria* (apurar quem concorreu para a prática da infração penal como autor, coautor ou partícipe), conforme art. 2º, § 1º, da Lei nº 12.830/2013, constituindo "o *principal instrumento de que se vale o Estado para a investigação de fato tipificado como delito*" (Marcão, 2023, p. 53).

Em outras palavras, que também refletem a doutrina majoritária, "o inquérito policial é um procedimento preliminar, extrajudicial e preparatório para a ação penal, sendo por isso considerado como a primeira fase da *persecutio criminis* (que se completa com a fase em juízo). É instaurado pela polícia judiciária e tem como finalidade a apuração de infração penal e de sua respectiva autoria" (Moreira, 2007, p. 3 *apud* Marcão, 2023, p. 54).

Por fim, registro que para a instauração de um inquérito policial exige-se apenas a *possibilidade* de existência de uma infração penal, sem necessidade do conhecimento prévio da autoria, enquanto para a admissibilidade da ação penal deve existir um maior grau de conhecimento, ou seja, a *probabilidade* de que o acusado tenha concorrido para a prática da infração penal (fato típico, ilícito e culpável) como autor, coautor ou partícipe, e que tal fato ainda seja punível (Lopes Júnior, 2023, p. 66).

2.3 CARACTERÍSTICAS, FUNDAMENTOS, TITULARIDADE, GRAU DE COGNIÇÃO E VALOR PROBATÓRIO

O inquérito policial é um procedimento administrativo *inquisitivo* em que, via de regra, *não há contraditório e ampla defesa* plenos (Marcão, 2023, p. 55). Se a defesa tivesse que ser notificada ou se manifestar a cada diligência, haveria entraves que impediriam o sucesso da investigação. Imagine, por exemplo, que um investigado tivesse que ser notificado para se manifestar sobre um pedido de interceptação telefônica; certamente a diligência não traria nenhum resultado positivo para a investigação.

Por não possuir contraditório e ampla defesa plenos, o inquérito policial possui valor probatório relativo,[5] pois, segundo o art. 155 do Código de Processo Penal, o juiz não poderá fundamentar sua decisão *exclusivamente* nos elementos informativos colhidos na investigação, com exceção das *provas cautelares*, *não repetíveis* e *antecipadas*.

Conceitualmente, *prova cautelar* é aquela produzida com relevância e urgência (Exemplos: interceptação telefônica; busca e apreensão etc.); *prova não repetível* é aquela que não pode ser reproduzida por impossibilidade material (Exemplos: exame de corpo de delito, especialmente em ferimentos leves; exame de local de crime em via pública etc.); *provas antecipadas* são as produzidas em incidente pré-processual, com efetiva participação das futuras partes, perante o juiz (Exemplo: oitiva de testemunha enferma ou de idade avançada – Arts. 156, I, 225, 366 e 473, § 3º, todos do CPP).[6]

Embora não haja contraditório e ampla defesa plenos no inquérito policial, o suspeito ou indiciado: pode requerer diligências (Arts. 14 e 184 do CPP); tem o direito de permanecer em silêncio ou de apresentar a sua versão para o fato; tem o direito de não produzir prova contra si; tem o direito de acesso aos elementos de prova já documentados nos autos; e tem direito de assistência da família e de advogado (Art. 5º, LXIII, CF/88).

Além disso, o advogado tem o direito de assistir a seus clientes investigados durante a apuração de infrações, sob pena de nulidade absoluta do respectivo interrogatório ou depoimento e das provas deles decorrentes ou derivadas, podendo inclusive apresentar razões e quesitos no curso da respectiva apuração (Art. 7º, XXI, da Lei nº 8.906/1994):

> Art. 7º São direitos do advogado: (...) XXI – assistir a seus clientes investigados durante a apuração de infrações, sob pena de nulidade absoluta do respectivo interrogatório ou depoimento e, subsequentemente, de todos os elementos investigatórios e probatórios dele decorrentes ou derivados, direta ou indiretamente, podendo, inclusive, no curso da respectiva apuração: a) apresentar razões e quesitos;

É preciso ressaltar, entretanto, que o inquérito policial não perdeu o seu caráter inquisitivo e que a presença do advogado, embora não possa ser vetada, não é impres-

---

5. MARCÃO, Renato, 2023, p. 59.
6. Vide: STJ, AgRg no HC 747.441/SC, 6ª T, J. 20/03/2023.

cindível à realização do interrogatório em sede policial, exceto quando se tratar de hipótese de colaboração premiada, conforme determina o Art. 3º-C, § 1º, e o Art. 4º, §§ 6º, 9º, 14 e 15, todos da Lei nº 12.850/2013.

Além disso, segundo entendimento do STF, o advogado tem direito de assistir aos seus clientes, mas não às oitivas dos demais investigados e testemunhas:

> "Destaco que a norma do art. 7º, XXI, da Lei 8.906/94, prevê a assistência dos advogados aos investigados durante a realização dos interrogatórios e depoimentos de seus clientes, não estendendo essa prerrogativa aos depoimentos e interrogatórios dos demais investigados e testemunhas.
>
> A legislação vigente não avança para reproduzir, no âmbito do inquérito policial, o modelo processual vigente na ação penal, no qual todas as provas são produzidas com a possibilidade de ciência, acompanhamento e participação dos acusados e de sua defesa (autodefesa e defesa técnica), inclusive com a formulação de perguntas diretamente às testemunhas e de esclarecimentos realizados por intermédio do juiz durante os interrogatórios dos corréus (arts. 188 e 212 do CPP).
>
> Por esses motivos, entendo que não merece prosperar a irresignação do recorrente quanto à participação nos depoimentos das demais testemunhas no âmbito do inquérito."
>
> (STF, Petição 7.612, 2ª T, Ministro Gilmar Mendes, J. 12/03/2019)

A legitimidade do delegado de Polícia para celebrar acordo de colaboração premiada, no âmbito do inquérito policial, é prevista no art. 4º, §§ 2º e 6º, da Lei nº 12.850/2013, cuja constitucionalidade foi declarada pelo STF na ADI 5.508/DF.

Contudo, o próprio STF, posteriormente, mitigou tal entendimento, por ocasião do julgamento da Petição 8.482, onde decidiu que a anuência do Ministério Público deveria ser posta como condição de eficácia do acordo de colaboração premiada celebrado pela autoridade policial.[7]

Não obstante, por ocasião da colaboração premiada do Tenente-Coronel Mauro Cid, o STF mudou novamente de posição e homologou o acordo de colaboração premiada celebrado entre a Polícia Federal e o citado militar, mesmo com parecer contrá-

---

7. "Ementa: Acordo de colaboração premiada. Preliminar suscitada pela procuradoria-geral da república. Legitimidade da autoridade policial. Precedente da adi 5.508, posição majoritária do STF pela autonomia da PF na celebração de ACP. Posição contrária deste relator vencida na ocasião. Tema que repõe a PGR em plenário e em menor extensão do voto então vencido. *Anuência do Ministério Público* suscitada agora pela PGR. *Condição de eficácia*. Acolhimento. 1. Nos termos do entendimento formado no julgamento da ADI 5.508, *a autoridade policial tem legitimidade para celebrar autonomamente acordo de colaboração premiada*. Em voto vencido, assentada a negativa dessa faculdade. 2. Matéria novamente suscitada, em menor extensão, pela PGR. Considerada a estrutura acusatória dada ao processo penal conformado à Constituição Federal, *a anuência do Ministério Público deve ser posta como condição de eficácia do acordo de colaboração premiada celebrado pela autoridade policial*. Posicionamento de menor extensão contido no voto vencido proferido. Possibilidade de submeter a matéria ao mesmo Plenário a fim de que o entendimento majoritário seja confirmado ou eventualmente retificado. Em linha de coerência com o voto vencido, pela retificação do entendimento majoritário na extensão que pleiteia a PGR. 3. Questão preliminar suscitada pela Procuradoria-Geral da República acolhida para dar parcial provimento ao agravo regimental e tornar sem efeito, desde então, a decisão homologatória do acordo de colaboração premiada celebrado nestes autos, ante a desconformidade manifestada pelo Ministério Público e aqui acolhida. Eficácia *ex tunc*. (STF, Petição 8.482 AgR/DF, Pleno, *J.* 31/05/2021).

rio da Procuradoria-Geral da República,[8] a qual, somente *a posteriori* manifestou-se favoravelmente ao acordo.[9]

Importante registrar que, no julgamento da ADPF 569/DF, o STF decidiu que, inexistindo vinculação legal expressa, cabe à União a destinação de valores decorrentes de condenações criminais, *colaborações premiadas* ou outros acordos:

(...)
5. Medida Cautelar confirmada. Arguição parcialmente conhecida e, nessa parte, julgada parcialmente procedente para, conferindo interpretação conforme ao art. 91, II, "b", do Código Penal; ao art. 4º, IV, da Lei 12.850/2013; e ao art. 7º, I e § 1º, da Lei 9.613/1998, assentar que, não havendo previsão legal específica acerca da destinação de receitas derivadas provenientes de sistemas normativos de responsabilização pessoal, a qual vincula os órgãos jurisdicionais no emprego de tais recursos, tais ingressos, como aqueles originados de acordos de colaboração premiada, devem observar os estritos termos do art. 91 do Código Penal, sendo destinados, à míngua de lesados e de terceiros de boa-fé, à União, para sujeitarem-se à apropriação somente após o devido processo orçamentário constitucional, vedando-se sua distribuição de maneira diversa, seja por determinação ou acordo firmado pelo Ministério Público, seja por ordem judicial, excetuadas as previsões legais específicas (STF, ADPF 569/DF, Plenário, J. 20/05/2024).

Ainda sobre a colaboração premiada, no julgamento da ADI 5.567/DF, o STF decidiu que a colaboração premiada é plenamente compatível com o princípio do *nemo tenetur se detegere*:

5. Apesar da consagração do direito ao silêncio (art. 5º, LIV e LXIII, da CF/88), não existirá inconstitucionalidade no fato da legislação ordinária prever a concessão de um benefício legal que proporcionará ao acusado melhora na sua situação penal (atenuantes genéricas, causas de diminuição de pena, concessão de perdão judicial) em contrapartida da sua colaboração voluntária. Caberá ao próprio indivíduo decidir, livremente e na presença da sua defesa técnica, se colabora (ou não) com os órgãos responsáveis pela persecução penal. Os benefícios legais oriundos da colaboração premiada servem como estímulo para o acusado fazer uso do exercício de não mais permanecer em silêncio. *Compreensível, então, o termo "renúncia" ao direito ao silêncio não como forma de esgotamento da garantia do direito ao silêncio, que é irrenunciável e inalienável, mas sim como forma de "livre exercício do direito ao silêncio e da não autoincriminação pelos colaboradores, em relação aos fatos ilícitos que constituem o objeto dos negócios jurídicos", haja vista que o acordo de colaboração premiada é ato voluntário, firmado na presença da defesa técnica (que deverá orientar o investigado acerca das consequências do negócio jurídico) e que possibilita grandes vantagens ao acusado. Portanto, a colaboração premiada é plenamente compatível com o princípio do "nemo tenetur se detegere" (direito de não produzir prova contra si mesmo).* (STF, ADI 5567/DF, Plenário, 21/11/2023).

---

8. *Nota oficial do gabinete do ministro Alexandre de Moraes – 09/09/2023*: Em 9/9/2023, nos termos do § 7º, do artigo 4º da Lei nº 12.850/13, presentes a regularidade, legalidade, adequação dos benefícios pactuados e dos resultados da colaboração à exigência legal e a voluntariedade da manifestação de vontade, o Ministro do Supremo Tribunal Federal, Alexandre de Moraes, homologou o *Acordo de Colaboração Premiada* nº 3490843/2023 2023.0070312-CGCINT/DIP/PF, referente às investigações do INQ 4.874/DF e demais Petições conexas, *realizado entre a Polícia Federal e Mauro César Barbosa Cid*, devidamente acompanhado por seus advogados, a fim de que produzam seus efeitos jurídicos e legais.
9. STF, Petição 11.767/DF, Min. Alexandre de Moraes, J. 03/05/2024.

Por outro lado, com o advento da Lei nº 13.964/2019, foi incluído o Art. 14-A no Código de Processo Penal, o qual instituiu, nas hipóteses por ele abrangidas, mais uma medida em favor do contraditório no inquérito policial.[10]

A possibilidade do investigado constituir defensor e de ser *citado*[11] para tanto, explicitada no *caput* e § 1º do Art. 14-A, elastece a garantia prevista no art. 5º, inciso LXIII, da Constituição Federal, segundo o qual "o preso será informado de seus direitos, entre os quais o de permanecer calado, sendo-lhe assegurada a assistência da família *e de advogado*".

Com o Art. 14-A, todos os servidores vinculados às instituições dispostas no Art. 144 da Constituição Federal que forem alvo de investigações preliminares, cujo fato perquirido seja relacionado ao uso de força letal no exercício profissional, *independentemente de estarem presos ou soltos*, farão jus à defesa técnica e, inclusive, deverão ser *citados* da instauração da investigação.

Embora o § 1º mencione o prazo de 48 horas para a constituição de defensor, nada obsta que o investigado constitua defensor após tal prazo, não havendo que se falar em preclusão. O prazo existe, apenas, para que, caso o defensor não seja constituído, o responsável pela investigação intime a instituição à qual estava vinculado o imputado à época do fato investigado para que essa, em novo prazo de 48 horas, indique defensor para representação do investigado.

Vale lembrar que os §§ 3º, 4º e 5º, inicialmente vetados, estão em vigor, pois houve a derrubada do veto presidencial.

O inquérito policial também é *sigiloso* (Art. 20, CPP), de maneira que não há publicidade no procedimento investigatório. O sigilo tem dupla finalidade, destinando-se a garantir que a publicidade do fato não "manche" a imagem do investigado e nem atrapalhe a elucidação dos fatos, uma vez que "a veiculação de notícias a respeito de sua instauração pode levar à ocultação ou destruição de provas por alguns interessados, atrapalhando ou impossibilitando o bom êxito das investigações. Pode, ainda, causar dano moral e econômico de difícil ou impossível reparação à pessoa do investigado e seus familiares, bem como à vítima".[12]

Contudo, o sigilo não se estende ao Ministério Público (Art. 15, III, Lei Complementar nº 40/1981 e Art. 7º, II, Lei Complementar nº 75/1993) e nem ao juiz (a quem compete, em última análise, zelar pela legalidade das investigações),[13] bem como não poderá ser oponível aos advogados quanto aos elementos de prova já documentados nos autos.[14]

---

10. A mesma medida foi inserida no art. 16-A do CPPM.
11. O legislador utilizou a palavra *citado*, quando o correto seria *notificado* ou *intimado*, uma vez que a citação é o ato processual que completa a relação processual e que tem por objetivo chamar o acusado para o processo penal, dando a ele conhecimento da acusação e oportunidade para exercer a sua defesa (Art. 363, CPP).
12. MARCÃO, Renato, 2023, p. 57.
13. MARCÃO, Renato, 2023, p. 57.
14. Súmula Vinculante nº 14 do STF: É direito do defensor, no interesse do representado, ter acesso amplo aos elementos de prova que, já documentados em procedimento investigatório realizado por órgão com competência de polícia judiciária, digam respeito ao exercício do direito de defesa.

O Art. 7º, inciso XIV, do Estatuto da Advocacia e da Ordem dos Advogados do Brasil, assegura aos advogados[15] o direito de "examinar, em qualquer instituição responsável por conduzir investigação, mesmo sem procuração, autos de flagrante e de investigações de qualquer natureza, findos ou em andamento, ainda que conclusos à autoridade, podendo copiar peças e tomar apontamentos, em meio físico ou digital".

No entanto, tal dispositivo precisa ser lido à luz dos §§ 10 e 11 do mesmo artigo, segundo os quais: (§ 10) "nos autos sujeitos a sigilo,[16] deve o advogado apresentar procuração para o exercício dos direitos de que trata o inciso XIV"; (§ 11) "no caso previsto no inciso XIV, a autoridade competente poderá delimitar o acesso do advogado aos elementos de prova relacionados a diligências em andamento e ainda não documentados nos autos, quando houver risco de comprometimento da eficiência, da eficácia ou da finalidade das diligências."

Assim, "em relação às investigações sigilosas que ainda não integrem o corpo de inquérito policial formalmente instaurado, é possível a negativa de acesso à defesa, como deve ocorrer, por exemplo, com o conteúdo das interceptações de comunicação telefônica, que deverá se materializar em autos apartados, para posterior apensamento aos autos do inquérito policial ou do processo criminal".[17] Nesse sentido:

> 1. Persiste em nosso ordenamento jurídico, mesmo com a alteração do Estatuto da Advocacia determinada pela Lei 16.245/2016 (art. 7º e seus parágrafos), o direito limitado de acesso a autos sob sigilo. Nestes, é facultado à autoridade competente "delimitar o acesso do advogado aos elementos de prova relacionados a diligências em andamento e ainda não documentados nos autos, quando houver risco de comprometimento da eficiência, da eficácia ou da finalidade das diligências" (art. 7º, § 11, da Lei 8.906/1994). 2. Irreparável a decisão que atende, em parte, pedido de advogados de terceiro, o qual não é indiciado tampouco habilitado no inquérito arquivado, porquanto necessária a preservação da intimidade dos envolvidos (STF, Inq. 3.075, ED-AgR/SP, 2ª T, rel. Min. Teori Zavascki, J. 1º/03/2016).

Ainda sobre a questão do sigilo, a 1ª Turma do STF negou provimento a agravo regimental em reclamação em que se discutia suposta afronta à Súmula Vinculante 14, em virtude de a defesa do interessado não haver obtido acesso amplo e irrestrito aos elementos de prova já documentados em inquérito policial, instaurado para apurar a prática de crime de lavagem de dinheiro por diversos agentes.

No caso, a decisão agravada se baseou nas seguintes premissas: a) a investigação ocorre em segredo de justiça; e b) o Relatório de Inteligência Financeira do Coaf (ao qual se pretende acesso integral) menciona outros investigados, além do interessado. Desse modo, foi deferido o pedido do reclamante quanto à extração de cópias do inquérito,

---

15. Quanto à Defensoria Pública, vide: Art. 4º, XIV e XVII; Art. 44, VIII; Art. 89, VIII; Art. 108, IV; e Art. 128, VIII; todos da Lei Complementar nº 80, de 12 de janeiro de 1994.
16. Trata-se de inquéritos em que há (1) informações decorrentes da quebra de sigilos constitucionais (financeiro, fiscal, telefônico, telemático etc., razão pela qual, no interesse da privacidade do próprio investigado, o advogado somente pode ter acesso aos autos com procuração), (2) decretação de sigilo judicial ou, ainda, (3) em que há informações muito íntimas, tais como imagens de vítima de estupro, pedofilia etc.
17. MARCÃO, Renato, 2023, p. 57.

com exceção de eventuais peças protegidas pelo segredo de justiça, especialmente o relatório do Coaf, no que diz respeito a dados de terceiros.

A Turma ressaltou que o direito à privacidade e à intimidade é assegurado constitucionalmente, e que *é excessivo o acesso de um dos investigados a informações, de caráter privado de diversas pessoas, que não dizem respeito ao direito de defesa dele, sob pretexto de obediência à Súmula Vinculante 14* (STF, Rcl. 25.872 AgR-AgR/SP, 1ª T, J. 17.12.2019 – Informativo 964).

Quando se tratar de inquérito policial que apure os crimes previstos na Lei nº 12.850/2013 e as infrações penais conexas, "o sigilo da investigação poderá ser decretado pela autoridade judicial competente, para garantia da celeridade e da eficácia das diligências investigatórias, assegurando-se ao defensor, no interesse do representado, amplo acesso aos elementos de prova que digam respeito ao exercício do direito de defesa, devidamente *precedido de autorização judicial*, ressalvados os referentes às diligências em andamento" (Art. 23, Lei nº 12.850/2013).

Portanto, para ter acesso aos autos de inquérito policial que investiga crimes previstos na Lei de Organização Criminosa e infrações penais conexas, nos quais tenha sido decretado o sigilo da investigação pelo juiz, além de estar munido de procuração, o advogado precisará obter autorização da autoridade judicial competente.

Neste caso, "determinado o depoimento do investigado, seu defensor terá assegurada a prévia vista dos autos, ainda que classificados como sigilosos, no prazo mínimo de 3 (três) dias que antecedem ao ato, podendo ser ampliado, a critério da autoridade responsável pela investigação" (Art. 23, parágrafo único, Lei nº 12.850/2013).[18]

Outra característica do inquérito é que ele é *dispensável* (não é imprescindível) ao oferecimento da denúncia ou queixa, ou seja, se a justa causa para a ação penal for obtida por outros meios, ela poderá ser intentada sem necessidade do inquérito.[19]

Outros meios são: os relatórios das Comissões Parlamentares de Inquérito; as notícias de crime apresentadas pelo ofendido ou por terceiros de forma circunstanciada e assinada; as representações fiscais para fins penais apresentadas pelas receitas federal, estaduais ou municipais; os procedimentos de investigação criminal do Ministério Público; as cópias e os documentos referidos no Art. 40 do Código de Processo Penal;[20] os inquéritos civis instaurados para apuração de improbidade administrativa etc.

Da mesma forma, "os arts. 12, 27, 39, § 5º, e 46, § 1º, todos do Código de Processo Penal, autorizam expressamente a dispensa de inquérito policial".[21] Contudo, raramente o Ministério Público abre mão do inquérito policial. Além disso, é fato que com base

---

18. Confira, ainda, os Arts. 1º, 20 e 32 da Lei nº 13.869/2019.
19. MARCÃO, Renato, 2021, p. 65.
20. CPP, Art. 40. Quando, em autos ou papéis de que conhecerem, os juízes ou tribunais verificarem a existência de crime de ação pública, remeterão ao Ministério Público as cópias e os documentos necessários ao oferecimento da denúncia.
21. MARCÃO, Renato, 2021, p. 65.

no inquérito já é possível privar o investigado ou indiciado de sua liberdade e de seus bens, ainda que cautelarmente.

Embora dispensável, o inquérito policial é *indisponível*, ou seja, a autoridade policial não pode determinar o arquivamento do inquérito. Em razão da relevância e complexidade do assunto, o arquivamento do inquérito policial foi circunstancialmente analisado no tópico *encerramento do inquérito policial*, para onde remetemos o leitor.

Por outro lado, a autoridade policial poderá determinar o arquivamento da verificação da procedência da informação (VPI), prevista no art. 5º, § 3º, do Código de Processo Penal e nos arts. 27, parágrafo único, e 32, ambos da Lei nº 13.869/2019, quando realizadas as diligências preliminares, não se apurar a existência de justa causa para a instauração de inquérito policial.[22]

Da mesma forma, o delegado pode proceder ao desindiciamento, na medida em que, se assim proceder, estará dispondo de um ato privativo seu (Art. 2º, § 6º, CPP), incidental ao inquérito policial, não implicando no arquivamento do feito. O fundamento para o desindiciamento encontra-se na Súmula 473 do Supremo Tribunal Federal, segundo a qual:

> STF, Súmula 473 – A administração pode anular seus próprios atos, quando eivados de vícios que os tornam ilegais, porque deles não se originam direitos; ou revogá-los, por motivo de conveniência ou oportunidade, respeitados os direitos adquiridos, e ressalvada, em todos os casos, a apreciação judicial (J. 03/12/1969).

O inquérito policial é ainda *preparatório* e *preservador*. É *preparatório* na medida em que "é destinado a esclarecer a verdade acerca dos fatos delituosos relatados na notícia de crime, fornecendo subsídios para o ajuizamento da ação penal" e é *preservador* porque, concomitantemente, também fornece subsídios para o arquivamento da persecução penal, tudo a depender do caso concreto.[23]

Portanto, o inquérito policial não é unidirecional[24] e não se limita a apenas "angariar substrato probatório mínimo para a acusação. Não há entre a investigação policial e a acusação ministerial relação de meio e fim, mas de progressividade funcional. A polícia judiciária, por ser órgão imparcial (e não parte acusadora, como o Ministério Público), não tem compromisso com a acusação ou tampouco com a defesa".[25]

Logo, "além da função preparatória, de amparar eventual denúncia com elementos que constituam justa causa, existe a função preservadora, de garantia de direitos funda-

---

22. A VPI também é denominada verificação preliminar da informação.
23. CASTRO, Henrique Hoffmann Monteiro de. *Inquérito policial tem sido conceituado de forma equivocada*. Curitiba: Revista Consultor Jurídico, 2017.
24. NICOLITT, André Luiz. *Manual de Processo Penal*. São Paulo: RT, 2016, p. 201/202 apud CASTRO, Henrique Hoffmann Monteiro de. *Inquérito policial tem sido conceituado de forma equivocada*. Curitiba: Revista Consultor Jurídico, 2017.
25. CASTRO, Henrique Hoffmann Monteiro de. *Inquérito policial tem sido conceituado de forma equivocada*. Curitiba: Revista Consultor Jurídico, 2017.

mentais não somente de vítimas e testemunhas, mas do próprio investigado, evitando acusações temerárias ao possibilitar o arquivamento de imputações infundadas".[26]

A característica de ser *escrito* foi prevista no art. 9º do Código de Processo Penal, segundo o qual "todas as peças do inquérito policial serão, num só processado, reduzidas a escrito ou datilografadas e, neste caso, rubricadas pela autoridade". O procedimento do inquérito é, portanto, formal.

Contudo, tal previsão deve ser vista, hodiernamente, como a ideia de um procedimento documentado, na medida em que essa característica da forma escrita vem sofrendo mitigação face à possibilidade de gravação, em áudio e vídeo, de declarações de vítimas, depoimentos de testemunhas e interrogatórios de suspeitos e indiciados, tal como prevê o art. 405, § 1º, do Código de Processo Penal e o art. 4º, § 13, da Lei nº 12.850/2013.

A *oficialidade* e a *autoritariedade*[27] são outras duas características do inquérito policial, que deve ser levado a efeito por órgão oficial do Estado (Polícia Federal e Polícias Civis) e ser conduzido pela autoridade policial (delegado de Polícia[28]), conforme determinam os seguintes dispositivos: Art. 144, §§ 1º e 4º da Constituição Federal; Lei nº 9.266/1996; Lei nº 12.830/2013; e Art. 4º do Código de Processo Penal.

Outra característica do inquérito policial é a *oficiosidade*, segundo a qual o delegado de Polícia deve instaurar inquérito policial de ofício (Art. 5º, I, CPP), assim que tomar conhecimento de fato que possa configurar infração penal cuja ação seja de natureza pública incondicionada. Essa característica não se aplica aos crimes de ação penal pública condicionada à representação do ofendido (ou de seu representante legal) ou à requisição do Ministro da Justiça, pois sem elas o inquérito não poderá ser instaurado (Art. 5º, § 4º, CPP), bem como não se aplica aos crimes de ação penal privada, em que, para instauração, deverá haver requerimento de quem tenha qualidade para intentá-la (Art. 5º, § 5º, CPP).[29]

Daí decorre a característica da *obrigatoriedade*, uma vez que, presentes elementos a indicar a ocorrência da infração penal e satisfeitas eventuais condições de procedibilidade (representação, requisição ou requerimento), o delegado de polícia "tem a obrigação legal de instaurar o inquérito policial para a completa apuração dos fatos".[30]

Segundo o Superior Tribunal de Justiça, é possível, por exemplo, a deflagração de investigação criminal com base em matéria jornalística (STJ, RHC 98.056/CE, 6ª Turma, J. 04/06/2019, DJe 21/06/2019 – Informativo 652).

---

26. CASTRO, Henrique Hoffmann Monteiro de. *Inquérito policial tem sido conceituado de forma equivocada.* Curitiba: Revista Consultor Jurídico, 2017.
27. MARCÃO, Renato, 2023, p. 54.
28. A investigação penal, quando realizada por organismos policiais, será sempre dirigida por autoridade policial, a quem igualmente competirá exercer, com exclusividade, a presidência do respectivo inquérito (STF, HC 94.173/BA, 2ª Turma, rel. Min. Celso de Mello, J. 27/10/2009).
29. MARCÃO, Renato, 2023, p. 54.
30. MARCÃO, Renato, 2023, p. 54.

A afirmação de que *não há nulidade* em inquérito policial é outra característica trazida por parte da doutrina e da jurisprudência e significa que eventual irregularidade ou ilegalidade praticada durante o inquérito pode levar à anulação de determinada prova produzida sem observância das normas legais e constitucionais, mas não à nulidade do inquérito como um todo, bem como não tem o condão de contaminar a ação penal, ou seja, não infirma a validade jurídica do subsequente processo penal condenatório.

No entanto, anulada a prova produzida durante a investigação preliminar, a mesma não poderá ser levada em consideração no processo penal, o que, embora não leve à nulidade do processo, poderá levar à rejeição da denúncia ou queixa por falta de justa causa (lastro probatório mínimo) ou mesmo à absolvição por falta de provas.[31] Não obstante, no RE 1.322.854 AgR, em 03/08/2021, a 2ª Turma do STF, diante da nulidade da investigação de um prefeito realizada sem supervisão do Tribunal competente, concluiu pela nulidade de todos os atos processuais praticados.

Vale ressaltar, contudo, que a possibilidade de reconhecimento de nulidade em inquérito policial é hoje uma realidade prevista em lei,[32] súmula[33] e jurisprudência[34] dominante.

Quanto à incomunicabilidade do investigado, prevista no Art. 21 do Código de Processo Penal, a mesma não foi recepcionada pela Constituição Federal, pois nem mesmo no Estado de Defesa o investigado pode ficar incomunicável, de maneira que, em situações de normalidade, também, não poderá sofrer tal restrição.[35]

2.4 FORMAS DE INSTAURAÇÃO DO INQUÉRITO POLICIAL

Conforme dispõe o Art. 5º do Código de Processo Penal, nos crimes de ação penal pública incondicionada o inquérito policial será iniciado:

(i) Inciso I – *de ofício*, assim que o delegado de Polícia tomar conhecimento do fato, ainda que pela mídia, pela notoriedade do fato, pela voz pública etc.;

(ii) Inciso II, primeira parte – *mediante requisição da autoridade judiciária*[36] *ou do Ministério Público*, as quais deverão ser sempre fundamentadas (Arts.

---

31. MARCÃO, Renato, 2021, p. 67.
32. Lei nº 8.906/1994, Art. 7º, XXI.
33. STF, Súmula Vinculante 11.
34. STF, ADPFs nº 395 e 444, Plenário, J. 14.6.2018.
35. Do estado de defesa, Art. 136, § 3º, IV, da CF: IV – é vedada a incomunicabilidade do preso.
36. Doutrina majoritária sustenta a não recepção desta parte, pois o juiz não poderia mais requisitar a instauração de inquérito policial, sob pena de ferir o sistema acusatório. Contudo, o STF entendeu ser constitucional o art. 43 do seu regimento interno, que vai muito além do art. 5º, II, do CPP, ao autorizar a instauração de inquérito pelos próprios ministros. Nessa mesma esteira, o inciso XV do art. 21 do regimento interno do STF estabelece que é atribuição do relator "*determinar* a instauração de inquérito a pedido do Procurador-Geral da República, da autoridade policial ou do ofendido (...)". No mesmo sentido, a Resolução TSE nº 23.640/2021, dispõe que: "Art. 9º O inquérito policial eleitoral será instaurado de ofício pela autoridade policial; por requisição do Ministério Público Eleitoral *ou determinação da Justiça Eleitoral* (art. 5º, I e II, do CPP)". Na jurisprudência do

93, IX, e 129, VIII, CF/88), prevalecendo que a requisição é uma exigência fundamentada em lei,[37] de maneira que o delegado deve, em regra, instaurar o inquérito. Contudo, o delegado não é um autômato e tem o igual dever de analisar a requisição e representar ao juiz ou Tribunal em casos de requisições ilegais ou abusivas,[38-39] sendo que a recusa na instauração não constitui crime de desobediência (STJ, RHC 6511/SP, 15/09/1997);

(iii) Inciso II, segunda parte – *a requerimento*[40] *do ofendido ou de quem tiver qualidade para representá-lo*, hipótese em que o delegado de Polícia deverá analisar a tipicidade do fato narrado, bem como se o fato já foi alcançado por alguma causa de extinção da punibilidade, indeferindo, nestes casos, a instauração do inquérito. Contra o indeferimento cabe recurso administrativo para o chefe de polícia (Art. 5º, § 2º, CPP);

(iv) § 3º – *mediante notícia de crime de qualquer pessoa do povo* (*delatio criminis*), comunicada verbalmente ou por escrito, sendo necessário que se proceda à verificação preliminar das informações, antes de se mandar instaurar inquérito, para demonstrar sua plausibilidade, em especial quando se tratar de notícia de crime apócrifa ou anônima.[41]

STJ: "O art. 5º, do CPP, ao contrário do que sustenta o agravante, não é iniciado apenas por meio da portaria de instauração. Ele pode ser iniciado dessa maneira, é verdade, quando isso acontece de ofício, mas *também pode ser provocado por requisição* do juiz ou do membro do Ministério Público ou por requerimento ou representação da vítima" (STJ, AgRg no RHC 138.370/RJ, 5ª T, *J*. 17/10/2022).

37. "Requisição é a exigência para a realização de algo, fundamentada em lei. Não se deve confundir requisição com ordem, pois nem o representante do Ministério Público, nem tampouco o juiz, são superiores hierárquicos do delegado, motivo pelo qual não lhe podem dar ordens. Requisitar a instauração do inquérito significa um requerimento lastreado em lei, fazendo com que a autoridade policial cumpra a norma e não a vontade particular do promotor ou magistrado" (NUCCI, Guilherme de Souza, 2011, p. 158 apud MARCÃO, Renato, 2021, p. 71).
38. Vide Art. 27 da Lei nº 13.869/2019.
39. Exemplo clássico é aquele de requisição de instauração de inquérito policial oriunda do Ministério Público, fundada, exclusivamente, em "denúncia anônima" (notícia de crime apócrifa), hipótese em que a autoridade policial somente deverá mandar instaurar o inquérito após verificar a procedência das informações. Nesse sentido: "(...) A jurisprudência do STF é unânime em repudiar a notícia-crime veiculada por meio de denúncia anônima, considerando que ela não é meio hábil para sustentar, por si só, a instauração de inquérito policial. No entanto, a informação apócrifa não inibe e nem prejudica a prévia coleta de elementos de informação dos fatos delituosos (STF, Inquérito 1.957-PR) com vistas a apurar a veracidade dos dados nela contidos (...)" (STF, HC 107.362/PR, 2ª T, rel. Min. Teori Zavascki, *J*. 10/02/2015). No mesmo sentido: STF, HC 109.598/DF, 2ª T, rel. Min. Celso de Mello, J. 15/03/2016.
40. CPP, Art. 5º, § 1º O requerimento a que se refere o nº II conterá sempre que possível: a) a narração do fato, com todas as circunstâncias; b) a individualização do indiciado ou seus sinais característicos e as razões de convicção ou de presunção de ser ele o autor da infração, ou os motivos de impossibilidade de o fazer; c) a nomeação das testemunhas, com indicação de sua profissão e residência. § 2º Do despacho que indeferir o requerimento de abertura de inquérito caberá recurso para o chefe de Polícia.
41. A verificação preliminar da informação também é denominada verificação da procedência da informação (art. 5º, § 3º, CPP), investigação preliminar sumária (Art. 27, parágrafo único, da Lei nº 13.869/2019) e investigação preliminar (Art. 32 da Lei nº 13.869/2019). Sobre a viabilidade da VPI: STJ, APn 644/BA, *J*. 30/11/2011, Informativo STJ nº 488; Informativo 565 do STF; STJ, RHC 135.795/RJ, 5ª T, *J*. 09/12/2020.

Assim, diante de uma *notitia criminis* anônima, apócrifa ou inqualificada, deve o delegado determinar a verificação preliminar das informações e, caso verossimilhantes, aí sim instaurará inquérito.

Contudo, segundo o STF e o STJ, há duas hipóteses em que o inquérito policial poderá ser instaurado com base em *notitia criminis* anônima:

> (...) o Supremo Tribunal Federal, a partir do julgamento da questão de ordem no Inq 1.957-PR, relatado pelo Ministro Carlos Velloso, entendeu que *o inquérito policial não pode ser instaurado com base exclusiva em denúncia anônima, salvo quando o documento em questão tiver sido produzido pelo acusado ou constituir o próprio corpo de delito* (APn 644-BA, J. 30/11/2011 – Informativo STJ nº 488).

Como exemplos, o STF citou as seguintes hipóteses: bilhetes de resgate no crime de extorsão mediante sequestro; cartas que evidenciem a prática de crimes contra a honra; cartas que corporifiquem o delito de ameaça; documentos que materializem o crime de falsidade (vide Informativo 565 do STF).

O Art. 8º do Código de Processo Penal, por sua vez, estabelece que o inquérito policial, também, deverá ser instaurado nas situações de *prisão em flagrante*, quando o próprio auto de prisão em flagrante servirá como a peça preambular do inquérito. Nas outras quatro hipóteses acima citadas, o inquérito policial será instaurado (iniciado) por Portaria lavrada pelo delegado de Polícia.

Nas infrações penais de menor potencial ofensivo (contravenções e crimes cuja pena máxima não ultrapasse dois anos[42]), regidas pela Lei nº 9.099/1995, será lavrado termo circunstanciado, peça informativa simples (Art. 69, Lei nº 9.099/1995),[43] desde que o autor do fato, após a lavratura do termo, seja imediatamente encaminhado ao juizado ou assuma o compromisso de a ele comparecer, caso contrário, se imporá prisão em flagrante e se exigirá fiança (Art. 69, parágrafo único, Lei nº 9.099/1995).

Vale lembrar que o STF, na ADI 3807, tratou da lavratura de TCO pelo magistrado no caso de usuário de drogas e disse que o magistrado poderia sim lavrar o termo, conforme art. 48, §§ 2º e 3º, da Lei 11.343/2006, que visa a retirada do usuário do ambiente policial. Neste caso, na ausência de autoridade judicial, o TCO será lavrado por autoridade policial (delegado de polícia).

Mais recentemente, no dia 14/03/2022, na ADI 5637, o STF julgou constitucional o art. 191 da Lei nº 22.257, de 27 de julho de 2016, do Estado de Minas Gerais, que autoriza a lavratura do TCO "por todos os integrantes dos órgãos a que se referem os incisos IV e V do *caput* do art. 144 da Constituição da República", ou seja, por quaisquer policiais civis, militares e bombeiros militares.

---

42. Lei nº 9.099/1995, Art. 61. Consideram-se infrações penais de menor potencial ofensivo, para os efeitos desta Lei, as contravenções penais e os crimes a que a lei comine pena máxima não superior a 2 (dois) anos, cumulada ou não com multa.
43. Lei nº 9.099/1995, Art. 69. A autoridade policial que tomar conhecimento da ocorrência lavrará termo circunstanciado e o encaminhará imediatamente ao Juizado, com o autor do fato e a vítima, providenciando-se as requisições dos exames periciais necessários.

Basicamente, os ministros do STF entenderam que a lavratura do termo circunstanciado de ocorrência não é exclusividade da Polícia Judiciária, bem como que o STF não teria decidido isso na ADI 3.614/PR e que a expressão autoridade policial constante do art. 69 da Lei nº 9.099/1995 não corresponde apenas aos delegados de Polícia, mas a qualquer policial.

Fosse essa a vontade do legislador, a lei teria que apresentar outra redação, a exemplo do art. 301 do Código de Processo Penal que, ao tratar do flagrante obrigatório, expressamente estabelece que "*as autoridades policiais* e *seus agentes* deverão prender quem quer que seja encontrado em flagrante delito", fazendo uma clara distinção entre o delegado de Polícia, tratado pelo Código de Processo Penal como autoridade policial, e os demais policiais, denominados *seus agentes*.

Infelizmente, tal conclusão é fruto de um menosprezo conceitual muito grande, na medida em que o Código de Processo Penal utiliza a expressão autoridade policial nada menos do que 49 (quarenta e nove) vezes, em todas elas referindo-se ao delegado de Polícia, sendo que, em muitas, a expressão *autoridade policial* é seguida da expressão *ou judiciária*, certamente referindo-se esta última ao magistrado.

Não há dúvida de que a expressão autoridade policial constante do art. 69 da Lei nº 9.099/1995, também, se refere ao delegado de Polícia, que é a autoridade com competência legal para analisar as ocorrências em que tenha havido a prisão de alguém e, conforme o caso, lavrar termo circunstanciado, lavrar auto de prisão em flagrante ratificando ou não a voz de prisão anteriormente dada por qualquer um do povo ou por outros policiais, arbitrar fiança nos casos legais, determinar o recolhimento do preso, dentre outras providências legalmente cabíveis.

Nesse sentido, o art. 2º da Lei nº 12.830/2013 é claro e expresso quanto à condução das investigações pelo delegado de Polícia:

> Art. 2º As funções de polícia judiciária e a apuração de infrações penais exercidas pelo delegado de polícia são de natureza jurídica, essenciais e *exclusivas* de Estado.
>
> § 1º Ao *delegado de polícia*, na qualidade de autoridade policial, *cabe a condução da investigação criminal* por meio de inquérito policial ou *outro procedimento previsto em lei*, que tem como objetivo a apuração das circunstâncias, da materialidade e da autoria das infrações penais.

O termo circunstanciado faz as vezes do inquérito policial nas infrações de menor potencial ofensivo. Portanto, assim como a instauração do inquérito policial é atividade privativa do delegado de Polícia, Civil ou Federal, conforme o caso, o termo circunstanciado também deve ser.

É fato que quando se lavra um termo circunstanciado já está sendo formalizada uma investigação, bem como está sendo feita a análise técnico-jurídica do fato, com apreciação quanto à sua ocorrência, circunstâncias e autoria, cabendo ao responsável pela lavratura decidir inclusive quanto à capitulação do delito.

Não foi, contudo, o entendimento de nossa Suprema Corte.[44]

2.5 PROCEDIMENTOS INVESTIGATIVOS

O inquérito policial é procedimento administrativo discricionário, sendo conduzido pelo delegado de polícia da forma que este entender mais conveniente e oportuna para apurar a materialidade, autoria e circunstâncias da infração penal, observados os limites legais e constitucionais, inexistindo um procedimento (rito) rígido e específico para o desenrolar das atividades investigatórias.[45]

Exceção a essa discricionariedade ocorre nas hipóteses de prisão em flagrante, sendo que, por ocasião da lavratura do respectivo auto de prisão em flagrante, deverão ser observadas as formalidades previstas nos arts. 8º, 304 e 306 do Código de Processo Penal, sob pena da prisão se tornar ilegal, o que ensejará o relaxamento da prisão e a soltura do preso.[46]

Apesar da discricionariedade do inquérito policial, algumas diligências estão positivadas no CPP, inicialmente nos arts. 6º, 7º, 13, 13-A e 13-B, o que constitui apenas um rol exemplificativo, não taxativo, de meios clássicos de investigação, sendo que outras diligências, meios de prova e meios de obtenção de prova igualmente relevantes são previstos em outros dispositivos do mesmo código e em leis especiais, tais como: a busca e apreensão (art. 240 do CPP); a oitiva de testemunhas (arts. 5º, § 1º, *c*, 6º, III, 10, § 2º, 166 e 202 a 225 do CPP); a interceptação telefônica e a captação ambiental (Lei nº 9.296/1996); procedimentos próprios em caso de violência doméstica e familiar contra a mulher (art. 12 da Lei nº 11.340/2006); a infiltração policial (arts. 3º, VII, e 10 a 14 da Lei nº 12.850/2013; art. 53, I, da Lei nº 11.343/2006; arts. 190-A a 190-E da Lei nº 8.069/1990; e art. 1º, § 6º, da Lei nº 9.613/1998); e a ação controlada (arts. 3º, III, 8º e 9º da Lei nº 12.850/2013; art. 53, II e parágrafo único, da Lei nº 11.343/2006; e art. 1º, § 6º, da Lei nº 9.613/1998).

Quando a infração deixar vestígios, a preservação do local (art. 6º, I, CPP) será fundamental para a apuração da dinâmica dos fatos, o esclarecimento da materialidade, da autoria e das circunstâncias,[47] uma vez que, nesses casos, *será indispensável o exame de corpo de delito, direto ou indireto, não podendo supri-lo a confissão do acusado* (Art. 158, CPP).

---

44. Em decisão mais recente, o STF reafirmou o seu entendimento: "O Termo Circunstanciado de Ocorrência (TCO) não possui natureza investigativa, podendo ser lavrado por integrantes da polícia judiciária ou da polícia administrativa" (STF, ADIs 6245 e 6264, Plenário virtual, J. 10 a 17/02/2023).
45. MARCÃO, Renato, 2021, p. 73.
46. MARCÃO, Renato, 2021, p. 74.
47. A título de exemplo, o reconhecimento da qualificadora da escalada exige a realização de exame pericial, conforme art. 171 do CPP. Nesse sentido: STJ, AgRg no AREsp 649.719/SE, 6ª T, rel. Min. Nefi Cordeiro, J. 08/11/2016; STJ, AgRg no REsp 1.553.341/MT, 5ª T, rel. Min. Reynaldo Soares da Fonseca, J. 24/11/2015.

Será dada prioridade à realização do exame de corpo de delito quando se tratar de crime que envolva: violência doméstica e familiar contra mulher; violência contra criança, adolescente, idoso ou pessoa com deficiência (Art. 158, parágrafo único, CPP).

Os peritos poderão instruir seus laudos com fotografias, desenhos ou esquemas elucidativos e registrarão, no laudo, as alterações do estado das coisas e discutirão, no relatório, as consequências dessas alterações na dinâmica dos fatos (art. 169, *caput* e parágrafo único, CPP).

O art. 7º do Código de Processo Penal permite a reprodução simulada dos fatos, desde que não contrarie a moralidade (crimes sexuais, por exemplo) e ordem pública (crimes que escandalizaram uma cidade, havendo risco de linchamento do suspeito, por exemplo).

Segundo doutrina[48] e jurisprudência majoritária, o investigado não pode ser obrigado a participar, ativa e efetivamente, da reprodução simulada dos fatos, já que não tem o dever de produzir prova contra si mesmo (*nemo tenetur se detegere*).[49]

Quanto ao indiciamento, é ele a "formal atribuição de autoria delitiva feita pela autoridade policial a alguém nos autos do inquérito",[50] sendo que "a competência para indiciamento é da autoridade policial", conforme disciplina a Lei nº 12.830/2013, em seu art. 2º, § 6º, ao estabelecer que *o indiciamento, privativo do delegado de polícia, dar-se-á por ato fundamentado, mediante análise técnico-jurídica do fato, que deverá indicar a autoria, materialidade e suas circunstâncias*.[51] Em razão da independência funcional, o indiciamento não vincula o promotor e nem o juiz.

---

48. MARCÃO, Renato, 2021, p. 81.
49. Aquele que sofre persecução penal instaurada pelo Estado tem, dentre outras prerrogativas básicas, (a) o direito de permanecer em silêncio, (b) o direito de não ser compelido a produzir elementos de incriminação contra si próprio nem de ser constrangido a apresentar provas que lhe comprometam a defesa e (c) o direito de se recusar a participar, ativa ou passivamente, de procedimentos probatórios que lhe possam afetar a esfera jurídica, tais como a reprodução simulada (reconstituição) do evento delituoso e o fornecimento de padrões gráficos ou de padrões vocais para efeito de perícia criminal (HC 96.219-MC/SP, Rel. Min. Celso de Mello, v.g.). Precedentes. (STF, HC 99.289/RS, 2ª T, rel. Min. Celso de Mello, *J.* 23/06/2009).
50. MARCÃO, Renato, 2021, p. 89.
51. "Com efeito, constituindo o formal indiciamento exteriorização do convencimento da autoridade policial a respeito da autoria delitiva, não tem sentido o juiz, por iniciativa própria ou em razão de requerimento do ministério público, determinar que a autoridade a ele proceda. Pensar o contrário significa admitir possa o juiz determinar que a autoridade policial mude seu ponto de vista a respeito da autoria e assim se manifeste" (MARCÃO, Renato, 2021, p. 91). No mesmo sentido: "I. Este Superior Tribunal de Justiça, em reiterados julgados, vem afirmando seu posicionamento no sentido de que caracteriza constrangimento ilegal o formal indiciamento do paciente que já teve contra si oferecida denúncia e até mesmo já foi recebida pelo Juízo a quo. II. Uma vez oferecida a exordial acusatória, encontra-se encerrada a fase investigatória e o indiciamento do réu, neste momento, configura-se coação desnecessária e ilegal" (STJ, HC 179.951/SP, 5ª T, rel. Min. Gilson Dipp, *J.* 10/05/2011). Nessa mesma esteira: "Com efeito, a Lei 12.830, é expressa ao prever em seu art. 2º, § 6º, que o indiciamento é ato privativo de Delegado de Polícia. Não cabe pois, via de regra, ao Juízo ordinário imiscuir-se nesta valoração. Na mesma direção, a 2ª Turma desta Suprema Corte, em feito de Relatoria do eminente Teori Zavascki, assentou ser incompatível com sistema acusatório e separação orgânica de poderes, a determinação de magistrado, dirigida à delegado de polícia, a fim de que proceda ao indiciamento de determinado acusado (...) Em verdade, como bem elucidado por Guilherme de Souza Nucci, em enxerto transcrito no precedente desta Corte, acima colacionado, o "indiciamento é ato exclusivo da autoridade policial, que forma o seu con-

Importante registrar que, no julgamento da ADI 5.642, o Supremo Tribunal Federal declarou constitucionais as normas dos artigos 13-A e 13-B do Código de Processo Penal que autorizam, respectivamente, a entrega dos dados de cadastro e localização diretamente aos policiais e membros do Ministério Público, mas essas autoridades não terão acesso ao conteúdo das mensagens e ligações feitas por vítimas ou suspeitos. Logo, não se aplica a regra constitucional que trata do sigilo das comunicações telefônicas (art. 5º, XII) e que prevê que ele só poderá ser quebrado por ordem de juiz.

Segundo a Corte, os crimes relacionados ao tráfico de pessoas são graves e precisam ser investigados de forma rápida, já que há risco de que a vítima perca a vida ou seja levada para fora do país. Por isso, a proteção constitucional à intimidade e à vida privada (art. 5º, X) deve ser relativizada em favor do interesse da sociedade em dar solução a esses crimes. Assim, são válidas as regras que determinam, com os cuidados necessários, a entrega de informações sobre vítimas e suspeitos às autoridades que conduzam as investigações, mesmo sem ordem do juiz.

Os dados devem ser utilizados exclusivamente em investigações sobre os crimes de cárcere privado, redução à condição análoga à de escravo, tráfico de pessoas, sequestro-relâmpago, extorsão mediante sequestro e envio ilegal de criança ao exterior. Também por maioria, o Tribunal validou regra que permite a requisição, mediante autorização judicial, às empresas prestadoras de serviço de telecomunicações e/ou telemática para que disponibilizem imediatamente sinais, informações e outros dados que permitam a localização da vítima ou dos suspeitos desses mesmos delitos.

Se a autorização judicial não for dada no prazo de 12 horas, as autoridades podem pedir os dados referentes a sinal diretamente às empresas, conforme previsto na lei, com imediata comunicação ao juiz. Para períodos superiores a 30 dias, a autorização judicial será obrigatória (STF, ADI 5.642, Pleno, *J*. 18/04/2024).

Por fim, vale registrar que a determinação de *identificação do indiciado pelo processo datiloscópico* constante do inciso VIII do art. 6º do Código de Processo Penal, precisa ser lida à luz do art. 5º, LVIII, da Constituição Federal, que determina que *o civilmente identificado não será submetido a identificação criminal, salvo nas hipóteses previstas em lei*, hipóteses essas que foram regulamentadas pela Lei nº 12.037, de 1º de outubro de 2009.

---

vencimento sobre a autoria do crime, elegendo, formalmente, o suspeito de sua prática. Assim, não cabe ao promotor ou ao juiz exigir, através de requisição, que alguém seja indiciado pela autoridade policial, porque seria o mesmo que demandar à força que o presidente do inquérito conclua ser aquele o autor do delito. (...) No caso presente, ao que tudo indica, não houve excepcionalidade que justificasse a extraordinária atuação do Juízo singular, pois em verdade, o Delegado de Polícia, após conduzir investigação complexa, devidamente instruída por interceptações telefônicas e pedidos de quebra de sigilo, decidiu indiciar outros três acusados, mas não indiciou o ora paciente. Tal opção afigura-se legítima, dentro da margem de discricionariedade regrada de que dispõe a autoridade policial, na fase embrionária em que se encontrava o feito. Nesse contexto, a determinação judicial de requisitar à autoridade policial o indiciamento é indevida, não só por interferir, sem necessidade em atribuição que, a rigor, é competência privativa do Delegado de Polícia, como por ser incompatível com o sistema acusatório. (...) (STF, HC 169.731/SP, Rel. Min. Edson Fachin, *J*. 30/04/2019)

2.6 PRAZOS PARA CONCLUSÃO DO INQUÉRITO POLICIAL

O delegado de Polícia tem prazo para realização das diligências e conclusão do inquérito policial, o qual "não pode se arrastar indefinidamente".[52]

Conforme a regra geral prevista no art. 10, *caput*, do CPP, o prazo para a conclusão do inquérito policial que investiga crimes de competência da Justiça Estadual é de 10 dias, se o indiciado estiver preso.

Tal prazo era improrrogável, conforme inteligência do § 3º do art. 10 do CPP, que somente previa a possibilidade de devolução dos autos do inquérito policial à autoridade policial, para realização de ulteriores diligências, no prazo marcado pelo juiz, quando o fato fosse de difícil elucidação e o indiciado estivesse solto.

Contudo, a Lei nº 13.964/2019 incluiu no CPP o art. 3º-B, inciso VIII, que estabeleceu como competência do juiz das garantias *prorrogar o prazo de duração do inquérito, estando o investigado preso, em vista das razões apresentadas pela autoridade policial e observado o disposto no § 2º deste artigo.*

O mencionado § 2º do art. 3º-B estabelece que *se o investigado estiver preso, o juiz das garantias poderá, mediante representação da autoridade policial e ouvido o Ministério Público, prorrogar, uma única vez, a duração do inquérito por até 15 (quinze) dias, após o que, se ainda assim a investigação não for concluída, a prisão será imediatamente relaxada.*

Contudo, o STF, por unanimidade, nas Ações Diretas de Inconstitucionalidade nº 6.298, 6.299, 6.300 e 6.305, atribuiu interpretação conforme ao § 2º do art. 3º-B do CPP para assentar que:

a) o juiz pode decidir de forma fundamentada, reconhecendo a necessidade de novas prorrogações do inquérito, diante de elementos concretos e da complexidade da investigação; e

b) a inobservância do prazo previsto em lei não implica a revogação automática da prisão preventiva, devendo o juízo competente ser instado a avaliar os motivos que a ensejaram, nos termos da ADI nº 6.581.

Esta prorrogação do prazo de conclusão do inquérito policial aplica-se à regra geral prevista no art. 10 do CPP, ou seja, o prazo de 10 (dez) dias para conclusão do inquérito policial com indiciado preso, que era improrrogável, passou a ser prorrogável por 15 (quinze) dias, podendo o juiz decidir de forma fundamentada por novas prorrogações, diante de elementos concretos e da complexidade da investigação.

Embora o STF não tenha tratado especificamente disso em sua decisão, a possibilidade de novas prorrogações também deve ser aplicada ao prazo de conclusão dos inquéritos policiais que apuram crimes de competência da Justiça Federal, previsto no art. 66 da Lei nº 5.010/1966, segundo o qual, *o prazo para conclusão do inquérito policial será de quinze dias, quando o indiciado estiver preso, podendo ser prorrogado por mais*

---

52. MARCÃO, Renato, 2021, p. 91.

quinze dias, a pedido, devidamente fundamentado, da autoridade policial e deferido pelo Juiz a que competir o conhecimento do processo.

Da mesma forma, deve ser aplicada às investigações presididas pelo *Parquet*, na medida em que o STF decidiu atribuir interpretação conforme aos incisos IV, VIII e IX do art. 3º-B do CPP "para que todos os atos praticados pelo Ministério Público como condutor de investigação penal se submetam ao controle judicial (HC 89.837/DF, Rel. Min. Celso de Mello) e fixar o *prazo de até 90 (noventa) dias*, contados da publicação da ata do julgamento, para os representantes do Ministério Público encaminharem, *sob pena de nulidade*, todos os PIC e outros procedimentos de investigação criminal, mesmo que tenham outra denominação, ao respectivo juiz natural, independentemente de o juiz das garantias já ter sido implementado na respectiva jurisdição".

Caso o investigado ou indiciado esteja solto, o prazo inicial para conclusão do inquérito policial será de 30 dias, prorrogável por prazo a ser estipulado pelo juiz, conforme art. 10, *caput* e § 3º, do CPP.

Segundo entendimento do Superior Tribunal de Justiça, em caso de investigado solto, o prazo para a conclusão do inquérito policial é impróprio, podendo ser prorrogado diversas vezes a depender da complexidade das apurações.[53]

Permanece inalterado o prazo previsto no art. 51 da Lei nº 11.343/2006, por se tratar de regra específica, que estabelece prazo de 30 (trinta) dias para conclusão do inquérito policial que investiga crime de tráfico de drogas, se o indiciado estiver preso, podendo tal prazo ser duplicado pelo juiz, ouvido o Ministério Público, mediante pedido justificado da autoridade de polícia judiciária. Se o indiciado estiver solto, o prazo será de 90 dias e poderá ser prorrogado mais de uma vez, embora a lei fale apenas que pode ser duplicado.

Da mesma forma, caso o inquérito policial investigue crime hediondo ou equiparado e seja decretada a prisão temporária, considerando que esta espécie de prisão provisória é decretada justamente no interesse do inquérito policial, o prazo para a conclusão da investigação corresponderá à duração da prisão temporária, que terá o prazo de 30 (trinta) dias, prorrogável por igual período em caso de extrema e comprovada necessidade.[54]

Quando se tratar de inquérito policial militar, o prazo para sua conclusão será de: 20 dias, se o indiciado estiver preso; 40 dias, se o indiciado estiver solto, sendo que este último prazo de 40 dias pode ser prorrogável, uma vez, por mais 20 dias (art. 20, CPPM).

---

53. STJ, HC 482.141/SP, 6ª T, *J.* 12/03/2019. No mesmo sentido: STJ, AgRg no RHC 106.222/SP, 5ª T, *J.* 05/02/2019.
54. Lei nº 8.072/1990, Art. 2º, § 4º A prisão temporária, sobre a qual dispõe a Lei nº 7.960, de 21 de dezembro de 1989, nos crimes previstos neste artigo, terá o prazo de 30 (trinta) dias, prorrogável por igual período em caso de extrema e comprovada necessidade.

Importante salientar que não pode haver procrastinação da investigação em prejuízo do investigado, o que inclusive constitui crime, conforme prevê o art. 31 da Lei nº 13.869/2019 (Lei de Abuso de Autoridade).

2.7 ATRIBUIÇÕES DA POLÍCIA FEDERAL NA PERSECUÇÃO CRIMINAL

A segurança pública, função precípua do Estado, direito e responsabilidade de todos, tem por objetivo a preservação da ordem pública e da incolumidade das pessoas e do patrimônio, sendo exercida pela Polícia Federal e por outros órgãos previstos no art. 144 da Constituição Federal de 1988.

A primeira parte do inciso I do art. 144 da CF/88 se refere às infrações penais contra a ordem política e social, nas quais se inserem os crimes contra a segurança nacional (arts. 359-I a 359-T do CP), os crimes praticados contra os indígenas coletivamente considerados envolvendo disputa sobre direitos indígenas (art. 109, XI, CF/88),[55] os crimes contra a organização do trabalho[56] e o trabalho escravo[57] (art. 149 e arts. 197 a 207, CP; art. 109, VI, CF/88), além dos crimes eleitorais (arts. 289 a 354 do Código Eleitoral - Lei nº 4.737, de 15 de julho de 1965; art. 39, § 5º, da Lei nº 9.504, de 30 de setembro de 1997).

Na segunda parte do inciso I, é previsto que a Polícia Federal se destina a apurar infrações penais em detrimento de bens, serviços e interesses da União ou de suas entidades autárquicas e empresas públicas, dentre as quais se inserem:

(I) Crime de moeda falsa (art. 289, CP);[58]

---

55. Pois se o crime for praticado por ou contra indígena sem envolver disputa sobre os direitos indígenas, a competência será da Justiça Estadual e a atribuição investigativa da Polícia Civil. Nesse sentido: STJ, Súmula 140 – Compete a Justiça Comum Estadual processar e julgar crime em que o indígena figure como autor ou vítima (J. 18/05/1995, DJ 24/05/1995).
56. "(...) 01. Cumpre à Justiça Federal processar e julgar 'os crimes contra a organização do trabalho' (CR, art. 109, inc. VI) quando 'houver ofensa ao sistema de órgãos e institutos destinados a preservar, coletivamente, os direitos e deveres dos trabalhadores' (EDcl no AgRg no CC 129.181/MG, Rel. Ministro Jorge Mussi, Terceira Seção, julgado em 25/02/2015; Súmula 115/TFR). Não lhe compete, contudo, processar e julgar causa decorrente de relação de trabalho relacionada à violação de direitos individuais, ainda que pertencentes a um grupo determinado de pessoas. 02. Conflito conhecido para declarar a competência do Juízo de Direito do Departamento de Inquéritos Policiais e Corregedoria da Polícia Judiciária da Comarca de São Paulo/SP, ora suscitante" (STJ, CC 131.319/SP, 3ª Seção, rel. Min. Newton Trisotto, J. 26/08/2015).
57. "(...) 1. Com o advento da Lei 10.803/2003, que alterou o tipo previsto do artigo 149 da Lei Penal, passou-se a entender que o bem jurídico por ele tutelado deixou de ser apenas a liberdade individual, passando a abranger também a organização do trabalho, motivo pelo qual a competência para processá-lo e julgá-lo é, via de regra, da Justiça Federal. Doutrina. Precedentes do STJ" (STJ, RHC 58.160/SP, 5ª T, rel. Min. Leopoldo de Arruda Raposo, J. 06/08/2015). No mesmo sentido: "(...) 1. Para configurar o delito do art. 149 do Código Penal não é imprescindível a restrição à liberdade de locomoção dos trabalhadores, a tanto também se admitindo a sujeição a condições degradantes, subumanas. 2. Tendo a denúncia imputado a submissão dos empregados a condições degradantes de trabalho (falta de garantias mínimas de saúde, segurança, higiene e alimentação), tem-se acusação por crime de redução a condição análoga à escravo, de competência da jurisdição federal" (STJ, CC 127.937/GO, 3ª Seção, J. 28/05/2014).
58. Quando se tratar de falsificação grosseira, não se configurará o crime de moeda falsa, mas sim estelionato, de competência da Justiça Estadual. Nesse sentido: STJ, Súmula 73 – A utilização de papel moeda grosseiramente

(II) Infrações penais praticadas contra empresas públicas da União (Caixa, Correios etc.);

(III) Infrações penais praticadas contra autarquias da União (INSS, Bacen, Ibama, DNER, CVM, OAB[59] etc.);

(IV) Falsificação do selo ou sinal público (art. 296, CP), falsificação de documento público (art. 297, CP) e falsidade ideológica (art. 299, CP), quando atingirem documentos expedidos pela União, suas entidades autárquicas e empresas públicas, sendo que a competência para apurar o crime de uso de documento falso (art. 304, CP) dependerá do órgão perante o qual o documento for apresentado;[60]

(V) Peculato, corrupção, concussão, prevaricação etc. envolvendo servidores públicos federais;[61]

(VI) Instalação ou utilização de telecomunicações sem observância das disposições legais (Lei nº 4.117/1962 e Lei nº 9.472/1997);

(VII) Crimes contra o Sistema Financeiro Nacional (Lei nº 7.492/1986);

(VIII) Crimes postais (Lei nº 6.538/1978);

(IX) Crimes contra a ordem tributária que envolvam tributos federais (Lei nº 8.137/1990);

(X) Crimes ambientais que atinjam diretamente bens, serviços ou interesses da União (Exemplos: rios interestaduais e internacionais; unidades de conserva-

---

falsificado configura, em tese, o crime de estelionato, da competência da Justiça Estadual (*J.* 15/04/1993, *DJ* 20/04/1993).

59. "Quanto à OAB e às Agências Reguladoras é importante notar que no âmbito do Direito Administrativo há dúvidas sobre sua natureza jurídica. Aliás, convém lembrar que o STF estabeleceu que a OAB é instituição *sui generis*. No entanto, para fins de competência em matéria processual penal elas são consideradas autarquias federais" (DEZEM, 2018, p. 269). Sobre a natureza *sui generis* da OAB: "(...) 3. A OAB não é uma entidade da Administração Indireta da União. A Ordem é um serviço público independente, categoria ímpar no elenco das personalidades jurídicas existentes no direito brasileiro. 4. A OAB não está incluída na categoria na qual se inserem essas que se tem referido como "autarquias especiais" para pretender-se afirmar equivocada independência das hoje chamadas "agências". 5. Por não consubstanciar uma entidade da Administração Indireta, a OAB não está sujeita a controle da Administração, nem a qualquer das suas partes está vinculada. Essa não vinculação é formal e materialmente necessária" (STF, ADI 3.026, Tribunal Pleno, *J.* 23/02/2005, DJ. 29/09/2006). No sentido de que a OAB se enquadra como autarquia federal: STF, RE 266.689 AgR/MG, 2ª T, Rel. Min. Ellen Gracie, *J.* 17/08/2004. "Compete à Justiça Federal processar e julgar ações em que a Ordem dos Advogados do Brasil, quer mediante o Conselho Federal, quer seccional, figure na relação processual" (STF, RE 595.332/PR, Tribunal Pleno, Rel. Min. Marco Aurélio, *J.* 31/08/2016 – Informativo nº 837).
60. Súmula 546 do Superior Tribunal de Justiça – *A competência para processar e julgar o crime de uso de documento falso é firmada em razão da entidade ou órgão ao qual foi apresentado o documento público, não importando a qualificação do órgão expedidor (J. 14/10/2015)* – (*Ex.* a apresentação de CNH falsa para um PRF será de competência da Justiça Federal e o inquérito policial deverá ser feito pela Polícia Federal).
61. STJ, Súmula 147 – Compete a Justiça Federal processar e julgar os crimes praticados contra funcionário público federal, quando relacionados com o exercício da função (*J.* 07/12/1995, *DJ* 18/12/1995).

ção da União; conexos[62] com a extração de minerais; espécimes em extinção etc. – Lei nº 9.605/1998);

(XI) Terrorismo (Lei nº 13.260/2016, art. 11. *Para todos os efeitos legais, considera--se que os crimes previstos nesta Lei são praticados contra o interesse da União, cabendo à Polícia Federal a investigação criminal, em sede de inquérito policial, e à Justiça Federal o seu processamento e julgamento, nos termos do inciso IV do art. 109 da Constituição Federal*);

(XIII) Usurpação de bem público da União (Lei nº 8.176/1991, art. 2º).

A parte final do inciso I do art. 144 da CF/88 foi regulamentada pela Lei nº 10.446/2002, segundo a qual, quando houver repercussão interestadual ou internacional que exija repressão uniforme, a Polícia Federal, sem prejuízo da responsabilidade dos órgãos de segurança pública arrolados no *art. 144 da Constituição Federal*, em especial das Polícias Militares e Civis dos Estados, poderá proceder à investigação, dentre outras, das seguintes infrações penais:

I – sequestro, cárcere privado e extorsão mediante sequestro (arts. 148 e 159 do Código Penal), se o agente foi impelido por motivação política ou quando praticado em razão da função pública exercida pela vítima;

II – formação de cartel (incisos I, a, II, III e VII do art. 4º da Lei nº 8.137, de 27 de dezembro de 1990); e

III – relativas à violação a direitos humanos, que a República Federativa do Brasil se comprometeu a reprimir em decorrência de tratados internacionais de que seja parte; e

IV – furto, roubo ou receptação de cargas, inclusive bens e valores, transportadas em operação interestadual ou internacional, quando houver indícios da atuação de quadrilha ou bando em mais de um Estado da Federação.

V – falsificação, corrupção, adulteração ou alteração de produto destinado a fins terapêuticos ou medicinais e venda, inclusive pela internet, depósito ou distribuição do produto falsificado, corrompido, adulterado ou alterado (art. 273 do Decreto-Lei nº 2.848, de 7 de dezembro de 1940 – Código Penal). (Incluído pela Lei nº 12.894, de 2013)

VI – furto, roubo ou dano contra instituições financeiras, incluindo agências bancárias ou caixas eletrônicos, quando houver indícios da atuação de associação criminosa em mais de um Estado da Federação. (Incluído pela Lei nº 13.124, de 2015)

VII – quaisquer crimes praticados por meio da rede mundial de computadores que difundam conteúdo misógino, definidos como aqueles que propagam o ódio ou a aversão às mulheres. (Incluído pela Lei nº 13.642, de 2018)

Parágrafo único. Atendidos os pressupostos do *caput*, o Departamento de Polícia Federal procederá à apuração de outros casos, desde que tal providência seja autorizada ou determinada pelo Ministro de Estado da Justiça.

O inciso II do § 1º do art. 144 da Constituição Federal traz a atribuição da Polícia Federal para prevenir e reprimir: (1) o tráfico ilícito de entorpecentes e drogas afins (Lei nº 11.343/2006), podendo atuar tanto quando se tratar de tráfico interno, quanto transnacional, diferentemente da Justiça Federal que somente terá competência para

---

62. STJ, Súmula 122 – Compete a justiça federal o processo e julgamento unificado dos crimes conexos de competência federal e estadual, não se aplicando a regra do art. 78, II, "a", do Código de Processo Penal (J. 1º/12/1994).

o tráfico transnacional;[63] (2), o contrabando e o descaminho (arts. 318, 334 e 334-A, CP), sem prejuízo da ação fazendária e de outros órgãos públicos nas respectivas áreas de competência.

Insere-se ainda no rol de atribuições da Polícia Federal, consoante disposição do inciso III, o exercício das funções de polícia marítima, aeroportuária e de fronteiras, o que compreende: fiscalização do tráfego internacional nos portos, aeroportos e fronteiras terrestres, no que se refere à entrada e saída de pessoas; controle dos estrangeiros em território nacional; expedição de documentos de viagem (passaporte); retiradas compulsórias (repatriação, deportação, expulsão e extradição).

Conforme previsto no inciso IV, a Polícia Federal exerce, com exclusividade, as funções de polícia judiciária da União, de maneira que deve investigar todos os crimes de competência da Justiça Federal (art. 109, CF/88),[64] bem como cumprir as ordens de busca e apreensão, prisão, reintegração de posse, dentre outras oriundas do Poder Judiciário Federal (art. 13, CPP c/c art. 144, § 1º, IV, CF/88).

Por fim, ainda incumbe à Polícia Federal: controle e fiscalização sobre produtos químicos que direta ou indiretamente possam ser destinados à elaboração ilícita de substâncias entorpecentes, psicotrópicas ou que determinem dependência física ou psíquica (art. 3º, Lei nº 10.357/2001); controle e fiscalização das empresas de vigilância privada e aprovação dos planos de segurança das agências bancárias (arts. 1º, 17 e 20, Lei nº 7.102/1983); controle e registro de armamento e expedição de porte de armas (Lei nº 10.826/2003); segurança de dignitários nacionais e estrangeiros (art. 1º, *g*, Lei nº 4.483/1964); serviço de proteção a testemunhas (art. 4º, § 2º, Lei nº 9.807/1999); segurança dos candidatos à Presidência da República, a partir da homologação da respectiva candidatura em convenção partidária, estendendo-se ao candidato eleito até o dia de sua posse (art. 10, Decreto nº 6.381/2008).

2.8 ENCERRAMENTO DO INQUÉRITO POLICIAL

Ao término das investigações, deverá ser elaborado *minucioso relatório do que tiver sido apurado*, com a descrição das diligências feitas e a indicação de testemunhas que não tiverem sido inquiridas (art. 10, §§ 1º e 2º, CPP).

---

63. Lei nº 11.343/2006, Art. 70. O processo e o julgamento dos crimes previstos nos arts. 33 a 37 desta Lei, se caracterizado ilícito transnacional, são da competência da Justiça Federal. Parágrafo único. Os crimes praticados nos Municípios que não sejam sede de vara federal serão processados e julgados na vara federal da circunscrição respectiva. No mesmo sentido: STF, Súmula 522 – Salvo ocorrência de tráfico para o Exterior, quando, então, a competência será da Justiça Federal, compete à Justiça dos Estados o processo e julgamento dos crimes relativos a entorpecentes (J. 03/12/1969, DJ 10/12/1969). Sobre a configuração da transnacionalidade: STJ, Súmula 607 – A majorante do tráfico transnacional de drogas (art. 40, I, da Lei n. 11.343/2006) configura-se com a prova da destinação internacional das drogas, ainda que não consumada a transposição de fronteiras. (J. 11/04/2018, DJe 17/04/2018).

64. A competência da Justiça Federal foi minuciosamente estudada em tópico próprio do capítulo que trata da jurisdição e competência processual penal, para o qual remetemos o leitor.

Quando se tratar de crime previsto na Lei nº 11.343/2006 (Tráfico de Drogas), deverá ser observada a regra especial do art. 52 da referida lei e a decisão do STF no Recurso Extraordinário nº 635.659, conforme segue:

Lei nº 11.343, de 23 de agosto de 2006

Art. 52. Findos os prazos a que se refere o art. 51 desta Lei, a autoridade de polícia judiciária, remetendo os autos do inquérito ao juízo: I – relatará sumariamente as circunstâncias do fato, justificando as razões que a levaram à classificação do delito, indicando a quantidade e natureza da substância ou do produto apreendido, o local e as condições em que se desenvolveu a ação criminosa, as circunstâncias da prisão, a conduta, a qualificação e os antecedentes do agente; ou II – requererá sua devolução para a realização de diligências necessárias.

Parágrafo único. A remessa dos autos far-se-á sem prejuízo de diligências complementares: I – necessárias ou úteis à plena elucidação do fato, cujo resultado deverá ser encaminhado ao juízo competente até 3 (três) dias antes da audiência de instrução e julgamento; II – necessárias ou úteis à indicação dos bens, direitos e valores de que seja titular o agente, ou que figurem em seu nome, cujo resultado deverá ser encaminhado ao juízo competente até 3 (três) dias antes da audiência de instrução e julgamento.

Recurso Extraordinário nº 635.659

(...) 9. Por todo o exposto, fixa-se a seguinte tese de repercussão geral: (i) não comete infração penal quem adquirir, guardar, tiver em depósito, transportar ou trouxer consigo, para consumo pessoal, a substância *cannabis sativa*, sem prejuízo do reconhecimento da ilicitude extrapenal da conduta, com apreensão da droga e aplicação de sanções de advertência sobre os efeitos dela (art. 28, I) e medida educativa de comparecimento à programa ou curso educativo (art. 28, III); (ii) as sanções estabelecidas nos incisos I e III do art. 28 da Lei 11.343/2006 serão aplicadas pelo juiz em procedimento de natureza não penal, sem nenhuma repercussão criminal para a conduta; (iii) em se tratando da posse de *cannabis* para consumo pessoal, a autoridade policial apreenderá a substância e notificará o autor do fato para comparecer em Juízo, na forma do regulamento a ser aprovado pelo CNJ. Até que o CNJ delibere a respeito, a competência para julgar as condutas do art. 28 da Lei 11.343/2006 será dos Juizados Especiais Criminais, segundo a sistemática atual, vedada a atribuição de quaisquer efeitos penais para a sentença; (iv) nos termos do §2º do artigo 28 da Lei 11.343/2006, será presumido usuário quem, para consumo próprio, adquirir, guardar, tiver em depósito, transportar ou trouxer consigo até 40 gramas de *cannabis sativa* ou seis plantas-fêmeas, até que o Congresso Nacional venha a legislar a respeito; (v) a presunção do item anterior é relativa, não estando a autoridade policial e seus agentes impedidos de realizar a prisão em flagrante por tráfico de drogas, mesmo para quantidades inferiores ao limite acima estabelecido, quando presentes elementos que indiquem intuito de mercancia, como a forma de acondicionamento da droga, as circunstâncias da apreensão, a variedade de substâncias apreendidas, a apreensão simultânea de instrumentos como balança, registros de operações comerciais e aparelho celular contendo contatos de usuários ou traficantes; (vi) nesses casos, caberá ao delegado de polícia consignar, no auto de prisão em flagrante, justificativa minudente para afastamento da presunção do porte para uso pessoal, sendo vedada a alusão a critérios subjetivos arbitrários; (vii) na hipótese de prisão por quantidades inferiores à fixada no item 4, deverá o juiz, na audiência de custódia, avaliar as razões invocadas para o afastamento da presunção de porte para uso próprio; (viii) a apreensão de quantidades superiores aos limites ora fixados não impede o juiz de concluir que a conduta é atípica, apontando nos autos prova suficiente da condição de usuário. (...) (STF, RE 635.659/SP, Plenário, J. 26/06/2024).

Segundo o art. 10, § 1º, do CPP, o relatório será enviado ao juiz competente, que, em regra, será o juiz das garantias, que o encaminhará ao Ministério Público, titular da ação penal (art. 129, I, CF/88), para adoção das providências cabíveis.

A norma contida no art. 10, § 1º, do CPP ganhou ainda mais relevância após a criação do juiz das garantias, uma vez que a ele compete acompanhar o andamento da investigação e, por óbvio, a sua conclusão.

Contudo, existem leis estaduais, portarias e resoluções estipulando que o inquérito policial, mesmo relatado, seja enviado diretamente ao Ministério Público, como ocorre no âmbito federal, desde 2009 (Resolução CJF nº 63/2009).

Não obstante, há posicionamento do STF (ADI 2.886/RJ, Plenário, J. 03/04/2014) no sentido de que a previsão em lei estadual do encaminhamento do inquérito policial relatado, diretamente ao MP, afronta a CF/88 "ante a existência de vício formal, pois extrapolada a competência suplementar delineada no art. 24, § 1º, da Constituição Federal de 1988" (art. 24, XI e §§ 1º e 2º, da CF/88 c/c art. 10, § 1º, do CPP).

Mas é fato que, "no mundo real", os inquéritos policiais seguem tramitando diretamente entre a Polícia Judiciária e o Ministério Público, mesmo por ocasião da apresentação do seu relatório final, ressalvados os casos em que há representação policial ou requerimento do *Parquet* com pedidos sujeitos à reserva de jurisdição ou eventual pedido de prorrogação de prazo de inquérito policial com indiciado preso ou ainda conclusão de inquérito policial com indiciado preso.

Recebido o inquérito policial relatado, o Ministério Público poderá agir de 5 formas: 1) oferecer denúncia (arts. 41 e 46 do CPP); 2) requerer novas diligências imprescindíveis ao oferecimento da denúncia (art. 16 do CPP); 3) propor a transação penal (art. 76 da Lei nº 9.099/1995); 4) propor acordo de não persecução penal (art. 28-A do CPP); 5) ordenar o arquivamento (redação atual do art. 28 do CPP).

Quanto ao procedimento a ser atualmente observado para o arquivamento do inquérito policial, a situação não é simples. Pelo contrário. Graças às sucessivas decisões do STF, está quase indecifrável o procedimento de arquivamento. Explico.

A redação anterior do art. 28 do CPP continuou sendo tranquilamente aplicada, até 23 de agosto de 2023, por força de decisão liminar do Ministro Luiz Fux, nas Ações Diretas de Inconstitucionalidade nº 6.298, 6.299, 6.300 e 6.305, que suspendeu a redação atual do mesmo dispositivo.

Para melhor compreensão do assunto, colaciono abaixo a redação anterior do art. 28 do CPP:

Redação anterior

Art. 28. Se o órgão do Ministério Público, ao invés de apresentar a denúncia, requerer o arquivamento do inquérito policial ou de quaisquer peças de informação, o juiz, no caso de considerar improcedentes as razões invocadas, fará remessa do inquérito ou peças de informação ao procurador-geral, e este oferecerá a denúncia, designará outro órgão do Ministério Público para oferecê-la, ou insistirá no pedido de arquivamento, ao qual só então estará o juiz obrigado a atender.

Considerada a redação anterior, uma vez requerido o arquivamento do inquérito policial pelo Ministério Público, por falta de provas do crime ou indícios de autoria, caso o juiz concorde com o *Parquet* e arquive o feito, eventual ação penal sobre o mesmo fato somente poderá ser iniciada com base em novas provas, conforme Súmula 524 do Supremo Tribunal Federal.

Se o juiz discordar do requerimento de arquivamento feito pelo promotor, remeterá os autos ao Procurador-Geral de Justiça que poderá adotar uma de seis providências: (1) concordar com o promotor e insistir no arquivamento do inquérito, quando então o juiz estará obrigado a atender; (2) discordar do promotor e concordar com o juiz, oferecendo ele mesmo a denúncia; (3) discordar do promotor e concordar com o juiz, designando outro[65] promotor para oferecer a denúncia, atuando este promotor designado como *longa manus* do Procurador-Geral de Justiça, de maneira que não poderá deixar de denunciar, pois age em nome do Procurador-Geral; (4) requerer novas diligências, imprescindíveis ao oferecimento da denúncia (art. 16 do CPP); (5) propor a transação penal (art. 76 da Lei nº 9.099/1995); (6) propor acordo de não persecução penal (art. 28-A do CPP).

Por outro lado, a autoridade policial, mesmo depois de ordenado o arquivamento do inquérito pela autoridade judiciária, por falta de base para a denúncia (falta de provas do crime ou da autoria), poderá proceder a novas pesquisas, se de outras provas tiver notícia (art. 18 do CPP).

Contudo, caso o arquivamento do inquérito policial tenha sido determinado pelo juiz competente, a requerimento do Ministério Público, tendo por fundamento a atipicidade do fato ou a extinção da punibilidade, ocorrerá coisa julgada material, não sendo mais possível a reabertura do inquérito (STF, HC 100.161 AgR/RJ, 1ª T, J. 02/08/2011; STF, Pet 3943/MG, Plenário, J. 14/04/2008).

No entanto, caso o arquivamento do inquérito policial (ou do processo) tenha se dado por suposta extinção da punibilidade fundamentada na fictícia morte do investigado lastreada por certidão de óbito falsa, a decisão judicial será considerada absolutamente nula e não produzirá efeitos de coisa julgada em sentido estrito, razão pela qual, em tal hipótese, o inquérito poderá ser reaberto (STF, HC 104.998/SP, 1ª T, J. 14/12/2010).

---

65. Pela independência funcional, o Procurador-Geral de Justiça não poderá designar como sua *longa manus* o mesmo promotor que requereu o arquivamento.

O Superior Tribunal de Justiça possui precedentes no sentido de que o arquivamento do inquérito policial por excludente de ilicitude também faz coisa julgada material:

(...) 1. A par da atipicidade da conduta e da presença de causa extintiva da punibilidade, o arquivamento de inquérito policial lastreado em circunstância excludente de ilicitude também produz coisa julgada material. 2. Levando-se em consideração que o arquivamento com base na atipicidade do fato faz coisa julgada formal e material, a decisão que arquiva o inquérito por considerar a conduta lícita também o faz, isso porque nas duas situações não existe crime e há manifestação a respeito da matéria de mérito. 3. A mera qualificação diversa do crime, que permanece essencialmente o mesmo, não constitui fato ensejador da denúncia após o primeiro arquivamento. 4. Recurso provido para determinar o trancamento da ação penal. (STJ, RHC 46.666/MS, 6ª T, J. 05/02/2015)

(...) 1. A permissão legal contida no art. 18 do CPP, e pertinente Súmula 524/STF, de desarquivamento do inquérito pelo surgimento de provas novas, somente tem incidência quando o fundamento daquele arquivamento foi a insuficiência probatória - indícios de autoria e prova do crime. 2. A decisão que faz juízo de mérito do caso penal, reconhecendo atipia, extinção da punibilidade (por morte do agente, prescrição...), ou excludentes da ilicitude, exige certeza jurídica – sem esta, a prova de crime com autor indicado geraria a continuidade da persecução criminal – que, por tal, possui efeitos de coisa julgada material, ainda que contida em acolhimento a pleito ministerial de arquivamento das peças investigatórias. 3. Promovido o arquivamento do inquérito policial pelo reconhecimento de legítima defesa, a coisa julgada material impede rediscussão do caso penal em qualquer novo feito criminal, descabendo perquirir a existência de novas provas. Precedentes. 4. Recurso especial improvido. (STJ, REsp 791.471/RJ, 6ª T, J. 25/11/2014)

Em sentido contrário, o STF entende que o arquivamento do inquérito policial por excludente de ilicitude não faz coisa julgada material:

Ementa: Penal. Processo penal. Habeas corpus. Homicídio. Legítima defesa. Fraude processual. Arquivamento de inquérito policial. Desarquivamento posterior. Novos elementos de convicção colhidos pelo Ministério Público. Possibilidade. Ordem denegada. I – O arquivamento de inquérito policial não faz coisa julgada nem causa a preclusão. II – *Contrariamente ao que ocorre quando o arquivamento se dá por atipicidade do fato*, a superveniência de novas provas relativamente a alguma excludente de ilicitude admite o desencadeamento de novas investigações. (STF, HC 87.395/PR, Pleno, 23/03/2017)

Nos casos de atribuição originária do Procurador-Geral de Justiça, quando ele decide pelo arquivamento, não há necessidade de submissão da sua decisão ao crivo do Tribunal de Justiça.[66] Nesta hipótese, contudo, caso o legítimo interessado discorde da decisão de arquivamento, poderá requerer a sua revisão pelo Colégio de Procuradores de Justiça, conforme Art. 12, inciso XI, da Lei nº 8.625/1993.

Nos inquéritos que tramitam perante a Justiça Federal, caso o juiz discorde do requerimento de arquivamento feito pelo MPF, deverá remeter os autos para as Câmaras de Coordenação e Revisão do Ministério Público Federal, conforme art. 62, IV, da Lei Complementar nº 75/1993 (Lei Orgânica do Ministério Público da União).

No entanto, a sistemática acima mencionada, construída sob a ótica da redação anterior do art. 28 do CPP, precisa ser reanalisada diante da nova redação do dispositivo, dada pela Lei nº 13.964, de 24 de dezembro de 2019:

---

66. STF, MS 34.730/DF, 1ª T, J. 10/12/2019.

Art. 28. Ordenado o arquivamento do inquérito policial ou de quaisquer elementos informativos da mesma natureza, o órgão do Ministério Público comunicará à vítima, ao investigado e à autoridade policial e encaminhará os autos para a instância de revisão ministerial para fins de homologação, *na forma da lei*.[67]

§ 1º Se a vítima, ou seu representante legal, não concordar com o arquivamento do inquérito policial, poderá, no prazo de 30 (trinta) dias do recebimento da comunicação, submeter a matéria à revisão da instância competente do órgão ministerial, conforme dispuser a respectiva lei orgânica.

§ 2º Nas ações penais relativas a crimes praticados em detrimento da União, Estados e Municípios, a revisão do arquivamento do inquérito policial poderá ser provocada pela chefia do órgão a quem couber a sua representação judicial.

De acordo com a nova redação do art. 28 do CPP, o arquivamento do inquérito policial deveria passar a ocorrer, exclusivamente, no âmbito do Ministério Público,[68] não havendo mais necessidade de submissão da promoção de arquivamento ao crivo do Poder Judiciário, até porque a última palavra sobre o arquivamento já é do próprio Ministério Público, uma vez que se o Procurador-Geral de Justiça insistir no arquivamento, o juiz estará obrigado a atender.

Contudo, vale registrar que tal dispositivo permaneceu com a eficácia suspensa *sine die*, *ad referendum* do Plenário do Supremo Tribunal Federal, conforme decisão liminar do Ministro Luiz Fux, proferida aos 22/01/2020, no bojo das Ações Diretas de Inconstitucionalidade nº 6.298, 6.299, 6.300 e 6.305, até 23 de agosto de 2023, quando enfim houve decisão do Plenário do STF, no seguinte sentido:

20. Por *maioria*, atribuir interpretação conforme ao caput do art. 28 do CPP, alterado pela Lei nº 13.964/2019, para assentar que, *ao se manifestar* pelo arquivamento do inquérito policial ou de quaisquer elementos informativos da mesma natureza, o órgão do Ministério Público *submeterá sua manifestação ao juiz competente* e comunicará à vítima, ao investigado e à autoridade policial, *podendo encaminhar os autos para o Procurador-Geral* ou para a instância de revisão ministerial, *quando houver*, para fins de homologação, na forma da lei, *vencido, em parte, o Ministro Alexandre de Moraes, que incluía a revisão automática em outras hipóteses;*

21. Por *unanimidade*, atribuir interpretação conforme ao § 1º do art. 28 do CPP, incluído pela Lei nº 13.964/2019, para assentar que, além da vítima ou de seu representante legal, a autoridade judicial competente também poderá submeter a matéria à revisão da instância competente do órgão ministerial, caso verifique patente ilegalidade ou teratologia no ato do arquivamento;

Para complicar mais do que explicar, enquanto o *caput* do art. 28 do CPP fala em arquivamento do inquérito policial "*ordenado*" pelo MP, o STF decidiu que "ao se manifestar pelo arquivamento" o órgão do MP "submeterá sua manifestação ao juiz competente".

---

67. Quanto ao MPF, MPM e MPDF, vide Art. 62, inciso IV, Art. 136, inciso IV, e Art. 171, inciso V, respectivamente, todos da Lei Complementar nº 75/1993. Quanto ao MP estadual, vide Art. 10, inciso IX, *alínea d*, Art. 12, inciso XI, e Art. 29, inciso VII, todos da Lei nº 8.625/1993.

68. Nesse sentido, Enunciado 8 do Conselho Nacional de Procuradores-Gerais dos Ministérios Públicos dos Estados e da União: A nova redação do artigo 28 do Código de Processo Penal, em harmonia com o princípio acusatório, dispõe que o arquivamento do inquérito policial não se reveste mais de um mero pedido, requerimento ou promoção, mas de verdadeira decisão de não acusar, isto é, o promotor natural decide não proceder à ação penal pública, de acordo com critérios de legalidade e oportunidade, tendo em vista o interesse público e as diretrizes de política criminal definidas pelo próprio Ministério Público.

O uso da expressão "submeterá sua manifestação ao juiz competente" dá a entender que não se trata de uma decisão do *Parquet* ordenando o arquivamento, conforme previu o legislador no novo art. 28 do CPP, mas sim de uma manifestação do representante do MP pelo arquivamento a qual deverá ser submetida ao juiz competente para que este então decida.

Até aí, em sede de interpretação conforme a Constituição, estaria tudo bem, pois seria apenas o retorno à sistemática antiga. Porém, o STF acrescentou que, além de submeter sua manifestação pelo arquivamento ao juiz competente, o MP ainda deve comunicar à vítima, ao investigado e à autoridade policial, podendo encaminhar os autos para o Procurador-Geral ou para a instância de revisão ministerial, quando houver, para fins de homologação, na forma da lei.

Considerando que a vítima, caso não concorde com o arquivamento, tem o prazo de 30 dias, contado do recebimento da comunicação, para submeter a matéria à revisão da instância competente do órgão ministerial (art. 28, § 1º, CPP), caso ela faça isso, mas o juiz já tenha antes concordado com a manifestação do *Parquet* e determinado o arquivamento do feito, poderia a instância de revisão do MP revogar a decisão judicial? A resposta é negativa.

Então, para evitar esse problema, deveria o MP inverter a ordem constante da decisão do STF e comunicar previamente à vítima, aguardar o decurso do prazo de 30 dias e só depois submeter a sua manifestação ao juiz competente? Essa seria uma saída para contornar um problema criado pela decisão do STF.

Por outro lado, se o MP não ordena mais o arquivamento, mas apenas se manifesta por ele e submete sua manifestação ao juiz competente que será quem decidirá pelo arquivamento, conforme transparece da decisão do STF, qual seria a razão de ser da expressão "podendo encaminhar os autos para o Procurador-Geral ou para a instância de revisão ministerial, quando houver, para fins de homologação", ou seja, o que STF quis dizer com isso?

Se é o juiz quem decide e ele efetivamente determinar o arquivamento diante da manifestação ministerial, não há que se falar em envio, pelo *Parquet*, ao Procurador--Geral ou à instância de revisão ministerial para homologação, mas sim em eventual envio, por parte do magistrado a tal instância caso discorde da manifestação do *Parquet* pelo arquivamento. Se não é o juiz quem decide, está errada a expressão que diz que "o órgão do Ministério Público *submeterá* sua manifestação ao juiz competente", uma vez que tal expressão pressupõe uma análise e decisão por parte do magistrado.

Inclusive, ao atribuir interpretação conforme ao § 1º do art. 28 do CPP, o STF assentou que, além da vítima ou de seu representante legal, a autoridade judicial competente também poderá submeter a matéria à revisão da instância competente do órgão ministerial, caso verifique patente ilegalidade ou teratologia no ato do arquivamento, deixando claro o envio, por parte do juiz, à instância revisional, caso ele discorde da manifestação ministerial pelo arquivamento.

Assim, ao que parece, a melhor interpretação sistêmica e integrativa, do art. 28 do CPP com a decisão do STF, é a seguinte: 1) caso o MP entenda que é o caso de arquivamento, deverá comunicar à vítima, ao investigado e à autoridade policial, e aguardar o prazo de 30 dias; 2) caso a vítima, ou seu representante legal, discorde do arquivamento, poderá submeter a matéria à instância de revisão; 3) caso a vítima, ou seu representante legal, não se oponha ao arquivamento no prazo de 30 dias, o MP deve submeter sua manifestação ao juiz competente; 4) se o juiz competente concordar com o MP e proferir decisão determinando o arquivamento, não há necessidade de envio para o Procurador-Geral ou para a instância de revisão ministerial; 5) se o juiz discordar, o MP ou o juiz poderão enviar o feito à instância de revisão.

Por outro lado, considerando a possibilidade de que o STF tenha sido atécnico na escolha das palavras, seria possível entender que o alcance da sua ordem apenas criou mais um destinatário da comunicação de arquivamento, no sentido de obrigar o promotor a adicionalmente comunicar ao juiz competente o arquivamento determinado, para que o magistrado, em caso de discordância, seja mais um legitimado a enviar o feito à instância de revisão.

Em síntese, o arquivamento do inquérito policial ou de outro procedimento de investigação preliminar, determinado pelo promotor ou procurador da República atuante na primeira instância, deve ser: (i) comunicado à vítima; (ii) comunicado ao investigado; (iii) comunicado à autoridade policial, quando se tratar de procedimento por ela presidido; (iv) submetido ao juiz competente;[69] e (v) encaminhado à instância de revisão do próprio Ministério Público, para fins de homologação, uma vez que se trata de ato composto.[70-71]

Importante registrar que o arquivamento do inquérito policial com base na nova redação do art. 28 do Código de Processo Penal não faz coisa julgada, formal ou material, pois não se trata de uma decisão jurisdicional.[72]

Uma vez homologado o arquivamento pela instância de revisão do Ministério Público, por razões de segurança jurídica e diante da unidade e indivisibilidade do

---

69. Conforme decidido pelo STF nas Ações Diretas de Inconstitucionalidade nº 6.298, 6.299, 6.300 e 6.305.
70. Nesse sentido, Enunciado 7 do Conselho Nacional de Procuradores-Gerais dos Ministérios Públicos dos Estados e da União: Compete exclusivamente ao Ministério Público o arquivamento do inquérito policial ou de quaisquer elementos informativos da mesma natureza. Trata-se de ato composto, constituído de decisão do promotor natural e posterior homologação pela instância de revisão ministerial (Procurador-Geral de Justiça ou órgão delegado).
71. Vide, também, Enunciado 10 do Conselho Nacional de Procuradores-Gerais dos Ministérios Públicos dos Estados e da União: Salvo no caso de competência originária do Procurador-Geral (foro por prerrogativa de função), a decisão de arquivamento deverá ser obrigatoriamente submetida à instância de revisão ministerial, para fins de homologação, ainda que não exista recurso da vítima ou de seu representante legal.
72. Nesse sentido, Enunciado 9 do Conselho Nacional de Procuradores-Gerais dos Ministérios Públicos dos Estados e da União: Considerando que o arquivamento do inquérito policial ou de quaisquer elementos informativos da mesma natureza não se subordina à apreciação judicial, a decisão não está mais sujeita aos efeitos da coisa julgada formal ou material.

Ministério Público (art. 127, § 1º, CF/88),[73] a ação penal somente poderá ser iniciada com base em novas provas, conforme inteligência da Súmula 524 do Supremo Tribunal Federal.

Mesmo em caso de eventual arquivamento por atipicidade ou por extinção da punibilidade, caso tenha sido feito exclusivamente no âmbito do Ministério Público, com base em novas provas será possível reabrir o caso, posto que não há que se falar em coisa julgada, formal ou material, conforme mencionado acima, por não se tratar de uma decisão jurisdicional.[74]

A título de exemplo, imagine o arquivamento, em razão da extinção da punibilidade pela prescrição, de um inquérito que investigava crime de homicídio simples. Meses depois do arquivamento, surge prova nova de que o homicídio foi qualificado e, por isso, a prescrição não se operou. Considerando que na sistemática do novo art. 28 do Código de Processo Penal não há decisão jurisdicional e, assim, não faz coisa julgada, formal ou material, será possível se iniciar a ação penal com base nessa prova nova.

Caso haja discordância do órgão de revisão ministerial com a decisão de arquivamento, deverá ser designado outro membro do Ministério Público para continuidade das investigações ou oferecimento de denúncia.[75]

2.9 INSTAURAÇÃO DE INQUÉRITO POLICIAL E INDICIAMENTO EM CASOS DE FORO ESPECIAL POR PRERROGATIVA DE FUNÇÃO

Uma das grandes dúvidas dos operadores do direito reside na possibilidade ou não de instauração de inquérito policial, de ofício, contra autoridades com foro especial por prerrogativa de função, bem como o seu indiciamento, sem prévia autorização judicial.

Badaró sustenta que "nos casos de investigados que gozam de foro especial por prerrogativa de função, o início da persecução penal ficará vinculado à autorização do tribunal competente", sendo que, ainda segundo ele, "na hipótese de competência originária dos tribunais, em virtude da existência de regra de foro por prerrogativa de função, a investigação não poderá ser iniciada sem que haja prévia autorização do tribunal competente para processar originariamente a ação penal".

Ele cita como precedentes o julgamento, pelo Supremo Tribunal Federal, da Questão de Ordem no Inquérito 2.411/MT, que se refere à impossibilidade de instauração de

---

73. CF/88, Art. 127. O Ministério Público é instituição permanente, essencial à função jurisdicional do Estado, incumbindo-lhe a defesa da ordem jurídica, do regime democrático e dos interesses sociais e individuais indisponíveis. § 1º São *princípios institucionais do Ministério Público a unidade, a indivisibilidade* e a independência funcional.
74. Em sentido contrário, Rogério Sanches sustenta que, neste caso, haveria coisa julgada administrativa.
75. Nesse sentido, Enunciado 11 do Conselho Nacional de Procuradores-Gerais dos Ministérios Públicos dos Estados e da União: Ao receber os autos com a decisão de arquivamento, o órgão de revisão ministerial (Procurador-Geral de Justiça ou órgão delegado) poderá homologá-la, ou, em caso de discordância, designar outro membro para continuar as investigações ou oferecer denúncia.

inquérito pela Polícia Federal para investigar parlamentares federais e o Presidente da República, bem como o julgamento, pelo TJSP, do HC 990.09.120736-5, que apreciou investigação promovida pelo Ministério Público contra prefeito, sem autorização do Tribunal.

Assim, parte da doutrina sustenta que, na hipótese de competência originária dos tribunais, em razão da existência de regra de foro por prerrogativa de função, a investigação não pode ser iniciada sem que haja prévia autorização do tribunal competente para processar originariamente a ação penal.

Sobre o assunto, na Questão de Ordem no Inquérito 2.411/MT, que se refere à impossibilidade de instauração de inquérito pela Polícia Federal para investigar *parlamentares federais* e o *Presidente da República*, assim decidiu o Supremo Tribunal Federal:

> Ementa: (...) Se a Constituição estabelece que os agentes políticos respondem, por crime comum, perante o STF (CF, art. 102, I, b), não há razão constitucional plausível para que as atividades diretamente relacionadas à supervisão judicial (abertura de procedimento investigatório) sejam retiradas do controle judicial do STF. A iniciativa do procedimento investigatório deve ser confiada ao MPF contando com a supervisão do Ministro-Relator do STF. 5. *A Polícia Federal não está autorizada a abrir de ofício inquérito policial para apurar a conduta de parlamentares federais ou do próprio Presidente da República* (no caso do STF). No exercício de competência penal originária do STF (CF, art. 102, I, "b" c/c Lei nº 8.038/1990, art. 2º e RI/STF, arts. 230 a 234), a atividade de supervisão judicial deve ser constitucionalmente desempenhada durante toda a tramitação das investigações desde a abertura dos procedimentos investigatórios até o eventual oferecimento, ou não, de denúncia pelo *dominus litis*. 6. Questão de ordem resolvida no sentido de anular o ato formal de indiciamento promovido pela autoridade policial em face do parlamentar investigado (STF, Inq. 2.411QO/MT, Pleno, J. 10/10/2007).

É preciso esclarecer, contudo, que *tal entendimento se referia apenas às autoridades com foro especial por prerrogativa de função perante o Supremo Tribunal Federal*, não se aplicando, até então, às autoridades com foro especial perante os demais tribunais brasileiros.

Mas a dúvida residia até mesmo nos Tribunais. Durante o julgamento da Ação Penal 912 do Supremo Tribunal Federal, o Ministro Dias Toffoli entendeu que a exigência de prévia autorização judicial para a instauração de inquérito policial deveria ser estendida a todas as autoridades com foro especial perante quaisquer tribunais.

No entanto, o entendimento não foi referendado pelos demais ministros da 1ª Turma da Suprema Corte, tanto que o ponto sustentado por Toffoli foi consignado como *Obiter dicta* na ementa.

Por outro lado, em razão da relevância e clareza, colaciono abaixo trechos do voto da Ministra Rosa Weber, que divergiu do entendimento do Ministro Toffoli e esclareceu os equívocos do entendimento explicitado por ele:

> (...) 3. As normas pertinentes à prerrogativa de foro – especialmente aquelas que interferem na embrionária etapa das investigações preliminares – por serem exceções ao regime republicano, devem ser interpretadas com comedimento. Nesse sentido, *diferentemente das autoridades sujeitas ao regime de prerrogativa de foro nesta Suprema Corte, onde há norma regimental expressa a condicionar a instauração do inquérito à*

determinação/autorização do Ministro Relator (artigo 21, XV, do RISTF), não existe disciplina normativa equivalente com relação aos Prefeitos Municipais (artigo 29, X, da CF), que se sujeitam, quanto à instauração do inquérito, às normas comuns do CPP. Por outro lado, os inquéritos instaurados contra Prefeitos submetem-se à supervisão judicial, sob a consequência de invalidade dos atos investigativos colhidos contra o detentor da prerrogativa. (...) Já quanto aos Prefeitos, a norma do artigo 29, X, da CF, garante apenas o "julgamento do Prefeito perante o Tribunal de Justiça", e nada dispõe a respeito de autorização/determinação judicial para o início das investigações. *Submetem-se os Prefeitos Municipais, desse modo, quanto à instauração do inquérito, às normas ordinárias do CPP, aplicável à generalidade dos cidadãos, as quais não exigem autorização jurisdicional para a mera abertura de investigações preliminares.* (...) 25. Assim, e aqui encerro minha sutil divergência com a fundamentação do eminente Relator, concluo que a abertura de inquérito contra os Prefeitos Municipais não se submete à autorização/determinação judicial, podendo ser feita diretamente pela Polícia. 26. Essa conclusão não implica, por outro lado, que os inquéritos instaurados contra Prefeitos ocorram à margem de distribuição ou registro no Poder Judiciário, muito menos que seja excluída a necessária supervisão judicial dos atos investigativos diretamente dirigidos contra o titular da prerrogativa de foro. 26.1. *Em outros termos, é desnecessária autorização judicial para o início das investigações, porém, é imprescindível que o inquérito tramite sob supervisão judicial – registrado e distribuído no Tribunal competente para o julgamento do titular da prerrogativa de foro –, sob a consequência de invalidade dos elementos probatórios colhidos contra o detentor da prerrogativa* (STF, AP 912/PB, 1ª T, J. 07/03/2017).

No mesmo sentido, em *23 de agosto de 2021*, no julgamento do Habeas Corpus nº 177.992 AgR/GO, a *1ª Turma do Supremo Tribunal Federal* decidiu que "*o ato de instauração de inquérito ou procedimento investigatório contra prefeitos municipais independe de autorização do Tribunal competente para processar e julgar o detentor da prerrogativa de foro*".[76]

Nessa mesma linha, o Superior Tribunal de Justiça tem entendimento firme no sentido de que apenas no que tange aos investigados com foro especial perante o Supremo Tribunal Federal seria imprescindível prévia autorização do Poder Judiciário para a instauração de inquérito policial, não havendo, por exemplo, necessidade de autorização prévia do Tribunal de Justiça ou do Tribunal Regional Federal para instauração de inquérito policial contra prefeito:

(...) 2. A jurisprudência tanto do Pretório Excelso quanto deste Sodalício é assente no sentido da *desnecessidade de prévia autorização do Judiciário para a instauração de inquérito ou procedimento investigatório criminal contra agente com foro por prerrogativa de função*, dada a inexistência de norma constitucional ou infraconstitucional nesse sentido, conclusão que revela a observância ao sistema acusatório adotado pelo Brasil, que prima pela distribuição das funções de acusar, defender e julgar a órgãos distintos. 3. O Superior Tribunal de Justiça assentou o entendimento de que o mero indiciamento em inquérito policial, desde que não seja abusivo e ocorra antes do recebimento da exordial acusatória, não constitui manifesto constrangimento ilegal a ser sanável na via estreita do writ. (STJ, AgRg no HC 404228 / RJ, 5ª T, 01/03/2018)

(...) 4. *Não há razão jurídica para condicionar a investigação de autoridade com foro por prerrogativa de função a prévia autorização judicial*. Note-se que a remessa dos autos ao órgão competente para o julgamento do processo não tem relação com a necessidade de prévia autorização para investigar, mas antes diz respeito ao controle judicial exercido nos termos do art. 10, § 3º, do Código de Processo Penal. De fato, o Código de Ritos prevê prazos para que a investigação se encerre, sendo possível sua prorrogação pelo Magistrado.

---

76. "(...) 7. O ato de instauração de inquérito ou procedimento investigatório contra Prefeitos Municipais independe de autorização do Tribunal competente para processar e julgar o detentor da prerrogativa de foro. (...)" (STF, HC 177.992 AgR/GO, 1ª T, J. 23/08/2021).

Contudo, não se pode confundir referida formalidade com a autorização para se investigar, ainda que se cuide de pessoa com foro por prerrogativa de função. Com efeito, na hipótese, a única particularidade se deve ao fato de que o controle dos prazos do inquérito será exercido pelo foro por prerrogativa de função e não pelo Magistrado *a quo*. 5. Habeas corpus não conhecido. (STJ, HC 421.315/PE, 5ª T, *J.* 21/08/2018). No mesmo sentido: STJ, HC 400.532/PR, 5ª T, *J.* 19/02/2019; STJ, AgRg no REsp 1.851.378/GO, 6ª T, *J.* 16/06/2020.

Não obstante, *em sentido diametralmente oposto, a 2ª Turma do Supremo Tribunal Federal* tem precedentes recentes no sentido de que, para a instauração de inquérito policial contra autoridades com foro especial por prerrogativa de função, *é imprescindível prévia autorização do Tribunal* competente para processar e julgar a respectiva autoridade:

> Agravo regimental no recurso extraordinário. Penal. Prefeito municipal. Foro por prerrogativa de função (art. 29, x, da CF). Instauração de inquérito por autoridade policial. Procuradoria-geral de justiça. Requisição. Inexistência. Autorização e supervisão pelo tribunal de justiça. Ausência. Agravo regimental a que se nega provimento. I – A instauração de inquérito por delegado de polícia contra Prefeito Municipal, por fatos relacionados ao exercício do mandato, sem a prévia requisição da Procuradoria-Geral de Justiça e supervisão do Tribunal de Justiça, ofende o art. 29, X, da Constituição Federal. Precedentes. II – Constatado vício desde a instauração do inquérito policial até o oferecimento da denúncia, impõe-se o reconhecimento da nulidade de todos os atos processuais praticados. III – Agravo regimental a que se nega provimento. (STF, RE 1.322.854 AgR, 2ª T, *J.* 03/08/2021)

> No caso em análise, entendo que caberia ao MPRJ requerer ao TJRJ a prévia instauração de investigação contra Flávio Bolsonaro antes de solicitar a produção dos relatórios de inteligência financeira subsequentes ao RIF 27.746, ou ao menos cientificar o Tribunal para fins de possibilitar o exercício da atividade de supervisão judicial.

> Isso porque o TJRJ era o Juiz natural para supervisionar as referidas investigações, tendo em vista a apuração de crimes envolvendo Deputado Estadual, no exercício de suas funções, posteriormente eleito para o mandato de Senador da República, o que configura hipótese de prorrogação da competência do Tribunal Estadual, nos termos dos precedentes firmados na QO na AP 937 e na PET 9189.

> Destarte, também por este motivo concluo pela nulidade dos RIFs subsequentes ao primeiro RIF espontâneo recebido pelo MPRJ (RIF 27.746), bem como pela imprestabilidade dos elementos probatórios colhidos pelo Ministério Público do Rio de Janeiro (MPRJ) no âmbito do PIC 2018.00452470, em relação ao paciente, considerando que o referido procedimento foi aberto ao arrepio da autorização e supervisão por parte do Tribunal de Justiça do Rio de Janeiro (TJRJ). (STF, HC 201.965/RJ, Min. Gilmar Mendes, 2ª T, *J.* 30/11/2021).

Nessa mesma linha, no julgamento da ADI 7.083/AP, em 16/05/2022, o Plenário do STF reputou constitucional a norma do Regimento Interno do Tribunal de Justiça do Amapá que condiciona a instauração de inquérito à autorização do Desembargador Relator nos feitos de competência originária daquele órgão, diante da similaridade com o inciso XV do art. 21 do Regimento Interno do STF:

> (...) 2. A norma do Regimento Interno do Tribunal de Justiça do Amapá condiciona a instauração de inquérito à autorização do Desembargador Relator nos feitos de competência originária daquele órgão. Similaridade com o inc. XV do art. 21 do Regimento Interno do Supremo Tribunal Federal.

> 3. A jurisprudência deste Supremo Tribunal consolidou-se no sentido de que, tratando-se de autoridades com prerrogativa de foro neste Supremo Tribunal, "a atividade de supervisão judicial deve ser constitucionalmente desempenhada durante toda a tramitação das investigações desde a abertura dos procedimentos investigatórios até o eventual oferecimento, ou não, de denúncia pelo *dominus litis*" (Inquérito n. 2411-QO, Relator o Ministro Gilmar Mendes, Plenário, julgado em 10.10.2007, DJe 25.4.2008). Precedentes.

4. A mesma interpretação tem sido aplicada pelo Supremo Tribunal Federal aos casos de investigações envolvendo autoridades com prerrogativa de foro nos Tribunais de segundo grau, afirmando-se a necessidade de supervisão das investigações pelo órgão judicial competente. Neste sentido: AP n. 933-QO, Relator o Ministro Dias Toffoli, Segunda Turma, DJ 6.10.2015, DJe 3.2.2016; AP n. 912, Relator o Ministro Luiz Fux, Primeira Turma, DJ 7.3.2017; e RE n. 1.322.854, Relator o Ministro Ricardo Lewandowski, Segunda Turma, DJ 3.8.2021.

5. Em interpretação sistemática da Constituição da República, a mesma razão jurídica apontada para justificar a necessidade de supervisão judicial dos atos investigatórios de autoridades com prerrogativa de foro neste Supremo Tribunal Federal aplica-se às autoridades com prerrogativa de foro em outros Tribunais.

6. Não se há cogitar de usurpação das funções institucionais conferidas constitucionalmente ao Ministério Público, pois o órgão mantém a titularidade da ação penal e as prerrogativas investigatórias, devendo apenas submeter suas atividades ao controle judicial.

7. A norma questionada não apresenta vício de iniciativa, não inovando em matéria processual penal ou procedimental, e limitando-se a regular a norma constitucional que prevê o foro por prerrogativa de função.

8. Ação direta de inconstitucionalidade julgada improcedente.

Por outro lado, quando envolver membro do Ministério Público ou magistrado, há regras próprias.[77] Sobre a questão das regras próprias para os magistrados e membros do Ministério Público, assim manifestou-se o Superior Tribunal de Justiça:

(...) 5. Corolário do sistema acusatório, a investigação pré-processual, tendo como destinatário o órgão acusador, também deve ser desempenhada por órgão diverso daquele que julgará a ação penal. Nessa perspectiva, a prerrogativa de foro do autor do fato delituoso deve ser critério exclusivo de determinação da competência jurisdicional originária, aplicável quando do recebimento da denúncia ou, eventualmente, antes dela, caso se fizer necessária diligência sujeita à reserva jurisdicional, salvo previsão legal diversa. *Há, entretanto, exceções no ordenamento que, mesmo que indiretamente, consagram sindicabilidade judicial nas investigações contra autoridades com prerrogativa de função. Pode-se citar o art. 21, XV do Regimento Interno do Supremo Tribunal Federal, que atribui ao relator a instauração de inquérito policial, a pedido do Procurador-Geral da República; o art. 33 da LOMAN impõe a admissibilidade pelo tribunal competente para prosseguimento da investigação criminal em face de magistrados; e, da mesma forma, o art. 18 da Lei Complementar 75/93 e art. 41, parágrafo único, da Lei 8625/1993, quanto aos membros do Ministério Público.* 6. In casu, o recorrente, então prefeito da cidade de Miguel Pereira, foi investigado pela suposta prática dos crimes previstos nos arts. 12 e 16, ambos da Lei 10.826/03; art. 90 da Lei 8.666/93; art. 1º, § 1º, inciso I, da Lei 9.613/98, e art. 288 do Código Penal. O ordenamento jurídico (CRFB, art. 29, X) apenas determina a competência do Tribunal de Justiça para julgamento do prefeito, não havendo qualquer restrição à incidência

---

77. (i) Lei Complementar nº 35/1979, Art. 33, Parágrafo único. Quando, no curso de investigação, houver indício da prática de crime por parte do magistrado, a autoridade policial, civil ou militar, remeterá os respectivos autos ao Tribunal ou órgão especial competente para o julgamento, a fim de que prossiga na investigação. (ii) Lei 8.625/1993, Art. 41, I – receber o mesmo tratamento jurídico e protocolar dispensado aos membros do Poder Judiciário junto aos quais oficiem; II – não ser indiciado em inquérito policial, observado o disposto no parágrafo único deste artigo; (...) Parágrafo único. Quando no curso de investigação, houver indício da prática de infração penal por parte de membro do Ministério Público, a autoridade policial, civil ou militar remeterá, imediatamente, sob pena de responsabilidade, os respectivos autos ao Procurador-Geral de Justiça, a quem competirá dar prosseguimento à apuração. (iii) Lei Complementar nº 75/1993, Art. 18. São prerrogativas dos membros do Ministério Público da União: (...) II – processuais: (...) f) não ser indiciado em inquérito policial, observado o disposto no parágrafo único deste artigo; (...) Parágrafo único. Quando, no curso de investigação, houver indício da prática de infração penal por membro do Ministério Público da União, a autoridade policial, civil ou militar, remeterá imediatamente os autos ao Procurador-Geral da República, que designará membro do Ministério Público para prosseguimento da apuração do fato.

plena do sistema acusatório no caso concreto. De rigor, pois, o exercício pleno da atribuição investigativa do *Parquet*, independente da sindicabilidade do Tribunal de Justiça, que somente deverá ocorrer por ocasião do juízo acerca do recebimento da denúncia ou, eventualmente, antes, se houver necessidade de diligência sujeita à reserva jurisdicional, conforme disposição expressa nos arts. 4º e 6º da Lei 8.038/90. 7. Recurso desprovido (STJ, RHC 77.518/RJ, 5ª T, J. 09/03/2017).

Por fim, quanto ao indiciamento, a Lei nº 12.830/2013, em seu art. 2º, § 6º, é expressa ao dizer que se trata de ato privativo do delegado de Polícia,[78] o qual será dado por ato fundamentado, mediante análise técnico-jurídica do fato, que deverá indicar a autoria, materialidade e suas circunstâncias.

Nessa esteira, é firme a jurisprudência no sentido de não ser possível a determinação de indiciamento pelo juiz e nem a requisição de indiciamento pelo Ministério Público, já que se trata de *ato privativo do Delegado de Polícia*, que não depende de autorização judicial nem mesmo quando se tratar de autoridade com foro especial por prerrogativa de função perante o Supremo Tribunal Federal:

> (...) I. Este Superior Tribunal de Justiça, em reiterados julgados, vem afirmando seu posicionamento no sentido de que caracteriza constrangimento ilegal o formal indiciamento do paciente que já teve contra si oferecida denúncia e até mesmo já foi recebida pelo Juízo *a quo*. II. Uma vez oferecida a exordial acusatória, encontra-se encerrada a fase investigatória e o indiciamento do réu, neste momento, configura-se coação desnecessária e ilegal" (STJ, HC 179.951/SP, 5ª T, rel. Min. Gilson Dipp, J. 10/05/2011). Nessa mesma esteira: "Com efeito, a Lei 12.830, é expressa ao prever em seu art. 2º, § 6º, que o indiciamento é ato privativo de Delegado de Polícia. Não cabe pois, via de regra, ao Juízo ordinário imiscuir-se nesta valoração. Na mesma direção, a 2ª Turma desta Suprema Corte, em feito de Relatoria do eminente Teori Zavascki, assentou ser *incompatível com sistema acusatório e separação orgânica de poderes, a determinação de magistrado, dirigida à delegado de polícia, a fim de que proceda ao indiciamento de determinado acusado* (...) Em verdade, como bem elucidado por Guilherme de Souza Nucci, em enxerto transcrito no precedente desta Corte, acima colacionado, o "indiciamento é ato exclusivo da autoridade policial, que forma o seu convencimento sobre a autoria do crime, elegendo, formalmente, o suspeito de sua prática. Assim, *não cabe ao promotor ou ao juiz exigir, através de requisição, que alguém seja indiciado pela autoridade policial, porque seria o mesmo que demandar à força que o presidente do inquérito conclua ser aquele o autor do delito*. (...) No caso presente, ao que tudo indica, não houve excepcionalidade que justificasse a extraordinária atuação do Juízo singular, pois em verdade, o Delegado de Polícia, após conduzir investigação complexa, devidamente instruída por interceptações telefônicas e pedidos de quebra de sigilo, decidiu indiciar outros três acusados, mas não indiciou o ora paciente. Tal opção afigura-se legítima, dentro da margem de discricionariedade regrada de que dispõe a autoridade policial, na fase embrionária em que se encontrava o feito. Nesse contexto, *a determinação judicial de requisitar à autoridade policial o indiciamento é indevida, não só por interferir, sem necessidade em atribuição que, a rigor, é competência privativa do Delegado de Polícia, como por ser incompatível com o sistema acusatório* (...) (STF, HC 169.731/SP, Rel. Min. Edson Fachin, J. 30/04/2019).

> Ementa: Direito constitucional e processual penal. Indiciamento. Ato privativo da autoridade policial. 1. De acordo com o Plenário desta Corte, é nulo o indiciamento de detentor de prerrogativa de foro, realizado por Delegado de Polícia, sem que a investigação tenha sido previamente autorizada por Ministro-Relator do STF (Pet 3.825-QO, Red. p/o Acórdão Min. Gilmar Mendes). 2. Diversa é a hipótese

---

78. "Com efeito, constituindo o formal indiciamento exteriorização do convencimento da autoridade policial a respeito da autoria delitiva, não tem sentido o juiz, por iniciativa própria ou em razão de requerimento do ministério público, determinar que a autoridade a ele proceda. Pensar o contrário significa admitir possa o juiz determinar que a autoridade policial mude seu ponto de vista a respeito da autoria e assim se manifeste" (MARCÃO, Renato).

em que o inquérito foi instaurado com autorização e tramitou, desde o início, sob supervisão de Ministro desta Corte, tendo o indiciamento ocorrido somente no relatório final do inquérito. *Nesses casos, o indiciamento é legítimo e independe de autorização judicial prévia*. 3. Em primeiro lugar, porque não existe risco algum à preservação da competência do Supremo Tribunal Federal relacionada às autoridades com prerrogativa de foro, já que o inquérito foi autorizado e supervisionado pelo Relator. 4. Em segundo lugar, porque *o indiciamento é ato privativo da autoridade policial (Lei nº 12.830/2013, art. 2º, § 6º) e inerente à sua atuação, sendo vedada a interferência do Poder Judiciário sobre essa atribuição*, sob pena de subversão do modelo constitucional acusatório, baseado na separação entre as funções de investigar, acusar e julgar. 5. Em terceiro lugar, porque conferir o privilégio de não poder ser indiciado apenas a determinadas autoridades, sem razoável fundamento constitucional ou legal, configuraria uma violação aos princípios da igualdade e da república. 6. Em suma: *a autoridade policial tem o dever de, ao final da investigação, apresentar sua conclusão. E, quando for o caso, indicar a autoria, materialidade e circunstâncias dos fatos que apurou, procedendo ao indiciamento*. 7. Pedido de anulação indeferido (STF, Inq. 4.621/DF, Rel. Min. Luís Roberto Barroso, J. 23/10/2018).

Portanto, em conclusão, é possível afirmar que:

A) Para a instauração de inquérito policial contra autoridades com foro especial perante o STF, é imprescindível prévia autorização (determinação) do Ministro Relator na Suprema Corte;

B) Para a instauração de inquérito policial contra autoridades com foro especial perante outros Tribunais, embora haja precedentes da 1ª Turma do STF e das 5ª e 6ª Turmas do STJ no sentido da desnecessidade de prévia autorização judicial, o Plenário do STF, no julgamento da ADI 7.083/AP, em 16/05/2022, considerou constitucional a norma do Regimento Interno do Tribunal de Justiça do Amapá que condiciona a instauração de inquérito à autorização do Desembargador Relator nos feitos de competência originária daquele órgão, diante da similaridade com o inciso XV do art. 21 do Regimento Interno do STF;

C) Além disso, segundo entendimento da 2ª Turma do STF, para a instauração de inquérito policial contra qualquer autoridade com foro especial por prerrogativa de função, é imprescindível prévia autorização do Tribunal competente para processar e julgar a respectiva autoridade.

Independentemente do entendimento adotado, é necessário que o inquérito tramite sob supervisão judicial, devendo ser registrado e distribuído no Tribunal competente para o julgamento do titular da prerrogativa de foro, que será competente para decidir sobre pedidos de prorrogação de prazo e eventuais medidas cautelares.

Quanto ao indiciamento, que é ato privativo do Delegado de Polícia, não dependerá de autorização judicial, nem mesmo no caso de inquérito policial que investigue autoridade com foro especial por prerrogativa de função perante o Supremo Tribunal Federal, desde que, neste caso, a investigação tenha sido inicialmente autorizada pela Suprema Corte.

Ressalvo, porém, entendimento em contrário de alguns ministros do STF, que entendem que o indiciamento de autoridades com foro especial por prerrogativa de função deve ser previamente autorizado pelo Tribunal competente.

2.10 ARQUIVAMENTO IMPLÍCITO OU TÁCITO

Doutrinariamente, fala-se em arquivamento implícito ou tácito quando o Ministério Público, no oferecimento da denúncia, deixa de se pronunciar quanto a um ou alguns dos investigados ou quanto a algum dos crimes, uma vez que Ministério Público pode pedir o arquivamento em relação a alguns investigados ou crimes, mas não pode ser omisso.

Porém, tal arquivamento não é aceito pelo Superior Tribunal de Justiça e nem pelo Supremo Tribunal Federal, ao argumento de que isso seria uma burla ao princípio da obrigatoriedade da ação penal, além de que o Ministério Público pode aditar a denúncia ou propor ação penal autônoma.[79]

2.11 INVESTIGAÇÃO CRIMINAL CONDUZIDA PELO MINISTÉRIO PÚBLICO

O Supremo Tribunal Federal, no julgamento do Recurso Extraordinário nº 593.727/MG, firmou entendimento no sentido de que o Ministério Público pode realizar investigações criminais:

> (...) 4. Questão constitucional com repercussão geral. Poderes de investigação do Ministério Público. Os artigos 5º, incisos LIV e LV, 129, incisos III e VIII, e 144, inciso IV, § 4º, da Constituição Federal, não tornam a investigação criminal exclusividade da polícia, nem afastam os poderes de investigação do Ministério Público. Fixada, em repercussão geral, tese assim sumulada: "*O Ministério Público dispõe de competência para promover, por autoridade própria, e por prazo razoável, investigações de natureza penal, desde que respeitados os direitos e garantias que assistem a qualquer indiciado ou a qualquer pessoa sob investigação do Estado, observadas, sempre, por seus agentes, as hipóteses de reserva constitucional de jurisdição e, também, as prerrogativas profissionais de que se acham investidos, em nosso País, os Advogados* (Lei 8.906/94, artigo 7º, notadamente os incisos I, II, III, XI, XIII, XIV e XIX), *sem prejuízo da possibilidade – sempre presente no Estado democrático de Direito – do permanente controle jurisdicional dos atos, necessariamente documentados (Súmula Vinculante 14), praticados pelos membros dessa instituição*" Maioria[80] (STF, RE 593.727/MG, Pleno, J. 14/05/2015).

Assim, o Supremo Tribunal Federal, considerando a teoria dos poderes implícitos, no sentido de que *quem pode o mais, pode o menos*, associada ao disposto nos incisos VII e VIII do art. 129 da Constituição Federal, segundo os quais *são funções institucionais do Ministério Público exercer o controle externo da atividade policial* e *requisitar diligências investigatórias e a instauração de inquérito policial, indicados os fundamentos jurídicos de suas manifestações processuais*, entendeu que Ministério Público, também, pode promover suas próprias investigações.

Na doutrina, Marcão sustenta que a polícia judiciária não possui o monopólio da investigação criminal, sendo consectário lógico da própria função do órgão ministerial,

---

79. Nesse sentido: STJ, RHC 75.856/SP, 6ª T., J. 06/12/2016; STJ, HC 226.160/PA, 5ª T., J. 17/11/2016; STJ, Resp 1.580.497/AL, 6ª T., J. 27/09/2016; STF, HC 104.356/RJ, 1ª T., J. 19/10/2010; STJ, RHC 48.710/SP, 6ª T., J. 05/05/2016; e STF, AI 803.138 AgR/RJ, 2ª T., J. 25/09/2012.
80. Decisão tomada por 7 votos a 4.

titular exclusivo da ação penal pública, proceder à realização de diligências investigatórias pertinentes ao seu âmbito de atuação (Marcão, 2023, p. 89).

O autor também se baseia no art. 26 da Lei nº 8.625/1993 (Lei Orgânica Nacional do Ministério Público), que autoriza o Ministério Público, no exercício de suas funções, a "instaurar procedimentos administrativos; expedir notificações para colher depoimento ou esclarecimentos; requisitar de autoridades e órgãos: informações, exames periciais e documentos; promover inspeções e diligências investigatórias junto às autoridades, órgãos e entidades; requisitar informações e documentos a entidades privadas, para instruir procedimentos; requisitar diligências investigatórias", lembrando que no mesmo caminho segue o art. 8º da Lei Complementar nº 75/1993, que dispõe sobre o Estatuto do Ministério Público da União (Marcão, 2023, p. 89).

Ainda sobre os poderes investigatórios do Ministério Público, "considerando as manifestações favoráveis por parte do STF", Lopes Júnior sustenta que o Ministério Público "poderá instruir seus procedimentos investigatórios criminais, devendo observar, no mínimo, o regramento do inquérito. Deverá ainda observar o rol de direitos e garantias do investigado, previstos no CPP, em leis extravagantes (como a Lei n. 8.906) e na Constituição, além de submeter-se ao rígido controle de legalidade por parte do Juiz das Garantias" (Lopes Júnior, 2023, p. 56).

Nesse sentido, o STF, no julgamento das Ações Diretas de Inconstitucionalidade nº 6.298, 6.299, 6.300 e 6.305, decidiu atribuir interpretação conforme aos incisos IV, VIII e IX do art. 3º-B do CPP "para que todos os atos praticados pelo Ministério Público como condutor de investigação penal se submetam ao controle judicial (HC 89.837/DF, Rel. Min. Celso de Mello) e fixar o *prazo de até 90 (noventa) dias*, contados da publicação da ata do julgamento, para os representantes do Ministério Público encaminharem, *sob pena de nulidade*, todos os PIC e outros procedimentos de investigação criminal, mesmo que tenham outra denominação, ao respectivo juiz natural, independentemente de o juiz das garantias já ter sido implementado na respectiva jurisdição".

Na esteira da decisão da Suprema Corte, que reconheceu a possibilidade de o Ministério Público promover investigação criminal (Recurso Extraordinário nº 593.727/MG), o Conselho Nacional do Ministério Público editou a Resolução nº 181, de 7 de agosto de 2017, que dispõe sobre instauração e tramitação do procedimento investigatório criminal a cargo do Ministério Público.

Como consequência direta, considerando a paridade de armas que deve existir entre as partes, o Conselho Federal da Ordem dos Advogados do Brasil editou o Provimento nº 188/2018, que regulamenta a investigação defensiva, a qual compreende "o complexo de atividades de natureza investigatória desenvolvido pelo advogado, com ou sem assistência de consultor técnico ou outros profissionais legalmente habilitados, em qualquer fase da persecução penal, procedimento ou grau de jurisdição, visando à obtenção de elementos de prova destinados à constituição de acervo probatório lícito, para a tutela de direitos de seu constituinte" (Publicado no Diário Eletrônico da OAB, no dia 31 de dezembro de 2018).

Contudo, a Constituição Federal não atribuiu ao Ministério Público a função de promover investigações criminais, justamente porque atribuiu tal função à Polícia Federal e às Polícias Civis estaduais e distrital, tendo expressamente estabelecido que a Polícia Federal deve *exercer, com exclusividade, as funções de polícia judiciária da União*. Caso o constituinte originário tivesse a intenção de atribuir ao Ministério Público a função de promover investigações criminais, certamente o teria feito de *forma expressa*, o que não aconteceu.

Pelo contrário. A Constituição Federal, em seu art. 127, dispôs que ao Ministério Público incumbe *a defesa da ordem jurídica, do regime democrático e dos interesses sociais e individuais indisponíveis*, razões pelas quais não se estabeleceu como atribuição do Ministério Público a condução de investigações criminais, diante da necessidade de certo distanciamento para fins de um mínimo de isenção na análise do caso e na promoção da Justiça.

A partir do momento em que o membro do Ministério Público, que é parte na ação penal, se torna também responsável direto pela investigação criminal, ele se afasta da função de promotor de Justiça e se torna promotor de acusação.

Até mesmo a Lei Complementar nº 75/1993, que dispõe sobre a organização, as atribuições e o estatuto do Ministério Público da União, ao falar em inspeções e diligências investigatórias, o faz com vinculação expressa aos procedimentos de sua competência, que são o inquérito civil e outros procedimentos administrativos correlatos, dentre os quais não está incluída a investigação criminal (Art. 7º, inciso I, e Art. 8º, *caput* e inciso V, LC 75/1993).

No mesmo sentido, a Lei nº 8.625/1993, que instituiu a Lei Orgânica Nacional do Ministério Público, em seu art. 26, inciso I, *alínea c*, ao mencionar a possibilidade do Ministério Público promover inspeções e diligências investigatórias, faz clara vinculação aos inquéritos civis e outras medidas e procedimentos administrativos pertinentes, sem qualquer alusão à investigação criminal.

Não é crível que algo tão essencial como a possibilidade do Ministério Público promover a investigação criminal fosse ficar nas entrelinhas, sem disposição expressa, como foi feito, por exemplo, em relação aos inquéritos civis, ao controle externo da atividade policial, ao poder de requisição de diligências investigatórias e ao poder de requisição de instauração de inquérito policial.

E nem se argumente, para fins de justificar a investigação pelo Ministério Público, que as Polícias Civis estariam sem estrutura adequada para se desincumbir de suas atribuições institucionais, pois se elas estiverem em tal situação a responsabilidade, em parte, será do próprio Ministério Público por não cumprir a sua função institucional de *zelar pelo efetivo respeito dos Poderes Públicos e dos serviços de relevância pública* aos direitos assegurados nesta Constituição, promovendo as medidas necessárias a sua garantia (Art. 129, II, CF/88).

Portanto, a decisão do Supremo Tribunal Federal no Recurso Extraordinário nº 593.727/MG, no sentido de que "o Ministério Público dispõe de competência para promover, por autoridade própria, e por prazo razoável, investigações de natureza penal", foi *utilitarista*, ou seja, proferida para evitar a nulidade de centenas de investigações até então promovidas pelo Ministério Público e que seriam anuladas caso a Suprema Corte firmasse entendimento em sentido contrário.

É importante registrar que o Supremo Tribunal Federal, durante os debates e votos, enfatizou o *caráter subsidiário e complementar* da investigação ministerial, ocorrendo, apenas, quando não for possível, ou recomendável, que as investigações sejam efetivadas pela própria Polícia.

Não obstante e em que pese o nosso entendimento quanto ao equívoco interpretativo do STF, mais recentemente, no julgamento das ADIs 2.943, 3.309 e 3.318, nossa Suprema Corte reafirmou a capacidade do Ministério Público investigar, tendo fixado as seguintes teses de julgamento:

1. O Ministério Público dispõe de atribuição concorrente para promover, por autoridade própria, e por prazo razoável, investigações de natureza penal, desde que respeitados os direitos e garantias que assistem a qualquer indiciado ou a qualquer pessoa sob investigação do Estado. Devem ser observadas sempre, por seus agentes, as hipóteses de reserva constitucional de jurisdição e, também, as prerrogativas profissionais da advocacia, sem prejuízo da possibilidade do permanente controle jurisdicional dos atos, necessariamente documentados (Súmula Vinculante 14), praticados pelos membros dessa Instituição (tema 184);

2. A realização de investigações criminais pelo Ministério Público tem por exigência: (i) comunicação imediata ao juiz competente sobre a instauração e o encerramento de procedimento investigatório, com o devido registro e distribuição; (ii) observância dos mesmos prazos e regramentos previstos para conclusão de inquéritos policiais; (iii) necessidade de autorização judicial para eventuais prorrogações de prazo, sendo vedadas renovações desproporcionais ou imotivadas; iv) distribuição por dependência ao Juízo que primeiro conhecer de PIC ou inquérito policial a fim de buscar evitar, tanto quanto possível, a duplicidade de investigações; v) aplicação do artigo 18 do Código de Processo Penal ao PIC (Procedimento Investigatório Criminal) instaurado pelo Ministério Público;

3. Deve ser assegurado o cumprimento da determinação contida nos itens 18 e 189 da Sentença no Caso Honorato e Outros *versus* Brasil, de 27 de novembro de 2023, da Corte Interamericana de Direitos Humanos - CIDH, no sentido de reconhecer que o Estado deve garantir ao Ministério Público, para o fim de exercer a função de controle externo da polícia, recursos econômicos e humanos necessários para investigar as mortes de civis cometidas por policiais civis ou militares;

4. A instauração de procedimento investigatório pelo Ministério Público deverá ser motivada sempre que houver suspeita de envolvimento de agentes dos órgãos de segurança pública na prática de infrações penais ou sempre que mortes ou ferimentos graves ocorram em virtude da utilização de armas de fogo por esses mesmos agentes. Havendo representação ao Ministério Público, a não instauração do procedimento investigatório deverá ser sempre motivada;

5. Nas investigações de natureza penal, o Ministério Público pode requisitar a realização de perícias técnicas, cujos peritos deverão gozar de plena autonomia funcional, técnica e científica na realização dos laudos" (STF, ADIs 2943, 3309 e 3318, Plenário, J. 02/05/2024). No mesmo sentido: STF, ADIs 7.175/MG e 7.176/PR, Plenário, J. 16/12/2024.

Portanto, conforme entendimento do STF, o Ministério Público pode realizar investigações de natureza penal, devendo o Estado lhe garantir, para o fim de exercer a função de controle externo da polícia, recursos econômicos e humanos necessários para investigar as mortes de civis cometidas por policiais civis ou militares.

2.12 COMISSÃO PARLAMENTAR DE INQUÉRITO

A possibilidade de criação de Comissão Parlamentar de Inquérito é prevista no § 3º do art. 58 da Constituição da República, o qual dispõe que:

> § 3º As comissões parlamentares de inquérito, que terão poderes de investigação próprios das autoridades judiciais, além de outros previstos nos regimentos das respectivas Casas, serão criadas pela Câmara dos Deputados e pelo Senado Federal, em conjunto ou separadamente, mediante requerimento de um terço de seus membros, para a apuração de fato determinado e por prazo certo, sendo suas conclusões, se for o caso, encaminhadas ao Ministério Público, para que promova a responsabilidade civil ou criminal dos infratores.

A regulamentação das Comissões Parlamentares de Inquérito é feita pela Lei nº 1.579/1952, cujo art. 2º prevê que, no exercício de suas atribuições, as Comissões Parlamentares de Inquérito poderão "determinar diligências que reputarem necessárias e requerer a convocação de Ministros de Estado, tomar o depoimento de quaisquer autoridades federais, estaduais ou municipais, ouvir os indiciados, inquirir testemunhas sob compromisso, requisitar da administração pública direta, indireta ou fundacional informações e documentos, e transportar-se aos lugares onde se fizer mister a sua presença".

A criação de Comissão Parlamentar de Inquérito dependerá de requerimento de um terço da totalidade dos membros da Câmara dos Deputados e do Senado Federal, em conjunto ou separadamente (Art. 1º, parágrafo único, da Lei nº 1.579/1952).

As Comissões Parlamentares de Inquérito podem decretar a quebra dos sigilos bancário, fiscal e de dados telefônicos (sigilo sobre os dados/registros telefônicos e não a interceptação de comunicações telefônicas, pois esta dependerá de ordem do juiz competente da ação principal, conforme art. 1º da Lei nº 9.296/1996).

Ao final, a Comissão Parlamentar de Inquérito "encaminhará relatório circunstanciado, com suas conclusões, para as devidas providências, entre outros órgãos, ao Ministério Público ou à Advocacia-Geral da União, com cópia da documentação, para que promovam a responsabilidade civil ou criminal por infrações apuradas e adotem outras medidas decorrentes de suas funções institucionais (Art. 6º-A da Lei nº 1.579/1952).

2.13 TERMO CIRCUNSTANCIADO

O termo circunstanciado, previsto no art. 69 da Lei nº 9.099/1995, é aplicável no caso de infração penal de menor potencial ofensivo, hipótese em que "a autoridade policial que tomar conhecimento da ocorrência lavrará termo circunstanciado e o encaminhará imediatamente ao Juizado, com o autor do fato e a vítima, providenciando-se as requisições dos exames periciais necessários".

Conforme prevê o parágrafo único do art. 69 da Lei nº 9.099/1995, ao autor do fato que, após a lavratura do termo, for imediatamente encaminhado ao juizado ou assumir o compromisso de a ele comparecer, não se imporá prisão em flagrante, nem se exigirá fiança.

Portanto, nas infrações penais de menor potencial ofensivo, que são as contravenções e os crimes cuja pena máxima não ultrapasse dois anos (Art. 61 da Lei nº 9.099/1995), será lavrado termo circunstanciado, peça informativa simples (Art. 69 da Lei nº 9.099/1995), desde que o autor do fato, após a lavratura do termo, seja imediatamente encaminhado ao juizado ou assuma o compromisso de a ele comparecer, caso contrário, se imporá prisão em flagrante e se exigirá fiança (Art. 69, parágrafo único, Lei nº 9.099/1995).

Por expressa disposição legal, não se aplica o termo circunstanciado nos casos de crimes militares (art. 90-A, Lei nº 9.099/1995) e de crimes praticados contra a mulher no contexto doméstico ou familiar (art. 41, Lei nº 11.340/2006).

Vale lembrar que o STF, na ADI 3807, tratou da lavratura de TCO pelo magistrado no caso de usuário de drogas e disse que o magistrado poderia sim lavrar o termo, conforme art. 48, §§ 2º e 3º, da Lei 11.343/2006, que visa a retirada do usuário do ambiente policial. Neste caso, na ausência de autoridade judicial, o TCO será lavrado por autoridade policial (delegado de polícia).

Posteriormente, no dia 14/03/2022, na ADI 5637, o STF julgou constitucional o art. 191 da Lei nº 22.257, de 27 de julho de 2016, do Estado de Minas Gerais, que autoriza a lavratura do TCO "por todos os integrantes dos órgãos a que se referem os incisos IV e V do *caput* do art. 144 da Constituição da República", ou seja, por quaisquer policiais civis, militares e bombeiros militares.

Basicamente, os ministros do STF entenderam que a lavratura do termo circunstanciado de ocorrência não é exclusividade da Polícia Judiciária, bem como que o STF não teria decidido isso na ADI 3.614/PR e que a expressão autoridade policial constante do art. 69 da Lei nº 9.099/1995 não corresponde apenas aos delegados de Polícia, mas a qualquer policial.

Em decisão mais recente, o STF reafirmou o seu entendimento, ao decidir que "o Termo Circunstanciado de Ocorrência (TCO) não possui natureza investigativa, podendo ser lavrado por integrantes da polícia judiciária ou da polícia administrativa" (STF, ADIs 6245 e 6264, Plenário virtual, *J.* 10 a 17/02/2023).

3
AÇÃO PENAL

3.1 CONCEITO E NATUREZA JURÍDICA DA AÇÃO PENAL

Ação penal é um *direito potestativo* (sem contestação) *de acusar* (de provocar o Poder Judiciário – Estado-juiz – para a aplicação de uma pena ao praticante da infração penal), *público* (pois a ação penal é para provocar o próprio Estado), *abstrato e autônomo* (porque o exercício da ação penal independe da existência do direito material e da sorte do processo penal), *mas conexo instrumentalmente ao caso penal* (serve de instrumento para a aplicação da pena e é preciso que haja o *fumus commissi delicti*, ou seja, a fumaça do cometimento de um crime, portanto de um fato típico, ilícito e culpável) (Lopes Júnior, 2023, p. 100).

Em outras palavras, ação penal é um poder político constitucional de invocação do poder jurisdicional e que, uma vez exercido, dá lugar à jurisdição e ao processo, esgotando-se com o seu exercício e admissão, pois depois disso o que se tem é processo. Por isso se fala em trancamento do processo e não em trancamento da ação (Lopes Júnior, 2023, p. 100).

Assim, o "*direito de ação* é o direito subjetivo de invocar a prestação jurisdicional do Estado a fim de que aplique o direito penal objetivo a um caso concreto" (Marcão, 2023, p. 104).

Quanto à natureza jurídica, o direito de ação é, conforme mencionado acima, um direito público, subjetivo, abstrato e autônomo.

3.2 CONDIÇÕES DA AÇÃO PENAL

As condições da ação são requisitos ou exigências indispensáveis ao exercício do direito de ação (Marcão, 2023, p. 105), que atuam "como filtro para evitar o desenvolvimento de ações penais indevidas" (Dezem, 2021, 153), subdividindo-se em *genéricas* e *específicas*.

As condições da ação genéricas são a *possibilidade jurídica do pedido* (*fumus commissi delicti*), a *legitimação para agir* (legitimidade ativa e passiva), o *interesse de agir* (punibilidade concreta), e a *justa causa* (lastro probatório mínimo), enquanto as condições da ação específicas são as *condições de procedibilidade* (*representação do ofendido ou de seu representante legal* e *requisição do Ministro da Justiça*) (Dezem, 2021, 153-154).

A *possibilidade jurídica do pedido* "está ligada à causa de pedir, ou seja, o fato narrado deve ser, em tese, criminoso" (Dezem, 2021, 156), o pedido deve ser juridicamente possível (Marcão, 2023, p. 105), de maneira que a acusação deve narrar a prática de fato aparentemente criminoso (*fumus commissi delicti*), o que corresponde a uma conduta típica, ilícita e culpável.

Assim, caso o juiz, antes do recebimento da denúncia ou queixa, verifique causa de exclusão da ilicitude ou da culpabilidade, ou ainda que o fato não constitui crime, poderá rejeitá-la por falta de condição da ação penal (art. 395, II, CPP). Se tal convencimento ocorrer após a resposta do acusado, será caso de absolvição sumária (art. 397, I, II e III, CPP) (Lopes Júnior, 2023, p. 102).

Legitimidade *ad causam* ou *legitimação para agir* corresponde à "pertinência subjetiva para a ação" (Marcão, 2023, p. 106), de maneira que a parte ativa e a parte passiva sejam ocupadas por quem tenha *legitimidade ativa e passiva* para tanto (Dezem, 2021, p. 154).

Assim, o Ministério Público (art. 129, I, CF/88) será parte ativa legítima nos casos de ação penal de iniciativa pública (incondicionada ou condicionada), assim como o ofendido ou quem tenha qualidade para representá-lo serão partes ativas legítimas nos crimes de ação penal de iniciativa privada (arts. 30 e 31 do CPP), sendo que a ilegitimidade ativa acarreta nulidade do processo (Art. 564, II, do CPP).

Quanto à legitimidade passiva, tal posto será legitimamente ocupado por aqueles que concorreram para a infração penal, segundo um juízo de probabilidade e verossimilhança da autoria, coautoria ou participação (Lopes Júnior, 2023, p. 103).

O *interesse de agir* consiste na *necessidade* (para imposição da pena é necessário o devido processo legal, excetuada a hipótese de transação penal do art. 76 da Lei nº 9.099/1995), *adequação* (a providência jurisdicional pleiteada é adequada à situação concreta a ser decidida, o que não ocorre, por exemplo, quando a ação penal condenatória é movida contra menor de 18 anos, por ser inadequada à aplicação das medidas socioeducativas) e *utilidade da ação penal* (eficácia da prestação jurisdicional no atendimento do interesse do autor), uma vez que o acionamento do aparato estatal só se justifica se for possível um resultado útil (Marcão, 2023, p. 106), o que não ocorrerá, por exemplo, quando inexistir *punibilidade concreta* (Dezem, 2021, p. 159), ou seja, se tiver operado a extinção da punibilidade (art. 107 do CP).

A *justa causa* (art. 395, III, CPP), constitui "condição de garantia contra o uso abusivo do direito de acusar", de maneira que "a justa causa identifica-se com a existência de uma causa jurídica e fática que legitime e justifique a acusação", reclamando a existência de indícios razoáveis de autoria e materialidade (*"suporte probatório mínimo"*) (Dezem, 2021, p. 157), bem como o controle processual do caráter fragmentário da intervenção penal (princípio da intervenção mínima; princípio da proporcionalidade visto como proibição de excesso; princípio da insignificância) (Lopes Júnior, 2023, p. 103).

No campo das *condições da ação específicas* ou *especiais*, também denominadas *condições de procedibilidade* ou *perseguibilidade*, estão, como dito, a *representação do ofendido ou de seu representante legal* e a *requisição do Ministro da Justiça*, assim como: "a entrada do agente no território nacional (art. 7º, § 2º, *a*, do CP); a admissão, pela Câmara dos Deputados, da acusação contra o Presidente da República para ser processado por crimes comuns (Art. 51, I, da CF/88); e o trânsito em julgado da sentença que, por motivo de erro ou impedimento, anule o casamento (art. 236, parágrafo único, CP) (Marcão, 2023, p. 107).

3.3 CLASSIFICAÇÃO DA AÇÃO PENAL

A classificação tradicional da ação penal leva em conta a legitimidade para a sua propositura e a necessidade ou não do preenchimento de algum requisito. Dessa maneira, a ação penal pode ser classificada em *ação penal de iniciativa pública* (*incondicionada*, *condicionada à representação do ofendido ou de seu representante legal* ou *condicionada à requisição do Ministro da Justiça*) e *ação penal de iniciativa privada* (*propriamente dita*, *personalíssima* ou *subsidiária da pública*).[1]

3.4 AÇÃO PENAL PÚBLICA

A ação penal pública se subdivide em: (1) ação penal pública incondicionada; (2) ação penal pública condicionada à representação do ofendido ou de seu representante legal; (3) ação penal pública condicionada à requisição do Ministro da Justiça.

Segundo a sistemática do Código Penal,[2] quando não houver disposição expressa em contrário, a ação penal será *pública incondicionada*, cabendo ao Ministério Público exercê-la por meio de denúncia[3] (art. 129, I, CF/88; arts. 24 e 257, I, CPP), razão pela qual é possível afirmar que a ação penal pública incondicionada é a regra, sendo as demais exceções.[4]

Contudo, nem sempre basta apenas analisar o tipo penal para se saber qual é a ação penal cabível, conforme ocorria, por exemplo, com o crime de estupro,[5] previsto no art. 213 do Código Penal, o qual não faz qualquer menção à ação penal, que somente é tratada no art. 225 do mesmo Código.

---

1. DEZEM, Guilherme Madeira, 2018, p. 149.
2. CP, Art. 100. A ação penal é pública, salvo quando a lei expressamente a declara privativa do ofendido. § 1º A ação pública é promovida pelo Ministério Público, dependendo, quando a lei o exige, de representação do ofendido ou de requisição do Ministro da Justiça.
3. O art. 26 do CPP que diz que "a ação penal, nas contravenções, será iniciada com o auto de prisão em flagrante ou por meio de portaria expedida pela autoridade judiciária ou policial" não foi recepcionado pela CF/88.
4. MARCÃO, Renato, 2021, p. 114.
5. O mesmo se aplica aos demais crimes contra a dignidade sexual.

Vejamos a questão, inicialmente, sob o prisma da redação anterior do art. 225 do Código Penal:

> *Estupro*
>
> Art. 213. Constranger alguém, mediante violência ou grave ameaça, a ter conjunção carnal ou a praticar ou permitir que com ele se pratique outro ato libidinoso:
>
> Pena: reclusão, de 6 (seis) a 10 (dez) anos.
>
> § 1º Se da conduta resulta lesão corporal de natureza grave ou se a vítima é menor de 18 (dezoito) ou maior de 14 (catorze) anos:
>
> Pena: reclusão, de 8 (oito) a 12 (doze) anos.
>
> § 2º Se da conduta resulta morte:
>
> Pena: reclusão, de 12 (doze) a 30 (trinta) anos.
>
> (...)
>
> *Ação penal*
>
> Art. 225. Nos crimes definidos nos Capítulos I e II deste Título, procede-se mediante ação penal pública condicionada à representação.
>
> Parágrafo único. Procede-se, entretanto, mediante ação penal pública incondicionada se a vítima é menor de 18 (dezoito) anos ou pessoa vulnerável.

A interpretação literal da redação anterior do art. 225 do Código Penal conduzia ao seguinte problema: uma mulher, maior e capaz, que fosse vítima de estupro seguido de morte (art. 213, § 2º, CP), caso não tivesse cônjuge (ou companheiro), ascendente, descendente ou irmão (art. 31, CPP), tal crime ficaria impune, uma vez que, mesmo em tais situações, segundo o aludido dispositivo, o crime continuaria de ação penal pública condicionada à representação, sendo que, no exemplo dado, não haveria ninguém para representar.

Por força disso, chegou a ser proposta pelo Procurador-Geral da República a já extinta Ação Direta de Inconstitucionalidade 4301, contra a redação dada ao art. 225 do Código Penal pela Lei nº 12.015, de 7 de agosto de 2009, por ofensa os princípios da dignidade da pessoa humana e da proibição da proteção deficiente por parte do Estado.

Objetivando corrigir a falha do legislador, assim se posicionaram o Supremo Tribunal Federal e o Superior Tribunal de Justiça:

> À vista da excepcionalidade do caso concreto, o art. 227 da CF/88 paralisa a incidência do art. 225 do Código Penal, na redação originária, e legitima a propositura da ação penal pública. Aplicação do princípio da proibição de proteção deficiente. Precedente. 6. Ordem denegada (STF, HC 123971, 25/02/2016).
>
> Não bastasse isso, sendo o crime praticado com violência e grave ameaça consistente na utilização de arma de fogo, mesmo com o advento da Lei n. 12.015/2009, aplica-se à espécie a Súmula 608 do Supremo Tribunal Federal: "no crime de *estupro*, praticado mediante violência real, a *ação penal* é pública *incondicionada*" (STJ, HC 161663, 17/11/2015).
>
> Nos delitos em que há violência real, a *ação penal* continua sendo pública *incondicionada* (a despeito do disposto no atual art. 225 do Código *Penal*), dispensada a representação da vítima, razão pela qual não há que se falar em decadência do direito de *ação*, nos termos da Súmula n. 608 do STF (STJ, REsp 1485352, 25/11/2014).

Portanto, a sistemática da ação penal, para os *crimes contra a dignidade sexual*, sob a égide da redação anterior do art. 225 do Código Penal, era a seguinte: (1) não havia mais ação penal privada; (2) como regra, a ação penal era pública condicionada à representação; (3) a ação penal seria pública incondicionada → (3.1) se a vítima fosse menor de 18 anos; (3.2) se a vítima estivesse em situação de vulnerabilidade (*alguém que, por enfermidade ou deficiência mental, não tem o necessário discernimento para a prática do ato, ou que, por qualquer outra causa, não pode oferecer resistência* – art. 217-A, § 1º, do CP); (3.3) quando houvesse violência real da qual resultasse lesão corporal grave, gravíssima ou morte, pois para o STF e STJ permanecia aplicável a Súmula 608 do STF,[6] exceto se as lesões corporais fossem apenas leves.[7]

Quanto à vulnerabilidade, sob o prisma da redação anterior do art. 225 do CP, a 5ª Turma do STJ entendia que a ação penal seria pública incondicionada independentemente da vulnerabilidade ser permanente ou temporária, fugaz (STJ, RHC 72.963/MT, 5ª Turma, *J.* 13/12/2016). Por outro lado, a 6ª Turma do STJ sustentava que, quando se tratasse de vulnerabilidade temporária, fugaz, o crime permanecia de ação penal pública condicionada à representação (STJ, HC 276510/RJ, 6ª Turma, *J.* 11/11/2014), somente sendo de ação penal pública incondicionada quando houvesse vulnerabilidade permanente.

Para dirimir a controvérsia, tendo sido vencedor o posicionamento da 6ª Turma, a Terceira Seção do STJ editou e reeditou a Súmula 670, cuja redação atual é a seguinte:

> Nos crimes sexuais cometidos contra a vítima em situação de vulnerabilidade temporária, em que ela recupera suas capacidades físicas e mentais e o pleno discernimento para decidir acerca da persecução penal de seu ofensor, a ação penal é pública condicionada à representação se o fato houver sido praticado na vigência da redação conferida ao art. 225 do Código Penal pela Lei n. 12.015, de 2009 (3ª Seção, *J.* 20/06/2024, *DJe* de 24/06/2024).

Tal discussão perdeu o sentido para os crimes praticados após a publicação da Lei nº 13.718, de 24 de setembro de 2018, que deu nova redação ao art. 225 do CP, o

---

6. Súmula 608 do STF: No crime de estupro, praticado mediante violência real, a ação penal é pública incondicionada.
7. Ementa Agravo regimental. Inquérito. Estupro (art. 213, CP). Crime de ação penal pública condicionada (art. 225, CP). Representação da vítima. Retratação. Efeito. Renúncia àquele direito. Lesões corporais de natureza leve. Irrelevância. Crime de ação penal pública condicionada (art. 88 da Lei nº 9.099/95). Inaplicabilidade da Súmula nº 608 do Supremo Tribunal Federal. Extinção da punibilidade do agente. Admissibilidade. Aplicação analógica do art. 107, V, do Código Penal. Agravo não provido. 1. O crime de estupro deixou de ser crime de ação penal privada para se convolar em crime de ação penal pública condicionada à representação, quando não se tratar de vítima menor de 18 (dezoito) anos ou de pessoa vulnerável (art. 225 do Código Penal, na redação dada pela Lei nº 12.015/09). 2. A ação penal, tanto no crime de estupro (art. 225, CP) quanto no de lesão corporal leve (art. 88 da Lei nº 9.099/95), está condicionada à representação da vítima. 3. É inaplicável a Súmula nº 608 do Supremo Tribunal Federal, haja vista que da violência supostamente empregada pelo investigado para a prática do estupro resultaram apenas lesões corporais leves na vítima. 4. A vítima, após representar dentro do prazo decadencial de 6 (seis) meses, retratou-se. 5. Essa retratação importa renúncia ao direito de representar e conduz à extinção da punibilidade do agente, por força do art. 107, V, do Código Penal, aplicável analogicamente à espécie. 6. Agravo regimental não provido. (STF, Inq. 4108 AgR/DF, 2ª T, *J.* 06/03/2018).

qual passou a dispor que todos os crimes contra a dignidade sexual são de ação penal pública incondicionada:

> CP, Art. 225. Nos crimes definidos nos Capítulos I e II deste Título, procede-se mediante ação penal pública incondicionada (Redação dada pela Lei nº 13.718, de 24 de setembro de 2018).

Portanto, todos os crimes contra a dignidade sexual, praticados a partir da publicação da Lei nº 13.718/2018 (publicada no Diário Oficial da União no dia 25 de setembro de 2018), serão de ação penal pública incondicionada. Para os crimes contra a dignidade sexual praticados antes desta data, vale toda a explicação feita nos parágrafos anteriores.

No que tange aos crimes contra o patrimônio, quando praticados sem emprego de grave ameaça ou violência à pessoa, contra cônjuge divorciado ou judicialmente separado, irmão, tio ou sobrinho (com quem o agente coabita), por força dos arts. 182 e 183 do Código Penal, a ação penal será de iniciativa pública condicionada à representação do ofendido, sendo que tal condição não se aplica ao estranho que participa do crime e nem quando a vítima é pessoa com idade igual ou superior a 60 anos.

Ainda no título dos crimes contra o patrimônio, a Lei nº 13.964/2019 incluiu o § 5º ao Art. 171 do Código Penal, que passou a ser, em regra, crime de ação penal pública condicionada à representação:

> *Estelionato*
> Art. 171. Obter, para si ou para outrem, vantagem ilícita, em prejuízo alheio, induzindo ou mantendo alguém em erro, mediante artifício, ardil, ou qualquer outro meio fraudulento:
> Pena: reclusão, de um a cinco anos, e multa, de quinhentos mil réis a dez contos de réis. (Vide Lei nº 7.209, de 1984)
> (...)
> § 5º Somente se procede mediante representação, salvo se a vítima for:
> I – a Administração Pública, direta ou indireta;
> II – criança ou adolescente;
> III – pessoa com deficiência mental; ou
> IV – maior de 70 (setenta) anos de idade ou incapaz.

Como o crime de estelionato era de ação penal pública incondicionada e passou a ser de ação penal pública condicionada à representação, tal alteração, por ser de natureza híbrida, ou seja, por constituir tanto norma de conteúdo material, quanto processual, segue o princípio da retroatividade da lei penal mais favorável e, assim, como é efetiva e inegavelmente mais favorável ao réu, deve retroagir, nos termos do Art. 5º, inciso XL, da Constituição Federal.

Não há dúvidas de que o novo § 5º do Art. 171 do Código Penal é mais favorável ao réu, na medida em que ele cria uma nova condição de procedibilidade e, portanto, uma dificuldade a mais para o exercício da pretensão punitiva, para que o sujeito venha a ser investigado e processado, o que potencializa a liberdade.

Caso semelhante ocorreu com a vigência do Art. 88 da Lei nº 9.099/1995 que passou a exigir representação para a ação penal relativa aos crimes de lesões corporais leves e lesões culposas. Caso já houvesse ação penal em andamento, o Art. 91 da mesma lei determinava a intimação do ofendido ou de seu representante legal para oferecer representação no prazo de 30 dias, sob pena de decadência.

Portanto, nos inquéritos policiais e ações penais em andamento e que tenham por objeto crimes de estelionato, se inexistentes as hipóteses dos incisos I a IV do § 5º do Art. 171 do Código Penal, deve ser realizada a intimação do ofendido ou de seu representante legal para oferecer representação no prazo de 30 dias, sob pena de decadência, aplicando-se por analogia[8] o Art. 91 da Lei nº 9.099/1995.[9]

Ainda sobre essa mesma questão, em 18/06/2007, no julgamento da Ação Direta de Inconstitucionalidade nº 1.719/DF, o Supremo Tribunal Federal decidiu dar interpretação conforme a Constituição ao Art. 90 da Lei nº 9.099/1995,[10] segundo o qual "as disposições desta Lei não se aplicam aos processos penais cuja instrução já estiver iniciada".

Reconhecendo que a Lei nº 9.099/1995 possuía tanto normas processuais, quanto normas de conteúdo material, o Supremo Tribunal Federal decidiu que "em se tratando de *normas de natureza processual*", a exceção estabelecida pelo Art. 90 da Lei nº 9.099/1995 à regra geral contida no Art. 2º do Código de Processo Penal não padecia de vício de inconstitucionalidade.[11]

Contudo, o Supremo Tribunal Federal deixou claro em sua decisão que "as *normas de direito penal* que tenham conteúdo mais benéfico aos réus devem retroagir para beneficiá-los, à luz do que determina o art. 5º, XL da Constituição Federal".

Era justamente o caso do Art. 88 da Lei nº 9.099/1995 e é, também, o caso do novo § 5º do Art. 171 do Código Penal, cujos limites de retroatividade já foram balizados pelo Supremo Tribunal Federal no julgamento da Ação Direta de Inconstitucionalidade nº 1.719/DF, a saber, o trânsito em julgado.

Nas palavras de Marcos Paulo, como se trata de preceito processual e material, "o material dita a retroação, mas o processual teta essa retroação ao término do processo", ou seja, o trânsito em julgado será o marco preclusivo dessa retroação, o que faz parte de uma jurisprudência defensiva dos Tribunais, para que se tenha um mínimo

---

8. Conforme dispõe o CPP, em seu Art. 3º: *A lei processual penal admitirá* interpretação extensiva e *aplicação analógica*, bem como o suplemento dos princípios gerais de direito.
9. Nesse sentido, o Enunciado 4 do Conselho Nacional de Procuradores-Gerais dos Ministérios Públicos dos Estados e da União assim dispõe: Nas investigações e processos em curso, o ofendido ou seu representante legal será intimado para oferecer representação no prazo de 30 dias, sob pena de decadência.
10. Art. 90. As disposições desta Lei não se aplicam aos processos penais cuja instrução já estiver iniciada.
11. Dispositivo semelhante constou, inclusive, da Lei de Introdução ao Código de Processo Penal (Decreto-Lei nº 3.931/1941): Art. 6º As ações penais, em que já se tenha iniciado a produção de prova testemunhal, prosseguirão, até a sentença de primeira instância, com o rito estabelecido na lei anterior.

de racionalidade no gerenciamento dos seus acervos, pois se a retroação for infinita os Tribunais não farão outra coisa a não ser reapreciar os seus processos.[12]

Não obstante, a jurisprudência do Supremo Tribunal Federal *foi muito contraditória*, entre a 1ª e a 2ª Turmas:

1ª Turma

Ementa: *Habeas corpus*. Estelionato. Ação penal pública condicionada a partir da lei n. 13.964/19 ("pacote anticrime"). *Irretroatividade nas hipóteses de oferecimento da denúncia já realizado*. Princípios da segurança jurídica e da legalidade que direcionam a interpretação da disciplina legal aplicável. Ato jurídico perfeito que obstaculiza a interrupção da ação. *Ausência de norma especial a prever a necessidade de representação superveniente*. Inexistência de ilegalidade. Habeas corpus indeferido.

1. Excepcionalmente, em face da singularidade da matéria, e de sua relevância, bem como da multiplicidade de *habeas corpus* sobre o mesmo tema e a necessidade de sua definição pela Primeira Turma, fica *superada a Súmula 691 e conhecida a presente impetração.*

2. Em face da *natureza mista (penal/processual) da norma prevista no § 5º do artigo 171 do Código Penal, sua aplicação retroativa será obrigatória em todas as hipóteses onde ainda não tiver sido oferecida a denúncia pelo Ministério Público*, independentemente do momento da prática da infração penal, nos termos do artigo 2º, do Código de Processo Penal, por tratar-se de verdadeira *"condição de procedibilidade da ação penal"*.

3. *Inaplicável a retroatividade do § 5º do artigo 171 do Código Penal, às hipóteses onde o Ministério Público tiver oferecido a denúncia antes da entrada em vigor da Lei 13.964/19; uma vez que, naquele momento a norma processual em vigor definia a ação para o delito de estelionato como pública incondicionada, não exigindo qualquer condição de procedibilidade para a instauração da persecução penal em juízo.*

4. *A nova legislação não prevê a manifestação da vítima como condição de prosseguibilidade quando já oferecida a denúncia pelo Ministério Público.*

5. Inexistente, no caso concreto, de ilegalidade, constrangimento ilegal ou teratologia apta a justificar a excepcional concessão de Habeas Corpus. Indeferimento da ordem. (STF, HC 187.341/SP, 1ª T, J. 13.10.2020)

Ementa: Processual penal. Agravo regimental em recurso ordinário em habeas corpus. *Crime de estelionato*. Inadequação da via eleita. Representação. Retroatividade. Denúncia oferecida. Impossibilidade. Jurisprudência do Supremo Tribunal Federal. 1. A orientação do Supremo Tribunal Federal é no sentido de que o habeas corpus não se revela instrumento idôneo para impugnar decreto condenatório transitado em julgado (HC 118.292-AgR, Rel. Min. Luiz Fux). Precedentes. 2. *Esta Corte entende que é "[in]aplicável a retroatividade do § 5º do artigo 171 do Código Penal, às hipóteses onde o Ministério Público tiver oferecido a denúncia antes da entrada em vigor da Lei 13.964/19; uma vez que, naquele momento, a norma processual em vigor definia a ação para o delito de estelionato como pública incondicionada, não exigindo qualquer condição de procedibilidade para a instauração da persecução penal em juízo"* (HC 187.341-AgR, Rel. Min. Alexandre de Moraes). 3. Agravo regimental a que se nega provimento (STF, RHC 205.070 AgR/SC, 1ª Turma, J. 11/11/2021).[13]

2ª Turma

Ementa: segundo agravo regimental no recurso ordinário em habeas corpus. Apelo do ministério público federal. Decisão agravada em harmonia com a atual jurisprudência da segunda turma desta suprema corte. Crime de estelionato simples. *Possibilidade de aplicação retroativa do § 5º do art. 171 do código penal (incluído pela lei 13.964/2019), desde que antes do trânsito em julgado da condenação.* Precedente. Necessidade de baixa dos autos à origem para possibilitar a representação da vítima. Agravo regimental a que se nega pro-

---

12. SANTOS, Marcos Paulo Dutra. *Pacote anticrime*. Aula teórica 01, bloco 06. SUPREMOTV: Belo Horizonte/MG, 2020.
13. No mesmo sentido: STJ, AgRg no HC 640.946/SC, 6ª T, J. 12/12/2022; STJ, AgRg no HC 747.157/SP, 5ª T, J. 06/09/2022.

vimento. I – A Segunda Turma desta Suprema, à unanimidade, decidiu pela retroatividade da necessidade de representação da vítima nas acusações em andamento por estelionato, crime em relação ao qual a Lei 13.964/2019 alterou a natureza da ação penal para condicionada à representação da vítima (§ 5º do art. 171 do Código Penal). Assim, afirmou-se a *aplicação da nova norma aos processos em andamento, mesmo após o oferecimento da denúncia, desde que antes do trânsito em julgado* (vide julgamento do HC 180.421/SP, de relatoria do Ministro Edson Fachin). II – Mantida a decisão agravada que decidiu pela retroatividade da norma em questão, com a necessidade de baixa dos autos à origem para possibilitar a representação da vítima, por ausência de manifestação inequívoca nesse sentido (vide ARE 1.249.156-AgR-ED/SP, de relatoria do Ministro Edson Fachin). III – Agravo regimental a que se nega provimento (STF, RHC 203.558 AgR-segundo/SP, 2ª T, *J*, 08/02/2022).

Ementa agravo interno em habeas corpus. Retroatividade da norma contida no art. 171, § 5º, do Código Penal, desde que não transitada em julgado a condenação. *Habeas corpus* não conhecido. ordem concedida de ofício. 1. O art. 171, § 5º, do Código Penal, introduziu norma de conteúdo misto, penal e processual penal, o que afasta a regra do *tempus regit actum* prevista no art. 2º do Código de Processo Penal. 2. Por ser mais favorável ao réu, a nova norma deve retroagir (CF, art. 5º, XL), de modo a se exigir a representação da vítima como condição de procedibilidade da ação penal que imputa ao acusado, ora paciente, o cometimento do crime de estelionato. 3. Agravo interno desprovido (STF, HC 207.686 AgR/SC, 2ª Turma, *J*. 02/03/2022).

Contudo, mais recentemente, o STF pacificou o tema, prevalecendo o entendimento da 2ª Turma da Suprema Corte quanto à retroatividade do § 5º do art. 171 do Código Penal, mesmo nos casos em que a denúncia tenha sido oferecida antes da vigência da Lei Anticrime:

Decisão: O Tribunal, por maioria, concedeu a ordem, determinando que o juízo de primeiro grau proceda à intimação da vítima Eliana Camilo de Souza para que se manifeste em trinta dias se dispõe de interesse no prosseguimento da ação penal n. 0037222.33.2019.8.19.0001, sem o que haverá o trancamento do processo, ficando ratificada a medida liminar que suspendeu a ação penal até o pronunciamento da ofendida, tudo nos termos do voto da Relatora, vencidos os Ministros Alexandre de Moraes, Roberto Barroso, Dias Toffoli e Luiz Fux. Plenário, Sessão Virtual de 31.3.2023 a 12.4.2023 (HC 208.817/RJ).

Neste caso, dependendo do momento procedimental ou processual, a representação pode ser considerada:

I – condição especial de *persequibilidade*, na medida em que o inquérito policial não pode ser instaurado sem ela, ou seja, não se inicia a *persecutio criminis* sem a representação, conforme Art. 5º, § 4º, do CPP;

II – condição especial de *procedibilidade*, uma vez que a ação penal não pode ser iniciada sem ela, ou seja, não é possível proceder à ação penal sem a representação, conforme Art. 24 do CPP; e

III – condição especial de *prosseguibilidade*, pois se há ação penal em andamento e o crime que era de ação penal pública incondicionada passa a exigir representação, a ação penal deve ser sobrestada e o ofendido ou seu representante legal intimado para oferecer a representação, sem a qual a ação penal não poderá prosseguir.

Por outro lado, a ação penal será *pública condicionada* quando o tipo penal expressamente disser que "*somente se procede mediante representação*" ou que "*somente se procede mediante requisição do Ministro da Justiça*",[14] sendo que a representação do ofendido (ou de seu representante legal) e a requisição do Ministro da Justiça são condições de procedibilidade que impedem, não só a ação penal, mas também o inquérito policial.[15]

A representação constitui manifestação de vontade do ofendido no sentido de dar início ao processo criminal, um verdadeiro "pedido-autorização pelo qual o ofendido ou seu representante legal, ao mesmo tempo em que requer a investigação e a ação penal, a autoriza".[16]

Não se exige uma formalidade rígida[17] para a representação, entendendo a jurisprudência que o pedido de providências perante a polícia[18] já funciona como representação. A representação pode ser dirigida tanto à autoridade policial, quanto ao Ministério Público ou ao juiz, sendo que, caso seja feita oralmente, deverá ser reduzida a termo (art. 39, § 1º, CPP).

A representação possui *eficácia objetiva*, de maneira que, "feita a representação contra apenas um dos coautores ou partícipes de determinado fato delituoso, esta se estende aos demais agentes, autorizando o Ministério Público a oferecer denúncia em relação a todos os coautores e partícipes envolvidos na prática desse crime (princípio da obrigatoriedade)".[19] Da mesma forma, a autoridade policial terá o poder-dever de investigar e indiciar quem em culpa for encontrado.

Quanto à possibilidade de endereçamento da representação ao juiz há, inclusive, a previsão legal (art. 75, Lei nº 9.099/1995) de oferecimento da representação durante a audiência preliminar no Juizado Especial Criminal, nas hipóteses de infrações penais de menor potencial ofensivo, assim como o disposto no art. 39, § 4º, do CPP, segundo

---

14. CP, Art. 145. Nos crimes previstos neste Capítulo *somente se procede mediante queixa*, salvo quando, no caso do art. 140, § 2º, da violência resulta lesão corporal. Parágrafo único. *Procede-se mediante requisição do Ministro da Justiça*, no caso do inciso I do caput do art. 141 deste Código, e *mediante representação do ofendido*, no caso do inciso II do mesmo artigo, bem como no caso do § 3º do art. 140 deste Código.
15. CPP, Art. 5º Nos crimes de ação pública o inquérito policial será iniciado: I – de ofício; II – mediante requisição da autoridade judiciária ou do Ministério Público, ou a requerimento do ofendido ou de quem tiver qualidade para representá-lo. (...) § 4º *O inquérito, nos crimes em que a ação pública depender de representação, não poderá sem ela ser iniciado*. (...) Art. 24. Nos crimes de ação pública, esta será promovida por denúncia do Ministério Público, mas dependerá, quando a lei o exigir, de requisição do Ministro da Justiça, ou de representação do ofendido ou de quem tiver qualidade para representá-lo.
16. DEZEM, Guilherme Madeira, 2018, p. 168.
17. "A representação do ofendido, que se qualifica como verdadeira "delatio criminis" postulatória, constitui requisito de perseguibilidade do autor da infração penal e dispensa, quanto ao seu oferecimento, a observância de qualquer fórmula especial ou palavras sacramentais, revelando-se suficiente, para tanto, a inequívoca manifestação de vontade, por parte da vítima, em ver instaurada, contra o suposto autor da prática criminosa, a concernente persecução penal. Doutrina. Precedentes" (STF, HC 80.618/MG, 2ª T, rel. Min. Celso de Mello, J. 18/12/2001).
18. "1. Copiosa jurisprudência entende que, para ter força de representação, basta o comparecimento da representante a uma unidade policial, ali pedindo providencias contra o ofensor. 2. Legitimidade do Ministério Público para oferecer denúncia, a vista do comparecimento da mãe da menor, supostamente ofendida, a uma unidade policial-militar, quando narrou o ocorrido com sua filha, aguardando fossem tomadas as devidas providências. Sendo tal medida suficiente, não se há de falar em representação formal e menos ainda, em decadência. 3. Recurso improvido" (STJ, RHC 6808/MG, 6ª T, rel. Min. Anselmo Santiago, J. 05/02/1998).
19. BRASILEIRO, Renato, 2021, p. 295.

o qual "a representação, quando feita ao juiz ou perante este reduzida a termo, será remetida à autoridade policial para que esta proceda a inquérito".

A representação poderá ser oferecida pelo ofendido (vítima) ou por procurador com poderes especiais (art. 39, CPP), bem como pelo representante legal do ofendido que for incapaz (arts. 24 e 33, CPP).[20]

Representante legal do ofendido incapaz é aquela pessoa mencionada pela lei civil: pais, tutores ou curadores, ou, na ausência destes, o curador especial, nomeado, de ofício ou a requerimento do Ministério Público, pelo juiz competente para o processo penal (aplica-se o art. 33 do CPP,[21] por analogia, uma vez que o dispositivo legal fala apenas em "direito de queixa").

Não obstante, a jurisprudência tem admitido a representação feita por avós, tios, irmãos, pais de criação, pessoas encarregadas da guarda do ofendido ou de quem tenha o ofendido dependência econômica.[22]

Caso nenhum representante legal apresente representação no prazo legal, o menor poderá fazê-lo assim que chegar à maioridade, uma vez que o prazo decadencial somente começa a correr em seu desfavor no dia em que completa 18 anos.[23]

No caso de morte do ofendido antes do término do prazo decadencial para o oferecimento da representação, ou quando declarado ausente por decisão judicial, o direito de representação passará ao cônjuge (ou companheiro[24]), ascendente, descendente ou irmão (art. 31, CPP), que disporá de novo prazo de seis meses contado da morte do ofendido ou, caso ainda não seja conhecida a autoria, do dia em que qualquer deles vier a saber quem é o autor.[25] Caso mais de um destes compareça para fins de representação, aplica-se, por analogia, a regra do art. 36 do CPP, ou seja, "terá preferência o cônjuge, e, em seguida, o parente mais próximo na ordem de enumeração constante do art. 31". Na hipótese do prazo decadencial haver decorrido antes da morte do ofendido, não caberá

---

20. Com o advento do novo Código Civil (art. 5º, Lei nº 10.406/2002), a regra do art. 34 do CPP perdeu sua aplicabilidade.
21. Segundo o art. 33 do CPP, "Se o ofendido for menor de 18 (dezoito) anos, ou mentalmente enfermo, ou retardado mental, e não tiver representante legal, ou colidirem os interesses deste com os daquele, o direito de queixa poderá ser exercido por curador especial, nomeado, de ofício ou a requerimento do Ministério Público, pelo juiz competente para o processo penal." Assim, caso o interesse do ofendido entre em rota de colisão com o interesse do seu representante legal, o que pode ocorrer, por exemplo, quando o representante legal recebe dinheiro do autor da infração penal para não representar contra ele, pode o juiz nomear curador especial ao menor ofendido para oferecimento da representação, *por analogia*, uma vez que o dispositivo legal fala apenas em "direito de queixa".
22. MIRABETE, Júlio Fabbrini, 2007, p. 99-100 apud DEZEM, Guilherme Madeira, 2018, p. 168.
23. MARCÃO, Renato, 2021, p. 118-119.
24. "O art. 226, § 3º, da CF, reconhece a união estável como entidade familiar, daí entendermos que os companheiros ou conviventes assim considerados estão legitimados ao exercício do direito de representação, na exata medida em que a lei para tanto legitimou os cônjuges, sem que disso decorra ampliação indevida do rol por força de interpretação extensiva em prejuízo do investigado" (MARCÃO, Renato, 2021, p. 117). No mesmo sentido: BADARÓ, Gustavo Henrique Righi Ivahy, 2016, p. 185; NUCCI, Guilherme de Souza, 2016, p. 178; MIRABETE, Júlio Fabbrini, 2007, p. 100; todos apud DEZEM, Guilherme Madeira, 2018, p. 169/170.
25. DEZEM, Guilherme Madeira, 2018, p. 169/170.

representação por parte de mais ninguém, uma vez que o não exercício do direito no prazo levou à sua decadência.[26]

As fundações, associações ou sociedades legalmente constituídas poderão oferecer representação, devendo ser representadas por quem os respectivos contratos ou estatutos designarem ou, no silêncio destes, pelos seus diretores ou sócios-gerentes (art. 37, CPP).

Em casos de crimes contra a honra de servidor público no exercício de suas funções, assim pontificou o STF:

> STF, Súmula 714 – É concorrente a legitimidade do ofendido, mediante queixa, e do ministério público, condicionada à representação do ofendido, para a ação penal por crime contra a honra de servidor público em razão do exercício de suas funções.

No caso acima, a palavra *concorrente* deveria ser substituída por *alternativa*, uma vez que, eleita uma via (representação ao Ministério Público, por exemplo), está fechada a outra porta (não pode o funcionário público promover a ação penal privada ou subsidiária da pública caso o Ministério Público, após o recebimento da representação, ao invés de oferecer denúncia, requisite a instauração de inquérito policial ou o seu arquivamento, pois não permaneceu inerte).

O art. 38 do Código de Processo Penal prevê o prazo de 6 meses para representação, contado a partir do conhecimento da autoria da infração penal, ou seja, não será contado necessariamente da ocorrência do fato, mas sim do conhecimento da autoria, o que pode ou não corresponder à data do fato.

O prazo não pode ser prorrogado, interrompido e nem suspenso, sendo contado conforme o art. 10 do Código Penal, ou seja, incluindo-se o dia do começo. Assim, se o conhecimento da autoria foi obtido no dia 03/02, a representação pode ser feita até o dia 02/08 às 23h59min (art. 103 do CP), independentemente de se tratar de ano bissexto ou não.

Esgotado o prazo de seis meses, ocorre a decadência do direito de representação e, por força do artigo 107, IV, do CP, a extinção da punibilidade do agente.

Cabe retratação da representação, mas somente até o oferecimento da denúncia (art. 25, CPP; art. 102, CP). A retratação é a retirada da autorização dada e deve ser total, ou seja, não pode ser parcial (indivisibilidade),[27] da mesma forma que a representação feita "em relação a um ou alguns dos autores do delito, alcança todos aqueles que possam ser criminalmente responsabilizados".[28]

Para os crimes praticados contra a mulher no contexto doméstico ou familiar, a retratação da representação somente será admitida perante o juiz, em audiência espe-

---

26. MARCÃO, Renato, 2021, p. 117.
27. LOPES JR., 2021, p. 99.
28. MARCÃO, Renato, 2021, p. 121.

cialmente designada com tal finalidade, antes do recebimento da denúncia e ouvido o Ministério Público (art. 16, Lei nº 11.340/2006).

Importante registrar que "a audiência prevista no art. 16 da Lei 11.340/2006 tem por objetivo confirmar a retratação, não a representação, e não pode ser designada de ofício pelo juiz. Sua realização somente é necessária caso haja manifestação do desejo da vítima de se retratar trazida aos autos antes do recebimento da denúncia" (STJ, REsp 1.964.293/MG, 3ª Seção, J. 08/03/2023 – Tema Repetitivo 1.167).

Nessa esteira, impõe-se o registro de que a lesão corporal leve ou culposa praticada contra a mulher no contexto doméstico ou familiar não depende de representação, ou seja, é crime de ação penal pública incondicionada, pois o art. 41 da Lei nº 11.340/2006 afastou expressamente a aplicação da Lei 9.099/1995, que por sua vez exige representação nos crimes de lesão corporal leve e culposa (art. 88, Lei nº 9.099/1995.

O art. 129 do Código Penal não fala nada sobre ação penal, razão pela qual, ao ser afastada a aplicação da Lei nº 9.099/1995, a lesão corporal leve ou culposa volta a ser de ação penal pública incondicionada nesses casos, como era antes do advento da Lei nº 9.099/1995. Logo, sem a aplicabilidade da Lei nº 9.099/1995, o crime do art. 129 do Código Penal, quando praticado contra mulher no contexto doméstico ou familiar, volta para a regra geral de ação penal pública incondicionada, entendimento que foi confirmado no julgamento da Ação Direta de Inconstitucionalidade nº 4424, pelo Supremo Tribunal Federal e sumulado pelo Superior Tribunal de Justiça.[29]

Os outros crimes eventualmente praticados contra a mulher no contexto doméstico ou familiar e que dependem de representação, continuam sendo de ação penal pública condicionada a tal representação, como ocorre com o crime de perseguição (*stalking*) previsto no art. 147-A do Código Penal, uma vez que tal condição de procedibilidade (representação) está prevista no Código Penal e não na afastada Lei nº 9.099/1995.

Se for um homem apanhando da mulher no contexto doméstico, o crime de lesão corporal continua sendo de ação penal pública condicionada à representação, pois, nesse caso, não se aplica a Lei Maria da Penha e, por via de consequência, não se afasta a Lei nº 9.099/1995.

Contudo, é importante registrar que, caso se trate de *casais homoafetivos do sexo masculino* ou de *mulheres travestis ou transexuais nas relações intrafamiliares*, haverá a incidência da norma protetiva da Lei Maria da Penha, conforme decidiu o STF no Mandado de Injunção nº 7.452 (STF, MI 7.452, Plenário, Sessão Virtual de 14.2.2025 a 21.2.2025).

---

29. STJ, Súmula 542 – A ação penal relativa ao crime de lesão corporal resultante de violência doméstica contra a mulher é pública incondicionada (Terceira Seção, J. 26/08/2015, DJe 31/08/2015). STJ, Súmula 536 – A suspensão condicional do processo e a transação penal não se aplicam na hipótese de delitos sujeitos ao rito da Lei Maria da Penha (Terceira Seção, J. 10/06/2015, DJe 15/06/2015).

Por sua vez, o crime de ameaça, previsto no art. 147 do Código Penal, quando cometido contra a mulher por razões da condição do sexo feminino, passou a ser de ação penal pública incondicionada, conforme previsão constante dos §§ 1º e 2º do dispositivo, os quais foram incluídos pela Lei nº 14.994, de 9 de outubro de 2024:

Ameaça

Art. 147. Ameaçar alguém, por palavra, escrito ou gesto, ou qualquer outro meio simbólico, de causar-lhe mal injusto e grave:

Pena: detenção, de um a seis meses, ou multa.

§ 1º Se o crime é cometido contra a mulher por razões da condição do sexo feminino, nos termos do § 1º do art. 121-A deste Código, aplica-se a pena em dobro.

§ 2º Somente se procede mediante representação, exceto na hipótese prevista no § 1º deste artigo.

Vale registrar que, conforme prevê o § 1º do art. 121-A do Código Penal, considera-se que há razões da condição do sexo feminino quando o crime envolve: violência doméstica e familiar; menosprezo ou discriminação à condição de mulher.

Quanto à *requisição do Ministro da Justiça*, é prevista no art. 24 do CPP e no art. 100, § 1º, do CP, constituindo "condição para a deflagração do procedimento investigatório e da ação penal referente aos delitos que a ela se encontram subordinados. Sem ela, é ilegal a instauração do inquérito ou da ação penal" (Marcão, 2023, p. 114).

A requisição do Ministro da Justiça "é um ato político, porque há certos crimes em que a conveniência da persecução penal será subordinada a essa conveniência política. Assim, a requisição nada mais é senão mera autorização para proceder, permissão para ser instaurado o processo, manifestação de vontade que tende a provocar a atividade processual. Ela é, por assim dizer, a representação política" (Tourinho Filho, 2017, p. 203 *apud* Marcão, 2023, p. 114).

A requisição do Ministro da Justiça não se submete ao prazo decadencial de 6 meses, podendo ser feita até que haja a extinção da punibilidade pela prescrição ou por qualquer outra causa prevista no art. 107 do Código Penal.

Tal requisição não vincula a atuação do Ministério Público que, por sua independência funcional, deve agir conforme os limites legais e constitucionais.

A título de exemplo de casos em que é necessária a requisição do Ministro da Justiça, podem ser citados os arts. 7º, § 3º (crimes praticados por estrangeiro contra brasileiro fora do Brasil) e 145, parágrafo único (crimes contra a honra do Presidente da República ou chefe de governo estrangeiro), ambos do Código Penal.[30]

A doutrina majoritária afirma ser possível a retratação da requisição do Ministro da Justiça, desde que antes do oferecimento da denúncia, como ocorre com a representação (Lopes Júnior, 2023, p. 109; Marcão, 2023, p. 114).

---

30. MARCÃO, Renato, 2021, p. 120.

A ação penal pública será formulada pelo Ministério Público através de denúncia, devendo conter "a exposição do fato criminoso, com todas as suas circunstâncias, a qualificação do acusado ou esclarecimentos pelos quais se possa identificá-lo, a classificação do crime e, quando necessário, o rol das testemunhas" (art. 41, CPP), sendo inadmissível uma *denúncia genérica*, embora nossas cortes superiores admitam a *denúncia geral*:

> (...) 2. Não há abuso de acusação na denúncia que, ao tratar de crimes de autoria coletiva, deixa, por absoluta impossibilidade, de esgotar as minúcias do suposto cometimento do crime. 3. Há diferença entre denúncia genérica e geral. Enquanto naquela se aponta fato incerto e imprecisamente descrito, na última há acusação da prática de fato específico atribuído a diversas pessoas, ligadas por circunstâncias comuns, mas sem a indicação minudente da responsabilidade interna e individual dos imputados. 4. Nos casos de denúncia que verse sobre delito societário, não há que se falar em inépcia quando a acusação descreve minimamente o fato tido como criminoso. 5. O poder de gestão configura indício mínimo da autoria das práticas delitivas realizadas, em tese, por meio de pessoa jurídica. 6. Habeas corpus não conhecido (STF, HC 118.891/SP, 1ª T, rel. Min. Edson Fachin, J. 01/09/2015). Vide, também: STJ, AgRg no REsp 1.546.543/RJ, 5ª T, rel. Min. Reynaldo Soares da Fonseca, J. 15/09/2016.

As testemunhas devem ser arroladas na denúncia (ou queixa) sob pena de preclusão, sendo 8 testemunhas para o rito comum ordinário (art. 401 do CPP);[31] 8 para a primeira fase do procedimento do Tribunal do Júri (art. 406, § 3º, CPP) e 5 para a segunda fase, que irão depor em plenário (art. 422, CPP); 5 para o rito comum sumário (art. 532 do CPP); 5 para o crime de tráfico de drogas (art. 55, § 1º, da Lei nº 11.343/2006), bem como 5 (doutrina) para o rito sumaríssimo (o art. 34 da Lei nº 9.099/1995, que trata do juizado especial *cível*, estabelece o máximo de 3 testemunhas, mas a mesma lei silencia-se quanto ao máximo de testemunhas no juizado especial *criminal*).

O prazo para oferecimento da denúncia é de 5 dias com réu preso e 15 dias com réu solto, conforme art. 46 do Código de Processo Penal. Caso se trate de crime de tráfico de drogas (Lei nº 11.343/2006, Art. 54) ou de crime eleitoral (Lei nº 4.737/1965, Art. 357), o prazo para oferecimento da denúncia será de 10 dias, independentemente do réu estar preso ou solto. Se for crime contra a economia popular, o prazo para a denúncia será de 2 dias (Lei nº 1.521/1951, Art. 10, § 2º), esteja ou não o acusado preso.

Descumprido o prazo, não há sanção prevista para o *Parquet*, resultando a violação do prazo apenas no nascimento do direito do ofendido propor a ação penal privada subsidiária da pública, mediante ajuizamento de queixa-crime (art. 29 do CPP), além da possibilidade de soltura do preso pelo fato da prisão se tornar ilegal.

3.5 CONFISCO ALARGADO

A Lei nº 13.964/2019 incluiu o Art. 91-A no Código Penal, instituindo o denominado confisco alargado,[32] que permite a decretação da perda de bens do condenado,

---

31. Número no qual não se compreende as que não prestem compromisso e as referidas (§ 1º do art. 401).
32. Nome consignado no Enunciado nº 2 do Conselho Nacional de Procuradores-Gerais dos Ministérios Públicos dos Estados e da União (CNPG): "Nos casos de confisco alargado (art. 91-A), para efeito de indicação do valor

como produto ou proveito do crime, que correspondam à *diferença* entre o valor do seu patrimônio e aquele compatível com o seu rendimento lícito, quando a condenação ocorrer por prática de infrações penais punidas com pena máxima em abstrato superior a 6 (seis) anos de reclusão.

Para que tenha aplicabilidade, a supracitada perda de bens deverá ser *requerida expressamente* pelo Ministério Público, por ocasião do oferecimento da denúncia, com indicação da diferença apurada, o que poderá ser feito por meio de cálculo simplificado, fundamentado nos elementos disponíveis por ocasião da formalização da peça acusatória, sem prejuízo de alteração do *quantum*, para mais ou para menos, em decorrência das provas produzidas durante a instrução criminal.

Interessante registrar que o § 2º do Art. 91-A do Código Penal traz uma inversão do ônus da prova, ao estabelecer que "o condenado poderá demonstrar a inexistência da incompatibilidade ou a procedência lícita do patrimônio".

Tal disposição apresenta estrutura aparentemente inconstitucional, na medida em que a Constituição Federal estabelece os princípios da presunção de inocência (Art. 5º, LVII, CF/88) e do devido processo legal (Art. 5º, LIV, CF/88) como balizas fundamentais do processo penal, além de que o ônus da prova incumbe a quem alega (Art. 156, CPP).[33]

Assim, é da acusação o ônus de demonstrar a origem ilícita ou a incompatibilidade do patrimônio do condenado com aquele que seria compatível com o seu rendimento lícito.

Além disso, tal instituto somente deve ter aplicação aos crimes que, possuindo pena máxima em abstrato superior a 6 (seis) anos, forem praticados de forma dolosa e dos quais advenha algum ganho patrimonial.

Seria incabível, por exemplo, aplicar o confisco alargado ao condenado pelo crime de homicídio culposo praticado na direção de veículo automotor, na forma qualificada pela embriaguez ao volante, por mais que a pena máxima em abstrato seja de 8 (oito) anos, pois além de não haver dolo em sua conduta, o que a incompatibiliza com a finalidade do instituto, também não lhe adveio nenhuma vantagem financeira capaz de justificar o alargamento do confisco.

O confisco alargado foi pensado para criminosos profissionais, que fizeram do crime o seu meio de vida, mas sem que o Estado tenha tido a competência de responsabilizá-los pelas supostas diversas infrações penais praticadas por eles. Para compensar a sua limitação, com apenas uma única condenação por crime grave

---

a ser perdido (parágrafo 3º), basta a apresentação de cálculo simplificado, baseado nos dados disponíveis no momento do oferecimento da denúncia, sem prejuízo do incremento do quantum decorrente de eventuais provas que venham a ser aviadas aos autos no curso da instrução processual".

33. Nesse sentido, Enunciado 1 da Defensoria Pública de Minas Gerais: É inconstitucional o art. 91-A, *caput* e §2º, do CP, por violar o princípio constitucional da presunção de inocência e da vedação ao confisco (art. 5º, LIV e LVII, da CRFB/88), assim como por promover indevida inversão do ônus da prova, disciplinado no art. 156 do CPP.

[crime punido em abstrato com pena máxima superior a 6 (seis) anos], o Estado se arvora no poder de confiscar todos os bens do condenado que forem incompatíveis com a sua renda lícita.

Tal instituto, embora possua inegável finalidade prática em sua aplicação contra o patrimônio de um conhecido traficante internacional ou de um famoso chefe de uma grande organização criminosa e seus laranjas, precisa ter sua aplicação bastante limitada e criteriosa em casos mais comuns.

Essa cautela é necessária para impedir, por exemplo, que por ter sido condenado por crime de introduzir em circulação uma única cédula falsa de R$ 100,00 (Art. 289, § 1º, CP), um pedreiro, bombeiro hidráulico, pintor, pipoqueiro ou outro profissional autônomo, até então primário e de bons antecedentes, tenha contra si a decretação da perda de sua casa e veículo por não ter como comprovar renda lícita, face à informalidade de suas atividades.

Por fim, considerando que o Art. 91-A do Código Penal constitui norma com conteúdo material e que piora a situação do condenado, por se tratar de *novatio legis in pejus* a mesma é irretroativa, somente aplicando-se aos crimes praticados a partir da sua vigência, ocorrida em 23 de janeiro de 2020.

3.6 PRINCÍPIOS DA AÇÃO PENAL PÚBLICA

No que pertine à ação penal pública, devem ser observados os seguintes princípios: *obrigatoriedade*; *indisponibilidade*; *pessoalidade* ou *intranscendência*; *oficialidade*; *oficiosidade*.

Segundo o *princípio da obrigatoriedade*, o Ministério Público tem o dever de oferecer a denúncia sempre que houver justa causa para tanto (Marcão, 2023, p. 109), sem juízo de oportunidade e conveniência, sendo que qualquer pessoa pode provocar a ação do Ministério Público (art. 27, CPP).

O Ministério Público deve denunciar quando presentes as condições da ação e formada a sua *opinio delicti*, requerer diligências complementares, quando imprescindíveis ao oferecimento da denúncia (art. 16 do CPP) ou determinar o arquivamento (art. 28 do CPP), quando cabível.

Se desrespeitados os prazos para oferecimento da denúncia, de 5 dias para indiciado preso e 15 dias para indiciado solto (art. 46 do CPP), ou de 10 dias para indiciado preso ou solto quando se tratar de crime de tráfico de drogas ou eleitoral (art. 54 da Lei nº 11.343/2006; art. 357 da Lei nº 4.737/1965), ou seja, quando o Ministério Público permanecer inerte, inexistirá preclusão, de maneira que a denúncia poderá ser oferecida a qualquer tempo, enquanto não ocorrer a extinção da punibilidade, porém, nascerá para o ofendido o direito de propositura da ação penal privada subsidiária da pública (art. 29 do CPP), bem como tal inércia poderá dar ensejo à soltura do preso.

Ainda existem outros prazos para oferecimento da denúncia, a saber: Crimes contra a economia popular – 2 dias, para indiciado preso ou solto (art. 10, § 2º, da Lei nº 1.521/1951); Lei de Falência – segue o art. 46 do CPP ou poderá ser de 15 dias, se o acusado estiver solto e o MP decidir aguardar a apresentação da exposição circunstanciada tratada no art. 186 da Lei de Falência (art. 187, § 1º, Lei nº 11.101/2005).

Vale registrar que a regra da obrigatoriedade restou mitigada face ao instituto da colaboração premiada, notadamente com a nova sistemática apresentada pelo art. 4º, § 4º, da Lei nº 12.850/2013 que permite até o não oferecimento de denúncia.

Da mesma forma, quando se tratar de infração penal de menor potencial ofensivo, o Ministério Público poderá oferecer a oportunidade da transação penal, mediante a aplicação imediata de pena restritiva de direitos que, se aceita, extingue a punibilidade, sem o oferecimento da denúncia. Assim, o instituto da transação penal configura outra mitigação ao princípio da obrigatoriedade (art. 76, Lei nº 9.099/1995).

Além disso, com o advento do acordo de não persecução penal, previsto no Art. 28-A do Código de Processo Penal, foi positivada mais uma mitigação ao combalido princípio da obrigatoriedade.

Do *princípio da indisponibilidade*, previsto no art. 42 do Código de Processo Penal, decorre que, uma vez iniciado o processo, não pode o Ministério Público dele desistir, não pode o *Parquet* dispor da ação penal, o que não impede que ele pugne pela absolvição quando verificar alguma das hipóteses previstas nos arts. 386 ou 397 do CPP. Contudo, o pedido de absolvição feito pelo MP não vincula o juiz (art. 385, CPP). Nesse sentido, assim decidiu o STJ:

"(...) 3. Conforme dispõe o art. 385 do Código de Processo Penal, é possível que o juiz condene o réu ainda que o Ministério Público peça a absolvição do acusado em alegações finais. Esse dispositivo legal está em consonância com o sistema acusatório adotado no Brasil e não foi tacitamente derrogado pelo advento da Lei n. 13.964/2019, que introduziu o art. 3º-A no Código de Processo Penal (...)" (STJ, RE 2.022.413/PA, 6ª T, J. 14/02/2023). No mesmo sentido: STJ, AgRg no HC 777.610/RS, 5ª T, J. 24/04/2023.

Por outro lado, embora o Ministério Público não esteja obrigado a recorrer,[34] uma vez interposto o recurso não poderá dele desistir (art. 576, CPP).[35]

Tal princípio, também, sofreu mitigação com o advento do instituto da suspensão condicional do processo, uma vez que, nos crimes em que a pena mínima cominada for igual ou inferior a um ano, ao oferecer a denúncia, o Ministério Público poderá propor a suspensão condicional do processo, conforme procedimento e condições estabelecidas

---

34. Art. 598. Nos crimes de competência do Tribunal do Júri, ou do juiz singular, se da sentença não for interposta apelação pelo Ministério Público no prazo legal, o ofendido ou qualquer das pessoas enumeradas no art. 31, ainda que não se tenha habilitado como assistente, poderá interpor apelação, que não terá, porém, efeito suspensivo. Parágrafo único. O prazo para interposição desse recurso será de quinze dias e correrá do dia em que terminar o do Ministério Público.
35. CPP, Art. 42. O Ministério Público não poderá desistir da ação penal. (...) Art. 576. O Ministério Público não poderá desistir de recurso que haja interposto.

na Lei nº 9.099/1995, sendo que, ao final, expirado o prazo de suspensão sem revogação, o juiz declarará extinta a punibilidade (art. 89, *caput* e § 5º, Lei nº 9.099/1995).

Importante registrar que os princípios da *obrigatoriedade* e da *indisponibilidade* "são verso e reverso da mesma moeda. Enquanto o primeiro princípio atua na fase pré-processual, o segundo atua quando instaurada a ação penal".[36]

Pelo *princípio da pessoalidade* ou *intranscendência*, somente o suposto autor, coautor ou partícipe do fato deve ser denunciado, mandamento que decorre do disposto no art. 5º, XLV, da Constituição Federal, segundo o qual *nenhuma pena passará da pessoa do condenado* (Marcão, 2023, p. 110).

Da mesma forma que a pena não pode passar da pessoa do condenado, a acusação também deve se circunscrever ao autor, coautor e partícipe do crime.

Por sua vez, o *princípio da oficialidade* determina que a acusação deve ser exercida por órgão oficial, não podendo o juiz, por exemplo, nomear um promotor *ad hoc* para participar de determinado ato em nome da acusação, como se faz, por exemplo, com a defesa quando ausente o defensor do réu (Dezem, 202, p. 166).

Assim, a ação penal pública é de atribuição privativa do Ministério Público (Art. 129, I, da CF/88), excetuada a ação penal privada subsidiária da pública, cabível em caso de inércia do *Parquet*, cuja previsão está no art. 5º, LIX, da Constituição Federal, segundo o qual *será admitida ação privada nos crimes de ação pública, se esta não for intentada no prazo legal*.

Pelo princípio da *oficiosidade*, deve o Ministério Público agir de ofício nos crimes de ação penal pública, independentemente de provocação, limitada a sua atuação apenas pela eventual ausência de imprescindível condição de procedibilidade prevista em lei (Exemplos: representação do ofendido ou requisição do Ministro da Justiça).

3.7 ACORDO DE NÃO PERSECUÇÃO PENAL

O acordo de não persecução penal foi instituído no ordenamento jurídico brasileiro pela Lei nº 13.964/2019, que incluiu o Art. 28-A no Código de Processo Penal.

Preliminarmente, é fundamental esclarecer que, embora o nome dado ao instituto tenha sido *acordo de não persecução penal*, considerando que a persecução penal já se iniciou muito antes com a investigação, o nome correto a ser empregado seria *acordo de não prosseguimento da persecução penal* ou *acordo de não deflagração da ação penal*.[37]

Passemos, pois, à análise do novo Art. 28-A:

---

36. DEZEM, Guilherme Madeira, 2018, p. 165.
37. A expressão *acordo de não deflagração da ação penal* é do Professor Marcos Paulo Dutra Santos. Ainda seria possível utilizar *acordo de não denúncia* ou *acordo de não exercício da ação penal*.

Art. 28-A. Não sendo caso de arquivamento e tendo o investigado confessado formal e circunstancialmente a prática de infração penal sem violência ou grave ameaça e com pena mínima inferior a 4 (quatro) anos, o Ministério Público poderá propor acordo de não persecução penal, desde que necessário e suficiente para reprovação e prevenção do crime, mediante as seguintes condições ajustadas cumulativa e alternativamente:

Em uma escala ascendente de medidas despenalizadoras, a partir da mais benéfica delas, é possível dizer que a composição dos danos civis, prevista no Art. 74 da Lei nº 9.099/1995 é a mais vantajosa, pois se tratando de ação penal de iniciativa privada ou de ação penal pública condicionada à representação, o acordo homologado acarreta a renúncia ao direito de queixa ou representação (Art. 74, parágrafo único, Lei nº 9.099/1995).

Em segundo plano vem a transação penal, prevista no Art. 76 da mesma lei, em que o Ministério Público poderá propor a aplicação imediata de pena restritiva de direitos ou multas, a ser especificada na proposta, que não importará em reincidência, sendo registrada apenas para impedir novamente o mesmo benefício no prazo de cinco anos, ou seja, o sujeito permanecerá primário e de bons antecedentes.

Outro instituto despenalizador trazido pela Lei nº 9.099/1995 é a suspensão condicional do processo, previsto no Art. 89, aplicável aos crimes em que a pena mínima cominada for igual ou inferior a um ano, quando o Ministério Público, ao oferecer a denúncia, poderá propor a suspensão do processo, por dois a quatro anos, desde que o acusado não esteja sendo processado ou não tenha sido condenado por outro crime, presentes os demais requisitos que autorizariam a suspensão condicional da pena.

Com o novo Art. 28-A do Código de Processo Penal, o acordo de não persecução penal surge como uma nova medida despenalizadora, *localizada entre a transação penal* (mais favorável do que o acordo de não persecução penal, tanto que não se aplica o acordo de não persecução penal se for cabível a transação penal, conforme Art. 28-A, § 2º, I, do CPP) *e a suspensão condicional do processo* (menos vantajosa, pois o acordo de não persecução penal é muito mais abrangente por atingir crimes com pena mínima inferior a 4 anos, enquanto a suspensão condicional do processo se limita aos crimes com pena mínima igual ou inferior a um ano). Para que o acordo de não persecução penal seja proposto pelo Ministério Público é preciso que: (i) não se trate de caso de arquivamento; (ii) o investigado tenha confessado a prática da infração penal, formal e circunstancialmente, *na presença do defensor*; (iii) a infração penal tenha sido praticada sem violência ou grave ameaça; (iv) a pena mínima prevista seja inferior a 4 anos; (v) o acordo seja necessário e suficiente para reprovação e prevenção do crime.

Sobre o requisito da confissão, o Conselho da Justiça Federal editou o Enunciado 3, segundo o qual:

> A inexistência de confissão do investigado antes da formação da *opinio delicti* do Ministério Público não pode ser interpretada como desinteresse em entabular eventual acordo de não persecução penal. (I Jornada de Direito e Processo Penal, de 10 a 14 de agosto de 2020).[38]

---

38. No mesmo sentido: STJ, HC 657.165/RJ, 6ª T, J. 09/08/2022; STJ, AgRg no HC 762.049/PR, 6ª T, J. 07/03/2023.

Nesse mesmo sentido, o STF decidiu o seguinte:

> É indevida a exigência de prévia confissão durante a Etapa de Investigação Criminal. Dado o caráter negocial do ANPP, a confissão é "circunstancial", relacionada à manifestação da autonomia privada para fins negociais, em que os cenários, os custos e benefícios são analisados, vedado, no caso de revogação do acordo, o reaproveitamento da "confissão circunstancial" (*ad hoc*) como prova desfavorável durante a Etapa do Procedimento Judicial (STF, HC 185.913, Plenário, J. 18/09/2024).

Importante registrar que a violência que impede o acordo de não persecução penal é a dolosa. Logo, não há impedimento à celebração do acordo quando de se tratar de crime culposo, ainda que resulte em lesões ou morte da vítima.[39]

Vale registrar, ainda, que o art. 28-A estabelece que, preenchidos os requisitos legais, o Ministério Público *poderá* propor o acordo. Trata-se de um *poder-dever* e não de mera faculdade, na medida em que, uma vez preenchidos os requisitos legais, o Ministério Público terá o *poder-dever* de propor o acordo.[40]

Conforme decidiu o STF, o acordo de não persecução penal "é negócio jurídico processual que depende de manifestação positiva do legitimado ativo (Ministério Público), vinculada aos requisitos previstos no art. 28-A do CPP, de modo que a recusa deve ser motivada e fundamentada, autorizando o controle pelo órgão jurisdicional quanto às razões adotadas". Em outras palavras:

> Compete ao membro do Ministério Público oficiante, motivadamente e no exercício do seu poder-dever, avaliar o preenchimento dos requisitos para negociação e celebração do ANPP, sem prejuízo do regular exercício dos controles jurisdicional e interno (STF, HC 185.913, Plenário, J. 18/09/2024).

Ainda segundo o STF, o investigado ou acusado "não tem o direito subjetivo ao ANPP, mas sim o direito subjetivo ao eventual oferecimento ou a devida motivação e fundamentação quanto à negativa. A recusa ao Acordo de Não Persecução Penal deve ser motivada concretamente, com a indicação tangível dos requisitos objetivos e subjetivos ausentes (ônus argumentativo do legitimado ativo da ação penal), especialmente as circunstâncias que tornam insuficientes à reprovação e prevenção do crime" (STF, HC 185.913, Plenário, J. 18/09/2024). Em caso de oferecimento da denúncia sem a propositura de transação penal, suspensão condicional do processo ou acordo de não persecução penal, mesmo diante do preenchimento dos requisitos legais para tanto, se ausente justificativa fundamentada do *Parquet*, permanece, sim, o magistrado legitimado a realizar o controle de eventual abuso.

---

39. Nesse sentido, Enunciado 23 do Conselho Nacional de Procuradores-Gerais dos Ministérios Públicos dos Estados e da União: É cabível o acordo de não persecução penal nos crimes culposos com resultado violento, uma vez que nos delitos desta natureza a conduta consiste na violação de um dever de cuidado objetivo por negligência, imperícia ou imprudência, cujo resultado é involuntário, não desejado e nem aceito pela agente, apesar de previsível.
40. Conselho da Justiça Federal, Enunciado 32: "A proposta de acordo de não persecução penal representa um poder-dever do Ministério Público, com exclusividade, desde que cumpridos os requisitos do art. 28-A do CPP, cuja recusa deve ser fundamentada, para propiciar o controle previsto no §14 do mesmo artigo." (I Jornada de Direito e Processo Penal, de 10 a 14 de agosto de 2020)

Em tal hipótese, antes de receber a denúncia, deverá notificar o acusado para se manifestar sobre o eventual interesse na celebração de acordo de não persecução penal (art. 28-A, § 14, CPP) e, em caso de manifestação positiva, os autos deverão ser remetidos à instância de revisão do órgão ministerial.

Caso a instância de revisão do Ministério Público insista no oferecimento da denúncia e o juiz discorde, este poderá rejeitar a denúncia com base no art. 395, inciso II, do Código de Processo Penal, caso entenda que a viabilidade do acordo de não persecução penal constitui *condição especial negativa de procedibilidade* da ação penal.[41] Dessa decisão de rejeição da denúncia cabe recurso em sentido estrito (art. 581, I, CPP).

Além disso, no caso de recusa por parte do Ministério Público em propor o acordo de não persecução penal, o próprio investigado poderá requerer a remessa dos autos a órgão superior, na forma do art. 28 do Código de Processo Penal, ou seja, o próprio acusado poderá *submeter a matéria à revisão da instância competente do órgão ministerial* (art. 28-A, § 14, CPP).

Segundo o STJ, o acordo de não persecução penal também é cabível em ações penais privadas, pois não há vedação legal expressa e a justiça penal contemporânea exige a ampliação dos mecanismos de justiça, tendo o Ministério Público legitimidade supletiva para oferecê-lo, quando o querelante não tiver ofertado o ANPP e sua negativa for injustificada, abusiva ou desproporcional, sendo legítima e oportuna a proposta do *Parquet*, na qualidade de *custos legis*, ainda que a queixa-crime já tenha sido recebida (STJ, REsp 2.083.823/DF, 5ª T, J. 11/03/2025).

Portanto, preenchidos os requisitos legais, o Ministério Público terá o poder-dever de propor o acordo de não persecução penal, mediante as seguintes condições ajustadas cumulativa e alternativamente:

I – reparar o dano ou restituir a coisa à vítima, exceto na impossibilidade de fazê-lo;

II – renunciar voluntariamente a bens e direitos indicados pelo Ministério Público como instrumentos, produto ou proveito do crime;

III – prestar serviço à comunidade ou a entidades públicas por período correspondente à pena mínima cominada ao delito diminuída de um a dois terços, em local a ser indicado pelo juízo da execução, na forma do art. 46 do Decreto-Lei nº 2.848, de 7 de dezembro de 1940 (Código Penal);

IV – pagar prestação pecuniária, a ser estipulada nos termos do art. 45 do Decreto-Lei nº 2.848, de 7 de dezembro de 1940 (Código Penal), a entidade pública ou de interesse social, a ser indicada pelo juízo da execução, que tenha, preferencialmente, como função proteger bens jurídicos iguais ou semelhantes aos aparentemente lesados pelo delito; ou

V – cumprir, por prazo determinado, outra condição indicada pelo Ministério Público, desde que proporcional e compatível com a infração penal imputada.

Caso alguém entenda que o acordo de não persecução penal é mais gravoso do que a suspensão condicional do processo, por possibilitar a imposição de condições

---

41. SANTOS, Marcos Paulo Dutra. *Pacote anticrime*. Aula teórica 04, bloco 01. SUPREMOTV: Belo Horizonte/MG, 2020.

mais graves, é importante lembrar que, tanto o Supremo Tribunal Federal, quanto o Superior Tribunal de Justiça, com base no § 2º do Art. 89 da Lei nº 9.099/1995, admitem outras condições além daquelas previstas no rol meramente exemplificativo do § 1º do mesmo artigo.

Assim, além das condições previstas no citado § 1º do Art. 89 da Lei nº 9.099/1995 (I – reparação do dano, salvo impossibilidade de fazê-lo; II – proibição de frequentar determinados lugares; III – proibição de ausentar-se da comarca onde reside, sem autorização do Juiz; IV – comparecimento pessoal e obrigatório a juízo, mensalmente, para informar e justificar suas atividades), "o juiz poderá especificar outras condições a que fica subordinada a suspensão, desde que adequadas ao fato e à situação pessoal do acusado" (§ 2º), dentre as quais estão, justamente, a prestação de serviço à comunidade e o pagamento de prestação pecuniária.[42]

A diferença é que, enquanto na suspensão condicional do processo o período de prova mínimo será de dois anos, no acordo de não persecução penal esse período pode ser bem menor, pois o inciso III do Art. 28-A estabelece como uma das condições "prestar serviço à comunidade ou a entidades públicas por *período correspondente à pena mínima cominada ao delito diminuída de um a dois terços*".

Assim, caso se trate de um crime de furto simples, enquanto a suspensão condicional do processo exigirá um período de prova mínimo de dois anos, caso haja acordo de não persecução penal, o seu cumprimento ocorrerá em espaço de tempo entre quatro e oito meses (prestação de serviço à comunidade em período correspondente à pena mínima de um ano, diminuída de um a dois terços).

Vale lembrar, contudo, que para a aplicação da suspensão condicional do processo não se exige que o crime tenha sido praticado sem violência ou grave ameaça à pessoa, o que é requisito para a celebração do acordo de não persecução penal.

Assim, deve o instituto da suspensão condicional do processo continuar se limitando aos crimes com pena mínima igual ou inferior a um ano, não podendo prosperar o argumento de quem visa a *ampliação proporcional do instituto* para atingir crimes punidos com pena mínima inferior a quatro anos, justamente porque a suspensão condicional do processo *não exige confissão* e *se aplica a crimes praticados com violência ou grave ameaça*.

Feitas tais ponderações, vejamos pontualmente cada uma das condições que poderão ser ajustadas cumulativa e alternativamente no acordo de não persecução penal:

---

42. "Direito processual penal. Sursis processual. Imposição de condições não previstas expressamente no art. 89 da Lei n. 9.099/1995. *É cabível a imposição de prestação de serviços à comunidade ou de prestação pecuniária como condição especial para a concessão do benefício da* suspensão condicional *do processo, desde que observados os princípios da adequação e da proporcionalidade.* Conforme o art. 89, § 2º, da Lei n. 9.099/1995, no momento da elaboração da proposta do sursis processual, é permitida a imposição ao acusado do cumprimento de condições facultativas, desde que adequadas ao fato e à situação pessoal do beneficiado. Precedentes citados do STF: HC 108.103-RS, DJe 06/12/2011; do STJ: HC 223.595-BA, DJe 14/6/2012, e REsp 1.216.734-RS, DJe 23/4/2012. RHC 31.283-ES, Rel. Min. Laurita Vaz, julgado em 11/12/2012" (STJ, Informativo 512).

(I) *reparar o dano ou restituir a coisa à vítima, exceto na impossibilidade de fazê-lo* – trata-se de uma espécie de antecipação do efeito da condenação previsto no Art. 91, inciso I, do Código Penal. A citada impossibilidade de reparação do dano ou de restituição da coisa à vítima pode ser financeira, quando o imputado não possuir condições econômicas para fazê-lo, ou jurídica, quando, por exemplo, se tratar de crime de perigo que não gera dano;

(II) *renunciar voluntariamente a bens e direitos indicados pelo Ministério Público como instrumentos, produto ou proveito do crime* – trata-se de uma espécie de antecipação do efeito da condenação previsto no Art. 91, inciso II, do Código Penal;

(III) *prestar serviço à comunidade ou a entidades públicas por período correspondente à pena mínima cominada ao delito diminuída de um a dois terços, em local a ser indicado pelo juízo da execução, na forma do art. 46 do Decreto-Lei nº 2.848, de 7 de dezembro de 1940 (Código Penal)* – a prestação de serviços à comunidade se dará pelo prazo de um a dois terços da pena mínima, assim, em caso de um crime com pena mínima de um ano, o serviço à comunidade será prestado pelo período mínimo de 4 meses e no máximo por 8 meses. O *quantum* dessa redução deve ser estabelecido conforme a adequação da medida à gravidade do crime, circunstâncias do fato e condições pessoais do imputado (Art. 282, II, CPP), ou seja, será definido com base na proporcionalidade entre o crime praticado e o gravame decorrente da submissão ao período de prestação do serviço;

(IV) *pagar prestação pecuniária, a ser estipulada nos termos do art. 45 do Decreto-Lei nº 2.848, de 7 de dezembro de 1940 (Código Penal), a entidade pública ou de interesse social, a ser indicada pelo juízo da execução, que tenha, preferencialmente, como função proteger bens jurídicos iguais ou semelhantes aos aparentemente lesados pelo delito* – o *quantum* da prestação pecuniária será estabelecido no acordo de não persecução penal, mas a destinação será dada pelo juízo da execução penal, perante o qual o Ministério Público fará a execução do acordo que for homologado pelo juiz (Art. 28-A, § 6º, CPP);

(V) *cumprir, por prazo determinado, outra condição indicada pelo Ministério Público, desde que proporcional e compatível com a infração penal imputada* – esse inciso torna exemplificativo o rol de condições estabelecido nos incisos I a IV do Art. 28-A do Código de Processo Penal, pois possibilita o ajuste de outras condições no acordo de não persecução penal. Contudo, o *prazo determinado* para o cumprimento dessas outras condições não pode superar aquele previsto no inciso II, ou seja, deve se limitar a *período correspondente à pena mínima cominada ao delito diminuída de um a dois terços*.[43]

---

43. Nesse sentido, Enunciado 18 da Defensoria Pública de Minas Gerais: O prazo determinado para a condição do inciso V, do artigo 28-A, do CPP, não pode ser superior àquele previsto no artigo 28-A, III, do CPP, ou seja,

§ 1º Para aferição da pena mínima cominada ao delito a que se refere o *caput* deste artigo, serão consideradas as causas de aumento e diminuição aplicáveis ao caso concreto.

Como para a celebração do acordo de não persecução penal a lei considera a pena mínima, em caso de concurso material de crimes, concurso formal, causas de aumento ou de diminuição, os cálculos serão feitos sempre a partir da pena mínima, devendo a *redução ser calculada pelo máximo possível* e o *aumento pelo mínimo previsto*, pois só assim será encontrada a real pena mínima.

Portanto: (i) caso se trate de crimes em concurso material (Art. 69, CP), deverão ser somadas as penas mínimas dos crimes em concurso para verificar se ficarão abaixo de 4 anos; (ii) na hipótese de concurso formal de crimes (Art. 70, CP), a pena mínima de um só dos crimes, se idênticas, ou a mais grave, se diversas, deverá ser acrescida de um sexto, que é o menor aumento previsto; (iii) tratando-se de crime tentado (Art. 14, parágrafo único, CP), a pena mínima deverá ser diminuída de dois terços, que é a máxima diminuição possível; (iv) quando houver qualificadora, o cálculo deverá ser feito a partir da pena mínima prevista para a forma qualificada do crime; (v) atenuantes e agravantes genéricas devem ser desconsideradas no cálculo, pois não têm projeção na pena em abstrato, apenas na pena em concreto.[44]-[45]

Quando se tratar de crime continuado, deverá ser observada a Súmula 659 do STJ, segundo a qual "a fração de aumento em razão da prática de crime continuado deve ser fixada de acordo com o número de delitos cometidos, aplicando-se 1/6 pela prática de duas infrações, 1/5 para três, 1/4 para quatro, 1/3 para cinco, 1/2 para seis e 2/3 para sete ou mais infrações. (3ª Seção, *J.* 13/9/2023).

§ 2º O disposto no *caput* deste artigo não se aplica nas seguintes hipóteses:

I – se for cabível transação penal de competência dos Juizados Especiais Criminais, nos termos da lei;

II – se o investigado for reincidente ou se houver elementos probatórios que indiquem conduta criminal habitual, reiterada ou profissional, exceto se insignificantes as infrações penais pretéritas;

III – ter sido o agente beneficiado nos 5 (cinco) anos anteriores ao cometimento da infração, em acordo de não persecução penal, transação penal ou suspensão condicional do processo; e

---

àquele correspondente à pena mínima cominada ao delito, diminuída de um a dois terços, já que uma condição genérica não pode perdurar por tempo superior a obrigação de natureza penal.

44. As Súmulas 723 do STF e 243 do STJ, embora referentes à suspensão condicional do processo, são aplicadas analogicamente à transação penal. O mesmo raciocínio cabe perfeitamente para fins de celebração do acordo de não persecução penal, alterando-se apenas a quantidade de pena mínima, que neste caso deverá ficar em patamar abaixo de 4 anos: STF, Súmula 723 – Não se admite a suspensão condicional do processo por crime continuado, se a soma da pena mínima da infração mais grave com o aumento mínimo de um sexto for superior a um ano (*J.* 26/11/2003, *DJ* 09/12/2003). STJ, Súmula 243 – O benefício da suspensão do processo não é aplicável em relação às infrações penais cometidas em concurso material, concurso formal ou continuidade delitiva, quando a pena mínima cominada, seja pelo somatório, seja pela incidência da majorante, ultrapassar o limite de um (01) ano (*J.* 11/12/2000, *DJ* 05/02/2001).

45. No mesmo sentido, Enunciado 29 do Conselho Nacional de Procuradores-Gerais dos Ministérios Públicos dos Estados e da União: Para aferição da pena mínima cominada ao delito a que se refere o artigo 28-A, serão consideradas as causas de aumento e diminuição aplicáveis ao caso concreto, na linha do que já dispõe os enunciados sumulados nº 243 e nº 723, respectivamente, do Superior Tribunal de Justiça e Supremo Tribunal Federal.

IV – nos crimes praticados no âmbito de violência doméstica ou familiar, ou praticados contra a mulher por razões da condição de sexo feminino, em favor do agressor.

Por expressa disposição legal, não será aplicável a celebração de acordo de não persecução penal em algumas hipóteses, a começar quando for cabível a transação penal, prevista no Art. 76 da Lei nº 9.099/1995, por se tratar de instituto mais vantajoso ao imputado do que o acordo de não persecução penal.

A segunda hipótese de não aplicabilidade do acordo de não persecução penal verifica-se quando *o investigado for reincidente ou se houver elementos probatórios que indiquem conduta criminal habitual, reiterada ou profissional, exceto se insignificantes as infrações penais pretéritas*.

Portanto, "a circunstância de o acusado responder à ação penal justifica, de forma idônea, o não oferecimento de acordo de não persecução penal" (STJ, AgRg no AREsp 2.601.491/DF, 6ª T, J. 06/08/2024).

Contudo, trata-se de inciso desnecessário diante dos requisitos constantes do *caput* do art. 28-A, onde se exige, para a propositura do acordo, que este seja *necessário e suficiente para reprovação e prevenção do crime*, o que não se verificará diante de um criminoso contumaz. Além disso, foi infeliz o legislador ao ressalvar as infrações penais pretéritas que forem insignificantes, pois em caso de insignificância não haverá infração penal por ausência de tipicidade material.[46]

A terceira hipótese de inaplicabilidade do acordo de não persecução penal ocorrerá se o agente tiver sido *beneficiado nos 5 (cinco) anos anteriores ao cometimento da infração, em acordo de não persecução penal, transação penal ou suspensão condicional do processo*.

Assim, por expressa disposição legal, o imputado que praticar uma infração penal em *período inferior a cinco anos*, contados da celebração de um acordo anterior de não persecução penal, transação penal ou de suspensão condicional do processo, ficará impedido de celebrar novo acordo de não persecução penal.

Como quarta hipótese de não aplicação do acordo de não persecução penal, temos os casos que envolvem *crimes praticados no âmbito de violência doméstica ou familiar, ou praticados contra a mulher por razões da condição de sexo feminino, em favor do agressor*.

---

46. O Conselho Nacional de Procuradores-Gerais dos Ministérios Públicos dos Estados e da União, no Enunciado 21 sobre a Lei nº 13.964/2019, tentou dar interpretação diversa à expressão *exceto se insignificantes as infrações penais pretéritas*, entendendo-as como *delitos de menor potencial ofensivo*. Vejamos: "Não caberá o acordo de não persecução penal se o investigado for reincidente ou se houver elementos probatórios que indiquem conduta criminal habitual, reiterada ou profissional, exceto se insignificantes as infrações penais pretéritas, entendidas estas como delitos de menor potencial ofensivo." Contudo, tal raciocínio está incorreto, pois o inciso III do § 2º do Art. 28-A do CPP torna inaplicável o acordo de não persecução penal se o agente tiver sido beneficiado *nos 5 (cinco) anos anteriores ao cometimento da infração, em acordo de não persecução penal, transação penal ou suspensão condicional do processo*. Portanto, se a simples transação penal inviabiliza o acordo de não persecução penal, por óbvio que a condenação por infração penal de menor potencial ofensivo também o fará.

Importante registrar que o dispositivo distingue: (i) de um lado, *crimes praticados no âmbito de violência doméstica ou familiar*, não se referindo apenas à mulher, mas também englobando, dentre outros, crimes contra crianças, adolescentes e idosos, que vierem a ser praticados no âmbito doméstico ou familiar; (ii) de outro lado, crimes *praticados contra a mulher por razões da condição de sexo feminino*.

Particularmente, acredito que o legislador, mais uma vez, equivocou-se, pois sua intenção teria sido tornar inaplicável o acordo de não persecução penal aos *crimes praticados no âmbito de violência doméstica ou familiar contra a mulher*. Porém, como mencionado no parágrafo anterior, não é o que consta da letra da lei. De qualquer forma, havendo violência ou grave ameaça à pessoa, o acordo de não persecução penal torna-se inaplicável (Art. 28-A, *caput*, CPP).

Em complementação às hipóteses legais, o Conselho Nacional de Procuradores--Gerais dos Ministérios Públicos dos Estados e da União (CNPG) e o Grupo Nacional de Coordenadores de Centro de Apoio Criminal (GNCCRIM), no Enunciado 22 sobre a Lei nº 13.964/2019, entenderam que a vedação ao acordo de não persecução penal deve ser estendida, também, *aos crimes hediondos e equiparados, pois em relação a estes o acordo não é suficiente para a reprovação e prevenção do crime*, em clara menção aos requisitos do Art. 28-A, *caput, in fine*, do Código de Processo Penal.

Em que pese tal posicionamento, o acordo de não persecução penal é aplicável ao crime de tráfico privilegiado de drogas, previsto no Art. 33, § 4º, da Lei nº 11.343/2006, ao qual, inclusive, é admitida a conversão da pena privativa de liberdade em penas restritivas de direitos,[47] além de haver entendimento jurisprudencial solidificado no sentido de que tal modalidade criminosa não tem natureza hedionda.[48]

Embora a pena prevista para o crime de tráfico de drogas seja de reclusão de 5 (cinco) a 15 (quinze) anos e multa, caso *o agente seja primário, de bons antecedentes, não se dedique às atividades criminosas nem integre organização criminosa, as penas poderão ser reduzidas de um sexto a dois terços*.

Logo, a pena mínima para fins de aplicação do acordo de não persecução penal será assim calculada: (i) parte-se inicialmente da pena mínima prevista para o crime que é de 5 anos, ou seja, 60 meses; (ii) em seguida, aplica-se a diminuição máxima prevista em lei, procedendo-se à diminuição de dois terços da pena mínima prevista [Cálculo:

---

47. Vide STF, HC 97.256/RS, Pleno, J. 01/09/2010 e Resolução nº 5/2012 do Senado Federal.
48. "Ementa: *Habeas corpus*. Constitucional, penal e processual penal. Tráfico de entorpecentes. Aplicação da Lei n. 8.072/90 ao tráfico de entorpecentes privilegiado: inviabilidade. Hediondez não caracterizada. Ordem concedida. 1. O tráfico de entorpecentes privilegiado (art. 33, § 4º, da Lei n. 11.313/2006) não se harmoniza com a hediondez do tráfico de entorpecentes definido no caput e § 1º do art. 33 da Lei de Tóxicos. 2. O tratamento penal dirigido ao delito cometido sob o manto do privilégio apresenta contornos mais benignos, menos gravosos, notadamente porque são relevados o envolvimento ocasional do agente com o delito, a não reincidência, a ausência de maus antecedentes e a inexistência de vínculo com organização criminosa. 3. Há evidente constrangimento ilegal ao se estipular ao tráfico de entorpecentes privilegiado os rigores da Lei n. 8.072/90. 4. Ordem concedida" (STF, HC 118.533/MS, Pleno, J. 23.6.2016 – Informativo 831).

60 (meses) – 40 (meses) = 20 (meses) ou um ano e oito meses]; (iii) o resultado final será uma pena mínima de um ano e oito meses, ou seja, inferior a 4 anos.

Além das hipóteses acima, o STF decidiu que "o Acordo de Não Persecução Penal (ANPP) não abarca os crimes raciais, assim também compreendidos aqueles previstos no art. 140, § 3º, do Código Penal (HC 154248)", ou seja, não é possível a celebração de acordo de não persecução penal em crimes de racismo e injúria racial (STF, RHC 222.599, 2ª T, J. 07/02/2023).

> § 3º O acordo de não persecução penal será formalizado por escrito e será firmado pelo membro do Ministério Público, pelo investigado e por seu defensor.

A lei exige, para fins de celebração e validade do acordo de não persecução penal, que o imputado esteja assistido por defensor, a exemplo do que já ocorre também para a composição dos danos civis (Arts. 72 e 74 da Lei nº 9.099/1995), a transação penal (Art. 76, § 3º, Lei nº 9.099/1995), a suspensão condicional do processo (Art. 89, Lei nº 9.099/1995) e para a celebração do acordo de colaboração premiada (Art. 3º-B, § 5º; Art. 3º-C, *caput* e §§ 1º e 2º; e Art. 4º, §§ 6º, 7º, 9º, 14 e 15; Art. 6º, incisos III e IV; Art. 7º, § 2º; todos da Lei nº 12.850/2013).

> § 4º Para a homologação do acordo de não persecução penal, será realizada audiência na qual o juiz deverá verificar a sua voluntariedade, por meio da oitiva do investigado na presença do seu defensor, e sua legalidade.
>
> § 5º Se o juiz considerar inadequadas, insuficientes ou abusivas as condições dispostas no acordo de não persecução penal, devolverá os autos ao Ministério Público para que seja reformulada a proposta de acordo, com concordância do investigado e seu defensor.

Uma vez formalizado o acordo de não persecução penal entre o Ministério Público, o imputado e o seu defensor, o acordo precisa ser encaminhado ao juiz competente que realizará audiência, com o imputado e o seu defensor, para fins de verificar a voluntariedade na celebração do acordo, a qual é imprescindível para a realização da homologação judicial.

A exemplo do que acontece com o acordo de colaboração premiada (Art. 4º, § 6º, Lei nº 12.850/2013), o juiz não participará das negociações realizadas entre o Ministério Público, o imputado e o seu defensor para a formalização do acordo de não persecução penal, mas deverá verificar a *voluntariedade* e a *legalidade* do acordo, bem como a *adequação*, *suficiência* e a *não abusividade* das condições impostas.[49]

---

49. Em sentido contrário, o Enunciado 24 do Conselho Nacional de Procuradores-Gerais dos Ministérios Públicos dos Estados e da União assim dispõe: "A homologação do acordo de não persecução penal, a ser realizada pelo juiz competente, é ato judicial de natureza declaratória, cujo conteúdo analisará apenas a voluntariedade e a legalidade da medida, não cabendo ao magistrado proceder a um juízo quanto ao mérito/conteúdo do acordo, sob pena de afronta ao princípio da imparcialidade, atributo que lhe é indispensável no sistema acusatório". Tal enunciado é equivocado, na medida em que o juiz tem o poder-dever de verificar, além da voluntariedade e legalidade do acordo de não persecução penal, também a sua proporcionalidade (*adequação*, *suficiência* e a *não abusividade das condições impostas*), visando evitar privilégios e abusos, o que está em conformidade com os princípios da proporcionalidade, impessoalidade e dignidade da pessoa humana.

Conforme decidiu o STF, "o Órgão Judicial exerce controle quanto ao objeto e termos do acordo, mediante a verificação do preenchimento dos pressupostos de existência, dos requisitos de validade e das condições da eficácia, podendo decotar ou negar, de modo motivado e fundamentado, a respectiva homologação (CPP, art. 28-A, §§ 7º, 8º e 14)" (STF, HC 185.913, Plenário, J. 18/09/2024).

Caso alguma das circunstâncias supracitadas não esteja presente, o juiz devolverá os autos ao Ministério Público para que reformule a proposta de acordo, a qual novamente deverá contar com a devida concordância do imputado e seu defensor.

Conforme prevê o § 7º do Art. 28-A do Código de Processo Penal, o juiz poderá recusar a homologação do acordo de não persecução penal quando não estiverem presentes os requisitos legais ou quando o Ministério Público não proceder à adequação das condições dispostas no acordo.

> § 6º Homologado judicialmente o acordo de não persecução penal, o juiz devolverá os autos ao Ministério Público para que inicie sua execução perante o juízo de execução penal.
>
> § 7º O juiz poderá recusar homologação à proposta que não atender aos requisitos legais ou quando não for realizada a adequação a que se refere o § 5º deste artigo.
>
> § 8º Recusada a homologação, o juiz devolverá os autos ao Ministério Público para a análise da necessidade de complementação das investigações ou o oferecimento da denúncia.
>
> § 9º A vítima será intimada da homologação do acordo de não persecução penal e de seu descumprimento.
>
> § 10. Descumpridas quaisquer das condições estipuladas no acordo de não persecução penal, o Ministério Público deverá comunicar ao juízo, para fins de sua rescisão e posterior oferecimento de denúncia.

O acordo de não persecução penal é um *negócio jurídico processual*[50], celebrado entre o Ministério Público, o imputado e seu defensor, que depende de homologação judicial para ter validade.

A decisão que homologa o acordo de não persecução penal, assim como aquela que homologa a transação penal, é *sentença declaratória proferida em procedimento necessário e de jurisdição voluntária*,[51] razão pela qual não faz coisa julgada material, apenas formal, tanto que descumpridas quaisquer das condições estipuladas no acordo de não persecução penal, o Ministério Público deverá comunicar ao juízo, para fins de sua rescisão e posterior oferecimento de denúncia (Art. 28-A, § 10, CPP).

---

50. A expressão *negócio jurídico processual* foi positivada no art. 3º-A da Lei nº 12.850/2013, ao se referir ao acordo de colaboração premiada, e utilizada pelo STF no HC 185.913, ao se referir ao acordo de não persecução penal. Sobre a expressão, confira também: STF, Inq. 4619 AgR/DF, 1ª T, J. 10/09/2018; STF, HC 127.483/PR, Pleno, J. 27/08/2015.

51. Nesse sentido, sobre a natureza jurídica da decisão que homologa a transação penal, aqui utilizada analogicamente, vide: STF, HC 84.623/RJ, Rel. Min. Sepúlveda Pertence, J. 08/09/2004. Sobre a inexistência de coisa julgada material na decisão que homologa a transação penal: STF, Súmula Vinculante 35 – A homologação da transação penal prevista no artigo 76 da Lei 9.099/1995 não faz coisa julgada material e, descumpridas suas cláusulas, retoma-se a situação anterior, possibilitando-se ao Ministério Público a continuidade da persecução penal mediante oferecimento de denúncia ou requisição de inquérito policial (Sessão plenária de 16/10/2014).

Antes de se proceder à rescisão do acordo por descumprimento de quaisquer das condições dispostas, o juiz deve ouvir o imputado sobre as razões do não cumprimento, para fins de avaliar a procedência da eventual justificativa apresentada.[52]

Homologado judicialmente o acordo, os autos serão remetidos ao Ministério Público para que este providencie a execução perante o juízo de execução penal (§ 6º), devendo a vítima ser intimada, tanto da homologação do acordo, quanto do seu eventual descumprimento (§ 9º).

Conforme mencionado acima, caso o juiz recuse homologar o acordo, quer seja por falta dos requisitos legais (§ 7º), quer seja por inadequação, insuficiência ou abusividade das condições nele dispostas (§§ 5º e 7º segunda parte), devolverá os autos ao Ministério Público para análise da necessidade de complementação das investigações ou o oferecimento da denúncia (§ 8º).

Dessa decisão *que recusar homologação à proposta de acordo de não persecução penal* caberá recurso em sentido estrito, nos termos do Art. 581, inciso XXV, do Código de Processo Penal.

Considerando que a confissão deve ser prestada pelo imputado na presença do defensor, de forma consciente e voluntária, com a ciência prévia do seu direito ao silêncio, caso haja descumprimento dos termos do acordo, o Conselho Nacional de Procuradores-Gerais dos Ministérios Públicos dos Estados e da União, no enunciado 27 sobre a Lei nº 13.964/2019, sustenta que a confissão poderá ser utilizada como suporte probatório na denúncia.[53]

Contudo, o STF decidiu em sentido contrário, afirmando que é "vedado, no caso de revogação do acordo, o reaproveitamento da "confissão circunstancial" (*ad hoc*)

---

52. Nesse sentido, o Enunciado 19 da Defensoria Pública de Minas Gerais assim dispõe: "Ante a notícia de descumprimento de condição estipulada no acordo de não persecução penal (artigo 28-A, §10, do CPP), em homenagem aos princípios do contraditório e da ampla defesa constitucionalmente determinados, a análise da rescisão pressupõe a oitiva do investigado e da defesa técnica". Em sentido contrário, vide Enunciado 26 do Conselho Nacional de Procuradores-Gerais dos Ministérios Públicos dos Estados e da União: "Deverá constar expressamente no termo de acordo de não persecução penal as consequências para o descumprimento das condições acordadas, bem como o compromisso do investigado em comprovar o cumprimento das condições, independentemente de notificação ou aviso prévio, devendo apresentar, imediatamente e de forma documentada, eventual justificativa para o não cumprimento de qualquer condição, sob pena de imediata rescisão e oferecimento da denúncia em caso de inércia (§ 10º)". Tal enunciado, contudo, não está em conformidade com a lei, na medida em que a rescisão do acordo não é imediata, pois depende de decisão judicial, devidamente fundamentada (Art. 93, IX, CF/88), o que pressupõe, por óbvio, a oportunização de oitiva do imputado para justificar o descumprimento. Somente diante de uma causa revogatória obrigatória, como o fato de ter sido processado por outro crime durante o período de prova da suspensão condicional do processo (Art. 89, § 3º, Lei nº 9.099/1995), é que se admite a revogação sem oitiva do imputado, mesmo assim a depender de uma decisão judicial nesse sentido e podendo ser ponderada a proporcionalidade da medida (Exemplo: sujeito é denunciado por furto simples e aceita a proposta de suspensão condicional do processo, que vem a ser homologada pelo juiz. Durante o período de prova, na qualidade de entregador de *fast-food*, fazendo uso de uma bicicleta, atropela e lesiona culposamente uma pessoa, crime pelo qual é processado. Neste caso, a revogação da suspensão condicional do processo anterior seria uma medida desproporcional).
53. Enunciado 27 do Conselho Nacional de Procuradores-Gerais dos Ministérios Públicos dos Estados e da União: Havendo descumprimento dos termos do acordo, a denúncia a ser oferecida poderá utilizar como suporte probatório a confissão formal e circunstanciada do investigado (prestada voluntariamente na celebração do acordo).

como prova desfavorável durante a Etapa do Procedimento Judicial" (STF, HC 185.913, Plenário, J. 18/09/2024).

> § 11. O descumprimento do acordo de não persecução penal pelo investigado também poderá ser utilizado pelo Ministério Público como justificativa para o eventual não oferecimento de suspensão condicional do processo.

O descumprimento do acordo de não persecução penal por parte do imputado é um indicativo de que a suspensão condicional do processo pode também não atingir a efetividade desejada, pois se as condições impostas em um primeiro acordo não foram cumpridas, não há razões para acreditar que outras condições impostas em um segundo acordo o serão.

É claro que, se no caso concreto o imputado apresentar justificativa razoável para o descumprimento das condições dispostas no acordo de não persecução penal, em tese poderá ser feita a proposta de suspensão condicional do processo.

> § 12. A celebração e o cumprimento do acordo de não persecução penal não constarão de certidão de antecedentes criminais, exceto para os fins previstos no inciso III do § 2º deste artigo.
>
> § 13. Cumprido integralmente o acordo de não persecução penal, o juízo competente decretará a extinção de punibilidade.
>
> § 14. No caso de recusa, por parte do Ministério Público, em propor o acordo de não persecução penal, o investigado poderá requerer a remessa dos autos a órgão superior, na forma do art. 28 deste Código.

Importante lembrar que, conforme prevê o Art. 116, inciso IV, do Código Penal, antes de passar em julgado a sentença final, a prescrição não corre "enquanto não cumprido ou não rescindido o acordo de não persecução penal."

Portanto, a partir da data de homologação do acordo de não persecução penal a prescrição fica suspensa até que advenha o cumprimento do acordo ou a rescisão deste.

Cumprido o acordo de não persecução penal, será declarada a extinção da punibilidade e o imputado continuará primário e de bons antecedentes, havendo somente impedimento de celebração de novo acordo pelo prazo de cinco anos.

Por fim, por se tratar o acordo de não persecução penal de uma inovação legal de cunho híbrido, misto, ou seja, de natureza processual e material, o mesmo aplica-se de forma retroativa aos casos em andamento, que compreendem os fatos ainda em investigação e os processos em andamento, excetuando-se, por questões de segurança jurídica, os casos já transitados em julgado.[54] Nesse sentido:

---

54. Nesse sentido, aplicando-se analogicamente o mesmo raciocínio dispensado à transação penal, temos: "Penal e processual penal. *Habeas corpus*. Art. 138, *caput*, do cp. Litispendência. Matéria fático-probatória. Impropriedade da via eleita. Transação penal. Inaplicabilidade aos processos findos. I – *In casu*, a verificação da litispendência entre duas ações penais, exigiria, necessariamente, o cotejo minucioso de matéria fático-probatória, o que é vedado em sede de *habeas corpus* (Precedentes). II – Não obstante o entendimento de que *a Lei 10.259/01, tal como a Lei 9.099/95, tem aplicação retroativa, alcançando os fatos ocorridos antes de sua vigência em virtude do princípio da retroatividade da lei mais benéfica, previsto no art. 5º, XL da atual Carta Magna*, certo é que a

O art. 28-A do CPP, que prevê a possibilidade de celebração do ANPP, é norma de natureza híbrida (material-processual), diante da consequente extinção da punibilidade, razão pela qual deve ser reconhecida a sua incidência imediata em todos os casos sem trânsito em julgado da sentença condenatória (STF, HC 185.913, Plenário, J. 18/09/2024).

Logo, se a defesa tiver interesse na celebração de acordo de não persecução penal em um caso já em andamento e o Ministério Público não fizer a proposta de acordo, deve a defesa manifestar tal interesse nos autos e, diante de eventual negativa do *Parquet*, poderá requerer a remessa dos autos a órgão superior do Ministério Público, nos termos do § 14 do Art. 28-A do Código de Processo Penal.[55]

Nesse sentido, inclusive, é o Enunciado nº 98 da 2ª Câmara de Coordenação e Revisão Criminal do MPF:

> É cabível o oferecimento de acordo de não persecução penal no curso da ação penal, isto é, antes do trânsito em julgado, desde que preenchidos os requisitos legais, devendo o integrante do MPF oficiante assegurar seja oferecida ao acusado a oportunidade de confessar formal e circunstancialmente a prática da infração penal, nos termos do art. 28-A do CPP, quando se tratar de processos que estavam em curso quando da introdução da Lei nº 13.964/2019, conforme precedentes, podendo o membro oficiante analisar se eventual sentença ou acórdão proferido nos autos configura medida mais adequada e proporcional ao deslinde dos fatos do que a celebração do ANPP. Não é cabível o acordo para processos com sentença ou acórdão após a vigência da Lei nº 13.964/2019, uma vez oferecido o ANPP e recusado pela defesa, quando haverá preclusão. (Alterado na 187ª Sessão de Coordenação, de 31/08/2020).

Nessa mesma linha, embora sem enfrentar a questão específica da retroatividade ou não do ANPP, a 2ª Turma do STF assim decidiu:

> (...)
>
> O impetrante narra que o paciente foi condenado pela prática dos crimes dos arts. 342 do Código Penal, à pena de 1 ano e 2 meses de reclusão, em regime inicialmente aberto, substituída por duas penas restritivas de direito.

---

mesma não pode ser aplicada em processos já findos, cuja sentença condenatória tenha transitado em julgado. Habeas corpus denegado" (STJ, HC 59.267/RS, 5ª T, J. 03/04/2007).

55. Nesse sentido, Enunciado 17 da Defensoria Pública de Minas Gerais: "O artigo 28-A do CPP é aplicável aos feitos em curso e em qualquer fase processual, visto que se trata de norma que também possui caráter penal e consiste em direito subjetivo do indivíduo". Em sentido contrário, Enunciado 20 do Conselho Nacional de Procuradores-Gerais dos Ministérios Públicos dos Estados e da União: "Cabe acordo de não persecução penal para fatos ocorridos antes da vigência da Lei nº 13.964/2019, desde que não recebida a denúncia". O raciocínio do CNPG, contudo, está equivocado, na medida em que, preenchidos os requisitos legais e ainda não havendo o trânsito em julgado da sentença penal condenatória, o acordo de não persecução penal deve sim ser proposto, conforme precedentes do STF e do STJ ao tratar de questões semelhantes: "(...) Esse novíssimo estatuto normativo, ao conferir expressão formal e positiva às premissas ideológicas que dão suporte às medidas despenalizadoras previstas na Lei nº 9.099/95, atribui, de modo consequente, especial primazia aos institutos (a) da composição civil (art. 74, parágrafo único), (b) da transação penal (art. 76), (c) da representação nos delitos de lesões culposas ou dolosas de natureza leve (arts. 88 e 91) e (d) da suspensão condicional do processo (art. 89). As prescrições que consagram as medidas despenalizadoras em causa qualificam-se como normas penais benéficas, necessariamente impulsionadas, quanto à sua aplicabilidade, pelo princípio constitucional que impõe, à 'lex mitior', uma insuprimível carga de retroatividade virtual e, também, de incidência imediata" (RTJ 162/483-484, Rel. Min. Celso De Mello, Pleno)" (STF, HC 94.085, J. 28/03/2008 – Informativo 499). No mesmo sentido: STF, Inq. 1055 QO/AM, Pleno, J. 24/04/1996; STJ, HC 59.776/SP, 6ª T, J. 17/03/2009.

Relata que solicitou a realização de acordo de não persecução penal, em 14.2.2020, após a sentença, porém antes do trânsito em julgado da condenação. O pedido de ANPP teria sido negado pelo procurador da causa, mas deferido pela Câmara de Coordenação e Revisão do MPF, a qual teria, no entanto, condicionado sua realização à ausência de trânsito em julgado. Como o trânsito em julgado ocorrera em 12.5.2020, não foi aceito o pedido de ANPP formulado pelo réu.

(...)

Portanto, o objeto deste HC não é o cabimento do ANPP, sua retroatividade ou limitação temporal, mas o fato de que houve uma decisão do órgão superior do MP, no sentido do oferecimento do acordo, que não foi implementada em razão da demora procedimental, em prejuízo do imputo, que havia requerido em tempo adequado a revisão nos termos do art. 28-A, § 14, CPP.

(...)

Diante do exposto, concedo a ordem de habeas corpus para anular o trânsito em julgado, suspendendo eventual execução da pena, e determinar o retorno dos autos ao procurador oficiante para consideração do entendimento firmado pela Câmara e análise dos demais requisitos exigidos para a celebração do acordo (...) (STF, HC 199.180/SC, 2ª T, J. 22/02/2022).[56]

Contudo, o STJ e a 1ª Turma do STF possuíam entendimento contrário, sustentando a inaplicabilidade do ANPP aos processos em que tenha havido o recebimento da denúncia antes da vigência da Lei nº 13.964/2019:

(...) 1. O Acordo de Não Persecução Penal consiste em um negócio jurídico pré-processual entre o Ministério Público e o investigado, juntamente com seu defensor, como alternativa à propositura de ação penal. Trata-se de norma processual, com reflexos penais, uma vez que pode ensejar a extinção da punibilidade. Contudo, não é possível que se aplique com ampla retroatividade norma predominante processual, que segue o princípio do *tempus regit actum*, sob pena de se subverter não apenas o instituto, que é pré-processual e direcionado ao investigado, mas também a segurança jurídica. 2. Em observância ao isolamento dos atos processuais, sem perder de vista o benefício trazido pela norma, a possibilidade do acordo deve ser avaliada em todos os processos em que ainda não foi apresentada denúncia, conforme enunciado n. 20 da Comissão Especial denominada GNCCRIM, do Conselho Nacional de Procuradores-Gerais: "Cabe acordo de não persecução penal para fatos ocorridos antes da vigência da Lei nº 13.964/2019, desde que não recebida a denúncia". 3. "Descabida a aplicação retroativa do instituto mais benéfico previsto no art. 28-A do CP (acordo de não persecução penal) inserido pela Lei n. 13.964/2019 quando a persecução penal já ocorreu, estando o feito sentenciado, inclusive com condenação confirmada por acórdão proferido pelo Tribunal de Justiça no caso em tela" (AgRg no REsp 1860770/SP, Rel. Ministro Joel Ilan Paciornik, Quinta Turma, julgado em 01/09/2020, DJe 09/09/2020). Precedentes. 4. O Projeto de Lei 882/2019 também previa a figura do "Acordo de Não Continuidade da Ação Penal" – não aprovado pelo Congresso Nacional –, o qual apenas poderia ser proposto após o recebimento da denúncia ou queixa e até o início da instrução processual, o que revela a especificidade de cada instituto, a depender do momento processual. Nessa linha de intelecção, não tendo ocorrido a implementação integrada dos institutos, ou mesmo a indicação de regra de transição, cabe ao Judiciário firmar compreensão teleológica e sistemática, que melhor reflita a coerência e o alcance da norma trazida no art. 28-A do Código de Processo Penal. Assim, é possível sua aplicação retroativa apenas enquanto não recebida a denúncia. 5. É verdade que parte da doutrina vem entendendo pela possibilidade de aplicação da regra nova aos processos em andamento. Todavia, mesmo que se entenda pela aplicação da orientação dada à Lei 9.099/1995 na ADIN 1.769 (STF – Pleno), o limite temporal da retroatividade a ser utilizado será a sentença condenatória (STF, HC 74.305-SP (Plenário), Rel. Min. Moreira Alves, decisão 9.12.96; HC 74.856-SP , Rel. Min. Celso de Mello, DJ 25.4.97; HC 74.498-MG, Rel. Min. Octavio Gallotti, DJ 25.4.97 e HC 75.518-SP, Rel. Ministro Carlos Velloso, 02.05.2003). – Recentemente, a Suprema Corte de Justiça Nacional, no HC nº 191.464-SC, da relatoria do Ministro Roberto Barroso

---

56. No mesmo sentido: STF, HC 194.677/SP, 2ª T, *J*. 11/05/2021.

(DJe 18/09/2020) – que invocou os precedentes do HC nº 186.289-RS, Relatora Ministra Carmen Lúcia (DJe 01/06/2020), e do ARE nº 1171894-RS, Relator Ministro Marco Aurélio (DJe 21/02/2020) – externou a impossibilidade de fazer-se incidir o ANPP, quando já existente condenação, conquanto ela ainda esteja suscetível à impugnação. 6. Mostra-se incompatível com o propósito do instituto do Acordo de Não Persecução Penal (ANPP) quando já recebida a denúncia e já encerrada a prestação jurisdicional nas instâncias ordinárias, com a condenação do acusados. 7. Agravo regimental a que se nega provimento (STJ, AgRg na PET no AREsp 1.664.039/PR, 5ª T, J. 20/10/2020).

Ementa: Direito penal e processual penal. Agravo regimental em habeas corpus. Acordo de não persecução penal (art. 28-A do CPP). Retroatividade até o recebimento da denúncia. 1. A Lei nº 13.964/2019, no ponto em que institui o acordo de não persecução penal (ANPP), é considerada lei penal de natureza híbrida, admitindo conformação entre a retroatividade penal benéfica e o *tempus regit actum*. 2. O ANPP se esgota na etapa pré-processual, sobretudo porque a consequência da sua recusa, sua não homologação ou seu descumprimento é inaugurar a fase de oferecimento e de recebimento da denúncia. 3. O recebimento da denúncia encerra a etapa pré-processual, devendo ser considerados válidos os atos praticados em conformidade com a lei então vigente. Dessa forma, a retroatividade penal benéfica incide para permitir que o ANPP seja viabilizado a fatos anteriores à Lei nº 13.964/2019, desde que não recebida a denúncia. 4. Na hipótese concreta, ao tempo da entrada em vigor da Lei nº 13.964/2019, havia sentença penal condenatória e sua confirmação em sede recursal, o que inviabiliza restaurar fase da persecução penal já encerrada para admitir-se o ANPP. 5. Agravo regimental a que se nega provimento com a fixação da seguinte tese: "o acordo de não persecução penal (ANPP) aplica-se a fatos ocorridos antes da Lei nº 13.964/2019, desde que não recebida a denúncia". (...) Tese. O acordo de não persecução penal (ANPP) aplica-se a fatos ocorridos antes da Lei nº 13.964/2019, desde que não recebida a denúncia (STF, HC 191.464 AgR/SC, 1ª T, J. 11/11/2020).[57]

A 2ª Turma do STF, no HC 238.392 AgR/MS, em julgamento no dia 29/04/2024, decidiu que, "a despeito da divergência entre as Turmas da Suprema Corte, tendo em vista a pendência de julgamento pelo Plenário do HC nº 185.913/DF (Rel. Min. Gilmar Mendes), mantém-se a recente jurisprudência da Segunda Turma, a qual tem decidido reiteradamente pela possibilidade de aplicação retroativa do ANPP, mesmo havendo sentença condenatória em grau de recurso".

Porém, no mesmo dia 29/04/2024, a 1ª Turma do STF, no HC 232.682 AgR/AM, entendeu pela impossibilidade de sobrestamento do feito e determinou a observância do entendimento da 1ª Turma, que era diametralmente oposto ao da 2ª Turma, até o julgamento final do Habeas Corpus nº 185.913.

Enfim, no julgamento do Habeas Corpus nº 185.913, em sede de repercussão geral, o Plenário do STF solucionou a questão ao decidir que o acordo de não persecução penal aplica-se de forma retroativa aos casos em andamento, excetuando-se, por questões de segurança jurídica, os já transitados em julgado, tendo fixado as seguintes teses de julgamento:

1. Compete ao membro do Ministério Público oficiante, motivadamente e no exercício do seu poder-dever, avaliar o preenchimento dos requisitos para negociação e celebração do ANPP, sem prejuízo do regular exercício dos controles jurisdicional e interno;

---

57. No mesmo sentido: STF, HC 200.255 AgR/SC, 1ª T, J. 30/08/2021; STJ, AgRg no REsp 2.006.523/CE, 5ª T, J. 23/08/2022.

2. É cabível a celebração de Acordo de Não Persecução Penal em casos de processos em andamento quando da entrada em vigência da Lei nº 13.964, de 2019, mesmo se ausente confissão do réu até aquele momento, desde que o pedido tenha sido feito antes do trânsito em julgado;

3. Nos processos penais em andamento na data da proclamação do resultado deste julgamento, nos quais, em tese, seja cabível a negociação de ANPP, se este ainda não foi oferecido ou não houve motivação para o seu não oferecimento, o Ministério Público, agindo de ofício, a pedido da defesa ou mediante provocação do magistrado da causa, deverá, na primeira oportunidade em que falar nos autos, após a publicação da ata deste julgamento, manifestar-se motivadamente acerca do cabimento ou não do acordo;

4. Nas investigações ou ações penais iniciadas a partir da proclamação do resultado deste julgamento, a proposição de ANPP pelo Ministério Público, ou a motivação para o seu não oferecimento, devem ser apresentadas antes do recebimento da denúncia, ressalvada a possibilidade de propositura, pelo órgão ministerial, no curso da ação penal, se for o caso. (STF, HC 185.913/DF, Plenário, J. 18/09/2024).

Ainda segundo o STF, "nas hipóteses de aplicabilidade do ANPP (CPP, art. 28-A) a casos já em andamento no momento da entrada em vigor da Lei 13.964/2019, a viabilidade do oferecimento do acordo deverá ser avaliada pelo órgão ministerial oficiante na instância e no estágio em que estiver o processo. Se eventualmente celebrado o ANPP, será competente para acompanhar o seu fiel cumprimento o juízo da execução penal e, em caso de descumprimento, devem ser aproveitados todos os atos processuais anteriormente praticados, retomando-se o curso processual no estágio em que o feito se encontrava no momento da propositura do ANPP" (STF, HC 185.913, Plenário, J. 18/09/2024).

3.8 AÇÃO PENAL PRIVADA

A ação penal será de iniciativa privada quando o tipo penal disser que *somente se procede mediante queixa*, hipótese em que "o particular é titular de uma pretensão acusatória e exerce o seu direito de ação", atuando em prol de um direito próprio de acusar, mediante o oferecimento de queixa-crime que deverá ter os mesmos requisitos da denúncia (art. 41, CPP).[58]

A ação penal privada é regida pelos seguintes princípios: *conveniência e oportunidade*; *disponibilidade*; *indivisibilidade*; *pessoalidade* ou *intranscendência*.

Segundo o *princípio da conveniência e oportunidade*, o ofendido não está obrigado a exercer a ação penal, pois não há obrigatoriedade, mas sim plena faculdade, podendo escolher o momento em que fará a acusação, desde que dentro do prazo decadencial de seis meses, contado do conhecimento da autoria do delito e na forma do art. 10 do Código Penal, lhe sendo até mesmo facultado deixar transcorrer *in albis* o prazo decadencial para o exercício do direito de queixa ou renunciar a tal direito (Lopes Júnior, 2023, p. 110). Decorrido tal prazo, verifica-se a decadência do direito de queixa e, por via de consequência, a extinção da punibilidade do agente (art. 38, CPP; art. 107, IV, CP).

---

58. LOPES JR., Aury, 2021, p. 100.

Pelo *princípio da disponibilidade*, o ofendido pode dispor da ação penal, ou seja, pode dela desistir, tanto perdoando o réu, quanto negligenciando o processo dando causa à perempção (Marcão, 2023, p. 116).

O *princípio da indivisibilidade* determina que o querelante ofereça a queixa contra todos os agentes, não podendo escolher contra quem litigar (art. 48, CPP), sendo que o Ministério Público zelará por essa indivisibilidade, podendo, inclusive, promover o aditamento da queixa, para inclusão de todos os que ali devem figurar, desde que a omissão tenha sido involuntária:

> Somente há renúncia tácita ao direito de queixa, com incidência do art. 49, se o querelante, no momento do oferecimento da queixa conhecia todos os autores do crime e deixou de oferecer a queixa em relação a um deles. Por outro lado, no caso de um dos autores ser desconhecido, sendo posteriormente identificado, o Ministério Público poderá aditar a queixa para incluí-lo. Neste caso, não há de se cogitar de renúncia tácita em relação a quem não se conhecia (Badaró, 2017, p. 199-200 apud Dezem, 2021, p. 214).

Portanto, caso a omissão seja involuntária, aplicar-se-á o art. 569 do Código de Processo Penal, segundo o qual "as omissões da denúncia ou da queixa, da representação (...), poderão ser supridas a todo o tempo, antes da sentença final". Por outro lado, se for voluntária a omissão de algum dos autores, coautores ou partícipes da infração penal na queixa-crime, terá havido renúncia tácita em relação a ele, a qual aproveitará a todos (arts. 45, 48 e 49, CPP).

Já o princípio da *pessoalidade* ou *intranscendência* estabelece que a queixa-crime deve ser oferecida somente contra o suposto autor, coautor ou partícipe do fato, mandamento que decorre do disposto no art. 5º, XLV, da Constituição Federal, segundo o qual *nenhuma pena passará da pessoa do condenado*. Da mesma forma que a pena não pode passar da pessoa do condenado, a acusação também deve se circunscrever ao autor, coautor e partícipe do crime.

Vale lembrar que a queixa-crime deve ser oferecida no prazo decadencial de 6 meses, contado do conhecimento da autoria (art. 38, CPP; art. 103, CP), prazo este que, por ser de direito material, uma vez que se liga diretamente à punibilidade, deve ser contado incluindo-se o dia do começo e excluindo-se o do final (art. 10, CP) (Dezem, 2021, p. 178).

No entanto, há cinco hipóteses que constituem exceção à regra citada no parágrafo anterior: (1) crimes contra a propriedade imaterial, em que o prazo será de 30 dias, a partir da homologação judicial do laudo pericial (art. 529, CPP); (2) no crime de induzimento a erro essencial e ocultação de impedimento (art. 236, CP), o prazo de 6 meses será contado a partir do trânsito em julgado da sentença que anular o casamento; (3) quando se tratar de ação penal privada subsidiária da pública, o prazo de 6 meses será contado do dia seguinte àquele em que terminar o prazo do Ministério Público para o oferecimento da denúncia (arts. 29 e 38, CPP); (4) quando o ofendido falece antes do término do prazo decadencial, surge para os sucessores novo prazo de 6 meses para o oferecimento da queixa-crime (art. 31, CPP); (5) quando o ofendido for menor de 18 anos e o representante legal não exercer o direito de queixa, o ofendido poderá fazê-lo no prazo de 6 meses contado do dia em que completar 18 anos, desde que não se tenha operado a prescrição, cujo prazo segue o curso normal, nos termos do art. 111 do Código Penal, ressalvado o seu inciso V. (Dezem, 2021, p. 178-179).

3.9 ESPÉCIES DE AÇÃO PENAL PRIVADA

São três as espécies de ação penal privada: *ação penal privada originária ou comum*; *ação penal privada personalíssima*; *ação penal privada subsidiária da pública*.

A *ação penal privada originária ou comum*, também chamada de *propriamente dita*, é a regra entre as ações penais de iniciativa privada e pode ser intentada pelo ofendido ou por seu representante legal[59] (art. 30, CPP), sendo que, em caso de morte ou ausência do ofendido declarada por decisão judicial, também poderá ser intentada pelo cônjuge (ou companheiro), ascendente, descendente ou irmão (art. 31, do CPP).

Já a *ação penal privada personalíssima* é restrita à iniciativa pessoal da vítima, não se operando a sucessão prevista no art. 31 do Código de Processo Penal, de maneira que somente o ofendido poderá promover a ação penal. Neste tipo de ação, com a morte do ofendido, extingue-se a punibilidade e a ação penal, sendo este o único caso de extinção da punibilidade gerada pela morte da vítima. Tal espécie, atualmente, se verifica apenas no crime do art. 236 do Código Penal:[60]

> *Induzimento a erro essencial e ocultação de impedimento*
>
> Art. 236 – Contrair casamento, induzindo em erro essencial o outro contraente, ou ocultando-lhe impedimento que não seja casamento anterior:
>
> Pena: detenção, de seis meses a dois anos.
>
> Parágrafo único. *A ação penal depende de queixa do contraente enganado* e não pode ser intentada senão depois de transitar em julgado a sentença que, por motivo de erro ou impedimento, anule o casamento.

Conforme mencionado no tópico anterior, no crime de induzimento a erro essencial e ocultação de impedimento (art. 236, CP), o prazo de 6 meses será contado a partir do trânsito em julgado da sentença que anular o casamento. Apenas para conhecimento, vale o registro de que outro crime em que cabia esse tipo de ação era o revogado crime de adultério.[61]

A *ação penal privada subsidiária da pública* é prevista no art. 5º, LIX, da Constituição Federal (*será admitida ação privada nos crimes de ação pública, se esta não for intentada*

---

59. Bem como, por curador especial, nomeado pelo juiz competente para o processo penal, de ofício ou a requerimento do Ministério Público, quando o ofendido não tiver representante legal ou quando os interesses do ofendido conflitarem com os interesses do seu representante legal (art. 33, CPP).
60. DEZEM, Guilherme Madeira, 2018, p. 180.
61. MARCÃO, Renato, 2021, p. 124.

no prazo legal) e no art. 29 do Código de Processo Penal[62] (*Será admitida ação privada nos crimes de ação pública, se esta não for intentada no prazo legal, cabendo ao Ministério Público aditar a queixa, repudiá-la e oferecer denúncia substitutiva, intervir em todos os termos do processo, fornecer elementos de prova, interpor recurso e, a todo tempo, no caso de negligência do querelante, retomar a ação como parte principal*).

Outros dispositivos que preveem a ação penal privada subsidiária da pública são: art. 100, § 3º, do CP; art. 80, Lei nº 8.078/1990 (Código de Defesa do Consumidor); art. 184, parágrafo único, Lei nº 11.101/2005 (Lei de Falência).

Esta ação pode ser oferecida pelo ofendido nos crimes de ação penal pública quando o Ministério Público permanecer inerte, depois de esgotado o prazo para oferecimento da denúncia. Trata-se de direito constitucional do ofendido de combater a inércia ministerial, oferecendo a queixa-crime em lugar da denúncia, quando o *Parquet* não atuar no tempo adequado.[63]

Tal ação apenas será possível quando houver inércia do Ministério Público, sendo que em casos de oferecimento de denúncia, requerimento de arquivamento, pedido de novas diligências imprescindíveis, transação penal ou acordo de não persecução penal não há inércia e, consequentemente, não é admissível ação penal privada subsidiária da pública.

O prazo para o oferecimento da queixa-crime na ação penal privada subsidiária da pública é de 6 meses, a partir do esgotamento do prazo para o oferecimento da denúncia (art. 38, CPP), sendo que o Ministério Público poderá aditar a queixa no prazo de três dias[64] (somente para ampliá-la, podendo propor meios de prova), repudiá-la oferecendo denúncia substitutiva (não pode repudiá-la e propor o arquivamento) e será restabelecido como titular da ação penal (reversão da titularidade) em casos de negligência do querelante (art. 29, CPP), lhe sendo lícito, ainda, interpor recursos.[65]

O art. 44 do Código de Processo Penal exige que a queixa-crime seja acompanhada de procuração com poderes especiais, na qual deve constar o nome do querelado (erroneamente o dispositivo fala em querelante, cujo nome, por óbvio, já consta da procuração na qualidade de outorgante do mandato), além da descrição sucinta do fato criminoso (*menção do fato criminoso*), descrevendo *o fato acontecido*.

Eventuais omissões da procuração podem ser sanadas até a sentença final (art. 569, CPP), ainda que após o decurso do prazo decadencial de 6 meses:

> (...) Ainda que a queixa-crime apresentada pela recorrente e o instrumento procuratório acostado aos autos apresentem omissões, em sendo possível o saneamento mesmo depois do prazo decadencial, não há que

---

62. Outros dispositivos que preveem a ação penal privada subsidiária da pública: art. 100, § 3º, do CP; art. 80, Lei nº 8.078/1990 (Código de Defesa do Consumidor); art. 184, parágrafo único, Lei nº 11.101/2005 (Lei de Falência).
63. DEZEM, Guilherme Madeira, 2018, p. 180-181.
64. CPP, art. 46, § 2º.
65. DEZEM, Guilherme, 2018, p. 182.

se falar em extinção da punibilidade do recorrido. Inteligência do art. 569, do CPP" (STJ, AREsp 938.217/ES, rel. Min. Reynaldo Soares da Fonseca, J. 26/08/2016).

"(...) 3. De acordo com a jurisprudência do Superior Tribunal de Justiça, verificada a falta ou insuficiência do recolhimento das custas, é possível a posterior intimação do interessado a fim que proceda ao pagamento, não havendo falar em inépcia da queixa-crime. 4. Eventuais vícios ou irregularidades no instrumento de mandato podem ser sanadas a qualquer tempo, mesmo após o decurso do prazo decadencial, nos termos do art. 569 do Código de Processo Penal. A falta de menção ao fato delituoso na procuração configura defeito sanável a qualquer tempo pois não interfere na *legitimatio ad causam*. Precedentes (STJ, HC 131.078/PI, 6ª T, rel. Min. Alderita Ramos de Oliveira, J. 14/08/2012).

3.10 CAUSAS DE EXTINÇÃO DA PUNIBILIDADE NA AÇÃO PENAL PRIVADA

Dentre as causas de extinção da punibilidade tratadas no art. 107 do Código Penal, três merecem destaque quando se trata de ação penal privada: *renúncia*; *perdão*; e *perempção*.

A *renúncia* ocorre antes do oferecimento da queixa, podendo ser *expressa* (por escrito: assinada pelo ofendido, seu representante legal ou por procurador com poderes especiais) ou *tácita* (decorre de ato incompatível com a vontade de processar o agente, exemplo: apesar de caluniado, o ofendido convida o agente para ser seu padrinho de casamento) (Dezem, 2021, p. 190-191).

O *direito de queixa não pode ser exercido quando renunciado expressa ou tacitamente* (art. 104, CP), sendo que, como dito, *importa renúncia tácita ao direito de queixa a prática de ato incompatível com a vontade de exercê-lo*, o que, contudo, não ocorrerá, com o simples *fato de receber o ofendido a indenização do dano causado pelo crime* (art. 104, parágrafo único, CP).

No entanto, caso se trate de infração penal de menor potencial ofensivo, a composição dos danos civis acarreta renúncia ao direito de queixa ou de representação (art. 74, parágrafo único, Lei nº 9.099/1995), sendo, neste caso, aplicável tanto aos crimes de ação penal privada, quanto àqueles de ação penal pública condicionada à representação.

Outra característica da *renúncia* é ser um instituto unilateral, que independe da concordância de quem quer que seja (autor, coautor ou partícipe da infração penal), estando disciplinado nos artigos 49 e 50 do Código de Processo Penal. A renúncia oferecida a um agente será estendida automaticamente aos demais agentes (art. 49 do CPP), regra que decorre do princípio da indivisibilidade da ação penal privada (Marcão, 2023, p. 120).

Já o *perdão* ocorre após o oferecimento da queixa (arts. 51 a 59, CPP) e antes do trânsito em julgado da sentença penal condenatória (art. 106, § 2º, CP), ou seja, durante a fase processual de conhecimento, e pode ser: *expresso* (por escrito) ou *tácito* (decorre de ato incompatível com a vontade de processar); *processual* (concedido dentro dos autos) ou *extraprocessual* (concedido fora do processo, mas que precisa ser levado ao processo para acarretar a extinção da punibilidade) (Marcão, 2023, p. 120).

Trata-se o *perdão* de instituto bilateral, dependendo de aceitação do querelado, que será intimado em 3 dias para se pronunciar, quando se tratar de perdão concedido expressamente nos autos, sendo que o silêncio do querelado configura aceitação do perdão (art. 58, CPP). Caso se trate de *perdão extraprocessual*, a sua aceitação constará de declaração assinada pelo querelado, por seu representante legal ou procurador com poderes especiais (art. 59, CPP).

O *perdão* é cabível apenas nos crimes de *ação penal privada propriamente dita* ou *personalíssima*, sendo inaplicável às hipóteses de *ação penal privada subsidiária da pública* (Marcão, 2023, p. 116).

Concedido o *perdão* a um dos querelados, deverá ele ser oferecido a todos, que podem ou não o aceitar (art. 51 do CPP), devendo a ação penal prosseguir em relação a quem recusar o perdão, ou seja, a ação penal será divisível por interesse do querelado, embora seja indivisível em relação à vontade do querelante.

Pode ser que o querelado tenha interesse em levar a ação penal até o fim para comprovar a sua inocência e depois ingressar com ação de danos morais ou fazer representação por denunciação caluniosa, razão pela qual deve a ação penal privada prosseguir contra aquele querelado que não aceitou o perdão.

A *perempção* extingue a punibilidade do agente nos casos de negligência do querelante, constituindo "uma sanção jurídica processual que se impõe ao querelante como consequência de sua desídia" (Marcão, 2023, p. 121), nas seguintes hipóteses (art. 60, CPP):

(I) Quando, iniciada a ação penal, o querelante deixar de promover o andamento do processo durante 30 dias seguidos;

(II) Quando, falecendo o querelante, ou sobrevindo sua incapacidade, não comparecer em juízo, para prosseguir no processo, dentro do prazo de 60 (sessenta) dias, qualquer das pessoas a quem couber fazê-lo, ressalvado o disposto no art. 36 ("Se comparecer mais de uma pessoa com direito de queixa, terá preferência o cônjuge, e, em seguida, o parente mais próximo na ordem de enumeração constante do art. 31, podendo, entretanto, qualquer delas prosseguir na ação, caso o querelante desista da instância ou a abandone");

(III) Quando o querelante deixar de comparecer, sem motivo justificado, a qualquer ato do processo a que deva estar presente (Exemplo: audiência de instrução de julgamento);

(IV) Quando o querelante deixar de formular o pedido de condenação nas alegações finais;

(V) Quando, sendo a querelante pessoa jurídica, esta se extinguir sem deixar sucessor.

Importante o registro de que não haverá perempção nos casos de ação penal privada subsidiária da pública, pois o Ministério Público assumirá a titularidade da ação se o querelante for desidioso, restabelecendo-se como titular da ação penal (art. 29, CPP).

3.11 AÇÃO CIVIL *EX DELICTO*

O Código de Processo Penal, em seus arts. 63 a 68, trata da ação civil *ex delicto*, para efeito de reparação do dano causado pelo crime.

A mesma questão é objeto de regramento pelo Código Penal, em seu art. 91, ao estabelecer como efeito da condenação penal a obrigação de indenizar o dano causado pelo crime.

Nessa mesma esteira, o Código de Processo Civil, em seu art. 515, inciso VI, estabelece como título executivo judicial a sentença penal condenatória transitada em julgado.

Nessa mesma linha, o Código Civil, em seus arts. 186 e 187, trata dos atos ilícitos e, em seu art. 927, da obrigação de repará-los, quando causarem dano a outrem.

No inciso IV do art. 387, o Código de Processo Penal estabelece que o juiz, ao proferir a sentença condenatória, fixará *valor mínimo para reparação dos danos* causados pela infração, considerando os prejuízos sofridos pelo ofendido (Redação dada pela Lei nº 11.719/2008).

Tal dispositivo torna a sentença penal condenatória um *título executivo líquido*, ainda que *em parte*, uma vez que o art. 63, parágrafo único, do mesmo *Codex* dispõe que: "Transitada em julgado a sentença condenatória, a execução poderá ser efetuada pelo valor fixado nos termos do inciso IV do *caput* do art. 387 deste Código *sem prejuízo da liquidação para a apuração do dano efetivamente sofrido*".

No mesmo sentido, a Lei nº 9.605/1998 (Lei de Crimes Ambientais), em seu art. 20, estabelece que: "A sentença penal condenatória, sempre que possível, fixará o valor mínimo para reparação dos danos causados pela infração, considerando os prejuízos sofridos pelo ofendido ou pelo meio ambiente. Parágrafo único. Transitada em julgado a sentença condenatória, a execução poderá efetuar-se pelo valor fixado nos termos do *caput*, sem prejuízo da liquidação para apuração do dano efetivamente sofrido".

O STJ tem entendimento no sentido de que, para a fixação do *valor mínimo para reparação dos danos* causados pela infração, há necessidade de pedido expresso, sob pena de violação ao princípio da ampla defesa (AgRg no REsp 1.626.962/MS, 6ª T, *DJe* 16/12/2016 e STJ, HC 428.490/RJ, 5ª T, *J.* 13/03/2018).[66]

Por outro lado, há decisão mais recente do próprio STJ não admitindo o *habeas corpus* para discussão do assunto:

---

66. No mesmo sentido: STJ, REsp 1.707.850/ES, 6ª T, *J.* 13/03/2018; STJ, AgRg no REsp 1.688.389/MS, 6ª T, *J.* 22/03/2018.

(...) 4. A via processual do *habeas corpus* não é adequada para impugnar a reparação civil fixada na sentença penal condenatória, com base no art. 387, inciso IV, do Código de Processo Penal, pois a sua imposição não acarreta ameaça, ainda que indireta ou reflexa, à liberdade de locomoção (HC 302.141/RS, Rel. Ministro Ribeiro Dantas, Quinta Turma, *DJe* 3/5/2016). 5. *Habeas Corpus* não conhecido (STJ, HC 428.106/ES, 5ª T, J. 21/05/2019).

Embora seja possível a fixação, pelo juiz criminal, de um *valor mínimo* para reparação dos danos causados pela infração penal, nada impede que o ofendido promova a liquidação da sentença para apuração do dano efetivamente sofrido e, assim, obtenha uma *reparação total*.

A reparação do dano pode se dar de várias formas: pela restituição da coisa subtraída, quando se tratar, por exemplo, de um crime de furto ou de apropriação indébita; pelo ressarcimento, em que há o pagamento dos danos patrimoniais resultantes do crime, incluindo os lucros cessantes; pela indenização de um dano moral sofrido etc.[67]

Embora a sentença penal condenatória faça coisa julgada no cível e constitua título executivo judicial, em regra a responsabilidade civil é independente da criminal, razão pela qual, para buscar a reparação, a vítima do crime pode promover a competente ação de reparação perante o juiz cível, contra o autor do crime e, se for o caso, contra o responsável civil (Art. 64, *caput*, CPP e Art. 932, CC), independentemente de haver ação criminal ou trânsito em julgado de sentença penal condenatória, muito embora seja facultado ao juiz cível suspender o julgamento definitivo da ação civil até o término da ação penal (Art. 64, parágrafo único, CPP).

Caso a vítima aguarde o trânsito em julgado da sentença penal condenatória, estará certa a obrigação do condenado reparar o dano, de maneira que a vítima poderá se limitar a mover a ação de execução do título executivo judicial (sentença penal condenatória), caso entenda suficiente o valor fixado pelo juiz criminal (Art. 387, IV, CPP), ou poderá promover *simultaneamente* a *execução* da parte líquida (*valor mínimo* fixado pelo juiz criminal) e a *liquidação* do restante necessário à reparação total dos danos sofridos (Art. 63, parágrafo único, CPP e Art. 509, § 1º, CPC).

Em que pese a já citada regra de independência entre a jurisdição civil e a criminal (excepcionalizada, como dissemos, pela sentença penal condenatória que faz coisa julgada no cível), é preciso registrar, ainda, algumas outras exceções a essa regra correspondentes a hipóteses em que a sentença absolutória também faz coisa julgada no cível.

Quando a sentença absolutória for proferida com fundamento no art. 386, incisos I (estar provada a inexistência do fato) e IV (estar provado que o réu não concorreu para a infração penal), do CPP, não poderá ser proposta a ação civil *ex delicto*, uma vez que não se pode questionar mais sobre a existência do fato, ou sobre quem seja o seu autor, quando estas questões se acharem decididas no juízo criminal (Art. 66, CPP e Art. 935, CC). Contudo, caso a absolvição se dê com fundamento nos demais incisos do citado art. 386, nada obsta a ação civil *ex delicto*.

---

67. BADARÓ, Gustavo Henrique, 2018, p. 215.

Também, "faz coisa julgada no cível a sentença penal que reconhecer ter sido o ato praticado em estado de necessidade, em legítima defesa, em estrito cumprimento de dever legal ou no exercício regular de direito" (Art. 65, CPP e Art. 188, CC), ressalvadas apenas as hipóteses de (Arts. 929 e 930, CC): (a) estado de necessidade agressivo, em que for sacrificado o bem de um terceiro não causador do perigo, podendo este pedir reparação pelos prejuízos experimentados; (b) legítima defesa real com *aberratio ictus*, quando um terceiro for atingido, podendo este requerer a reparação; (c) as excludentes de ilicitude putativas.[68]

Não impedirão a propositura da ação civil (Art. 67, CPP): o despacho de arquivamento do inquérito ou das peças de informação; a decisão que julgar extinta a punibilidade; a sentença absolutória que decidir que o fato não constitui crime.

Já a decisão homologatória da transação penal, por expressa disposição legal, não terá efeitos civis, cabendo aos interessados propor ação cabível no juízo cível (Art. 76, § 6º, Lei nº 9.099/1995).

Quanto à decisão absolutória imprópria, que absolve o acusado e impõe medida de segurança (Art. 386, VI e parágrafo único, III, CPP), por não se tratar de sentença penal condenatória, não gera o dever de reparar o dano e nem constitui título executivo judicial, devendo o ofendido buscar a reparação do dano em ação própria no juízo cível.[69]

Por fim, importante registrar que o art. 68 do Código de Processo Penal não tem mais aplicação, na medida em que, quando o titular do direito à reparação do dano for pobre, a execução da sentença condenatória (Art. 63, CPP) ou a ação civil (Art. 64, CPP) serão promovidas pela Defensoria Pública e não mais pelo Ministério Público.[70]

---

68. LOPES JR., Aury, 2021, p. 109.
69. BADARÓ, Gustavo Henrique, 2018, p. 219-220.
70. PACELLI, Eugênio, 2021, p. 171.

4
JURISDIÇÃO E COMPETÊNCIA PROCESSUAL PENAL

A palavra jurisdição é a junção de *juris* (direito) com *dicção* (dizer), razão pela qual jurisdição é o poder-dever que todo juiz tem de dizer o direito no caso concreto.

A jurisdição deve ser concebida como um poder-dever de realização da Justiça Estatal, decorrente do princípio da necessidade do processo penal para conhecimento da pretensão acusatória e, em sendo ela acolhida, o exercício do poder de penar detido pelo Estado-juiz, no que também constitui um direito fundamental à garantia da jurisdição, ou seja, de somente ser apenado após o devido processo legal presidido por um juiz natural e imparcial.[1]

O exercício da jurisdição somente pode ser feito por um magistrado (juiz, desembargador ou ministro) regularmente investido no cargo e no exercício de suas funções, que deve ser competente para o caso concreto.[2]

Assim, na medida em que todo juiz tem jurisdição, para se saber qual juiz julgará cada caso, são necessárias as normas de competência, por meio das quais será feita a delimitação da jurisdição.

É por meio das normas de competência que saberemos, dentre todos os juízes que têm jurisdição, qual deles julgará cada caso específico, o que assegura a eficácia da garantia de julgamento por um juiz natural e imparcial.

A competência processual penal é, portanto, um conjunto de regras que asseguram a eficácia da garantia da jurisdição (juiz natural[3] e imparcial), um dos princípios basilares do Estado Democrático de Direito que constitui, também, uma verdadeira garantia constitucional do cidadão de não ser julgado por um *juízo ou tribunal de exceção* (art. 5º, XXXVII, CF/88), uma vez que *ninguém será processado nem sentenciado senão pela autoridade competente* (art. 5º, LIII, CF/88).

---

1. LOPES JR., Aury, 2021, p. 113.
2. MARCÃO, Renato, 2021, p. 142.
3. O princípio do juiz natural possui dois desdobramentos: (1) proíbe os tribunais de exceção, aqueles criados para julgamentos de fato específico e, por óbvio, somente após a prática do fato (Exemplo: Tribunal de Nuremberg, criado para julgar os oficiais Nazistas, logo após a segunda guerra mundial). Todo tribunal de exceção é enviesado, ou seja, segue o viés da força que o criou, razão pela qual o art. 5º, XXXVII, da Constituição Federal determina que *não haverá juízo ou tribunal de exceção*; (2) garante competência prévia e imparcialidade, pois o juiz ou Tribunal julgará qualquer fato semelhante, sendo que quem pratica um crime sabe previamente quem será o órgão que o julgará.

Em outras palavras, competência é a medida ou a especialização da atividade jurisdicional, é a porção de jurisdição que cabe a cada magistrado exercer.[4] Todo juiz tem jurisdição[5] (poder-dever de dizer o direito, aplicando a norma ao caso concreto), mas nem todo juiz tem competência para todo e qualquer caso:

> Embora a jurisdição seja una, a divisão de competências se revela imprescindível para o êxito de seu exercício; de sua realização e eficácia social, até porque evidente o caos que se implantaria se todo e qualquer juiz pudesse decidir, sem que existissem critérios objetivos de delimitação de seu poder, este ou aquele processo, conforme sua exclusiva opção e conveniência.[6]

Assim, *a jurisdição será delimitada pela competência*, garantindo o respeito ao princípio do juiz natural, de maneira que um juiz ou tribunal somente pode julgar um caso penal quando for competente *em razão da matéria, em razão da pessoa e em razão do lugar*, ressalvadas algumas exceções, tais como o incidente de deslocamento de competência (art. 109, V-A e § 5º, CF/88), a *prorrogatio fori*, as regras de conexão e continência, criação de varas especializadas e mutirões etc.[7]

4.1 COMPETÊNCIA ABSOLUTA E COMPETÊNCIA RELATIVA

A *competência* se divide em *absoluta* e *relativa*.

A competência absoluta é estabelecida em norma constitucional, cujo fundamento é o interesse público na correta e adequada distribuição da Justiça, sendo indisponível às partes e impondo-se ao juiz, razão pela qual é improrrogável, imodificável.[8]

---

4. MARCÃO, Renato, 2021, p. 145.
5. DEZEM, Guilherme Madeira, 2018, p. 234. Segundo o autor: "(...) todo juiz possui jurisdição. A jurisdição é una e indivisível, de forma que todos os órgãos jurisdicionais a possuem".
6. MARCÃO, Renato, 2021, p. 145.
7. Súmula 704 do STF. Não viola as garantias do juiz natural, da ampla defesa e do devido processo legal a atração por continência ou conexão do processo do corréu ao foro por prerrogativa de função de um dos denunciados (J. 24/09/2003). Sobre a questão dos mutirões em varas: "(...) Inexiste violação do princípio da identidade física do juiz quando não comprovado o efetivo prejuízo ao réu, nos casos em que há designação para o juiz atuar em vara, em regime de mutirão, para agilizar os processos em cumprimento às Diretrizes do Conselho Nacional de Justiça" (STJ, AgRg no AREsp 204.031/PI, rel. Min. Sebastião Reis Júnior, J. 15/08/2013). No mesmo sentido: STJ, HC 236.730/PI, rel. Min. Og Fernandes, J. 07/08/2012. Sobre a convocação de juízes para os Tribunais: "(...) 1. Não viola o princípio do Juiz natural o julgamento de apelação por órgão colegiado presidido por Desembargador, sendo os demais integrantes Juízes convocados. Precedente do Plenário do STF. 2. *Habeas corpus* extinto sem resolução de mérito" (STF, HC 101.473/SP, 1ª T, rel. Min. Roberto Barroso, J. 16/02/2016). Sobre a redistribuição de processos em razão da criação de novas varas ou alteração das competências existentes: "(...) 2. Os Tribunais Superiores assentaram entendimento de que não viola o princípio da identidade física do juiz a resolução do respectivo Tribunal que determina a redistribuição da ação penal em razão da criação de nova vara ou alteração das competências existentes (...)" (STJ, HC 202.657/RJ, rel. Min. Gurgel de Faria, J. 10/12/2015); "(...) 4. A criação de varas criminais especializadas vem ao encontro do propósito de organização de um sistema de justiça célere e apto a enfrentar satisfatoriamente as lides penais. 5. Embora a competência, como regra, seja fixada no momento da propositura da ação penal, a criação de Vara especializada em função da matéria, de natureza absoluta, consubstancia motivo hábil à redistribuição do feito criminal (...)" (STJ, HC 180.840/PR, rel. Min. Og Fernandes, J. 05/03/2013).
8. LIMA, Renato Brasileiro de. *Manual de Processo Penal*. 9. ed., rev., ampl. e atual. Salvador: JusPodivm, 2021. P. 361.

Nesse sentido, o art. 62 do Código de Processo Civil, aqui aplicado subsidiariamente, dispõe que *a competência determinada em razão da matéria, da pessoa ou da função é inderrogável por convenção das partes.*

A competência absoluta, portanto, se divide em: *funcional; em razão da matéria;* e *em razão da pessoa.*

Competência funcional é aquela que diz respeito:

(I) À *fase do processo*, de maneira que, na fase de conhecimento a competência será do juiz criminal, enquanto durante a execução penal, as decisões competem ao juízo das execuções;[9] nos crimes dolosos contra a vida o juiz decidirá ao término da primeira fase (pronúncia, impronúncia, desclassificação ou absolvição sumária) e o Conselho de Sentença decidirá ao término da segunda fase (em plenário); e

(II) Ao *grau de jurisdição*, uma vez que a decisão sobre o mérito da apelação incumbirá ao Tribunal de segunda instância (TJ, TRF ou TRE), o recurso especial será julgado pelo STJ e o recurso extraordinário será de competência do STF.

A *competência em razão da matéria* (*ratione materiae*) é definida pela natureza da infração penal praticada[10] (art. 69, III, CPP), assim: os crimes dolosos contra a vida são de competência do Tribunal do Júri; os crimes praticados em detrimento de bens, serviços ou interesse da União, suas entidades autárquicas ou empresas públicas competem à Justiça Federal; os crimes eleitorais serão processados e julgados pela Justiça Eleitoral; e os crimes militares competirão, via de regra, à Justiça Militar.

Já a *competência em razão da pessoa* (*ratione personae*) corresponde ao foro especial por prerrogativa de função ou foro privilegiado, segundo o qual algumas pessoas que ocupam determinadas funções ou cargos públicos têm a prerrogativa de serem julgadas criminalmente perante determinados Tribunais (art. 69, VII, CPP).

A inobservância da competência absoluta gera uma nulidade absoluta, que pode ser arguida a qualquer momento e em qualquer grau de jurisdição, inclusive podendo ser reconhecida de ofício.

Por outro lado, a competência relativa é fixada em normas infraconstitucionais, o "que atende ao interesse preponderante das partes, seja para facilitar ao autor o acesso ao Judiciário, seja para propiciar ao réu melhores oportunidades de defesa".[11]

---

9. STF, Súmula 611 – Transitada em julgado a sentença condenatória, compete ao Juízo das execuções a aplicação de lei mais benigna. Sobre o assunto, ver também o art. 66, I, da LEP (Lei nº 7.210/1984).
10. DEZEM, Guilherme Madeira, 2018, p. 236.
11. LIMA, Renato Brasileiro de, 2021, p. 361.

Grande parte da doutrina sustenta que, apesar do interesse ser preponderante das partes na fixação da competência relativa, também há algum interesse público envolvido, razão pela qual a incompetência relativa pode ser arguida de ofício pelo juiz.[12]

Em posição intermediária, Pacelli sustenta a possibilidade do *juiz, de ofício, declarar a sua incompetência relativa até antes da instrução*, pois uma vez realizada a instrução criminal, pelo princípio da identidade física do juiz (art. 399, § 2º, CPP), não poderia mais fazê-lo.[13]

Em sentido contrário, Badaró leciona que, "como no caso de incompetência relativa o critério desrespeitado foi fixado no interesse da parte, sua inobservância somente trará prejuízo à própria parte. Assim, apenas se houver alegação da parte prejudicada, por meio de exceção de incompetência, o juiz poderá reconhecê-la, sendo-lhe vedado declará-la de ofício" (Badaró. *Processo Penal* [livro eletrônico]. 6. ed. São Paulo: Thomson Reuters Brasil, 2020. RB6.10)" – citada por Fachin no HC 193.726 ED/PR.

Há precedentes do STJ neste último sentido:

(...) 1. Embora o Código de Processo Penal seja omisso no tocante à competência relativa, seu art. 3º admite a utilização de interpretação extensiva e aplicação analógica, bem como o suplemento dos princípios gerais de direito. Como decorrência, mostra-se perfeitamente possível aplicar o Código de Processo Civil, para, de forma subsidiária, reconhecer a possibilidade de modificação de competência em razão do território (art. 102 do CPC), assim como a *perpetuação da jurisdição* (art. 87 do CPC), *caso a competência relativa não seja arguida a tempo e modo*. 2. O questionamento sobre o Juízo Federal competente para julgar ação penal em que o réu é acusado de ter cometido estelionato previdenciário em proveito próprio envolve apenas competência territorial relativa, já que a competência absoluta da Justiça Federal para o julgamento da ação penal não é posta em dúvida. 3. *A competência em razão do local é relativa, não podendo ser decretada de ofício*. Enunciado 33 da Súmula do STJ. Precedentes desta Corte (STJ, CC 134.272/RO, J. 14/10/2015).

(...) 2. Tratando-se de incompetência relativa, não tendo a defesa oposto a devida exceção, no prazo legal, resta operada a preclusão, prorrogando-se a competência firmada. Precedentes do STJ. 3. A incompetência relativa não pode ser declarada de ofício (Súmula 33/STJ). 4. Ordem parcialmente conhecida e, nessa extensão, denegada (STJ, HC 95722/BA, 1º/12/2009).

Há, inclusive, a Súmula 33 do STJ que assim dispõe:

A incompetência relativa não pode ser declarada de ofício (Segunda Seção, julgado em 24/10/1991, *DJ* 29/10/1991).

Para alguns, tal súmula não se aplicaria ao processo penal, apenas ao processo civil, pois foi editada pela 2ª Seção e não pela 3ª, embora outros invoquem a possibilidade de sua aplicação, uma vez que o processo civil é aplicável subsidiariamente ao processo penal (veja, por exemplo: o caso dos recursos especial e extraordinário, atualmente regulamentados pelo CPC; a citação por hora certa que, embora prevista no art. 362

---

12. Dentre outros: LIMA, Renato Brasileiro de, 2021, p. 362; JUNIOR LOPES, Aury Celso Lima, 2021, cap. VI, p. 115.
13. PACELLI, Eugênio, 2021, tópico 7.7.2.2. p. 223.

do CPP, é regulamentada pelos arts. 252 a 254 do CPC; a inclusão no CPP do art. 315, § 2º, que é cópia fiel do art. 489, § 1º, do CPC etc.).

Por outro lado, é firme o entendimento no sentido de que *a defesa deve alegar a incompetência relativa no primeiro momento em que se manifestar nos autos, sob pena de preclusão e prorrogatio fori* (prorrogação do foro). Logo, se preclusa para a defesa (maior interessada), por qual razão poderia o juiz reconhecer a sua incompetência relativa de ofício?

Contudo, embora o STJ tenha precedentes pela impossibilidade da declaração da incompetência relativa de ofício, a doutrina majoritária sustenta tal possibilidade e o STF admitiu o reconhecimento da incompetência relativa de ofício no HC 193.726 ED/PR (caso Lula versus Moro).

Quanto às espécies de competência relativa, temos: *competência em razão do lugar*; *competência por prevenção*;[14] *competência pelo domicílio ou residência do réu*; *competência por distribuição*; *competência por conexão ou continência*; *competência dos Juizados Especiais Criminais*.

A *competência em razão do lugar* (*ratione loci*) tem finalidade de ordem prática, pois considera, via de regra, como lugar do crime, aquele em que houve a consumação ou, em se tratando de tentativa, onde foi praticado o último ato da execução, facilitando, assim, tanto a investigação preliminar, quanto a instrução processual penal, pela proximidade territorial do julgador com o local dos fatos, das testemunhas, da vítima e do autor (arts. 69, I, e 70, CPP).

Por sua vez, a competência será firmada pelo *domicílio ou residência do réu*:

(I) Quando não for conhecido o lugar da infração (arts. 69, II, e 72, CPP);

(II) Quando, nos casos de exclusiva ação privada, o querelante preferir o foro de domicílio ou da residência do réu, ainda que conhecido o lugar da infração (arts. 69, II, e 73, CPP).

Quanto à competência dos Juizados Especiais Criminais, o STF decidiu que:

(...)1. É relativa a competência dos Juizados Especiais Criminais, pela qual se admite o deslocamento da competência, por regras de conexão ou continência, para o Juízo Comum ou Tribunal do Júri, no concurso de infrações penais de menor potencial ofensivo e comum. 2. Os institutos despenalizadores previstos na Lei n. 9.099/1995 constituem garantia individual do acusado e têm de ser assegurados, quando cabíveis, independente do juízo no qual tramitam os processos. 3. No § 2º do art. 77 e no parágrafo único do art. 66 da Lei n. 9.099/1995, normas não impugnadas, também se estabelecem hipóteses que resultam na modificação da competência do Juizado Especial para o Juízo Comum. Ação direta julgada improcedente (STF, ADI 5.264, Pleno, J. 07/12/2020).

Para melhor visualização e compreensão, colaciono o quadro abaixo evidenciando as principais características da competência absoluta e da competência relativa:

---

14. STF, Súmula 706 – É relativa a nulidade decorrente da inobservância da competência penal por prevenção. (J. 24/09/2003)

Gênero	Competência absoluta	Competência relativa
Espécies	Funcional Em razão da matéria Em razão da pessoa	Em razão do lugar Por prevenção Pelo domicílio ou residência do réu Por distribuição Por conexão ou continência Dos Juizados Especiais Criminais
Interesse	Estabelecida conforme interesse preponderantemente público	Estabelecida conforme interesse preponderantemente particular
Momento da alegação	Pode ser alegada a qualquer tempo, pois não se convalida, inexistindo prorrogação ou preclusão	Deve ser alegada no primeiro momento de defesa, sob pena de preclusão e prorrogação da competência (*prorrogatio fori*)[15]
Efeitos	Sua inobservância gera nulidade absoluta de todos os atos, pois o prejuízo é presumido. No entanto, a jurisprudência tem entendido ser possível a ratificação dos atos instrutórios, com anulação somente dos atos decisórios, sem necessidade de refazimento da prova[16]	Sua inobservância gera nulidade relativa, que deve ser alegada no primeiro momento em que a defesa se manifesta nos autos, anulando apenas os atos decisórios,[17] não abrangendo as provas colhidas, devendo a parte demonstrar o prejuízo[18]
Declaração de ofício	Pode ser declarada de ofício, pelo juiz ou tribunal, em qualquer fase do processo (art. 109, CPP)	Não deveria poder ser declarada de ofício (STJ, Súmula 33),[19] mas a doutrina majoritária e o STF afirmam a possibilidade de seu reconhecimento de ofício.[20]

Para fins de delimitação da competência, antes de mais nada é preciso verificar se o caso é de competência de algum dos órgãos de sobreposição: Supremo Tribunal Federal e Superior Tribunal de Justiça.[21]

---

15. "(...) 3. De toda sorte, a inobservância da regra de competência territorial gera nulidade meramente relativa, devendo ser arguida na primeira oportunidade que a parte possui para se manifestar nos autos, sob pena de preclusão (...)" (STJ, RHC 73.637/SP, rel. Min. Maria Thereza, *J*. 06/09/2016).
16. "(...) 2. Nos termos da jurisprudência desta Corte, a modificação da competência não invalida automaticamente a prova regularmente produzida. Destarte, constatada a incompetência absoluta, os autos devem ser remetidos ao juízo competente, que pode ratificar ou não os atos já praticados. 3. Ausente nulidade no caso, porquanto verifica-se que o juízo ratificou os atos não meritórios até então praticados, tendo apenas intimado as partes para a apresentação de novas alegações finais ou de novos requerimentos, estando os autos conclusos para julgamento" (STJ, HC 308.859/RL, rel. Min. Nefi Cordeiro, *J*. 09/08/2016).
17. CPP, art. 567. A incompetência do juízo anula somente os atos decisórios, devendo o processo, quando for declarada a nulidade, ser remetido ao juiz competente.
18. CPP, art. 563. Nenhum ato será declarado nulo, se da nulidade não resultar prejuízo para a acusação ou para a defesa.
19. Nesse sentido: STJ, HC 95.722/BA, 5ª T, *J*. 01/12/2009; STJ, CC 134.272/RO, 3ª Seção, *J*. 14/10/2015.
20. A doutrina, contudo, tem entendimento contrário. Vejamos: "No processo penal, a declaração de incompetência – absoluta ou relativa – não depende de provocação de quem quer que seja e, portanto, deve ser feita *ex officio* pelo juiz (CPP, art. 109)" (MARCÃO, Renato, 2021, p. 146); "Assim, no processo civil, em regra, o juiz não pode conhecer de sua incompetência relativa de ofício. Já no processo penal isso é possível, não havendo óbice a que o juiz conheça da incompetência relativa de ofício" (DEZEM, Guilherme Madeira, 2018, p. 237); "Contudo, ao contrário de alguma doutrina que não descola das categorias do processo civil, pensamos que a incompetência em razão do lugar pode também ser conhecida pelo juiz de ofício. Isso porque o art. 109 do CPP não faz nenhuma restrição (...)" (LOPES JR., Aury, 2021, p. 114-115).
21. DEZEM, Guilherme Madeira, 2018, p. 257-258.

Caso não se trate de infração penal de competência dos órgãos de sobreposição, deve-se encontrar a justiça competente, sendo que o correto é considerar a matéria em julgamento e começar a análise pela esfera mais restrita das justiças especiais até chegar à justiça mais residual de todas, nesta ordem: Justiça Militar da União; Justiça Militar dos Estados; Justiça Eleitoral; Justiça Federal; Justiça Estadual.

Portanto, a Justiça comum estadual será competente (competência residual) para julgar as infrações penais que não forem de competência de nenhuma outra Justiça.

No âmbito da Justiça comum estadual, a competência da vara criminal será ainda mais residual, pois processará e julgará os crimes estaduais que não forem competência do Tribunal do Júri, dos Juizados de Violência Doméstica e Familiar contra a Mulher e nem dos Juizados Especiais Criminais.

Importante registrar que, no julgamento do Recurso Especial nº 2.015.598/PA, em 06/02/2025, a 3ª Seção do STJ, diante de um caso de crimes de estupro de vulnerável praticados contra três filhas menores do investigado, após afirmar que "a vulnerabilidade da mulher é preponderante sobre a vulnerabilidade etária", fixou a tese de que "a condição de gênero feminino é suficiente para atrair a aplicabilidade da Lei Maria da Penha em casos de violência doméstica e familiar, prevalecendo sobre a questão etária", de maneira que "a Lei Maria da Penha prevalece quando suas disposições conflitarem com as de estatutos específicos, como o da Criança e do Adolescente" (STJ, REsp 2.015.598/PA, 3ª Seção, J. 06/02/2025).

4.2 COMPETÊNCIA DA JUSTIÇA MILITAR (DA UNIÃO E DOS ESTADOS)

A competência da Justiça Militar da União está prevista no art. 124 da Constituição Federal, segundo o qual *à Justiça Militar compete processar e julgar os crimes militares definidos em lei*.

Nessa esteira, dentre outros crimes, o Código Penal Militar, em seu art. 9º, III, *a*, considera *crimes militares, em tempo de paz*, os crimes praticados por militar da reserva, ou reformado, ou *por civil, contra as instituições militares, contra o patrimônio sob a administração militar*, ou *contra a ordem administrativa militar*.

Logo, a Justiça Militar da União é competente para processar e julgar os crimes militares definidos em lei, incluindo aqueles praticados por civil[22] contra as Forças Ar-

---

22. "Ementa: Recurso ordinário em *habeas corpus*. *Crime* de corrupção ativa *militar* (CPM, art. 309). Competência da *Justiça Militar* (CPM, art. 9º, inciso III, alínea a). Pretendida aplicação subsidiária dos arts. 396 e 396-A do Código de Processo Penal ao processo penal *militar*. Viabilidade jurídica do pedido. Precedentes. Resolução, nos termos da assentada do julgamento, do caso concreto: aplicação dos citados dispositivos do CPP ao processo *militar*, mantendo-se a decisão de recebimento da denúncia, porém anulando-se os atos processuais subsequentes e determinando-se ao Juízo *Militar* que oportunize ao recorrente a apresentação de resposta à acusação com fundamento nos mencionados preceitos processuais. Modulação, nos termos do voto médio, dos efeitos da decisão: a partir da publicação da ata de sessão deste julgamento, o rito dos arts. 396 e 396-A do Código de Processo Penal aplica-se aos processos penais *militares* cuja instrução não tenha se iniciado, ressalvada a hipótese

madas, tais como o estelionato do art. 251 ou o ingresso clandestino do art. 302, ambos os dispositivos do Código Penal Militar.[23]

Por sua vez, a competência da Justiça Militar Estadual vem estabelecida no art. 125, § 4º, da Constituição Federal, que estabelece que compete à Justiça Militar estadual processar e julgar os *militares* dos Estados, nos *crimes militares* definidos em lei, *ressalvada a competência do júri quando a vítima for civil*.

Da leitura de tal dispositivo é possível verificar que, diferentemente da Justiça Militar da União, a Justiça Militar estadual *não julga civis*, mas apenas militares dos

---

em que a parte tenha requerido expressamente a concessão de oportunidade para apresentação de resposta à acusação no momento oportuno. Recurso parcialmente provido. 1. Paciente denunciado pela suposta prática do delito do art. 309, caput, do Código Penal *Militar* (corrupção ativa *militar*), "por ter oferecido vantagem indevida a Oficial do Exército para o fim de obter aprovação e registro de produtos produzidos por empresa de vidros blindados". 2. A prática de atos funcionais ilícitos em âmbito *militar* afeta diretamente a ordem administrativa *militar*, pois, em alguma medida compromete o bom andamento dos respectivos trabalhos e enseja a incidência da norma especial, ainda que em desfavor de *civil*. 3. Competência da *Justiça Militar* em razão de suposta ofensa às instituições *militares* e às suas finalidades, à luz da regra prevista no art. 9º, inciso III, alínea a, do Código Penal *Militar*. 4. Viabilidade jurídica do pedido de aplicação subsidiária dos arts. 396 e 396-A do Código de Processo Penal ao processo penal *militar*. 5. O Tribunal Pleno, ao julgar o HC nº 127.900/AM, legitimou, nas ações penais em trâmite na *Justiça Militar*, a realização do interrogatório ao final da instrução criminal (CPP, art. 400 – redação da Lei nº 11.719/08), em detrimento do art. 302 do Decreto-Lei nº 1.002/69. 6. O escopo de se conferir maior efetividade aos preceitos constitucionais da Constituição, notadamente os do contraditório e da ampla defesa (art. 5º, inciso LV), cabe ser invocado como justificativa para a aplicação dos arts. 396 e 396-A do Código de Processo Penal ao processo penal *militar*, sendo certo, ademais, que, em detrimento do princípio da especialidade, o Supremo Tribunal Federal tem assentado a prevalência das normas contidas no CPP em feitos criminais de sua competência originária, os quais, como se sabe, são regidos pela Lei nº 8.038/90. 7. É certo, portanto, que apresentar resposta à acusação é uma prática benéfica à defesa, devendo prevalecer nas ações penais em trâmite perante a *Justiça Militar*, como corolário da máxima efetividade das garantias constitucionais do contraditório e da ampla defesa (CRFB, art. 5º, inciso LV) e do devido processo legal (art. 5º, incisos LV e LIV, da Constituição Federal). 8. Recurso provido parcialmente para i) reconhecer a competência da *Justiça Militar*; e ii) resolver o caso concreto no sentido de manter o recebimento da denúncia e anular os atos processuais subsequentes na Ação Penal *Militar* nº 35-85.2015.7.11.0211, para que se propicie ao recorrente a oportunidade de apresentar resposta à acusação, nos termos dos arts. 396 e 396-A do CPP. 9. Modulação da decisão, nos termos do voto médio, para que, a partir da publicação da ata deste julgamento, o rito dos arts. 396 e 396-A do Código de Processo Penal seja aplicado aos processos penais *militares* cuja instrução não tenha se iniciado, ressalvada a hipótese em que a parte tenha requerido expressamente a concessão de oportunidade para apresentação da resposta à acusação no momento oportuno" (STF, RHC 142.608/SP, Pleno, J. 12/12/2023).

23. Nesse sentido: "(...) Compete à Justiça Militar processar e julgar os crimes militares, mesmo aqueles ocorridos em tempo de paz. Consideram-se estes, os delitos praticados por militar da reserva, ou reformado, ou por civil, contra o patrimônio sob a administração militar ou contra a ordem administrativa militar. Inteligência do art. 9º e incisos, do Código Penal Militar" (STF, RHC 137.074/SP, 2ª T, rel. Min. Ricardo Lewandowski, J. 06/12/2016). "(...) 1. É da competência da Justiça Militar processar e julgar civil acusado da prática do crime de estelionato cometido mediante saque de pensão de beneficiário falecido. Precedentes" (STF, HC 136.536/CE, 2ª T, rel. Min. Teori Zavascki, J. 29/11/2016). "(...) O Código Penal Militar considera crime militar aquele praticado por civil contra "o patrimônio sob a administração militar" – art. 9º, III, "a". No caso, o fato corresponde ao saque de benefício previdenciário militar após falecimento do beneficiário. Alegação de que não teria ocorrido prejuízo à Administração Militar. A jurisprudência de ambas as turmas do Supremo Tribunal Federal afirma a competência da Justiça Militar da União em casos semelhantes. Precedentes" (STF, HC 125.777/CE, 2ª T, rel. Min. Gilmar Mendes, J. 21/06/2016).

estados que tenham praticado crimes militares definidos em lei, em atividade típica militar e com afetação direta de bens jurídicos militares.[24]

Para que seja firmada a competência da Justiça Militar (da União ou dos Estados), deve haver efetiva violação de dever militar ou afetação direta de bens jurídicos militares, conforme posicionamento do Supremo Tribunal Federal (STF, HC 117.254/PR, 2ª T, J. 30/09/2014).

As Justiças Militares, da União e dos Estados, não julgam crimes comuns, mesmo que tenham sido cometidos em conexão ou continência com crime militar, hipótese em que deverá haver a separação (cisão) dos processos, nos termos do art. 79, inciso I, do CPP.[25]

Noutra senda, por força de ressalva expressa feita no § 4º do art. 125 da Constituição Federal, é da competência do Tribunal do Júri o crime doloso contra a vida praticado por militar dos Estados contra civil, ainda que no efetivo exercício de atividade militar (art. 82, § 2º, do CPPM e art. 9º, § 1º, do CPM).

Tal regra de competência do Tribunal do Júri, que tinha como exceção os casos de conduta praticada por militar no contexto de ação militar realizada na forma do art. 303 da Lei nº 7.565/1986 (Código Brasileiro de Aeronáutica), que dispõe sobre a destruição de aeronave hostil, passou a contar com outras exceções após o advento da Lei nº 13.491/2017.

Com a vigência da Lei nº 13.491/2017, os crimes militares dolosos contra a vida, cometidos por *militares das Forças Armadas* contra civil, serão da competência da Justiça Militar da União, se praticados no contexto:

(I) Do cumprimento de atribuições que lhes forem estabelecidas pelo Presidente da República ou pelo Ministro de Estado da Defesa;

(II) De ação que envolva a segurança de instituição militar ou de missão militar, mesmo que não beligerante;

(III) De atividade de natureza militar, de operação de paz, de garantia da lei e da ordem ou de atribuição subsidiária, realizadas em conformidade com o disposto no art. 142 da Constituição Federal e na forma dos seguintes diplomas legais: a) Lei nº 7.565, de 19 de dezembro de 1986 – Código Brasileiro de Aeronáutica; b) Lei Complementar nº 97, de 9 de junho de 1999; c) Decreto-Lei nº 1.002, de 21 de outubro de 1969 – Código de Processo Penal Militar; d) Lei nº 4.737, de 15 de julho de 1965 – Código Eleitoral.

---

24. STJ, Súmula 53 – Compete a Justiça Comum Estadual processar e julgar civil acusado de prática de crime contra instituições militares estaduais (J. 17/09/1992, DJ 24/09/1992).
25. STJ, Súmula 90 – Compete a Justiça Estadual Militar processar e julgar o policial militar pela prática do crime militar, e a comum pela prática do crime comum simultâneo aquele (J. 21/10/1993, DJ 26/10/1993). Confira, também: STF, HC 110.185/SP, 2ª T, J. 14/05/2013.

Em síntese, se o militar matar outro militar, no exercício da função, será julgado pela Justiça Militar. Se isso acontecer fora do exercício da função (briga de bar, por exemplo), será da competência do Tribunal do Júri, assim como será da competência do Tribunal do Júri se o crime doloso for praticado por militar dos Estados contra a vida de um civil, independentemente de estar ou não de serviço. Por outro lado, caso um militar das Forças Armadas, durante atividade típica militar, pratique um crime de homicídio contra um civil, a competência será da Justiça Militar da União.

Interessante o registro de que, caso um civil pratique um crime doloso contra a vida de um militar das Forças Armadas (Marinha, Exército ou Aeronáutica), no exercício da função, praticará crime militar e será julgado pela Justiça Militar da União.[26] Caso o cidadão pratique tal crime contra militar do Estado, a competência será do Tribunal do Júri Estadual, uma vez que a Justiça Militar Estadual não julga civis.

Vale lembrar, ainda, em sede de competência da Justiça Militar, que antes do advento da Lei nº 13.491, de 13 de outubro de 2017, não havia crime militar de tortura (Lei nº 9.455/1997) e nem crime militar de abuso de autoridade (Lei nº 13.869/2019), razão pela qual, caso tais crimes fossem praticados por militar, ainda que em atividade típica militar, por não serem crimes militares previstos em lei, a competência para julgamento seria da justiça comum, conforme Súmula 172 do STJ.

Contudo, a Lei nº 13.491/2017 ampliou imensamente o conceito de crime militar constante do art. 9º, inciso II, do Código Penal Militar. Dessa forma, qualquer crime previsto no Código Penal Militar ou na legislação penal, desde que praticado por militar em atividade militar, nas hipóteses citadas no dispositivo, passou a constituir crime militar de competência da Justiça Militar da União ou Estadual, conforme o caso, excetuando-se, apenas, o crime doloso contra a vida de civil praticado por militar dos Estados, que permanece de competência do Tribunal do Júri.

4.3 COMPETÊNCIA DA JUSTIÇA ELEITORAL

A Justiça Eleitoral tem competência para processar e julgar as infrações penais eleitorais e os crimes que lhes forem conexos (arts. 118 a 121, CF/88; arts. 35, II, e 364, Código Eleitoral; art. 78, IV, CPP; art. 90, Lei nº 9.504/1997).

As infrações penais eleitorais de menor potencial ofensivo, também, são de competência da Justiça Eleitoral, aplicando-se as medidas despenalizadoras trazidas pela

---

26. "(...) 1. É constitucional o julgamento, pela Justiça Militar, de crime doloso contra a vida quando presente alguma das hipóteses de incidência da Lei Penal Militar (CPM, art. 9º). Precedente: HC 91003, Relator(a): Min. Cármen Lúcia, Primeira Turma, julgado em 22/05/2007. 2. Responde por crime militar o civil que pratica tentativa de homicídio contra militar quando este estiver em função de natureza militar. 3. *In casu*, a vítima, oficial do Exército brasileiro, estava em serviço no momento da prática delituosa. É que, após o paciente ter alterado a sinalização de trânsito em frente ao quartel e discutido com os praças de serviço, o comandante do quartel (vítima) foi chamado para restaurar a ordem no local, momento em que sofreu disparos de arma de fogo proferidos pelo agravante. 4. Recurso desprovido" (STF, RHC 123.594 AgR/BA, 1ª T, J. 02/12/2014).

Lei nº 9.099/1995, a saber a composição dos danos civis, transação penal e suspensão condicional do processo, conforme o caso, assim como também caberá o acordo de não persecução penal previsto no art. 28-A do Código de Processo Penal.

Não há hierarquia entre a Justiça Militar e a Justiça Eleitoral, pois ambas são justiças especiais e atuam em esferas distintas, sendo que, em caso de haver um crime militar conexo com um crime eleitoral, deverá ser feita a cisão processual (art. 79, I, CPP), competindo à Justiça Militar o julgamento do crime militar e à Justiça Eleitoral o julgamento do crime eleitoral.

Na relação da Justiça Eleitoral com a Justiça Estadual comum, caso haja um crime eleitoral conexo com um crime estadual, prevalecerá a competência da Justiça Eleitoral, que é especial (art. 78, IV, CPP[27]).[28]

Já no que tange à relação da Justiça Eleitoral com a Justiça Federal, o Superior Tribunal de Justiça explicitava, há muitos anos, entendimento no sentido de que, no caso de conexão entre crime eleitoral e crime federal, deveria haver cisão processual, por serem ambas as competências previstas na Constituição Federal (STJ, CC 126.729/RS, 3ª Seção, rel. Min. Marco Aurélio Bellizze, *J*. 24/04/2013 e STJ, CC 39.357/MG, 3ª Seção, rel. Min. Laurita Vaz, *J*. 09/06/2004).

Contudo, em decisão tomada no dia 14/03/2019, o Supremo Tribunal Federal, por 6 votos contra 5, decidiu que a Justiça Eleitoral é competente para processar e julgar os crimes comuns federais que forem conexos ou continentes com crimes eleitorais (STF, Inq. 4435 AgR-quarto/DF, Pleno, *J*. 13 e 14.3.2019 – Informativo 933).

Assim, crimes contra o sistema financeiro nacional, lavagem de dinheiro proveniente de infração penal federal, corrupção de servidor público federal, dentre outros crimes federais, serão todos de competência da Justiça Eleitoral quando houver conexão ou continência dos mesmos com algum crime eleitoral.

Por outro lado, caso um crime eleitoral seja praticado em conexão com um crime doloso contra a vida, prevalece o entendimento de que deve haver a separação dos processos, uma vez que ambas as competências são constitucionais.

4.4 CRIMES DE COMPETÊNCIA DA JUSTIÇA FEDERAL

A competência da Justiça Federal é residual em relação às justiças especiais (Justiça Militar e Justiça Eleitoral), conforme art. 109, inciso IV, *in fine*, da CF/88, sendo que, se houver conexão ou continência entre um crime militar e outro federal, haverá cisão processual (art. 79, I, CPP), enquanto se houver conexão ou continência entre um crime eleitoral e outro federal, a Justiça Eleitoral julgará ambos.

---

27. CPP, art. 78. Na determinação da competência por conexão ou continência, serão observadas as seguintes regras: (...) IV – no concurso entre a jurisdição comum e a especial, prevalecerá esta.
28. LOPES JR., Aury, 2021, p. 119.

Considerando que a Justiça Federal possui menor capilaridade do que a Justiça Estadual, bem como que sua competência vem expressa na Constituição Federal, resta claro que a competência da Justiça Federal é exceção quando comparada com a competência da Justiça Estadual que residualmente processa e julga os crimes que não são da competência das demais Justiças. Dessa forma, a competência da Justiça Federal deve ser interpretada restritivamente.

São da competência da Justiça Federal as infrações penais descritas no art. 109, inciso IV e seguintes, da Constituição Federal de 1988, conforme segue.

Aos juízes federais compete processar e julgar os *crimes políticos*, que são os crimes contra a segurança nacional, antes previstos na revogada Lei nº 7.170/1983, agora tipificados nos arts. 359-I a 359-T do Código Penal.

A Justiça Federal também é competente para processar e julgar as *infrações penais praticadas em detrimento de bens, serviços ou interesse da União ou de suas entidades autárquicas ou empresas públicas* (e fundações[29]), *excluídas as contravenções e ressalvada a competência da Justiça Militar e da Justiça Eleitoral.*

Por força de tal competência, a Justiça Federal irá processar e julgar:

I. Crimes de moeda falsa (art. 289, CP);

II. Crimes contra empresas públicas da União, tais como Caixa e Correios;

III. Crimes contra autarquias da União, tais como o INSS, Bacen, Ibama, DNER, CVM, Universidades Federais e OAB;[30]

IV. Crimes de falsificação do selo ou sinal público (art. 296, CP), falsificação de documento público (art. 297, CP) e de falsidade ideológica (art. 299, CP), quando atingirem documentos expedidos pela União, suas entidades autárquicas e empresas públicas, sendo que a competência para apurar o crime de uso de documento falso (art. 304, CP) dependerá do órgão perante o qual o documento for apresentado;[31]

V. Crimes de peculato, corrupção, concussão, prevaricação etc., quando praticados por ou contra servidores públicos federais, em razão da função;[32]

---

29. "Crime praticado em detrimento de fundação instituída pelo poder público federal: (...) Competência da justiça federal – e não da justiça comum estadual – o processo e julgamento de ação penal por crime praticado em detrimento de bens, serviços ou interesses de fundação instituída pelo poder público federal, espécie do gênero autarquia (...)" (STF, RE 115.782/MG, 1ª T, rel. Min. Sydney Sanches, J. 17/03/1989).
30. "Compete à Justiça Federal processar e julgar ações em que a Ordem dos Advogados do Brasil, quer mediante o Conselho Federal, quer seccional, figure na relação processual" (STF, RE 595.332/PR, Tribunal Pleno, Rel. Min. Marco Aurélio, J. 31/08/2016 – Informativo nº 837).
31. Súmula 546 do Superior Tribunal de Justiça – A competência para processar e julgar o crime de uso de documento falso é firmada em razão da entidade ou órgão ao qual foi apresentado o documento público, não importando a qualificação do órgão expedidor (J. 14/10/2015) – (*Ex. a apresentação de CNH falsa para um PRF será de competência da Justiça Federal e o inquérito policial deverá ser instaurado pela Polícia Federal*).
32. STJ, Súmula 147 – Compete a Justiça Federal processar e julgar os crimes praticados contra funcionário público federal, quando relacionados com o exercício da função (J. 07/12/1995, DJ 18/12/1995).

VI. Crimes de instalação ou utilização de telecomunicações sem observância das disposições legais (Lei nº 4.117/1962 e Lei nº 9.472/1997);

VII. Crimes contra o Sistema Financeiro Nacional (Lei nº 7.492/1986);

VIII. Crimes postais (Lei nº 6.538/1978);

IX. Crimes contra a ordem tributária, quando envolverem tributos federais (Lei nº 8.137/1990);

X. Crimes ambientais que atinjam diretamente bens, serviços ou interesse da União (rios interestaduais[33] e internacionais, unidades de conservação da União, extração de minerais, espécimes em extinção etc. – Lei nº 9.605/1998);

XI. Terrorismo (art. 11 da Lei nº 13.260/2016);

XII. Crimes de *falsificação e de uso de documento falso* quando se tratar de falsificação da Caderneta de Inscrição e Registro (CIR) ou de Carteira de Habilitação de Amador (CHA), ainda que expedidas pela Marinha do Brasil.[34]

Por expressa disposição constitucional, a Justiça Federal não tem competência para processar e julgar contravenções, independentemente de terem sido praticadas em detrimento de bens, serviços ou interesse da União ou de suas entidades autárqui-

---

33. "(...) 1. A preservação do meio ambiente é matéria de competência comum da União, dos Estados, do Distrito Federal e dos Municípios, nos termos do art. 23, incisos VI e VII, da Constituição Federal. 2. A competência do foro criminal federal não advém apenas do interesse genérico que tenha a União na preservação do meio ambiente. É necessário que a ofensa atinja interesse direto e específico da União, de suas entidades autárquicas ou de empresas públicas federais. 3. Evidencia-se a competência da Justiça Federal para processar e julgar ação penal envolvendo crime ambiental praticado em rio interestadual (bem da União, nos termos do art. 20, III, CF), tanto mais quando a conduta investigada (derramamento de 30 mil litros de óleo no leito do rio) tem potencial para afetar a saúde de grande parte do trecho do rio. Precedentes. 4. Conflito conhecido, para declarar a competência do Juízo Federal da 7ª Vara Ambiental e Agrária da Seção Judiciária do Estado do Amazonas, o suscitante" (STJ, CC 145.420/AM, 3ª Seção, rel. Min. Reynaldo Soares da Fonseca, J. 10/08/2016). *Caso os danos ambientais decorrentes de pesca predatória sejam de dimensão apenas local, para o STJ a competência será da Justiça Estadual*: "(...) 1. Com o cancelamento da Súmula 91/STJ, a orientação desta Corte é no sentido de que, em crimes ambientais, a competência em regra é da jurisdição estadual, ressalvada a hipótese de configuração de lesão aos interesses, bens ou serviços da União, de suas entidades autárquicas ou empresas públicas. 2. Embora o delito tenha ocorrido em rio interestadual, na espécie, os danos ambientais decorrentes da prática da pesca predatória possuem apenas *dimensão local*, restringindo-se ao Município de Coromandel/MG, motivo pelo qual deve ser aplicada a regra da competência da jurisdição estadual. 3. Agravo regimental improvido" (STJ, AgRg no CC 145.487/MG, 3ª Seção, rel. Min. Nefi Cordeiro, J. 28/09/2016). No mesmo sentido: "agravo regimental no conflito de competência. Crime ambiental. Pesca com uso de molinete em local proibido em rio que banha mais de um estado da federação. Ausência de ofensa a bens, serviços ou interesses da união. Prejuízo local. Competência do juízo estadual. I – Os crimes ambientais, embora praticados em face de bem comum e de grande relevância, que atinge direitos intergeracionais, não atraem, por si só, a competência da União para processamento e julgamento. II – No caso em análise, em razão da ausência de apreensão de pescado, bem como pelos materiais apreendidos, que não teriam potencial de ferir os interesses da União, limitando-se ao interesse do local da apreensão, não se vislumbra qualquer interesse da União a ponto de o feito ser decidido pela Justiça Federal. Agravo Regimental desprovido. (STJ, AgRg no CC 168.657/MG, 3ª Seção, J. 27/11/2019).

34. STF, Súmula Vinculante 36 – Compete à Justiça Federal comum processar e julgar civil denunciado pelos crimes de falsificação e de uso de documento falso quando se tratar de falsificação da Caderneta de Inscrição e Registro (CIR) ou de Carteira de Habilitação de Amador (CHA), ainda que expedidas pela Marinha do Brasil (STF, J. 16/10/2014).

cas ou empresas públicas, uma vez que lhe compete o processo e julgamento apenas de crimes, conforme disposto no inciso IV do art. 109 da Constituição Federal onde consta a seguinte expressão: *excluídas as contravenções*. Nesse sentido foi editada pelo Superior Tribunal de Justiça a Súmula 38:

> STJ, Súmula 38 – Compete a Justiça Estadual Comum, na vigência da Constituição de 1988, o processo por contravenção penal, ainda que praticada em detrimento de bens, serviços ou interesse da União ou de suas entidades (*J.* 19/03/1992, *DJ* 27/03/1992).

Existe uma única hipótese em que a Justiça Federal irá processar e julgar contravenções, mesmo assim apenas na segunda instância. Trata-se da hipótese em que a contravenção for praticada por autoridade com foro especial por prerrogativa de função de ser julgada perante o TRF. "Assim, por exemplo, caso o Procurador da República ou o Juiz Federal pratique contravenção, dada a prevalência da competência por prerrogativa de função, esta contravenção será julgada pelo TRF".[35]

Não são da competência da Justiça Federal os crimes praticados contra a Petrobras ou o Banco do Brasil, uma vez que tais pessoas jurídicas são sociedades de economia mista, não se inserindo nas hipóteses previstas no inciso IV do art. 109 da CF/88 (*União ou suas entidades autárquicas ou empresas públicas*). Logo, infrações penais praticadas contra a Petrobras, o Banco do Brasil ou qualquer outra sociedade de economia mista da União, são de competência da Justiça Estadual:

> STJ, Súmula 42 – Compete a Justiça Comum Estadual processar e julgar as causas cíveis em que é parte sociedade de economia mista e os crimes praticados em seu detrimento (*J.* 14/05/1992, *DJ* 20/05/1992).

Igualmente, não compete à Justiça Federal processar e julgar crimes praticados contra empresas concessionárias ou permissionárias da União (STJ, CC 105.569/SP, 3ª Seção, *J.* 24/03/2010; STJ, RHC 19.202/SC, 5ª T, *J.* 19/06/2008; e STJ, CC 40.865/PB, 3ª Seção, *J.* 25/02/2004).

Ressalvada, por óbvio, a competência da Justiça Federal se do crime resultar lesão a bens, serviços ou interesse da União, suas entidades autárquicas ou empresas públicas, o que, entretanto, deverá restar demonstrado no caso (STJ, CC 37.751/DF, 3ª Seção, *J.* 14/05/2003).

Noutra senda, os crimes praticados em detrimento de bens, serviços ou interesse da Empresa Brasileira de Correios e Telégrafos, por ser uma empresa pública da União, são, em regra, de competência da Justiça Federal.[36]

---

35. DEZEM, Guilherme Madeira, 2018, p. 269.
36. STJ, HC 364.927/MG, 6ª T, rel. min. Maria Thereza de Assis Moura, *J.* 28/10/2016.

Mas se a prática for de crime patrimonial contra loja franqueada[37] ou em prejuízo apenas do banco postal,[38] a competência será da Justiça Estadual.

Mas Atenção! Mesmo sendo praticado crime patrimonial em uma agência franqueada dos Correios ou, ainda que em uma agência própria, contra patrimônio majoritário do Banco Postal, que é do Banco do Brasil, caso o prejuízo dos Correios seja significativo, não irrisório, não insignificante, ou seja, supere 10% do salário mínimo, a competência será da Justiça Federal (STJ, CC 174.265/ES, 3ª Seção, J. 25/11/2020).

No prejuízo devem ser considerados os danos sofridos ao sistema de CFTV, por exemplo, e as subtrações de encomendas que venham a ser indenizadas aos clientes pela EBCT, neste último caso, inclusive em agências franqueadas (STF, CC 173.659/

---

37. "(...) 1. Compete à Justiça Estadual o processamento de inquérito policial iniciado para apurar o delito, em tese, de roubo praticado em posto de agência dos Correios e Telégrafos – EBCT que se enquadra como agência franqueada. 2. Nos termos da jurisprudência desta Corte, o fundamento que justifica a exclusão de danos financeiros à Empresa Brasileira de Correios e Telégrafos quando o furto ou roubo ocorre em agência franqueada é o fato de que, no contrato de franquia, a franqueada responsabiliza-se por eventuais perdas, danos, roubos, furtos ou destruição de bens cedidos pela franqueadora, não se configurando, portanto, real prejuízo à Empresa Pública. Precedentes: CC 116.386/RN, Rel. Ministro Gilson Dipp, Terceira Seção, julgado em 25/05/2011, DJe 07/06/2011 e CC 27.343/SP, Rel. Ministro Felix Fischer, Terceira Seção, julgado em 08/08/2001, DJ 24/09/2001, p. 235. 3. Não se revela preponderante, para a fixação da competência na situação em exame, o fato de que os funcionários da agência de Correios foram ameaçados por armas de fogo, pois, a despeito de o delito de roubo tutelar, também, a proteção à integridade física do ser humano, seu aspecto primordial relaciona-se à tutela ao patrimônio, até porque o tipo do art. 157 está incluído no capítulo dos delitos contra o patrimônio. 4. Conflito conhecido, para declarar a competência do Juízo de Direito da Vara de Axixá do Tocantins/TO, o Suscitante, para o processamento e julgamento do presente inquérito policial" (STJ, CC 145.800/TO, 3ª Seção, rel. Min. Reynaldo Soares da Fonseca, J. 13/04/2016). No mesmo sentido: STJ, AgRg no CC 161.363/MG, 3ª Seção, J. 24/04/2019; e STJ, CC 155.448/MG, 3ª Seção, J. 22/02/2018.
38. "Direito processual penal. Competência para julgar crime praticado em banco postal. *Compete à Justiça Estadual – e não à Justiça Federal – processar e julgar ação penal na qual se apurem infrações penais decorrentes da tentativa de abertura de conta corrente mediante a apresentação de documento falso em agência do Banco do Brasil (BB) localizada nas dependências de agência da Empresa Brasileira de Correios e Telégrafos (ECT) que funcione como Banco Postal.* Realmente, de acordo com o art. 109, IV, da CF, compete à Justiça Federal processar e julgar "os crimes políticos e as infrações penais praticadas em detrimento de bens, serviços ou interesse da União ou de suas entidades autárquicas ou empresas públicas, excluídas as contravenções e ressalvada a competência da Justiça Militar e da Justiça Eleitoral". Apesar de a ECT ser empresa pública federal, ela presta serviços relativos ao Banco Postal, em todo território nacional, como correspondente bancário de instituições financeiras contratantes, às quais cabe a inteira responsabilidade pelos serviços prestados pela empresa contratada, em consonância com o disposto na Portaria 588/2000 do Ministério das Comunicações e, em especial, na forma da Resolução 3.954/2011 do Bacen, segundo a qual o "correspondente [a ECT] atua por conta e sob as diretrizes da instituição contratante [no caso, o BB], que assume inteira responsabilidade pelo atendimento prestado aos clientes e usuários por meio do contratado [...]". Ora, se cabe à instituição financeira contratante dos serviços (no caso, o BB) a responsabilidade pelos serviços bancários disponibilizados pela ECT a seus clientes e usuários, eventual lesão decorrente da abertura de conta corrente por meio da utilização de documento falso atingiria o patrimônio e os serviços da instituição financeira contratante, e não os da ECT. Tanto é assim que, caso a empreitada delituosa tivesse tido êxito, os prejuízos decorrentes da abertura de conta corrente na agência do Banco Postal seriam suportados pela instituição financeira contratante. Desse modo, não há lesão apta a justificar a competência da Justiça Federal para processar e julgar a ação penal. Nesse sentido, inclusive, a Sexta Turma do STJ já afirmou a competência da Justiça Estadual para processar e julgar ação penal relativa a suposta prática de roubo qualificado em caso no qual houve prejuízo decorrente da subtração, em Banco Postal, de numerário que pertencia integralmente ao Banco Bradesco (HC 96.684-BA, DJe 23/8/2010). CC 129.804-PB, Rel. Min. Reynaldo Soares da Fonseca, julgado em 28/10/2015, DJe 6/11/2015" (3ª Seção, Informativo nº 572 do STJ).

ES, 3ª Seção, J. 09/09/2020 e STJ, CC 133.751/SP, 3ª Seção, rel. Min. Rogerio Schietti Cruz, J. 24/09/2014).

Da mesma forma, os crimes praticados contra a Caixa Econômica Federal, instituição financeira que é empresa pública da União, são de competência da Justiça Federal, enquanto aqueles praticados contra casa lotérica são de competência da Justiça Estadual.[39]

Por sua vez, os crimes praticados em detrimento de bens, serviços ou interesse do Instituto Nacional do Seguro Social – INSS (autarquia federal vinculada ao Ministério da Previdência Social – MPS), são de competência da Justiça Federal, inclusive os relativos à apropriação indébita previdenciária e à sonegação de contribuição previdenciária (artigos 168-A e 337-A, CP).

Em caso de conexão ou continência entre crime estadual e crime federal, prevalecerá a competência da Justiça Federal. Nesse sentido, a Súmula 122 do STJ:

> STJ, Súmula 122 – Compete a justiça federal o processo e julgamento unificado dos crimes conexos de competência federal e estadual, não se aplicando a regra do art. 78, II, "a", do Código de Processo Penal (J. 01/12/1994, DJ 07/12/1994).[40]

Vale lembrar, neste ponto, que quanto à execução da pena, "não importa se o acusado cometera crime federal ou crime estadual, o que determina a competência do juiz da execução penal é o estabelecimento prisional em que o sentenciado se encontre":[41]

> STJ, Súmula 192 – Compete ao Juízo das Execuções Penais do Estado a execução das penas impostas a sentenciados pela Justiça Federal, Militar ou Eleitoral, quando recolhidos a estabelecimentos sujeitos a Administração Estadual (J. 25/06/1997, DJ 01/08/1997).

O crime de uso de documento falso, do art. 304 do Código Penal, por força da edição da Súmula 546 do Superior Tribunal de Justiça, terá sua competência firmada pela natureza da entidade ou órgão ao qual o documento foi apresentado, não importando a qualificação do órgão expedido

---

39. STJ, RHC 59.502/SC, 6ª T, J. 25/08/2015; STJ, AgRg no CC 137.550/SP, 3ª Seção, J. 08/04/2015; e STJ, CC 98.192/PR, 3ª Seção, J. 09/09/2009.
40. "(...) Incontroversa a existência de conexão entre delitos estaduais e delito federal, é de se aplicar a regra prevista no enunciado n. 122 da Súmula desta Corte, que determina a prevalência da competência especial da Justiça Federal em detrimento da competência comum e residual da Justiça Estadual, para o julgamento conjunto dos delitos. A melhor exegese do verbete n. 122 da Súmula desta Corte é a que preconiza que, havendo um crime federal, com menor pena cominada abstratamente, e um crime estadual, com maior pena, ambos conexos, o critério utilizado para a fixação não será o que considera o *quantum* apenatório (nos termos do art. 78, II, "a", do CPP), mas, sim, a força atrativa exercida pela jurisdição federal. Como decorrência dessa *vis atrativa*, a *competência deve ser determinada pelo lugar em que foi cometido o delito de competência da Justiça Federal, ainda que ele tenha pena mais branda que os delitos estaduais a ele conexos* (...) Conflito conhecido, para reconhecer a competência do Juízo Federal da Subseção Judiciária de Coxim/MS, o suscitado, para o processamento e julgamento do inquérito policial" (STJ, CC 146.160, 3ª Seção, J. 08/06/2016).
41. DEZEM, Guilherme Madeira, 2018, p. 268.

Portanto, a competência para processar e julgar um crime de uso de documento falso, consistente na apresentação de CNH falsa durante fiscalização em uma blitz, dependerá da qualidade do servidor público para o qual o documento for apresentado: se a blitz estiver sendo realizada, por exemplo, por policiais militares, o crime será de competência da Justiça Estadual; se a fiscalização estiver sendo feita por policiais rodoviários federais, a competência será da Justiça Federal.

Os crimes de lavagem de dinheiro são de competência da Justiça Federal nas hipóteses previstas no art. 2º, inciso III, da Lei nº 9.613/1998, a saber: *a) quando praticados contra o sistema financeiro e a ordem econômico-financeira, ou em detrimento de bens, serviços ou interesses da União, ou de suas entidades autárquicas ou empresas públicas; b) quando a infração penal antecedente for de competência da Justiça Federal.*

Quanto aos crimes praticados *por* ou *contra* servidores públicos federais no exercício da função ou em razão dela, a competência será da Justiça Federal. Caso se trate de crime doloso contra a vida praticado em tais condições, será competente o Tribunal do Júri Federal (Exemplos: matar policial rodoviário federal no exercício da função, para não ser preso; matar fiscais do Ministério do Trabalho em razão de fiscalização por eles efetivada na fazenda do mandante). Em tais casos há patente interesse da União na correta e efetiva prestação de seus serviços.[42]

A competência da Justiça Federal abrange, ainda, os crimes previstos em tratado ou convenção internacional, quando, iniciada a execução no País, o resultado tenha ou devesse ter ocorrido no estrangeiro, ou reciprocamente (art. 109, V, CF/88). São os chamados *crimes à distância*, cuja execução ocorre no Brasil e o resultado no estrangeiro, ou vice-versa.

Logo, são da competência da Justiça Federal:

(I) O tráfico transnacional de drogas,[43] conforme artigo 70 da Lei nº 11.343/2006, segundo o qual *o processo e o julgamento dos crimes previstos nos arts. 33 a 37 desta Lei, se caracterizado ilícito transnacional, são da competência da Justiça Federal.* É preciso demonstrar que a droga veio do exterior ou para lá se destinava, o que não pode ser presumido pela natureza ou quantidade da droga. Deve restar inequívoca a intenção de transpor as fronteiras do país para se firmar a competência da Justiça Federal, o que se verifica, por exemplo, quando uma mula engole drogas ou as oculta em suas vestes ou malas e é presa no aeroporto antes de embarcar em voo internacional. Nesse sentido, assim sumulou o Superior Tribunal de Justiça: Súmula 607 – A majorante do tráfico transnacional de drogas (art. 40, I, da Lei n. 11.343/2006) configura-se com

---

42. STJ, Súmula 147 – Compete a Justiça Federal processar e julgar os crimes praticados contra funcionário público federal, quando relacionados com o exercício da função (J. 07/12/1995, DJ 18/12/1995). No mesmo sentido: STJ, HC 309.914/RS, 5ª T, rel. Min. Jorge Mussi, J. 07/04/2015.
43. STF, Súmula 522 – Salvo ocorrência de tráfico para o Exterior, quando, então, a competência será da Justiça Federal, compete à Justiça dos Estados o processo e julgamento dos crimes relativos a entorpecentes (J. 03/12/1969, DJ 10/12/1969).

a prova da destinação internacional das drogas, ainda que não consumada a transposição de fronteiras. (*J.* 11/04/2018, *DJe* 17/04/2018);

(II) O tráfico internacional de arma de fogo, previsto no art. 18 da Lei nº 10.826, de 22 de dezembro de 2003 (Estatuto do Desarmamento);

(III) O crime do art. 239 da Lei nº 8.069, de 13 de julho de 1990 (Estatuto da Criança e do Adolescente);[44]

(IV) O tráfico de pessoas, atualmente capitulado no art. 149-A do Código Penal;

(V) Os crimes dos arts. 241, 241-A e 241-B da Lei nº 8.069, de 13 de julho de 1990 (Estatuto da Criança e do Adolescente), quando praticados por meio da rede mundial de computadores;[45]

(VI) A homofobia (racismo em sua dimensão social) quando as falas de suposto cunho homofóbico forem divulgadas na *Internet*, em perfis abertos da rede

---

44. Lei nº 8.069/1990 (ECA), art. 239. Promover ou auxiliar a efetivação de ato destinado ao envio de criança ou adolescente para o exterior com inobservância das formalidades legais ou com o fito de obter lucro: Pena: reclusão de quatro a seis anos, e multa. Parágrafo único. Se há emprego de violência, grave ameaça ou fraude: Pena: reclusão, de 6 (seis) a 8 (oito) anos, além da pena correspondente à violência.

45. (...) 1. À luz do preconizado no art. 109, V, da CF, a competência para processamento e julgamento de crime será da Justiça Federal quando preenchidos 03 (três) requisitos essenciais e cumulativos, quais sejam, que: a) o fato esteja previsto como crime no Brasil e no estrangeiro; b) o Brasil seja signatário de convenção ou tratado internacional por meio do qual assume o compromisso de reprimir criminalmente aquela espécie delitiva; e c) a conduta tenha ao menos se iniciado no Brasil e o resultado tenha ocorrido, ou devesse ter ocorrido no exterior, ou reciprocamente. 2. O Brasil pune a prática de divulgação e publicação de conteúdo pedófilo-pornográfico, conforme art. 241-A do Estatuto da Criança e do Adolescente. 3. Além de signatário da Convenção sobre Direitos da Criança, o Estado Brasileiro ratificou o respectivo Protocolo Facultativo. Em tais acordos internacionais se assentou a proteção à infância e se estabeleceu o compromisso de tipificação penal das condutas relacionadas à pornografia infantil. 4. Para fins de preenchimento do terceiro requisito, *é necessário que, do exame entre a conduta praticada e o resultado produzido, ou que deveria ser produzido, se extraia o atributo de internacionalidade dessa relação. 5. Quando a publicação de material contendo pornografia infantojuvenil ocorre na ambiência virtual de sítios de amplo e fácil acesso a qualquer sujeito, em qualquer parte do planeta, que esteja conectado à internet, a constatação da internacionalidade se infere não apenas do fato de que a postagem se opera em cenário propício ao livre acesso, como também que, ao fazê-lo, o agente comete o delito justamente com o objetivo de atingir o maior número possível de pessoas, inclusive assumindo o risco de que indivíduos localizados no estrangeiro sejam, igualmente, destinatários do material. A potencialidade do dano não se extrai somente do resultado efetivamente produzido, mas também daquele que poderia ocorrer, conforme própria previsão constitucional. 6. Basta à configuração da competência da Justiça Federal que o material pornográfico envolvendo crianças ou adolescentes tenha estado acessível por alguém no estrangeiro, ainda que não haja evidências de que esse acesso realmente ocorreu. 7. A extração da potencial internacionalidade do resultado advém do nível de abrangência próprio de sítios virtuais de amplo acesso, bem como da reconhecida dispersão mundial preconizada no art. 2º, I, da Lei 12.965/14, que instituiu o Marco Civil da Internet no Brasil. 8. Não se constata o caráter de internacionalidade, ainda que potencial, quando o panorama fático envolve apenas a comunicação eletrônica havida entre particulares em canal de comunicação fechado, tal como ocorre na troca de e-mails ou conversas privadas entre pessoas situadas no Brasil. Evidenciado que o conteúdo permaneceu enclausurado entre os participantes da conversa virtual, bem como que os envolvidos se conectaram por meio de computadores instalados em território nacional, não há que se cogitar na internacionalidade do resultado. 9. Tese fixada:* "Compete à Justiça Federal processar e julgar os crimes consistentes em disponibilizar ou adquirir material pornográfico envolvendo criança ou adolescente (arts. 241, 241-A e 241-B da Lei nº 8.069/1990) quando praticados por meio da rede mundial de computadores". 10. Recurso extraordinário desprovido" (STF, RE 628.624/MG, Pleno, *J.* 29/10/2015).

social Facebook e na plataforma de compartilhamento de vídeos Youtube, ambos de abrangência internacional.[46]

Segundo o art. 109, V-A e § 5º, da Constituição Federal, *nas hipóteses de grave violação de direitos humanos, o Procurador-Geral da República, com a finalidade de assegurar o cumprimento de obrigações decorrentes de tratados internacionais de direitos humanos dos quais o Brasil seja parte, poderá suscitar, perante o Superior Tribunal de Justiça, em qualquer fase do inquérito ou processo, incidente de deslocamento de competência para a Justiça Federal.*

Tal hipótese constitucional constitui o chamado *incidente de deslocamento de competência*, da Justiça Estadual para a Justiça Federal, que deve ser proposto pelo Procurador-Geral da República perante o Superior Tribunal de Justiça, cujo cabimento se limita às hipóteses de grave violação de direitos humanos, sendo que o Superior Tribunal de Justiça explicitou entendimento de que, além da *grave violação de direitos humanos*, o deslocamento de competência depende do *risco de responsabilização internacional* do Brasil *decorrente do descumprimento de obrigações jurídicas assumidas em tratados internacionais* e da *incapacidade* ou desinteresse *das instâncias e autoridades locais em oferecer respostas efetivas* (STJ, Incidente de Deslocamento de Competência 1/PA, 3ª Seção, J. 08/06/2005 e STJ, Incidente de Deslocamento de Competência 2/DF, 3ª Seção, J. 27/10/2010).

Também, são da competência da Justiça Federal os crimes contra a organização do trabalho e, nos casos determinados por lei, contra o sistema financeiro e a ordem econômico-financeira.

Os crimes contra a organização do trabalho estão previstos nos artigos 197 a 207 do Código Penal, bem como no art. 149 (redução a condição análoga à de escravo) do mesmo Código, prevalecendo no STJ o entendimento de que a competência federal depende de ofensa ao direito coletivo dos trabalhadores (quando afetar as instituições do trabalho ou coletivamente os trabalhadores), de maneira que, sendo o crime contra trabalhador individual ou grupo determinado, não será crime federal,[47] exceto na hi-

---

46. Conflito de competência. Processual penal. Homofobia. Racismo em sua dimensão social. Conteúdo divulgado no Facebook e no Youtube. Competência da justiça federal. Conflito conhecido para declarar competente o tribunal suscitante. 1. O Supremo Tribunal Federal, no julgamento da Ação Direta de Inconstitucionalidade por Omissão n. 26, de relatoria do Ministro Celso de Mello, deu interpretação conforme à Constituição, "para enquadrar a homofobia e a transfobia, qualquer que seja a forma de sua manifestação, nos diversos tipos penais definidos na Lei nº 7.716/89, até que sobrevenha legislação autônoma, editada pelo Congresso Nacional". 2. Tendo sido firmado pelo Supremo Tribunal Federal o entendimento de que a homofobia traduz expressão de racismo, compreendido em sua dimensão social, caberá a casos de homofobia o tratamento legal conferido ao crime de racismo. 3. No caso, os fatos narrados pelo Ministério Público estadual indicam que a conduta do Investigado não se restringiu a uma pessoa determinada, ainda que tenha feito menção a ato atribuído a um professor da rede pública, mas diz respeito a uma coletividade de pessoas. 4. Demonstrado que as falas de suposto cunho homofóbico foram divulgadas pela internet, em perfis abertos da rede social Facebook e da plataforma de compartilhamento de vídeos Youtube, ambos de abrangência internacional, está configurada a competência da Justiça Federal para o processamento e julgamento do feito. 5. Conflito conhecido para declarar competente o Tribunal Regional Federal da 4ª Região, o Suscitante (STJ, CC 191.970/RS, 3ª Seção, J. 14/12/2022).
47. "(...) 01. Cumpre à Justiça Federal processar e julgar 'os crimes contra a organização do trabalho' (CR, art. 109, inc. VI) quando 'houver ofensa ao sistema de órgãos e institutos destinados a preservar, coletivamente, os direitos e deveres dos trabalhadores' (EDcl no AgRg no CC 129.181/MG, Rel. Ministro Jorge Mussi, Ter-

pótese do crime previsto no art. 149 do Código Penal, em que, ainda que haja apenas uma vítima, a competência será da Justiça Federal.[48]

Crimes contra o Sistema Financeiro Nacional são aqueles tipificados na Lei nº 7.492/1986, tais como *evasão de divisas* e *gestão temerária ou fraudulenta de instituição financeira*.

Crimes contra a ordem econômico-financeira são:

(I) Lei nº 1.521/1951 (crimes contra a economia popular), cuja competência é da Justiça Estadual, conforme sumulado pelo Supremo Tribunal Federal (STF, Súmula 498 – *Compete à Justiça dos Estados, em ambas as instâncias, o processo e o julgamento dos crimes contra a economia popular*);

(II) Lei nº 8.137/1990, (crimes contra a ordem tributária, econômica e contra as relações de consumo), cuja competência será da Justiça Federal somente quando envolver tributos federais (IR; II; IE; IPI; IOF; ITR; Cide; Cofins; CSLL; FGTS; INSS; PIS/Pasep);

(III) Lei nº 8.176/1991 (define crimes contra a ordem econômica e cria o Sistema de Estoques de combustíveis), sendo de competência federal o crime de usurpação de bem público da União, do art. 2º da lei;

(IV) Lei nº 9.613/1998 (Lei de lavagem de dinheiro), cujos crimes são de competência da Justiça Federal nas hipóteses previstas no art. 2º, III, da Lei nº 9.613/1998.

Compete à Justiça Federal o processo e julgamento dos crimes cometidos a bordo de navios ou aeronaves, ressalvada a competência da Justiça Militar.

Conceitualmente, navio é embarcação de grande porte, capaz de viagens internacionais,[49] em situação de deslocamento internacional ou em situação de potencial deslocamento.[50]

---

ceira Seção, julgado em 25/02/2015; Súmula 115/TFR). Não lhe compete, contudo, processar e julgar causa decorrente de relação de trabalho relacionada à violação de direitos individuais, ainda que pertencentes a um grupo determinado de pessoas. 02. Conflito conhecido para declarar a competência do Juízo de Direito do Departamento de Inquéritos Policiais e Corregedoria da Polícia Judiciária da Comarca de São Paulo/SP, ora suscitante" (STJ, CC 131.319/SP, 3ª Seção, rel. Min. Newton Trisotto, *J.* 26/08/2015).

48. "(...) 1. Com o advento da Lei 10.803/2003, que alterou o tipo previsto do artigo 149 da Lei Penal, passou-se a entender que o bem jurídico por ele tutelado deixou de ser apenas a liberdade individual, passando a abranger também a organização do trabalho, motivo pelo qual a competência para processá-lo e julgá-lo é, via de regra, da Justiça Federal. Doutrina. Precedentes do STJ" (STJ, RHC 58.160/SP, 5ª T, rel. Min. Leopoldo de Arruda Raposo, *J.* 06/08/2015). No mesmo sentido: STJ, CC 127.937/GO, 3ª Seção, *J.* 28/05/2014.

49. "(...) 'navio' seria embarcação de grande porte o que, evidentemente, excluiria a competência para processar e julgar crimes cometidos a bordo de outros tipos de embarcações, isto é, aqueles que não tivessem tamanho e autonomia consideráveis que pudessem ser deslocados para águas internacionais. 3. Restringindo-se ainda mais o alcance do termo 'navio', previsto no art. 109, IX, da Constituição, a interpretação que se dá ao referido dispositivo deve agregar outro aspecto, a saber, que ela se encontre em situação de deslocamento internacional ou em situação de potencial deslocamento" (STJ, CC 118.503/PR, 3ª Seção, rel. Min. Rogerio Schietti Cruz, *J.* 22/04/2015).

50. "(...) I. Não basta, à determinação da competência da Justiça Federal, apenas o fato de que o eventual delito tenha sido cometido no interior de embarcação de grande porte. Faz-se necessário que este se encontre em

Por outro lado, *considera-se aeronave todo aparelho manobrável em voo, que possa sustentar-se e circular no espaço aéreo, mediante reações aerodinâmicas, apto a transportar pessoas ou coisas* (art. 106, Lei nº 7.565/1986), muito embora a jurisprudência tenha restringido a competência da Justiça Federal para os casos em que o crime se der em aeronave de grande porte ou da União.[51]

A Constituição Federal ainda estabeleceu que são da competência da Justiça Federal os crimes de ingresso ou permanência irregular de estrangeiro, tais como aqueles previstos nos arts. 232-A, 309 e 338 do Código Penal.

No inciso XI do art. 109, a Constituição da República estabelece a competência da Justiça Federal para processar e julgar *a disputa sobre direitos indígenas*, do que decorre sua competência para os crimes praticados contra a comunidade indígena coletivamente considerada.

Logo, para que haja competência da Justiça Federal, não basta que o índio[52] seja sujeito ativo ou passivo de crime, sendo necessário que esteja em disputa algum direito da coletividade indígena. Exemplo: fazendeiro mata o líder de uma tribo indígena por disputa de terras da aldeia (competência do Tribunal do Júri Federal).[53]

Caso não haja disputa sobre direitos indígenas, a competência será da Justiça Estadual, conforme Súmula 140 do STJ, segundo a qual *compete a Justiça Comum Estadual processar e julgar crime em que o indígena figure como autor ou vítima*.

Importante ressaltar que os crimes federais de menor potencial ofensivo serão de competência dos Juizados Especiais Federais Criminais, aos quais se aplica, no que

---

situação de deslocamento internacional ou ao menos em situação de potencial deslocamento. II. Hipótese na qual a embarcação encontrava-se ancorada, para fins de carregamento, o qual, inclusive, estava sendo feito por pessoas – no caso as vítimas – estranhas à embarcação, visto que eram estivadores e não passageiros ou funcionários desta. III. Conflito conhecido para declarar a competência do Juízo da 3ª Vara Criminal de Guarujá/SP, o suscitado" (STJ, CC 116.011/SP, 3ª Seção, rel. Min. Gilson Dipp, J. 23/11/2011).

51. DEZEM, Guilherme Madeira, 2018, p. 282.
52. Lei nº 6.001/1973 (Estatuto do Índio), art. 3º Para os efeitos de lei, ficam estabelecidas as definições a seguir discriminadas: I – Índio ou Silvícola – É todo indivíduo de origem e ascendência pré-colombiana que se identifica e é identificado como pertencente a um grupo étnico cujas características culturais o distinguem da sociedade nacional; II – Comunidade Indígena ou Grupo Tribal – É um conjunto de famílias ou comunidades índias, quer vivendo em estado de completo isolamento em relação aos outros setores da comunhão nacional, quer em contatos intermitentes ou permanentes, sem contudo estarem neles integrados.
53. "Ementa: Competência Criminal. Conflito. Crime praticado por silvícolas, contra outro índio, no interior de reserva indígena. Disputa sobre direitos indígenas como motivação do delito. Inexistência. Feito da competência da Justiça Comum. Recurso improvido. Votos vencidos. Precedentes. Exame. Inteligência do art. 109, incs. IV e XI, da CF. A competência penal da Justiça Federal, objeto do alcance do disposto no art. 109, XI, da Constituição da República, só se desata quando a acusação seja de *genocídio, ou quando*, na ocasião ou motivação de outro delito de que seja índio o agente ou a vítima, *tenha havido disputa sobre direitos indígenas*, não bastando seja aquele imputado a silvícola, nem que este lhe seja vítima e, tampouco, que haja sido praticado dentro de reserva indígena" (STF, RE 419.528/PR, Pleno, J. 03/08/2006). Nessa esteira, assim dispõe o art. 231 da CF/88: Art. 231. São reconhecidos aos índios sua organização social, costumes, línguas, crenças e tradições, e os direitos originários sobre as terras *que tradicionalmente ocupam, competindo à União demarcá-las, proteger e fazer respeitar todos os seus bens*.

não conflitar com a Lei nº 10.259, de 12 de julho de 2001, o disposto na Lei nº 9.099, de 26 de setembro de 1995.

Na reunião de processos perante o juízo comum (estadual ou federal) ou perante o Tribunal do Júri (estadual ou federal), decorrente da aplicação das regras de conexão e continência, observar-se-ão os institutos da transação penal e da composição dos danos civis (art. 60, parágrafo único, da Lei nº 9.099/1995 e art. 2º, parágrafo único, da Lei nº 10.259/2001).

Assim, havendo conexão entre um crime de lesão corporal leve e outro de homicídio, praticados contra servidores públicos federais no exercício de suas funções, haverá reunião para julgamento pelo Tribunal do Júri Federal, mas em relação ao crime de lesão corporal leve deverá ser oportunizada a transação penal (ou, se for o caso, a composição dos danos civis).

4.5 TRIBUNAL DO JÚRI

O Tribunal do Júri, embora seja em regra estadual, pode ser federal se estiverem presentes causas que determinem a competência da Justiça Federal, conforme estudado no tópico anterior (Exemplo: assassinato de fiscais do Ministério do Trabalho a mando de fazendeiro revoltado com a fiscalização feita por eles).

A competência do Tribunal do Júri está estabelecida na Constituição Federal e no Código de Processo Penal, lhe competindo o julgamento dos *crimes dolosos contra a vida* (*homicídio* e *feminicídio*; *induzimento, instigação ou auxílio a suicídio*;[54] *infanticídio*; e *aborto*):

> CF/88, art. 5º, XXXVIII – é reconhecida a instituição do júri, com a organização que lhe der a lei, assegurados: a) a plenitude de defesa; b) o sigilo das votações; c) a soberania dos veredictos; d) a competência para o julgamento dos crimes dolosos contra a vida;
>
> CPP, Art. 74. A competência pela natureza da infração será regulada pelas leis de organização judiciária, salvo a competência privativa do Tribunal do Júri.
>
> § 1º Compete ao Tribunal do Júri o julgamento dos crimes previstos nos arts. 121, §§ 1º e 2º, 122, parágrafo único, 123, 124, 125, 126 e 127 do Código Penal, consumados ou tentados.

Portanto, não são de competência do Tribunal do Júri os crimes *preterdolosos* ou *qualificados pelo resultado morte* (Exemplos: *lesão corporal seguida de morte*; *tortura qualificada pela morte*; *latrocínio*; *estupro* ou *extorsão mediante sequestro com resultado morte* etc.), muito menos os crimes culposos, exceto se conexos ou continentes com algum crime doloso contra a vida. Explico.

Os crimes conexos ou continentes aos crimes dolosos contra a vida, por força da conexão ou continência, serão julgados pelo Tribunal do Júri (Exemplos: homicídio

---

54. Se as condutas forem praticadas visando a automutilação, a competência será do juiz singular e não do Tribunal do Júri, por se tratar de um crime contra a integridade física e não contra a vida.

conexo com tráfico de drogas; homicídio conexo com porte ilegal de arma de fogo; homicídio conexo com lesão corporal), conforme determina o art. 78, I, do Código de Processo Penal, segundo o qual *na determinação da competência por conexão ou continência, serão observadas as seguintes regras: I – no concurso entre a competência do júri e a de outro órgão da jurisdição comum, prevalecerá a competência do júri.*

Quanto ao denominado foro privilegiado, as autoridades que possuem foro especial por prerrogativa de função previsto na Constituição Federal não vão a Júri, sendo julgadas pelo Tribunal competente estabelecido pela própria Constituição.

Nesse sentido, vale lembrar a regra estabelecida no art. 78, III, do Código de Processo Penal, segundo a qual *na determinação da competência por conexão ou continência, serão observadas as seguintes regras: III – no concurso de jurisdições de diversas categorias, predominará a de maior graduação.*

Assim, é possível afirmar que um juiz de direito ou promotor de justiça[55] que vier a praticar crime doloso contra a vida, não será julgado pelo Tribunal do Júri, mas sim pelo Tribunal de Justiça do Estado no qual exerce tais funções, uma vez que o seu foro especial por prerrogativa de função tem previsão na Constituição Federal. Caso se trate de juiz federal ou procurador da República, a competência será do TRF. Já os desembargadores serão julgados pelo STJ (Ação Penal 878 do STJ).

Entretanto, as autoridades com foro especial previsto apenas em Constituição Estadual, vão a Júri, conforme Súmula Vinculante nº 45 do STF, uma vez que a competência do Tribunal do Júri, estabelecida na Constituição Federal, se sobrepõe ao foro por prerrogativa de função estabelecido apenas na Constituição Estadual:

> STF, Súmula Vinculante 45 – A competência constitucional do Tribunal do Júri prevalece sobre o foro por prerrogativa de função estabelecido exclusivamente pela constituição estadual (*J.* 08/04/2015, *DJe* 17/04/2015).[56]

Vale lembrar, neste ponto, que o STF, no Informativo nº 1.026, deu publicidade à tese fixada no sentido de que *é inconstitucional norma de constituição estadual que estende o foro por prerrogativa de função a autoridades não contempladas pela Constituição Federal de forma expressa ou por simetria*, tais como vereadores, delegados, defensores e procuradores de município, os quais não podem ter foro especial.

Vale lembrar, ainda, que em caso de autoridades eleitas, o foro especial somente será observado se o crime tiver sido praticado no exercício do cargo e relacionado com o cargo, conforme decidido pelo STF na Ação Penal 937.

---

55. Lei nº 8.625/1993, art. 40. Constituem prerrogativas dos membros do Ministério Público, além de outras previstas na Lei Orgânica: (...) IV – ser processado e julgado originariamente pelo Tribunal de Justiça de seu Estado, nos crimes comuns e de responsabilidade, ressalvada exceção de ordem constitucional.
56. Mesmo teor da Súmula 721 do próprio STF.

Portanto, caso um prefeito, deputado estadual, deputado federal, senador ou governador, venha a praticar crime doloso contra a vida sem relação com o cargo eletivo ocupado, a competência será do Tribunal do Júri.

Em caso de crime doloso contra a vida praticado em concurso de pessoas, por uma autoridade com prerrogativa de foro prevista na Constituição Federal e por um particular sem tal prerrogativa, entendem o STF e o STJ que deve haver separação de processos, uma vez que ambas as competências são constitucionais, respondendo a autoridade perante o Tribunal competente para processá-la e julgá-la, enquanto o particular será julgado pelo Tribunal do Júri,[57] salvo quando os fatos estiveram de tal forma imbricados que a cisão processual possa trazer prejuízo à instrução criminal.[58]

É preciso registrar, neste ponto, que em caso de conexão ou continência entre um crime doloso contra a vida e um crime militar, bem como entre um crime doloso contra a vida e um crime eleitoral, e ainda entre um crime doloso contra a vida e um ato infracional, haverá cisão processual (art. 79, I e II, CPP).

Na hipótese do juiz, durante a primeira fase do procedimento relativo ao processo de competência do Tribunal do Júri, decidir pela desclassificação para um crime não doloso contra a vida, ele deverá enviar os autos ao juiz que seja competente para processar e julgar tal crime (art. 74, § 3º e 419, ambos do CPP).

---

57. "O STF, no HC 69325-3/GO, decidiu que se um particular praticar um crime de competência do Tribunal do Júri, juntamente com alguém que tenha prerrogativa de foro, haverá uma cisão processual. Por exemplo: se um particular comete um crime doloso contra a vida, a mando de um juiz de direito, haverá uma continência, nos termos do art. 77, I, do CPP. A prerrogativa do juiz de ser julgado pelo Tribunal de Justiça do seu estado é constitucional, como também o é a do Júri. Contudo, havendo essa igualdade de tratamento constitucional, prevalece a competência do TJ por ser o Tribunal um órgão de jurisdição superior (art. 78, III, do CPP). Então o juiz será julgado no TJ. E o particular? Haverá uma cisão, sendo ele julgado pelo Tribunal do Júri. Isso porque a regra da conexão decorre de lei ordinária, que não pode prevalecer sobre a competência do Júri, que é constitucional" (LOPES JR., Aury, 2021, p. 129). No mesmo sentido: "(...) 4. A prerrogativa de foro, tal como o julgamento pelo Tribunal do Júri, também decorre de norma constitucional, razão pela qual a competência de um não pode se sobrepor a do outro. E é por isso que, em caso de corréus, quando há prerrogativa de foro para um deles, como na espécie, o processo, necessariamente, deverá ser cindido: o Tribunal julgará aquele que detém a prerrogativa de foro e os demais serão julgados pelo Júri Popular. Cada órgão julgador perfaz seu mister, em estrita obediência ao comando constitucional, sem vinculação entre os resultados, ainda que conflitantes, uma vez que, de um lado, há a soberania do veredicto popular e, de outro, a jurisdição desta Corte Superior" (STJ, Ação Penal 517/CE, Corte Especial, rel. Min. Laurita Vaz, J. 05/12/2012); "(...) 1. A jurisprudência desta Corte e do Supremo Tribunal Federal tem proclamado que, em caso de crime doloso contra a vida cometido por mais de uma pessoa, aquele que não ostenta foro por prerrogativa de função deve ser julgado perante o Júri Popular, em consonância com o preceito normativo do art. 5º, XXXVIII, "d", da Constituição Federal" (STJ, HC 52.105/ES, 6ª T, J. 10/05/2011); e STJ, Reclamação 2125 / CE, 03/12/2008. "(...) 2. Em caso de coautoria em crime doloso contra a vida, o privilégio de foro ostentado por um dos agentes, porque desembargador, não atrai para competência do Superior Tribunal de Justiça o julgamento do outro envolvido, que deve ser julgado pelo Tribunal do Júri, seu juiz natural. Precedentes do STF e do STJ".
58. "(...) 1. A jurisprudência do Supremo Tribunal Federal passou a adotar como regra o desmembramento dos inquéritos e ações penais originárias no tocante a coinvestigados ou corréus não detentores de foro por prerrogativa de função, admitindo-se, apenas excepcionalmente, a atração da competência originária quando se verifique que a separação seja apta a causar prejuízo relevante, aferível em cada caso concreto. (...)" (STF, Pet. 6727 AgR/DF, 2ª T, rel. Min. Edson Fachin, J. 30/06/2017).

Caso tal desclassificação seja feita após a pronúncia, em plenário, pelo Conselho de Sentença, já durante a segunda fase do aludido procedimento, ao próprio juiz presidente do Tribunal do Júri caberá proferir a sentença (art. 74, § 3º, segunda parte c/c art. 492, §§ 1º e 2º, do CPP), o que constitui medida de economia processual, até porque, sendo assegurada a soberania dos veredictos do Tribunal do Júri e estando tomada a decisão pelo Conselho de Sentença, não haveria razão alguma para se encaminhar o feito a outro juiz apenas para lavrar a sentença, uma vez que esta deve respeitar a decisão dos jurados.

4.6 COMPETÊNCIA EM RAZÃO DA PESSOA

A competência em razão da pessoa corresponde ao foro especial por prerrogativa de função, popularmente conhecido como foro privilegiado, prerrogativa prevista para algumas autoridades no Brasil de serem julgadas apenas por determinados tribunais, em razão da dignidade da função exercida.

Os defensores do foro por prerrogativa de função sustentam que ele assegura a independência de quem julga e evita julgamentos parciais, os quais poderiam acontecer, por exemplo, se o promotor do interior fosse julgado pelo juiz com quem trabalha todos os dias ou o desembargador pelo juiz de primeira instância, cujas sentenças ele revisa.[59]

Há quem sustente que o foro por prerrogativa de função não é um privilégio, mas sim uma prerrogativa funcional, bem como nem sempre é um benefício para o réu, pois impossibilita um verdadeiro duplo grau de jurisdição (Exemplo: juiz de direito julgado originariamente pelo Tribunal de Justiça, somente terá recurso especial e extraordinário, em ambos vedado o reexame da prova do processo).[60]

A questão sempre foi polêmica e esteve em julgamento perante o Supremo Tribunal Federal, na Ação Penal 937, onde se discutiu os limites do foro especial por prerrogativa de função, uma vez que, no Brasil, tem sido mal utilizado por muitas autoridades, como escudo para se furtarem à responsabilização criminal pela prática de infrações penais comuns e que não guardam relação com a nobre e digna função que exercem.

Com base em decisão tomada por maioria, no dia 03/05/2018, na citada Ação Penal 937, nossa Corte Constitucional estabeleceu que:

(I) O foro por prerrogativa de função aplica-se apenas aos crimes cometidos durante o exercício do cargo e relacionados às funções desempenhadas.

(II) Após o final da instrução processual, com a publicação do despacho de intimação para apresentação de alegações finais, a competência para processar e julgar ações penais não será mais afetada em razão de o agente público vir a ocupar outro cargo ou deixar o cargo que ocupava, qualquer que seja o motivo.[61]

---

59. LOPES JR., Aury, 2021, p. 126.
60. LOPES JR., Aury, 2021, p. 126.
61. STF, AP 937, Tribunal Pleno, rel. Min. Roberto Barroso, J, 03/05/2018. Contudo, mais recentemente, em 11/03/2025, no julgamento do Habeas Corpus nº 232.627, por 7 votos a 4, o STF fixou a tese de que "a prerro-

Pouco mais de um mês depois, no Inquérito 4703 QO/DF, a 1ª Turma do STF afirmou que o entendimento firmado na Ação Penal 937 teria aplicação a "toda e qualquer autoridade que possua prerrogativa de foro" (J. 12/06/2018).

Uma semana depois, a Corte Especial do STJ afirmou que "as hipóteses de foro por prerrogativa de função no STJ restringem-se aos casos de crime praticado em razão e durante o exercício do cargo" (QO na APn 857/DF, J. 20/06/2018).

Não obstante, o Superior Tribunal de Justiça, na Ação Penal 878/DF, entendeu que um desembargador, mesmo praticando crime não relacionado às suas funções, deve ser julgado pelo próprio STJ e não pelo juiz de primeira instância vinculado ao mesmo tribunal, pois este não reuniria as condições necessárias ao desempenho de suas atividades judicantes de forma imparcial.[62]

Este *discrimem* criado pelo STJ encontra-se pendente de julgamento no STF, em Repercussão Geral (STF, ARE 1.223.589, reautuado para RE 1.331.044 – Tema 1147: "Competência do Superior Tribunal de Justiça para processar e julgar desembargador de Tribunal de Justiça por crime comum, ausente relação com o cargo público ocupado").

Portanto, o STJ "apontou *discrimen* relativamente aos magistrados para manter interpretação ampla quanto ao foro por prerrogativa de função, aplicável para crimes com ou sem relação com o cargo, com fundamento na necessidade de o julgador desempenhar suas atividades judicantes de forma imparcial" (vide item 3 da Ementa do CC nº 177.100/CE).

Além disso, o STJ afirmou que, "nesse contexto, considerando que a prerrogativa de foro da Magistratura e Ministério Público encontra-se descrita no mesmo dispositivo constitucional (art. 96, inciso III, da CF), seria desarrazoado conferir-lhes tratamento diferenciado (vide item 3 da Ementa do CC nº 177.100/CE), razão pela qual o foro especial dos magistrados e dos membros do MP permanece sendo observado, independentemente do crime guardar ou não relação com o cargo.

Ainda segundo o STJ, por se tratarem os magistrados e membros do MP de autoridades sem cargo eletivo, o entendimento firmado na Ação Penal 937 do STF não lhes deve ser aplicado, por falta de simetria (STJ, CC 177.100/CE, 3ª Seção, J. 08/09/2021 – vide item 6 da Ementa).

Na jurisprudência do STF e do STJ, há outros precedentes importantes, relacionados à competência em razão da pessoa, que devem ser lembrados:

1) Crime praticado em um mandato e réu reeleito para o mesmo cargo, ininterruptamente, enseja continuidade do foro especial (STJ, AgRg no HC 545.620/SC, 5ª T, 23/02/2021);

---

gativa de foro para julgamento de crimes praticados no cargo e em razão das funções subsiste mesmo após o afastamento do cargo, ainda que o inquérito ou a ação penal sejam iniciados depois de cessado seu exercício, ressalvados todos os atos praticados pelo STF e pelos demais Juízos com base na jurisprudência anterior".

62. STJ, Informativo 639.

2) Mandatos cruzados ininterruptos de parlamentar federal (deputado federal para senador e vice-versa) prorrogam a competência do STF (Pet 9189, Pleno, J. 12/05/2021);

3) Deputado estadual eleito senador, ininterruptamente, prorroga a competência do TJ (STF, Recl. 41.910, 2ª T, J. 30/11/2021);

4) Se houver interrupção do mandato, como no caso de ex-prefeito que, após o término do mandato anterior, com lapso temporal de 4 anos, é novamente eleito e volta a ocupar o cargo, o caso relativo ao crime praticado durante o mandato anterior continua na 1ª instância (STF, RE nº 1.185.838 AgR/SP, 1ª T, J. 14/05/2019).

Contudo, mais recentemente, no julgamento do Habeas Corpus nº 232.627, em 11/03/2025, por 7 votos a 4, o STF fixou a tese de que "a prerrogativa de foro para julgamento de crimes praticados no cargo e em razão das funções subsiste mesmo após o afastamento do cargo, ainda que o inquérito ou a ação penal sejam iniciados depois de cessado seu exercício, ressalvados todos os atos praticados pelo STF e pelos demais Juízos com base na jurisprudência anterior."

No campo das normas que regem a competência em razão da pessoa, ainda é preciso explicitar uma série de regras gerais. Vamos a elas.

Os Tribunais de Justiça são competentes para processar e julgar os juízes e promotores dos seus respectivos Estados, independentemente do crime praticado por eles ser estadual ou federal,[63] doloso contra a vida, praticado em outro Estado ou simples contravenção, excetuando-se os crimes eleitorais, cuja competência será do Tribunal Regional Eleitoral (art. 96, III, *in fine*, CF/88).

Por sua vez, os Tribunais Regionais Federais são competentes para processar e julgar os juízes federais, juízes do trabalho e juízes militares da União, bem como os membros do Ministério Público da União, independentemente do crime praticado por eles ser estadual ou federal, doloso contra a vida, praticado fora da sua região ou simples contravenção, excetuando-se os crimes eleitorais, cuja competência será do Tribunal Regional Eleitoral (art. 108, I, *a*, da CF/88).

---

63. "(...) Crimes de quadrilha, peculato e apropriação indébita praticados contra o Instituto Nacional do Seguro Social (INSS) e segurados por acidente de trabalho, imputados a juiz de direito, serventuários da justiça, servidores de autarquia federal e advogados. Denúncia oferecida perante o Tribunal de Justiça. Prisão preventiva do paciente, do rol dos advogados denunciados, decretada pelo relator e confirmada pela corte. Alegada ausência de justificativa para a medida. Denúncia acertadamente oferecida perante o Tribunal de Justiça, contra todos os acusados e por todos os crimes, federais e estaduais, em face dos princípios da conexão e continência, e tendo em vista, ainda, a jurisdição de maior graduação (art. 78, III, do CPP), reconhecida aquela corte por força da norma do art. 96, III, da CF/88, dada a presença, entre os acusados, de um juiz de direito. Custódia provisória plenamente justificada por conveniência da instrução criminal e para assegurar-se a aplicação da lei penal. Ordem denegada" (STF, HC 68.846/RJ, Tribunal Pleno, rel. Min. Ilmar Galvão, *J*. 02/10/1991).

Os prefeitos,[64] deputados estaduais e deputados distritais, caso pratiquem crime no exercício do cargo e relacionado com o cargo (Ação Penal 937 do STF), serão processados e julgados: (1) pelo Tribunal de Justiça do seu Estado,[65] caso pratiquem crime estadual, ainda que doloso contra a vida;[66] (2) pelo Tribunal Regional Federal da região onde exercem suas funções, caso pratiquem crime federal, ainda que doloso contra a vida; (3) pelo Tribunal Regional Eleitoral do seu Estado, caso pratiquem crime eleitoral.

Portanto, a natureza do crime, se estadual ou federal, fará diferença para os prefeitos, deputados estaduais e deputados distritais, mas não para juízes e promotores, nem para juízes federais e procuradores da República, que serão julgados, respectivamente, pelos Tribunais de Justiça dos seus Estados e pelos Tribunais Regionais Federais das suas regiões.

No entanto, caso qualquer um deles (prefeitos, deputados estaduais, deputados distritais, juízes de direito, promotores de Justiça, juízes federais e procuradores da República) pratique crime eleitoral, a competência será do Tribunal Regional Eleitoral (arts. 27, § 1º, 29, X, 96, III, *in fine*, e 108, I, *a*, da CF/88).

Quanto ao corréu que praticasse o crime em concurso de pessoas com a autoridade, a orientação do STF era no sentido de que o Tribunal de origem deveria julgar, também, os indivíduos que não possuíssem foro por prerrogativa.[67]

Contudo, o STF mudou o seu posicionamento, passando a entender que apenas em casos excepcionais o corréu responderá juntamente da autoridade com foro especial por prerrogativa de função, passando a ser regra a cisão processual.

Assim, no tocante a coinvestigados ou corréus não detentores de foro por prerrogativa de função que tenham praticado crimes em concurso com detentores de foro privilegiado, somente será admitida a atração da competência originária quando o desmembramento dos inquéritos e ações penais causar prejuízo relevante à investigação ou à instrução criminal, o que deverá ser aferido em cada caso concreto. Logo, somente deixará de haver cisão processual quando os fatos estiverem de tal forma imbricados que a cisão por si só implique prejuízo ao seu esclarecimento.[68]

---

64. STF, Súmula 702 – A competência do Tribunal de Justiça para julgar prefeitos restringe-se aos crimes de competência da Justiça comum estadual; nos demais casos, a competência originária caberá ao respectivo tribunal de segundo grau (J. 24/09/2003, DJ 09/10/2003). STJ, Súmula 208 – Compete a Justiça Federal processar e julgar prefeito municipal por desvio de verba sujeita a prestação de contas perante órgão federal (J. 27/05/1998, DJ 03/06/1998). STJ, Súmula 209 – Compete a Justiça Estadual processar e julgar prefeito por desvio de verba transferida e incorporada ao patrimônio municipal (J. 27/05/1998, DJ 03/06/1998).
65. STJ, CC 120848 / PE, 3ª Seção, J. 14/03/2012.
66. STJ, HC 109.941/RJ, 5ª T, rel. Gilson Dipp, J. 02/12/2010.
67. STF, Súmula 704 – Não viola as garantias do juiz natural, da ampla defesa e do devido processo legal a atração por continência ou conexão do processo do corréu ao foro por prerrogativa de função de um dos denunciados. (J. 24/09/2003)
68. STF, Inq 3842 AgR-quinto/DF, 2ª T, rel. Min. Dias Toffoli, J. 15/12/2015. No mesmo sentido: STF, Pet. 6727 AgR/DF, 2ª T, rel. Min. Edson Fachin, J. 30/06/2017.

De toda sorte, a competência para decidir sobre a cisão processual é do tribunal competente para processar e julgar a autoridade detentora do foro especial por prerrogativa de função.[69]

Em caso de concurso entre tribunais de diferentes graduações, prevalece a competência do tribunal de maior graduação (art. 78, III, CPP), razão pela qual, na hipótese de crime praticado em concurso de pessoas envolvendo um desembargador do Tribunal de Justiça e um ministro do Superior Tribunal de Justiça, estando de tal forma imbricados os fatos que a cisão por si só implique prejuízo ao seu esclarecimento, ambos serão processados e julgados no Supremo Tribunal Federal.

As regras de foro por prerrogativa de função não se aplicam à improbidade administrativa, que será julgada em primeiro grau de jurisdição, pois não tem caráter de crime, sendo ilícito civil e administrativo, com regras próprias.

Neste ponto vale lembrar que havia entendimento do STF no sentido de que, caso se tratasse de Presidente da República, Vice-Presidente, Ministros de Estado, Ministros do Supremo Tribunal Federal e Procurador-Geral da República, por serem agentes políticos submetidos ao regime especial de responsabilidade da Lei nº 1.079/1950, os mesmos não se sujeitariam à Lei 8.429/1992, pois responderiam por crime de responsabilidade e não por improbidade administrativa.[70]

Contudo, tal entendimento restou superado em parte, na medida em que o próprio STF, em 10/05/2018, no julgamento da Petição nº 3.240, assentou que "os agentes políticos, com exceção do Presidente da República, encontram-se sujeitos a duplo regime sancionatório, de modo que se submetem tanto à responsabilização civil pelos atos de improbidade administrativa quanto à responsabilização político-administrativa por crimes de responsabilidade", sendo que "o foro especial por prerrogativa de função previsto na Constituição Federal (CF) em relação às infrações penais comuns não é extensível às ações de improbidade administrativa".[71]

O Tribunal competente para a ação também julgará as exceções, conforme dispõe o art. 85 do Código de Processo Penal (Exemplo: a exceção da verdade ofertada contra um promotor, em caso de ação penal por crime de calúnia, deverá ser processada e julgada pelo Tribunal de Justiça competente para julgar o promotor).

Quanto às competências do STF e do STJ, as mesmas prevalecem sobre qualquer outra justiça ou grau de jurisdição, razão pela qual são chamados de órgãos de sobreposição.

---

69. STF, Inq. 3984/DF, 2ª T, rel. Min. Teori Zavascki, J. 06/12/2016; STF, Inq. 4107/SC, 2ª T, rel. Min. Teori Zavascki, J. 25/10/2016; STJ, HC 317.299, 5ª T, rel. Min. Reynaldo Soares da Fonseca, J. 1º/12/2016.
70. STF, REsp 1.168.739/RN, 1ª T, J. 03/06/2014 e STF, AI 790.829/RS AgR, 2ª T, J. 25/09/2012.
71. STF, Pet 3240 AgR/DF, J. 10/05/2018 – Informativo nº 901.

Para maior visibilidade das competências de tais Cortes, colaciono o quadro abaixo onde constam as autoridades de cada um dos poderes que são julgadas, originariamente, nos crimes comuns, pelas referidas Cortes:

Tribunal	Executivo	Legislativo	Judiciário	Outros
STF Art. 102 CF/88	Presidente da República; Vice-Presidente da República; Ministros de Estado; Advogado-Geral da União (*status* de ministro); Controlador-Geral da União (Ministro)	Deputados Federais; Senadores	Membros do STF e dos Tribunais Superiores: STJ, TST, STM e TSE	Procurador-Geral da República; Comandantes das Forças Armadas; Membros do TCU; Chefes de Missão Diplomática permanente
STJ Art. 105 CF/88	Governadores de Estado e do Distrito Federal		Membros dos TRFs, TREs, TJs e TRTs	Membros dos TCEs; Membros do MPU que atuam perante os Tribunais; Membros dos Conselhos ou Tribunais de Contas dos Municípios

4.7 COMPETÊNCIA EM RAZÃO DO LUGAR

A regra geral para o estabelecimento da competência em razão do lugar está no art. 70 do CPP, segundo o qual *a competência será, de regra, determinada pelo lugar em que se consumar a infração, ou, no caso de tentativa, pelo lugar em que for praticado o último ato de execução*, tendo sido adotada a teoria do resultado.

Contudo, nos crimes dolosos contra a vida, plurilocais, a jurisprudência do STJ é no sentido de que a competência seja firmada no juízo do local da atividade, para facilitar a coleta de provas, privilegiando a *verdade real*.[72]

Imagine, por exemplo, que um fazendeiro baleado na Bahia venha a falecer em hospital de São Paulo, para onde foi levado em avião-UTI. A competência deve ser firmada no local da atividade, ou seja, na Bahia, onde estão os motivos do crime, as

---

72. "Competência. Crime plurilocal. Verdade real. *In casu*, o ora paciente foi denunciado pela suposta prática dos crimes previstos no art. 121, § 2º, I, III e IV, e no art. 211, ambos do CP, em concurso material. (...) A Turma denegou o *habeas corpus* por entender, entre outras questões, que, no caso, embora os atos executórios do crime de homicídio tenham-se iniciado na comarca de Guarulhos, local em que houve, em tese, os disparos de arma de fogo contra a vítima, e não obstante tenha-se apurado que a causa efetiva da sua morte foi asfixia por afogamento, a qual ocorreu em represa localizada na comarca de Nazaré Paulista-SP, sem dúvida o lugar que mais atende às finalidades almejadas pelo legislador ao fixar a competência de foro é o do local em que foram iniciados os atos executórios, o juízo de Guarulhos. Observou-se que este é o *local onde, em tese, ter-se-ia iniciado o crime, onde reside a maior parte das testemunhas arroladas tanto pela defesa quanto pela acusação, onde residem os réus e residia a vítima, onde a exemplaridade da pena mostrar-se-á mais eficaz e onde a instrução iniciou-se, colhendo-se provas não só testemunhais como técnicas, pelo que o desenrolar da ação penal nesse juízo, sem dúvidas, melhor atenderá às finalidades do processo e melhor alcançará a verdade real*. Consignou-se, ainda, que eventual nulidade quanto à competência, no caso, é relativa, cujo reconhecimento exige não só a sua arguição no momento oportuno como também a demonstração de efetivo prejuízo, o que não ocorreu na espécie. (...)" (STJ, HC 196.458/SP, 6ª T, rel. Min. Sebastião Reis Júnior, *J*. 06/12/2011). (Grifos nossos).

testemunhas do fato, as residências do autor e da vítima, o local do crime para fins de perícia e reconstituição etc.

Outro exemplo em que, excepcionalizando a regra do art. 70 do CPP, deve ser firmada a competência no local da atividade, é quando ocorre um atropelamento em cidade do interior e a vítima é conduzida para um hospital da capital, em busca e melhores recursos médicos, vindo a falecer, dias depois, em decorrência das lesões sofridas por ocasião do atropelamento.

Em casos como esses, de *ação em um lugar e resultado/consumação em outro*, por força de uma necessidade probatória, tem-se entendido como *lugar da infração* aquele onde se esgotou o potencial lesivo da infração.

Quanto à competência para processar e julgar o crime de estelionato, houve significativa alteração legislativa, com a inclusão do § 4º no art. 70 do CPP, segundo o qual, nos crimes de estelionato, *quando praticados mediante depósito, mediante emissão de cheques sem suficiente provisão de fundos em poder do sacado ou com o pagamento frustrado ou mediante transferência de valores, a competência será definida pelo local do domicílio da vítima, e, em caso de pluralidade de vítimas, a competência firmar-se-á pela prevenção* (Incluído pela Lei nº 14.155, de 27/05/2021).

Restaram superadas as Súmulas 521 do STF e 244 do STJ que estabeleciam, como foro competente para processar e julgar o crime de estelionato praticado mediante emissão de cheque sem provisão de fundos, o local em que se deu a recusa do pagamento pelo sacado.

A nova regra, por se tratar de norma processual, tem aplicação imediata, nos termos do art. 2º do CPP, ainda que os fatos tenham sido anteriores à nova lei (STJ, CC 180.832/RJ, 3ª Seção, J. 25/08/2021).

Caso o crime de estelionato seja praticado mediante *saque de cheque falsificado ou adulterado*, a *competência* será do juízo *do local onde a vítima mantém a conta bancária*, aplicando-se "o entendimento pela competência do juízo do *local do eventual prejuízo*, que ocorre com a autorização para o saque do numerário no local da agência bancária da vítima" (STJ, CC 182.977/PR, 3ª Seção, J. 09/03/2022 – Informativo 728).

Apesar do precedente acima refletir a posição atual do STJ, ainda não foi cancelada a sua *Súmula 48, segundo a qual "compete ao juízo do local da obtenção da vantagem ilícita processar e julgar crime de estelionato cometido mediante falsificação de cheque"* (J. 20/08/1992, DJ 25/08/1992).

Como tal crime geralmente é praticado com a ida do autor à agência bancária onde a vítima mantém a conta para sacar o cheque fraudado, não há problema na aplicação da súmula, mesmo diante do posicionamento atual da Corte, pois o local da obtenção da vantagem será o mesmo do eventual prejuízo.

Também, não haverá problema quando o cheque fraudado for utilizado para a compra de um bem no comércio, pois a competência será firmada no local em que for realizado o negócio.

Contudo, caso o cheque fraudado seja depositado, via compensação bancária, a obtenção da vantagem ocorrerá no local onde o autor possuir a conta destinatária dos valores, enquanto o prejuízo será verificado no local da agência bancária da vítima, o que levará a um conflito entre a Súmula 48 do STJ e a atual jurisprudência da Corte, devendo ser aplicada a posição mais recente, com o estabelecimento da competência no local da agência bancária da vítima.

Na hipótese de furto mediante fraude praticado pela *Internet*, segundo entendimento do STJ, a competência deveria ser firmada no local da agência bancária onde a vítima possuía a conta fraudada:

> (...) 1. A Terceira Seção desta Corte Superior firmou o entendimento no sentido de que *a subtração de valores de conta-corrente, mediante transferência fraudulenta*, utilizada para ludibriar o sistema informatizado de proteção de valores, mantidos sob guarda bancária, sem consentimento da vítima, configura crime de *furto mediante fraude*, previsto no art. 155, § 4º, inciso II, do Código Penal[73] – CP. 2. O delito em *questão consuma-se no local da agência bancária onde o correntista fraudado possui a conta*, nos termos do art. 70 do Código de Processo Penal – CPP" (STJ, CC 145.576/MA, 3ª Seção, J. 13/04/2016).

> (...) 1. Hipótese em que a denúncia imputa à recorrente a prática de furto mediante fraude, através da invasão, via rede mundial de computadores, de contas bancárias mantidas em agências da Caixa Econômica Federal na cidade de Curitiba/PR. 2. A jurisprudência da Terceira Seção desta Corte se firmou no sentido de que *a competência para o julgamento de furtos mediante fraude eletrônica (via internet) se define pelo local onde o bem foi subtraído da vítima*, nos termos do art. 70, *caput*, do CPP (STJ, RHC 84.622/PR, 5ª T, J. 17/08/2017).

Contudo, no julgamento do Conflito de Competência nº 181.538/SP, a 3ª Seção do STJ firmou a competência no local onde houve o ingresso dos valores nas contas destinatárias:

> (...) 1. Para que se configure o delito de estelionato (art. 171 do Código Penal), é necessário que o Agente, induza ou mantenha a Vítima em erro, mediante artifício, ardil, ou qualquer outro meio fraudulento, de maneira que esta lhe entregue voluntariamente o bem ou a vantagem. Se não houve voluntariedade na entrega, o delito praticado é o de furto mediante fraude eletrônica (art. 155, § 4.º-B, do mesmo Estatuto). 2. No caso concreto, não houve entrega voluntária dos valores pela Vítima, mas, sim, ocorreu a contratação de empréstimos vinculados à sua conta corrente em agência bancária na cidade de Santa Helena/MA, bem como a transferência dos valores a contas situadas no Estado de São Paulo, por meio de fraude eletrônica. 3. *Em se tratando de furto, a consumação do delito ocorre quando o autor do delito obtém a posse do bem*. Na situação dos autos, *a consumação delitiva ocorreu quando os valores ingressaram nas contas destinatárias dos valores*, todas em agências localizadas no Estado de São Paulo, nas comarcas de Campinas, Itaim Paulista e São Paulo capital. 4. Sendo igualmente competentes os mencionados Juízos paulistas, a competência é firmada pela prevenção, nos termos dos art. 71 e 83 do Código de Processo Penal que, no presente feito, é do Juízo campineiro, porque o único dos referidos Juízos do Estado de São Paulo que nele proferiu decisão. (...) (STJ, CC 181.538/SP, 3ª Seção, J. 25/08/2021).

No caso de crime de tráfico internacional de drogas, quando se tratasse de droga remetida do exterior para o Brasil, pela via postal, a cancelada Súmula 528 do STJ[74] estabelecia que a competência seria do juiz federal do local da apreensão.

---

73. O crime atualmente é enquadrado no art. 155, § 4º-B, do Código Penal.
74. Súmula 528 – Compete ao juiz federal do local da apreensão da droga remetida do exterior pela via postal processar e julgar o crime de tráfico internacional (3ª Seção, J. 13/05/2015). Cancelada em 25/02/2022.

Contudo, tal súmula foi inicialmente flexibilizada pelo próprio STJ e depois cancelada pela Corte, sob o argumento de que "a fixação da competência *no local de destino da droga*, quando houver postagem do exterior para o Brasil com o conhecimento do endereço designado para a entrega, proporcionará eficiência da colheita de provas relativamente à autoria e, consequentemente, também viabilizará o exercício da defesa de forma mais ampla. Em suma, deve ser estabelecida a competência no Juízo do local de destino do entorpecente, mediante flexibilização da Súmula n. 528/STJ, em favor da facilitação da fase investigativa, da busca da verdade e da duração razoável do processo" (STJ, CC 177.882/PR, 3ª Seção, J. 26/05/2021).

Por outro lado, na hipótese de tráfico de drogas do Brasil para o exterior, bem como nas hipóteses de tráfico de um Estado para outro, ambos por remessa postal, aplica-se a regra geral do art. 70 do CPP, firmando-se a competência no lugar da remessa do entorpecente.[75]

Nos casos de crimes contra a honra praticados *por meio de publicação impressa de periódico, deve-se fixar a competência do Juízo onde ocorreu a impressão, tendo em vista ser o primeiro local onde as matérias produzidas chegaram ao conhecimento de outrem, nos moldes do art. 70 do CPP*.[76]

Quando se tratar de crimes contra a honra praticados pela *Internet*, a competência será firmada no local onde as informações são alimentadas, ou seja, onde houver sido feita a inserção dos dados na rede mundial de computadores, sendo irrelevante o local do provedor.[77]

Contudo, caso a ofensa não seja visualizada por terceiros, nas hipóteses em que o crime for praticado, por exemplo, via *direct* do *Instagram*, a competência será do local onde a vítima tomar conhecimento do conteúdo ofensivo.[78]

---

75. "(...) 1. O tráfico ilícito de entorpecentes, crime plurinuclear ou de condutas múltiplas, formal, consuma-se com a prática de qualquer um de seus verbos. No caso em comento, remetida a droga de um Estado para outro, dentro do próprio território nacional, restou consumado o delito, embora interceptada a droga antes de alcançar o seu destino final. 2. *In casu*, no tráfico interestadual de drogas, tal qual a exportação, no tráfico internacional de entorpecentes, cujos últimos atos de execução são praticados dentro do país, é de se considerar como local da remessa do entorpecente o lugar da consumação do delito, nos termos do art. 70 do Código de Processo Penal, relevando-se a competência, inclusive, em favor da produção de provas e do desenvolvimento dos atos processuais. (...)" (STJ, CC 147.802/MS, 3ª Seção, J. 28/09/2016). No mesmo sentido: STJ, CC 146.393/SP, 3ª Seção, J. 22/06/2016.
76. STJ, HC 181.520/MS, 5ª T, rel. Min. Laurita Vaz, J. 04/09/2012.
77. STJ, CC 136.700/SP, 3ª Seção, J. 23/09/2015. No mesmo sentido: STJ, CC 145.424, 3ª Seção, J. 13/04/2016.
78. "(...) 1. A jurisprudência do Superior Tribunal de Justiça é firme no sentido de que no caso de delitos contra a honra praticados por meio da internet, o local da consumação do delito é aquele onde incluído o conteúdo ofensivo na rede mundial de computadores. Contudo, tal entendimento diz respeito aos casos em que a publicação é possível de ser visualizada por terceiros, indistintamente, a partir do momento em que veiculada por seu autor. 2. No caso dos autos, embora tenha sido utilizada a internet para a suposta prática do crime de injúria, o envio da mensagem de áudio com o conteúdo ofensivo à Vítima ocorreu por meio de aplicativo de troca de mensagens entre usuários em caráter privado, denominado "Instagram direct", no qual somente o autor e o destinatário têm acesso ao seu conteúdo, não sendo para visualização por terceiros, após a sua inserção na rede de computadores. 3. Aplicação do entendimento geral de que o crime de injúria se consuma no local

No caso de crime de extorsão praticado pelo telefone, na modalidade do "falso sequestro", com exigência de resgate por meio de sucessivos depósitos bancários, a competência será do juízo do local onde a vítima tiver sofrido a ameaça por telefone e depositado as quantias exigidas.[79]

Nessa mesma linha, caso se trate de crime de coação no curso do processo, em que, por exemplo, o pai de uma criança, réu em processo de execução de alimentos na condição de alimentante, liga para a mãe da criança ameaçando-a para que seja retirado o processo, a competência será firmada no local em que a vítima estiver no momento em que atender à ligação.[80]

Considerando, agora, a segunda parte do art. 70 do CPP, se houver o crime apenas na forma tentada, a competência será firmada no local onde ocorreu o último ato de execução.

A título de exemplo, imagine que dois indivíduos em uma moto abordem o carro de um desafeto, em Belo Horizonte/MG, e atirem para matar. Mesmo atingido por disparos, a vítima acelera o veículo empreendendo fuga. Durante a perseguição, os veículos migram para a cidade de Contagem/MG, onde os autores atiram novamente contra a vítima, mas esta consegue fugir do raio de visão dos algozes.

Com medo de ser encontrada na cidade, a vítima vai até Igarapé/MG, onde obtém atendimento médico e se recupera dos ferimentos causados pelos disparos. Neste caso, como o último ato de execução foi realizado em Contagem/MG, a competência será do Tribunal do Júri de Contagem/MG.

Em caso de crime permanente ou continuado, praticado em território de duas ou mais jurisdições, a competência será firmada pela prevenção, ou seja, o juiz que pela primeira vez proferir alguma decisão sobre o caso tornar-se-á competente, ainda que em incidente pré-processual, conforme arts. 71 e 83 do CPP.

---

onde a Vítima tomou conhecimento do conteúdo ofensivo, o que, na situação dos autos, ocorreu em Brasília/DF. (...)" (STJ, CC 184.269/PB, 3ª Seção, J. 09/02/2022).

79. "(...) 4. Conforme jurisprudência do Superior Tribunal de Justiça – STJ, a conduta de simulação de sequestro com o objetivo de ameaçar a vítima amolda-se ao delito de extorsão tipificado no art. 158 do Código Penal – CP. (...) 5. No caso concreto, constata-se que o agente praticou ameaças, as quais aterrorizaram a vítima que temeu pela morte de sua filha. Nesse contexto, configurada a prática, em tese, do delito de extorsão, incide na espécie a *Súmula 96 do STJ, segundo a qual "o crime de extorsão consuma-se independentemente da obtenção da vantagem indevida".* 6. Destarte, o crime em análise se consumou no município de Santo Antônio das Missões – RS, onde a vítima se encontrava no momento em que sofreu a primeira ameaça e realizou o primeiro depósito, de forma que o recebimento da vantagem indevida pelo meliante, em agência bancária situada no Rio de Janeiro, caracteriza mero exaurimento do delito. 7. Conflito conhecido para declarar competente o Juízo de Direito da Vara de Santo Antônio da Missões – RS, o suscitado." (STJ, CC 163.854/RJ, 3ª Seção, J. 28/08/2019). No mesmo sentido: STJ, AgRg no AREsp 1.880.393/SP, 5ª T, J. 14/09/2021).

80. "(...) 2. Conforme previsão do art. 70, primeira parte, do Código de Processo Penal, "a competência será, de regra, determinada pelo lugar em que se consumar a infração". 3. Nos crimes praticados por meio de contato telefônico, o local de consumação do delito é o de recebimento da ligação telefônica (momento em que a vítima toma conhecimento das ameaças), e não o de sua origem. 4. Não há nulidade em laudo pericial realizado no celular de vítima a fim de comprovar a origem de ligações telefônicas supostamente realizadas pelo autor das ameaças. (...)" (STJ, HC 563.973/DF, 5ª T, J. 08/06/2021).

Imagine, por exemplo, que uma vítima seja sequestrada, em Belo Horizonte/MG, por dois homens que têm o objetivo de receber uma boa quantia em dinheiro como condição ou preço do resgate (art. 159 do CP).

Visando não serem descobertos ou presos, os homens levam a vítima para Varginha/MG, onde o juízo local, acatando representação do delegado de Polícia, determina a interceptação telefônica de um dos suspeitos, assim como a realização de busca e apreensão em uma casa onde, possivelmente, a vítima poderia estar.

Ao perceberem a atividade da Polícia, os criminosos fogem para São Paulo/SP, com a vítima no porta-malas do carro, onde a Polícia daquele Estado consegue resgatar a vítima e prender os criminosos. A competência será do juízo da comarca de Varginha/MG, por prevenção, pois foi o primeiro a decidir no caso.

A competência, também, será firmada pela prevenção quando incerto o limite territorial entre duas ou mais jurisdições, ou quando incerta a jurisdição por ter sido a infração consumada ou tentada nas divisas de duas ou mais jurisdições (art. 70, § 3º, do CPP).

Nos crimes à distância, em que a ação ou omissão ocorre em um país e o resultado em outro, a competência será estabelecida conforme os §§ 1º (teoria da atividade) e 2º (teoria do resultado) do art. 70 do CPP:

> § 1º Se, iniciada a execução no território nacional, a infração se consumar fora dele, a competência será determinada pelo lugar em que tiver sido praticado, no Brasil, o último ato de execução.
>
> § 2º Quando o último ato de execução for praticado fora do território nacional, será competente o juiz do lugar em que o crime, embora parcialmente, tenha produzido ou devia produzir seu resultado.

Logo, se ocorrer a execução no Brasil e o resultado no Paraguai, o foro competente será aquele onde, no Brasil, ocorreu o último ato de execução; se for o contrário, o foro competente será aquele onde, no Brasil, ocorreu ou deveria ocorrer o resultado.

Caso seja desconhecido o local da infração, o foro competente será o do domicílio ou residência do réu (art. 72, CPP). Se o réu tiver mais de uma residência ou não tiver residência certa, o critério será o da prevenção.

Interessante observar que, na ação penal exclusivamente privada, o querelante pode escolher entre o local da consumação da infração penal e o foro do domicílio ou residência do réu, ainda que conhecido o lugar da infração (art. 73, CPP).

Para finalizar este tópico vale o registro de que, uma vez definida a Justiça competente em razão da matéria e estabelecida a competência em razão do lugar, havendo pluralidade de juízes no local, o juiz efetivamente competente será definido pela distribuição.

Portanto, caso nenhum juiz esteja prevento, a competência será fixada pela precedência da distribuição quando, na mesma circunscrição judiciária, houver mais de um juiz igualmente competente (art. 75 do CPP).

4.8 REGRAS DE CONEXÃO E CONTINÊNCIA

As regras de conexão e continência são regras de deslocamento de competência que exigem a unidade de processo e julgamento, para facilitar a produção da prova e evitar decisões contraditórias.[81]

Na conexão o interesse é evidentemente probatório, enquanto na continência busca-se evitar decisões contraditórias e tratamentos diferenciados aos praticantes do crime.

4.8.1 Conexão

Para que haja conexão é imprescindível que tenham sido praticadas duas ou mais infrações penais com um liame (ligação) entre elas, podendo haver ou não pluralidade de agentes, conforme dispõe o art. 76 do Código de Processo Penal:

> CPP, art. 76. A competência será determinada pela conexão:
> I – se, ocorrendo duas ou mais infrações, houverem sido praticadas, ao mesmo tempo, por várias pessoas reunidas, ou por várias pessoas em concurso, embora diverso o tempo e o lugar, ou por várias pessoas, umas contra as outras;
> II – se, no mesmo caso, houverem sido umas praticadas para facilitar ou ocultar as outras, ou para conseguir impunidade ou vantagem em relação a qualquer delas;
> III – quando a prova de uma infração ou de qualquer de suas circunstâncias elementares influir na prova de outra infração.

No inciso I, encontra-se a *conexão intersubjetiva* (entre os sujeitos), que se subdivide em: *conexão intersubjetiva ocasional ou por simultaneidade*; *conexão intersubjetiva concursal*; e *conexão intersubjetiva por reciprocidade*.

Ocorre *conexão intersubjetiva ocasional ou por simultaneidade* quando duas ou mais pessoas praticam duas ou mais infrações penais, ao mesmo tempo e no mesmo local, sem concurso de pessoas (a reunião de pessoas é por acaso, ocasional, sem prévio ajuste). Exemplos: crimes de dano em estádio de futebol, mas sem liame subjetivo, sem divisão de tarefas (quebra-quebra generalizado); várias pessoas no estádio xingam o juiz e cometem crime de injúria; várias pessoas fazem depredação, furtos, ameaças e até lesões corporais durante manifestação que começou pacífica.

Já a *conexão intersubjetiva concursal* ocorre quando duas ou mais pessoas praticam duas ou mais infrações, em concurso de pessoas, ainda que diversos o tempo e o lugar, com liame subjetivo e prévio ajuste. Exemplo: membros de uma associação criminosa roubam dois carros, em dias diferentes, para, dias depois, os utilizarem na prática de um crime de roubo a banco. Todos os crimes e pessoas serão reunidos em um mesmo processo para julgamento.[82]

---

81. STJ, Súmula 235 – A conexão não determina a reunião dos processos, se um deles já foi julgado (J. 01/02/2000, DJ 10/02/2000).
82. LOPES JR., Aury, 2021, p. 135.

Por seu turno, a *conexão intersubjetiva por reciprocidade* será verificada quando as infrações penais forem praticadas por várias pessoas de forma recíproca, umas contra as outras. Exemplos: João e José causam lesão corporal grave um no outro; briga entre duas torcidas ou entre gangs. Neste caso, afasta-se a ideia do crime de rixa, pois é um crime só, sendo que a conexão exige pluralidade de crimes.[83]

No inciso II se encontra a chamada *conexão material, objetiva ou teleológica*, em que uma infração penal é praticada para facilitar, ocultar ou garantir a impunidade ou vantagem de outra infração penal. Exemplos: João mata José para estuprar a esposa dele; João mata a testemunha do crime para que não haja provas contra ele; homicídio seguido de ocultação de cadáver; membros de uma associação criminosa matam um dos membros para assegurar maior vantagem ou mesmo garantir a impunidade do crime.[84]

No inciso III temos a chamada *conexão probatória ou instrumental*, em que a prova de uma infração penal (ou de suas circunstâncias) pode influenciar na prova ou na existência da segunda infração.[85] Exemplos: João pratica furto e vende o bem para o receptador, que pratica o crime do art. 180 do Código Penal, sendo que a prova do furto influencia na prova da receptação; crime antecedente e lavagem de dinheiro, embora neste caso a Lei nº 9.613/1998, em seu art. 2º, II, estabeleça que o processo e julgamento dos crimes de lavagem de dinheiro independem do processo e julgamento das infrações penais antecedentes, ainda que praticados em outro país, cabendo ao juiz competente para os crimes de lavagem a decisão sobre a unidade de processo e julgamento.

4.8.2 Continência

As regras da continência estão previstas no art. 77 do CPP:

CPP, art. 77. A competência será determinada pela continência quando:
I – duas ou mais pessoas forem acusadas pela mesma infração;
II – no caso de infração cometida nas condições previstas nos arts. 51, § 1º, 53, segunda parte, e 54 do Código Penal.

Na continência do inciso I, não há pluralidade de crimes, mas sim de pessoas, havendo união das pessoas acusadas de uma mesma infração penal. Segundo tal regra, se um dos concorrentes para a infração penal tiver foro especial por prerrogativa de função, todos deveriam ser julgados no Tribunal competente para julgar o detentor do cargo.

Contudo, tal regra vem sendo excepcionalizada pelo STF, com base no art. 80 do CPP, que reviu o seu posicionamento sobre o assunto, decidindo por estabelecer a cisão processual como regra, somente mantendo todos os concorrentes sob julgamento

---

83. LOPES JR., Aury, 2021, p. 135.
84. LOPES JR., Aury, 2021, p. 135.
85. Em se tratando de crime de lavagem de dinheiro, a denúncia será instruída com indícios suficientes da existência da infração penal antecedente, sendo puníveis os fatos previstos na Lei de Lavagem, ainda que desconhecido ou isento de pena o autor, ou extinta a punibilidade da infração penal antecedente (art. 2º, § 1º, Lei nº 9.613/1998).

no Tribunal competente originariamente para julgar o corréu com foro especial por prerrogativa de função quando os fatos se revelarem "de tal forma imbricados que a cisão por si só implique prejuízo a seu esclarecimento" (STF, Inq. 3984/DF, 2ª T, rel. Min. Teori Zavascki, J. 06/12/2016).

No caso do inciso II, existe uma unidade delitiva por ficção jurídica (ficção legal ou normativa), em que duas ou mais infrações são consideradas crime único, nas hipóteses de o agente, mediante uma só ação ou omissão, praticar dois ou mais crimes, constituindo concurso formal (art. 70 do CP), ou nos carros de erro na execução (art. 73 do CP) e de resultado diverso do pretendido (art. 74 do CP).[86]

4.8.3 Regras para definição da competência nos casos de conexão e continência

As regras para a definição da competência nos casos de conexão e continência encontram-se estabelecidas no art. 78 do Código de Processo Penal:

Art. 78. Na determinação da competência por conexão ou continência, serão observadas as seguintes regras:

I – no concurso entre a competência do júri e a de outro órgão da jurisdição comum, prevalecerá a competência do júri;

II – no concurso de jurisdições da mesma categoria:

a) preponderará a do lugar da infração, à qual for cominada a pena mais grave;

b) prevalecerá a do lugar em que houver ocorrido o maior número de infrações, se as respectivas penas forem de igual gravidade;

c) firmar-se-á a competência pela prevenção, nos outros casos;

III – no concurso de jurisdições de diversas categorias, predominará a de maior graduação;

IV – no concurso entre a jurisdição comum e a especial, prevalecerá esta.

Contudo, os incisos supracitados encontram-se fora de ordem, de maneira que a sua leitura deve-se dar na seguinte ordem: IV, III, I e II.

Antes de tudo, deve-se verificar se há crime militar, hipótese em que haverá cisão processual (art. 79, I, CPP), ou crime eleitoral, cuja competência da Justiça Eleitoral (especial) prevalecerá sobre a jurisdição comum (art. 78, IV, CPP).

No conflito entre jurisdição comum estadual e federal, prevalecerá a Justiça Federal, nos termos da Súmula 122 do Superior Tribunal de Justiça.

Caso algum dos agentes detenha prerrogativa de foro, prevalece a jurisdição mais elevada (art. 78, III, CPP), com as ressalvas do Tribunal do Júri, no que tange aos coautores ou partícipes sem prerrogativa, bem como às hipóteses em que a cisão processual não importar prejuízo ao esclarecimento dos fatos, quando também deverá haver cisão, conforme entendimento atual do Supremo Tribunal Federal.

---

86. LOPES JR., Aury, 2021, p. 135.

Quando alguma das infrações penais for de competência do Tribunal do Júri, federal ou estadual, a ele competirá o julgamento de todas as infrações conexas ou continentes, bem como de todas as pessoas envolvidas (art. 78, I, CPP), ressalvadas as infrações penais da competência da Justiça Militar, Justiça Eleitoral, foro especial por prerrogativa de função e menores.

Por fim, se nenhum dos incisos anteriores resolver a questão, estaremos diante de vários juízes, de mesmo nível de jurisdição, em que a competência se dará conforme as regras e na ordem estabelecida no art. 78, II, do CPP:

(I) No concurso entre foros da mesma graduação, prevalece aquele em que foi praticada a infração com pena mais grave;

(II) Em caso de penas de mesma gravidade, prevalece o do maior número de infrações;

(III) Se igual o número de infrações, aplica-se a prevenção.

Para maior clareza sobre as três regras acima, colaciono o quadro abaixo:

Sujeito pratica infrações penais conexas ou continentes			
3 roubos em BH	1 latrocínio em Betim	2 roubos em Contagem	Competência em Betim onde ocorreu o crime mais grave
3 roubos em BH	1 roubo em Betim	2 roubos em Contagem	Competência em BH por ser o local com maior número de crimes
3 roubos em BH	3 roubos em Betim	3 roubos em Contagem	Competência por prevenção

Segundo dispõe o art. 79 do CPP, a conexão e a continência importarão unidade de processo e julgamento, exceto nas seguintes hipóteses:

(I) No concurso entre a jurisdição comum e a militar, em que haverá cisão dos processos (art. 79, I, CPP);

(II) No concurso entre a jurisdição comum e a do juízo de menores, em que os imputáveis respondem a processo penal pelos crimes cometidos e os menores respondem por ato infracional perante vara especializada (art. 79, II, CPP);

(III) Haverá cisão quando em relação a um dos corréus se verificar doença mental superveniente ao crime (processo será separado e ficará suspenso em relação a esse corréu). Se a doença for preexistente, segue o processo e eventual pena será substituída por medida de segurança (art. 79, § 1º, CPP);

(IV) Haverá cisão para que o processo fique suspenso para o corréu foragido e que não possa ser julgado à revelia (um citado e outro não), bem como nas hipóteses de estouro de urna, do art. 469, § 1º, do Código de Processo Penal (art. 79, § 2º, CPP).

A separação de processos será facultativa quando as infrações penais tiverem sido praticadas em circunstâncias de tempo ou de lugar diferentes, ou, quando pelo excessivo número de acusados e para não lhes prolongar a prisão provisória, ou por outro motivo relevante, o juiz reputar conveniente a separação (art. 80 do CPP).

4.9 DISPOSIÇÕES ESPECIAIS

Por fim, vale trazer à baila alguns dispositivos que tratam de regras específicas sobre competência, quando os crimes forem praticados fora do território brasileiro (art. 88 do CPP), a bordo de embarcações (art. 89 do CPP), a bordo de aeronaves (art. 90 do CPP), além dos casos de incerteza ou omissão da legislação (art. 91 do CPP):

> Art. 88. No processo por crimes praticados fora do território brasileiro, será competente o juízo da Capital do Estado onde houver por último residido o acusado. Se este nunca tiver residido no Brasil, será competente o juízo da Capital da República.
>
> Art. 89. Os crimes cometidos em qualquer embarcação nas águas territoriais da República, ou nos rios e lagos fronteiriços, bem como a bordo de embarcações nacionais, em alto-mar, serão processados e julgados pela justiça do primeiro porto brasileiro em que tocar a embarcação, após o crime, ou, quando se afastar do País, pela do último em que houver tocado.
>
> Art. 90. Os crimes praticados a bordo de aeronave nacional, dentro do espaço aéreo correspondente ao território brasileiro, ou ao alto-mar, ou a bordo de aeronave estrangeira, dentro do espaço aéreo correspondente ao território nacional, serão processados e julgados pela justiça da comarca em cujo território se verificar o pouso após o crime, ou pela da comarca de onde houver partido a aeronave.
>
> Art. 91. Quando incerta e não se determinar de acordo com as normas estabelecidas nos arts. 89 e 90, a competência se firmará pela prevenção.

Importante lembrar que compete à Justiça Federal o processo e julgamento dos crimes cometidos a bordo de navios ou aeronaves, ressalvada a competência da Justiça Militar.

Conceitualmente, navio é embarcação de grande porte, capaz de viagens internacionais,[87] em situação de deslocamento internacional ou em situação de potencial deslocamento,[88] enquanto *considera-se aeronave todo aparelho manobrável em voo, que possa sustentar-se e circular no espaço aéreo, mediante reações aerodinâmicas, apto a transportar pessoas ou coisas* (art. 106, Lei nº 7.565/1986 – Código Brasileiro de Aeronáutica), muito embora a jurisprudência tenha restringido a competência da Justiça Federal para os casos em que o crime se der em aeronave de grande porte[89] ou da União.

4.10 JURISDIÇÃO NA *INTERNET*

A *Internet*, uma rede de comunicação descentralizada e com conexões transfronteiriças, proporcionou um significativo aumento no número de conflitos entre os indivíduos. Tais conflitos, por muitas vezes, advêm de relações complexas entre diversos Estados, causando uma série de entraves e obrigando o Direito a reinventar-se diariamente.

---

87. STJ, CC 118.503/PR, 3ª Seção, rel. Min. Rogerio Schietti Cruz, *J.* 22/04/2015.
88. STJ, CC 116.011/SP, 3ª Seção, rel. Min. Gilson Dipp, *J.* 23/11/2011.
89. DEZEM, Guilherme Madeira, 2018, p. 282.

Nesse sentido, o STJ, no REsp nº 1.745.657/SP, firmou a seguinte tese:

> Em caso de ofensa ao direito brasileiro em aplicação hospedada no estrangeiro, é possível a determinação judicial, por autoridade brasileira, de que tal conteúdo seja retirado da *Internet* e que os dados do autor da ofensa sejam apresentados à vítima. (Informativo 683, de 18/12/2020)

Cabe salientar o seguinte trecho do voto da Relatora Ministra Nancy Andrighi, o qual sintetiza perfeitamente o referido tópico:

> *II. Da jurisdição na internet: a soberania digital*
>
> VI. Um dos maiores desafios postos hoje à regulação da internet reside na compatibilização entre sua natureza transfronteiriça e o exercício da soberania digital pelos Estados, com óbvias implicações para o exercício da jurisdição estatal. Não se trata de um debate apenas teórico, uma vez que abrangidos conflitos de ordem prática, cuja resolução e desdobramentos podem ter grande impacto no desenvolvimento da internet, em temas que variam de proteção de direitos online à preservação de suas características fundamentais, tais como a abertura, a universalidade e a descentralização.
>
> (...)
>
> VIII. De forma, geral, a regulação de condutas em ambiente digital pode ser efetuada de duas formas centrais: (i) com base no uso da tecnologia e conforme parâmetros fixados em normas internas dos provedores de serviço; ou (ii) pela regulação estatal.
>
> (...)
>
> XVI. Especificamente sobre a questão da jurisdição, a doutrina especializada menciona a necessidade de cuidado e atenção com tal questão:
>
> (...) A discussão sobre jurisdição na Internet envolve, em primeiro plano, a questão de se saber se o cyberspace, nome que se dá ao ambiente das redes eletrônicas onde é feito o intercâmbio de informações, deve ser visto como um lugar, como meios de comunicação ou, ainda, como um simples estado tecnológico da mente. Em outras palavras, o que se discute é se o ato de uma pessoa conectar-se à rede mundial transporta-a para um novo local, mesmo que esse passo em direção a esse novo lugar seja resultado de um estado mental produzido pela tecnologia, ou se, de outro modo, isso reflete simplesmente o uso de diferentes meios de comunicação, à semelhança do que ocorre quando se utiliza um telefone, um aparelho de fax ou uma ligação por satélite. Dependendo de como se convencione tratá-lo, isso vai resultar em importantes consequências quanto à lei (ou conjunto de leis) a ser aplicado e quanto à autoridade que detém competência para regulamentá-lo e fazer impor seu poder coercitivo (...)
>
> XIX. Em conclusão, o exercício da jurisdição deve observar alguns princípios, decorrentes da própria organização do Estado moderno. Os princípios da jurisdição, doutrinariamente, têm caráter universal e constituem-se de elementos essenciais para a concretude do exercício jurisdicional, sendo que dentre eles avultam: inevitabilidade, investidura, indelegabilidade, inércia, unicidade, inafastabilidade e aderência.
>
> XX. Também se firmou o seguinte critério para estabelecer a jurisdição brasileira em controvérsias envolvendo a internet:
>
> Quando a alegada atividade ilícita tiver sido praticada pela internet, independentemente de foro previsto no contrato de prestação de serviço, ainda que no exterior, é competente a autoridade judiciária brasileira caso acionada para dirimir o conflito, pois aqui tem domicílio a autora e é o local onde houve acesso ao sítio eletrônico onde a informação foi veiculada, interpretando-se como ato praticado no Brasil, aplicando-se à hipótese o disposto no artigo 88, III, do CPC. (REsp 1168547/RJ, Quarta Turma, DJe 07/02/2011)
>
> XXI. Especificamente sobre o mundo digital, afirmou-se a necessidade de afastar qualquer ideia da internet como um "porto seguro" ou "zona franca" contra a aplicação do direito estatal, na hipótese, do direito brasileiro:

6.3 Não sendo assim, poder-se-ia colher a sensação incômoda de que a internet é um refúgio, uma zona franca, por meio da qual tudo seria permitido sem que daqueles atos adviessem responsabilidades. Contudo, com o desenvolvimento da tecnologia passamos a ter um novo conceito de privacidade que corresponde ao direito que toda pessoa tem de dispor com exclusividade sobre as próprias informações, ou seja, o consentimento do interessado é o ponto de referência de todo o sistema de tutela da privacidade. (Paesani, Liliana Minardi. *Direito e internet*: liberdade de informação, privacidade e responsabilidade civil, 3. ed. São Paulo: Atlas, 2006, p. 36-60).

XXII. De fato, é um equívoco imaginar que qualquer aplicação hospedada fora do Brasil não possa ser alcançada pela jurisdição nacional ou que as leis brasileiras não sejam aplicáveis às suas atividades.

XXIII. É evidente que, se há ofensa ao direito brasileiro em aplicação hospedada no estrangeiro (por exemplo, uma ofensa veiculada contra residente no Brasil em rede social), pode ocorrer a determinação judicial de que tal conteúdo seja retirado da internet e que os dados do autor da ofensa sejam apresentados à vítima. Não fosse assim, bastaria a qualquer pessoa armazenar informações lesivas em países longínquos para não responder por seus atos danosos.

III. Do alcance do art. 11 do Marco Civil da Internet

XXIV. Nesse contexto, deve-se investigar os novos contornos colocados à discussão com a publicação do Marco Civil da Internet.

Representando um grande avanço na disposição da matéria, o MCI reconhece uma série de princípios e regras para a abordagem jurídica de controvérsias que envolvam a internet, em assuntos privados.

XXV. Como bem ressaltado pela recorrente, há um expresso reconhecimento da escala mundial da internet (art. 2º, I, do MCI), por se tratar da união de milhares de redes localizadas ao redor do mundo.

XXVI. Por outro lado, também se reafirma o alcance da legislação nacional na internet, conforme previsto em seu art. 11 abaixo transcrito: [...]

XXVII. Dessa forma, tem-se a aplicação da lei brasileira sempre que qualquer operação de coleta, armazenamento, guarda e tratamento de registros, de dados pessoais ou de comunicações por provedores de conexão e de aplicações de internet ocorra em território nacional, mesmo que apenas um dos dispositivos da comunicação esteja no Brasil e mesmo que as atividades sejam feitas por empresa com sede no estrangeiro.

XXVIII. Veja-se a doutrina sobre essa questão:

(...) inobstante, e talvez até redundante, mas necessária devida ao comportamento de várias empresas estrangeiras que no Brasil prestam serviço, o art. 11 deixa claro que a legislação brasileira será aplicada em qualquer situação em que pelo menos um dos terminais conectados ao serviço esteja em território nacional ou pelo menos um integrante do grupo econômico possua estabelecimento no Brasil. (MONTEIRO, Renato Leite. Da Proteção aos Registros, aos Dados Pessoais e às Comunicações Privadas in Marco Civil da Internet: Lei 12.965/2014. Coordenadores: Del Masso, Fabiano; Abrusio, Juliana; Florêncio Filho, Marco Aurélio. São Paulo: RT, 2014, p. 152.)

XXIX. Em conclusão, a doutrina aponta a prática reiterada de diversas empresas no setor tecnológico que se esforçam para se abster de obedecer às leis de países onde operam:

Infelizmente, prática comum de várias empresas de Internet que oferecem seus serviços a usuários localizados no Brasil e que dispõem de representações estabelecidas em território nacional é utilizarem como argumento de defesa que estas não poderiam responder por violações de direitos ocasionados nas plataformas gerenciadas pela empresa matriz.

Afirmam serem apenas representações comerciais ou escritórios que lidam com propagandas, e que não teriam nenhuma ligação ou ingerência no serviço provido. Apesar deste argumento de defesa não ser há muito tempo aceito pelos tribunais, ele ainda é usado. O parágrafo único acaba com esta prática e estabelece que qualquer representação da matriz em território nacional responde solidariamente com a empresa estrangeira. (...)

Por todo o exposto, vê-se que a questão da jurisdição na *Internet* ainda é objeto de intensos debates doutrinários e jurisprudenciais, sendo inviável a busca por uma resposta pronta e acabada acerca da problemática gerada pelos conflitos no campo virtual.

5
QUESTÕES E PROCESSOS INCIDENTES

As questões e processos incidentes estão previstos nos arts. 92 a 154 do Código de Processo Penal e se subdividem em:

(I) Questões prejudiciais (arts. 92 a 94);

(II) Exceções (arts. 95 a 111);

(III) Incompatibilidade e impedimentos (art. 112);

(IV) Conflito de jurisdição (arts. 113 a 117);

(V) Restituição das coisas apreendidas (arts. 118 a 124-A);

(VI) Medidas assecuratórias (arts. 125 a 144-A);

(VII) Incidente de falsidade (arts. 145 a 148);

(VIII) Insanidade mental do acusado (arts. 149 a 154).

5.1 QUESTÕES PREJUDICIAIS

As *questões prejudiciais* são aquelas que precisam ser analisadas primeiramente para que seja possível solucionar a questão penal (prejudicada). Exemplo: caso alguém esteja sendo acusado de abandono intelectual e alegue não ser o pai da criança, será necessário solucionar, antes, a questão da paternidade.[1]

Doutrinariamente, denomina-se *questão prejudicial homogênea* (não devolutiva) aquela que pertence ao mesmo ramo do direito da questão prejudicada e que será resolvida no juízo penal (Exemplos: exceção da verdade nos crimes de calúnia; furto ou roubo nos crimes de receptação), enquanto *questão prejudicial heterogênea* (devolutiva) é aquela que pertence a ramo do direito diverso da questão prejudicada e que será resolvida em um juízo não penal (Exemplo: crime de bigamia, enquanto pendente ação judicial visando a anulação do primeiro casamento, por motivo que não seja a bigamia – CP, art. 235).

Os arts. 92 a 94 do Código de Processo Penal cuidam, apenas, das questões prejudiciais heterogêneas (devolutiva *obrigatória* no art. 92, em que somente o juízo cível solucionará a questão prejudicial, com *imposição da suspensão do processo criminal*, e devolutiva *facultativa* no art. 93, em que a análise da questão prejudicial poderá ser

---

1. DEZEM, Guilherme Madeira, 2018, p. 311.

feita tanto pelo juízo cível quanto pelo penal, com *faculdade de suspensão do processo criminal*).[2]

Alegada a questão prejudicial, caso a decisão sobre a existência da infração dependa da solução de controvérsia, que o juiz repute séria e fundada, sobre o estado civil das pessoas, o curso da ação penal ficará suspenso (assim como o prazo prescricional)[3] até que no juízo cível seja a controvérsia dirimida por sentença passada em julgado, sem prejuízo, entretanto, da inquirição das testemunhas e de outras provas de natureza urgente.[4] Se for o crime de ação pública, o Ministério Público, quando necessário, promoverá a ação civil ou prosseguirá na que tiver sido iniciada, com a citação dos interessados (art. 92, CPP).

Se o reconhecimento da existência da infração penal depender de decisão sobre questão diversa da citada no parágrafo anterior, da competência do juízo cível, e se neste houver sido proposta ação[5] para resolvê-la, o juiz criminal poderá, desde que essa questão seja de difícil solução e não verse sobre direito cuja prova a lei civil limite, suspender o curso do processo, após a inquirição das testemunhas e realização das outras provas de natureza urgente. O juiz marcará o prazo da suspensão, que poderá ser razoavelmente prorrogado, se a demora não for imputável à parte. Expirado o prazo, sem que o juiz cível tenha proferido decisão, o juiz criminal fará prosseguir o processo, retomando sua competência para resolver, de fato e de direito, toda a matéria da acusação ou da defesa, sendo que do despacho que denegar a suspensão não caberá recurso (art. 93, CPP).

Suspenso o processo, e tratando-se de crime de ação pública, incumbirá ao Ministério Público intervir imediatamente na causa cível, para o fim de promover-lhe o rápido andamento, sendo que a suspensão do curso da ação penal, nos casos citados, poderá ser decretada pelo juiz, de ofício ou a requerimento das partes (art. 94, CPP).

Da decisão *que ordenar a suspensão do processo, em virtude de questão prejudicial*, caberá recurso em sentido estrito (art. 581, XVI, CPP). Em sentido oposto, não há recurso previsto contra a decisão que indefere pedido de suspensão do processo, podendo ser impetrado *habeas corpus*.[6]

5.2 EXCEÇÕES, IMPEDIMENTOS, INCOMPATIBILIDADES E CONFLITO DE JURISDIÇÃO

O Código de Processo Penal, em seu art. 95 e seguintes, prevê a possibilidade de serem opostas as *exceções* de *suspeição, incompetência de juízo, litispendência, ilegitimi-*

---

2. DEZEM, Guilherme Madeira, 2018, p. 312.
3. O prazo prescricional também ficará suspenso, conforme art. 116, I, do CP: Art. 116 – Antes de passar em julgado a sentença final, a prescrição não corre: I – enquanto não resolvida, em outro processo, questão de que dependa o reconhecimento da existência do crime.
4. O juiz criminal remete as partes ao cível para resolução da questão.
5. A preexistência de ação no cível é pressuposto.
6. MARCÃO, Renato, 2021, p. 171.

dade de parte e *coisa julgada*, sendo que a arguição de suspeição precederá a qualquer outra, salvo quando fundada em motivo superveniente (art. 96, CPP), pois é motivo para imediata cessação de toda interferência (Lopes Júnior, 2023, p. 155).

As exceções de *litispendência* e *coisa julgada* são peremptórias, pois levam à extinção do processo, enquanto as exceções de *suspeição* e *incompetência* são dilatórias, pois levam apenas à correção de alguma falha, dilatando o andamento do processo. Já a exceção de *ilegitimidade de parte* pode ser peremptória ou dilatória,[7] conduzindo à declaração de nulidade prevista no art. 564, II, do CPP.[8]

As regras gerais sobre suspeição e impedimento estão nos arts. 252 a 256 do CPP, valendo registrar que, nos termos deste último dispositivo: *"a suspeição não poderá ser declarada nem reconhecida, quando a parte injuriar o juiz ou de propósito der motivo para criá-la."*

As hipóteses de impedimento são as previstas nos arts. 252 e 253 do CPP, enquanto as de suspeição encontram-se no art. 254:

> Art. 252. O juiz não poderá exercer jurisdição no processo em que:
>
> I – tiver funcionado seu cônjuge ou parente, consanguíneo ou afim, em linha reta ou colateral até o terceiro grau, inclusive, como defensor ou advogado, órgão do Ministério Público, autoridade policial, auxiliar da justiça ou perito;
>
> II – ele próprio houver desempenhado qualquer dessas funções ou servido como testemunha;
>
> III – tiver funcionado como juiz de outra instância, pronunciando-se, de fato ou de direito, sobre a questão;
>
> IV – ele próprio ou seu cônjuge ou parente, consanguíneo ou afim em linha reta ou colateral até o terceiro grau, inclusive, for parte ou diretamente interessado no feito.
>
> Art. 253. Nos juízos coletivos, não poderão servir no mesmo processo os juízes que forem entre si parentes, consanguíneos ou afins, em linha reta ou colateral até o terceiro grau, inclusive.
>
> Art. 254. O juiz dar-se-á por suspeito, e, se não o fizer, poderá ser recusado por qualquer das partes:
>
> I – se for amigo íntimo ou inimigo capital de qualquer deles;
>
> II – se ele, seu cônjuge, ascendente ou descendente, estiver respondendo a processo por fato análogo, sobre cujo caráter criminoso haja controvérsia;
>
> III – se ele, seu cônjuge, ou parente, consanguíneo, ou afim, até o terceiro grau, inclusive, sustentar demanda ou responder a processo que tenha de ser julgado por qualquer das partes;
>
> IV – se tiver aconselhado qualquer das partes;
>
> V – se for credor ou devedor, tutor ou curador, de qualquer das partes;
>
> VI – se for sócio, acionista ou administrador de sociedade interessada no processo.

Lopes Júnior afirma que, embora o rol de impedimentos do art. 252 do CPP seja taxativo, o de suspeições do art. 254 é exemplificativo, afirmando que o STF tem se manifestado por tal ausência de taxatividade das suspeições, conforme decisões tomadas no ARE 1.180.479, J. 19/12/2018 e no HC 164.999, J. 24/04/2019. Nesse mesmo sentido, assim decidiu o STJ:

---

7. MARCÃO, Renato, 2021, p. 178.
8. DEZEM, Guilherme Madeira, 2018, p. 316.

Processo penal. Habeas corpus. Exceção de suspeição. Alegação de parcialidade de magistrado federal. *Hipóteses do art. 254 do CPP. Não taxatividade.* Impropriedade da via eleita por ausência da fase de instrução. Necessidade do contraditório. Imparcialidade do julgador. Ordem parcialmente conhecida e, nessa extensão, denegada.

1. Se é certo que o impedimento diz da relação entre o julgador e o objeto da lide (causa objetiva), não menos correto é afirmar que a suspeição o vincula a uma das partes (causa subjetiva).

2. Tanto o impedimento quanto a suspeição buscam garantir a imparcialidade do Magistrado, condição *sine qua non* do devido processo legal, porém, diferentemente do primeiro, cujas hipóteses podem ser facilmente predefinidas, seria difícil, quiçá impossível, ao legislador ordinário prever todas as possibilidades de vínculos subjetivos (juiz e partes) susceptíveis de comprometer a sua imparcialidade.

3. Para atender ao real objetivo do instituto da suspeição, *o rol de hipóteses do art. 254 do CPP não deve, absolutamente, ser havido como exaustivo.* É necessária certa e razoável mitigação, passível de aplicação, também e em princípio, da cláusula aberta de suspeição inscrita no art. 135, V, do CPC (atual art. 145, IV, do novo CPC) c/c 3º do CPP (STJ, HC 146.796/SP, 5ª T, J. 04/03/2010).

Em sentido diverso, Marcão afirma que, tanto as hipóteses de impedimento previstas nos arts. 252 e 253 do CPP, quanto as de suspeição estabelecidas no art. 254 do CPP, estão em rol taxativo, ou seja, encontram-se enumeradas de modo exaustivo, tratando-se de *numerus clausus* (Marcão, 2023, p. 175). Nesse sentido, assim decidiu o Plenário do STF:

Ementa: agravo regimental na arguição de suspeição. Hipóteses de suspeição previstas no art. *254* do código de processo penal. *Rol taxativo.* Precedente. Agravo improvido. 1. As hipóteses de suspeição estão previstas no art. *254* do Código de Processo Penal. 2. A jurisprudência desta Suprema Corte firmou-se no sentido de que *o rol previsto na legislação adjetiva penal é taxativo.* Precedente: HC 114.649-AgR, Rel. Min. Celso de Mello, Segunda Turma, DJe de 28/8/2015. 2. *In casu*, a pretensão da parte autora é de interpretação ampliativa, analógica ou extensiva das hipóteses previstas no art. *254* do CPP, a qual, como se verifica, não encontra amparo na jurisprudência desta Corte. 3. Agravo ao qual se nega provimento (STF, AS 103 AgR/PR, Tribunal Pleno, J. 04/04/2022).

Ainda segundo Marcão, o Código de Processo Penal nada esclarece a respeito de quais seriam as incompatibilidades, razão pela qual seria correta a conclusão de que a suspeição decorre da incompatibilidade (Marcão, 2023, p. 175).

De fato, o CPP menciona a palavra incompatibilidade ou incompatibilidades em diversos de seus dispositivos (Art. 112, Art. 448, § 2º, Art. 451, Art. 466, Art. 470 e Art. 471, do CPP), sem, contudo, apresentar um rol dizendo quais seriam as hipóteses de incompatibilidade.

Quanto à distinção entre impedimento e suspeição, juiz impedido é o que tem relação com o objeto da causa, enquanto juiz suspeito é o que tem relação com as partes (Marcão, 2023, p. 175).

Em outras palavras, impedimento configura-se quando há interesse do juiz com o objeto do processo (art. 252 do CPP), enquanto suspeição ocorre quando há vínculo do juiz com qualquer das partes (art. 254 do CPP) (STF, HC 77.622/SC, 2ª Turma, Rel. Min. Nelson Jobim, *J*. 17/11/1998).

Se o juiz reconhecer a suspeição espontaneamente, deverá fazê-lo por escrito, declarando o motivo legal (salvo quando fundada em razões de foro íntimo) e remeterá o processo ao seu substituto (art. 97, CPP).

Se reconhecer a suspeição após petição de qualquer das partes, o juiz sustará a marcha do processo, mandará juntar aos autos a petição do recusante com os documentos que a instruam, e por despacho se declarará suspeito, ordenando a remessa dos autos ao substituto (art. 99, CPP).

Se não a aceitar, autuará a petição em apartado, dará sua resposta em três dias, podendo instruí-la e oferecer testemunhas, e encaminhará ao tribunal competente (art. 100, CPP). Julgada procedente a suspeição, ficarão nulos os atos do processo principal, desde o instante em que incidiu o motivo da suspeição (arts. 101 e 564, I, CPP).

A exceção de suspeição precederá a qualquer outra, porque a análise de outras exceções só poderá ser feita validamente por juiz que não seja suspeito (Marcão, 2023, p. 167), salvo quando fundada em motivo superveniente (art. 96, CPP) e deverá ser feita na primeira oportunidade, sob pena de preclusão (STF, HC 126.104/RS, 1ª T, J. 31/05/2016), em *petição assinada pela parte ou* por *procurador com poderes especiais*, devidamente instruída com a prova documental e rol de testemunhas (art. 98, CPP).

Também, poderá ser alegada a suspeição do órgão do Ministério Público (arts. 104 e 258, CPP), peritos, intérpretes e serventuários ou funcionários da justiça (arts. 105, 274 e 281, CPP) sendo que o juiz decidirá (no caso do Ministério Público, após ouvi-lo, podendo admitir a produção de provas em 3 dias – no caso dos demais, decidirá de plano à luz da matéria alegada e prova imediata), sem recurso.

Conforme dispõe o art. 258 do CPP, "*os órgãos do Ministério Público não funcionarão nos processos em que o juiz ou qualquer das partes for seu cônjuge, ou parente, consanguíneo ou afim, em linha reta ou colateral, até o terceiro grau, inclusive, e a eles se estendem, no que lhes for aplicável, as prescrições relativas à suspeição e aos impedimentos dos juízes*".

Ainda sobre o Ministério Público, é importante registrar o teor da Súmula 234 do STJ, segundo a qual "*a participação de membro do Ministério Público na fase investigatória criminal não acarreta o seu impedimento ou suspeição para o oferecimento da denúncia*".

A suspeição dos jurados (arts. 448, 449 e 468, CPP) será arguida oralmente e decidida de plano pelo presidente do Tribunal do Júri que a rejeitará se, negada pelo acusado, não for imediatamente comprovada, o que tudo constará da ata (art. 106, CPP).

Não se oporá suspeição às autoridades policiais nos atos de inquérito, mas elas deverão se declarar suspeitas quando houver motivo legal (art. 107, CPP).

As prescrições sobre suspeição dos juízes estendem-se aos serventuários e funcionários da justiça, bem como aos peritos e aos intérpretes, no que lhes for aplicável (arts. 274, 280 e 281, CPP).

A exceção de incompetência do juízo poderá ser oposta, verbalmente ou por escrito, no prazo de defesa (art. 108, CPP).

As exceções de litispendência, ilegitimidade de parte e coisa julgada, caso sejam opostas, concomitantemente, deverão constar de uma só petição ou articulado (art. 110, § 1º, CPP).

Embora possam ser alegadas em preliminares na própria resposta à acusação, as exceções devem ser processadas em autos apartados e *não suspenderão, em regra, o andamento da ação penal* (art. 111 e 396-A, § 1º, CPP).

O recurso cabível da decisão que julgar procedente as exceções, salvo a de suspeição (que será reconhecida pelo juiz em despacho irrecorrível ou julgada pelo Tribunal em decisão impugnável por meio de recurso especial ou extraordinário), é o recurso em sentido estrito (art. 581, III, CPP).[9]

Não cabe recurso da decisão do juiz que julgar improcedente a exceção, podendo apenas ser impetrado *habeas corpus*.[10]

Por seu turno, um eventual conflito de jurisdição,[11] positivo ou negativo (arts. 113 a 117, CPP), será assim resolvido:

(I) Entre juízes de direito do mesmo tribunal = pelo respectivo Tribunal de Justiça;

(II) Entre juízes federais do mesmo Tribunal Regional Federal = pelo respectivo Tribunal Regional Federal (art. 108, I, *e*, CF);

(III) Entre juízes eleitorais do mesmo Estado = pelo respectivo Tribunal Regional Eleitoral (art. 29, I, *b*, Lei nº 4.737/1965);

(IV) Entre Tribunais Regionais Eleitorais ou entre juízes eleitorais de estados diferentes = pelo Tribunal Superior Eleitoral (art. 22, I, *b*, Lei nº 4.737/1965);

(V) Entre juízes de direito de Tribunais de Justiça diferentes *ou* entre juízes federais de Tribunais Regionais Federais distintos *ou* entre um juiz estadual[12] e um federal *ou* entre tribunais = pelo Superior Tribunal de Justiça (art. 105, I, *d*, CF);

(VI) Entre o Superior Tribunal de Justiça e quaisquer tribunais *ou* entre tribunais superiores *ou* entre estes e qualquer outro tribunal = pelo Supremo Tribunal Federal (art. 102, I, *o*, CF);

(VII) Entre juiz de direito e juiz auditor da Justiça Militar = se o Estado tiver Tribunal de Justiça Militar (Minas Gerais, Rio Grande do Sul e São Paulo), pelo Superior Tribunal de Justiça (pois os juízes estão vinculados a tribunais diversos); se o

---

9. DEZEM, Guilherme Madeira, 2018, p. 319.
10. MARCÃO, Renato, 202, p. 176.
11. Ou *conflito de competência*, expressão utilizada pela Constituição Federal nos artigos: 102, I, *o*; 105, I, *d*; 108, I, *e*; e 114, V (MARCÃO, Renato, 2021, p. 181-182).
12. Exceto se o juiz estadual estiver investido de jurisdição federal e atuando na mesma região do juiz federal em conflito, quando, então, terá aplicação a Súmula 3 do STJ, segundo a qual "compete ao Tribunal Regional Federal dirimir conflito de competência verificado, na respectiva região, entre juiz federal e juiz estadual investido de Jurisdição Federal" (J. 08/05/1990).

estado não tiver Tribunal de Justiça Militar, pelo Tribunal de Justiça do Estado (pois os juízes estão vinculados à mesma corte);[13]

(VIII) Entre o Supremo Tribunal Federal e qualquer juiz ou tribunal = o próprio Supremo Tribunal Federal irá avocar (chamar para si) o processo e restabelecer a sua jurisdição (art. 117, CPP).[14]

Nesse ponto, vale trazer à baila a Súmula 59 do Superior Tribunal de Justiça, segundo a qual "não há conflito de competência se já existe sentença com trânsito em julgado, proferida por um dos juízos conflitantes" (J. 08/10/1992).

5.3 RESTITUIÇÃO DAS COISAS APREENDIDAS

O procedimento de restituição das coisas apreendidas tem por fundamento a necessidade de restituição, aos legítimos proprietários, das coisas apreendidas durante o inquérito[15] ou processo penal, tais como joias ou veículos furtados pelos indiciados ou réus e recuperados pela Polícia.

Segundo a sistemática do Código de Processo Penal:

(I) Antes de transitar em julgado a sentença final, as coisas apreendidas não poderão ser restituídas enquanto interessarem ao processo (art. 118, CPP), de maneira que um veículo roubado dos Correios somente será restituído após a devida perícia para busca de material genético e datiloscópico, por exemplo;

(II) Não poderão ser restituídas as coisas que constituam instrumentos do crime, desde que consistam em coisas cujo fabrico, alienação, uso, porte ou detenção constitua fato ilícito, além do produto ou proveito do crime, mesmo depois de transitar em julgado a sentença final, salvo se pertencerem ao lesado ou a terceiro de boa-fé (art. 91, II, CP e art. 119, CPP).

A restituição, quando cabível, poderá ser ordenada pela autoridade policial ou pelo juiz, mediante termo nos autos, desde que não exista dúvida quanto ao direito do reclamante, pois, se duvidoso esse direito, o pedido de restituição será autuado em apartado, assinando-se ao requerente o prazo de 5 dias para a prova, sendo que, em tal caso de dúvida, só o juiz criminal poderá decidir o incidente (art. 120, *caput* e § 1º, CPP).

O incidente também será autuado em apartado e somente o juiz o decidirá se as coisas forem apreendidas em poder de terceiro de boa-fé, que será intimado para alegar e provar o seu direito, em prazo igual e sucessivo ao do reclamante, tendo um e outro dois dias para arrazoar (art. 120, § 2º, CPP).

Sobre o pedido de restituição será sempre ouvido o MP (art. 120, § 3º, CPP).

---

13. MARCÃO, Renato, 2021, p. 184.
14. Caso a arguição da competência do Supremo Tribunal Federal seja suscitada pela parte, deverá ser feita uma reclamação, nos termos do art. 988, I, do CPC (MARCÃO, Renato, 2021, p. 184-185).
15. Vide CPP, art. 6º, inciso II, e art. 240, § 1º, *alíneas b, c, d, e, f* e *h*.

No entanto, em caso de dúvida sobre quem seja o verdadeiro dono, o juiz criminal remeterá as partes para o juízo cível, ordenando o depósito das coisas em mãos de depositário ou do próprio terceiro que as detinha, se for pessoa idônea (art. 120, § 4º, CPP).

Tratando-se de coisas facilmente deterioráveis, serão avaliadas e levadas a leilão público, depositando-se o dinheiro apurado, ou entregues ao terceiro que as detinha, se este for pessoa idônea e assinar termo de responsabilidade (art. 120, § 5º, CPP).[16]

No caso de apreensão de coisa adquirida com os proventos da infração, bem como das demais coisas apreendidas (neste último caso, sem prejuízo do art. 120 do CPP que trata da possibilidade de restituição), transitada em julgado a sentença condenatória, o juiz, de ofício ou a requerimento do interessado ou do MP, determinará a avaliação e a venda dos bens em leilão público cujo perdimento tenha sido decretado (arts. 121, 122 e 133 do CPP).

Do dinheiro apurado, será recolhido aos cofres públicos o que não couber ao lesado ou a terceiro de boa-fé. O valor apurado deverá ser recolhido ao Fundo Penitenciário Nacional, exceto se houver previsão diversa em lei especial (art. 133, §§ 1º e 2º, do CPP).

Fora dos casos supracitados, se dentro do prazo de 90 dias, a contar da data em que transitar em julgado a sentença final, condenatória ou absolutória, os objetos apreendidos não forem reclamados ou não pertencerem ao réu, serão vendidos em leilão, depositando-se o saldo à disposição do juízo (art. 123, CPP).

Na hipótese de decretação de perdimento de obras de arte ou de outros bens de relevante valor cultural ou artístico, se o crime não tiver vítima determinada, poderá haver destinação dos bens a museus públicos (art. 124-A do CPP).

A decisão judicial que defere ou indefere pedido de restituição de coisa apreendida é impugnável por meio de recurso de apelação (art. 593, II, CPP), uma vez que se trata de decisão interlocutória mista com força de definitiva que coloca fim ao incidente processual.[17]

5.4 MEDIDAS ASSECURATÓRIAS

São basicamente três os tipos de "medidas cautelares existentes no processo penal: a) pessoais; b) reais (medidas assecuratórias)[18] e c) probatórias", sendo que os artigos 125 a 144-A do Código de Processo Penal tratam das medidas cautelares reais, ou seja, das

---

16. Vide, também: art. 4º da Lei nº 9.613/1998; art. 25 da Lei nº 10.826/2003; arts. 32, 50, §§ 3º, 4º e 5º, 50-A e 60 a 64 da Lei nº 11.343/2006.
17. MARCÃO, Renato, 2021, p. 189.
18. Ver, também: arts. 4º a 6º da Lei nº 9.613/1998; arts. 60 a 64 da Lei nº 11.343/2006; art. 12 da Lei nº 13.260/2016; art. 8º da Lei nº 13.344/2016.

medidas assecuratórias (*providências de cunho patrimonial adotadas em procedimentos incidentes*[19]), que se subdividem em sequestro, arresto e hipoteca legal.[20]-[21]

Caberá o sequestro dos bens imóveis, adquiridos pelo indiciado com os proveitos ou proventos da infração,[22] ainda que já tenham sido transferidos a terceiro, cuja decretação exigirá a existência de indícios veementes da proveniência ilícita dos bens, que poderá ser ordenado pelo juiz, de ofício,[23] a requerimento do Ministério Público ou do ofendido, ou mediante representação da autoridade policial, tanto na fase pré-processual, quanto durante o processo.

Excepcionalmente, será cabível o sequestro de bens móveis adquiridos pelo indiciado com os proveitos ou proventos da infração, desde que existam *indícios veementes da proveniência ilícita dos bens* e *não seja cabível busca e apreensão* (art. 132, CPP).[24]

Quanto ao produto direto do crime, a hipótese é de busca e apreensão (art. 240, § 1º, *b*, CPP) e não de sequestro.

O sequestro, que deverá ser inscrito no Registro de Imóveis, será autuado em apartado e admitirá embargos (arts. 128, 129 e 130 do CPP):

(I) De terceiro (terceiro estranho ao processo, tal como o sujeito que deixa um veículo para vender em uma agência em que, dois dias depois, por ordem judicial, todos os carros são sequestrados);

(II) Pelo acusado, sob o fundamento de não terem os bens sido adquiridos com os proventos da infração;

(III) Pelo terceiro, a quem houverem os bens sido transferidos a título oneroso, sob o fundamento de tê-los adquirido de boa-fé.

Os dois últimos embargos supracitados somente serão julgados após o trânsito em julgado da sentença penal condenatória (art. 130, parágrafo único, CPP), enquanto o primeiro não precisa aguardar tal termo (deve ser julgado tão logo termine a instrução do procedimento incidente) e seguirá o rito dos arts. 674 a 681 do Código de Processo Civil.[25]

---

19. MARCÃO, Renato, 2021, p. 189.
20. DEZEM, Guilherme Madeira, 2018, p. 325-326.
21. Vide, também: art. 4º, § 4º, da Lei nº 9.613/1998; arts. 60 a 64 da Lei nº 11.343/2006.
22. Se o crime for contra a Fazenda Pública, quaisquer bens do indiciado ou acusado poderão ser objeto de sequestro, não se limitando apenas àqueles adquiridos com proventos do crime: "(...) 3. Esta Corte tem entendimento consolidado no sentido de que não houve a revogação do Decreto-Lei n. 3.240/1941 pelo Código de Processo Penal, ratificando que o sequestro de bens de pessoa indiciada ou já denunciada por crime de que resulta prejuízo à Fazenda Pública tem sistemática própria, podendo recair sobre todo o patrimônio dos acusados. 4. Embargos de declaração rejeitados" (STJ, EDcl no RMS 29.943/SP, 6ª T, rel. Min. Sebastião Reis Júnior, J. 10/06/2014). Neste caso é cabível, apenas, embargos de terceiro (DEZEM, Guilherme Madeira, 2018, p. 329).
23. O juiz não deve agir de ofício na fase pré-processual, sob pena de ofensa ao sistema acusatório.
24. São *sequestráveis*, por exemplo, o apartamento, as joias e os veículos adquiridos com dinheiro proveniente de corrupção passiva (MARCÃO, Renato, 2021, p. 190).
25. DEZEM, Guilherme Madeira, 2018, p. 328-329.

Conforme art. 131 do CPP, o sequestro será levantado (cessado):

(I) Se a ação penal não for intentada no prazo de sessenta dias,[26] contado da data em que ficar concluída a diligência;

(II) Se o terceiro (de boa-fé, pois o "laranja" não pode se valer desse instituto), a quem tiverem sido transferidos os bens, prestar caução que assegure a aplicação do disposto no art. 91, II, *b*, segunda parte, do Código Penal;

(III) Se for julgada extinta a punibilidade ou absolvido o réu (não há mais que se falar em sentença transitada em julgado, face ao disposto no art. 386, parágrafo único, II, do CPP, segundo o qual, *na sentença absolutória, o juiz ordenará a cessação das medidas cautelares e provisoriamente aplicadas*).

Transitada em julgado a sentença condenatória, o juiz, de ofício ou a requerimento do interessado ou do MP, determinará a avaliação e a venda dos bens em leilão público cujo perdimento tenha sido decretado (art. 133 do CPP).

Caso se trate de crime praticado em detrimento da Fazenda Pública, segundo o STJ, devem ser aplicados os arts. 2º, 3º e 4º do Decreto-Lei nº 3.240/1941.

Por sua vez, a hipoteca legal[27] (restrição ou gravame) sobre os imóveis (de origem lícita) do indiciado ou acusado poderá ser requerida pelo ofendido em *qualquer fase do processo*,[28] desde que haja certeza[29] da infração e indícios suficientes da autoria, tendo como finalidade assegurar a indenização da vítima pelos prejuízos advindos da infração penal, podendo recair até mesmo sobre o bem de família (art. 3º, VI, Lei nº 8.009/1990 – Dispõe sobre a impenhorabilidade do bem de família).[30]

Caberá ao Ministério Público promover tal medida se houver interesse da Fazenda Pública (se o ofendido for pobre e o requerer, sustenta-se que tal medida, atualmente,

---

26. Contudo, o STJ tem mitigado esse prazo quando persistirem íntegras as razões que determinaram o sequestro: "(...) 1. A análise acerca da violação ao artigo 131, inciso I, do Código de Processo Penal não passa apenas por uma verificação aritmética, devendo ser analisada à luz do princípio da razoabilidade, segundo as circunstâncias detalhadas de cada caso concreto. 2. Ultrapassado o lapso temporal legal, mostra-se despiciendo o levantamento do sequestro, acaso permaneçam os fundamentos da medida assecuratória, porque esta pode ser reiterada. 3. Recurso especial a que se nega provimento" (STJ, REsp 1.057.650/RS, 6ª T, J. 16/02/2012).
27. Código Civil, art. 1.489. A lei confere hipoteca: (...) III – ao ofendido, ou aos seus herdeiros, sobre os imóveis do delinquente, para satisfação do dano causado pelo delito e pagamento das despesas judiciais;
28. Não há previsão de decreto da hipoteca legal de ofício, uma vez que tem finalidade de assegurar a indenização do ofendido, nem do seu decreto na fase de inquérito, pois o CPP a prevê durante *qualquer fase do processo*. Renato Marcão, no entanto, sustenta que a hipoteca legal pode ser requerida durante a investigação, tanto porque o art. 134 fala em imóveis do *indiciado*, quanto pelos requisitos decorrentes das expressões *certeza da infração* e *indícios suficientes da autoria*, os quais são condições da ação penal e, portanto, caso a medida fosse possível apenas no curso do processo, não haveria necessidade de prevê-los expressamente (MARCÃO, Renato, 2021, p. 192).
29. Leia-se prova da existência do crime (art. 312, CPP), pois a *certeza* só ocorre com o trânsito em julgado da sentença penal condenatória.
30. Lei nº 8.009/1990, Art. 3º A impenhorabilidade é oponível em qualquer processo de execução civil, fiscal, previdenciária, trabalhista ou de outra natureza, salvo se movido: (...) VI – por ter sido adquirido com produto de crime ou para execução de sentença penal condenatória a ressarcimento, indenização ou perdimento de bens.

deve ser proposta pela Defensoria Pública, embora o art. 142 do CPP ainda estabeleça a possibilidade do Ministério Público fazê-lo).

Transitada em julgado a sentença penal condenatória, serão os autos de hipoteca ou arresto remetidos ao juiz cível (art. 143, CPP), onde será feita a liquidação em execução (art. 63, CPP).

O arresto do imóvel poderá ser decretado de início, revogando-se, porém, se no prazo de 15 (quinze) dias não for promovido o processo de inscrição da hipoteca legal. Tem cabimento durante o inquérito policial, sobre imóveis, como medida preparatória à hipoteca legal.

Também, será cabível o arresto sobre bens móveis suscetíveis de penhora,[31] quando o responsável não possuir bens imóveis ou os possuir de valor insuficiente (art. 137 do CPP), hipótese que levará ao desapossamento do bem (art. 139, CPP c/c arts. 159 a 161, CPC),[32] medida que poderá ser requerida pelo Ministério Público se houver interesse da Fazenda Pública (se o ofendido for pobre e o requerer, sustenta-se que tal medida, atualmente, deve ser proposta pela Defensoria Pública, embora o art. 142 do CPP ainda estabeleça a possibilidade de o Ministério Público fazê-lo).

Se esses bens forem coisas fungíveis e facilmente deterioráveis, serão avaliadas e levadas a leilão público, depositando-se o dinheiro apurado, ou entregues ao terceiro que as detinha, se este for pessoa idônea e assinar termo de responsabilidade. Das rendas dos bens móveis poderão ser fornecidos recursos arbitrados pelo juiz, para a manutenção do indiciado e de sua família (art. 137, CPP).

O processo de especialização da hipoteca e do arresto correrá em auto apartado, ficando o depósito e a administração dos bens arrestados sujeitos ao regime do processo civil. As garantias do ressarcimento do dano alcançarão também as despesas processuais e as penas pecuniárias, tendo preferência sobre estas a reparação do dano ao ofendido (arts. 138, 139 e 140, CPP).

O arresto será levantado ou cancelada a hipoteca se o réu for absolvido ou julgada extinta a punibilidade, não havendo mais que se falar em sentença irrecorrível, face à nova redação do art. 386, parágrafo único, II, do CPP, segundo o qual, *na sentença absolutória, o juiz ordenará a cessação das medidas cautelares e provisoriamente aplicadas* (art. 141, CPP).

O juiz determinará a alienação antecipada para preservação do valor dos bens sempre que estiverem sujeitos a qualquer grau de deterioração ou depreciação, ou quando houver dificuldade para sua manutenção. O leilão far-se-á preferencialmente por meio eletrônico (art. 144-A, CPP).

Os bens deverão ser vendidos pelo valor fixado na avaliação judicial ou por valor maior. Não alcançado o valor estipulado pela administração judicial, será realizado

---
31. Vide CPC, Art. 833 e Art. 834, bem como Lei nº 8.009/1990, Art. 1º e Art. 2º.
32. DEZEM, Guilherme Madeira, 2018, p. 331.

novo leilão, em até 10 (dez) dias contados da realização do primeiro, podendo os bens ser alienados por valor não inferior a 80% (oitenta por cento) do estipulado na avaliação judicial.

O produto da alienação ficará depositado em conta vinculada ao juízo até a decisão final do processo, procedendo-se à sua conversão em renda para a União, Estado ou Distrito Federal, no caso de condenação, ou, no caso de absolvição, à sua devolução ao acusado. No arresto ou hipoteca legal, que visam a indenização da vítima, não há que se falar em encaminhamento do valor para o Estado, exceto se ele for a vítima.[33]

Quando a indisponibilidade recair sobre dinheiro, inclusive moeda estrangeira, títulos, valores mobiliários ou cheques emitidos como ordem de pagamento, o juízo determinará a conversão do numerário apreendido em moeda nacional corrente e o depósito das correspondentes quantias em conta judicial.

No caso da alienação de veículos, embarcações ou aeronaves, o juiz ordenará à autoridade de trânsito ou ao equivalente órgão de registro e controle a expedição de certificado de registro e licenciamento em favor do arrematante, ficando este livre do pagamento de multas, encargos e tributos anteriores, sem prejuízo de execução fiscal em relação ao antigo proprietário.

O valor dos títulos da dívida pública, das ações das sociedades e dos títulos de crédito negociáveis em bolsa será o da cotação oficial do dia, provada por certidão ou publicação no órgão oficial.

As decisões terminativas proferidas no bojo das medidas assecuratórias são impugnáveis por meio do recurso de apelação (art. 593, II, CPP), uma vez que constituem decisões interlocutórias mistas com força de definitivas.

5.5 INCIDENTE DE FALSIDADE

Caso seja alegada, por escrito, a falsidade material ou ideológica de documento[34] constante dos autos, o juiz (arts. 145 a 148, CPP):

(I) Mandará autuar em apartado a impugnação, e em seguida ouvirá a parte contrária, que, no prazo de 48 horas, oferecerá resposta;

(II) Assinará o prazo de 3 dias, sucessivamente, a cada uma das partes, para prova de suas alegações;

(III) Poderá ordenar as diligências que entender necessárias;

(IV) Reconhecendo a falsidade por decisão irrecorrível, mandará desentranhar o documento e remetê-lo, com os autos do processo incidente, ao Ministério Público.

---

33. DEZEM, Guilherme Madeira, 2018, p. 326.
34. Vide CPP, Art. 232 e Art. 479.

A arguição de falsidade, feita por procurador, exige poderes especiais (art. 146, CPP), sendo lícito ao juiz proceder de ofício à verificação da falsidade (art. 147, CPP). Qualquer que seja a decisão, não fará coisa julgada em prejuízo de ulterior processo penal ou civil (art. 148, CPP), sendo impugnável por meio do recurso em sentido estrito (art. 581, XVIII, CPP).

5.6 INSANIDADE MENTAL DO ACUSADO

Quando houver dúvida *razoável*[35] sobre a integridade mental do indiciado ou acusado, o juiz ordenará que ele seja submetido a exame médico-legal, que poderá ser ordenado, tanto na fase do inquérito (mediante representação da autoridade policial ao juiz competente), quanto durante o processo (de ofício ou a requerimento do Ministério Público, do defensor, do curador, do ascendente, descendente, irmão ou cônjuge do acusado), cujo resultado terá importante reflexo no processo criminal:

(I) Se era inimputável ao tempo do crime, ao final do processo poderá ser submetido a medida de segurança (art. 386, parágrafo único, inciso III, do CPP);[36]

(II) Se a inimputabilidade ocorrer durante a execução da pena privativa de liberdade, esta poderá ser substituída por medida de segurança (art. 183 da Lei nº 7.210/1984);

(III) Se a inimputabilidade ocorrer após o crime e antes do fim do processo, este deve ser suspenso até o restabelecimento do acusado, "sem prejuízo dos atos de natureza urgente",[37] ou seja, podem ser realizadas as diligências que possam ser prejudicadas pelo adiamento (art. 149, § 2º, e art. 152, ambos do CPP).

Para fins do exame, caso o acusado esteja preso, será internado[38] em manicômio judiciário, onde houver, ou, se estiver solto, e o requererem os peritos, em estabelecimento adequado que o juiz designar, devendo o exame ser realizado no prazo de quarenta e cinco dias, salvo se os peritos demonstrarem a necessidade de maior prazo. Se não houver prejuízo para a marcha do processo, o juiz poderá autorizar sejam os autos entregues aos peritos, para facilitar o exame (art. 150, CPP).

Se os peritos concluírem que o acusado era, ao tempo da infração, irresponsável nos termos do art. 26 do Código Penal, o processo prosseguirá, com a presença do curador. Se se verificar que a doença mental sobreveio à infração o processo continuará suspenso

---

35. "(...) 3. Cabe ao Magistrado processante analisar a necessidade da instauração de incidente de insanidade mental, considerando que a sua realização só se justifica diante da existência de dúvida razoável quanto à higidez mental do réu. Precedentes (...)" (STJ, HC 239.039/RO, 5ª T, rel. Min. Ribeiro Dantas, J. 23/08/2016). No mesmo sentido: STF, HC 206.266 AgR/RS, 1ª T, J. 29/11/2021.
36. STJ, Súmula 527 – O tempo de duração da medida de segurança não deve ultrapassar o limite máximo da pena abstratamente cominada ao delito praticado (J. 13/05/2015, DJe 18/05/2015).
37. DEZEM, Guilherme Madeira, 2018, p. 323-324.
38. Sobre a proteção e os direitos das pessoas portadoras de transtornos mentais, recomendo a leitura da Lei nº 10.216, de 6 de abril de 2001.

até que o acusado se restabeleça, podendo o juiz, nesse caso, ordenar a internação do acusado em manicômio judiciário ou em outro estabelecimento adequado (arts. 151 e 152, CPP).

O processo retomará o seu curso, desde que se restabeleça o acusado, ficando-lhe assegurada a faculdade de reinquirir as testemunhas que houverem prestado depoimento sem a sua presença.

O incidente da insanidade mental processar-se-á em auto apartado, que só depois da apresentação do laudo, será apensado ao processo principal.

Por fim, é importante registrar o entendimento do STF no sentido de que "o *incidente* de *insanidade* mental, que subsidiará o juiz na decisão sobre a culpabilidade ou não do réu, é prova pericial constituída em favor da *defesa*, não sendo possível determiná-la compulsoriamente quando a *defesa* se opõe" (STF, HC 133.078/RJ, 2ª T, J. 06/09/2016).

6
PROVAS

Prova é todo meio de se demonstrar um fato, é "o conjunto de meios idôneos, visando à afirmação da existência positiva ou negativa de um fato, destinado a fornecer ao juiz o conhecimento da verdade, a fim de gerar sua convicção quanto à existência ou inexistência dos fatos deduzidos em juízo".[1]

Em outras palavras, prova é o meio pelo qual o juiz chega à verdade, convencendo-se da ocorrência ou inocorrência dos fatos juridicamente relevantes para o julgamento do processo (Badaró).

Ou ainda, prova é o meio através do qual se fará a reconstrução aproximativa do fato histórico passado investigado (Aury), buscando a maior coincidência possível com a realidade histórica, ou seja, com a verdade dos fatos, tal como efetivamente ocorridos no espaço e no tempo (Pacelli).

Conforme prevê o art. 155 do CPP, *o juiz formará sua convicção pela livre apreciação da prova produzida em contraditório judicial, não podendo fundamentar sua decisão exclusivamente nos elementos informativos colhidos na investigação, ressalvadas as provas cautelares,*[2] *não repetíveis*[3] *e antecipadas,*[4] sendo que, *quanto ao estado das pessoas serão observadas as restrições estabelecidas na lei civil* (art. 155, *caput* e parágrafo único, CPP).[5]

Portanto, havendo "cautelaridade no caso, não se exige o contraditório para a prova, mas tão somente o contraditório sobre a prova", que se limita a "reconhecer a atuação do contraditório após a formação da prova", o denominado contraditório diferido, que ocorre, por exemplo, com a interceptação telefônica, em que o contraditório será feito posteriormente, após a produção da prova.

---

1. STUMVOLL, Victor Paulo. *Criminalística*. 6. ed. Campinas: Millennium, 2014, p. 71.
2. Interceptação telefônica, busca e apreensão, infiltração policial etc.
3. Perícia de local de crime, exame de corpo de delito feito em vítima de lesões corporais leves etc.
4. Oitiva de testemunha que está com doença terminal (art. 225 do CPP).
5. Sobre a possibilidade do juiz fundamentar a decisão em elementos informativos produzidos durante o inquérito policial, desde que corroborados por provas judicializadas, somente não podendo utilizá-los exclusivamente, ou seja, "única e unilateralmente", confira os seguintes julgados: STJ, HC 226.306/RJ, 6ª T, J. 26/08/2014; STF, HC, 104.669, 1ª T, J. 26/10/2010; e STF, HC 180.144/GO, 2ª T, J. 10/10/2020.

6.1 ÔNUS DA PROVA

A prova da alegação incumbirá a quem a fizer (art. 156, CPP), de maneira que cabe à acusação provar: a existência do crime; as circunstâncias afirmadas na denúncia ou queixa; a autoria ou participação.

Por outro lado, a defesa tem o ônus de provar os fatos impeditivos, modificativos ou extintivos do direito invocado pela acusação, ou seja, provar: a existência de alguma excludente de ilicitude ou de culpabilidade; a existência e idoneidade do álibi; a ocorrência de alguma causa extintiva da punibilidade.[6]

Neste ponto é interessante registrar o disposto no art. 386, VI, do Código de Processo Penal, uma vez que, embora o ônus de provar as circunstâncias que excluem o crime ou isentem o réu de pena seja da defesa, em caso de dúvida sobre a existência de tais circunstâncias, o juiz deverá absolver o réu (*in dubio pro reo*), o que também ocorrerá quando a prova apresentada pela acusação não for suficiente para a condenação (art. 386, VII, CPP).

Não obstante, é facultado ao juiz, de ofício (art. 156, I e II, CPP):

1. Ordenar, mesmo antes de iniciada a ação penal, a produção antecipada de provas consideradas urgentes e relevantes, observando a necessidade, adequação e proporcionalidade da medida;
2. Determinar, no curso da instrução, ou antes de proferir sentença, a realização de diligências para dirimir dúvida sobre ponto relevante.

A doutrina refuta essa atuação de ofício do juiz, especialmente na fase pré-processual, por entender que isso ofende o sistema acusatório, mas o STF e o STJ admitem a atuação probatória de ofício do juiz, principalmente durante o processo, em razão do princípio da verdade real.[7]

Contudo, no julgamento das ADIs 6.298, 6.299, 6.300 e 6.305, o Supremo Tribunal Federal, por maioria, atribuiu interpretação conforme ao art. 3º-A do CPP para assentar que "o juiz, pontualmente, nos limites legalmente autorizados, pode determinar a realização de diligências suplementares, para o fim de dirimir dúvida sobre questão relevante para o julgamento do mérito."

Dessa forma, o STF mitigou a eficácia do art. 3º-A e reafirmou a possibilidade do juiz determinar diligências suplementares de ofício para dirimir dúvida sobre questão relevante ao julgamento do mérito.

---

6. NUCCI, Guilherme de Souza, 2016, p. 349 apud DEZEM, Guilherme Madeira, 2018, p. 348.
7. Vide: STJ, AgRg no HC 747.441/SC, 6ª T, J. 20/03/2023.

6.2 PROVAS ILÍCITAS

A Constituição Federal, em seu art. 5º, LVI, estatuiu que *são inadmissíveis, no processo, as provas obtidas por meios ilícitos*, enquanto o art. 157 do Código de Processo Penal estabelece que *são inadmissíveis, devendo ser desentranhadas do processo, as provas ilícitas, assim entendidas as obtidas em violação a normas constitucionais ou legais*.

Parte da doutrina faz distinção entre: *prova ilícita*, obtida com violação das regras de direito material, ou seja, com violação de direito fundamental (Exemplo: confissão obtida mediante tortura; interceptação telefônica sem autorização judicial); e *prova ilegítima*, obtida no processo com violação de regras de direito processual (Exemplo: leitura em plenário de prova juntada com menos de três dias de antecedência, contrariando o art. 479 do CPP).

Para tal corrente, a prova ilícita será desentranhada do processo, enquanto a prova ilegítima terá declarada a sua nulidade e não a ilicitude, devendo o ato ser refeito.[8]

Contudo, outra corrente doutrinária sustenta que, com a nova redação dada ao art. 157 do CPP pela Lei nº 11.690/2008, tal distinção foi superada, devendo ser entendidas como ilícitas as provas obtidas ou produzidas "com violação das garantias constitucionais (ou legais), sejam as que asseguram as liberdades públicas, sejam as que estabelecem garantias processuais",[9] ou seja, há ilicitude material e ilicitude formal, sendo que "no primeiro caso, a prova é vedada; no segundo, embora permitida, foi produzida em desconformidade com o regramento legal", mas "seja qual for a fonte da ilicitude, a prova ilícita deverá ser desentranhada do processo".[10]

São também inadmissíveis as provas derivadas das ilícitas, conforme a teoria dos frutos da árvore envenenada (*fruits of the poisonous tree*),[11] devendo também ser desentranhadas dos autos, salvo quando não evidenciado o nexo de causalidade entre umas e outras, ou quando as derivadas puderem ser obtidas por uma fonte independente das primeiras, considerando-se fonte independente aquela que por si só, seguindo os trâmites típicos e de praxe, próprios da investigação ou instrução criminal, seria capaz de conduzir ao fato objeto da prova.[12]

Importante registrar que o STF, nas Ações Diretas de Inconstitucionalidade nº 6.298, 6.299, 6.300 e 6.305, por maioria, declarou a inconstitucionalidade do § 5º do art. 157 do CPP.[13]

---

8. DEZEM, Guilherme Madeira, 2018, p. 355-356.
9. BADARÓ, Gustavo, 2016, p. 408 apud DEZEM, Guilherme Madeira, 2018, p. 356.
10. MARCÃO, Renato, 2021, p. 273.
11. Nesse sentido, confira: STJ, REsp 1.630.097/RJ, 5ª T, rel. Min. Joel Ilan Paciornik, J. 18/04/2017.
12. Vide: STF, RHC 121.496/SP, 2ª T, rel. Min. Dias Toffoli, J. 24/11/2015; e STJ, REsp 1.598.779/DF, 6ª T, rel. Min. Sebastião Reis Júnior, J. 16/08/2016.
13. CPP, art. 157, § 5º O juiz que conhecer do conteúdo da prova declarada inadmissível não poderá proferir a sentença ou acórdão (Dispositivo declarado inconstitucional pelo STF).

6.3 SISTEMAS DE VALORAÇÃO DAS PROVAS

Há três sistemas de valoração das provas que merecem maior destaque: *sistema legal de provas*; princípio da *íntima convicção do juiz*; *livre convencimento motivado ou persuasão racional*.

No *sistema legal de provas* havia uma previsão legislativa de valoração hierarquizada da prova, a partir da experiência coletiva acumulada, em que o valor de cada prova vinha definido na lei, sendo que "a confissão era considerada uma prova absoluta, uma só testemunha não tinha valor" etc. Parte da doutrina sustenta que *resquícios* desse modelo podem ser encontrados no artigo 158 do Código de Processo Penal que exige que *quando a infração deixar vestígios, será indispensável o exame de corpo de delito, direto ou indireto, não podendo supri-lo a confissão do acusado*, o que constituiria uma das "limitações no espaço de decisão do juiz a partir de critérios previamente definidos pelo legislador na lei" (Lopes Júnior, 2023, p. 181).

Carnelluti ensina que muitas vezes a lei libera o juiz do peso da escolha, por ser a escolha um tormento para ele, face às dúvidas que surgem da análise e valoração das provas. Em tais casos, a lei escolhe para o juiz, tal como ocorre com o sistema da prova legal quando, por exemplo, a lei não consente que uma prova oral prevaleça sobre uma prova escrita (Carnelluti, 2016, p. 3).

Por sua vez, o princípio da *íntima convicção* surgiu como uma "superação do modelo de prova tarifada ou tabelada", de maneira que o juiz não precisa mais obedecer a critérios de avaliação das provas. Contudo, isso levou ao outro extremo, na medida em que o juiz, além de estar completamente livre para valorar a prova, "não precisava mais fundamentar sua decisão", proporcionando um excesso de discricionariedade e liberdade de julgamento (Lopes Júnior, 2023, p. 181).

Tal princípio ainda é adotado no Brasil nos julgamentos de competência do Tribunal do Júri (Art. 472 do CPP), onde é possível, inclusive, o julgamento contrário à prova dos autos, uma vez que, embora se admita apelação quando a decisão for manifestamente contrária à prova dos autos, uma vez proferido novo julgamento no mesmo sentido, não se admitirá outra apelação pelo mesmo motivo (artigo 593, III, *d* e § 3º, do CPP).

De forma intermediária, o *sistema do livre convencimento motivado ou persuasão racional* permite a apreciação e valoração da prova pelo juiz, sem os limites antes impostos pelo sistema legal de provas, bem como assegura a garantia da fundamentação das decisões judiciais, em contraponto ao princípio da íntima convicção. Assim, "não existem limites e regras abstratas de valoração (como no sistema legal de provas), mas tampouco há a possibilidade de formar sua convicção sem fundamentá-la (como na íntima convicção)" (Lopes Júnior, 2023, p. 182).

O artigo 155 do Código de Processo Penal estatuiu esse princípio do livre convencimento motivado ao estabelecer que *o juiz formará sua convicção pela livre apreciação da prova produzida em contraditório judicial*.

Dessa liberdade do julgador para formar sua convicção decorre que todas as provas são relativas, não havendo maior prestígio ou valor previamente estabelecido entre elas, nem mesmo as provas técnicas. Não obstante, "é vedado o decisionismo, não se pactuando com um juiz que julgue totalmente alheio às provas e às normas penais, processuais penais e constitucionais" (Lopes Júnior, 2023, p. 182).

6.4 PROVA PERICIAL

A *prova pericial* ou *exame de corpo de delito* corresponde ao exame técnico feito sobre a coisa ou pessoa que constitui a própria materialidade do crime, necessário nos crimes que deixam vestígios (art. 158 do CPP).

O exame de corpo de delito será direto quando a análise recair diretamente sobre o objeto, quando houver uma relação direta entre o perito e aquilo que está sendo periciado (Lopes Júnior, 2023, p. 206).

Em situações excepcionais,[14] em que tiverem desaparecido os vestígios do crime, tornando assim impossível o exame direto, é admissível o chamado exame indireto, onde a prova testemunhal poderá suprir-lhe a falta (art. 167, CPP).[15]

Será dada prioridade à realização do exame de corpo de delito quando se tratar de crime que envolva: I – violência doméstica e familiar contra mulher; II – violência contra criança, adolescente, idoso ou pessoa com deficiência.[16]

No caso do crime de tráfico de drogas, para a prisão em flagrante e a denúncia basta o laudo preliminar ou de constatação (art. 50, § 1º, da Lei nº 11.343/2006), mas para a condenação é imprescindível o laudo definitivo (STJ, HC 335.452/RS, 6ª T, J. 14/02/2017 e STJ, AgRg no HC 671.058/SC, 6ª T, J. 22/03/2022).

Contudo, há precedentes do STJ no sentido de que "o laudo de constatação provisório que possua condições técnicas de atestar a natureza da droga apreendida supre a ausência de laudo definitivo", especialmente quando firmado por perito criminal (STJ, AgRg no AREsp 1.679.885/MG, 6ª T, J. 06/04/2021), ou seja, quando "dotado de certeza idêntica ao do definitivo, certificado por perito oficial e em procedimento equivalente" (STJ, HC 605.603/ES, 5ª T, J. 23/03/2021).

---

14. "(...) 1. "Mostra-se necessária a realização do exame técnico-científico para qualificação do crime ou mesmo para sua tipificação, pois o exame de corpo de delito direto é imprescindível nas infrações que deixam vestígios, podendo apenas ser suprido pela prova testemunhal quando não puderem ser mais colhidos. Logo, se era possível a realização da perícia, e esta não ocorreu de acordo com as normas pertinentes (art. 159 do CPP), a prova testemunhal e o exame indireto não suprem a sua ausência' (AgRg no REsp 1.441.135/MT, Sexta Turma, Rel. Min. Maria Thereza de Assis Moura, DJe de 24/9/2014). No presente caso, não há referência alguma à impossibilidade de realização da perícia técnica. 2. Agravo regimental não provido" (STJ, AgRg no REsp 1.592.297/RS, 5ª T, rel. Min. Reynaldo Soares da Fonseca, J. 16/08/2016).
15. Não só a prova testemunhal, mas também vídeos, fotografias, áudios, ficha clínica de hospital, atestados etc.
16. CPP, art. 158, parágrafo único.

Já houve, inclusive, precedentes admitindo a condenação sem laudo pericial, ao argumento de que "a não apreensão de droga não torna a conduta atípica se houver outros elementos aptos a comprovar o crime de tráfico", entendimento este que está longe de ser pacífico (STF, RHC 83.494/RS, 2ª T, J. 16/03/2004; STJ, HC 131.455/MT, 6ª T, J. 02/08/2012; STJ, AgRg no HC 678.364/RJ, 5ª T, J. 10/08/2021).

Caso se trate de crime de violação de direito autoral, permite-se a perícia por amostragem (Súmula 574 do STJ).

Sobre a questão das *perícias em geral*, importante registrar que a disciplina dos exames periciais encontra-se estabelecida nos artigos 158 a 184 do CPP, segundo o qual o laudo deve ser realizado por um perito oficial ou dois peritos nomeados *ad hoc* que devem ser pessoas idôneas, portadoras de diploma de curso superior, escolhidas, de preferência, entre as que tiverem habilitação técnica relacionada à natureza do exame e que deverão prestar o compromisso de bem e fielmente desempenhar o encargo (art. 159 do CPP).

Além disso, importante registrar que a Lei nº 13.964/2019 inseriu no CPP os arts. 158-A a 158-F, instituindo a cadeia de custódia que consiste no *conjunto de todos os procedimentos utilizados para manter e documentar a história cronológica do vestígio coletado em locais ou em vítimas de crimes, para rastrear sua posse e manuseio a partir de seu reconhecimento até o descarte*.

A cadeia de custódia, cujo início *dá-se com a preservação do local de crime ou com procedimentos policiais ou periciais nos quais seja detectada a existência de vestígio* (art. 158-A, § 1º, CPP), compreende o rastreamento do vestígio[17] em 10 etapas (art. 158-B do CPP):

I – reconhecimento: ato de distinguir um elemento como de potencial interesse para a produção da prova pericial;

II – isolamento: ato de evitar que se altere o estado das coisas, devendo isolar e preservar o ambiente imediato, mediato e relacionado aos vestígios e local de crime;

III – fixação: descrição detalhada do vestígio conforme se encontra no local de crime ou no corpo de delito, e a sua posição na área de exames, podendo ser ilustrada por fotografias, filmagens ou croqui, sendo indispensável a sua descrição no laudo pericial produzido pelo perito responsável pelo atendimento;

IV – coleta: ato de recolher o vestígio que será submetido à análise pericial, respeitando suas características e natureza;

V – acondicionamento: procedimento por meio do qual cada vestígio coletado é embalado de forma individualizada, de acordo com suas características físicas, químicas e biológicas, para posterior análise, com anotação da data, hora e nome de quem realizou a coleta e o acondicionamento;

VI – transporte: ato de transferir o vestígio de um local para o outro, utilizando as condições adequadas (embalagens, veículos, temperatura, entre outras), de modo a garantir a manutenção de suas características originais, bem como o controle de sua posse;

---

17. CPP, art. 158-A, § 3º Vestígio é todo objeto ou material bruto, visível ou latente, constatado ou recolhido, que se relaciona à infração penal.

VII – recebimento: ato formal de transferência da posse do vestígio, que deve ser documentado com, no mínimo, informações referentes ao número de procedimento e unidade de polícia judiciária relacionada, local de origem, nome de quem transportou o vestígio, código de rastreamento, natureza do exame, tipo do vestígio, protocolo, assinatura e identificação de quem o recebeu;

VIII – processamento: exame pericial em si, manipulação do vestígio de acordo com a metodologia adequada às suas características biológicas, físicas e químicas, a fim de se obter o resultado desejado, que deverá ser formalizado em laudo produzido por perito;

IX – armazenamento: procedimento referente à guarda, em condições adequadas, do material a ser processado, guardado para realização de contraperícia, descartado ou transportado, com vinculação ao número do laudo correspondente;

X – descarte: procedimento referente à liberação do vestígio, respeitando a legislação vigente e, quando pertinente, mediante autorização judicial.

Conforme estabelece o art. 158-C do CPP, a coleta dos vestígios deverá ser realizada *preferencialmente* por perito oficial, e não exclusivamente. Nesse sentido:

(...)

III – Não houve irregularidade na quebra de sigilo telefônico realizada no aparelho celular apreendido no momento do cumprimento do mandado de busca e apreensão, a qual também já havia sido autorizada judicialmente, assim como em qualquer outro dispositivo encontrado que tivesse potencial de armazenamento de informações relacionadas ao crime investigado.

IV – À luz dos arts. 158-A, §§ 1º e 2º, e 158-B, I, do Código de Processo Penal – CPP, a autoridade policial nada mais fez do que verificar se o aparelho celular encontrado com o paciente no momento da busca e apreensão era dispositivo com potencial de armazenamento de informações relacionadas ao crime investigado. Por sua vez, *o art. 158-C do CPP estabelece que a coleta seja "realizada preferencialmente por perito oficial, que dará o encaminhamento necessário para a central de custódia, mesmo quando for necessária a realização de exames complementares".*

V – *O reconhecimento e a coleta do material apreendido, entre outros procedimentos preliminares, são atos que antecedem a perícia técnica oficial prevista no art. 159 do CPP e, portanto, prescindem da participação de um perito oficial, como ocorreu no caso sob exame. Por essa razão, não se há falar em quebra da cadeia de custódia ou manuseio ilegal do aparelho celular por parte do agente de polícia.*

VI – Agravo regimental improvido. (STF, AgRg no HC 242.158/SP, 1ª T, J. 01/07/2024).

Embora o legislador tenha detalhado a cadeia de custódia da prova, acabou silenciando-se em relação aos critérios objetivos para definir quando ocorre a sua quebra e quais as consequências jurídicas, para o processo penal, dessa quebra ou do descumprimento de um desses dispositivos legais.

Como a cadeia de custódia objetiva manter a idoneidade do caminho que deve ser percorrido pela prova até a sua análise pelo magistrado, sua quebra pode implicar ou não na imprestabilidade da prova (STJ, AgRg no RHC 147.885/SP, 6ª T, J. 07/12/2021).

Nessa linha de raciocínio, para o STJ as irregularidades constantes da cadeia de custódia devem ser sopesadas pelo magistrado com todos os elementos produzidos na instrução, a fim de aferir se a prova é confiável, ou seja, a questão relativa à quebra da cadeia de custódia da prova merece tratamento acurado, conforme o caso analisado em concreto, de maneira que, a depender das peculiaridades da hipótese analisada, pode haver diferentes desfechos processuais (STJ, HC 653.515/RJ, 6ª T, *J.* 23/11/2021).

Por fim, importante registrar que o STJ decidiu que a autópsia psicológica constitui prova atípica admissível no processo penal, desde que obedecidas determinadas restrições, cuja validade perpassa pelo campo epistemológico.[18]

6.5 INTERROGATÓRIO E CONFISSÃO

O *interrogatório do acusado* é tanto um meio de prova quanto de defesa (autodefesa). É meio de prova, pois quando o acusado se defende durante o interrogatório ou mesmo admite os fatos formulados pela acusação, no todo ou em parte, está fornecendo elementos que podem ser utilizados na apuração da verdade. É meio de defesa porque o acusado pode expor a sua versão, falando por último (arts. 185 a 200, 400, 411 e 531, CPP e HC 127.900/AM, STF).[19]

Em decisão recente, sobre questão bastante polêmica, o STJ assegurou o direito do réu, durante o interrogatório, responder apenas às perguntas da defesa, podendo calar-se diante das perguntas do juiz e do MP. Segundo a Corte:

---

18. *Habeas corpus*. Homicídio. Pronúncia fundada em elementos judicializados. Controvérsia acerca da *causa mortis* deverá ser solucionada pelo conselho de sentença. *Autópsia psicológica. Prova atípica*. Falibilidade de provas científicas. Controle de admissibilidade. Viés subjetivo. Cotejo com demais provas acostadas aos autos. Ordem denegada. 1. A decisão de pronúncia funciona como um filtro pelo qual apenas são submetidas as acusações fundadas, viáveis, plausíveis e idôneas a serem objeto de decisão pelo Conselho de Sentença. 2. Exige-se, em termos de *standard* probatório, a existência de lastro probatório judicializado, produzido com observância do contraditório e da ampla defesa, na presença das partes e do juiz. 3. Não cabe às instâncias ordinárias, tampouco a esta Corte Superior, valorar as provas dos autos e decidir pela tese prevalente, sob pena de violação da competência constitucional conferida ao Conselho de Sentença. É adequado, tão somente, averiguar se a pronúncia encontra respaldo no caderno probatório, o que ficou demonstrado no caso em exame. 4. O laudo pericial impugnado neste *writ* foi elaborado em fase inquisitorial. Nesse contexto, o simples pedido de cooperação da Delegada-chefe ao Instituto Médico Legal, que integra a estrutura da própria Polícia Civil do Distrito Federal, não é capaz de macular, por si só, a lisura da *expert*, que foi convocada para atuar dentro da sua área de conhecimento técnico. Ademais, o laudo pericial foi subscrito por outras duas pessoas, que não tiveram sua parcialidade impugnada. 5. É uníssona a compreensão de que a busca pela verdade no processo penal encontra limitação nas regras de admissão, de produção e de valoração do material probatório, o qual servirá de suporte ao convencimento do julgador; afinal, os fins colimados pelo processo são tão importantes quanto os meios que se utilizam para alcançar seus resultados. 6. *Não vigora no campo penal um sistema rígido de taxatividade dos meios de prova, sendo admitida a produção de provas não disciplinadas em lei, desde que obedecidas determinadas restrições*. A análise sobre a validade da prova atípica perpassa, pois, pelo campo epistemológico. 7. É necessário que se estabeleçam critérios de verificabilidade das provas científicas, que não são infalíveis, com o intuito de se evitar o cometimento de injustiças epistêmicas. 8. A "autópsia psicológica", raras vezes utilizada na *praxis forense* brasileira, consiste em exame retrospectivo que busca compreender os aspectos psicológicos envolvidos em mortes não esclarecidas. Trata-se de meio de prova ainda não padronizado pela comunidade científica e erigido, inegavelmente, em aspectos subjetivos. 9. Na espécie, o laudo foi subscrito por um agente policial e dois peritos médicos legistas e se baseou em entrevistas acostadas aos autos, permitindo às partes a sindicabilidade e o confronto com a fonte originária de prova. Ademais, os assistentes técnicos puderam contestar sua cientificidade no curso do processo e uma das peritas subscritoras será inquirida em plenário. 10. Assim, incumbirá aos jurados, no exercício da sua soberana função constitucional, realizar o devido cotejo do laudo com o acervo probatório acostado aos autos para decidir acerca da existência de autoria e materialidade delitivas. 11. Ordem denegada. (STJ, HC 740.431/DF, 6ª T, J. 13/09/2022).
19. DEZEM, Guilherme Madeira. *Curso de processo penal*. 3. ed. rev., atual. e ampl. São Paulo: RT, 2017, p. 584-586.

(...) 2. O interrogatório, como meio de defesa, implica ao imputado a possibilidade de responder a todas, nenhuma ou a apenas algumas perguntas direcionadas ao acusado, que tem direito de poder escolher a estratégia que melhor lhe aprouver à sua defesa. 3. Verifica-se a ilegalidade diante do precoce encerramento do interrogatório do paciente, após manifestação do desejo de não responder às perguntas do juízo condutor do processo, senão do seu advogado, sendo excluída a possibilidade de ser questionado pelo seu defensor técnico. 4. Concessão do habeas corpus. Cassação da sentença de pronúncia, a fim de que seja realizado novo interrogatório do paciente na Ação Penal n. 5011269-74.202.8.24.0011/SC, oportunidade na qual deve ser-lhe assegurado o direito ao silêncio (total ou parcial), respondendo às perguntas de sua defesa técnica, e exercendo diretamente a ampla defesa. (STJ, HC 703.978/SC, 6ª T, J. 05/04/2022)

No mesmo sentido foi a decisão da 2ª Turma do STF, no RHC 213.849, em um caso em que, durante a "audiência de instrução, iniciado o interrogatório, os agravantes afirmaram que responderiam, tão somente, às perguntas da defesa e que permaneceriam em silêncio quanto às perguntas formuladas pelo Juízo e pela acusação", o que não foi aceito pelo magistrado, que indeferiu o pedido e encerrou a audiência.

Para a Suprema Corte, "o direito constitucional ao silêncio deve ser exercido pelo acusado da forma que melhor lhe aprouver, devendo ser compatibilizado com a sua condição de instrumento de defesa e de meio probatório. A escolha das perguntas que serão respondidas e aquelas para as quais haverá silenciamento, harmoniza o exercício de defesa com a garantia da não incriminação" (STF, RHC 213.849 AgR/SC, 2ª T, J. 15/04/2024).

Por outro lado, ao enfrentar a questão do interrogatório por videoconferência de réu foragido, a Suprema Corte assim decidiu:

Ementa: Agravo regimental em habeas corpus. Paciente processado por duas tentativas de homicídio qualificado (art. 121, § 2º, II e IV, combinado com o art. 14, II, do Código Penal – CP), em concurso formal (art. 70 do CP). Réu foragido. Pedido de interrogatório por videoconferência. impossibilidade. Incidência da regra do art. 565 do código de Processo Penal – CPP. Agravo regimental improvido.

I – Trata-se de paciente acusado pela suposta prática de dupla tentativa de homicídio duplamente qualificado (art. 121, § 2º, II e IV, combinado com o art. 14, II, do Código Penal – CP), em concurso formal (art. 70 do CP). Durante a Audiência de Instrução, Interrogatório, Debates e Julgamento, ocorrida em 16/4/2024, a defesa requereu que o paciente fosse interrogado por videoconferência, mas o pleito foi indeferido.

II – A Constituição Federal – CF assegura aos litigantes e aos acusados em geral o contraditório e a ampla defesa, com os meios e recursos a ela inerentes (art. 5º, LV, CF). A ampla defesa compreende a defesa técnica e a autodefesa, que se compõe do direito de audiência e do direito de presença.

III – No caso, embora o paciente tenha constituído advogado nos autos da ação penal, está foragido desde quando foi decretada a sua prisão preventiva. E, nessa condição, busca a garantia do direito de ser interrogado por meio virtual, o que não encontra respaldo nem no ordenamento jurídico, nem na jurisprudência do Supremo Tribunal Federal.

IV – Nesse contexto, incide a regra prevista no art. 565 do Código de Processo Penal, segundo a qual "nenhuma das partes poderá arguir nulidade a que haja dado causa, ou para que tenha concorrido, ou referente a formalidade cuja observância só a parte contrária interesse". Com efeito, não se há falar em nulidade quando a ausência proposital do réu acarreta a falta de seu interrogatório e a decretação da sua revelia, na linha de entendimento sedimentado no Supremo Tribunal Federal.

V – Agravo regimental improvido. (STF, HC 243.295 AgR/SP, 1ª T, J. 19/08/2024).

Importante lembrar, ainda, que o STF vedou a condução coercitiva do investigado ou acusado para fins de interrogatório, em decisão proferida nas ADPFs nº 395 e 444, por entender que a condução coercitiva do investigado ou acusado para um ato no qual ele não é obrigado a falar, além de obsoleta, fere os princípios da dignidade da pessoa humana, da liberdade de locomoção e da presunção de inocência (Informativo nº 906 do STF).

6.6 DECLARAÇÕES DO OFENDIDO

Sempre que possível, serão colhidas as *declarações do ofendido*, o qual será qualificado e perguntado sobre as circunstâncias da infração, quem seja ou presuma ser o seu autor, as provas que possa indicar, tomando-se por termo as suas declarações (art. 201, CPP), podendo, inclusive, ser conduzido para esse fim, caso seja intimado e não compareça sem motivo justo.

O ofendido não prestará compromisso, razão pela qual não poderá ser acusado do crime de falso testemunho, podendo, inclusive, calar-se.

6.7 PROVA TESTEMUNHAL

Quanto à *prova testemunhal*, toda pessoa poderá ser testemunha (art. 202, CPP) e não poderá eximir-se da obrigação de depor, exceto se for ascendente ou descendente, afim em linha reta ou cônjuge (ainda que separado) do acusado, salvo quando não for possível, por outro modo, obter-se ou integrar-se a prova do fato e de suas circunstâncias (art. 206, CPP).

Por outro lado, são proibidas de depor as pessoas que, em razão de função, ministério, ofício ou profissão, devam guardar segredo, salvo se, desobrigadas pela parte interessada, quiserem dar o seu testemunho, tais como psiquiatra, padre, analista, advogado etc. (art. 207, CPP).

Quando julgar necessário, o juiz poderá ouvir outras testemunhas, além das indicadas pelas partes, bem como poderá ouvir as pessoas a que as testemunhas se referirem (art. 209, CPP).

Os militares que forem chamados a testemunhar deverão ser requisitados à autoridade superior, enquanto os funcionários públicos civis serão intimados pessoalmente, devendo, porém, a expedição do mandado ser comunicada ao chefe da repartição em que servirem, com indicação do dia e hora marcados, medida essencial para a organização e manutenção da continuidade do serviço público (art. 221, §§ 2º e 3º, CPP).

6.8 RECONHECIMENTO DE PESSOAS E COISAS

O reconhecimento de pessoas ou coisas tem natureza jurídica de meio de prova e como finalidade a identificação dos responsáveis pela prática de uma infração penal ou de um objeto que guarde relação com o fato, tais como a arma utilizada na execução do crime, bens subtraídos da vítima, peças de vestuário etc.

Quanto ao resultado, o reconhecimento pode ser positivo, quando o suspeito ou coisa são reconhecidos, ou negativo, quando não há o reconhecimento.

Quanto ao meio empregado, pode ser direto, quando recai diretamente sobre a pessoa ou coisa, vistos pelo reconhecedor, ou indireto, quando realizado por meio da análise de fotografias, gravação de imagem ou som.

Segundo o disposto no art. 226 do Código de Processo Penal:

> Art. 226. Quando houver necessidade de fazer-se o reconhecimento de pessoa, proceder-se-á pela seguinte forma:
> I – a pessoa que tiver de fazer o reconhecimento será convidada a descrever a pessoa que deva ser reconhecida;
> II – a pessoa, cujo reconhecimento se pretender, será colocada, se possível, ao lado de outras que com ela tiverem qualquer semelhança, convidando-se quem tiver de fazer o reconhecimento a apontá-la;
> III – se houver razão para recear que a pessoa chamada para o reconhecimento, por efeito de intimidação ou outra influência, não diga a verdade em face da pessoa que deve ser reconhecida, a autoridade providenciará para que esta não veja aquela;
> IV – do ato de reconhecimento lavrar-se-á auto pormenorizado, subscrito pela autoridade, pela pessoa chamada para proceder ao reconhecimento e por duas testemunhas presenciais.
> Parágrafo único. O disposto no nº III deste artigo não terá aplicação na fase da instrução criminal ou em plenário de julgamento.

A possibilidade de reconhecimento sem que a pessoa que tiver de fazer o reconhecimento seja vista pela pessoa a ser reconhecida, prevista no inciso III do art. 226 do Código de Processo Penal, não se aplica na fase da instrução criminal ou em plenário de julgamento (art. 226, parágrafo único, CPP).

Em complementação ao disposto no art. 226 do Código de Processo Penal, o Conselho Nacional de Justiça editou a Resolução nº 484-CNJ, de 19 de dezembro de 2022, que possui os seguintes dispositivos:

> Art. 1º Estabelecer diretrizes para a realização do reconhecimento de pessoas em procedimentos e processos criminais e sua avaliação no âmbito do Poder Judiciário.
> Art. 2º Entende-se por reconhecimento de pessoas o procedimento em que a vítima ou testemunha de um fato criminoso é instada a reconhecer pessoa investigada ou processada, dela desconhecida antes da conduta.
> § 1º *O reconhecimento de pessoas, por sua natureza, consiste em prova irrepetível*, realizada uma única vez, consideradas as necessidades da investigação e da instrução processual, bem como os direitos à ampla defesa e ao contraditório.
> § 2º A pessoa cujo reconhecimento se pretender tem direito a constituir defensor para acompanhar o procedimento de reconhecimento pessoal ou fotográfico, nos termos da legislação vigente.
> Art. 3º Compete às autoridades judiciais admitir e valorar o reconhecimento de pessoas à luz das diretrizes e procedimentos descritos em lei e nesta Resolução e zelar para que a prova seja produzida de maneira a evitar a ocorrência de reconhecimentos equivocados.

Parágrafo único. A observância das diretrizes e dos procedimentos estabelecidos nesta Resolução e no Código de Processo Penal será considerada pelos magistrados para avaliação da prova.

Art. 4º O reconhecimento será realizado preferencialmente pelo alinhamento presencial de pessoas e, em caso de impossibilidade devidamente justificada, pela apresentação de fotografias, observadas, em qualquer caso, as diretrizes da presente Resolução e do Código de Processo Penal.

Parágrafo único. Na impossibilidade de realização do reconhecimento conforme os parâmetros indicados na presente Resolução, devem ser priorizados outros meios de prova para identificação da pessoa responsável pelo delito.

Art. 5º O reconhecimento de pessoas é composto pelas seguintes etapas:

I – entrevista prévia com a vítima ou testemunha para a descrição da pessoa investigada ou processada;

II – fornecimento de instruções à vítima ou testemunha sobre a natureza do procedimento;

III – alinhamento de pessoas ou fotografias padronizadas a serem apresentadas à vítima ou testemunha para fins de reconhecimento;

IV – o registro da resposta da vítima ou testemunha em relação ao reconhecimento ou não da pessoa investigada ou processada; e

V – o registro do grau de convencimento da vítima ou testemunha, em suas próprias palavras.

§ 1º Para fins de aferição da legalidade e garantia do direito de defesa, o procedimento será integralmente gravado, desde a entrevista prévia até a declaração do grau de convencimento da vítima ou testemunha, com a disponibilização do respectivo vídeo às partes, caso solicitado.

§ 2º A inclusão da pessoa ou de sua fotografia em procedimento de reconhecimento, na condição de investigada ou processada, será embasada em outros indícios de sua participação no delito, como a averiguação de sua presença no dia e local do fato ou outra circunstância relevante.

Art. 6º A entrevista prévia será composta pelas seguintes etapas:

I – solicitação à vítima ou testemunha para descrever as pessoas investigadas ou processadas pelo crime, por meio de relato livre e de perguntas abertas, sem o uso de questões que possam induzir ou sugerir a resposta;

II – indagação sobre a dinâmica dos fatos, a distância aproximada a que estava das pessoas que praticaram o fato delituoso, o tempo aproximado durante o qual visualizou o rosto dessas pessoas, as condições de visibilidade e de iluminação no local;

III – inclusão de autodeclaração da vítima, da testemunha e das pessoas investigadas ou processadas pelo crime sobre a sua raça/cor, bem como heteroidentificação da vítima e testemunha em relação à raça/cor das pessoas investigadas ou processadas; e

IV – indagação referente à apresentação anterior de alguma pessoa ou fotografia, acesso ou visualização prévia de imagem das pessoas investigadas ou processadas pelo crime ou, ainda, ocorrência de conversa com agente policial, vítima ou testemunha sobre as características da(s) pessoa(s) investigada(s) ou processada(s).

§ 1º A entrevista será realizada de forma separada e reservada com cada vítima ou testemunha, com a garantia de que não haja contato entre elas e de que não saibam nem ouçam as respostas umas das outras, constando o registro dessas circunstâncias no respectivo termo.

§ 2º Nas hipóteses do inciso IV deste artigo ou naquelas em que a descrição apresentada pela vítima ou testemunha não coincidir com as características das pessoas investigadas ou processadas, o reconhecimento não será realizado.

§ 3º As fichas de autodeclaração e de heterodeclaração de que trata o inciso III obedecerão ao sistema classificatório utilizado pelo Instituto Brasileiro de Geografia e Estatística (IBGE), com as seguintes opções de resposta: "amarelo, branco, indígena, pardo e preto".

Art. 7º Imediatamente antes de iniciar o procedimento de reconhecimento, a vítima ou a testemunha será alertada de que:

I – a pessoa investigada ou processada pode ou não estar entre aquelas que lhes serão apresentadas;

II – após observar as pessoas apresentadas, ela poderá reconhecer uma dessas, bem como não reconhecer qualquer uma delas;

III – a apuração dos fatos continuará independentemente do resultado do reconhecimento;

IV – deverá indicar, com suas próprias palavras, o grau de confiança em sua resposta.

Parágrafo único. As orientações de que trata este artigo serão apresentadas sem o fornecimento, à vítima ou testemunha, de informações sobre a vida pregressa da pessoa investigada ou processada ou acerca de outros elementos que possam influenciar a resposta da vítima ou testemunha.

Art. 8º O reconhecimento será realizado por meio do alinhamento padronizado de pessoas ou de fotografias, observada a ordem de preferência do art. 4º, de forma que nenhuma se destaque das demais, observadas as medidas a seguir:

I – o alinhamento de pessoas ou de fotografias poderá ser simultâneo, de modo que a pessoa investigada ou processada e as demais pessoas serão apresentadas em conjunto a quem tiver de fazer o reconhecimento, ou sequencial, de forma que a pessoa investigada ou processada e as demais sejam exibidas uma a uma, em iguais condições de espaço e períodos de tempo;

II – *a pessoa investigada ou processada será apresentada com, no mínimo, outras 4 (quatro) pessoas não relacionadas ao fato investigado*, que atendam igualmente à descrição dada pela vítima ou testemunha às características da pessoa investigada ou processada.

§ 1º Na realização do alinhamento, a autoridade zelará pela higidez do procedimento, nos moldes deste artigo, inclusive a fim de evitar a apresentação isolada da pessoa (*show up*), de sua fotografia ou imagem.

§ 2º A fim de assegurar a legalidade do procedimento, a autoridade zelará para a não ocorrência de apresentação sugestiva, entendida esta como um conjunto de fotografias ou imagens que se refiram somente a pessoas investigadas ou processadas, integrantes de álbuns de suspeitos, extraídas de redes sociais ou de qualquer outro meio.

§ 3º Na apresentação de que trata o inciso II, será assegurado que as características físicas, o sexo, a raça/cor, a aparência, as vestimentas, a exposição ou a condução da pessoa investigada ou processada não sejam capazes de diferenciá-la em relação às demais.

§ 4º Nos casos em que a vítima ou testemunha manifestar receio de intimidação ou outra influência pela presença da pessoa investigada ou processada, a autoridade providenciará para que a pessoa e os demais participantes do alinhamento não vejam quem fará o reconhecimento.

Art. 9º Após a realização da entrevista prévia, das instruções pertinentes e do alinhamento, de acordo com os artigos anteriores, a vítima ou a testemunha será convidada a apontar se reconhece, entre as fotografias ou pessoas apresentadas, aquela que participou do delito.

Parágrafo único. Após resposta da vítima ou testemunha, será solicitado que ela indique, com suas próprias palavras, o grau de confiança em sua resposta, de modo que não seja transmitida à vítima ou à testemunha qualquer tipo de informação acerca de sua resposta coincidir ou não com a expectativa da autoridade condutora do reconhecimento.

Art. 10. O ato de reconhecimento será reduzido a termo, de forma pormenorizada e com informações sobre a fonte das fotografias e imagens, para juntada aos autos do processo, em conjunto com a respectiva gravação audiovisual.

Art. 11. Ao apreciar o reconhecimento de pessoas efetuado na investigação criminal, e considerando o disposto no art. 2º, § 1º, desta Resolução, a autoridade judicial avaliará a higidez do ato, para constatar se houve a adoção de todas as cautelas necessárias, incluídas a não apresentação da pessoa ou fotografia de forma isolada ou sugestiva, a ausência de informações prévias, insinuações ou reforço das respostas apresentadas, considerando o disposto no art. 157 do Código de Processo Penal.

Parágrafo único. A autoridade judicial, no desempenho de suas atribuições, atentará para a precariedade do caráter probatório do reconhecimento de pessoas, que será avaliado em conjunto com os demais elementos do acervo probatório, tendo em vista a falibilidade da memória humana.

Art. 12. Para o cumprimento desta Resolução, os tribunais, em colaboração com a Escola Nacional de Formação e Aperfeiçoamento dos Magistrados e as demais Escolas de Magistratura, promoverão cursos destinados à permanente qualificação e atualização funcional dos magistrados e serventuários que atuam nas Varas Criminais em relação aos parâmetros científicos, às regras técnicas, às boas práticas, aos problemas identificados pelo GT Reconhecimento de Pessoas.

§ 1º Os cursos de qualificação e atualização mencionados no caput também poderão ser oferecidos aos membros do Ministério Público e da Defensoria Pública, mediante convênio a ser firmado entre o referido órgão e o Poder Judiciário, respeitada a independência funcional das instituições.

§ 2º Os tribunais, com o apoio do CNJ, poderão firmar convênios com o Poder Executivo a fim de realizar cursos de qualificação e atualização funcional dos agentes de segurança pública sobre as diretrizes da presente Resolução.

Art. 13. O Departamento de Monitoramento e Fiscalização do Sistema Carcerário e do Sistema de Execução de Medidas Socioeducativas do Conselho Nacional de Justiça elaborará, em até 180 (cento e oitenta) dias, manual de boas práticas quanto à implementação das medidas previstas nesta Resolução.

Art. 14. Esta Resolução entra em vigor em 90 (noventa) dias após a sua publicação.

O CPP não fala quantas pessoas devem ser colocadas ao lado daquela que se pretende reconhecer, mas como o inciso II do art. 226 menciona "outras", havia entendimento de que deveriam ser no mínimo duas pessoas, além daquela a ser reconhecida.

Contudo, a supracitada Resolução nº 484-CNJ, de 19 de dezembro de 2022, em seu art. 8º, inciso II, dispôs que "a pessoa investigada ou processada será apresentada com, no mínimo, outras 4 (quatro) pessoas não relacionadas ao fato investigado, que atendam igualmente à descrição dada pela vítima ou testemunha às características da pessoa investigada ou processada".

A Resolução nº 484, de 19 de dezembro de 2022, ainda estabeleceu, em seu art. 1º, § 1º, que o reconhecimento de pessoas, por sua natureza, consiste em prova irrepetível, realizada uma única vez, consideradas as necessidades da investigação e da instrução processual, bem como os direitos à ampla defesa e ao contraditório.

A afirmação de que o reconhecimento de pessoas é uma prova irrepetível foi inicialmente feita pelo STJ no HC 712.781/RJ, 6ª T, J. 15/03/2022, e, posteriormente, repetida no: STJ, AgRg no HC 822.696/RJ, 5ª T, J. 18/09/2023; STJ, AgRg no HC 682.238/DF, 6ª T, J. 11/09/2023; e no STJ, AgRg no AREsp 2.137.848/SP, 6ª T, J. 22/08/2023.

A jurisprudência do Superior Tribunal de Justiça era no sentido de que as disposições insculpidas no art. 226 do Código de Processo Penal configuravam apenas uma recomendação legal, não uma exigência, razão pela qual a sua inobservância não constituía nulidade.[20]

---

20. "(...) 3. A jurisprudência do Superior Tribunal de Justiça é no sentido de que as disposições insculpidas no art. 226 do Código de Processo Penal configuram uma recomendação legal, e não uma exigência, não se cuidando, portanto, de nulidade quando praticado o ato processual (reconhecimento pessoal) de modo diverso. Ademais, nos termos do entendimento firmado neste Tribunal, as disposições contidas no art. 226 do Código

Contudo, tal entendimento mudou drasticamente, uma vez que a Corte passou a entender que "o reconhecimento de pessoa, presencialmente ou por fotografia, realizado na fase do inquérito policial, *apenas é apto*, para identificar o réu e fixar a autoria delitiva, *quando observadas as formalidades previstas no art. 226* do Código de Processo Penal *e quando corroborado por outras provas colhidas na fase judicial*, sob o crivo do contraditório e da ampla defesa".

Portanto, segundo o entendimento atual do STJ, o reconhecimento de pessoas deve "observar o procedimento previsto no art. 226 do Código de Processo Penal, cujas *formalidades constituem garantia mínima* para quem se vê na condição de suspeito da prática de um crime, *não se tratando*, como se tem compreendido, *de 'mera recomendação' do legislador*. Em verdade, *a inobservância de tal procedimento enseja a nulidade da prova* e, portanto, não pode servir de lastro para sua condenação, ainda que confirmado, em juízo, o ato realizado na fase inquisitorial, a menos que outras provas, por si mesmas, conduzam o magistrado a convencer-se acerca da autoria delitiva." (STJ, HC 598.886/SC, 6ª T, J. 27/10/2020).[21]

Não obstante, se a vítima for capaz de individualizar o autor do fato, é desnecessário realizar o procedimento previsto no art. 226 do CPP, que somente terá lugar quando houver necessidade, conforme *caput* do aludido dispositivo e jurisprudência do STJ:

> (...) 1. Para a jurisprudência desta Corte Superior, o reconhecimento de pessoa, presencialmente ou por fotografia, realizado na fase do inquérito policial, apenas é apto para identificar o réu e fixar a autoria delitiva quando observadas as formalidades previstas no art. 226 do Código de Processo Penal (HC n. 598.886/SC, Ministro Rogerio Schietti Cruz, Sexta Turma, DJe 18/12/2020). O art. 226, antes de descrever o procedimento de reconhecimento de pessoa, diz em seu *caput* que *o rito terá lugar "quando houver necessidade"*, ou seja, o reconhecimento de pessoas deve seguir o procedimento previsto quando há dúvida sobre a identificação do suposto autor. Se a vítima é capaz de individualizar o agente, não é necessário instaurar a metodologia legal (...) (STJ, AgRg no HC 769.478/RS, 5ª T, J. 25/04/2023).[22]

Por outro lado, embora longe de se tornar uma unanimidade na doutrina, *o reconhecimento fotográfico, quando observadas as formalidades previstas no art. 226 do Código de Processo Penal e quando corroborado por outras provas colhidas na fase judicial*, sob o crivo do contraditório e da ampla defesa, continua sendo admitido pela jurisprudência como *apto* para identificar o réu e fixar a autoria delitiva:

---

de Processo Penal consubstanciam-se em recomendações legais e não em exigências, não sendo causa de nulidade, notadamente se o reconhecimento foi realizado pelas vítimas e testemunhas em juízo, sob o crivo do contraditório, e amparado por outros elementos de prova, conforme ocorrido *in casu* (...)" (AgRg no REsp 1.243.675/SP, 5ª T, rel. Min. Reynaldo Soares da Fonseca, J. 23/08/2016). "(...) 2. Segundo o entendimento do Superior Tribunal de Justiça, o desrespeito às balizas do artigo 226 do Código de Processo Penal, concernentes ao reconhecimento pessoal, acarretam o enfraquecimento da força probante da providência, mas não a sua invalidação" (STJ, AgRg no REsp 1.188.405/PR, 6ª T, rel. Min. Nefi Cordeiro, J. 04/08/2015).

21. No mesmo sentido: STF, RHC 206.846/SP, 2ª T, J. 22/02/2022.
22. No mesmo sentido: STJ, AgRg no HC 791.033/SP, 5ª T, J. 21/03/2023; STJ, AgRG no AREsp 2.123.372/SE, 6ª T, J. 07/02/2023; STJ, AgRG no AgRG no HC 721.963/SP, 6ª T, J. 19/04/2022.

Agravo regimental no habeas corpus. Roubo majorado. Reconhecimento pessoal e fotográfico. Observância do procedimento previsto no art. 226 do CPP. Reconhecimento ratificado em juízo e corroborado por outras provas. Prisão preventiva. Fundamentação concreta. Modus operandi. Negativa de autoria. Decisão mantida. Agravo improvido.

1. Hipótese em que a prisão preventiva apresenta fundamentação idônea evidenciada no *modus operandi*, uma vez que o delito foi praticado mediante concurso de pessoas com emprego de arma de fogo contra motorista de aplicativo.

2. "A jurisprudência desta Corte é firme no sentido de que *é possível a utilização das provas colhidas durante a fase inquisitiva – reconhecimento fotográfico – para embasar a condenação, desde que corroboradas por outras provas colhidas em Juízo* – depoimentos e apreensão de parte do produto do roubo na residência do réu, nos termos do art. 155 do Código de Processo Penal" (AgRg no HC 633.659/SP, Rel. Ministro Nefi Cordeiro, Sexta Turma, julgado em 02/03/2021, DJe 05/03/2021).

3. Tendo o Tribunal de origem concluído pela existência de provas da prática do delito de roubo pelo recorrente, utilizando-se não apenas do reconhecimento fotográfico, mas também de outras circunstâncias obtidas em juízo, desconstituir tal premissa para acolher a tese de absolvição demandaria o revolvimento fático-probatório.

4. Agravo regimental improvido (STJ, AgRg no RHC 150.106/RJ, 6ª T, J. 07/12/2021).

Processo penal. Agravo regimental no habeas corpus. Roubo. Nulidade. *Reconhecimento fotográfico. Autoria corroborada por outras provas*. Agravo regimental desprovido.

1. "*O reconhecimento de pessoa, presencialmente ou por fotografia, realizado na fase do inquérito policial, apenas é apto, para identificar o réu e fixar a autoria delitiva, quando observadas as formalidades previstas no art. 226 do Código de Processo Penal e quando corroborado por outras provas colhidas na fase judicial*, sob o crivo do contraditório e da ampla defesa" (HC n. 598.886/SC, relator Ministro Rogerio Schietti Cruz, Sexta Turma, julgado em 27/10/2020, DJe 18/12/2020).

2. Na hipótese em análise, o *reconhecimento fotográfico do acusado em nível policial foi ratificado em juízo pela vítima de forma precisa, observando-se o contraditório e a ampla defesa*. Precedentes.

3. Agravo regimental desprovido. (STJ, AgRg no HC 664.416/SC, 6ª T, J. 23/11/2021).

Quanto ao reconhecimento fotográfico, há também um *distinguishing* importante trazido pelo STJ, consistente na situação em que a vítima conhece o autor do fato, hipótese em que, ainda que não tenha sido observado o procedimento do art. 226 do CPP, inexiste risco de um reconhecimento falho:

Recurso especial. Roubo majorado. Reconhecimento pessoal. Obrigatoriedade da observância do procedimento previsto no art. 226 do CPP. Nova orientação jurisprudencial desta corte superior. *Distinguishing*. Ausência de nulidade do reconhecimento pessoal. Absolvição. Reversão do julgado. Impossibilidade. Súmula 7/STJ.

1. No julgamento do HC 598.886/SC, da relatoria do Min. Rogério Schietti Cruz, decidiu a Sexta Turma, revendo anterior interpretação, no sentido de que se "determine, doravante, a *invalidade de qualquer reconhecimento formal – pessoal ou fotográfico – que não siga estritamente o que determina o art. 226 do CPP*, sob pena de continuar-se a gerar uma instabilidade e insegurança de sentenças judiciais que, sob o pretexto de que outras provas produzidas em apoio a tal ato – todas, porém, derivadas de um reconhecimento desconforme ao modelo normativo – autorizariam a condenação, potencializando, assim, o concreto risco de graves erros judiciários".

2. Apesar do reconhecimento fotográfico na fase inquisitorial não ter observado o procedimento legal, o presente caso enseja *distinguishing* quanto ao acórdão paradigma da nova orientação jurisprudencial, tendo em vista que *a vítima relatou, nas fases inquisitorial e judicial, conhecer o réu pelo apelido de "boneco", bem como o pai do acusado, por serem vizinhos, o que não denota riscos de um reconhecimento falho*.

3. Nos termos da jurisprudência desta Corte, nos crimes contra o patrimônio, a palavra da vítima possui especial relevo, tendo em vista sobretudo o modus operandi empregado na prática do delito, cometido na clandestinidade, sendo que a reversão das premissas fáticas do julgado, para fins de absolvição, demandaria o revolvimento do conjunto fático-probatório, inadmissível a teor da Súmula 7/STJ.

4. Recurso especial improvido (STJ, Resp 1.969.032/RS, 6ª T, J. 17/05/2022, Dje 20/05/2022 – Informativo 739).

Para fins de reconhecimento, poderá ser feita a condução coercitiva do suspeito, investigado, indiciado, acusado ou réu, pois se trata de ato que não pode ser realizado sem ele e em que a sua participação será meramente passiva. Nesse sentido:

O comparecimento do réu aos atos processuais, em princípio, é um direito e não um dever, sem embargo da possibilidade de sua condução coercitiva, caso necessário, por exemplo, para audiência de reconhecimento. Nem mesmo ao interrogatório estará obrigado a comparecer, mesmo porque as respostas às perguntas formuladas ficam ao seu alvedrio (STF, HC 151.395/MG, Rel. Min. Gilmar Mendes, J. 08/03/2018).

(...) Induvidoso, portanto, que o reconhecimento inicial realizado afeta todos os subsequentes, de modo a reforçar ainda mais a importância de que ele seja feito mediante um procedimento que assegure a lisura do ato, em especial quando se tem a compreensão de que o *reconhecimento de pessoas é considerado como uma prova cognitivamente irrepetível* (STJ, HC 712.781/RJ, 6ª T, J. 15/03/2022).

Agravo regimental no habeas corpus. Roubo. Condenação baseada exclusivamente em reconhecimento fotográfico com confirmação em juízo. Flagrante ilegalidade reconhecida. Agravo regimental desprovido. 1. Segundo o entendimento atual desta Corte, "o reconhecimento de pessoa, presencialmente ou por fotografia, realizado na fase do inquérito policial, apenas é apto para identificar o réu e fixar a autoria delitiva quando observadas as formalidades previstas no art. 226 do Código de Processo Penal e quando corroborado por outras provas colhidas na fase judicial, sob o crivo do contraditório e da ampla defesa" (HC 652.284/SC, relator Ministro Reynaldo Soares da Fonseca, Quinta Turma, julgado em 27/4/2021, DJe 3/5/2021). 2. A despeito da desconformidade do procedimento adotado pelo artigo 226 do Código de Processo Penal, reputa-se possível o estabelecimento de édito condenatório desde que baseado em provas independentes, capazes de superar o estado de inocência do acusado. 3. À luz da mais recente orientação do Conselho Nacional de Justiça, na esteira das decisões judiciais deste Superior Tribunal de Justiça, a ratificação em juízo do reconhecimento realizado em sede policial não pode ser considerada uma prova independente, pois *reconhecimento é uma prova irrepetível: "O reconhecimento de pessoas, por sua natureza, consiste em prova irrepetível, realizada uma única vez, consideradas as necessidades da investigação e da instrução processual, bem como os direitos à ampla defesa e ao contraditório"* (art. 2º, § 1º, da Resolução 484/2022 do Conselho Nacional de Justiça, aprovada pelo Plenário na 361ª Sessão Ordinária do CNJ, em 6/12/2022, fruto do Relatório Final do Grupo de Trabalho sobre Reconhecimento de Pessoas). 4. Reputa-se extremamente frágil a condenação amparada exclusivamente no reconhecimento realizado pela vítima em sede policial, sobretudo quando observado que, no primeiro momento, a vítima não identificou o autor do delito e, quinze dias depois, atendendo ao chamado do Delegado de Polícia, compareceu à delegacia e realizou novo reconhecimento fotográfico, desta vez reconhecendo o acusado em um "álbum de suspeitos". 5. Agravo regimental desprovido. (STJ, AgRg no HC 822.696/RJ, 5ª T, J. 18/09/2023).

(...) 6. O reconhecimento inicial afeta todos os subsequentes, haja vista que, conforme se assentou no julgamento do HC n. 712.781/RJ, *o reconhecimento de pessoas é considerado como uma prova cognitivamente irrepetível*. O fato de a vítima haver afirmado que não foi influenciada pela imagem do réu não basta para afastar a provável existência de tal interferência inconsciente. (...) (STJ, AgRg no HC 682.238/DF, 6ª T, J. 11/09/2023).

(...) 4. No caso, depreende-se dos autos a seguinte dinâmica fática. Em 15/5/2019, as vítimas sofreram uma tentativa de roubo no restaurante que possuem. Em 24/5/2019, a vítima Solange efetuou o reconhecimento fotográfico dos dois suspeitos. Decretada a prisão temporária do paciente, ele foi reconhecido pessoalmente pela ofendida na delegacia em 14/8/2019. Depois, em 12/1/2021, em juízo, o ato foi repetido, oportunidade em que o paciente foi novamente reconhecido, mas o corréu não. Cabe salientar, entretanto, que, além de os reconhecimentos não haverem sido corroborados por nenhuma outra prova, o ofendido Altair afirmou em seu depoimento que, dias depois do crime, os policiais compareceram ao estabelecimento e mostraram imagens do acusado às vítimas, a evidenciar possível sugestionamento na identificação posteriormente formalizada na delegacia 5. *Não obstante o ato de reconhecimento irregular haja sido repetido pessoalmente em juízo, a repetição do ato não convalida os vícios pretéritos. Isso porque não há dúvidas de que o reconhecimento inicial, que foi realizado em desconformidade com o disposto no art. 226 do CPP, afeta todos os subsequentes, haja vista que, conforme se assentou no julgamento do HC n. 712.781/RJ, o reconhecimento de pessoas é considerado como uma prova cognitivamente irrepetível.* 6. Uma vez que o reconhecimento do agravado é nulo, visto que foi realizado em desconformidade com o disposto no art. 226 do CPP, deve ser proclamada a sua absolvição, ante a inexistência de qualquer outra prova independente e idônea a formar o convencimento judicial sobre a autoria do crime de roubo que lhe foi imputado. 7. Agravo regimental não provido. (STJ, AgRg no AREsp 2.137.848/SP, 6ª T, J. 22/08/2023).

Portanto, segundo o STJ, a inobservância do procedimento descrito no art. 226 do CPP torna inválido o reconhecimento da pessoa suspeita, de modo que tal elemento não poderá fundamentar eventual condenação ou decretação de prisão cautelar, mesmo se refeito e confirmado em Juízo. Assim, ainda que o ato de reconhecimento irregular seja repetido pessoalmente em juízo, a repetição do ato não convalidará os vícios pretéritos, uma vez que, conforme jurisprudência dominante do STJ, "não há dúvidas de que o reconhecimento inicial, que foi realizado em desconformidade com o disposto no art. 226 do CPP, afeta todos os subsequentes, haja vista que, conforme se assentou no julgamento do HC n. 712.781/RJ, o reconhecimento de pessoas é considerado como uma prova cognitivamente irrepetível." (STJ, AgRg no HC 801.450/SP, 6ª T, J. 9/4/2025).

Quando se tratar de reconhecimento de coisas (objetos), devem ser observadas, no que couber, as formalidades estabelecidas no art. 226 do CPP (descrição da coisa a ser reconhecida; exibição da coisa a ser reconhecida à pessoa que tiver de fazer o reconhecimento; lavratura de auto pormenorizado).

Na hipótese de haver mais de uma pessoa chamada para fazer o reconhecimento de pessoas ou coisas, cada uma fará a prova em separado, evitando-se qualquer comunicação entre elas (art. 228, CPP).

6.9 ACAREAÇÃO

A *acareação* é um meio de esclarecimento dos fatos e será admitida sempre que acusados, testemunhas e ofendidos divergirem, em suas declarações, sobre fatos ou circunstâncias relevantes (art. 229, CPP), podendo ser realizada:

1. Entre acusados;
2. Entre acusados e testemunhas;
3. Entre testemunhas;
4. Entre acusados ou testemunhas e as pessoas ofendidas;
5. Entre as pessoas ofendidas.

As pessoas acareadas serão reperguntadas, para que expliquem os pontos divergentes, reduzindo-se a termo o ato de acareação (art. 229, parágrafo único, CPP).

6.10 DOCUMENTOS

No que tange aos *documentos*, ressalvadas as vedações expressas em lei, tais como a do art. 479 do CPP, as partes poderão apresentar documentos em qualquer fase do processo (art. 231, CPP). Nesse sentido:

> 1. A questão gira em torno da juntada de documentos pelo órgão da acusação após o início da ação penal, mas ainda na fase de instrução.
>
> 2. Hipótese em que: a) o Ministério Público apresentou vasto material probatório após o oferecimento da denúncia, mas ainda na fase de instrução; b) a defesa não foi tolhida do acesso a todo este material; e c) a defesa permaneceu inerte quando lhe oportunizado o requerimento de diligências da fase prevista no art. 402 do Código de Processo Penal. Tais circunstâncias, aliadas, demonstram que inexiste o prejuízo alegado no recurso ordinário.
>
> 3. Segundo o art. 231 do Código de Processo Penal, salvo os casos expressos em lei, as partes poderão apresentar documentos em qualquer fase do processo. A lei não faz referência à necessidade de que documentos juntados após o início da instrução criminal sejam novos. Ademais, *a juntada dos documentos durante a instrução processual, antes da abertura de prazo para as alegações finais, permite aos acusados o exercício do contraditório e da ampla defesa*, afastando-se, por conseguinte, o alegado prejuízo. Precedentes.
>
> 4. Agravo regimental improvido. (STJ, AgRg no RHC 104.595/PR, 6º T, J. 13/05/2024).

Foram originariamente considerados documentos pelo CPP *quaisquer escritos, instrumentos ou papéis, públicos ou particulares*, dando-se à fotografia do documento, devidamente autenticada, o mesmo valor do original (art. 232, CPP).

Com a evolução tecnológica, "há que se emprestar uma interpretação mais ampla ao conceito de documento, de modo a considerar como tal: todo material, produto de uma atividade humana, que contenha algum tipo de manifestação intelectual (palavras, imagens, sons etc.)".[23]

6.11 BUSCA E APREENSÃO

A *busca e apreensão*, que poderá ser domiciliar ou pessoal, é um importante meio de obtenção de prova (art. 240, CPP). Conceitualmente, "busca consiste na procura, no varejamento, de pessoas e coisas. Já a apreensão consiste na retenção da coisa ou pessoa".[24]

A busca e apreensão domiciliar pode ser realizada:

1. Durante o dia e mediante ordem judicial;

---
23. MARCÃO, Renato, 2021, p. 258.
24. DEZEM, Guilherme Madeira, 2018, p. 404.

2. A qualquer hora do dia ou da noite, independentemente de autorização judicial, se houver autorização de quem de direito (proprietário, morador, inquilino etc.);

3. A qualquer hora do dia ou da noite, em situação de flagrante delito.

Quanto ao conceito de dia, segundo o critério cronológico, por dia compreende-se o período entre as 6 horas e as 18 horas. Assim, não há dúvida quanto à licitude do cumprimento de um mandado de busca e apreensão entre as 6 horas e as 18 horas, independentemente de haver ou não luz solar.

Por outro lado, segundo o critério físico-astronômico, por dia compreende-se o período em que há luz solar, ou seja, entre a aurora e o crepúsculo, entre o amanhecer e o anoitecer. Tal critério é importante em um país continental como o nosso, no qual há realidades diferentes, com regiões onde o amanhecer acontece mais cedo e outras onde o anoitecer chega mais tarde.

Assim, com base no critério físico-astronômico, também será lícito o cumprimento de um mandado de busca e apreensão a partir do momento em que o dia clarear, ainda que isso ocorra antes das 6 horas, até enquanto não tiver anoitecido, ainda que já se tenha passado das 18 horas.

No entanto, com o advento da Lei nº 13.869/2019 (nova Lei de Abuso de Autoridade), a discussão sobre o conceito de dia ganhou novos contornos diante do teor do art. 22, inciso III, da referida lei, segundo o qual pratica crime de abuso de autoridade quem cumpre mandado de busca e apreensão domiciliar após as 21h (vinte e uma horas) ou antes das 5h (cinco horas).

Com base em tal dispositivo, parte da doutrina passou a sustentar que as ordens judiciais de busca e apreensão domiciliar podem ser cumpridas entre as 05 horas e as 21 horas, independentemente de haver ou não luz solar, por se tratar de questão tratada pela lei e que não viola o núcleo essencial do dispositivo constitucional (Art. 5º, XI, CF/88).[25]

Em que pese a relevância de tal posicionamento e a solidez da argumentação, enquanto a questão não restar pacificada no Superior Tribunal de Justiça e no Supremo Tribunal Federal, para fins de evitar futuros reconhecimentos de nulidades e, por consequência, a invalidação de provas, o melhor, pelo momento, é observar os critérios cronológico e físico-astronômico, conjugadamente.[26]

Confirmando nosso entendimento quanto à necessidade de cautela em relação a tal posicionamento, a 6ª turma do STJ, ao analisar a possibilidade de busca e apreensão em residência antes do amanhecer, invalidou, por maioria, diligência ocorrida em domicílio às 5h30 da manhã, ao argumento de que o limite de horário trazido pela lei de

---

25. LIMA, Renato Brasileiro de, 2021, p. 674. No mesmo sentido: NUCCI, Guilherme de Souza. *Manual de Processo Penal*. Disponível em: Minha Biblioteca, (2ª ed.). Grupo GEN, 2021. p. 343.
26. A conjugação do critério cronológico com o critério físico-astronômico foi proposta, dentre outros, por LENZA, Pedro, 2020, p. 1236.

abuso de autoridade para incursão em residência, das 21h às 5h, não afasta a ilegalidade da incursão em outros horários, anteriores ao amanhecer (STJ, RHC 168.319/SP, 6ª T, J. 15/12/2023).[27]

Segundo a Corte, "mesmo que realizada a diligência depois das 5h e antes das 21h, continua sendo ilegal e sujeito à sanção de nulidade cumprir mandado de busca e apreensão domiciliar se for noite, embora não configure o crime de abuso de autoridade previsto no art. 22, III, da Lei n. 13.869/2019."

Há ainda quem sustente,[28] com base na aplicação analógica do art. 212 do Código de Processo Civil,[29] que a busca domiciliar deve ser realizada entre as 06 horas e as 20 horas, entendimento este que não merece prosperar, uma vez que tal dispositivo, ao se referir aos atos processuais, não tem aplicabilidade ao meio de obtenção de prova denominado busca domiciliar. Além disso, a busca domiciliar não se limita apenas aos dias úteis, como estabelece o art. 212 do Código de Processo Civil em relação aos atos processuais.

A Constituição Federal exige que o cumprimento do mandado de busca e apreensão ocorra *durante o dia* (Art. 5º, XI, CF/88), independentemente de ser dia útil ou não. Logo, nada obsta o cumprimento de um mandado de busca e apreensão durante os finais de semana, feriados etc., desde que isso seja feito durante o dia.

Nada impede, também, que uma busca perdure por toda a noite, desde que a diligência tenha sido iniciada durante o dia e *a permanência no local seja absolutamente necessária*, tal como pode ocorrer, por exemplo, quando uma equipe policial precisar de muitas horas para concluir a arrecadação de centenas ou milhares de coisas ilícitas encontradas em um determinado local que foi alvo do cumprimento de um mandado de busca e apreensão.

Vale lembrar que, para a configuração do crime de abuso de autoridade previsto no supracitado art. 22, inciso III, da Lei nº 13.869/2019, deve estar presente o elemento subjetivo específico do tipo, previsto no art. 1º, § 1º, da mesma lei, ou seja, a conduta somente constituirá crime de abuso de autoridade quando praticada pelo agente com *a finalidade específica de prejudicar outrem ou beneficiar a si mesmo ou a terceiro, ou, ainda, por mero capricho ou satisfação pessoal.*

Segundo o art. 243, incisos I, II e III, do CPP, o mandado de busca domiciliar deverá: indicar, o mais precisamente possível, a casa em que será realizada a diligência e o nome do respectivo proprietário ou morador; mencionar o motivo e os fins da diligência; ser subscrito pelo escrivão e assinado pela autoridade que o fizer expedir.

---

27. Disponível em: <https://www.migalhas.com.br/quentes/398519/stj-e-invalida-busca-e-apreensao-em-domicilio-as-5-da-manha>. Acesso em: 18 maio 2024.
28. Dentre outros: LOPES JUNIOR, Aury Celso Lima, 2021, p. 228; MARCÃO, Renato, 2021, p. 268.
29. CPC, Art. 212. Os atos processuais serão realizados em dias úteis, das 6 (seis) às 20 (vinte) horas.

Não obstante, é firme a jurisprudência do STJ no sentido de que "não causa nulidade a ocorrência de *inequívoco erro material na indicação do endereço* alvo da medida cautelar, na decisão judicial que defere representação por busca e apreensão, *se a diligência for realizada no endereço correto dos investigados*" (STJ, RHC 84.520/PA, 5ª T, rel. Min. Felix Fischer, J. 20/06/2017).

Além disso, o STJ reconhece o instituto da adesividade do mandado de busca e apreensão, para conferir maior abrangência à determinação judicial, autorizando a busca e apreensão em caráter itinerante, em caso de mudança, atualização de endereço ou outra situação justificável pela autoridade policial:

> Penal e processo penal. Agravo regimental no recurso em habeas corpus. 1. Operação Zayn. Organização criminosa interestadual. Furto qualificado. Roubo majorado. Falsificação de documentos. Adulteração de sinal identificador de veículos. Mandado de busca e apreensão itinerante. Excepcionalidade fundamentada. Ausência de ilegalidade. 2. Ofensa ao princípio acusatório. Não verificação. Manifestação favorável do MP. 3. Cumprimento do mandado após mais de 1 ano. Ausência de prazo legal. Particularidades que justificam a demora. 4. Ofensa ao sigilo profissional. Supressão de instância. 5. Agravo regimental a que se nega provimento.
>
> 1. O caráter itinerante excepcionalmente conferido ao mandado de busca e apreensão deferido contra o recorrente encontra-se, na presente hipótese, devidamente fundamentado, em elementos concretos e legítimos, motivo pelo qual não é possível considerar ilícita mencionada decisão. A hipótese dos autos não revela ordem judicial genérica e indiscriminada, porquanto indicado objetivo certo e pessoa determinada, além da especificidade de o recorrente ser o líder de organização criminosa que pratica crimes em diversos estados da federação.
>
> – Nesse contexto, não se tratando de ordem judicial genérica e indiscriminada, e estando devidamente fundamentada em especificidades do caso concreto, não há se falar em nulidade da decisão que deferiu a busca e apreensão contra o recorrente, de forma itinerante. Conforme destacado pelo Ministério Público Federal, "a ordem judicial autorizava o cumprimento da busca e apreensão em local diverso do inicialmente indicado, com vistas a garantir o êxito das investigações, inexistindo, portanto, qualquer ilegalidade no ato".
>
> – As circunstâncias fáticas indicadas nos autos, as quais se mostraram adequadas ao deferimento da medida de busca e apreensão itinerante, seriam aptas a ensejar inclusive a restrição da própria liberdade do paciente, que é medida muito mais gravosa. Dessa forma, não há se falar em ilegalidade da busca e apreensão, da forma como deferida, porquanto concretamente fundamentada.
>
> 2. Não há se falar em ofensa ao princípio acusatório em virtude de o Ministério Público não ter se manifestado especificamente sobre o caráter itinerante atribuído à busca e apreensão, uma vez que se trata de efeito efetivamente pleiteado pela autoridade policial, tendo o órgão acusador se manifestado previamente sem indicar qualquer contrariedade.
>
> 3. No que diz respeito ao fato de a medida de busca e apreensão ter sido cumprida após mais de 1 ano do seu deferimento, tem-se que, além de a disciplina legal não prever a necessidade de estipulação de prazo para cumprimento do mandado de busca e apreensão, o contexto fático indica particularidades que justificam certa demora na realização das diligências, em especial diante da documentação falsa utilizada pelo recorrente, e por se tratarem de fatos "excepcionais, amplos e dotados de gravidade", que envolvem prejuízo que "ultrapassa cem milhões de reais".
>
> 4. Quanto ao fato de a medida de busca e apreensão ter sido cumprida no endereço de sua antiga advogada, com violação do sigilo profissional, verifico que as instâncias ordinárias nada mencionaram a respeito, motivo pelo qual não é possível conhecer do *writ*, sob pena de indevida supressão de instância.
>
> – Ademais, consta da própria petição recursal que o recorrente foi efetivamente localizado no referido endereço e que foi oficiada a Ordem do Advogados do Brasil para acompanhar a diligência, não sendo

possível afirmar, aprioristicamente, se tratar de busca realizada de forma aleatória ou arbitrária. No mais, a pasta apreendida no local continha os documentos listados às e-STJ fls. 971/975, os quais guardam estreita relação com os fatos investigados.

– "A proteção do art. 7º, II e § 6º, da Lei nº 8.906/94 deve ser entendida em favor da atividade da advocacia e do sigilo na relação com o cliente, não podendo ser interpretada como obstáculo à investigação de crimes pessoais, e que não dizem respeito à atividade profissional desenvolvida. Precedentes". (AgRg no RHC n. 161.536/MG, Relator Ministro OLINDO MENEZES (Desembargador Convocado do TRF 1ª Região), Sexta Turma, julgado em 18/10/2022, DJe de 21/10/2022.)

5. Agravo regimental a que se nega provimento. (STJ, HC 177.168/GO, 5ª T, J. 13/11/2023).

Embora o art. 243, inciso II, do CPP estabeleça que o mandado de busca e apreensão deverá mencionar o motivo e os fins da diligência, é admitido o encontro fortuito de provas (serendipidade), sendo válidas as provas casualmente encontradas pelos policiais, ainda que relativas a infração penal até então desconhecida e que inexista conexão ou continência, desde que não haja desvio de finalidade na execução das diligências das quais se originaram os elementos probatórios:

Agravo regimental no habeas corpus substitutivo de recurso próprio. Crime de tráfico de drogas. Nulidade no cumprimento da busca e apreensão domiciliar. Não ocorrência. Encontro fortuito de provas (serendipidade). Ausência de desvio de finalidade. Investigação que apurava suposto crime de homicídio perpetrado no âmbito da disputa por ponto de venda entre facções criminosas. Possível existência de materiais ilícitos no interior da casa devidamente identificada. Paciente que se apresentou como morador da residência, na qual as drogas foram encontradas. Prisão em flagrante idônea. Dosimetria. Incidência da causa especial de diminuição de pena prevista no § 4º do art. 33 DA Lei n. 11.343/2006. Não acolhimento. Dedicação a atividades criminosas evidenciada. Ausência de flagrante constrangimento ilegal. Agravo regimental a que se nega provimento.

1. Como é de conhecimento, o encontro fortuito de provas (serendipidade) é admitido pela jurisprudência desta Corte Superior, considerando-se, portanto, válidas as provas encontradas casualmente pelos agentes policiais, relativas à infração penal até então desconhecida, por ocasião do cumprimento de medidas de investigação de outro delito regularmente autorizadas, ainda que inexista conexão ou continência com o crime supervenientemente encontrado, desde que não haja desvio de finalidade na execução das diligências das quais se originaram os elementos probatórios.

Ademais, anote-se que o cumprimento do mandado de busca e apreensão autoriza a abertura de gavetas, não sendo necessário que a descoberta fortuita se dê pela teoria da visão aberta.

2. Na hipótese, a partir da análise do contexto fático delineado no acórdão de apelação, verifica-se que, embora a medida invasiva tenha sido autorizada judicialmente no curso de investigação relativa a delito diverso (homicídio perpetrado em contexto da narcotraficância, em disputa entre facções criminosas), os policiais civis encontraram fortuitamente as provas referentes ao delito de tráfico de drogas. Por ocasião do cumprimento da diligência, o paciente se apresentou como morador da residência. Assim, de posse da ordem judicial, foram efetuadas buscas no local, momento em que visualizaram os entorpecentes. Nesse panorama, não obstante a irresignação defensiva, os policiais civis, uma vez munidos de mandado que determinava o ingresso na residência em questão, não poderiam apenas optar por deixar de cumpri-lo em razão da mera alegação de que o acusado - investigado pela prática de homicídio qualificado - não mais residia no local. Conforme bem apontado pelo Juízo sentenciante, se fosse assim, todo cumprimento de mandado ficaria frustrado caso um familiar ou pessoa relacionada ao alvo da operação prestasse informações sobre ulteriores alterações - verídicas ou não - do seu domicílio. Nesse viés, os policiais precisavam, de fato, adentrar no domicílio ao menos para constatar se o investigado não estava escondido em seu interior. Portanto, não há se falar em desvio de finalidade no cumprimento do mandado judicial, mas, sim, em descoberta eventual de provas, não se verificando irregularidade na referida diligência.

3. O Tribunal de origem manteve o afastamento da causa especial de diminuição de pena prevista no art. 33, § 4º, da Lei n. 11.343/2006 ante a demonstração da dedicação do paciente a atividades criminosas, em especial após análise, em conjunto com o caderno probatório dos autos, das mensagens extraídas do seu telefone celular no sentido de que ele vendia entorpecentes para diversas pessoas, em múltiplas datas, por mais de um mês, o que obsta a incidência da minorante do tráfico privilegiado. A modificação desse entendimento demandaria o exame aprofundado de provas, o que é vedado na estreita via do habeas corpus, ação constitucional de rito célere e de cognição sumária.

4. Agravo regimental a que se nega provimento. (STJ, AgRg no HC 933.264/SC, 5ª T, J. 16/09/2024).

Sobre a possibilidade de realização de busca e apreensão domiciliar, sem autorização judicial, em caso de flagrante delito, o STF fixou orientação no sentido de que "a entrada forçada em domicílio sem mandado judicial só é lícita, mesmo em período noturno, quando amparada em fundadas razões, devidamente justificadas *a posteriori*, que indiquem que dentro da casa ocorre situação de flagrante delito, sob pena de responsabilidade disciplinar, civil e penal do agente ou da autoridade e de nulidade dos atos praticados" (STF, RE 603.616/RO, Tribunal Pleno, *J*. 05/11/2015).

Na esteira da decisão acima, o STJ proferiu julgado entendendo que "ao menos que se possa inferir, de fatores outros que não a mera fuga ante a iminente abordagem policial, que o evasor esteja praticando crime de tráfico de drogas, ou outro de caráter permanente, no interior da residência onde se homiziou, não haverá razão séria para a mitigação da inviolabilidade do domicílio, ainda que haja posterior descoberta e apreensão de drogas no interior da residência – circunstância que se mostrará meramente acidental –, sob pena de esvaziar-se essa franquia constitucional da mais alta importância" (STJ, REsp 1.574.681/RS, 6ª T, *J*. 20/04/2017).[30]

Contudo, o STF, no RE nº 1.447.374/MS, em decisão monocrática do Ministro Alexandre de Moraes, proferida em 30/08/2023, anulou decisão do STJ que exigia a feitura de diligências prévias pela Polícia para a realização de busca e apreensão domiciliar em situação flagrancial noticiada por terceiros. Para Moraes, o STJ inovou em matéria constitucional e desrespeitou o entendimento do STF sobre o Tema 280 de Repercussão Geral:

---

30. Em decisão recente, assim decidiu o STJ: "Agravo regimental no habeas corpus. Violação de domicílio. Posse ilegal de arma de fogo. Crime permanente. Mandado de busca e apreensão. Prescindibilidade. Agravo regimental desprovido. 1. Hipótese em que os policiais civis, dando cumprimento ao mandado de busca e apreensão expedido em procedimento investigatório (Operação Calibres), se depararam com um sobrado com duas escadas externas, sem nenhuma indicação sobre a numeração das casas, razão pela qual a equipe se dividiu e ingressou em ambos os imóveis. 2. Embora a diligência tenha sido realizada em aparente extrapolação dos limites da ordem judicial, para alcançar também a outra casa, "em se tratando de crimes de natureza permanente, como é o caso do tráfico de entorpecentes e de posse irregular e posse ilegal de arma de fogo, mostra-se prescindível o mandado de busca e apreensão para que os policiais adentrem o domicílio de quem esteja em situação de flagrante delito, não havendo que se falar em eventuais ilegalidades relativas ao cumprimento da medida" (AgRg no RHC n. 144.098/RS, relator Ministro Jesuíno Rissato (Desembargador Convocado do TJDFT), Quinta Turma, julgado em 17/8/2021, DJe de 24/8/2021). 3. Contexto fático que evidenciou, de maneira suficiente, a ocorrência de crime permanente e a existência de situação de flagrância apta a mitigar a garantia constitucional da inviolabilidade de domicílio e permitir o ingresso dos policiais em endereço diverso daquele contido na ordem judicial. 4. Agravo regimental desprovido" (STJ, AgRg no HC 768.624/SP, 5ª T, *J*. 06/03/2023).

(...)

Na presente hipótese, o Tribunal da Cidadania extrapolou sua competência jurisdicional, pois sua decisão, não só desrespeitou os requisitos constitucionais previstos no inciso XI, do artigo 5º da Constituição Federal, restringindo as exceções à inviolabilidade domiciliar, como também, *inovando em matéria constitucional*, criou uma nova exigência – *diligência investigatória prévia* – para a plena efetividade dessa garantia individual, desrespeitando o decidido por essa Suprema Corte no *Tema 280 de Repercussão Geral*.

Em que pese a boa vontade em defesa dos direitos e garantias fundamentais, o Superior Tribunal de Justiça inovou no exercício de sua função jurisdicional acrescentando ao inciso XI, do artigo 5º da Constituição Federal um requisito não previsto pelo legislador constituinte originário.

(...)

No caso concreto, conforme narrado, a existência de justa causa para o ingresso no domicílio ocorreu após os policiais receberem denúncia anônima de que um indivíduo estaria traficando drogas e, ao dirigirem-se ao local apontado, abordaram um suspeito que, após avistar a viatura policial, evadiu-se do local empreendendo fuga para o interior do imóvel. Na ocasião, após o ingresso no imóvel, foi encontrada grande quantidade de drogas (mais de 89 Kg de maconha).

(...)

No mesmo sentido, ao julgar o Habeas Corpus 169.788/SP, em 04/03/2024, o Pleno do STF, por maioria, considerou lícita a busca residencial realizada, nos termos do Voto-Vista do Ministro Alexandre de Moraes, em cuja página 12 encontra-se a seguinte motivação:

(...) No caso concreto, conforme narrado, o ingresso dos agentes de segurança pública no domicílio foi devidamente justificado, tendo em vista que o paciente, ao visualizar a viatura policial, saiu correndo em atitude suspeita para o interior de sua residência.

Desse modo, não há, neste juízo, qualquer ilegalidade na ação dos policiais militares, pois as fundadas razões para a entrada dos policiais no domicílio foram justificadas neste início de persecução criminal, em correspondência com o entendimento da Corte no RE 603.616/RO, Rel. Min. Gilmar Mendes, Tribunal Pleno, DJe de 10/5/2016. (...) (Voto-Vista do Ministro Alexandre de Moraes, p. 12).

Também, no mesmo sentido:

(...) A atitude suspeita do acusado e a fuga para o interior de sua residência ao perceber a presença dos policiais, que se deslocaram até a região após o recebimento de denúncia anônima acerca da prática delituosa, evidenciam a existência de justa causa para o ingresso domiciliar, que resultou na apreensão de "um revólver, marca Rossi, calibre 38, com numeração suprimida, e duas munições calibre 38 intactos" (...) (STF, RE 1.459.386 AgR/RS, 1ª T, J. 25/03/2024).

(...) Na hipótese, a Corte de origem desconsiderou a existência de denúncia anônima, a quantidade de drogas apreendidas na posse do investigado e o avistamento, pelos policiais, de drogas no interior da residência. Nessas circunstâncias, esta Suprema Corte tem entendido que estão presentes fundadas razões, devidamente justificadas *a posteriori*, que indicam que dentro da casa ocorria situação de flagrante delito. Precedentes. (...) (STF, AgRG no RE nº 1.447.080/RS, 1ª T, Sessão Virtual de 26/04/2024 a 06/05/2024).

(...) Na hipótese, a Corte de origem desconsiderou a fuga do investigado ao avistar os agentes policiais. Nessas circunstâncias, esta Suprema Corte tem entendido que estão presentes fundadas razões, devidamente justificadas *a posteriori*, que indicam que dentro da casa ocorria situação de flagrante delito. Precedentes. (...) (STF, AgRG no RE nº 1.447.090/RS, 1ª T, Sessão Virtual de 03/05/2024 a 10/05/2024).

(...) 4. A jurisprudência do Supremo Tribunal Federal reconhece como legítimas a busca pessoal e a entrada forçada em domicílio sem mandado judicial, desde que amparada em fundadas razões devidamente justificadas a posteriori. 5. No caso, o acórdão recorrido divergiu da orientação consolidada no Tema n.

280, desconsiderando elementos que indicavam a presença de justa causa, como a denúncia qualificada e a conduta suspeita do réu ao adentrar apressadamente o imóvel ao avistar a polícia. 6. Não há necessidade de revolvimento fático-probatório, considerando o caráter incontroverso dos fatos delineados no acórdão recorrido. IV. DISPOSITIVO 7. Agravo interno provido. Recurso extraordinário provido para cassar o acórdão recorrido, reconhecendo a validade da busca pessoal e domiciliar. (STF, RE 1.513.778 AgR/RS, 2ª T, J. 06/11/2024).

Vale lembrar que foi anulada pelo STF a decisão do STJ que exigia o registro em áudio e vídeo da diligência de busca e apreensão, quando baseada em autorização do morador, inclusive com o estabelecimento do prazo de um ano para as Polícias se adaptarem (Vide STJ, HC 598.051/SP, 6ª T, J. 02/03/2021 e STF, RE 1.342.077, Min. Alexandre de Moraes, J. 02/12/2021).

Contudo, há entendimento do STJ no sentido de que, "havendo controvérsia entre as declarações dos policiais e do flagranteado, e inexistindo a comprovação de que a autorização do morador foi livre e sem vício de consentimento, impõe-se o reconhecimento da ilegalidade da busca domiciliar" (STJ, AgRg no HC 766.654/SP, 5ª T, J. 13/09/2022).

Há, ainda, posicionamento do STJ no sentido de que "a permissão para ingresso no domicílio, proferida em clima de estresse policial, não deve ser considerada espontânea, a menos que tenha sido por escrito e testemunhada, ou documentada em vídeo" (STJ, REsp 2.114.277/SP, 6ª T, J. 09/04/2024).

Importante registrar que se a busca e apreensão for realizada em escritório de advocacia,[31] deve-se observar o regramento imposto pelo art. 7º, §§ 6º, 6º-A a 6º-I e 7º, da Lei nº 8.906/1994.

6.12 BUSCA PESSOAL

A busca pessoal prescindirá de autorização judicial e poderá ser feita, em qualquer horário: (i) em caso de prisão; (ii) quando houver fundada suspeita de que alguém oculte consigo arma proibida, objetos ou papéis que constituam corpo de delito; e (iii) no curso de busca domiciliar, tudo conforme art. 244 do CPP.

Fora dessas hipóteses, para que se proceda à busca pessoal, deverá haver ordem judicial, cujo mandado deverá: indicar o nome da pessoa que terá de sofrê-la ou os sinais que a identifiquem; mencionar o motivo e os fins da diligência; ser subscrito pelo escrivão e assinado pela autoridade que o fizer expedir (art. 243, incisos I, II e III, do CPP).

---

31. (...) 8. PROVA. Criminal. Escuta ambiental e exploração de local. Captação de sinais óticos e acústicos. Escritório de advocacia. Ingresso da autoridade policial, no período noturno, para instalação de equipamento. Medidas autorizadas por decisão judicial. Invasão de domicílio. Não caracterização. Suspeita grave da prática de crime por advogado, no escritório, sob pretexto de exercício da profissão. Situação não acobertada pela inviolabilidade constitucional. Inteligência do art. 5º, X e XI, da CF, art. 150, § 4º, III, do CP, e art. 7º, II, da Lei nº 8.906/94. Preliminar rejeitada. Votos vencidos. Não opera a inviolabilidade do escritório de advocacia, quando o próprio advogado seja suspeito da prática de crime, sobretudo concebido e consumado no âmbito desse local de trabalho, sob pretexto de exercício da profissão. (...) (STF, ARE 1.211.108/SP, rel. Min. Cármen Lúcia, J. 12/06/2019). Vide, também: Informativo 529 do STF; e art. 8º-A, § 2º, da Lei nº 9.296/1996.

Por fundada suspeita "entende-se a convicção lastreada ao menos em algum elemento indiciário, mínimo que seja" (Marcão, 2023, p. 260) ou a exigência de "elementos concretos que indiquem a necessidade da revista" (Lopes Júnior, 2023, p. 247).

Segundo o STJ, deve haver fundada suspeita de que a pessoa esteja na posse de arma proibida ou de objetos ou papéis que constituam corpo de delito, não sendo suficiente meras denúncias anônimas ou intuições e impressões subjetivas, intangíveis e não demonstráveis clara e concretamente, como o tirocínio policial ou a classificação de determinada atitude ou aparência como suspeita ou de certa reação ou expressão corporal como nervosa, sendo que, a violação dessas regras e condições resulta na ilicitude das provas obtidas, bem como das delas decorrentes, sem prejuízo de eventual responsabilização penal do agente público que realizou a diligência:

> 1. Exige-se, em termos de *standard probatório para busca pessoal ou veicular sem mandado judicial, a existência de fundada suspeita (justa causa)* – baseada em um juízo de probabilidade, descrita com a maior precisão possível, aferida de modo objetivo e devidamente justificada pelos indícios e circunstâncias do caso concreto – *de que o indivíduo esteja na posse de drogas, armas ou de outros objetos ou papéis que constituam corpo de delito, evidenciando-se a urgência de se executar a diligência.*
>
> 2. Entretanto, a normativa constante do *art. 244 do CPP não se limita a exigir que a suspeita seja fundada. É preciso, também, que esteja relacionada à "posse de arma proibida ou de objetos ou papéis que constituam corpo de delito". Vale dizer, há uma necessária referibilidade da medida, vinculada à sua finalidade legal probatória, a fim de que não se converta em salvo-conduto para abordagens e revistas exploratórias (fishing expeditions), baseadas em suspeição genérica existente sobre indivíduos, atitudes ou situações, sem relação específica com a posse de arma proibida ou objeto (droga, por exemplo) que constitua corpo de delito de uma infração penal. O art. 244 do CPP não autoriza buscas pessoais praticadas como "rotina" ou "praxe" do policiamento ostensivo, com finalidade preventiva e motivação exploratória, mas apenas buscas pessoais com finalidade probatória e motivação correlata.*
>
> 3. Não satisfazem a exigência legal, por si sós, meras informações de fonte não identificada (e.g. denúncias anônimas) ou intuições e impressões subjetivas, intangíveis e não demonstráveis de maneira clara e concreta, apoiadas, por exemplo, exclusivamente, no tirocínio policial. Ante a ausência de descrição concreta e precisa, pautada em elementos objetivos, a classificação subjetiva de determinada atitude ou aparência como suspeita, ou de certa reação ou expressão corporal como nervosa, não preenche o *standard* probatório de "fundada suspeita" exigido pelo art. 244 do CPP.
>
> 4. O fato de haverem sido encontrados objetos ilícitos – independentemente da quantidade – após a revista não convalida a ilegalidade prévia, pois é necessário que o elemento "fundada suspeita de posse de corpo de delito" seja aferido com base no que se tinha antes da diligência. Se não havia fundada suspeita de que a pessoa estava na posse de arma proibida, droga ou de objetos ou papéis que constituam corpo de delito, não há como se admitir que a mera descoberta casual de situação de flagrância, posterior à revista do indivíduo, justifique a medida.
>
> 5. A violação dessas regras e condições legais para busca pessoal resulta na ilicitude das provas obtidas em decorrência da medida, bem como das demais provas que dela decorrerem em relação de causalidade, sem prejuízo de eventual responsabilização penal do(s) agente(s) público(s) que tenha(m) realizado a diligência (STJ, HC 158.580/BA, 6ª T, J. 19/04/2022).

Ainda segundo o STJ, a simples percepção de nervosismo do averiguado por parte de agentes públicos, por ser dotada de excesso de subjetivismo, não é suficiente para caracterizar a fundada suspeita para fins de busca pessoal, levando à nulidade da busca pessoal e das provas obtidas:

Recurso especial. Processual penal. Tráfico ilícito de drogas. Busca pessoal. Requisitos do art. 244 do código de processo penal. Ausência de fundada suspeita. Abordagem em via pública motivada apenas por impressão de nervosismo. Ilicitude das provas obtidas. Absolvição. Recurso especial provido.

1. A *percepção de nervosismo do averiguado por parte de agentes públicos é dotada de excesso de subjetivismo e, por isso, não é suficiente para caracterizar a fundada suspeita para fins de busca pessoal, medida invasiva que exige mais do que mera desconfiança fundada em elementos intuitivos.*

2. À falta de dados concretos indicativos de fundada suspeita, deve ser considerada *nula a busca pessoal amparada na impressão de nervosismo do Acusado por parte dos agentes públicos.*

3. Recurso especial provido, a fim de anular as provas obtidas ilicitamente, bem como as provas delas decorrentes e, em consequência, absolver o Recorrente, nos termos do art. 386, inciso II, do Código de Processo Penal (STJ, REsp 1.961.459/SP, 6ª T, J. 05/04/2022).

Em que pese a decisão do STJ, os secretários de Segurança Pública dos 26 estados brasileiros e do Distrito Federal decidiram manter a realização de buscas pessoais feitas pelos agentes públicos baseadas nas impressões do policial sobre a atitude suspeita, decisão tomada na 82ª Reunião Ordinária do Conselho Nacional de Secretários de Segurança Pública (Consesp), em 2 de junho de 2022.

Além disso, em decisão mais recente, no RHC 229.514, o STF explicitou entendimento contrário ao do STJ, no sentido de que "se um agente do Estado não puder realizar abordagem em via pública a partir de comportamentos suspeitos do alvo, tais como fuga, gesticulações e demais reações típicas, já conhecidas pela ciência aplicada à atividade policial, haverá sério comprometimento do exercício da segurança pública", conforme consignou o Ministro Relator Gilmar Mendes, no julgamento que foi assim ementado:

Agravo regimental no recurso ordinário em habeas corpus. 2. Agravante, reincidente, preso com drogas, arma e balança. 3. A Constituição que assegura o direito à intimidade, à ampla defesa, ao contraditório e à inviolabilidade do domicílio é a mesma que determina punição a criminosos e o dever do Estado de zelar pela segurança pública. O policiamento preventivo e ostensivo, próprio das Polícias Militares, a fim de salvaguardar a segurança pública, é dever constitucional. 4. *Fugir ao avistar viatura, pulando muros, gesticular como quem segura algo na cintura e reagir de modo próprio e conhecido pela ciência aplicada à atividade policial, objetivamente, justifica a busca pessoal em via pública.* 5. Alegação de violação a domicílio. Caso concreto. Inocorrência. 6. Agravo improvido (STF, AgRg no RHC 229.514, Rel. Min. Gilmar Mendes, 2ª T, *J.* 02/10/2023, *Dje.* 23/10/2023).

O próprio STJ, no HC 877.943/MS, em julgamento proferido pela 3ª Seção, em 18/04/2024, afirmou que:

(...) fugir correndo repentinamente ao avistar uma guarnição policial configura motivo idôneo para autorizar uma busca pessoal em via pública, mas a prova desse motivo, cujo ônus é do Estado, por ser usualmente amparada apenas na palavra dos policiais, deve ser submetida a especial escrutínio, o que implica rechaçar narrativas inverossímeis, incoerentes ou infirmadas por outros elementos dos autos.

17. O exame destes autos indica que o réu, ao avistar uma viatura policial que fazia patrulhamento de rotina na região dos fatos, correu, em fuga, para um terreno baldio, o que motivou a revista pessoal, na qual foram encontradas drogas. Diante das premissas estabelecidas neste voto e da ausência de elementos suficientes para infirmar ou desacreditar a versão policial, mostra-se configurada a fundada suspeita de posse de corpo de delito a autorizar a busca pessoal, nos termos do art. 244 do CPP.

Ao anular decisão do STJ que estava em desalinho com o posicionamento explicitado no RHC 229.514, acerca da existência de justa causa para a revista pessoal, o Ministro Alexandre de Moraes destacou o seguinte trecho do acórdão proferido pelo Tribunal de Justiça do Rio Grande do Sul:

> De início, aventa a defesa tese de ilegalidade da prova obtida em razão da inexistência de fundadas razões para a busca pessoal e veicular.
>
> Sem razão.
>
> No caso dos autos, de acordo com os elementos contidos no Inquérito Policial, agentes de segurança pública realizavam patrulhamento de rotina, quando avistaram veículo compatível com utilizado em crimes patrimoniais recentemente cometidos na região.
>
> Em razão de tanto, realizaram a abordagem dos tripulantes e a revista veicular, tendo localizado, embaixo do banco do carona, no qual sentado o réu, 01 (uma) pistola calibre 38, municiada com 01 (um) cartucho de mesmo calibre.
>
> Ora, em termos legais, a teor do artigo 244 do Código de Processo Penal *"A busca pessoal independerá de mandado, no caso de prisão ou quando houver fundada suspeita de que a pessoa esteja na posse de arma proibida ou de objetos ou papéis que constituam corpo de delito, ou quando a medida for determinada no curso de busca domiciliar".*
>
> Na hipótese, *a informação de que veículo igual ao abordado teria sido recentemente utilizado para o cometimento de crimes é elemento mais que suficiente para autorizar a revista.*
>
> Até porque a fundada suspeita, como se sabe, é dotada de certa valoração subjetiva, obtida a partir das circunstâncias fáticas. No caso, *os agentes de segurança, que atuam no patrulhamento local e no combate à criminalidade, possivelmente possuem um olhar mais aguçado para determinadas situações, o que pode ir além da visão do cidadão comum.*
>
> E, no cenário apresentado, seria de todo temerário que os policiais simplesmente ignorassem a presença de possível veículo que supostamente teria sido utilizado em crimes patrimoniais.
>
> Logo, ao contrário do aventado pela defesa, está bem delineada a fundada suspeita de que o apelado se encontrava em poder de coisa ilícita, nos termos dos artigos 240, § 2º, e 244 do Código de Processo Penal. (STF, RE 1.513.776/RS, Relator Ministro Alexandre de Moraes, J. 24/09/2024).

Na sequência, o Ministro Alexandre de Moraes consignou que "não há qualquer ilegalidade na ação dos policiais militares, pois as fundadas suspeitas para a busca pessoal foram devidamente justificadas no curso do processo, em correspondência com o entendimento da Corte firmado no julgamento do RE 603.616/RO, Rel. Min. Gilmar Mendes, Tribunal Pleno, DJe de 10/5/2016."

A busca pessoal em mulher será feita por outra mulher, se não importar retardamento ou prejuízo da diligência (art. 249 do CPP).

Quanto à busca em veículo (automóvel, navio, avião etc.), via de regra, segue a mesma norma da busca e apreensão pessoal (STF, RHC 117.767/DF, 2ª T, J. 11/10/2016), com exceção das hipóteses em que o veículo tiver função precípua de domicílio, tais como *trailer, motor home,* boleia de caminhão durante o repouso, cabine de navio ocupada, barcos residência etc. (Dezem, 2021, p. 407).

Importante registrar, neste ponto, que o STJ, ao aperfeiçoar o seu entendimento jurisprudencial, "firmou a orientação de que *prescinde de fundada suspeita* a atividade de fiscalização decorrente do regular exercício do poder de polícia do Estado, como as operações padronizadas de monitoramento da circulação de pessoas e de veículos que ocorrem em portos, aeroportos (exemplo: raio-X em bagagens) e rodovias (ilustrativamente: fiscalizações de caminhões de carga, de ônibus e de demais veículos que transportam passageiros) que não impedem o encontro fortuito de provas de eventual infração penal" (STJ, AgRg no AREsp 2.624.125/PR, 6ª T, J. 24/09/2024).

No caso objeto do julgado acima, foram encontrados *smartphones* nas bagagens de uma passageira do ônibus vistoriado, de origem estrangeira e desacompanhados de documentos de regular introdução no país, o que decorreu de fiscalização de rotina, a qual, segundo o STJ, "dispensa fundada suspeita ou prévio indício do cometimento de crime e decorre do legítimo exercício do poder de polícia, diante da necessidade de monitoramento de transportes que circulam em região de fronteira internacional. Ademais, primeiro foi encontrada a mercadoria irregular e depois se identificou a quem ela pertencia, circunstância que reforça a ausência de subjetivismo e de desproporcionalidade na conduta do agente público. Assim, fica afastada a tese de ilicitude das provas obtidas" (STJ, AgRg no AREsp 2.624.125/PR, 6ª T, J. 24/09/2024).

Por fim, em julgamento recente, o STF decidiu que "faz parte das responsabilidades das guardas municipais interromper atividades criminosas ou infracionais, realizando prisões ou apreensões em flagrante, bem como busca pessoal quando houver fundadas razões para tanto (art. 244 do CPP). Essa atuação é fundamental para proteger a população e colaborar com os demais órgãos da segurança pública, de forma a contribuir significativamente para a manutenção da paz social." Assim foi assentada "a licitude das provas obtidas mediante busca pessoal realizada pela guarda municipal, bem como das provas derivadas." (STF, Reclamação 62.455/SP, Relator Ministro Flávio Dino, J. 22/04/2024).

Nessa mesma esteira, no dia 20/02/2025, no julgamento do Recurso Extraordinário 608.588/SP, o Plenário do STF fixou a tese de que "é constitucional, no âmbito dos municípios, o exercício de ações de segurança urbana pelas Guardas Municipais, inclusive policiamento ostensivo e comunitário, respeitadas as atribuições dos demais órgãos de segurança pública previstos no art. 144 da Constituição Federal e excluída qualquer atividade de polícia judiciária, sendo submetidas ao controle externo da atividade policial pelo Ministério Público, nos termos do artigo 129, inciso VII, da CF. Conforme o art. 144, § 8º, da Constituição Federal, as leis municipais devem observar as normas gerais fixadas pelo Congresso Nacional."

6.13 INTERCEPTAÇÃO TELEFÔNICA

No sentido comum, interceptar é interromper o curso, reter, deter o que era destinado a outrem, captar. Sob o ponto de vista da Lei nº 9.296/1996, interceptar uma comunicação corresponde ao "ato de captar a comunicação alheia, tomando conhecimento de seu conteúdo".[32]

Portanto, a interceptação telefônica é a captação da comunicação alheia feita por terceira pessoa, razão pela qual exige autorização judicial, diferentemente da gravação ambiental ou gravação telefônica,[33] feitas por um dos interlocutores sem o conhecimento do outro, cuja legalidade como prova foi reconhecida pelo Supremo Tribunal Federal, não se exigindo autorização judicial.[34]

Contudo, mais recentemente, o Supremo Tribunal Federal mudou seu entendimento, durante o julgamento do Recurso Extraordinário nº 1.040.515, ao fixar a seguinte tese, que deverá ser aplicada a partir das eleições de 2022:

> No processo eleitoral, é lícita a prova colhida por meio de gravação ambiental clandestina, sem autorização judicial e com violação à privacidade e à intimidade dos interlocutores, ainda que realizada por um dos participantes, sem o conhecimento dos demais. – A exceção à regra da ilicitude da gravação ambiental feita sem o conhecimento de um dos interlocutores e sem autorização judicial ocorre na hipótese de registro de fato ocorrido em local público desprovido de qualquer controle de acesso, pois, nesse caso, não há violação à intimidade ou quebra da expectativa de privacidade (STF, RE 1.040.515, Pleno, J. 26/04/2024 – Tema 979).

Também, não se exige autorização judicial para o acesso a e-mail corporativo[35] e salas de bate-papo.[36]

Outra distinção deve ser feita entre a interceptação telefônica e a quebra do sigilo de dados telefônicos ou telemáticos. Enquanto a interceptação telefônica regulada pela Lei nº 9.296/1996 objetiva o conhecimento sobre a comunicação de terceiros, a quebra do sigilo de dados telefônicos ou telemáticos visa buscar informações sobre chamadas pretéritas (data da chamada, horário, duração, números envolvidos, estação rádio

---

32. LIMA, Renato Brasileiro de, 2020, p. 811.
33. "(...) 1. É pacífico na jurisprudência do STF o entendimento de que não há ilicitude em gravação telefônica realizada por um dos interlocutores sem o conhecimento do outro, podendo ela ser utilizada como prova em processo judicial. 2. O STF, em caso análogo, decidiu que é admissível o uso, como meio de prova, de gravação ambiental realizada por um dos interlocutores sem o conhecimento do outro. 3. Agravo regimental a que se nega provimento" (STF, AgRg no AgI 602.724/PR, 2ª T, rel. Min. Teori Zavascki, J. 06/08/2013).
34. "É lícita a prova consistente em gravação ambiental realizada por um dos interlocutores sem conhecimento do outro." (STF, RE 583.937/RJ, Tribunal Pleno, Repercussão Geral, rel. Min. Cezar Peluso, J. 19/11/2009).
35. "As informações obtidas por *monitoramento de e-mail corporativo de servidor público não configuram prova ilícita* quando atinentes a aspectos não pessoais e de interesse da Administração Pública e da própria coletividade, sobretudo quando exista, nas disposições normativas acerca do seu uso, expressa menção da sua destinação somente para assuntos e matérias afetas ao serviço, bem como advertência sobre monitoramento e acesso ao conteúdo das comunicações dos usuários para cumprir disposições legais ou instruir procedimento administrativo. (...) No caso, *não há de se falar em indevida violação de dados telemáticos, tendo em vista o uso de e-mail corporativo para cometimento de ilícitos. A reserva da intimidade, no âmbito laboral, público ou privado*, limita-se às informações familiares, da vida privada, política, religiosa e sindical, não servindo para acobertar ilícitos. Ressalte-se que, no âmbito do TST, a temática já foi inúmeras vezes enfrentada (TST, RR 613/2000-013-10-0, DJe 10/6/2005)" (STJ, RMS 48.665-SP, J. 15/9/2015, DJe 5/2/2016).
36. A conversa realizada em "sala de bate papo" da internet, *não está amparada pelo sigilo* das comunicações, pois o ambiente virtual é de acesso irrestrito e destinado a conversas informais. (STJ, 6ª Turma, HC 18.116/SP, J. 16/02/2006 - Informativo 274).

base utilizada – ERB) ou registros telemáticos (*Internet Protocol* – IP – das máquinas utilizadas; horários dos acessos etc.).[37]

Por essa razão, enquanto a interceptação telefônica somente será autorizada judicialmente se preenchidos os requisitos legais estabelecidos na Lei nº 9.296/1996, a quebra do sigilo de dados telefônicos ou telemáticos, embora também exija autorização judicial,[38] não depende do cumprimento dos requisitos rígidos da Lei nº 9.296/1996.

Assim, no caso de uma investigação de crime de ameaça, por exemplo, embora não seja possível autorização judicial para a interceptação telefônica, uma vez que tal crime não é punido com pena de reclusão, conforme exige o art. 2º, III, da Lei nº 9.296/1996, nada obsta que seja autorizada a quebra do sigilo de dados para se verificar se o suspeito, no dia dos fatos, ligou para a casa da vítima ou esteve nas suas imediações, no horário em que o telefonema ameaçador foi feito ou a carta com ameaças foi entregue.

A Lei nº 9.296/1996 determina que a *interceptação de comunicações telefônicas*, de qualquer natureza,[39] incluindo as comunicações em sistemas de informática e telemática, para prova em investigação criminal e em instrução processual penal deverá observar os seus dispositivos e dependerá de ordem do juiz competente da ação principal, tudo sob segredo de justiça.

Assim, preenchidos os pressupostos legais e obtida autorização judicial, é possível a interceptação de qualquer comunicação via telefone, conjugada ou não com a informática, incluindo fax, modens, *Internet*, e-mail, correios eletrônicos, WhatsApp, Imo, Nextel etc., mormente em face da expressão *interceptação de comunicações telefônicas, de qualquer natureza* e consoante o disposto no parágrafo único do artigo 1º da Lei nº 9.296/1996, segundo o qual o disposto na lei *aplica-se à interceptação do fluxo de comunicações em sistemas de informática e telemática*.[40]

É possível o deferimento da interceptação telefônica na fase pré-processual e na fase processual, ou seja, tanto durante a investigação criminal, quanto durante a instrução processual. Para tanto, será necessário que o juiz competente para a ação principal (teoria do juízo aparente que leva em conta os elementos conhecidos no momento da

---

37. Vale lembrar que a requisição de dados cadastrais pode ser feita diretamente, mas os extratos de ligações exigem autorização judicial (STF, Rcl AC 4297/DF, *J.* 26.6.2019 – Informativo 945). Houve decisão do Supremo Tribunal Federal validando o acesso direto pela polícia às chamadas efetuadas e recebidas registradas no celular do suspeito (STF, HC 91867/PA, 2ª T, *J.* 24/04/2012), mas posteriormente, nos termos do HC nº 168.052/SP, de relatoria do ministro Gilmar Mendes, ocorreu a superação do entendimento consolidado no HC nº 91.867/PA, em face de "relevante modificação das circunstâncias fáticas e jurídicas". A mesma questão entrou em repercussão geral, após a ilicitude da prova colhida de forma semelhante àquela objeto do HC 91867/PA ter sido reconhecida pelas instâncias inferiores (STF, ARE 1.042.075 RG/RJ, Pleno, *J.* 23/11/2017).
38. À exceção dos dados cadastrais que podem ser requisitados diretamente pelo delegado de Polícia ou pelo Ministério Público e das hipóteses previstas nos arts. 13-A e 13-B do CPP.
39. Engloba a transmissão, emissão ou recepção de símbolos, caracteres, sinais, escritos, imagens, sons ou informações de qualquer natureza, por meio de telefonia, estática ou móvel (celular), bem como por via de sistemas de informática e telemática, tais como e-mails, Skype, WhatsApp etc.
40. Telemática é a telecomunicação associada à informática.

decretação da medida)[41] autorize a medida em decisão devidamente fundamentada (art. 93, IX, CF/88 e art. 5º, Lei nº 9.296/1996), pelo prazo máximo de quinze dias, que poderá ser renovado outras vezes,[42] mas sempre no limite máximo de 15 dias para cada período de renovação.

Conforme entendimento atual do Superior Tribunal de Justiça, "o prazo de 15 dias autorizado para a interceptação telefônica inicia-se com a efetivação da medida, tendo por parâmetro de contagem o art. 10 do Código Penal por envolver a restrição de uma garantia constitucional" (STJ, RHC 63.005/DF, 6ª T, rel. Min. Maria Thereza de Assis Moura, J. 15/12/2015).

Contudo, o Supremo Tribunal Federal explicitou entendimento diverso, contando o prazo em dias inteiros, conforme se observa da decisão monocrática proferida no julgamento do Mandado de Segurança nº 34314/DF:

> (...) 10. O art. 5º da Lei nº 9.926/1996 estabelece que a interceptação telefônica não pode exceder o prazo de 15 (quinze) dias. Esse prazo não se inicia com a prolação da decisão autorizativa da medida pelo juiz competente, mas com a sua implementação pela operadora de telefonia, já que o cumprimento da determinação judicial não é automático, dependendo de certo trâmite burocrático.
>
> 11. No caso, a decisão judicial foi proferida no dia 13.01.2014 (fl. 10, doc. 9). Segundo as informações prestadas (doc. 36), no Ofício Judicial nº 60/2014 constaram dois números a serem interceptados, um dos quais utilizado pelo ora impetrante. O telefone do impetrante teve o seu primeiro registro no sistema no dia 14.01.2014, às 22h02m08s, e o último no dia 29.01.2014, às 22h16m12s. A primeira conversa interceptada se deu às 23h59m51s do dia 14.01.2014.
>
> 12. Tomadas em conta essas circunstâncias, considero que o prazo foi materialmente observado, pelo que não vislumbro a ilegalidade apontada pelo impetrante. Iniciada a interceptação telefônica no final do dia 14.01.2014 (22h02m08s), é válida a captação feita até o fim do dia 29.01.2014 (22h16m12s). *Não é razoável a tese do impetrante, que pretende que as menos de duras horas de interceptação telefônica realizadas em razão da implementação da medida após as dez horas da noite contem como um dia inteiro na contagem do prazo legal total.*

---

41. "(...) 3. Não há como acolher-se a tese de nulidade aventada no presente recurso, porquanto, ao tempo em que autorizada a quebra dos sigilos bancário e telefônico do recorrente, ainda no curso das investigações criminais, os autos do inquérito policial ainda estavam sob a competência do Juízo da 5ª Vara Federal da Seção Judiciária de Mato Grosso, o que é suficiente para reconhecer que esse juízo era competente para autorizá-la. 4. Se, no decorrer das investigações, verificou-se a incompetência superveniente, tal situação, em regra, não afeta a validade das decisões precedentes à alteração da situação de fato que a tenha gerado" (STJ, RHC 32.525/AP, 6ª T, rel. Min. Sebastião Reis Júnior, J. 05/03/2013). No mesmo sentido: "(...) 1. O posicionamento adotado no acórdão recorrido no tocante à competência do juízo está em sintonia e aponta precedentes que refletem o posicionamento adotado nesta Corte Superior no sentido de que 'o pedido de interceptação telefônica deve ser formulado perante o juízo aparente, ou seja, aquele que, pelas informações até então coletadas, parece ser competente para processar e julgar o feito' (AgRg no RHC 109.684/BA, Rel. Ministro Jorge Mussi, Quinta Turma, DJe 7/6/2019). (...)" (STJ, RHC 101.255/SP, 5ª T, J. 04/02/2020).

42. "(...) 1. Nos autos do RE 625.263, foi reconhecida a repercussão geral da matéria quanto à constitucionalidade de sucessivas prorrogações de interceptação telefônica, tendo esta Corte inúmeros precedentes admitindo essa possibilidade" (STF, 117.495 AgR/CE, 1ª T, rel. Min. Luiz Fux, J. 02/06/2017). No mesmo sentido: "(...) VI – O Plenário desta Corte já decidiu que 'é possível a prorrogação do prazo de autorização para a interceptação telefônica, mesmo que sucessivas, especialmente quando o fato é complexo, a exigir investigação diferenciada e contínua. Não configuração de desrespeito ao art. 5º, *caput*, da Lei 9.296/1996' (HC 83.515/RS, Rel. Min. Nelson Jobim)" (STF, RHC 120.551/MT, 2ª T, rel. Min. Ricardo Lewandowski, J. 08/04/2014).

13. O prazo estabelecido na Lei nº 9.926/1996 tem por finalidade impedir que a interceptação telefônica ocorra por tempo indeterminado, sob pena de violação à garantia estabelecida no art. 5º, XII, da Constituição Federal. Respeitado o procedimento da interceptação telefônica, autorizada por decisão judicial corretamente implementada e documentada, não se justifica o apego ao formalismo de anulação da medida, em razão da extrapolação de poucos minutos ou horas.

14. Ademais, não é desarrazoado o entendimento de que o prazo da interceptação telefônica, que consiste em medida processual probatória, deva contar-se na forma do art. 798, § 1º, do CPP, não se computando o dia do começo, incluindo-se, porém, o do vencimento. Trata-se de compreensão, a propósito, já adotada pelo STJ (HC 144.378/DF, Rel. Ministra Laurita Vaz, Quinta Turma, j. 22.11.2011). (STF, MS 34314/DF, Rel. Min. Roberto Barroso, J. 03/04/2017).

Embora discordemos frontalmente do entendimento do Superior Tribunal de Justiça, que coloca a medida de interceptação telefônica no mesmo patamar da prisão, ao contar o prazo na forma dos arts. 10 e 11 do Código Penal,[43] também não parece razoável utilizar como parâmetro o art. 798, § 1º, do Código de Processo Penal, pois isso possibilitaria, em algumas situações, um prazo superior a 15 dias, em especial quando o término do prazo ocorresse em um sábado e a segunda-feira seguinte fosse feriado, hipótese em que a interceptação perduraria por 17 dias.[44]

Neste ponto, o legislador deve criar regra específica para a contagem do prazo da interceptação telefônica, prevendo que os quinze dias sejam contados por inteiro, de maneira que uma interceptação telefônica, iniciada às 14h do dia 10 de determinado mês, perdure até as 14h do dia 25 do mesmo mês.

Infelizmente, a divergência jurisprudencial atual só traz transtornos e dúvidas aos executores das ordens judiciais de interceptação telefônica, com riscos reais de anulação de importantes investigações, o que seria facilmente superado com a inclusão de um parágrafo único ao art. 5º da Lei nº 9.296/1996.

Conforme dispõe o art. 2º da Lei nº 9.296/1996, a medida de interceptação telefônica somente será autorizada se:

(I) Houver indícios razoáveis da autoria ou participação em infração penal;

(II) A prova não puder ser feita por outros meios disponíveis;

(III) O fato investigado constituir infração penal punida com pena de reclusão.[45]

---

43. CP, Art. 10 – O dia do começo inclui-se no cômputo do prazo. Contam-se os dias, os meses e os anos pelo calendário comum. Art. 11 – Desprezam-se, nas penas privativas de liberdade e nas restritivas de direitos, as frações de dia, e, na pena de multa, as frações de cruzeiro.

44. CPP, Art. 798. Todos os prazos correrão em cartório e serão contínuos e peremptórios, não se interrompendo por férias, domingo ou dia feriado. § 1º Não se computará no prazo o dia do começo, incluindo-se, porém, o do vencimento. (...) § 3º O prazo que terminar em domingo ou dia feriado considerar-se-á prorrogado até o dia útil imediato.

45. Não obstante, desde que legalmente deferida a medida, as provas colhidas durante a sua realização poderão ser utilizadas em processos envolvendo crimes punidos apenas com pena de detenção e até mesmo em processos administrativos: STJ, Súmula 591 – É permitida a prova emprestada no processo administrativo disciplinar, desde que devidamente autorizada pelo juízo competente e respeitados o contraditório e a ampla defesa (13/09/2017); "(...) 2. Esta Corte já assentou a legitimidade do compartilhamento de elementos probatórios colhidos por meio de interceptação telefônica autorizada judicialmente com processos criminais nos quais imputada a

É necessária, ainda, a descrição clara da situação objeto da investigação, inclusive com a indicação e qualificação dos investigados, salvo impossibilidade manifesta, devidamente justificada (art. 2º, parágrafo único, Lei nº 9.296/1996).

Durante a investigação criminal,[46] o juiz poderá determinar a interceptação telefônica mediante representação da autoridade policial ou requerimento do representante do Ministério Público. Durante a instrução processual penal a medida poderá ser determinada de ofício pelo juiz ou a requerimento do *Parquet*.

Embora seja incomum, é possível que o juiz admita que a representação do delegado de polícia ou o requerimento do Ministério Público sejam feitos oralmente, desde que presentes os pressupostos que autorizem a medida, hipótese em que a concessão será condicionada à sua redução a termo. Isso pode ocorrer, por exemplo, em um caso de extorsão mediante sequestro, em que a urgência da medida reclame que o procedimento seja o mais célere possível.

A decisão deverá ser proferida no prazo máximo de 24 horas e será baseada na cláusula *rebus sic standibus*,[47] de maneira que, caso haja um inicial indeferimento da medida, vindo posteriormente a se modificar o contexto probatório em que foi formulado o pedido inicial, nada impede que novo pedido seja formulado.

Embora o art. 6º, § 1º, da Lei nº 9.296/1996 disponha que *no caso de a diligência possibilitar a gravação da comunicação interceptada, será determinada a sua transcrição*,

---

prática de crime punível com detenção (RE 810.906-AgR, Rel. Min. Roberto Barroso, Primeira Turma, DJe de 14.9.2015; AI 626.214-AgR, Rel. Min. Joaquim Barbosa, Segunda Turma, DJe de 8.10.2010; HC 83.515, Rel. Min. Nelson Jobim, Tribunal Pleno, DJ de 4.3.2005), e até mesmo com processos de natureza administrativa (RMS 28.774, Rel. Min. MARCO AURÉLIO, Rel. p/ Acórdão: Min. Roberto Barroso, Primeira Turma, DJe de 25.8.2016)." (STF, Inq 3965/DF, 2ª T, rel. Min. Teori Zavascki, J. 22/11/2016). A prova também será válida em caso de serendipidade, que significa descobrir coisas por acaso, sair em busca de uma coisa e descobrir outra, ou seja, o encontro fortuito de elementos probatórios, em que, por exemplo, a medida foi implementada para apurar crimes de tráfico, mas as interceptações revelaram crimes de roubo. Nesse sentido: "(...) 1. As provas colhidas ou autorizadas por juízo aparentemente competente à época da autorização ou produção podem ser ratificadas *a posteriori*, mesmo que venha aquele a ser considerado incompetente, ante a aplicação no processo investigativo da teoria do juízo aparente. Precedentes: HC 120.027, Primeira Turma, Rel. p/ Acórdão, Min. Edson Fachin, DJe de 18/02/2016 e HC 121.719, Segunda Turma, Rel. Min. Gilmar Mendes, DJe de 27/06/2016. 2. Nas interceptações telefônicas validamente determinadas é passível a ocorrência da serendipidade, pela qual, de forma fortuita, são descobertos delitos que não eram objetos da investigação originária. Precedentes: HC 106.152, Primeira Turma, Rel. Min. Rosa Weber, DJe de 24/05/2016 e HC 128.102, Primeira Turma, Rel. Min. Marco Aurélio, DJe de 23/06/2016." (STF, 137.438 AgR/SP, 1ª T, rel. Min. Luiz Fux, J. 26/05/2017). No mesmo sentido: "(...) 4. A validade da investigação não está condicionada ao resultado, mas à observância do devido processo legal. Se o emprego de método especial de investigação, como a interceptação telefônica, foi validamente autorizado, a descoberta fortuita, por ele propiciada, de outros crimes que não os inicialmente previstos não padece de vício, sendo as provas respectivas passíveis de ser consideradas e valoradas no processo penal" (STF, 106.152/MS, 1ª T, rel. Min. Rosa Weber, J. 29/03/2016).

46. Embora a lei permita que o juiz determine a interceptação telefônica de ofício durante a investigação criminal, isso constitui uma afronta ao sistema acusatório, razão pela qual tramita no STF a Ação Direta de Inconstitucionalidade nº 3.450 que visa refutar tal possibilidade.

47. Trata-se de uma característica das decisões cautelares de natureza processual penal. A decisão é tomada de acordo com as circunstâncias fáticas e jurídicas do momento, permanecendo válida enquanto as coisas permanecerem como estão. Alterando-se o contexto, a decisão pode ser dada de uma forma diferente.

a jurisprudência é firme no sentido de que, embora haja a obrigação de fornecimento à defesa da integralidade dos áudios captados,[48] a transcrição não precisa ser integral, limitando-se aos diálogos mais importantes para o esclarecimento dos fatos, em especial aqueles utilizados como sustentáculo da denúncia:

> (...) *Interceptações telefônicas. Prescindibilidade de degravação de todas as conversas, sendo bastante que se tenham degravados os excertos que subsidiaram o oferecimento da denúncia* (STF, HC 118.371/BA, 2ª T, rel. Min. Gilmar Mendes, J. 19/08/2014). No mesmo sentido: STF, HC 120.121 AgR/RS, 1ª T, rel. Min. Rosa Weber, J. 25/11/2016; STF, Inq 3965/DF, 2ª T, rel. Min. teori Zavascki, J. 22/11/2016; STF, 2ª T, HC 115.773/PE, rel. Min. Celso de Mello, 13/05/2014; STF, 2ª T, Ag. Reg. No RE 765.440/ES, rel. Min. Gilmar Mendes, 29/04/2014; STF, PLENO, Inq. 3693/PA, rel. Min. Cármen Lúcia, 10/04/2014; STF, PLENO, MS 26.988/DF, rel. Min. Dias Toffoli, 18/12/2013; STF, 2ª T, RHC 117.265/SE, rel. Min. Ricardo Lewandowski, 29/10/2013. Em sentido contrário: STF, Pleno, Ação Penal 508/AP, rel. Min. Marco Aurélio, 07/02/2013.

É relevante o registro do posicionamento do Superior Tribunal de Justiça sobre algumas questões concernentes à interceptação telefônica:

(I) Nulidade de provas obtidas por extração de dados e conversas de WhatsApp, sem autorização judicial;[49]

---

48. Nesse sentido: "(...) X. Apesar de ter sido franqueado o acesso aos autos, parte das provas obtidas a partir da interceptação telemática foi extraviada, ainda na Polícia, e o conteúdo dos áudios telefônicos não foi disponibilizado da forma como captado, havendo descontinuidade nas conversas e na sua ordem, com omissão de alguns áudios. XI. A prova produzida durante a interceptação não pode servir apenas aos interesses do órgão acusador, sendo imprescindível a preservação da sua integralidade, sem a qual se mostra inviabilizado o exercício da ampla defesa, tendo em vista a impossibilidade da efetiva refutação da tese acusatória, dada a perda da unidade da prova. XII. Mostra-se lesiva ao direito à prova, corolário da ampla defesa e do contraditório – constitucionalmente garantidos –, a ausência da salvaguarda da integralidade do material colhido na investigação, repercutindo no próprio dever de garantia da paridade de armas das partes adversas. XIII. É certo que todo o material obtido por meio da interceptação telefônica deve ser dirigido à autoridade judiciária, a qual, juntamente com a acusação e a defesa, deve selecionar tudo o que interesse à prova, descartando-se, mediante o procedimento previsto no art. 9º, parágrafo único, da Lei 9.296/96, o que mostrar impertinente ao objeto da interceptação, pelo que constitui constrangimento ilegal a seleção do material produzido nas interceptações autorizadas, realizada pela Polícia Judiciária, tal como ocorreu, subtraindo-se, do Juízo e das partes, o exame da pertinência das provas colhidas. Precedente do STF. XIV. Decorre da garantia da ampla defesa o direito do acusado à disponibilização da integralidade de mídia, contendo o inteiro teor dos áudios e diálogos interceptados. (...) XVII. Ordem concedida, de ofício, para anular as provas produzidas nas interceptações telefônica e telemática, determinando, ao Juízo de 1º Grau, o desentranhamento integral do material colhido, bem como o exame da existência de prova ilícita por derivação, nos termos do art. 157, §§ 1º e 2º, do CPP, procedendo-se ao seu desentranhamento da Ação Penal 2006.51.01.523722-9." (STJ, HC 160.662/RJ, 6ª T, J. 18/02/2014).

49. "(...) 1. Ilícita é a devassa de dados, bem como das conversas de whatsapp, obtidas diretamente pela polícia em celular apreendido no flagrante, sem prévia autorização judicial" (STJ, RHC 51.531/RO, 6ª T, rel. Min. Nefi Cordeiro, J. 19/4/2016). Jurisprudência reafirmada: STJ, AgRg no HC 609.842/SP, 5ª T, J. 15/12/2020, DJe 17/12/2020; e STJ, AgRg no REsp 1.808.791/DF, 6ª T, J. 01/09/2020, *DJe* 04/09/2020. No mesmo sentido: "(...) Habeas corpus. 2. *Acesso a* aparelho celular por policiais sem autorização judicial. Verificação de conversas em aplicativo *WhatsApp*. Sigilo das comunicações e da proteção de dados. Direito fundamental *à* intimidade e *à* vida privada. Superação da jurisprudência firmada no HC 91.867/PA. Relevante modificação das circunstâncias fáticas e jurídicas. Mutação constitucional. Necessidade de autorização judicial. 3. Violação ao domicílio do réu após apreensão ilegal do celular. 4. Alegação de fornecimento voluntário do *acesso* ao aparelho telefônico. 5. Necessidade de se estabelecer garantias para *a* efetivação do direito *à* não autoincriminação. 6. Ordem concedida para declarar *a* ilicitude das provas ilícitas e de todas dela derivadas. (...)" (STF, HC 168.052/SP, 2ª T, J. 20/10/2020).

(II) Nulidade de provas obtidas mediante extração de mensagens, arquivos ou informações armazenadas no telefone celular, bem como nos sistemas de informática e telemática, sem prévia autorização judicial;[50]

(III) Captação fortuita de diálogos de detentor de foro especial por prerrogativa de função não implica remessa imediata à corte superior quando não restar clara a concorrência da autoridade para a prática criminosa;[51]

(IV) A questão do deferimento da medida por juiz que não foi o competente para a ação principal (teoria do juízo aparente que leva em conta os elementos no momento da decretação da medida).[52]

Por fim, importante o registro de que a medida de interceptação telefônica ocorrerá em autos apartados, somente sendo objeto de apensamento imediatamente antes do relatório da autoridade, quando se tratar de inquérito policial, *ou na conclusão do processo ao juiz para o despacho decorrente do disposto nos arts. 407, 502 ou 538 do CPP* (artigos alterados ou revogados que tratavam dos despachos saneadores proferidos após a instrução criminal / alegações finais das partes).

6.14 A QUESTÃO DO ACESSO AO CELULAR

Uma das maiores dúvidas dos estudantes de direito, dos concurseiros e até mesmo dos profissionais que atuam na linha de frente da Segurança Pública é a questão do acesso ao celular de presos pela Polícia, principalmente sobre *se* e *quando* isso poderá ser feito sem prévia autorização judicial.

---

50. "(...) 2. Embora seja despicienda ordem judicial para a apreensão dos celulares, pois os réus encontravam-se em situação de flagrância, as mensagens armazenadas no aparelho estão protegidas pelo sigilo telefônico, que deve abranger igualmente a transmissão, recepção ou emissão de símbolos, caracteres, sinais, escritos, imagens, sons ou informações de qualquer natureza, por meio de telefonia fixa ou móvel ou, ainda, através de sistemas de informática e telemática. Em verdade, deveria a autoridade policial, após a apreensão do telefone, ter requerido judicialmente a quebra do sigilo dos dados nele armazenados, de modo a proteger tanto o direito individual à intimidade quanto o direito difuso à segurança pública. Precedente" (STJ, RHC 67.379/RN, 5ª T, rel. Min. Ribeiro Dantas, J. 20/10/2016).
51. "(...) 10. Sob diversa perspectiva, a remessa imediata de toda e qualquer investigação, em que noticiada a possível prática delitiva de detentor de prerrogativa de foro, ao órgão jurisdicional competente não só pode implicar prejuízo à investigação de fatos de particular e notório interesse público, como, também, representar sobrecarga acentuada dos tribunais, a par de, eventualmente, engendrar prematuras suspeitas sobre pessoa cujas honorabilidade e respeitabilidade perante a opinião pública são determinantes para a continuidade e o êxito de suas carreiras políticas" (STJ, HC 307.152/GO, 6ª T, J. 19/11/2015).
52. "(...) 3. Não há como acolher-se a tese de nulidade aventada no presente recurso, porquanto, ao tempo em que autorizada a quebra dos sigilos bancário e telefônico do recorrente, ainda no curso das investigações criminais, os autos do inquérito policial ainda estavam sob a competência do Juízo da 5ª Vara Federal da Seção Judiciária de Mato Grosso, o que é suficiente para reconhecer que esse juízo era competente para autorizá-la. 4. Se, no decorrer das investigações, verificou-se a incompetência superveniente, tal situação, em regra, não afeta a validade das decisões precedentes à alteração da situação de fato a que a tenha gerado" (STJ, RHC 32.525/AP, 6ª T, rel. Min. Sebastião Reis Júnior, J. 05/03/2013).

Inicialmente, é importante registrar que não há dúvidas de que a apreensão do aparelho celular pela Polícia em decorrência da prisão em flagrante é lícita, conforme art. 6º, III, e art. 240, § 1º, *alíneas e* e *h* c/c § 2º, todos do CPP.[53]

Quanto ao acesso para verificação da *agenda do celular*, há posicionamento da 5ª Turma do Superior Tribunal de Justiça entendendo ser legal o acesso à agenda do celular, ou seja, aos contatos registrados no telefone, mesmo sem prévia autorização judicial (STJ, REsp 1.782.386/RJ, 5ª T, 15/12/2020).[54]

No mesmo sentido, mas também englobando a possibilidade de acesso, sem autorização judicial, aos registros telefônicos, ou seja, às chamadas efetuadas e recebidas, há precedente do Superior Tribunal de Justiça sobre a validade do acesso aos *registros telefônicos* e à *agenda* do aparelho celular apreendido com um dos envolvidos, ao argumento de que tais dados não estariam abarcados pela reserva de jurisdição prevista no art. 5º, XII, da Constituição Federal, não podendo se falar em ilegalidade da referida prova.[55]

Contudo, um dos precedentes citados no julgado anterior é o *Habeas Corpus* nº 91.867/PA, no qual o Supremo Tribunal Federal, em 2012, validou o acesso direto pela Polícia às chamadas efetuadas e recebidas registradas no celular do suspeito (STF, HC 91.867/PA, 2ª T, J. 24/04/2012):

> Não se confundem comunicação telefônica e registros telefônicos, que recebem, inclusive, proteção jurídica distinta. Não se pode interpretar a cláusula do artigo 5º, XII, da CF, no sentido de proteção aos dados enquanto registro, depósito registral. A proteção constitucional é da comunicação de dados e não dos dados.[56]

No entanto, a mesma questão entrou em repercussão geral, após a ilicitude da prova colhida de forma semelhante ter sido reconhecida por instâncias inferiores (STF, ARE 1.042.075 RG/RJ, Pleno, J. 23/11/2017).

---

53. Nesse sentido: (...) 2. Embora seja *despicienda ordem judicial para a apreensão dos celulares*, pois os réus encontravam-se em *situação de flagrância* (...) (STJ, RHC 67.379/RN, 5ª T, J. 20/10/2016).
54. Recurso especial. Tráfico de drogas. Uso de dados contidos na agenda telefônica sem autorização judicial. Validade. Situação não albergada pelo sigilo telefônico ou telemático. Recurso especial provido. (...) 3. O inciso XII do art. 5º da Constituição veda o acesso a dados decorrentes de interceptação telefônica ou telemática, ainda que armazenados no aparelho celular, sem a correspondente autorização judicial. 4. No caso, como autorizado pelo Código de Processo Penal, foi apreendido o telefone celular de um acusado e analisados os *dados constantes da sua agenda telefônica, a qual não tem a garantia de proteção do sigilo telefônico ou de dados telemáticos*, pois a agenda é uma das facilidades oferecidas pelos modernos aparelhos de smartphones a seus usuários. 5. Assim, deve ser reconhecida como válida a prova produzida com o acesso à agenda telefônica do recorrido, com o restabelecimento da sentença condenatória, determinando-se que a Corte *a quo* continue a apreciar a apelação. 6. Recurso especial provido.
55. (...) 1. Esta Corte Superior entende que a devassa nos dados constantes no aparelho celular, como mensagens de texto e conversas por meio de aplicativos, diretamente pela polícia, sem autorização judicial, constitui meio de prova ilícito e, consequentemente, os dados obtidos não podem constituir prova, devendo ser excluídos dos autos. No entanto, no presente caso, a Corte local informou ter havido *acesso aos registros telefônicos e à agenda do aparelho celular* apreendido com um dos envolvidos, dados esses não abarcados pela reserva de jurisdição prevista no art. 5º, XII, da Constituição Federal, não podendo se falar em ilegalidade da referida prova. – Precedentes: AgRg no REsp n. 1.760.815/PR, Ministra Laurita Vaz, Sexta Turma, DJe 13/11/2018 e HC n. 91.867/PA, Ministro Gilmar Mendes, Segunda Turma, DJe 20/9/2012. (...) (STJ, AgRg no REsp 1.853.702/RS, 5ª T, J. 23/06/2020, *DJe* 30/06/2020).
56. No mesmo sentido: STF, HC 124.322 AgR/RS, 1ª T, J. 09/12/2016.

Além disso, mais recentemente, a 2ª Turma do Supremo Tribunal Federal reviu o posicionamento adotado no referido *Habeas Corpus* nº 91.867/PA, entendendo ser imprescindível autorização judicial para o acesso ao aparelho:

> (...) Habeas corpus. 2. *Acesso a* aparelho celular por policiais sem autorização judicial. Verificação de conversas em aplicativo *WhatsApp.* Sigilo das comunicações e da proteção de dados. Direito fundamental *à* intimidade e *à* vida privada. *Superação da jurisprudência firmada no HC 91.867/PA.* Relevante modificação das circunstâncias fáticas e jurídicas. Mutação constitucional. *Necessidade de autorização judicial.* 3. Violação ao domicílio do réu após apreensão ilegal do celular. 4. *Alegação de fornecimento voluntário do acesso ao aparelho telefônico.* 5. *Necessidade de se estabelecer garantias para a efetivação do direito à não autoincriminação.* 6. Ordem concedida para declarar *a* ilicitude das provas ilícitas e de todas dela derivadas. (...) (STF, HC 168.052/SP, 2ª T, J. 20/10/2020).

Diante do teor do voto vencedor, da lavra do Ministro Gilmar Mendes, que foi o relator do caso, fica claro o novo posicionamento da 2ª Turma do Supremo Tribunal Federal no sentido de que o acesso ao aparelho celular de investigados ou réus deverá ser precedido de autorização judicial:

> (...) Tradicionalmente, *a doutrina entendia que a inviolabilidade das comunicações não se aplicava aos dados registrados, adotando uma interpretação mais estrita da norma contida no art. 5º, XII, da CF/88.* Partia-se da compreensão que os dados em si não eram objeto de proteção, mas somente as comunicações realizadas. (...) Naquela oportunidade, defendi a impossibilidade de interpretar-se a cláusula do artigo 5º, XII, da CF, no sentido de proteção aos dados enquanto registro, depósito registral, porquanto a proteção constitucional seria da comunicação, e não dos dados. Creio, contudo, que a *modificação das circunstâncias fáticas e jurídicas, a promulgação de leis posteriores e o significativo desenvolvimento das tecnologias da comunicação, do tráfego de dados e dos aparelhos smartphones* leva, nos dias atuais, à solução distinta. Ou seja, penso que se está diante de típico caso de *mutação constitucional.* Questiona-se se o acesso a informações e dados contidos nos celulares se encontra ou não expressamente abrangido pela cláusula do inciso XII do art. 5º. Contudo, ainda que se conclua pela não inclusão na referida cláusula, entendo que *tais dados e informações encontram-se abrangidos pela proteção à intimidade e à privacidade, constante do inciso X* do mesmo artigo. (...) No âmbito infraconstitucional, as normas do art. 3º, II, III; 7º, I, II, III, VII; 10 e 11 da *Lei 12.965/2014 – o marco civil da internet* – estabelecem diversas proteções à privacidade, aos dados pessoais, à vida privada, ao fluxo de comunicações e às comunicações privadas dos usuários da internet. A norma do *art. 7º, III,* da referida lei é elucidativa ao prever a *inviolabilidade e sigilo das comunicações privadas armazenadas (dados armazenados), "salvo por ordem judicial".* Percebe-se, portanto, que a legislação infraconstitucional avançou para possibilitar a proteção dos dados armazenados em comunicações privadas, os quais só podem ser acessados mediante prévia decisão judicial – matéria submetida à reserva de jurisdição. Entendo que o avanço normativo nesse importante tema da proteção do direito à intimidade e à vida privada deve ser considerado na interpretação do alcance das normas do art. 5º, X e XII, CF. Tão importante quanto a alteração do contexto jurídico é a impactante transformação das circunstâncias fáticas, que trazem novas luzes ao tema. Nesse sentido, *houve um incrível desenvolvimento dos mecanismos de comunicação e armazenamento de dados pessoais em smartphones e telefones celulares na última década.* Nos dias atuais, esses aparelhos são capazes de registrar as *mais variadas informações sobre seus usuários, como a sua precisa localização por sistema GPS ou estações de rádio base, as chamadas realizadas e recebidas, os registros da agenda telefônica, os dados bancários dos usuários, informações armazenadas em nuvem, os sites e endereços eletrônicos acessados, lista de e-mail, mensagens por aplicativos de telefone, fotos e vídeos pessoais,* entre outros. Além disso, a conexão de todos esses aparelhos à rede mundial de computadores faz com que estejamos todos integralmente conectados, o tempo todo, fornecendo dados e informações para órgãos públicos e privados. Conforme noticiado pelos meios de comunicação, os celulares são a principal forma de acesso dos brasileiros e cidadãos do país à internet. *Esse motivo, por si só, já seria suficiente para concluir pela incidência das normas acima descritas no que toca à proteção dos dados, fluxos*

de dados e demais informações contidas nesses dispositivos. (...) Não obstante, a proteção à intimidade e à vida privada contida no art. 5º, X, da CF/88, e a exigência da observância ao princípio da proporcionalidade nas intervenções estatais nesses direitos, impõem a *revisão de meu posicionamento anterior, para que o acesso seja condicionado à prévia decisão judicial.* (...) Destaque-se que a permissão de acesso direto a aparelhos telefônicos, por autoridades policiais, pode servir de estímulo para que pressões indevidas sejam exercidas sobre os acusados para o fornecimento de senhas de acesso e informações confidenciais. Não é incomum ouvir relatos de investigados que forneceram "voluntariamente" senhas de acesso a celulares ou prestaram depoimentos "informalmente" no momento da prisão e, posteriormente, na fase judicial do processo, afirmaram que, em realidade, foram pressionados a isso. (...)

Quanto ao acesso às mensagens de *WhatsApp*, a jurisprudência do Superior Tribunal de Justiça já era firme sobre a necessidade de prévia autorização judicial:

(...) 1. Ilícita é a devassa de dados, bem como das conversas de whatsapp, obtidas diretamente pela polícia em celular apreendido no flagrante, sem prévia autorização judicial. (...) (STJ, RHC 51.531/RO, 6ª T, J. 19/04/2016).

Não obstante, há precedente do mesmo STJ que ressalva a possibilidade de, excepcionalmente, se proceder à "colheita da prova através do acesso imediato aos dados do aparelho celular, nos casos em que a demora na obtenção de um mandado judicial puder trazer prejuízos concretos à investigação ou especialmente à vítima do delito" (STJ, REsp 1.661.378/MG, 6 T., J. 23/05/2017).

Por outro lado, embora seja indiscutível que a requisição de dados cadastrais do titular de uma linha telefônica pode ser feita diretamente pelo delegado de Polícia, sem necessidade de autorização judicial, para se acessar os extratos de ligações efetuadas e recebidas (dados telefônicos), segundo o Supremo Tribunal Federal, há necessidade de autorização judicial.[57]

Renato Brasileiro que, com base no art. 17 da Lei nº 12.850/2013, defendia a possibilidade de requisição direta de tais informações (números para os quais foram efetuadas ou recebidas ligações, data, hora e tempo de duração das ligações), mudou seu posicionamento afirmando que "será necessária prévia autorização judicial".[58]

Embora seja constitucional e legalmente possível a análise do conteúdo do aparelho celular mediante autorização expressa e voluntária do seu detentor,[59] há decisões judiciais entendendo que o consentimento do indivíduo, em uma situação de flagrante, desacompanhado de defensor, não é válido, diante da superioridade numérica e de armas da Polícia:

(...) 5. A própria narrativa da dinâmica dos fatos coloca sob dúvida o "consentimento" dado pelo réu aos policiais para o acesso aos dados contidos no seu celular, pois é pouco crível que, abordado por policiais, ele fornecesse voluntariamente a senha para o desbloqueio do celular e o acesso aos dados nele contidos.

---

57. "(...) O Juízo reclamado autorizou a *exibição de extratos telefônicos* dos policiais legislativos investigados (fls. 95-96 da AC 4.285/DF), *diligência sujeita ao prévio crivo do Estado-Juiz*. Nessa ambiência, essa prova também é ilícita em relação aos agentes detentores de prerrogativa de foro (...)" (STF, Rcl AC 4297/DF, J. 26/06/2019 – Informativo 945).
58. LIMA, Renato Brasileiro de. *Manual de Processo Penal*. Salvador: JusPodivm, 2021, p. 187.
59. STJ, HC 537.274/MG, 5ª T, J. 19/11/2019, DJe 26/11/2019.

6. Recurso em *habeas corpus* provido, para reconhecer a ilicitude das provas obtidas por meio do acesso ao celular do recorrente, bem como de todas as que delas decorreram e, consequentemente, anular o Processo n. 0001516-27.2018 *ab initio*, sem prejuízo de oferecimento de nova denúncia, desde que amparada em elementos informativos regularmente obtidos. Em consequência, fica determinado o relaxamento da prisão cautelar imposta ao réu, por excesso de prazo (STJ, RHC 101.119/SP, 6ª T, *J*. 10/12/2019). Vide, também: STF, HC 168.052/SP, 2ª T, J. 20/10/2020.

Assim, para evitar a declaração de ilicitude da prova, o delegado de Polícia responsável pelo caso precisará comprovar eventual voluntariedade do preso em franquear o acesso ao aparelho (Exemplos: filmagem do preso voluntariamente franqueando o acesso ao aparelho, dizendo que quer colaborar com a Polícia; preso acompanhado do seu defensor, que também assinará o termo de consentimento)[60] ou, caso tal cautela não seja possível, deverá representar por prévia autorização judicial para análise do conteúdo do aparelho apreendido.

Importante registrar, ainda, que há entendimento do Superior Tribunal de Justiça no sentido de que a ordem de busca e apreensão de aparelho celular pressupõe a autorização de acesso ao mesmo, portanto, havendo mandado de busca e apreensão de aparelho celular, estará implícita a autorização judicial para o acesso ao aparelho pela Polícia:

> (...) IV – *Na pressuposição da ordem de apreensão de aparelho celular ou smartphone está o acesso aos dados que neles estejam armazenados*, sob pena de a busca e apreensão resultar em medida írrita, dado que o aparelho desprovido de conteúdo simplesmente não ostenta virtualidade de ser utilizado como prova criminal. V – Hipótese em que, demais disso, a decisão judicial expressamente determinou o acesso aos dados armazenados nos aparelhos eventualmente apreendidos, robustecendo o alvitre quanto à licitude da prova. Recurso desprovido (STJ, RHC 75.800/PR, 5ª T, rel. Min. Felix Fischer, *J*. 15/09/2016)

> (...) 1. Uma vez comprovado que a busca e apreensão de aparelho celular para fins de investigar o conteúdo de seus arquivos foi autorizada por decisão devidamente fundamentada, não se pode concluir que o tão só cumprimento da medida por quem não era autoridade policial tornou nulo o procedimento. (...) (STJ, RHC 80.808/PA, 6ª T, rel. Min. Maria Thereza de Assis Moura, *J*. 03/08/2017).

De qualquer forma, quando for relevante a apreensão de aparelho celular ou outra mídia, o correto é, por ocasião da representação pela expedição do mandado de busca e apreensão, consignar pedido ao juiz para que, de forma expressa, autorize o acesso aos bancos de dados dos computadores e mídias de qualquer natureza, inclusive telefones celulares, *pen drives*, discos rígidos removíveis, arquivos em nuvem e outros eventualmente encontrados durante as buscas, para que as equipes das buscas possam verificar o conteúdo dos mesmos e decidir quanto ao real interesse na apreensão, bem como para que todo o material possa ser analisado pela equipe de análise e perícia técnica, integrando, assim, o conjunto probatório.

Havendo autorização judicial de acesso ao celular apreendido durante prisão em flagrante e sendo encontradas provas de crimes praticados por terceiros, será legítima a utilização das informações obtidas:

---

60. STJ, HC 537.274/MG, 5ª T, *J*. 19/11/2019, *DJe* 26/11/2019.

Ementa: Agravo regimental no recurso ordinário em habeas corpus. Processual penal. Apreensão de aparelho celular durante prisão em flagrante de terceiro pelo crime de receptação qualificada. Dados telemáticos obtidos mediante autorização judicial. Encontro fortuito de crimes. Abertura de novo inquérito para apurar os supostos crimes descobertos fortuitamente. Compartilhamento que prescinde de autorização judicial. Legalidade do inquérito no qual o recorrente é investigado por suposta lavagem de dinheiro. Agravo improvido. I – A jurisprudência do Supremo Tribunal Federal – STF entende válido o encontro fortuito de provas (princípio da serendipidade), assim como legítima a cooperação entre os órgãos de investigação e de persecução penal, desde que o emprego desse método especial de investigação tenha sido validamente autorizado. II – No caso, a partir da prisão em flagrante de uma pessoa por suposta prática do crime de receptação qualificada, com quem foi apreendido um aparelho celular, houve a autorização judicial para que os dados telemáticos do referido aparelho fossem acessados. Com essa medida, descobriu-se o envolvimento de várias outras pessoas em suposta prática de receptação de cargas roubadas, bem como em possível esquema de lavagem de dinheiro oriundo do roubo de cargas e fraudes em certames públicos de licitação em várias Prefeituras, entre elas o ora recorrente. III – O acesso ao referido aparelho celular deu-se mediante autorização judicial, sendo, portanto, legítima a utilização das informações obtidas nessa medida cautelar para a abertura de novo inquérito policial visando à apuração dos crimes que foram descobertos fortuitamente. IV – Não se há falar em vício de inobservância ou alargamento daquela limitação constitucional da garantia à inviolabilidade de sigilo, uma vez que houve apenas o aproveitamento da mesma fonte de prova obtida legitimamente em outro procedimento criminal, sem que tanto configure ofensa à intimidade já afastada do agente. V – Agravo regimental improvido. (STF, RHC 239.805 AgR/PE, 1ª T J. 07/05/2024).

Há ainda precedentes do Superior Tribunal de Justiça, relacionados a crimes de pornografia infantil, entendendo ser prescindível (dispensável) a autorização judicial quando a própria materialidade do crime se encontrar plasmada em fotografias que são armazenadas no aparelho:

Agravo regimental no habeas corpus. Crime de produção de pornografia infantil. Art. 240, § 2º, INCISO II do Estatuto da Criança e do Adolescente – ECA. Nulidade. Autorização judicial para o acesso a dados. Inexistência. prescindibilidade na hipótese. Agravo regimental desprovido. 1. Os dados constantes em dispositivos eletrônicos particulares se submetem a proteção constitucional à intimidade, sendo que o acesso a seu conteúdo depende, em regra, de prévia e expressa autorização judicial. 2. "No entanto, deve ser realizado um *discrímen* nos casos em que a materialidade delitiva está incorporada na própria coisa. É dizer, quando se tratar do próprio corpo de delito, ou seja, quando a própria materialidade do crime se encontrar plasmada em fotografias que são armazenadas naquele aparelho, como na espécie, a autorização judicial não será imprescindível" (RHC 108.262/MS, Rel. Ministro Antonio Saldanha Palheiro, Sexta Turma, julgado em 5/9/2019, Dje 9/12/2019). 3. Agravo Regimental no habeas corpus desprovido (STJ, AgRg no HC 656.873/SC, 5ª T, J. 23/11/2021).

Caso o acesso seja ao celular da vítima, morta em decorrência de crime de homicídio, cujo aparelho foi entregue à Polícia pela esposa interessada no esclarecimento do fato, a prova produzida a partir da análise dos dados constantes do aparelho será lícita:

(...) 2. Não há ilegalidade na perícia de aparelho de telefonia celular pela polícia na hipótese em que seu proprietário – a vítima – foi morto, tendo o referido telefone sido entregue à autoridade policial por sua esposa, interessada no esclarecimento dos fatos que o detinha, pois não havia mais sigilo algum a proteger do titular daquele direito (...) (STJ, RHC 86.076/MT, 6ª T, J. 19/10/2017).

Neste caso, segundo o voto vencedor da decisão na 6ª Turma do Superior Tribunal de Justiça:

> Com efeito, quanto à alegada 'nulidade da ilícita quebra de sigilo de conversas whatsapp e dados telefônicos do aparelho de celular apreendido da vítima', o voto do relator faz referência a precedentes em que a situação é distinta, porque dizem respeito à interceptação de celular do acusado, cujo conteúdo vem a ser devassado – as comunicações, fotografias, dados bancários – sem autorização judicial. Nesse sentido, de fato, este Órgão Colegiado vem entendendo que a prova seria ilícita, tratando-se, pois, da liberdade pública de que é titular o sujeito passivo da persecução penal.
>
> Neste caso, todavia, a situação é oposta, visto que houve um homicídio em que esse telefone – de propriedade da vítima – teria sido, inclusive, um veículo para a prática do crime, porque o acusado, por meio de ligação telefônica para o aparelho celular da vítima, a teria mantido por cerca de uma hora na frente da residência onde ela se encontrava, até que ali chegasse o executor do homicídio que teria sido praticado a mando dos dois acusados.
>
> A vítima foi morta, o celular ficou com a sua esposa, e ela o entregou à Polícia. Portanto, *o detentor de eventual direito ao sigilo estava morto, não havia mais sigilo algum a proteger do titular daquele direito*, e a sua esposa, totalmente interessada no esclarecimento dos fatos, entregou o celular à Polícia, que o examinou, talvez realmente antes da ordem judicial.
>
> *Neste caso, não vejo nem necessidade de uma ordem judicial* porque, repito, no processo penal, o que se protege são os interesses do acusado. A mim, soa como impróprio proteger-se a intimidade de quem foi vítima do homicídio, sendo que o objeto da apreensão e da investigação é esclarecer o homicídio e punir aquele que, teoricamente, foi o responsável pela morte (STJ, RHC 86.076/MT, 6ª T, J. 19/10/2017).

Tal decisão foi mantida pelo Supremo Tribunal Federal, que não vislumbrou manifesta ilegalidade nela. Pelo contrário. Para a Suprema Corte, a decisão foi acertada ao consignar a desnecessidade de prévia autorização judicial para acesso aos dados do *WhatsApp*, considerando que o detentor de eventual direito ao sigilo estava morto e que a sua esposa, totalmente interessada no esclarecimento dos fatos, entregou o celular à polícia.[61]

Noutra senda, em razão de uma preocupação com a possibilidade de manipulação da prova, o Superior Tribunal de Justiça decidiu que é nula a decisão judicial que autoriza o espelhamento do *WhatsApp* para que a Polícia acompanhe as conversas do suspeito pelo *WhatsApp Web*.[62]

Segundo a Corte da Cidadania, além de não haver previsão legal específica, o investigador de Polícia tem a possibilidade de atuar como participante, tanto das conversas que venham a ser realizadas, quanto das conversas que já estão registradas no aparelho celular, haja vista ter o poder, conferido pela própria plataforma *online*, de interagir nos diálogos mediante envio de novas mensagens a qualquer contato presente no celular, além de poder excluir mensagens, com total liberdade e sem deixar vestígios.

---

61. "(...) Desse modo, não vislumbro manifesta ilegalidade na decisão acima descrita. Daí o acerto da decisão agravada, na qual restou consignada a desnecessidade de prévia autorização judicial para acesso aos dados do whatsapp, considerando que o detentor de eventual direito ao sigilo estava morto e que a sua esposa, totalmente interessada no esclarecimento dos fatos, entregou o celular à polícia. (...)" (STF, AG. REG. no HC nº 152.836/MT, 2ª T, J. 22/06/2018).
62. Não é possível aplicar a analogia entre o instituto da interceptação telefônica e o espelhamento, por meio do WhatsApp Web, das conversas realizadas pelo aplicativo WhatsApp. (STJ. 6ª Turma. RHC 99735-SC, Rel. Min. Laurita Vaz, julgado em 27/11/2018).

Logo, a vulnerabilidade de diligência investigativa reside no fato de que, em tese, o investigador poderia apagar mensagens ou mandar novas sem deixar nenhum vestígio de que foi ele. Isso porque o *WhatsApp* utiliza criptografia *end-to-end*, de forma que esses registros não ficam armazenados em nenhum servidor.

Assim, admitir essa espécie de prova seria conferir uma presunção absoluta de que todos os atos dos investigadores seriam legítimos, considerando que o suspeito não teria como provar, por exemplo, que não enviou aquela determinada mensagem e que ela teria sido "plantada" pelo policial.

Em sentido diametralmente oposto, confira o seguinte trecho da decisão monocrática do STJ, proferida em 16/05/2023, pelo Ministro Reynaldo Soares da Fonseca:

> (...) a questão posta em juízo traz à baila a aferição da possibilidade de utilização, no ordenamento jurídico pátrio, de ações encobertas, controladas virtuais ou de agentes infiltrados no plano cibernético. A questão que se põe é: pode-se revestir a mencionada manobra policial de legalidade, gerando o subsequente aproveitamento das provas?
>
> A resposta se denota positiva, desde que o uso da ação controlada na investigação criminal esteja amparado por autorização judicial. A chancela jurídica, portanto, possibilita o monitoramento legítimo, inclusive via espelhamento do *software Whtastapp Web*, outorgando funcionalidade à persecução virtual, de inestimável valia no mundo atual. A prova assim obtida, via controle judicial, não se denota viciada, não inquinando as provas derivadas, afastando-se a teoria do *fruits of the poisounous tree* na hipótese.
>
> (...)
>
> A ação controlada e a infiltração, que se configuram como técnica especial de investigação voltada ao combate da criminalidade moderna, deve ser admitida quando a prova não puder ser produzida por outros meios disponíveis, desde que comprovada sua necessidade. É o que se dá na hipótese dos autos, com o autorizado espelhamento via *software Whatsapp Web*, como meio de infiltração investigativa, na medida em que a interceptação de dados direta, feita no próprio aplicativo original do *Whastapp*, se denota, por vezes, despicienda, em face da conhecida criptografia ponta a ponta que vigora no aplicativo original, impossibilitando o acesso ao teor das conversas ali entabuladas.
>
> Concebe-se plausível, portanto, que o espelhamento autorizado via *software Whatsapp Web*, pelos órgãos de persecução, se denote equivalente à modalidade de infiltração do agente, que consiste, como já asseverado, em meio extraordinário, mas válido, de obtenção de prova.
>
> Pode, desta forma, o agente policial valer-se da utilização do espelhamento pela via do *software Whatsapp Web*, desde que respeitados os parâmetros de proporcionalidade, subsidiariedade, controle judicial e legalidade, calcado pelo competente mandado judicial, como ocorrido na hipótese presente. De fato, como já asseverado supra, a Lei n. 9.296/1996, que regulamenta as interceptações, conjugada com a Lei n. 12.850/2013 (Lei das Organizações Criminosas), outorgam substrato de validade processual às ações infiltradas no plano cibernético, desde que observada a cláusula de reserva de jurisdição.
>
> (...)
>
> No caso dos autos, não houve comprovação de qualquer adulteração no decorrer probatório, nenhum elemento veio aos autos a demonstrar que houve adulteração da prova, alteração na ordem cronológica dos diálogos ou mesmo interferência de quem quer que seja, a ponto de invalidar a prova, salvo, naturalmente, a eventual ingerência e interação que decorre da atuação na ação controlada e da condição de agente infiltrado aqui reconhecida, não podendo referida invalidade ser presumida. (...) (STJ, AREsp 2.257.960, Ministro Reynaldo Soares da Fonseca, 16/05/2023)

Ainda sobre o risco de manipulação probatória do que se extrai via *WhatsApp*, convém mencionar que o Superior Tribunal de Justiça, no informativo 696, considerou ilegal a quebra do sigilo telefônico mediante a habilitação de chip pela autoridade policial em substituição ao do investigado titular da linha.[63]

Na troca do chip habilitado, o agente investigador atua como efetivo participante das conversas, já que é possível a interação direta com os interlocutores, bem como o envio de mensagens a qualquer contato do interceptado. Além disso, seria possível, ainda, excluir, com total liberdade, e sem deixar vestígios, as mensagens enviadas pelo *WhatsApp*. E, nesse interregno, o investigado permaneceria com todos seus serviços de telefonia suspensos.

Assim, segundo o Superior Tribunal de Justiça, considerando que a interceptação telefônica e telemática devem se dar nos estritos limites da lei, por se tratar de providência que excepciona a garantia constitucional à inviolabilidade das comunicações (art. 5º, XII, CF/88), não é possível interpretação extensiva com a finalidade de alargar as hipóteses nela previstas ou de criar procedimento diverso dos por ela autorizados.

6.15 PERSECUÇÃO PENAL, NOVAS TECNOLOGIAS E PROVAS DIGITAIS

Conforme prevê a primeira parte do artigo 155 do CPP, *o juiz formará sua convicção pela livre apreciação da prova produzida em contraditório judicial.*

Assim, com base no princípio da liberdade das provas, as partes contam com liberdade para a obtenção, apresentação e produção da prova, desde que não violem as regras impostas no ordenamento jurídico.

Dessa forma, ante a essa liberdade de provas, com a revolução tecnológica da sociedade, o Direito se depara com as chamadas "provas digitais."

Segundo Fernando Capez:[64]

> A prova digital pode ser conceituada como o elemento jurídico apto a demonstrar a ocorrência ou não de um fato, delimitando suas características e circunstâncias, bem como os sujeitos a ele envolvidos e a dinâmica das ações. Renan Thamay e Maurício Tamer a definem como o instrumento jurídico vocacionado a demonstrar a ocorrência de um fato e suas circunstâncias, tendo ele ocorrido total ou parcialmente em meios digitais ou, se fora deles, esses sirvam como instrumento para sua demonstração.[65]
>
> O que difere a prova digital das demais é que o ambiente por ela demonstrado é o virtual, ou seja, um ato que tenha como suporte a utilização do meio digital. Para além de tal possibilidade, a prova digital também terá serventia para os fatos ocorridos fora dos ambientes virtuais, mas que sua comprovação poderá ser feita por meios digitais.

Sobre o assunto, a VUNESP cobrou a seguinte questão na prova para Delegado de Polícia Civil, em 2022:

---

63. STJ. 6ª Turma. REsp 1806792-SP, Rel. Min. Laurita Vaz, julgado em 11/05/2021 (Info 696).
64. CAPEZ, Fernando. *A relevância das provas digitais para o Direito contemporâneo*. 2023.
65. THAMAY, Renan e TAMER, Maurício. *Provas no direito digital* – conceito da prova digital, procedimentos e provas em espécie. 2. ed. São Paulo. Ed. Thomson Reuters, 2022, p. 33.

(VUNESP – 2022 – PC-SP – Delegado de Polícia) É correto afirmar que, hodiernamente, a prova digital:

(A) apesar de se tratar de meio de prova ilegítimo, admite-se a sua utilização na defesa do acusado.

(B) apesar de se tratar de meio de prova ilícito, admite-se a sua utilização na defesa do acusado.

(C) consiste em meio ilegítimo de prova, sendo vedada a sua utilização.

(D) consiste em meio lícito e legítimo de prova e seu uso encontra alicerce na legislação.

(E) consiste em meio ilícito de prova, sendo vedada a sua utilização.

Resposta: Alternativa D, pois a prova digital é meio lícito e legítimo de prova.

Nesse sentido, também conforme Capez:[66]

> Os fatos ocorridos no meio digital com comprovação digital estão presentes no cotidiano da sociedade contemporânea. Mensagens de *WhatsApp*, *Telegram* e perfis no *Instagram* e *Facebook* são mídias utilizadas para o desenvolvimento das relações interpessoais sem as quais seria impossível compreender a vida moderna. O mesmo ocorre no ambiente de trabalho através do tratamento de dados, cópias de *softwares*, disponibilização de vídeos e mensagens na *Intranet*. Contudo, a prova digital também tem valia para os atos ocorridos fora do ambiente virtual, tais como a ata notarial lavrada a partir da constatação pelo tabelião de foto em mídia social em que constam juntos um colaborador de uma empresa e um diretor da empresa concorrente, mostrando o conluio entre ambos, ou a comprovação de tráfico de entorpecentes (recebimento de carga, distribuição, venda e contabilidade) por mensagens de *WhatsApp*.

Importante registrar que a 5ª Turma do STJ decidiu, em 07/02/2023, que *são inadmissíveis as provas digitais sem registro documental acerca dos procedimentos adotados pela Polícia para a preservação da integridade, autenticidade e confiabilidade dos elementos informáticos* (Informativo 763 do STJ):

> Em que pese a intrínseca volatilidade dos dados armazenados digitalmente, já são relativamente bem delineados os mecanismos necessários para assegurar sua integridade, tornando possível verificar se alguma informação foi alterada, suprimida ou adicionada após a coleta inicial das fontes de prova pela polícia.
>
> Pensando especificamente na situação, a autoridade policial responsável pela apreensão de um computador (ou outro dispositivo de armazenamento de informações digitais) deve copiar integralmente (*bit a bit*) o conteúdo do dispositivo, gerando uma imagem dos dados: um arquivo que espelha e representa fielmente o conteúdo original.
>
> Aplicando-se uma técnica de algoritmo *hash*, é possível obter uma assinatura única para cada arquivo – uma espécie de impressão digital ou DNA, por assim dizer, do arquivo. Esse código *hash* gerado da imagem teria um valor diferente caso um único *bit* de informação fosse alterado em alguma etapa da investigação, quando a fonte de prova já estivesse sob a custódia da polícia. Mesmo alterações pontuais e mínimas no arquivo resultariam numa *hash* totalmente diferente, pelo que se denomina em tecnologia da informação de efeito avalanche.
>
> Desse modo, comparando as *hashes* calculadas nos momentos da coleta e da perícia (ou de sua repetição em juízo), é possível detectar se o conteúdo extraído do dispositivo foi alterado, minimamente que seja. Não havendo alteração (isto é, permanecendo íntegro o corpo de delito), as *hashes* serão idênticas, o que permite atestar com elevadíssimo grau de confiabilidade que a fonte de prova permaneceu intacta.
>
> Contudo, no caso, não existe nenhum tipo de registro documental sobre o modo de coleta e preservação dos equipamentos, quem teve contato com eles, quando tais contatos aconteceram e qual o trajeto administrativo interno percorrido pelos aparelhos uma vez apreendidos pela polícia. Nem se precisa questionar se a polícia espelhou o conteúdo dos computadores e calculou a *hash* da imagem resultante, porque até

---

66. CAPEZ, Fernando. *A relevância das provas digitais para o Direito contemporâneo*. 2023.

mesmo providências muito mais básicas do que essa – como documentar o que foi feito – foram ignoradas pela autoridade policial.

Salienta-se, ainda, que antes mesmo de ser periciado pela polícia, o conteúdo extraído dos equipamentos foi analisado pela própria instituição financeira vítima. O laudo produzido pelo banco não esclarece se o perito particular teve acesso aos computadores propriamente ditos, mas diz que recebeu da polícia um arquivo de imagem. Entretanto em nenhum lugar há a indicação de como a polícia extraiu a imagem, tampouco a indicação da *hash* respectiva, para que fosse possível confrontar a cópia periciada com o arquivo original e, assim, aferir sua autenticidade.

Por conseguinte, os elementos comprometem a confiabilidade da prova: não há como assegurar que os elementos informáticos periciados pela polícia e pelo banco são íntegros e idênticos aos que existiam nos computadores do réu, o que acarreta ofensa ao art. 158 do CPP com a quebra da cadeia de custódia dos computadores apreendidos pela polícia, inadmitindo-se as provas obtidas por falharem num teste de confiabilidade mínima; inadmissíveis são, igualmente, as provas delas derivadas, em aplicação analógica do art. 157, § 1º, do CPP.

Nesse mesmo sentido, no Habeas Corpus 828.054, a 5ª Turma do STJ assim decidiu:

Processual penal. Agravo regimental no habeas corpus. Tráfico de drogas. Apreensão de celular. Extração de dados. Captura de telas. Quebra da cadeia de custódia. Inadmissibilidade da prova digital. Agravo regimental provido.

1. O instituto da cadeia de custódia visa a garantir que o tratamento dos elementos probatórios, desde sua arrecadação até a análise pela autoridade judicial, seja idôneo e livre de qualquer interferência que possa macular a confiabilidade da prova.

2. Diante da volatilidade dos dados telemáticos e da maior suscetibilidade a alterações, imprescindível se faz a adoção de mecanismos que assegurem a preservação integral dos vestígios probatórios, de forma que seja possível a constatação de eventuais alterações, intencionais ou não, dos elementos inicialmente coletados, demonstrando-se a higidez do caminho percorrido pelo material.

3. A auditabilidade, a repetibilidade, a reprodutibilidade e a justificabilidade são quatro aspectos essenciais das evidências digitais, os quais buscam ser garantidos pela utilização de metodologias e procedimentos certificados, como, e.g., os recomendados pela ABNT.

4. A observação do princípio da mesmidade visa a assegurar a confiabilidade da prova, a fim de que seja possível se verificar a correspondência entre aquilo que foi colhido e o que resultou de todo o processo de extração da prova de seu substrato digital. Uma forma de se garantir a mesmidade dos elementos digitais é a utilização da técnica de algoritmo *hash*, a qual deve vir acompanhada da utilização de um *software* confiável, auditável e amplamente certificado, que possibilite o acesso, a interpretação e a extração dos dados do arquivo digital.

5. De relevo trazer à baila o entendimento majoritário desta Quinta Turma no sentido de que "é ônus do Estado comprovar a integridade e confiabilidade das fontes de prova por ele apresentadas. É incabível, aqui, simplesmente presumir a veracidade das alegações estatais, quando descumpridos os procedimentos referentes à cadeia de custódia" (AgRg no RHC n. 143.169/RJ, relator Ministro Messod Azulay Neto, relator para acórdão Ministro Ribeiro Dantas, Quinta Turma, DJe de 2/3/2023).

6. Neste caso, não houve a adoção de procedimentos que assegurassem a idoneidade e a integridade dos elementos obtidos pela extração dos dados do celular apreendido. Logo, evidentes o prejuízo causado pela quebra da cadeia de custódia e a imprestabilidade da prova digital.

7. Agravo regimental provido a fim de conceder a ordem de ofício para que sejam declaradas inadmissíveis as provas decorrentes da extração de dados do celular do corréu, bem como as delas decorrentes, devendo o Juízo singular avaliar a existência de demais elementos probatórios que sustentem a manutenção da condenação. (STJ, AgRg no HC 828.054/RN, 5ª T, J. 23/04/2024).

Não obstante, no julgamento dos Embargos de Declaração no Habeas Corpus nº 945.157/SC, em 04/11/2024, a 5ª Turma do STJ reconheceu como válidos *prints* de *WhatsApp* feitos por familiar da vítima, utilizando ferramentas do próprio aplicativo, em que houve confirmação da troca de mensagens pelo réu e pela vítima:

> Direito Processual Penal. Embargos de declaração recebidos como agravo regimental. Habeas corpus substitutivo de recurso próprio. Inadmissibilidade. Crime de estupro de vulnerável e posse de material pornográfico infantil. Alegação de ilicitude de provas. *Prints* de *whatsapp*. Ausência de violação à cadeia de custódia. Flagrante ilegalidade não configurada. Decisão mantida. Agravo regimental desprovido.
>
> I. Caso em exame
>
> 1. Embargos de declaração recebidos como agravo regimental, em *habeas corpus* impetrado contra acórdão que manteve condenação por estupro de vulnerável (art. 217-A do Código Penal) e posse de conteúdo pornográfico infantojuvenil (art. 241-B c/c art. 241-E do ECA). A defesa alega ilicitude das provas obtidas mediante *prints* de mensagens do *WhatsApp*.
>
> II. Questão em discussão
>
> 2. Há duas questões em discussão: (i) se o *habeas corpus* pode ser utilizado como substitutivo de recurso próprio; e (ii) se os *prints* de mensagens de *WhatsApp*, obtidos sem autorização judicial, configuram violação à cadeia de custódia das provas e ensejam a nulidade da condenação.
>
> III. Razões de decidir
>
> 3. O *habeas corpus* não pode ser utilizado como substitutivo de recurso próprio ou revisão criminal, salvo em casos de flagrante ilegalidade, o que não se verifica no presente caso.
>
> 4. *As provas obtidas mediante prints de WhatsApp não configuram violação à cadeia de custódia, tendo em vista que foram realizadas por familiar da vítima, utilizando ferramentas do próprio aplicativo, sem qualquer manipulação indevida. Além disso, tanto a vítima quanto o réu confirmaram a troca de mensagens.*
>
> 5. A jurisprudência desta Corte e do STF tem consolidado que, para a decretação da prisão preventiva ou manutenção da condenação, é necessária a demonstração da periculosidade do agente e da gravidade concreta do delito, elementos presentes no caso.
>
> 6. Não há elementos nos autos que evidenciem flagrante ilegalidade que justifique a concessão da ordem de ofício.
>
> IV. Dispositivo
>
> 7. Agravo regimental desprovido. Decisão mantida. (STJ, EDcl no HC 945.157/SC, 5ª T, J. 04/11/2024).

Sobre o acesso ao celular do preso e o espelhamento do *WhatsApp*, recomendo a leitura do tópico anterior, onde o assunto foi detalhadamente estudado.

6.16 COLABORAÇÃO PREMIADA

Embora tenha ganhado maior notoriedade com a operação Lava Jato, a *colaboração premiada*, antes denominada *delação premiada*, não é um instituto recente no Brasil, constando de diversos diplomas legais, ao menos desde a década de 1990, a saber:

(I) Lei nº 8072/1990 – Crimes Hediondos (art. 8º e alteração do art. 159, § 4º do CP – redução de 1/3 a 2/3);

(II) Revogada Lei nº 9.034/1995 – Organização Criminosa (redução de 1/3 a 2/3);

(III) Lei nº 9.080/1995 – alterou as Leis nº 7.492/1986 (Sistema Financeiro Nacional) e nº 8.137/1990 (Crimes Contra e Ordem Tributária) – (redução de 1/3 a 2/3);

(IV) Lei nº 9.613/1998 – Lavagem de Dinheiro (redução de 1/3 a 2/3, regime menos gravoso, penas restritivas de direitos ou perdão judicial);

(V) Lei nº 9.807/1999 – Proteção a Testemunhas (perdão judicial se primário ou redução de 1/3 a 2/3);

(VI) Lei nº 11.343/2006 – Tráfico de Drogas (redução de 1/3 a 2/3);

(VII) Lei nº 12.529/2011 – Sistema Brasileiro de Defesa da Concorrência (acordo de leniência);

(VIII) Lei nº 12.850/2013 – Organização Criminosa (redução de até 2/3, penas restritivas de direitos, perdão judicial ou não oferecimento de denúncia).

A colaboração premiada tem enorme eficácia, uma vez que se trata de uma negociação legal e direta com o criminoso, ou seja, com alguém que se encontra no âmbito da organização criminosa, que conhece o crime por dentro e que, por essa razão, tem amplo conhecimento do esquema investigado, incluindo os demais membros da organização criminosa, suas rotinas, rotas, *modus operandi*, finanças, parceiros, financiadores, contadores, doleiros, meios de comunicação etc.

Tal negociação direta pode ser feita entre o delegado de polícia,[67] o investigado e o defensor, com a manifestação do Ministério Público, bem como entre o Ministério Público, o investigado ou acusado e o defensor (art. 4º, § 6º), sendo que em ambos os casos há necessidade de homologação judicial (art. 4º, § 7º).

A legitimidade do delegado de Polícia para celebrar acordo de colaboração premiada, no âmbito do inquérito policial, é expressamente prevista no art. 4º, §§ 2º e 6º, da Lei nº 12.850/2013, cuja constitucionalidade foi declarada pelo STF na ADI 5.508/DF.

Contudo, o próprio STF, posteriormente, mitigou tal entendimento, por ocasião do julgamento da Petição 8.482, onde decidiu que a anuência do Ministério Público deveria ser posta como condição de eficácia do acordo de colaboração premiada celebrado pela autoridade policial.[68]

---

67. Vide ADI 5508 - STF.
68. "Ementa: Acordo de colaboração premiada. Preliminar suscitada pela procuradoria-geral da república. Legitimidade da autoridade policial. Precedente da adi 5.508, posição majoritária do STF pela autonomia da PF na celebração de ACP. Posição contrária deste relator vencida na ocasião. Tema que repõe a PGR em plenário e em menor extensão do voto então vencido. *Anuência do Ministério Público* suscitada agora pela PGR. *Condição de eficácia.* Acolhimento. 1. Nos termos do entendimento formado no julgamento da ADI 5.508, *a autoridade policial tem legitimidade para celebrar autonomamente acordo de colaboração premiada.* Em voto vencido, assentada a negativa dessa faculdade. 2. Matéria novamente suscitada, em menor extensão, pela PGR. Considerada a estrutura acusatória dada ao processo penal conformado à Constituição Federal, *a anuência do Ministério Público deve ser posta como condição de eficácia do acordo de colaboração premiada celebrado pela autoridade policial.* Posicionamento de menor extensão contido no voto vencido proferido. Possibilidade de submeter a matéria ao mesmo Plenário a fim de que o entendimento majoritário seja confirmado ou eventual-

Não obstante, por ocasião da colaboração premiada do Tenente-Coronel Mauro Cid, o STF mudou novamente de posição e homologou o acordo de colaboração premiada celebrado entre a Polícia Federal e o citado militar, mesmo com parecer contrário da Procuradoria-Geral da República[69], a qual, somente *a posteriori* manifestou-se favoravelmente ao acordo.[70]

Noutra senda, o Supremo Tribunal Federal e o Superior Tribunal de Justiça chegaram a decidir que o termo de colaboração premiada possui natureza de *negócio jurídico processual personalíssimo* que não admite impugnação de terceiros.[71]

Nessa linha, o art. 3º-A da Lei nº 12.850/2013, incluído pela Lei Anticrime (Lei nº 13.964/2019), estatuiu que "o acordo de colaboração premiada é negócio jurídico processual e meio de obtenção de prova, que pressupõe utilidade e interesse públicos."

---

mente retificado. Em linha de coerência com o voto vencido, pela retificação do entendimento majoritário na extensão que pleiteia a PGR. 3. Questão preliminar suscitada pela Procuradoria-Geral da República acolhida para dar parcial provimento ao agravo regimental e tornar sem efeito, desde então, a decisão homologatória do acordo de colaboração premiada celebrado nestes autos, ante a desconformidade manifestada pelo Ministério Público e aqui acolhida. Eficácia *ex tunc*. (STF, Petição 8.482 AgR/DF, Pleno, J. 31/05/2021).

69. *Nota oficial do gabinete do ministro Alexandre de Moraes* – 09/09/2023: Em 9/9/2023, nos termos do § 7º, do artigo 4º da Lei nº 12.850/13, presentes a regularidade, legalidade, adequação dos benefícios pactuados e dos resultados da colaboração à exigência legal e a voluntariedade da manifestação de vontade, o Ministro do Supremo Tribunal Federal, Alexandre de Moraes, homologou o *Acordo de Colaboração Premiada* nº 3490843/2023 2023.0070312-CGCINT/DIP/PF, referente às investigações do INQ 4.874/DF e demais Petições conexas, *realizado entre a Polícia Federal e Mauro César Barbosa Cid*, devidamente acompanhado por seu advogados, a fim de que produzam seus efeitos jurídicos e legais.

70. STF, Petição 11.767/DF, Min. Alexandre de Moraes, J. 03/05/2024.

71. "Ementa: Agravo regimental. Inquérito. Pedido de acesso a termo do acordo de colaboração. Sigilo legal. Lei 12.850/2013. Negócio jurídico personalíssimo. Precedente: hc 127.483/pr. Acesso garantido aos termos de depoimento do colaborador. Agravo regimental desprovido. 1. O Termo de Colaboração Premiada revela natureza de negócio jurídico processual, consistindo meio de obtenção de prova cujo sigilo perdura até que sobrevenha decisão de recebimento da denúncia (art. 7º, § 1º e § 3º, da Lei 12.850/2013). 2. O Termo do Acordo de Colaboração, celebrado entre Ministério Público e Colaborador, não é alcançado pela regra de que ao defensor deve ser garantido o acesso aos elementos de prova que digam respeito ao exercício da ampla defesa. 3. O Termo de Colaboração Premiada, *porquanto negócio jurídico processual personalíssimo*, não admite impugnação de terceiros, conforme jurisprudência do Supremo Tribunal Federal sedimentada a partir do HC 127.483/PR, Tribunal Pleno, Rel. Min. Dias Toffoli, DJe de 04/02/2016. 4. (a) *In casu*, o agravante se insurge contra o indeferimento do pedido de acesso ao Termo do Acordo de Colaboração de Alexandre Corrêa de Oliveira Romano. (b) A alegação do Agravante, no sentido de que a defesa teria direito subjetivo de impugnar eventual ilegalidade das cláusulas pactuadas, não encontra ressonância na Lei 12.850/2013, tampouco na jurisprudência do Supremo Tribunal Federal sobre o tema. (c) O Termo do Acordo de Colaboração permanece em sigilo até que sobrevenha eventual decisão de recebimento da denúncia, ocasião em que sua juntada aos autos assume relevância, unicamente para o fim de verificar-se a efetividade da Colaboração, em cotejo com as obrigações assumidas pelo Colaborador perante o *Parquet*. (d) Registre-se, ainda, que, *in casu*, foi garantido à defesa do Agravante pleno acesso aos elementos probatórios colhidos por meio do acordo de colaboração premiada, notadamente os depoimentos do colaborador, devidamente submetidos ao contraditório prévio a ser exercido mesmo antes de eventual decisão de recebimento da denúncia, para fins de resposta à acusação. 5. Ex positis, ausente direito subjetivo do delatado de obter acesso ao Termo do Acordo de Colaboração Premiada anteriormente à eventual decisão de recebimento da denúncia, nego provimento ao agravo regimental." (STF, Inq. 4619 AgR/DF, 1ª T, J. 10/09/2018). No mesmo sentido: STF, HC 127.483/PR, Pleno, J. 27/08/2015; STJ, AgRg na Pet. 15.392/DF e na Pet. 15.624/DF, Corte Especial, J. 16/08/2023).

Contudo, em relação à suposta inadmissibilidade de impugnação do acordo de colaboração premiada por terceiros, o STF e o STJ mudaram o entendimento e passaram a admitir a "possibilidade de impugnação do acordo de colaboração premiada por terceiros delatados", uma vez que, "além de caracterizar negócio jurídico entre as partes, o acordo de colaboração premiada é meio de obtenção de provas, de investigação, visando à melhor persecução penal de coimputados e de organizações criminosas", com "potencial impacto à esfera de direitos de corréus delatados, quando produzidas provas ao caso concreto" (STF, HC 142.205/PR, 2ª T, J. 25/08/2020).

Em outras palavras, "uma vez que o acordo de colaboração premiada também é meio de obtenção de prova e, por isso, serve de instrumento para a coleta de elementos incriminatórios contra terceiros e atinge a esfera jurídica deles, é natural que esses terceiros tenham interesse e legitimidade para impugnar não apenas o conteúdo de tais provas, mas também a legalidade da medida que fez com que elas aportassem aos autos" (STJ, REsp 1.954.842/RJ, 6ª T, J. 14/05/2024).

Ao colaborador poderão ser concedidos pelo juiz, mediante requerimento das partes, os benefícios previstos no art. 4º da Lei nº 12.850/2013:

- Perdão judicial;
- Redução da pena privativa de liberdade em até 2/3 (dois terços);
- Substituição da pena privativa de liberdade por restritiva de direitos;
- Suspensão do prazo de oferecimento da denúncia por até 6 meses, prorrogáveis por igual período, até que sejam cumpridas as medidas de colaboração, com a respectiva suspensão do prazo prescricional;
- Não oferecimento de denúncia, quando a proposta de acordo de colaboração referir-se a infração de cuja existência não se tenha prévio conhecimento e o colaborador não for o líder da organização criminosa e for o primeiro a prestar efetiva colaboração (art. 4º, §§ 4º e 4º-A).

Para que o colaborador faça jus a tais benefícios, da colaboração deve advir um ou mais dos seguintes resultados:

(I) A identificação dos demais coautores e partícipes da organização criminosa e das infrações penais por eles praticadas;

(II) A revelação da estrutura hierárquica e da divisão de tarefas da organização criminosa;

(III) A prevenção de infrações penais decorrentes das atividades da organização criminosa;

(IV) A recuperação total ou parcial do produto ou do proveito das infrações penais praticadas pela organização criminosa;

(V) A localização de eventual vítima com a sua integridade física preservada.

De qualquer forma, a concessão do benefício levará em conta a personalidade do colaborador, a natureza, as circunstâncias, a gravidade e a repercussão social do fato criminoso e a eficácia da colaboração (art. 4º, § 1º).

Com a homologação do acordo, o colaborador passa a ser ouvido mediante o compromisso legal de dizer a verdade, hipótese em que abre mão do seu direito ao silêncio, sendo imprescindível, em todos os atos da colaboração premiada, que o colaborador esteja acompanhado do defensor (art. 4º, § 14).

Neste ponto, é importante registrar que, no julgamento da ADI 5.567/DF, o STF decidiu que a colaboração premiada é plenamente compatível com o princípio do *nemo tenetur se detegere*:

> 5. Apesar da consagração do direito ao silêncio (art. 5º, LIV e LXIII, da CF/88), não existirá inconstitucionalidade no fato da legislação ordinária prever a concessão de um benefício legal que proporcionará ao acusado melhora na sua situação penal (atenuantes genéricas, causas de diminuição de pena, concessão de perdão judicial) em contrapartida da colaboração voluntária. Caberá ao próprio indivíduo decidir, livremente e na presença da sua defesa técnica, se colabora (ou não) com os órgãos responsáveis pela persecução penal. Os benefícios legais oriundos da colaboração premiada servem como estímulo para o acusado fazer uso do exercício de não mais permanecer em silêncio. *Compreensível, então, o termo "renúncia" ao direito ao silêncio não como forma de esgotamento da garantia do direito ao silêncio, que é irrenunciável e inalienável, mas sim como forma de "livre exercício do direito ao silêncio e da não autoincriminação pelos colaboradores, em relação aos fatos ilícitos que constituem o objeto dos negócios jurídicos", haja vista que o acordo de colaboração premiada é ato voluntário, firmado na presença da defesa técnica (que deverá orientar o investigado acerca das consequências do negócio jurídico) e que possibilita grandes vantagens ao acusado. Portanto, a colaboração premiada é plenamente compatível com o princípio do "nemo tenetur se detegere" (direito de não produzir prova contra si mesmo).* (STF, ADI 5567/DF, Plenário, 21/11/2023).

Não obstante o compromisso legal de dizer a verdade, o § 16 do art. 4º da Lei nº 12.850/2013 estabelece que nenhuma das seguintes medidas será decretada ou proferida com fundamento apenas nas declarações do colaborador: I – medidas cautelares reais ou pessoais; II – recebimento de denúncia ou queixa-crime; III – sentença condenatória.

Caso a colaboração seja posterior à sentença, a pena poderá ser reduzida até a metade ou será admitida a progressão de regime ainda que ausentes os requisitos objetivos (art. 4º, § 5º).

6.17 INFILTRAÇÃO POLICIAL

A infiltração policial ou infiltração de agentes de polícia em tarefas de investigação foi disciplinada nos arts. 10 a 14 da Lei nº 12.850/2013, devendo ser objeto de representação do delegado de polícia, caso em que será ouvido o *Parquet*, ou de requerimento do Ministério Público, hipótese em que haverá manifestação técnica do delegado de polícia, conforme dispõe o art. 10 da aludida lei.

A decisão que autorizar a infiltração deverá ser circunstanciada, motivada e sigilosa, além de estabelecer os limites da infiltração, que somente será autorizada se a prova não puder ser produzida por outros meios disponíveis. O prazo de duração da infiltração será de até 6 (seis) meses, sem prejuízo de eventuais renovações.

Os arts. 10-A a 10-D da Lei nº 12.850/2013, incluídos pela Lei Anticrime, passaram a prever e a regulamentar a infiltração policial **virtual** em organizações criminosas, também pelo prazo de até 6 (seis) meses, sem prejuízo de renovações, mediante ordem judicial fundamentada e desde que o total não exceda a 720 (setecentos e vinte) dias e seja comprovada sua necessidade (art. 10-A, § 4º).

Todo o trâmite do procedimento deverá ser sigiloso, com a preservação da identidade do agente infiltrado, o qual pode se recusar a fazer o serviço ou mesmo cessá-lo a qualquer tempo (art. 14, I), não respondendo pelos crimes eventualmente praticados durante a infiltração, quando inexigível conduta diversa (art. 13, parágrafo único e art. 10-C).

Em caso de risco iminente do agente infiltrado, a medida poderá ser sustada mediante requisição do Ministério Público ou diretamente pelo delegado de polícia, que dará ciência ao *Parquet* e ao juiz (art. 12, § 3º).

Quando se tratar de infiltração de agentes de polícia na *Internet* com o fim de investigar os crimes previstos nos arts. 240, 241, 241-A, 241-B, 241-C e 241-D da Lei nº 8.069/1990 (ECA) e nos arts. 154-A, 217-A, 218, 218-A e 218-B do Código Penal, serão aplicadas as regras previstas nos arts. 190-A a 190-E do ECA, segundo as quais a infiltração não poderá exceder o prazo de 90 (noventa) dias, sem prejuízo de eventuais renovações, desde que o total não exceda a 720 (setecentos e vinte) dias e seja demonstrada sua efetiva necessidade, a critério da autoridade judicial.

Não se deve confundir a figura do agente policial infiltrado, que depende de autorização judicial e está prevista nos arts. 10 a 14 da Lei nº 12.850/2013 e arts. 190-A a 190-E do ECA, *com a do agente policial disfarçado*, que não depende de autorização judicial e está prevista na Lei nº 11.343/2006, art. 33, § 1º, IV, e na Lei nº 10.826/2003, art. 17, § 2º e art. 18, parágrafo único, que assim dispõem:

> *Lei nº 11.343, de 23 de agosto de 2006*
>
> Art. 33. (...)
>
> § 1º Nas mesmas penas incorre quem: (...)
>
> IV – vende ou entrega drogas ou matéria-prima, insumo ou produto químico destinado à preparação de drogas, sem autorização ou em desacordo com a determinação legal ou regulamentar, a agente policial disfarçado, quando presentes elementos probatórios razoáveis de conduta criminal preexistente.
>
> *Lei nº 10.826, de 22 de dezembro de 2003*
>
> Art. 17. (...)
>
> § 2º Incorre na mesma pena quem vende ou entrega arma de fogo, acessório ou munição, sem autorização ou em desacordo com a determinação legal ou regulamentar, a agente policial disfarçado, quando presentes elementos probatórios razoáveis de conduta criminal preexistente.
>
> Art. 18. (...)
>
> Parágrafo único. Incorre na mesma pena quem vende ou entrega arma de fogo, acessório ou munição, em operação de importação, sem autorização da autoridade competente, a agente policial disfarçado, quando presentes elementos probatórios razoáveis de conduta criminal preexistente.

Embora não seja possível responsabilizar o acusado pela prática da conduta que foi provocada pelo agente policial disfarçado, uma vez que a Súmula 145 do STF diz que "não há crime, quando a preparação do flagrante pela polícia torna impossível a sua consumação", é perfeitamente possível responsabilizá-lo pela conduta criminosa permanente preexistente, ou seja, pela infração penal permanente que já estava consumada antes mesmo da provocação:

> "(...) embora os policiais tenham simulado a compra do entorpecente e a transação não haver se consumado em razão da prisão em flagrante dos acusados, o certo é que, antes mesmo do referido fato, o crime de tráfico já havia se consumado em razão de os réus guardarem e terem em depósito os diversos tóxicos mencionados na denúncia, conduta que, a toda evidência não foi instigada ou induzida pelos agentes, o que afasta a mácula suscitada na impetração. Precedentes do STJ e do STF" (STJ, HC 369.677/SP, 5ª T, J. 14/02/2017).

Importante lembrar que, segundo o art. 303 do CPP, *nas infrações permanentes, entende-se o agente em flagrante delito enquanto não cessar a permanência*, regra que permite a prisão em flagrante do imputado pela conduta criminosa permanente preexistente, ou seja, que estava consumada antes mesmo da provocação.

Em um caso de tráfico de drogas, por exemplo, embora não seja possível responsabilizar o imputado pela conduta *vender*, uma vez que foi provocada pelo agente policial disfarçado que se passou por alguém interessado em comprar drogas, será perfeitamente possível responsabilizá-lo pelas condutas *ter em depósito, trazer consigo* ou *guardar*, devendo apenas a Polícia demonstrar que alguma dessas infrações permanentes já estava consumada antes mesmo da provocação feita pelo agente policial disfarçado.

Não se deve confundir, ainda, a figura do agente policial infiltrado com a do agente de inteligência, cuja distinção foi muito bem feita pelo Ministro Gilmar Mendes em seu voto no julgamento do Habeas Corpus nº 147.837/RJ:

> (...) a distinção entre *agente infiltrado* e *agente de inteligência (a)* se dá em razão da *finalidade e amplitude de investigação*. Enquanto "agente de inteligência" tem uma função preventiva e genérica, buscando informações de fatos sociais relevantes ao governo, o "agente infiltrado" possui finalidades repressivas e investigativas, visando à obtenção de elementos probatórios relacionados a fatos supostamente criminosos e organizações criminosas específicas.
>
> (...)
>
> Após delimitar as distinções entre os institutos, deve-se analisar o caso concreto *(b), a partir dos elementos aportados e reconhecidos pelos juízos ordinários*.
>
> Inicialmente, a partir dos fatos narrados, o agente Maurício da Silva teria sido designado para coletar dados, a fim de subsidiar a Força Nacional de Segurança em atuação estratégica diante dos movimentos sociais e dos protestos que ocorreram no Brasil em 2014.
>
> Todavia, embora não designado para investigar a paciente e os demais envolvidos, *houve, no curso da investigação, verdadeira e genuína infiltração, cujos dados embasaram a condenação*.
>
> Com efeito, o policial militar Maurício Alves da Silva não precisava de autorização judicial para, nas ruas, colher dados destinados a orientar o plano de segurança para a Copa do Mundo, mas, *no curso de sua atividade originária, infiltrou-se no grupo do qual supostamente fazia parte a paciente, para, assim, proceder*

à autêntica investigação criminal, para a qual a lei exige autorização judicial. É evidente a clandestinidade da prova produzida, porquanto o referido policial, sem autorização judicial, ultrapassou os limites da atribuição que lhe foi dada e agiu como incontestável agente infiltrado.

A ilegalidade, portanto, não reside na designação para o militar atuar na coleta de dados genéricos nas ruas do Rio de Janeiro, mas em sua infiltração, inclusive ao *ingressar em grupo de mensagens Telegram criado pelos investigados e participar de reuniões do grupo em bares*, a fim de realizar investigação criminal específica e subsidiar a condenação havida.

(...)

Portanto, *a partir do momento em que passou a obter a confiança de membros de um grupo específico e a obter elementos probatórios com relação a fatos criminosos concretos, o agente caracteriza-se como infiltrado, e isso pressupõe a autorização judicial, que deveria ter sido requerida aos órgãos competentes.*

Desse modo, as informações obtidas não podem ser destinadas à persecução penal, pois isso demandaria prévia autorização judicial, mas somente ser utilizadas com fins preventivos em atos de inteligência governamental.

(...)

Ante o exposto, *concedo parcialmente a ordem a fim de declarar a ilicitude e o desentranhamento da infiltração policial realizada por Maurício Alves da Silva e de seus depoimentos prestados* em sede policial e em juízo, nos termos do art. 157, § 3º, CPP.

Ademais, determina-se que o juízo de origem analise as provas produzidas e declare a ilicitude e o desentranhamento de eventuais elementos que sejam derivados da infiltração policial aqui declarada ilícita.

Por fim, *declaro a nulidade da sentença proferida*, tendo em vista o seu embasamento em elementos probatórios aqui declarados ilícitos. (STF, HC 147.837/RJ, 2ª T, J. 26/2/2019).

Por sua vez, o STJ, no julgamento do RHC 182.003/RJ, reconheceu a validade da prova ao criar um *distinguish* em relação ao supracitado precedente do STF. Vejamos:

Processo penal. Agravo regimental no recurso em habeas corpus. Tráfico de drogas. Organização criminosa. Operação turfe. Agente infiltrado. Art. 10 da Lei 12.850/2013. *Distinguish* do precedente do HC 147.837/RJ julgado pelo STF. Ilicitude de provas. Não configurada. Regularidade nas atividades de investigação pré-infiltração. Agravo regimental desprovido.

1. A controvérsia central aborda a suposta irregularidade nas atividades de investigação conduzidas pelo agente policial antes da decisão judicial que autorizou sua infiltração na estrutura da organização criminosa. O foco reside na análise de possíveis irregularidades durante uma fase inicial de abordagem, visando à obtenção de informações mínimas sobre a mencionada organização.

2. Consoante os arts. 10 e 12, *caput* e §§ 1º e 2º, da Lei 12.850/2013 e o art. 5º, X, da CRFB/1988, são elementos que devem estar presentes para a autorização judicial do agente infiltrado:

(i) a comprovação da inviabilidade de obtenção da prova por meios convencionais, (ii) a necessidade de autorização judicial prévia e fundamentada, (iii) a realização de investigações preliminares justificando a infiltração, (iv) a definição clara das atribuições e limitações do agente infiltrado na polícia judiciária, (v) a preservação dos direitos fundamentais das partes envolvidas e (vi) a manutenção do sigilo da operação.

3. *Destaca-se a diferença entre o caso em análise e o julgamento do HC 147.837/RJ pelo STF.* No caso paradigmático referido pelo agravante, o Supremo Tribunal Federal examinou a legalidade das provas obtidas por um Policial Militar que se infiltrou em grupos "Black Blocs", sem prévia autorização judicial. Sua missão era coletar dados e informações para subsidiar a Força Nacional de Segurança na elaboração de um plano de segurança para a Copa do Mundo. Nesse contexto, o agente não estava atuando como um "agente de inteligência", cuja função é coletar informações de forma genérica e preventiva, sem uma ligação direta com uma investigação criminal específica.

4. No caso dos autos, diversamente do quadro fático e jurídico delineado no julgamento do HC 147.837/RJ, a agente de polícia federal agiu no exercício regular de sua atividade investigativa, com o propósito de reunir elementos de prova para embasar um pedido de infiltração e avaliar essa medida.

5. A mera interação do agente disfarçado com um dos investigados não se configura como infiltração policial, dado que tais práticas são rotineiramente empregadas durante investigações policiais, sem que se suscite a questão da nulidade dessas diligências.

6. A etapa inicial da infiltração está circunscrita às atividades que têm por objetivo delimitar a investigação, sendo desnecessária a obtenção de autorização judicial nesse estágio, uma vez que não implica a imersão do agente na estrutura da organização criminosa. O agente não atua como membro efetivo ou mesmo colaborador direto. Na segunda fase, presume-se que a investigação já se concentra em sujeitos específicos, exigindo do agente o desenvolvimento e construção de uma relação mais próxima, situação que depende exclusivamente de autorização judicial.

7. Quanto à tese defensiva de que o agente policial atuou como efetivo agente infiltrado antes da autorização judicial, conquistando a confiança do grupo e exercendo um papel indispensável para a remessa das drogas, o enfrentamento desse argumento demandaria dilação probatória incompatível com a via estreita do habeas corpus.

8. Agravo regimental desprovido. (STJ, AgRg no RHC 182.003/RJ, 5ª T, J. 12/12/2023).

Portanto, embora a infiltração policial exija autorização judicial, o STJ entendeu que é lícita a realização de diligências prévias com o objetivo de reunir elementos de prova para embasar o pedido de infiltração.

Nesse mesmo sentido, a 2ª Turma do STF decidiu que não caracteriza a efetiva atuação de agente infiltrado a ocorrência de *mero início da aproximação dos membros da organização*, não estando configurada ilicitude na fase preparatória, necessária à instrução da infiltração de agentes em momento anterior à autorização judicial (STF, HC 236.462 AgR/RJ, 2ª T, J. 7/10/2024).

7
SUJEITOS DO PROCESSO

A formação do processo e o seu desenvolvimento exigem a atuação de pessoas, com ou sem interesse direto na relação de direito material envolvida, as quais são chamadas de sujeitos processuais ou sujeitos do processo (Marcão, 2023, p. 274).

7.1 SUJEITOS PRINCIPAIS

Os principais sujeitos do processo são aqueles "sem os quais o processo não se constitui e desenvolve, ou seja, juiz, autor e réu" (Dezem, 2021, p. 447), este último devidamente assistido por defensor (art. 133 da CF/88).

Em outras palavras, "é possível falar em *sujeitos processuais principais, estáveis ou essenciais*, assim considerados aqueles sem os quais não é possível existir processo formalmente instaurado (o autor, o réu e o juiz) (Marcão, 2023, p. 274).

O juiz é a figura equidistante das partes, responsável pela condução do processo, provendo a sua regularidade e mantendo a ordem no curso dos respectivos atos, segundo o devido processo legal, podendo, para tanto, requisitar força pública, e devendo, ao final, proferir o julgamento (art. 251, CPP).

Assim, "desempenha o magistrado a função de aplicar o direito ao caso concreto, provido que é do poder jurisdicional, razão pela qual, na relação processual, é sujeito, mas não parte" (Nucci, 2023, p. 627).

Para o bom desenvolvimento de sua função jurisdicional, o juiz goza das seguintes garantias constitucionais: *vitaliciedade* – somente pode perder o cargo por força de sentença judicial transitada em julgado, sendo que a pena administrativa máxima é a aposentadoria compulsória; *inamovibilidade* – somente poderá ser removido do seu local de trabalho com base em decisão por voto da maioria absoluta do respectivo Tribunal ou do Conselho Nacional de Justiça, assegurada a ampla defesa; e *irredutibilidade de subsídio* (art. 95, I, II e III, da CF/88).

O juiz deve ser imparcial, o que não lhe retira o poder instrutório, diante do necessário "compromisso com a dimensão pública dada pela natureza dos interesses envolvidos", desde que sua atuação seja complementar à das partes e imprescindível para o esclarecimento de dúvidas relevantes para o julgamento da causa (Nucci, 2023, p. 628).

Nesse sentido, o Supremo Tribunal Federal, por ocasião do julgamento das Ações Diretas de Inconstitucionalidade nº 6.298, 6.299, 6.300 e 6.305, em 23 de agosto de 2023, decidiu que "o juiz, pontualmente, nos limites legalmente autorizados, pode determinar a realização de diligências suplementares, para o fim de dirimir dúvida sobre questão relevante para o julgamento do mérito".

Conforme dispõe o art. 93, inciso I, da Constituição Federal, o ingresso na carreira, cujo cargo inicial será o de juiz substituto, se dará mediante concurso público de provas e títulos, com a participação da Ordem dos Advogados do Brasil em todas as fases, exigindo-se do bacharel em direito, no mínimo, três anos de atividade jurídica e obedecendo-se, nas nomeações, à ordem de classificação.

Quanto ao Ministério Público, trata-se de "instituição permanente, essencial à função jurisdicional do Estado, incumbindo-lhe a defesa da ordem jurídica, do regime democrático e dos interesses sociais e individuais indisponíveis", tendo como princípios institucionais "a unidade, a indivisibilidade e a independência funcional" (Art. 127, *caput* e § 1º, da CF/88).

O Ministério Público é parte no processo, tendo, dentre outras, a função institucional de promover, privativamente, a ação penal pública, na forma da lei (art. 129, I, CF/88), além de requisitar diligências investigatórias e a instauração de inquérito policial, indicados os fundamentos jurídicos de suas manifestações processuais (art. 129, VIII, CF/88).

Suas funções só podem ser exercidas por integrantes da carreira, vedada a nomeação de promotor *ad hoc*, sendo que o ingresso na carreira "far-se-á mediante concurso público de provas e títulos, assegurada a participação da Ordem dos Advogados do Brasil em sua realização, exigindo-se do bacharel em direito, no mínimo, três anos de atividade jurídica e observando-se, nas nomeações, a ordem de classificação" (Art. 129, § 3º, da CF/88).

Para resguardo de sua independência funcional e livre exercício da função ministerial, o membro do Ministério Público também goza das garantias constitucionais da vitaliciedade, inamovibilidade e irredutibilidade de subsídio (art. 128, § 5º, I, CF/88).

Do lado oposto, "o acusado é o sujeito passivo da ação penal condenatória", "contra quem é proposta a ação penal e em face de quem é pedida a aplicação da pena na ação penal" (Dezem, 2021, p. 454).

O acusado, em regra, é uma pessoa física, mas nos crimes ambientais poderá também ser uma pessoa jurídica, conforme previsto no art. 225, § 3º, da CF/88 e no art. 3º da Lei nº 9.605/1998.

Cronologicamente falando, quando ocorre o crime e alguém é apontado como autor, a denominação correta para o mesmo é suspeito ou investigado, sendo que, a partir do momento em que a investigação reunir indícios suficientes de autoria, o Delegado de Polícia formalizará o indiciamento, momento em que ele deixará de ser meramente um suspeito ou investigado e se tornará um indiciado (Lei nº 12.830/2013, art. 2º, § 6º *O indiciamento, privativo do delegado de polícia, dar-se-á por ato fundamentado, mediante análise técnico-jurídica do fato, que deverá indicar a autoria, materialidade e suas circunstâncias).* Com o oferecimento da denúncia o sujeito se torna denunciado ou acusado e, quando instaurada a ação penal, mediante recebimento da denúncia, torna-se réu.

Quanto ao defensor, sua presença é imprescindível, sob pena de nulidade, nos termos da Súmula 523 do Supremo Tribunal Federal, segundo a qual *"no processo penal, a falta da defesa constitui nulidade absoluta, mas a sua deficiência só o anulará se houver prova de prejuízo para o réu"* (J. 03/12/1969, DJ 10/12/1969).

Além disso, conforme prevê o art. 261 do CPP, nenhum acusado, mesmo que ausente ou foragido, poderá ser processado e julgado sem defensor, bem como que, quando realizada por defensor público ou dativo, a defesa técnica deverá ser exercida por meio de manifestação fundamentada.

7.2 SUJEITOS SECUNDÁRIOS

Sujeitos secundários são "aqueles cuja existência não afeta a relação jurídico-processual como é o caso do intérprete, do perito", enfim, dos assistentes e auxiliares da justiça (Dezem, 2021, p. 447).

Em outras palavras, é possível falar "em *sujeitos processuais secundários, acessórios ou não essenciais,* o que se diz em relação àqueles que só eventualmente irão atuar no processo" (Marcão, 2023, p. 274).

No que tange aos sujeitos secundários do processo, sua previsão e regulamentação encontra-se nos seguintes dispositivos do CPP: assistentes – arts. 268 a 273; serventuários e funcionários da justiça - art. 274; peritos e intérpretes - arts. 275 a 281.

Assistente, também chamado de assistente de acusação, é aquele que possui interesse particular na apuração do fato e punição dos responsáveis, admitido como litisconsorte ativo do Ministério Público no processo criminal, a quem é permitido atuar adesivamente, conjuntamente com o Ministério Público no polo ativo da demanda penal (Marcão, 2023, p. 283).

Podem figurar como assistentes o ofendido ou seu representante legal, ou, na falta, cônjuge ou companheiro, ascendente, descendente ou irmão (Art. 268 c/c Art. 31, ambos do CPP).

Caso de trate de crime praticado por prefeito, os órgãos federais, estaduais ou municipais interessados na apuração da responsabilidade do prefeito, podem requerer a abertura do inquérito policial ou a instauração da ação penal pelo Ministério Público, bem como intervir, em qualquer fase do processo, como assistente da acusação (Art. 2º, § 1º, do Decreto-Lei nº 201/1967).

Em se tratando de crime contra o Sistema Financeiro Nacional, a ação penal será promovida pelo Ministério Público Federal, perante a Justiça Federal, sendo "admitida a assistência da Comissão de Valores Mobiliários - CVM, quando o crime tiver sido praticado no âmbito de atividade sujeita à disciplina e à fiscalização dessa Autarquia, e do Banco Central do Brasil quando, fora daquela hipótese, houver sido cometido na órbita de atividade sujeita à sua disciplina e fiscalização" (Art. 26, *caput* e parágrafo único, da Lei nº 7.492/1986).

Nos processos penais referentes aos crimes previstos no Código de Defesa do Consumidor, bem como a outros crimes e contravenções que envolvam relações de consumo, poderão intervir, como assistentes do Ministério Público (ou propor ação penal subsidiária, se a denúncia não for oferecida no prazo legal), os seguintes legitimados: as entidades e órgãos da Administração Pública, direta ou indireta, ainda que sem personalidade jurídica, especificamente destinados à defesa dos interesses e direitos protegidos pelo Código de Defesa do Consumidor; as associações legalmente constituídas há pelo menos um ano e que incluam entre seus fins institucionais a defesa dos interesses e direitos protegidos pelo Código de Defesa do Consumidor, dispensada a autorização assemblear (Art. 80 e Art. 82, III e IV, da Lei nº 8.078/1990).

Quando se tratar do crime de violação de direito autoral, previsto no art. 184 do Código Penal, as associações de titulares de direitos de autor e os que lhes são conexos poderão, em seu próprio nome, funcionar como assistente da acusação, quando praticado em detrimento de qualquer de seus associados (Art. 530-H do CPP).

Nos inquéritos e processos em que sejam indiciados, acusados ou ofendidos os inscritos na OAB, os presidentes dos conselhos e das subseções da OAB têm legitimidade para intervir como assistentes (Art. 49, parágrafo único, da Lei nº 8.906/1994).

Ao assistente será permitido: formular quesitos e indicar assistente técnico (Art. 159, § 3º, e Art. 481, parágrafo único, do CPP); propor meios de prova (Art. 271 do CPP); fazer perguntas durante declarações, depoimentos e interrogatórios (Arts. 271, 473 e 474, § 1º, do CPP); participar do debate oral (Arts. 271 e 476, § 1º, do CPP); requerer diligências cuja necessidade se origine de circunstâncias ou fatos apurados durante a audiência de instrução e julgamento (art. 402 do CPP); oferecer alegações finais orais, por 10 minutos, após a manifestação do Ministério Público (Art. 403, § 2º, Art. 411, § 6º, e Art. 534, § 2º, do CPP); acompanhar a votação dos jurados (Art. 485 do CPP); requerer o desaforamento (Art. 427 do CPP); arrazoar recursos interpostos pelo Ministério Público ou interpor seus próprios recursos (Art. 271, Art. 598 e Art. 600, § 1º, do CPP).

Por força do disposto nos arts. 282, §§ 2º e 4º, e 311 do CPP, o assistente ainda pode requerer a decretação de medidas cautelares de natureza processual penal, tanto as medidas diversas da prisão, quanto a prisão preventiva.

Serventuários e funcionários da justiça são os funcionários públicos a serviço do Poder Judiciário, aos quais estendem-se as prescrições sobre suspeição dos juízes, no que lhes for aplicável (Art. 274 do CPP).

Por sua vez, perito é o especialista, o *expert* em um assunto ou atividade, que possui habilidade ou conhecimento específico sobre algo (Marcão, 2023, p. 288).

Perito oficial é "o profissional aprovado em concurso público, que ao ser nomeado para o cargo e assumir as respectivas funções presta compromisso de bem e fielmente portar-se no exercício de sua profissão (Marcão, 2023, p. 288).

Perito nomeado ou *ad hoc* é o perito não oficial, nomeado em confiança para determinado trabalho pericial (Marcão, 2023, p. 288).

A perícia é uma prova técnica acerca de um elemento de prova, na medida em que sua produção exige o domínio de determinado saber técnico, o qual o juiz, por sua formação jurídica específica, pode carecer.

A disciplina dos exames periciais encontra-se estabelecida nos artigos 158 a 184 do Código de Processo Penal, segundo o qual o laudo deve ser realizado por: perito oficial, servidor público de carreira, concursado, com conhecimento em determinada área, portador de diploma de curso superior; ou, na falta de perito oficial, por duas pessoas idôneas (dois peritos *ad hoc*), portadoras de diploma de curso superior preferencialmente na área específica, dentre as que tiverem habilitação técnica relacionada com a natureza do exame, que prestarão o compromisso de bem e fielmente desempenhar o encargo (Art. 159, §§ 1º e 2º, do CPP).

É extensivo aos peritos, no que lhes for aplicável, o disposto sobre suspeição dos juízes (Art. 280 do CPP).

Marcão ensina que intérprete é o mesmo que tradutor, ou seja, alguém que se põe como intermediador entre determinadas pessoas com o objetivo de traduzir ou fazer compreensível a manifestação de pessoa que se utiliza de linguagem desconhecida pelos demais interlocutores. É, portanto, a pessoa conhecedora de idiomas estrangeiros ou outra forma de expressão, tal como ocorre com a linguagem de sinais ou gestual como as LIBRAS (Marcão, 2023, p. 288). Os intérpretes são, para todos os efeitos, equiparados aos peritos (Art. 281 do CPP).

Quanto à figura do curador, os arts. 15 e 262 do Código de Processo Penal dispõem, respectivamente, que *"se o indiciado for menor, ser-lhe-á nomeado curador pela autoridade policial"* e que *"ao acusado menor dar-se-á curador"*. Ambos os dispositivos se referem ao indivíduo menor de 21 anos e maior de 18 anos, trazendo medidas que deveriam ser adotadas, sob pena de nulidade (art. 564, III, *c*, CPP), uma vez que, no Código Civil anterior, os menores de 21 anos e maiores de 18 anos eram considerados relativamente incapazes, razão pela qual era necessário nomear curador aos mesmos.

Contudo, com o advento do novo Código Civil (art. 5º da Lei nº 10.406/2002), os maiores de dezoito anos passaram a ser absolutamente capazes, não mais necessitando de curador, razão pela qual os aludidos dispositivos (arts. 15 e 262, CPP) perderam eficácia. Tanto é que o art. 194 do Código de Processo Penal, que exigia a presença de curador durante o interrogatório de réu menor de 21 anos, foi revogado pela Lei nº 10.792/2003.

Por outro lado, caso se trate de menor de 18 anos, não terá aplicação o Código de Processo Penal, mas sim o Estatuto da Criança e do Adolescente (Lei nº 8.069/1990).

7.3 ATOS JURISDICIONAIS

Inicialmente, é preciso fazer a distinção entre fato e ato. Fato é acontecimento, causado ou não pelo homem, sendo que, se possuir relevância jurídica será considerado um fato jurídico e se não possuir relevância jurídica será um fato natural (Marcão, 2023, p. 369).

Caso o fato repercuta sobre determinado processo, tal como ocorre quando um réu morre e isso causa a extinção da punibilidade e encerra o processo, estaremos diante de um fato processual (Marcão, 2023, p. 369).

Por outro lado, ato corresponde a uma ação, a uma conduta humana, sendo que o ato jurídico é aquela conduta humana que causa repercussão jurídica no sentido de criar, modificar ou extinguir direitos. Quando atos jurídicos são praticados no processo, tornam-se atos processuais. Assim, "o desenvolvimento da marcha processual reclama uma sucessão de atos que devem ser ordenadamente praticados" (Marcão, 2023, p. 369).

Quanto aos tipos, os atos processuais podem ser: simples – resultam da manifestação de apenas uma pessoa ou órgão (monocrático ou colegiado); complexos – sua realização demanda uma série de outros atos interligados entre si, como uma audiência de instrução e julgamento com declarações do ofendido, depoimentos de testemunhas de acusação e defesa, esclarecimentos de peritos, acareações, reconhecimento de pessoas e coisas, interrogatório, alegações finais orais e sentença.

Quanto ao sujeito que pratica o ato, eles podem ainda ser classificados como atos jurisdicionais, atos praticados pelas partes, atos praticados por auxiliares da Justiça e atos praticados por terceiros, cujo estudo será feito nos tópicos seguintes.

Atos jurisdicionais são os atos do juiz, que podem ser (Marcão, 2023, p. 369):

1. *Instrutórios* – para coletar provas, tais como inspeções judiciais, oitiva de testemunhas e interrogatórios de réus;
2. *De polícia processual* – para manutenção da ordem durante audiências e sessões de julgamentos (Vide arts. 497, I, e 794, CPP);
3. *De coerção* – para determinar que se faça algo, ainda que contra a vontade de quem deve realizar (condução coercitiva do ofendido e testemunha, por exemplo – arts. 201, § 1º e 218, CPP);
4. *Decisórios* – para resolver questões controvertidas do processo, decidi-lo ou decidir cautelares mesmo antes do processo.

Por sua vez, os *atos jurisdicionais decisórios* podem ser subdivididos em (Marcão, 2023, 369-370):

1. *Despacho* – despachos de expediente são ordens relacionadas com a marcha ou andamento do processo (Exemplos: designação de data de audiência; determinação de expedição de precatória; intimação da parte para se manifestar sobre documento juntado);

2. *Decisão interlocutória* – trata de matéria controvertida nos autos, mas não julga o mérito, subdividindo-se em:
   a. *decisão interlocutória simples* (resolve a controvérsia, mas não põe fim ao processo ou fase do procedimento – Exemplos: decisão que decreta prisão preventiva ou medida cautelar diversa da prisão; recebe denúncia ou queixa);
   b. *decisão interlocutória mista não terminativa* (resolve a controvérsia pondo fim a uma fase do procedimento, sem julgamento do mérito – Exemplo: decisão de pronúncia); e
   c. *decisão interlocutória mista terminativa* (resolve a controvérsia pondo fim ao processo, sem julgamento do mérito – Exemplo: acolhe exceção de coisa julgada);
3. *Sentença* – decisão definitiva que resolve a controvérsia processual, que soluciona a causa julgando o seu mérito, pondo fim ao processo;
4. *Acórdão* – decisão definitiva proferida por órgão colegiado.

Os requisitos da sentença estão estabelecidos no art. 381 do CPP. Em termos de estrutura, a sentença conterá relatório, fundamentação e dispositivo, sendo que, no procedimento comum sumaríssimo, aplicável às infrações penais de menor potencial ofensivo, é dispensado o relatório, devendo ser mencionados os elementos de convicção do juiz (art. 81, § 3º, Lei nº 9.099/1995).

Caso a sentença seja absolutória, não haverá efeito suspensivo, devendo o juiz mandar colocar o réu em liberdade (salvo se por outro motivo estiver preso), ordenar a cessação das medidas cautelares e provisoriamente aplicadas, bem como aplicar medida de segurança, se cabível (art. 386, parágrafo único, CPP).

Noutra senda, tratando-se de sentença condenatória, o juiz decidirá, fundamentadamente, sobre a manutenção ou imposição de prisão preventiva ou outra medida cautelar diversa da prisão (art. 387, § 1º, CPP).

7.4 ATOS PRATICADOS PELAS PARTES, POR AUXILIARES DA JUSTIÇA E POR TERCEIROS

As partes praticam três tipos de atos (Marcão, 2023, p. 369):
1. Postulatórios – são requerimentos dirigidos pelas partes ao juiz para que se manifeste sobre um determinado conteúdo, tais como o oferecimento de denúncia, a resposta à acusação, pedido de reconsideração de decisão que decretou medidas cautelares etc.;
2. Instrutórios – são atos que integram a atividade probatória, que visam produzir prova e instruir o processo, tais como as perguntas feitas para testemunhas, a juntada de documentos, a apresentação de quesitos etc.;

3. Dispositivos – são aqueles atos que materializam declaração de vontade em relação à tutela jurisdicional do Estado, tais como a transação penal, a renúncia ao direito de queixa e o perdão do ofendido.

Os funcionários do Poder Judiciário são os auxiliares da Justiça, que têm a incumbência de dar cumprimento às determinações judiciais, de maneira que, no exercício de suas funções, praticam atos de movimentação, de execução e de documentação, assim conceituados:

> São *atos de movimentação* aqueles destinados a cumprir a marcha processual. Exemplos: a abertura de vista dos autos ao Ministério Público ou ao defensor e a conclusão dos autos ao juiz.
>
> *Atos de execução* são destinados ao cumprimento, à efetivação das determinações judiciais. Exemplos: a efetiva expedição dos mandados de citação e intimação; a citação do acusado; a intimação de testemunhas ou perito para comparecimento em juízo.
>
> *Atos de documentação* são aqueles destinados a atestar ou certificar a prática de outro ato processual qualquer. Exemplos: o escrevente certifica que expediu mandado de citação ou de intimação; o oficial de justiça certifica que citou o acusado (Marcão, 2023, p. 370).

Terceiros também são chamados a praticar atos processuais, tais como a testemunha intimada a prestar depoimento. Pode ocorrer, ainda, de algum terceiro praticar um ato de natureza postulatória dentro do processo, como é o caso do terceiro prejudicado que requer a restituição de um bem seu, apreendido nos autos (Marcão, 2023, p. 370).

7.5 CITAÇÃO E INTIMAÇÃO

A citação e a intimação são atos de comunicação processual assim conceituados por Marcão:

> Citação é ato de comunicação processual que tem por finalidade dar ciência ao acusado a respeito da existência da ação penal contra ele instaurada, permitindo-lhe pleno conhecimento do teor da acusação, e chamá-lo a juízo para se defender, pessoalmente e por intermédio de defensor técnico (Marcão, 2023, p. 372).
>
> Em homenagem aos princípios do contraditório e do devido processo, entre outros, também é necessário que se providencie dar conhecimento à acusação e à defesa de determinados atos praticados no processo, ou instá-las a praticá-los. Outras vezes é necessário praticar ato de comunicação processual em relação a terceiros: testemunha, perito, jurado etc. Em qualquer caso, o mecanismo jurídico que se presta a tais finalidades é a intimação (Marcão, 2023, p. 382).

Portanto, a *citação* é o ato processual que completa a relação processual e que tem por objetivo chamar o acusado para o processo penal, dando a ele conhecimento da acusação e oportunidade para exercer a sua defesa (art. 363 do CPP) (Dezem, 2021, p. 528).

A falta de citação é causa de nulidade absoluta (art. 564, III, *e*, do CPP). Em regra, a citação deve ser pessoal e se o réu estiver preso a citação pessoal será obrigatória (art. 360 do CPP).

Os requisitos da citação estão nos arts. 352, 357, 358 e 359 do CPP.

No que tange às modalidades, a citação pode ser real ou ficta:

1. Citação real é a feita por mandado, via oficial de justiça, entregue pessoalmente ao acusado;
2. Citação ficta pode ser por edital (art. 361 do CPP) ou por hora certa (art. 362 do CPP e arts. 252 a 254 do CPC).

A citação do militar far-se-á por intermédio do chefe do respectivo serviço, conforme dispõe o art. 358 do CPP.

É possível a utilização de *WhatsApp* para a citação do acusado, desde que sejam adotadas medidas suficientes para atestar a autenticidade do número telefônico, bem como a identidade do indivíduo destinatário do ato processual (Informativo 688 do STJ – 5ª Turma).

Portanto, é necessária a certeza de que o receptor das mensagens trata-se do citando, o que é demonstrado pelas *três formas de verificação* ou *três elementos de verificação* ou *três elementos indutivos da autenticidade do destinatário*, a saber:

1. Número de telefone;
2. Confirmação escrita; e
3. Foto individual.

Por sua vez, a *intimação* é o meio procedimental para dar ciência às partes ou terceiros de determinados atos praticados ou a praticar no processo (art. 370 do CPP), sendo que as expressões notificação, intimação e comunicação são usadas como palavras sinônimas no CPP (Marcão, 2023, p. 383).

Os réus, as testemunhas, os peritos, os intérpretes, o defensor nomeado (art. 370, § 4º, CPP), o defensor público (art. 5º, § 5º, Lei nº 1.060/50 e arts. 44, I, e 128, I, Lei Complementar nº 80/1994) e o Ministério Público (art. 370, § 4º, CPP) devem ser intimados pessoalmente.

Importante registrar que, no julgamento do Agravo Regimental no Recurso Especial nº 2.170.773/SC, a 6ª Turma do STJ decidiu que "a intimação eletrônica realizada por meio de portal próprio é considerada pessoal para todos os efeitos legais, conforme o art. 5º, § 6º, da Lei n. 11.419/2006", bem como que, "em processos eletrônicos, a intimação da Defensoria Pública ou defensor dativo se aperfeiçoa com a consulta aos autos virtuais, sendo considerada tácita após o prazo de 10 dias da intimação eletrônica" (STJ, AgRg no REsp 2.170.773/SC, 6ª T, J. 12/02/2025).

Segundo o art. 392, inciso I, do CPP, a intimação da sentença será feita ao réu, pessoalmente, se estiver preso. Sobre a abrangência do dispositivo, assim decidiu o STJ:

Processo penal. Agravo regimental no habeas corpus. Estupro de vulnerável. Intimação pessoal do réu do acórdão condenatório. Desnecessidade. Agravo regimental desprovido.

1. "Consoante o art. 392 do CPP, a intimação pessoal somente é exigida para o réu preso e para ciência da sentença condenatória e *não se estende a decisões de segunda instância*. Por conseguinte, nos termos da jurisprudência desta Corte, se considera desnecessária a intimação pessoal do acusado a respeito do acórdão proferido em apelação, mesmo quando ocorre a reforma de sentença absolutória e quando o réu for

assistido pela Defensoria Pública ou defensor dativo" (AgRg no HC n. 663.502/SC, relator Ministro Rogerio Schietti Cruz, Sexta Turma, julgado em 15/6/2021, DJe de 23/6/2021). 2. Agravo regimental desprovido. (STJ, AgRg no HC 883.882/RS, 6ª T, J. 10/06/2024).

O réu preso deverá ser requisitado ao diretor do estabelecimento prisional em que se encontrar para fins de ser apresentado no local, dia e hora determinados pelo juiz, para acompanhar a audiência de instrução e julgamento e ser interrogado (art. 399, § 1º, CPP).

A intimação do defensor constituído, do advogado do querelante e do assistente far-se-á por publicação no órgão incumbido da publicidade dos atos judiciais da comarca, incluindo, sob pena de nulidade, o nome do acusado (art. 370, § 1º, CPP). Caso não haja órgão de publicação dos atos judiciais na comarca, a intimação far-se-á diretamente pelo escrivão, por mandado, ou via postal com comprovante de recebimento, ou por qualquer outro meio idôneo (§ 2º).

Os militares que forem chamados a testemunhar deverão ser requisitados à autoridade superior, enquanto os funcionários públicos civis serão intimados pessoalmente, devendo, porém, a expedição do mandado ser comunicada ao chefe da repartição em que servirem, com indicação do dia e hora marcados, medida essencial para a organização e manutenção da continuidade do serviço público (art. 221, §§ 2º e 3º, CPP).

Por fim, importante registrar que a Lei nº 11.419/2006, que dispõe sobre a informatização do processo judicial e se aplica, *indistintamente, aos processos civil, penal e trabalhista, bem como aos juizados especiais, em qualquer grau de jurisdição*, admite a intimação por meio eletrônico.

7.6 PRINCÍPIO DA CORRELAÇÃO

O Código de Processo Penal, ao estabelecer os requisitos da denúncia ou queixa, dispôs que a inicial acusatória "conterá a exposição do fato criminoso, com todas as suas circunstâncias, a qualificação do acusado ou esclarecimentos pelos quais se possa identificá-lo, a classificação do crime e, quando necessário, o rol das testemunhas" (art. 41 do CPP).

Portanto, o autor da ação penal "deve descrever com precisão técnica a conduta imputada; as circunstâncias de tempo e modo em que os acontecimentos se desenvolveram (dia, hora e local exato, sempre que possível), dolo ou culpa; eventuais agravantes, qualificadoras etc." (Marcão, 2023, p. 387).

Tal necessidade decorre de princípios como a ampla defesa, contraditório, devido processo legal e da inércia da jurisdição, que asseguram ao acusado o conhecimento da intensidade e dos limites da imputação que lhe é feito no processo de natureza criminal, não podendo ser surpreendido com a prolação de sentença condenatória que ultrapasse os limites da imputação contida na denúncia:

Cabe ao julgador observar o *princípio da correlação*, segundo o qual os limites da acusação é que permitem enxergar o extremo de eventual sentença condenatória. Por força de tal princípio, não se admite seja o acusado surpreendido com condenação por *fato não descrito na inicial acusatória* e, portanto, a respeito do qual em momento algum foi chamado a se defender. Deve haver correlação, em síntese, entre acusação e sentença (Marcão, 2023, p. 387).

É a acusação quem demarca os limites da decisão jurisdicional, não podendo a sentença ter em consideração algo diverso do que foi imputado pela inicial acusatória, de maneira que a violação ao princípio da correlação constitui causa de nulidade absoluta da sentença (Lopes Júnior, 2023, p. 417).

Contudo, é importante lembrar que a jurisprudência do STJ "estabelece que a congruência entre a denúncia e a condenação não exige minuciosa igualdade, mas sim uma congruência indicativa da mesma situação concreta", ou seja, "a denúncia não precisa apresentar detalhes minuciosos, sendo natural que os fatos sejam mais detalhados durante a instrução criminal, sem que isso configure violação ao princípio da correlação" (STJ, AgRg no HC 941.285/RS, 5ª T, *J.* 11/12/2024), uma vez que "o réu defende-se do fato narrado na peça acusatória e não da capitulação jurídica que lhe é atribuída" (STJ, AREsp 2.727.949/RS, 5ª T, *J.* 10/12/2024).

7.7 EMENDATIO LIBELLI

Muitas vezes, são verificados erros ou divergências na inicial acusatória, que consistem em um "descompasso entre os fatos narrados e a imputação tipificada ao final da denúncia ou queixa" (Marcão, 2023, p. 388), situações em que "o juiz, sem modificar a descrição do fato contida na denúncia ou queixa, poderá atribuir-lhe definição jurídica diversa, ainda que, em consequência, tenha de aplicar pena mais grave" (art. 383 do CPP).

Portanto, a hipótese de *emendatio libelli* é aquela em que o juiz apenas corrige a tipificação ou classificação do delito que havia sido dada na denúncia ou queixa, sem alteração alguma do fato imputado.

Conforme doutrina majoritária e jurisprudência dominante, o réu se defende dos fatos que lhe foram imputados na denúncia ou queixa e não da tipificação contida em tais peças acusatórias, razão pela qual não há óbice a que o juiz faça o ajuste da definição jurídica do fato imputado, com aplicação do brocardo latino *narra mihi factum dabo tibi jus*, ou seja, narra-me o fato que te darei o direito (Marcão, 2023, p. 388).

Em sentido oposto, Lopes Júnior afirma que o acusado não se defende somente do fato descrito, mas também da classificação dada a tal fato pela acusação. Para o autor, é elementar que o réu, ao mesmo tempo, se defenda do fato e se debruça "sobre os limites semânticos do tipo, possíveis causas de exclusão da tipicidade, ilicitude, culpabilidade, e em toda imensa complexidade que envolve a teoria do injusto penal", sendo a tipificação a pedra angular em que a defesa irá desenvolver suas teses (Lopes Júnior, 2023, p. 419).

Conforme dispõe o § 1º do art. 383 do CPP, "se, em consequência de definição jurídica diversa, houver possibilidade de proposta de suspensão condicional do processo, o juiz procederá de acordo com o disposto na lei", ou seja, deverá determinar a abertura de vista ao autor da ação penal para que apresente proposta de suspensão condicional do processo, conforme art. 89 da Lei nº 9.099/1995.

No mesmo sentido é a Súmula 337 do STJ, segundo a qual "é cabível a suspensão condicional do processo na desclassificação do crime e na procedência parcial da pretensão punitiva."

Por outro lado, com base no § 2º do art. 383 do CPP, se por força da nova classificação dada o crime passar a ser de competência de outro juízo, a este serão encaminhados os autos.

É o que ocorre, por exemplo, quando por ocasião do término da fase de instrução preliminar do processo dos crimes de competência do Tribunal do Júri, o juiz desclassifica o fato de homicídio doloso para lesão corporal seguida de morte e remete o feito para o juiz da vara criminal comum (art. 419 do CPP).

7.8 MUTATIO LIBELLI

Pode ocorrer, ao final da instrução processual criminal, a verificação da existência de prova de *fato novo*, não descrito na denúncia e que, por causa disso, não poderá ser objeto de condenação pelo juiz, sob pena de quebra do princípio da correlação e desrespeito ao contraditório, à ampla defesa, ao devido processo legal (Marção, 2023, p. 389) e ao princípio da inércia da jurisdição (Lopes Júnior, 2023, p. 417).

Nesses casos, deve ser observada a regra prevista no art. 384 do CPP:

Art. 384. Encerrada a instrução probatória, se entender cabível nova definição jurídica do fato, em consequência de prova existente nos autos de elemento ou circunstância da infração penal não contida na acusação, o Ministério Público deverá aditar a denúncia ou queixa, no prazo de 5 (cinco) dias, se em virtude desta houver sido instaurado o processo em crime de ação pública, reduzindo-se a termo o aditamento, quando feito oralmente.

§ 1º Não procedendo o órgão do Ministério Público ao aditamento, aplica-se o art. 28 deste Código.

§ 2º Ouvido o defensor do acusado no prazo de 5 (cinco) dias e admitido o aditamento, o juiz, a requerimento de qualquer das partes, designará dia e hora para continuação da audiência, com inquirição de testemunhas, novo interrogatório do acusado, realização de debates e julgamento.

§ 3º Aplicam-se as disposições dos §§ 1º e 2º do art. 383 ao *caput* deste artigo.

§ 4º Havendo aditamento, cada parte poderá arrolar até 3 (três) testemunhas, no prazo de 5 (cinco) dias, ficando o juiz, na sentença, adstrito aos termos do aditamento.

§ 5º Não recebido o aditamento, o processo prosseguirá.

Portanto, ao final da audiência, encerrada a instrução, poderá haver a *mutatio libelli*, prevista no art. 384 do CPP, quando for cabível nova definição jurídica do fato decorrente de prova de novo elemento ou circunstância não contida na denúncia, hipótese em que a denúncia deverá ser aditada.

Isso ocorre, por exemplo, quando é feita denúncia por crime de homicídio tentado, cuja consumação ocorre durante a instrução preliminar, ou quando há o surgimento de prova de uma qualificadora que não havia sido elencada na denúncia (Lopes Júnior, 2023).

Fazendo a distinção entre *emendatio libelli* e *mutatio libelli*, assim leciona Marcão:

> Não se há de confundir *emendatio libelli* com *mutatio libelli*. Enquanto na hipótese de *emendatio libelli* o fato está corretamente narrado, mas há erro em sua classificação ou definição jurídica (erro que será corrigido pelo juiz na sentença), no caso de *mutatio libelli*, ao final da instrução se constata fato novo, por isso não descrito na inicial acusatória e consequentemente inquestionado pela defesa, que não pode ser surpreendida, daí a necessidade das providências asseguradoras indicadas (mudança do libelo inicial) para que não ocorra o descumprimento de princípios fundamentais e a nulidade do processo (Marcão, 2023, p. 389).

Outra distinção importante é que, embora seja admitida a *emendatio libelli* em grau recursal, o mesmo não ocorre com a *mutatio libelli*, que não se aplica à segunda instância, conforme Súmula nº 453 do STF.

Havendo o aditamento, o juiz deve dar vista à defesa por cinco dias, além de oportunizar que acusação e defesa arrolem até 3 testemunhas, sendo designada nova data para inquirição dessas testemunhas, novo interrogatório do réu, debates e julgamento (art. 384, §§ 2º e 4º, do CPP).

A decisão que rejeitar o aditamento é impugnável por meio de recurso em sentido estrito, assim como acontece com a decisão que rejeita a denúncia ou queixa (STJ, REsp 254494/DF, 6ª T, J. 24/11/2004).

Importante registrar que, conforme dispõe o art. 385 do CPP, "nos crimes de ação pública, o juiz poderá proferir sentença condenatória, ainda que o Ministério Público tenha opinado pela absolvição, bem como reconhecer agravantes, embora nenhuma tenha sido alegada".

Segundo o STF, "tal norma, ainda que considerada *constitucional*, impõe ao julgador que decidir pela condenação um ônus de fundamentação elevado, para justificar a excepcionalidade de decidir contra o titular da ação penal" (STF, AP 976/PE, 1ª T, J. 18/02/2020).

8
PRISÕES E LIBERDADE PROVISÓRIA

Prisão é o cerceamento da liberdade de ir e vir do indivíduo, por ação do Estado, que pode ter natureza penal, *processual penal*, civil (dívida alimentar)[1] e administrativa.[2]

A *prisão processual penal* é aquela que se dá por razões de cautela e se subdivide em três espécies: 1) prisão em flagrante; 2) prisão preventiva; e 3) prisão temporária.

8.1 PRISÃO EM FLAGRANTE

A palavra flagrante vem de *flagrare* que significa queimar, flamejar, crepitar (o estalar dos galhos que queimam), ou seja, em caso de flagrante o crime ainda está quente, queimando, flamejando, crepitando, ardendo em chamas.[3]

Como o crime ainda está ardendo, o que permite uma certeza visual da materialidade e fortes indícios de autoria, a Constituição Federal[4] e o CPP[5] permitem a *prisão sem mandado judicial*.

---

1. A Constituição Federal, em seu art. 5º, inciso LXVII, disse que *não haverá prisão civil por dívida, salvo a do responsável pelo inadimplemento voluntário e inescusável de obrigação alimentícia e a do depositário infiel*. Portanto, a Constituição Federal havia autorizado a prisão civil, apenas, do devedor de alimentos e a do depositário infiel. Ocorre que a própria Constituição Federal, no § 2º do mesmo art. 5º, estabeleceu que *os direitos e garantias expressos nesta Constituição não excluem outros decorrentes do regime e dos princípios por ela adotados, ou dos tratados internacionais em que a República Federativa do Brasil seja parte*, ou seja, quando outros direitos e garantias forem assegurados em tratados internacionais firmados pelo Brasil, eles deverão ser respeitados. Nessa esteira, a Convenção Americana sobre Direitos Humanos (Pacto de São José da Costa Rica), promulgada pelo Decreto nº 678/1992, autorizou apenas a prisão civil do devedor de alimentos (Art. 7, item 7. *Ninguém deve ser detido por dívida. Este princípio não limita os mandados de autoridade judiciária competente expedidos em virtude de inadimplemento de obrigação alimentar.*). Com isso, a prisão civil do depositário infiel passou a ser ilícita. Nesse sentido: STF, Súmula Vinculante 25 – *É ilícita a prisão civil de depositário infiel, qualquer que seja a modalidade do depósito.*
2. A prisão administrativa é cabível em duas situações: 1ª – para fins de retirada compulsória, também denominada prisão preventiva para fins de extradição, prevista nos arts. 84 e 86 da Lei nº 13.445/2017 (Lei de Migração), bem como nos arts. 211 e 275 a 277 do Decreto nº 9.199/2017 (que regulamentou a Lei de Migração), sendo fato que tal espécie de prisão administrativa segue sendo aplicada e é reconhecidamente válida pelo STF (Ext 1622/DF, 2ª T, J. 22/08/2021; Ext 1675/DF, 1ª T, J. 08/02/2022; Ext 1650 ED/DF, 1ª T, J. 05/12/2022); 2ª – dos militares dos Estados, por questões de indisciplina, modalidade esta que, embora tenha sido vedada pela Lei nº 13.967/2019, voltou a ser possível diante da decisão do STF na ADI 6595/DF, Pleno, J. 23/05/2022, que *declarou a inconstitucionalidade formal e material da citada Lei nº 13.967/2019*.
3. LOPES JR., Aury, 2021, p. 260.
4. CF/88, art. 5º, LXI – ninguém será preso *senão em flagrante delito* ou por ordem escrita e fundamentada de autoridade judiciária competente, salvo nos casos de transgressão militar ou crime propriamente militar, definidos em lei.
5. CPP, art. 283. Ninguém poderá ser preso senão *em flagrante delito* ou por ordem escrita e fundamentada da autoridade judiciária competente, em decorrência de prisão cautelar ou em virtude de condenação criminal transitada em julgado.

Mais do que isso. Conforme estabelece o art. 301 do CPP, prender em flagrante, embora seja uma faculdade de qualquer do povo (flagrante facultativo), é uma *obrigação da autoridade policial e seus agentes* (flagrante obrigatório).

As hipóteses de prisão em flagrante estão previstas no art. 302 do CPP, segundo o qual, considera-se em flagrante delito quem:

> I – está cometendo a infração penal;
>
> II – acaba de cometê-la;
>
> III – é perseguido, logo após, pela autoridade, pelo ofendido ou por qualquer pessoa, em situação que faça presumir ser autor da infração;
>
> IV – é encontrado, logo depois, com instrumentos, armas, objetos ou papéis que façam presumir ser ele autor da infração.

Há o *flagrante próprio* ou *puro* quando o agente está praticando a infração penal (praticando a conduta descrita no tipo penal) ou quando acaba de cometê-la (quando cessou recentemente de praticar a conduta descrita no tipo penal), conforme art. 302, incisos I e II, do CPP.

Na hipótese do inciso III, há o chamado *flagrante impróprio* ou *imperfeito*, em que o indivíduo é perseguido *logo após* a prática do crime, em situação que faça presumir ser o autor da infração. A expressão *logo após* diz respeito ao tempo necessário para chegada da polícia e início da perseguição, o que geralmente acontece em minutos, ou seja, em espaço de tempo menor do que uma hora e que ainda permita a perseguição. Não há prazo máximo para duração da perseguição,[6] podendo perdurar por muito tempo, desde que tenha se iniciado logo após a prática do crime e que seja ininterrupta.[7]

Na hipótese do *flagrante presumido* ou *ficto*, previsto no inciso IV, o agente é encontrado *logo depois* com instrumentos, armas, objetos ou papéis que façam presumir ser ele autor da infração. Trata-se do encontrar de quem procurou, de quem mesmo tendo perdido o rastro, inviabilizando assim a perseguição, seguiu na busca do agente, por exemplo, fazendo cercos em todas as vias de acesso à cidade.[8] A expressão *logo depois* permite uma dilação de tempo maior (várias horas), a ser analisada subjetivamente no caso concreto.

Quanto à presunção de autoria, mencionada tanto na parte final do inciso III, quanto do inciso IV, ambos do art. 302 do CPP, ela pode ser extraída de diversos elementos, tais como estar com as vestes sujas de sangue, trajando as mesmas roupas descritas pelas testemunhas e vítimas, portando as armas empregadas na prática criminosa, estar na posse da *res furtiva* etc.

---

6. O conceito de perseguição consta do art. 290, § 1º, do CPP.
7. STJ, HC 126.980/GO, 5ª T, J. 06/08/2009.
8. LOPES JR., Aury, 2021, p. 262.

Em se tratando de crime de trânsito, o fato de o agente prestar socorro afasta a possibilidade de prisão em flagrante, conforme disciplina o art. 301 da Lei nº 9.503/1997 (Código de Trânsito Brasileiro).

O *procedimento da prisão em flagrante* está regulado no art. 304 e seguintes do CPP e se inicia com a captura do preso, após o que deve ser ele levado à presença da autoridade policial (delegado de Polícia Civil ou Federal), que, cumpridas as comunicações previstas no art. 306 do CPP,[9] realizará a oitiva do condutor, colherá sua assinatura e lhe dará cópia do termo e recibo de entrega do preso, liberando o condutor em seguida. Ato contínuo, proceder-se-á à oitiva das testemunhas (e da vítima, se possível) e ao interrogatório do preso. Caso não haja testemunhas da infração penal, deverão assinar, pelo menos, duas testemunhas que tenham testemunhado a apresentação do preso à autoridade, atestando a regularidade do procedimento (testemunhas de apresentação ou numerárias).

Se o preso se recusar a assinar o auto de prisão em flagrante, não souber ou não puder fazê-lo, o mesmo será assinado por duas testemunhas que tenham ouvido a sua leitura na presença do preso. Da lavratura do auto de prisão em flagrante deverá constar a informação sobre a existência de filhos, respectivas idades e se possuem alguma deficiência e o nome e o contato de eventual responsável pelos cuidados dos filhos, indicado pela pessoa presa (art. 304, § 4º, do CPP).

Ao final da lavratura do auto de prisão em flagrante, o delegado dará nota de culpa ao preso, sendo esta o documento que contém informação sobre o motivo da prisão, o nome do condutor e os das testemunhas.

Em se tratando de crimes com pena privativa de liberdade máxima não superior a 4 anos, a autoridade policial poderá conceder fiança (art. 322, CPP). Nos demais casos, a fiança será requerida ao juiz, que decidirá em 48 horas. Os casos em que a fiança não será concedida encontram-se listados nos arts. 323 e 324 do CPP.

O delegado de Polícia terá 24h para enviar o auto de prisão em flagrante ao juiz, ao Ministério Público (art. 67 da Lei nº 5.010/1966, art. 10 da Lei Complementar nº 75/1993 e art. 41, I, da Lei nº 8.625/1993) e à Defensoria Pública, caso o autuado não informe o nome de seu advogado.

O juiz, após receber o auto de prisão em flagrante, no prazo máximo de até 24 horas após a realização da prisão, deverá promover audiência de custódia com a presença do acusado, seu advogado constituído ou membro da Defensoria Pública e o membro do Ministério Público, e, nessa audiência, o juiz deverá, fundamentadamente (art. 310, CPP):

1. Relaxar a prisão ilegal; ou

---

9. CPP, Art. 306. A prisão de qualquer pessoa e o local onde se encontre serão comunicados imediatamente ao juiz competente, ao Ministério Público e à família do preso ou à pessoa por ele indicada.

2. Converter a prisão em flagrante em prisão preventiva, se presentes os seus requisitos (arts. 311 a 315, CPP) e não forem suficientes e adequadas as medidas cautelares diversas da prisão (segundo entendimento do STF,[10] tal conversão não pode ser feita de ofício, mas o STJ[11] entende que a manifestação posterior do MP ou delegado supre o vício); ou

3. Conceder liberdade provisória, com ou sem fiança, que pode ou não ser atrelada a outra medida cautelar (art. 319, CPP).

Antes mesmo da Lei nº 13.964, de 24/12/2019, determinar a realização de audiência de custódia, o Conselho Nacional de Justiça, por meio da Resolução nº 213, de 15/12/2015, em obediência à Convenção Americana de Direitos Humanos, já determinava a realização das audiências de custódia, após a prisão em flagrante, bem como decorrente do cumprimento de mandado de prisão, o que deve continuar a ocorrer, conforme arts. 287 e 310 do CPP.

A audiência de custódia consiste na apresentação do preso ao juiz, na presença do Ministério Público e de seu advogado ou defensor, no prazo máximo de 24h após a prisão, para que a análise da possível conversão em prisão preventiva, concessão da liberdade provisória ou relaxamento da prisão ilegal ocorra de forma mais pessoal e humanizada.

Vale lembrar que quando a não realização da audiência de custódia se dá com motivação idônea, isso não macula a prisão preventiva decretada (STJ, EDcl no HC

---

10. "(...) A interpretação do art. 310, II, do CPP deve ser realizada à luz dos arts. 282, §§ 2º e 4º, e 311, do mesmo estatuto processual penal, a significar que se tornou inviável, mesmo no contexto da audiência de custódia, a conversão, de ofício, da prisão em flagrante de qualquer pessoa em prisão preventiva, sendo necessária, por isso mesmo, para tal efeito, anterior e formal provocação do Ministério Público, da autoridade policial ou, quando for o caso, do querelante ou do assistente do MP. (...) A conversão da prisão em flagrante em prisão preventiva, no contexto da audiência de custódia, somente se legitima se e quando houver, por parte do Ministério Público ou da autoridade policial (ou do querelante, quando for o caso), pedido expresso e inequívoco dirigido ao Juízo competente, pois não se presume – independentemente da gravidade em abstrato do crime – a configuração dos pressupostos e dos fundamentos a que se refere o art. 312 do Código de Processo Penal, que hão de ser adequada e motivadamente comprovados em cada situação ocorrente. (...)" (STF, HC 188.888/MG, 2ª T, J. 06/10/2020).

11. "(...) 4. A posterior manifestação do órgão ministerial ou da autoridade policial pela prisão cautelar supre o vício de não observância da formalidade do prévio requerimento. (...)" (STJ, AgRg no HC 685.729 / SP, 5ª T, J. 23/11/2021). No mesmo sentido: "(...) 1. A manifestação posterior do Ministério Público pela segregação cautelar do agravante supre o vício de não observância da formalidade do prévio requerimento, afastando-se a alegação de conversão da prisão de ofício e de violação do art. 311 do CPP. 2. A fuga do distrito da culpa caracteriza a intenção de frustrar a aplicação da lei penal, fundamento idôneo para decretar a segregação cautelar. (...)" (STJ, AgRg no RHC 152.473 / BA, 5ª T, J. 19/10/2021). No mesmo sentido: "(...) 1. Não se desconhece o entendimento de que, 'em razão do advento da Lei n. 13.964/2019, não é mais possível a conversão *ex officio* da prisão em flagrante em prisão preventiva. Interpretação conjunta do disposto nos arts. 3º-A, 282, § 2º, e 311, *caput*, todos do CPP' (RHC n. 131.263/GO, Relator Ministro Sebastião Reis Júnior, Terceira Seção, julgado em 24/2/2021, DJe 15/4/2021). 2. Contudo, em determinados casos, constata-se que, não obstante a ausência de manifestação do órgão ministerial antes da conversão da prisão em flagrante em preventiva, é dada a oportunidade de manifestação posterior, por meio de requerimento ou emissão de parecer, o que afasta a ilegalidade da conversão da prisão de ofício. Precedente. 3. *In casu*, apesar de a prisão em flagrante ter sido convertida em prisão preventiva sem manifestação do órgão acusatório, em momento posterior, nos autos do pedido de revogação da segregação cautelar, o Ministério Público manifestou-se pela manutenção da segregação cautelar, ausente, portanto, a ilegalidade arguida. (...)" (STJ, AgRg no RHC 144647 / BA, 6ª T, J. 17/08/2021).

647.649/PR, 6ª T, J. 05/04/2022). Sob outro prisma, "a não realização da audiência de custódia não implica a ilegalidade do decreto preventivo, cujos fundamentos e requisitos de validade não incluem a prévia realização daquele ato" (STJ, AgRG no HC 675.620/SP, 5ª T, J. 22/03/2022).

Importante registrar, também, que nas Ações Diretas de Inconstitucionalidade nº 6.298, 6.299, 6.300 e 6.305 o STF, por unanimidade, atribuiu interpretação conforme ao *caput* do art. 310 do CPP para assentar que o juiz, em caso de urgência e se o meio se revelar idôneo, poderá realizar a audiência de custódia por videoconferência.

O STF, também por unanimidade, atribuiu interpretação conforme ao § 4º do art. 310 do CPP para assentar que a autoridade judiciária deverá avaliar se estão presentes os requisitos para a prorrogação excepcional do prazo ou para sua realização por videoconferência, sem prejuízo da possibilidade de imediata decretação de prisão preventiva.[12]

8.2 PRISÃO PREVENTIVA

A prisão preventiva é a prisão cautelar por excelência, decretada pelo juiz com a presença dos fundamentos do art. 312, nas hipóteses do art. 312, § 1º e art. 313, incisos I, II, III e § 1º, todos do CPP, desde que se revelem inadequadas ou insuficientes as medidas cautelares diversas da prisão (art. 282, §§ 4º e 6º, e art. 310, II, ambos do CPP).

Em qualquer fase da investigação policial ou do processo penal, caberá a prisão preventiva decretada pelo juiz, a requerimento do Ministério Público, do querelante ou do assistente, ou por representação da autoridade policial.

Portanto, não é mais permitido que o juiz decrete a prisão preventiva de ofício, nem mesmo no curso do processo penal (art. 311, CPP). Nesse sentido, assim decidiu o STF:

> *A Lei nº 13.964/2019*, ao suprimir a expressão "de ofício" que constava do art. 282, §§ 2º e 4º, e do art. 311, todos do Código de Processo Penal, *vedou, de forma absoluta, a decretação da prisão preventiva sem o prévio "requerimento das partes ou, quando no curso da investigação criminal, por representação da autoridade policial ou mediante requerimento do Ministério Público"* (grifei), *não mais sendo lícita*, portanto, com base no ordenamento jurídico vigente, *a atuação "ex officio" do Juízo processante em tema de privação cautelar da liberdade*.
>
> – A interpretação do art. 310, II, do CPP deve ser realizada à luz dos arts. 282, §§ 2º e 4º, e 311, do mesmo estatuto processual penal, a significar que *se tornou inviável, mesmo no contexto da audiência de custódia, a conversão, de ofício, da prisão em flagrante de qualquer pessoa em prisão preventiva, sendo necessária, por isso mesmo, para tal efeito, anterior e formal provocação do Ministério Público, da autoridade policial ou, quando for o caso, do querelante ou do assistente do MP.* Magistério doutrinário. Jurisprudência. (...)
>
> – A conversão da prisão em flagrante em prisão preventiva, no contexto da audiência de custódia, somente se legitima se e quando houver, por parte do Ministério Público ou da autoridade policial (ou do querelante, quando for o caso), pedido expresso e inequívoco dirigido ao Juízo competente, pois não se

---

12. CPP, art. 310, § 4º Transcorridas 24 (vinte e quatro) horas após o decurso do prazo estabelecido no *caput* deste artigo, a não realização de audiência de custódia sem motivação idônea ensejará também a ilegalidade da prisão, a ser relaxada pela autoridade competente, sem prejuízo da possibilidade de imediata decretação de prisão preventiva.

presume – independentemente da gravidade em abstrato do crime – a configuração dos pressupostos e dos fundamentos a que se refere o art. 312 do Código de Processo Penal, que hão de ser adequada e motivadamente comprovados em cada situação ocorrente. Doutrina. (...)" (STF, HC 188.888/MG, 2ª T, J. 06/10/2020).

1. Conforme atual jurisprudência pacífica deste Superior Tribunal de Justiça, após as alterações legislativas promovidas pela Lei n. 13.864/2019 (Pacote Anticrime), é inadmissível ao Magistrado converter a *prisão em flagrante* em preventiva *ex officio* (RHC 131.263/GO, Rel. Ministro Sebastião Reis Júnior, Terceira Seção, julgado em 24/2/2021, DJe 15/4/2021) (...) (STJ, RHC 149.273/DF, 5ª T, J. 28/09/2021).

Contudo, o STJ demorou a aceitar por inteiro o entendimento acima e chegou a criar *distinguishings* no sentido de que, caso o magistrado procedesse à conversão da prisão em flagrante em prisão preventiva de ofício e depois sobreviesse representação da autoridade policial ou requerimento do Ministério Público pela cautelar máxima, estaria sanado o vício:

(...) V – No caso, consoante destacado pelo v. acórdão objurgado, denota-se que, embora na homologação da prisão em flagrante e sua posterior conversão em custódia preventiva não se tenha observado a formalidade de prévio requerimento pela autoridade policial ou ministerial, em momento posterior, qual seja, 4 dias após, houve o requerimento da autoridade policial pela decretação da prisão preventiva, evidenciando-se a higidez do feito, de modo que não se configura nenhuma nulidade passível de correção, observado, pois, o devido processo legal (...) (STJ, AgRg no RHC 136.708/MG, 5ª T, J. 16/03/2021).

(...) 4. A posterior manifestação do órgão ministerial ou da autoridade policial pela prisão cautelar supre o vício de não observância da formalidade do prévio requerimento (...) (STJ, AgRg no HC 685.729/SP, 5ª T, J. 23/11/2021).

(...) 1. A manifestação posterior do Ministério Público pela segregação cautelar do agravante supre o vício de não observância da formalidade do prévio requerimento, afastando-se a alegação de conversão da prisão de ofício e de violação do art. 311 do CPP. 2. A fuga do distrito da culpa caracteriza a intenção de frustrar a aplicação da lei penal, fundamento idôneo para decretar a segregação cautelar. (...) (STJ, AgRg no RHC 152.473/BA, 5ª T, J. 19/10/2021)

(...) 1. Não se desconhece o entendimento de que, 'em razão do advento da Lei n. 13.964/2019, não é mais possível a conversão *ex officio* da prisão em flagrante em prisão preventiva. Interpretação conjunta do disposto nos arts. 3º-A, 282, § 2º, e 311, *caput*, todos do CPP' (RHC n. 131.263/GO, Relator Ministro Sebastião Reis Júnior, Terceira Seção, julgado em 24/2/2021, DJe 15/4/2021). 2. Contudo, em determinados casos, constata-se que, não obstante a ausência de manifestação do órgão ministerial antes da conversão da prisão em flagrante em preventiva, é dada a oportunidade de manifestação posterior, por meio de requerimento ou emissão de parecer, o que afasta a ilegalidade da conversão da prisão de ofício. Precedente. 3. *In casu*, apesar de a prisão em flagrante ter sido convertida em prisão preventiva sem manifestação do órgão acusatório, em momento posterior, nos autos do pedido de revogação da segregação cautelar, o Ministério Público manifestou-se pela manutenção da segregação cautelar, ausente, portanto, a ilegalidade arguida (STJ, AgRg no RHC 144647 / BA, 6ª T, J. 17/08/2021)

Mesmo em caso de crime praticado contra a mulher no contexto doméstico ou familiar, em que a redação do art. 20 da Lei nº 11.340/2006 ainda prevê a decretação da prisão preventiva de ofício, tal disposição destoa do atual regime jurídico e não é mais aplicável, conforme decidiu a 6ª Turma do STJ, no RHC 145.225/RO.[13]

---

13. Recurso em habeas corpus. Prisão em flagrante. Violência doméstica e familiar contra a mulher. Ministério público pugna pela conversão do flagrante em cautelares diversas. Magistrado determinou cautelar máxima. Prisão preventiva de ofício. Não ocorrência. Prévia e anterior provocação do ministério público. Prisão preventiva fundamentada. Periculosidade do agente. Reiteração em delitos de violência no âmbito doméstico.

Contudo, no mesmo julgado, a 6ª Turma do STJ afirmou que, uma vez provocado, o juiz poderia determinar a cautelar pessoal que melhor se ajustasse ao caso concreto, podendo inclusive decretar a prisão preventiva, mesmo quando a autoridade policial, o Ministério Público ou o ofendido tiverem pleiteado, apenas, a decretação de medidas cautelares diversas da prisão.

Não obstante, em sentido oposto, a 5ª Turma do STJ decidiu que, tratando-se de requerimento do Ministério Público limitado à aplicação de medidas cautelares diversas da prisão ao preso em flagrante, é vedado ao juiz decretar a medida mais gravosa (prisão preventiva), por configurar uma atuação de ofício.[14]

Agressões contra filha menor de idade e companheira grávida. Manutenção da prisão preventiva. 1. Infere-se dos autos que o MP requereu, durante a audiência de custódia, a conversão da prisão em flagrante em cautelares diversas, no entanto, o Magistrado decretou a cautelar máxima. 2. Diversamente do alegado pelo Tribunal de origem, não se justificaria uma atuação *ex officio* do Magistrado por se tratar de crime de violência doméstica e familiar contra a mulher, com fundamento no princípio da especialidade. Não obstante o art. 20 da Lei n. 11.340/2006 ainda autorize a decretação da prisão preventiva de ofício pelo Juiz de direito, tal disposição destoa do atual regime jurídico. A atuação do juiz de ofício é vedada independentemente do delito praticado ou de sua gravidade, ainda que seja de natureza hedionda, e deve repercutir no âmbito da violência doméstica e familiar. 3. A decisão que decretou a prisão preventiva do paciente foi precedida da necessária e prévia provocação do Ministério Público, formalmente dirigida ao Poder Judiciário. No entanto, este decidiu pela cautelar pessoal máxima, por entender que apenas medidas alternativas seriam insuficientes para garantia da ordem pública. 4. A determinação do Magistrado, em sentido diverso do requerido pelo Ministério Público, pela autoridade policial ou pelo ofendido, não pode ser considerada como atuação *ex officio*, uma vez que lhe é permitido atuar conforme os ditames legais, desde que previamente provocado, no exercício de sua jurisdição. 5. Impor ou não cautelas pessoais, de fato, depende de prévia e indispensável provocação; contudo, a escolha de qual delas melhor se ajusta ao caso concreto há de ser feita pelo juiz da causa. Entender de forma diversa seria vincular a decisão do Poder Judiciário ao pedido formulado pelo Ministério Público, de modo a transformar o julgador em mero chancelador de suas manifestações, ou de lhe transferir a escolha do teor de uma decisão judicial. (...) (STJ, RHC 145.225/RO, 6ª T, J. 15/02/2022 – Informativo 725).

14. "Agravo regimental em habeas corpus substitutivo de recurso. Tráfico de drogas. Requerimento do ministério público para aplicação de medidas cautelares mais brandas. Decretação da prisão preventiva. Atuação de ofício. Constrangimento ilegal configurado. Agravo regimental provido. 1. A reforma introduzida pela Lei n. 13.964/2019 ("Lei Anticrime"), preservando e valorizando as características essenciais da estrutura acusatória do processo penal brasileiro, modificou a disciplina das medidas de natureza cautelar, especialmente as de caráter processual, estabelecendo um modelo mais coerente com as características do moderno processo penal. Após a vigência da mencionada lei, houve a inserção do art. 3º-A ao CPP e a supressão do termo "de ofício" que constava do art. 282, §§ 2º e 4º, e do art. 311, todos do Código de Processo Penal. 2. Assim, "A interpretação do art. 310, II, do CPP deve ser realizada à luz dos arts. 282, §§ 2º e 4º, e 311, do mesmo estatuto processual penal, a significar que se tornou inviável, mesmo no contexto da audiência de custódia, a conversão, de ofício, da prisão em flagrante de qualquer pessoa em prisão preventiva, sendo necessária, por isso mesmo, para tal efeito, anterior e formal provocação do Ministério Público, da autoridade policial ou, quando for o caso, do querelante ou do assistente do MP. Magistério doutrinário'. Jurisprudência" (STF, HC 186490, Relator(a): Celso De Mello, Segunda Turma, julgado em 10/10/2020, Processo Eletrônico DJe-255 Divulg 21-10-2020 Public 22-10-2020). 3. Tratando-se de requerimento do Ministério Público limitado à aplicação de medidas cautelares ao preso em flagrante, é vedado ao juiz decretar a medida mais gravosa, a prisão preventiva, por configurar uma atuação de ofício. "A competência é de acolher ou negar, não lhe cabe exceder o pedido do Parquet. Para além disso, a decisão figura-se como de ofício, que, de forma clara, tem sido vedada por esta Corte." (STF, HC 217196/DF, Relator o Ministro Gilmar Mendes). 4. Na hipótese em exame, na audiência de custódia, "o Ministério Público pugnou pela concessão da liberdade provisória mediante a aplicação de cautelares diversas da prisão, dentre elas o recolhimento domiciliar". Contudo, a Magistrada singular concluiu pela decretação da prisão preventiva, por entender que estariam presentes os requisitos legais que autorizam a medida extrema, configurando uma atuação de ofício e em contrariedade ao que dispõe a nova regra processual penal. 5. Agravo regimental provido."

A questão somente foi pacificada, no âmbito do STJ, no dia 11/12/2024, quase cinco anos depois da Lei Anticrime ter dado nova redação ao art. 311 do CPP, quando enfim o STJ editou a Súmula 676, segundo a qual:

> Em razão da Lei n. 13.964/2019, não é mais possível ao juiz, de ofício, decretar ou converter prisão em flagrante em prisão preventiva. (3ª SEÇÃO, *J.* 11/12/2024)

Importante lembrar que o STF, no julgamento do HC 203.208, decidiu que muito embora o juiz não possa decretar a prisão de ofício, o julgador não está vinculado a pedido de revogação formulado pelo Ministério Público, ou seja, após decretar a prisão a pedido do Ministério Público, o magistrado não é obrigado a revogá-la, quando novamente requerido pelo *Parquet*.

Segundo dispõe o art. 312 do CPP, são *requisitos cumulativos* para a decretação da prisão preventiva:

1. *Fumus commissi delicti*:
   a. *Prova da existência do crime* – juízo de probabilidade, verossimilhança, da prática de uma conduta típica, ilícita e culpável;
   b. *Indícios suficientes de autoria* – elementos aptos a demonstrar que o imputado concorreu para o crime;
2. *Periculum libertatis* – perigo gerado pelo estado de liberdade do imputado.

Além dos requisitos cumulativos, que devem estar todos presentes, o CPP prevê, também, quatro *requisitos alternativos* para a decretação da prisão preventiva, dos quais pelo menos um deve estar presente no caso concreto:

1. *Garantia da ordem pública* – necessidade da prisão para assegurar a ordem na sociedade, evitando a reincidência criminosa;
2. *Garantia da ordem econômica* – trata-se da ordem pública relacionada aos crimes econômicos e contra o Sistema Financeiro Nacional;
3. *Conveniência da instrução criminal* – necessidade da prisão para evitar abalos feitos pelo investigado/indiciado/acusado/réu à instrução criminal (Exemplos: suborno de jurados; ameaça a testemunhas; destruição de provas etc.);
4. *Assegurar a aplicação da lei penal* – risco concreto de fuga.[15]

Além disso, o art. 282, §§ 4º e 6º, do CPP dispõe que as medidas cautelares diversas da prisão previstas no art. 319 do mesmo Código são sempre preferíveis à prisão preventiva, que é medida subsidiária, deixando claro que a prisão preventiva somente deve ser decretada, em último caso, quando as medidas cautelares diversas da prisão

---

(STJ, AgRg no HC 754.506/MG, 5ª T, *J.* 16/08/2022). A 5ª Turma do STJ teve entendimento diametralmente oposto no: STJ, AgRG no HC 783.929/PR, 5ª T, *J.* 19/09/2023. Contudo, acabou voltando atrás no: STJ, AgRg nos EDcl no RHC 196.080/MG, 5ª T, *J.* 18/06/2024.

15. LOPES JR., Aury, 2021, p. 277-278.

se revelarem inadequadas ou insuficientes (art. 310, II, *in fine*, CPP), sendo que *o não cabimento da substituição da prisão preventiva por outra medida cautelar deverá ser justificado de forma fundamentada nos elementos presentes do caso concreto, de forma individualizada* (Art. 282, § 6º, *in fine*, CPP).

Importante lembrar que o STJ decidiu que as medidas protetivas de urgência previstas nos incisos I, II e III do art. 22 da Lei Maria da Penha (Lei nº 11.340/2006),[16] têm caráter eminentemente penal, ou seja, têm natureza de tutela provisória cautelar criminal, não se aplicando o rito do CPC, sendo que, em caso de descumprimento das medidas anteriormente impostas, poderá o magistrado, a teor do estabelecido no art. 313, III, do CPP, decretar a prisão preventiva do suposto agressor.[17] A decisão que decretar a prisão preventiva ou qualquer outra cautelar será sempre motivada e funda-

---

16. I – suspensão da posse ou restrição do porte de armas, com comunicação ao órgão competente, nos termos da Lei nº 10.826, de 22 de dezembro de 2003; II – afastamento do lar, domicílio ou local de convivência com a ofendida; III – proibição de determinadas condutas, entre as quais: a) aproximação da ofendida, de seus familiares e das testemunhas, fixando o limite mínimo de distância entre estes e o agressor; b) contato com a ofendida, seus familiares e testemunhas por qualquer meio de comunicação; c) frequentação de determinados lugares a fim de preservar a integridade física e psicológica da ofendida.

17. "Penal e processo penal. Recurso especial. Lei maria da penha. Medidas protetivas de urgência. Natureza jurídica. Tutela provisória cautelar. Caráter eminentemente penal (art. 22, I, II e III, da Lei n. 11.340/06). Restrição da liberdade de ir e vir do suposto agressor. Proteção à vida e à integridade física e psíquica da vítima. Possibilidade de decretação de prisão preventiva ao renitente. Aplicação do diploma processual penal à matéria. Recurso especial conhecido e provido para afastar a determinação de citação para apresentação de contestação e dos efeitos da revelia em caso de omissão. 1. Cinge-se a controvérsia à definição da natureza jurídica das medidas protetivas de urgência previstas na Lei Maria da Penha. No caso, o magistrado de piso, após decretar a aplicação das medidas de proibição de contato com a ofendida e de proibição de aproximação, determinou a citação do requerido para apresentar contestação no prazo de cinco dias, sob pena de revelia. Irresignado, o Ministério Público manejou correição parcial e, da decisão que a desproveu, interpôs o presente apelo nobre. 2. As medidas protetivas de urgência têm natureza de tutela provisória cautelar, visto que são concedidas em caráter não definitivo, a título precário, e em sede de cognição sumária. Ademais, visam proteger a vida e a incolumidade física e psíquica da vítima, durante o curso do inquérito ou do processo, ante a ameaça de reiteração da prática delitiva pelo suposto agressor. 3. As medidas protetivas de urgência previstas nos incisos I, II e III do art. 22 da Lei Maria da Penha têm caráter eminentemente penal, porquanto restringem a liberdade de ir e vir do acusado, ao tempo em que tutelam os direitos fundamentais à vida e à integridade física e psíquica da vítima. Em caso de descumprimento das medidas anteriormente impostas, poderá o magistrado, a teor do estabelecido no art. 313, III, do Código de Processo Penal – CPP, decretar a prisão preventiva do suposto agressor, cuja necessidade de manutenção deverá ser periodicamente revista, nos termos do parágrafo único do art. 316 do diploma processual penal. 4. O reconhecimento da natureza cautelar penal traz uma dúplice proteção: de um lado, protege a vítima, pois concede a ela um meio célere e efetivo de tutela de sua vida e de sua integridade, pleiteada diretamente à autoridade policial, e reforçada pela possibilidade de decretação da prisão preventiva do suposto autor do delito; de outro lado, protege o acusado, porquanto concede a ele a possibilidade de se defender da medida a qualquer tempo, sem risco de serem a ele aplicados os efeitos da revelia. 5. *Portanto, as medidas protetivas de urgência previstas nos três primeiros incisos do art. 22 da Lei Maria da Penha têm natureza penal e a elas deve ser aplicada a disciplina do CPP atinente às cautelares, enquanto as demais medidas protetivas têm natureza cível.* 6. Aplicada a cautelar *inaudita altera pars*, para garantia de sua eficácia, o acusado será intimado de sua decretação, facultando-lhe, a qualquer tempo, a apresentação de razões contrárias à manutenção da medida. 7. Recurso especial conhecido e provido para afastar a determinação de citação do requerido para oferecimento de contestação à decretação das medidas protetivas de urgência previstas no art. 22, III, "a" e "b", da Lei 11.340/06, bem como para afastar os efeitos de revelia em caso de omissão, *aplicando-se a disciplina disposta no CPP, ante o reconhecimento da natureza cautelar criminal dessas medidas*" (STJ, REsp 2.009.402/GO, 5ª T, J. 08/11/2022).

mentada. Na motivação, o juiz deverá indicar concretamente a existência de fatos novos ou contemporâneos que justifiquem a aplicação da medida adotada (art. 315, *caput* e § 1º, CPP). Quanto à fundamentação, a decisão não será considerada fundamentada se ocorrer alguma das hipóteses do art. 315, § 2º, do CPP.

Decretada a prisão preventiva, deverá *o órgão emissor da decisão* revisar a necessidade de sua manutenção a cada 90 dias, mediante decisão fundamentada, de ofício, sob pena de tornar a prisão ilegal (art. 316, parágrafo único, CPP).

Contudo, a eventual inobservância da reavaliação no prazo de 90 dias não implica em revogação automática da prisão preventiva, devendo o juízo competente ser instado a reavaliar a legalidade e a atualidade dos fundamentos da prisão.[18]

Houve um entendimento inicial do STJ no sentido de que tal obrigação, prevista no art. 316, parágrafo único, do CPP, não se aplicava aos tribunais quando estivessem atuando em grau recursal, como órgãos revisores, ou seja, quando não tiverem decretado a prisão preventiva, mas apenas estivessem apreciando recursos em casos em que a prisão preventiva tenha sido decretada na primeira instância ou em tribunais de grau inferior (STJ, AgRg no HC 569.701/SP, 5ª T, *J*. 09/06/2020 e STJ, HC 589.544/SC, 6ª T, *J*. 08/09/2020).

Contudo, tal entendimento foi sensivelmente modificado pelo STF no julgamento da ADI 6.581/DF (*J*. 09/03/2022 e Publicação em 03/05/2022), cujo relator foi o Ministro Edson Fachin e o redator para o acórdão foi o Ministro Alexandre de Moraes, onde se decidiu o seguinte:

> Constitucional e direito processual penal. Art. 316, parágrafo único, do código de processo penal, com a redação dada pela lei 13.964/2019. Dever do magistrado de revisar a necessidade de manutenção da prisão preventiva a cada noventa dias. Inobservância que não acarreta a revogação automática da prisão. Provocação do juízo competente para reavaliar a legalidade e a atualidade de seus fundamentos. *Obrigatoriedade da reavaliação periódica que se aplica até o encerramento da cognição plena pelo tribunal de segundo grau de jurisdição.* Aplicabilidade nas hipóteses de prerrogativa de foro. Interpretação conforme à constituição. Procedência parcial.
>
> 1. A interpretação da norma penal e processual penal exige que se leve em consideração um dos maiores desafios institucionais do Brasil na atualidade, qual seja, o de evoluir nas formas de combate à criminalidade organizada, na repressão da impunidade, na punição do crime violento e no enfrentamento da corrupção. Para tanto, é preciso estabelecer não só uma legislação eficiente, mas também uma interpretação eficiente dessa mesma legislação, de modo que se garanta a preservação da ordem e da segurança pública, como objetivos constitucionais que não colidem com a defesa dos direitos fundamentais.
>
> 2. A introdução do parágrafo único ao art. 316 do Código de Processo Penal, com a redação dada pela Lei 13.964/2019, teve como causa a superlotação em nosso sistema penitenciário, especialmente decorrente do excesso de decretos preventivos decretados. Com a exigência imposta na norma, passa a ser obrigatória uma análise frequente da necessidade de manutenção de tantas prisões provisórias.
>
> 3. *A inobservância da reavaliação prevista no dispositivo impugnado, após decorrido o prazo legal de 90 (noventa) dias, não implica a revogação automática da prisão preventiva, devendo o juízo competente ser instado a reavaliar a legalidade e a atualidade de seus fundamentos. Precedente.*

---

18. STF, SL 1.395, Pleno, *J*. 15/10/2020.

4. O art. 316, parágrafo único, do Código de Processo Penal aplica-se até o final dos processos de conhecimento, onde há o encerramento da cognição plena pelo Tribunal de segundo grau, não se aplicando às prisões cautelares decorrentes de sentença condenatória de segunda instância ainda não transitada em julgado.

5. O artigo 316, parágrafo único, do Código de Processo Penal aplica-se, igualmente, nos processos em que houver previsão de prerrogativa de foro.

6. Parcial procedência dos pedidos deduzidos nas Ações Diretas.

Portanto, conforme entendimento atual do STF, temos que a obrigação de revisar a necessidade da manutenção da prisão preventiva a cada 90 dias, mediante decisão fundamentada, de ofício, sob pena de tornar a prisão ilegal:

1. Se aplica ao juiz, desembargador ou ministro *que a decretou*, uma vez que a regra *aplica-se, igualmente, nos processos em que houver previsão de prerrogativa de foro*;

2. Se aplica ao desembargador relator no Tribunal de segunda instância, ainda que atuando como órgão recursal e que a prisão preventiva tenha sido decretada pelo juiz de primeira instância, uma vez que a regra *aplica-se até o final dos processos de conhecimento, onde há o encerramento da cognição plena pelo Tribunal de segundo grau*;

3. Não se aplica aos ministros do STF e do STJ quando estiverem atuando como cortes recursais e a prisão preventiva tiver sido decretada pelas instâncias inferiores.

A prisão preventiva não possui prazo determinado, perdurando enquanto persistirem as razões de cautela,[19] observado o disposto no supracitado art. 316, parágrafo único, do CPP.

Quanto às medidas protetivas de urgência, no Tema Repetitivo nº 1.249, em julgamento realizado no dia 13/11/2024, o STJ fixou as seguintes teses:

I – As medidas protetivas de urgência (MPUs) têm natureza jurídica de tutela inibitória e sua vigência não se subordina à existência (atual ou vindoura) de boletim de ocorrência, inquérito policial, processo cível ou criminal.

II – A duração das MPUs vincula-se à persistência da situação de risco à mulher, razão pela qual devem ser fixadas por prazo temporalmente indeterminado;

III – Eventual reconhecimento de causa de extinção de punibilidade, arquivamento do inquérito policial ou absolvição do acusado não origina, necessariamente, a extinção da medida protetiva de urgência, máxime pela possibilidade de persistência da situação de risco ensejadora da concessão da medida.

IV – Não se submetem a prazo obrigatório de revisão periódica, mas devem ser reavaliadas pelo magistrado, de ofício ou a pedido do interessado, quando constatado concretamente o esvaziamento da situação de risco. A revogação deve sempre

---
19. STJ, HC 386.436/RS, 6ª T, J. 16/03/2017.

ser precedida de contraditório, com as oitivas da vítima e do suposto agressor. (STJ, REsp nº 2.070.717/MG, 3ª Seção, J. 13/11/2024). No mesmo sentido: STJ, AgRg no HC 822.834/MG, 6ª T, J. 26/02/2025; STJ, AgRg no HC 822.834/MG, 6ª T, J. 26/02/2025.

As *hipóteses* de cabimento da prisão preventiva estão previstas no art. 313, incisos I, II, III e § 1º, bem como no art. 312, § 1º, todos do CPP, a saber:

1. Nos crimes dolosos punidos com pena privativa de liberdade máxima superior a 4 anos (art. 313, I, CPP);[20]
2. Se tiver sido condenado por outro crime doloso, em sentença transitada em julgado, ressalvado o disposto no art. 64, I, CP[21] (art. 313, II, CPP);[22]
3. Se o crime envolver violência doméstica e familiar contra a mulher, criança, adolescente, idoso, enfermo ou pessoa com deficiência, para garantir a execução das medidas protetivas de urgência (art. 313, III, CPP);[23]
4. Também será admitida a prisão preventiva quando houver dúvida sobre a identidade civil da pessoa ou quando esta não fornecer elementos suficientes para esclarecê-la, devendo o preso ser colocado imediatamente em liberdade após a identificação, salvo se outra hipótese recomendar a manutenção da medida (art. 313, § 1º, CPP);
5. A prisão preventiva também poderá ser decretada em caso de descumprimento de qualquer das obrigações impostas por força de outras medidas cautelares (art. 282, § 4º, c/c art. 312, § 1º, ambos do CPP).

Se o fato tiver sido praticado em alguma situação de exclusão da ilicitude, a prisão preventiva não deverá ser decretada (art. 314, CPP).

Por sua vez, a *prisão domiciliar* é uma forma de substituição da prisão preventiva e consiste no recolhimento do indiciado ou acusado em sua residência, só podendo dela ausentar-se com autorização judicial.

As hipóteses de cabimento da prisão domiciliar constam dos arts. 318, 318-A e 318-B do CPP, da Súmula Vinculante nº 56 do STF e do art. 7º, inciso V, da Lei nº 8.906/1994.

---

20. Não cabe prisão preventiva em crime culposo, ressalvadas as hipóteses do art. 312, § 1º, e do art. 313, § 1º, ambos do CPP.
21. CP, art. 64, I – não prevalece a condenação anterior, se entre a data do cumprimento ou extinção da pena e a infração posterior tiver decorrido período de tempo superior a 5 (cinco) anos, computado o período de prova da suspensão ou do livramento condicional, se não ocorrer revogação.
22. Quando o sujeito for reincidente em crime doloso, caberá a prisão preventiva, independentemente da pena máxima prevista para o crime ser ou não superior a 4 anos.
23. Neste caso, a prisão preventiva pode ser decretada independentemente da pena máxima prevista para o crime ser ou não superior a 4 anos e independentemente do autor ser ou não reincidente, pois o que importa na hipótese é o prévio descumprimento da medida protetiva pelo agente, a ponto de ser necessária a decretação da prisão preventiva para garantir a execução de tais medidas protetivas de urgência.

Quanto à prisão especial dos *diplomados por qualquer das faculdades superiores da República*, prevista no art. 295, inciso VII, do Código de Processo Penal, antes cabível até decisão penal definitiva, *o STF, no julgamento da ADPF 334, decidiu por sua incompatibilidade com a Constituição Federal, ou seja, afirmou que a norma não foi recepcionada pela Carta Magna*.[24]

8.3 PRISÃO TEMPORÁRIA

A prisão temporária é prevista na Lei nº 7.960/1989, com a incidência do art. 2º, § 4º, da Lei nº 8.072/1990 quando se tratar de crime hediondo ou equiparado.

A prisão temporária não poderá ser decretada de ofício. Trata-se de prisão cautelar decretável no interesse do inquérito policial, mediante requerimento do Ministério Público ou representação do delegado de polícia, sendo que, neste último caso, antes de decidir, o juiz ouvirá o Ministério Público, conforme art. 2º, § 1º, da Lei nº 7.960/1989.

Sua duração será de 5 dias, prorrogáveis por mais 5 dias, em caso de extrema e comprovada necessidade. Quando se tratar de crimes hediondos ou equiparados, o prazo será de 30 dias, prorrogáveis por mais 30 dias, também em caso de extrema e comprovada necessidade (art. 2º, § 4º, da Lei nº 8.072/1990).

Esgotado o prazo da prisão temporária, a liberdade será automática, sendo desnecessária nova decisão judicial nesse sentido, diferentemente da prisão preventiva que depende de revogação judicial:

> Lei nº 7.960/89, art. 2º, § 7º Decorrido o prazo contido no mandado de prisão, a autoridade responsável pela custódia deverá, independentemente de nova ordem da autoridade judicial, pôr imediatamente o preso em liberdade, salvo se já tiver sido comunicada da prorrogação da prisão temporária ou da decretação da prisão preventiva.

Segundo o art. 1º da Lei nº 7.960/1989, caberá prisão temporária:

> I. Quando imprescindível para as investigações do inquérito policial;
>
> II. Quando o indicado não tiver residência fixa ou não fornecer elementos necessários ao esclarecimento de sua identidade;
>
> III. Quando houver fundadas razões, de acordo com qualquer prova admitida na legislação penal, de autoria ou participação do indiciado nos seguintes crimes: homicídio doloso (art. 121, *caput*, e seu § 2º); sequestro ou cárcere privado (art. 148, *caput*, e seus §§ 1º e 2º); roubo (art. 157, *caput*, e seus §§ 1º, 2º, 2º-A e 3º); ex-

---

24. Segundo o ministro relator Alexandre de Moraes: "Trata-se, na realidade, de uma medida discriminatória, que promove a categorização de presos e que, com isso, ainda fortalece desigualdades, especialmente em uma nação em que apenas 11,30% da população geral tem ensino superior completo e em que somente 5,65% dos pretos ou pardos conseguiram graduar-se em uma universidade". Ou seja, "a legislação beneficia justamente aqueles que já são mais favorecidos socialmente, os quais já obtiveram um privilégio inequívoco de acesso a uma universidade". (...) "A extensão da prisão especial a essas pessoas caracteriza verdadeiro privilégio que, em última análise, materializa a desigualdade social e o viés seletivo do direito penal e malfere preceito fundamental da Constituição que assegura a igualdade entre todos na lei e perante a lei" (STF, ADPF 334, Plenário virtual, finalizado o julgamento em 31/03/2023).

torsão (art. 158, *caput*, e seus §§ 1º, 2º e 3º); extorsão mediante sequestro (art. 159, *caput*, e seus §§ 1º, 2º e 3º); estupro (art. 213, *caput*, e suas formas qualificadas); epidemia com resultado de morte (art. 267, § 1º); envenenamento de água potável ou substância alimentícia ou medicinal qualificado pela morte (art. 270, *caput*, combinado com art. 285); associação criminosa (art. 288), todos do Código Penal; genocídio (arts. 1º, 2º e 3º da Lei nº 2.889/1956), em qualquer de suas formas típicas; tráfico de drogas (arts. 33, *caput* e § 1º, 34 e 36 da Lei nº 11.343/2006); crimes contra o sistema financeiro (Lei nº 7.492/1986); crimes previstos na Lei de Terrorismo (Lei nº 13.260/2016).

No que tange ao tráfico de drogas, a redação do art. 44 da Lei nº 11.343/2006[25] leva a crer que seriam equiparados a hediondos os crimes previstos nos arts. 33, *caput* e § 1º, e 34 a 37. Contudo, a hediondez recai apenas sobre os crimes dos arts. 33, *caput* e § 1º, 34 e 36 da Lei 11.343/2006. Vejamos.

Segundo a jurisprudência dos Tribunais superiores, o art. 35 (associação para o tráfico de drogas) não é hediondo.[26] Ademais, desde o importante HC 118.533/MS, julgado pela STF em 23/06/2016, o crime de tráfico privilegiado (art. 33, § 4º, da Lei antidrogas) não é considerado hediondo. Da mesma forma, o art. 37 também não é considerado hediondo.[27]

Vale registrar, ainda, sobre o rol taxativo de crimes previstos no inciso III do art. 1º da Lei nº 7.960/1989, que:

(I) As condutas que constituíam o crime de atentado violento ao pudor, citado na *alínea g*, passaram a compor o crime de estupro, previsto na *alínea f*, sem que isso tenha alterado a possibilidade de prisão temporária em tais casos, até porque, por se tratar de crime hediondo, aplica-se o art. 2º, § 4º, da Lei nº 8.072/1990;

(II) O crime de rapto violento, previsto na *alínea h*, foi revogado pela Lei nº 11.106/2005, tendo sido objeto de *abolitio criminis*, não havendo mais que se falar em prisão temporária em tal caso, exceto se a conduta praticada se enquadrar em algum dos crimes previstos nas *alíneas b, c e e*;

(III) O crime de quadrilha ou bando, previsto na *alínea l*, teve o seu *nomen iuris* alterado para associação criminosa, além de outras mudanças na pena e redução do número mínimo de pessoas para a sua configuração, o que não alterou a possibilidade de decretação de prisão temporária em tal caso.

Importante registrar, também, que a prisão temporária é cabível para todas as hipóteses de crimes hediondos e equiparados, independentemente de estarem ou não no rol supracitado. Explico. O rol do inciso III do art. 1º da Lei nº 7.960/1989 é taxativo na medida em que impede a decretação da prisão temporária em casos de crimes co-

---

25. Art. 44. Os crimes previstos nos arts. 33, caput e § 1º, e 34 a 37 desta Lei são inafiançáveis e insuscetíveis de sursis, graça, indulto, anistia e liberdade provisória, vedada a conversão de suas penas em restritivas de direitos.
Parágrafo único. Nos crimes previstos no caput deste artigo, dar-se-á o livramento condicional após o cumprimento de dois terços da pena, vedada sua concessão ao reincidente específico.
26. Nesse sentido: STF, HC 83.656, 2ª T, J. 20/04/2004; STJ, AgRg no HC 749.277/RN, 6ª T, J. 25/10/2022.
27. Nesse sentido: STJ, HC 194.240/SP, 5ª T, J. 19/06/2012; STJ, HC 224.849/RJ, 5ª T, J. 11/06/2013.

muns (não hediondos e nem equiparados a hediondos) que não estejam expressamente previstos no dispositivo.

Contudo, a Lei nº 8.072/1990 acabou ampliando o rol de crimes em que cabe prisão temporária, neste caso de 30 dias, prorrogável por igual período, com base no art. 2º, § 4º, da Lei nº 8.072/1990, a qual poderá ser decretada em casos que envolvam quaisquer dos crimes hediondos ou equiparados, estejam ou não elencados no inciso III do art. 1º da Lei nº 7.960/1989.

Nesse sentido, inclusive, foi o voto da Ministra Cármem Lúcia no julgamento das ADIs 4109 e 3360, pelo Plenário virtual do STF, J. 4 a 11/02/2022, em que ela afirmou que para a decretação da prisão temporária deve haver "fundadas razões, por meio de qualquer prova, de o indiciado ter envolvimento nos crimes listados na Lei n. 7.960/1989 *ou na Lei de Crimes Hediondos".*[28]

Assim, também cabe prisão temporária nos seguintes casos:

1. Lesão corporal dolosa de natureza gravíssima (art. 129, § 2º, CP) e lesão corporal seguida de morte (art. 129, § 3º, CP), quando praticadas contra autoridade ou agente descrito nos arts. 142 e 144 da Constituição Federal, integrantes do sistema prisional e da Força Nacional de Segurança Pública, no exercício da função ou em decorrência dela, ou contra seu cônjuge, companheiro ou parente consanguíneo até terceiro grau, em razão dessa condição;
2. Estupro de vulnerável (art. 217-A, *caput* e §§ 1º, 3º e 4º, CP);
3. Falsificação, corrupção, adulteração ou alteração de produto destinado a fins terapêuticos ou medicinais (art. 273, *caput* e § 1º, § 1º-A e § 1º-B, CP;[29]

---

28. Mas Atenção! Na ementa do julgado consta a seguinte redação, que deve ser observada por ocasião da feitura de uma prova objetiva: "(...) VI – A decretação da prisão temporária reclama sempre a presença do inciso III do art. 1º da Lei 7.960/1989. O dispositivo, ao exigir a presença de fundadas razões de autoria ou participação do indiciado nos crimes nele previstos, evidencia a necessidade do *fumus comissi delicti*, indispensável para a decretação de qualquer medida cautelar. Rol de crimes de natureza taxativa, desautorizada a analogia ou a interpretação extensiva, em razão dos princípios da legalidade estrita (art. 5º, inciso XXXIX, da CF) e do devido processo legal substantivo (art. 5º, inciso LXV, CF). (...)".
29. No julgamento do Recurso Extraordinário 979.962/RS, em 24/03/2021, o Plenário do STF concluiu que é inconstitucional a pena de dez a quinze anos de reclusão prevista para quem importar medicamento sem registro no órgão de vigilância sanitária competente, argumentando que, *"como decorrência da vedação de penas cruéis e dos princípios da dignidade humana, da igualdade, da individualização da pena e da proporcionalidade, a severidade da sanção deve ser proporcional à gravidade do delito."* A maioria do Plenário entendeu que, como decorrência automática da declaração de inconstitucionalidade do preceito secundário do art. 273, § 1º-B, I, deve incidir o efeito repristinatório sobre o preceito secundário do art. 273, *caput*, na redação original do Código Penal, que previa pena de 1 a 3 anos de reclusão. Tese de julgamento: *É inconstitucional a aplicação do preceito secundário do art. 273 do Código Penal à hipótese prevista no seu § 1º-B, I, que versa sobre a importação de medicamento sem registro no órgão de vigilância sanitária. Para esta situação específica, fica repristinado o preceito secundário do art. 273, na sua redação originária.* Portanto, nesta hipótese (importar medicamento sem registro no órgão de vigilância sanitária competente), diante do entendimento do STF, não haveria mais a hediondez e, portanto, não caberia mais a prisão temporária.

4. Favorecimento da prostituição ou de outra forma de exploração sexual de criança ou adolescente ou de vulnerável (art. 218-B, *caput*, e §§ 1º e 2º);[30]

5. Furto qualificado pelo emprego de explosivo ou de artefato análogo que cause perigo comum (art. 155, § 4º-A, CP);

6. O crime de posse ou porte ilegal de arma de fogo de uso proibido (art. 16, § 2º, Lei nº 10.826/2003);

7. Os crimes de comércio ilegal de arma de fogo e de tráfico internacional de arma de fogo, acessório ou munição (arts. 17 e 18, Lei nº 10.826/2003);

8. O crime de organização criminosa, quando direcionado à prática de crime hediondo ou equiparado; e

9. A prática da tortura.

Vale registrar, por fim, que na referida decisão do STF, no julgamento das ADIs 4109 e 3360, pelo Plenário virtual, *J*. 4 a 11/02/2022, foram estabelecidos os critérios que devem ser observados para a motivação e a fundamentação da decisão que decretar a prisão temporária:

1) For imprescindível para as investigações do inquérito policial (Art. 1º, I, Lei nº 7.960/1989) (*periculum libertatis*), constatada a partir de elementos concretos, e não meras conjecturas, vedada a sua utilização como prisão para averiguações, em violação ao direito a não autoincriminação, ou quando fundada no mero fato de o representado não possuir residência fixa (inciso II);

2) Houver fundadas razões de autoria ou participação do indiciado nos crimes previstos no art. 1º, III, Lei nº 7.960/1989 (*fumus comissi delicti*), vedada a analogia ou a interpretação extensiva do rol previsto no dispositivo;

3) For justificada em fatos novos ou contemporâneos que fundamentem a medida (Art. 312, § 2º, CPP);

4) A medida for adequada à gravidade concreta do crime, às circunstâncias do fato e às condições pessoais do indiciado (Art. 282, II, CPP);

5) Não for suficiente a imposição de medidas cautelares diversas, previstas nos arts. 319 e 320 do CPP (Art. 282, § 6º, CPP). (STF, ADIs 4109 e 3360, Plenário, Sessão virtual *J*. 4 a 11/02/2022).

---

30. Conforme decidido pelo STJ no REsp 1.963.590-SP, em 20/09/2022: "(...) o delito de favorecimento à exploração sexual de adolescente, portanto, não exige habitualidade, tratando-se de crime instantâneo, que se consuma no momento em que o agente obtém a anuência para práticas sexuais com a vítima menor de idade mediante artifícios como a oferta de dinheiro ou outra vantagem, ainda que o ato libidinoso não seja efetivamente praticado. Esta interpretação da norma do art. 218-B, *caput*, do Código Penal é a única capaz de cumprir com a exigência de proteção integral da pessoa em desenvolvimento contra todas as formas de exploração sexual".

Portanto, com tal decisão, o STF acabou estabelecendo para a prisão temporária requisitos que já eram previstos no CPP para a prisão preventiva e para as medidas cautelares diversas da prisão.

8.4 MEDIDAS CAUTELARES DIVERSAS DA PRISÃO

As medidas cautelares diversas da prisão estão previstas nos arts. 319 e 320 do CPP, a saber:

Art. 319. São medidas cautelares diversas da prisão:

I – comparecimento periódico em juízo, no prazo e nas condições fixadas pelo juiz, para informar e justificar atividades;

II – proibição de acesso ou frequência a determinados lugares quando, por circunstâncias relacionadas ao fato, deva o indiciado ou acusado permanecer distante desses locais para evitar o risco de novas infrações;

III – proibição de manter contato com pessoa determinada quando, por circunstâncias relacionadas ao fato, deva o indiciado ou acusado dela permanecer distante;

IV – proibição de ausentar-se da Comarca quando a permanência seja conveniente ou necessária para a investigação ou instrução;

V – recolhimento domiciliar no período noturno e nos dias de folga quando o investigado ou acusado tenha residência e trabalho fixos;

VI – suspensão do exercício de função pública ou de atividade de natureza econômica ou financeira quando houver justo receio de sua utilização para a prática de infrações penais;

VII – internação provisória do acusado nas hipóteses de crimes praticados com violência ou grave ameaça, quando os peritos concluírem ser inimputável ou semi-imputável (art. 26 do Código Penal) e houver risco de reiteração;

VIII – fiança, nas infrações que a admitem, para assegurar o comparecimento a atos do processo, evitar a obstrução do seu andamento ou em caso de resistência injustificada à ordem judicial;

IX – monitoração eletrônica.

§ 1º (Revogado).

§ 2º (Revogado).

§ 3º (Revogado).

§ 4º A fiança será aplicada de acordo com as disposições do Capítulo VI deste Título, podendo ser cumulada com outras medidas cautelares.

Art. 320. A proibição de ausentar-se do País será comunicada pelo juiz às autoridades encarregadas de fiscalizar as saídas do território nacional, intimando-se o indiciado ou acusado para entregar o passaporte, no prazo de 24 (vinte e quatro) horas.

Conforme prevê o art. 282 do CPP, as medidas cautelares de natureza processual penal, dentre as quais estão incluídas as medidas cautelares diversas da prisão, deverão ser aplicadas observando-se a:

I – *necessidade* para aplicação da lei penal, para a investigação ou a instrução criminal e, nos casos expressamente previstos, para evitar a prática de infrações penais;

II – *adequação* da medida à gravidade do crime, circunstâncias do fato e condições pessoais do indiciado ou acusado.

As medidas cautelares diversas da prisão são cabíveis em duas situações bem distintas.

A primeira delas é como alternativa à prisão preventiva, ou seja, mesmo quando presentes os requisitos para a decretação da prisão preventiva, caso as medidas cautelares diversas da prisão se mostrem suficientes e adequadas para atingir a mesma finalidade desejada com a prisão preventiva, as medidas diversas é que devem prevalecer, pois são menos gravosas, portanto preferíveis, restando à prisão preventiva a condição de *ultima ratio*, por se tratar da cautelar máxima (art. 310, II, CPP).

Nesse sentido, o art. 282, § 6º, do CPP dispõe que *a prisão preventiva somente será determinada quando não for cabível a sua substituição por outra medida cautelar, observado o art. 319 deste Código, e o não cabimento da substituição por outra medida cautelar deverá ser justificado de forma fundamentada nos elementos presentes do caso concreto, de forma individualizada.*

A segunda situação de cabimento das medidas cautelares diversas da prisão é encontrada nas situações em que o juiz deve conceder liberdade provisória, diante da ausência dos requisitos para a decretação da prisão preventiva, quando então a concessão da liberdade provisória poderá ser feita com ou sem fiança (art. 310, III, CPP) ou com ou sem a imposição de medidas cautelares diversas da prisão (art. 321 do CPP).

Nesse sentido, o art. 321 do CPP estabelece que *ausentes os requisitos que autorizam a decretação da prisão preventiva, o juiz deverá conceder liberdade provisória, impondo, se for o caso, as medidas cautelares previstas no art. 319 deste Código e observados os critérios constantes do art. 282 deste Código.*

As medidas cautelares poderão ser aplicadas isolada ou cumulativamente e serão decretadas pelo juiz a requerimento das partes ou, quando no curso da investigação criminal, por representação da autoridade policial ou mediante requerimento do Ministério Público, não sendo cabível a sua decretação de ofício (art. 282, §§ 1º e 2º, CPP).

Ressalvados os casos de urgência ou de perigo de ineficácia da medida, o juiz, ao receber o pedido de medida cautelar, determinará a intimação da parte contrária, para se manifestar no prazo de 5 dias, acompanhada de cópia do requerimento e das peças necessárias, permanecendo os autos em juízo.

Portanto, a regra é que a parte contrária seja ouvida antes da decretação da medida cautelar, em uma espécie de contraditório prévio, salvo nos casos de urgência ou de perigo de ineficácia da medida, quando então a medida poderá ser decretada sem conhecimento da parte contrária, devendo a urgência ou o perigo ser justificados e fundamentados em decisão que contenha elementos do caso concreto que justifiquem essa medida excepcional (art. 282, § 3º, CPP).

No caso de descumprimento de qualquer das obrigações impostas, decorrentes da decretação das medidas cautelares diversas da prisão, o juiz, mediante requerimento do Ministério Público, de seu assistente ou do querelante, poderá substituir a medida, impor outra em cumulação, ou, em último caso, decretar a prisão preventiva, nos termos do § 1º do art. 312 do CPP (art. 282, § 4º, CPP).

O juiz poderá, de ofício ou a pedido das partes, revogar a medida cautelar ou substituí-la quando verificar a falta de motivo para que subsista, bem como voltar a decretá-la, se sobrevierem razões que a justifiquem (art. 282, § 5º, CPP).

As medidas cautelares diversas da prisão não se aplicam à infração a que não for isolada, cumulativa ou alternativamente cominada pena privativa de liberdade (art. 283, § 1º, CPP).

Em caso de absolvição, conforme estabelece o art. 386, parágrafo único, incisos I e II, do CPP, na sentença absolutória, o juiz mandará, se for o caso, pôr o réu em liberdade e ordenará a cessação das medidas cautelares e provisoriamente aplicadas.

8.5 LIBERDADE PROVISÓRIA

A liberdade provisória é a regra e tem fundamento constitucional previsto no art. 5º, inciso LXVI, da CF/88 segundo o qual *ninguém será levado à prisão ou nela mantido, quando a lei admitir a liberdade provisória, com ou sem fiança*.

Antes, a liberdade provisória era vista apenas como uma contracautela à prisão legal, mas desnecessária, ou seja, quando alguém era preso em flagrante, mas a manutenção da prisão não se mostrava necessária, a liberdade provisória se apresentava como uma contracautela à prisão, permitindo que o preso fosse colocado em liberdade para, nesta condição, responder à investigação e ao processo.

Atualmente, a liberdade provisória passou a constituir, também, uma cautelar autônoma, na medida em que as medidas cautelares diversas da prisão podem ser impostas a alguém que está solto, mas é alvo de uma investigação ou processo criminal e, nesta condição de investigado ou réu, pode ter contra si a decretação de medidas cautelares diversas da prisão para que as cumpra, sob pena de vir a ser preso.

Portanto, com o advento dos arts. 319 e 320 do CPP, surgiu a possibilidade da decretação de medidas cautelares diversas de prisão, dentre elas a própria fiança (art. 319, VIII, CPP), de forma autônoma, contra alguém que está solto e que precisará cumprir as obrigações impostas para permanecer solto (art. 282, § 4º c/c art. 312, § 1º, ambos do CPP).

A expressão liberdade provisória significa que se trata de uma liberdade não definitiva, uma vez que sujeita a pessoa a condições resolutórias que podem acarretar sua revogação. Tem por finalidades: o comparecimento aos atos do processo; evitar a obstrução ao seu andamento; evitar a reiteração criminosa; garantir a aplicação da lei penal; tudo sem a necessidade de que o indiciado/acusado permaneça preso.

O imputado fica submetido a certas obrigações que o vinculam ao processo e ao juízo e, em caso de descumprimento, cabe ao juiz decidir sobre o agravamento ou a imposição de outras medidas cautelares ou, em último caso, a decretação de prisão preventiva (art. 282, § 4º c/c art. 312, § 1º, ambos do CPP).

Sobre as espécies, a liberdade provisória pode ser classificada como:

1. Liberdade provisória sem fiança:
   a. Quando o agente tiver praticado o fato acobertado por alguma causa excludente de ilicitude (art. 310, § 1º c/c art. 314 c/c art. 386, VI, todos do CPP);
   b. Nos casos em que couber fiança e o juiz verificar que a situação econômica do preso é ruim (art. 350 do CPP);
   c. Nos casos de infração de menor potencial ofensivo, ao autor do fato que, após a lavratura do termo, for imediatamente encaminhado ao juizado ou assumir o compromisso de a ele comparecer, não se imporá prisão em flagrante, nem se exigirá fiança (art. 69, parágrafo único, da Lei 9.099/1995);
   d. Ao condutor de veículo, nos casos de sinistros de trânsito que resultem em vítima, não se imporá a prisão em flagrante nem se exigirá fiança, se prestar pronto e integral socorro àquela (art. 301 da Lei nº 9.503/1997 – Código de Trânsito Brasileiro);
   e. No caso de crimes inafiançáveis (art. 5º, XLII, XLIII e XLIV, da CF/88 e arts. 323 e 324 do CPP), mas sem requisitos para a decretação da prisão preventiva, quando então o magistrado poderá conceder liberdade provisória, com ou sem medidas cautelares diversas da prisão, exceto a fiança que não poderá ser arbitrada;

2. Liberdade provisória com fiança:
   a. Quando a prisão for legal, mas não se mostrar necessária a sua manutenção, ainda que presentes os requisitos da prisão preventiva, diante da suficiência e adequação da fiança e/ou de outras medidas cautelares diversas da prisão (art. 310, II, CPP);
   b. Quando a prisão for legal, mas não se mostrar necessária a sua manutenção, diante da ausência dos requisitos da prisão preventiva (art. 310, III c/c art. 321, ambos do CPP);
   c. Quando imposta como medida cautelar autônoma (art. 319, VIII, CPP);

3. Liberdade provisória obrigatória:
   a. São aquelas hipóteses previstas no art. 310, III c/c art. 321, ambos do CPP; art. 69, parágrafo único, da Lei nº 9.099/1995; e art. 301 do Código de Trânsito Brasileiro; todas já citadas acima; e
   b. A vedação de detenção do agente que praticar o crime do art. 28 da Lei de Drogas (art. 48, § 3º, Lei nº 11.343/2006).

Importante registrar que fiança é uma garantia real, consistente no pagamento em dinheiro ou na entrega de valores ao Estado (art. 330 do CPP), para assegurar o direito de permanecer em liberdade, no transcurso de um inquérito policial ou de um processo criminal, podendo ser prestada enquanto não transitar em julgado a sentença condenatória (art. 334 do CPP).

Entregando valores seus ao Estado, estaria o indiciado ou réu vinculado ao acompanhamento da instrução e interessado em apresentar-se, em caso de condenação, para obter, de volta, o que pagou (arts. 327, 337 e 344 do CPP).

Além disso, a fiança tem a finalidade (arts. 326 e 336 do CPP) de garantir o pagamento das custas (quando houver), da indenização do dano causado pelo crime (se existente), da prestação pecuniária (se couber) e também da multa (se for aplicada), caso o réu seja condenado.

Uma das vantagens da fiança é o procedimento mais simplificado para a sua concessão, não se exigindo nem mesmo a oitiva prévia do MP[31] (art. 333 do CPP) e, em muitos casos, podendo ser fixada pela própria autoridade policial (art. 322 do CPP).

Deve haver comedimento no arbitramento da fiança, dentro dos limites previstos no art. 325 e observado o art. 326, ambos do CPP, pois o não pagamento por hipossuficiência não significa manutenção da prisão:

> 4. A fiança não pode servir como uma espécie de preço ou taxa que o indivíduo é instado a pagar como condição para responder ao processo em liberdade.
>
> 5. Evidenciado que o paciente é hipossuficiente, visto que permanece preso provisoriamente por não possuir meios para pagar a fiança, e que as outras medidas fixadas pelo Juiz, elencadas no art. 319 do CPP, são adequadas e suficientes para prover as exigências cautelares do caso concreto, deve ser reconhecida a ilegalidade.
>
> 6. Ordem concedida para, confirmada a liminar, desconstituir a exigência de que seja prestada a fiança determinada em desfavor do paciente, mantidas as demais cautelares já impostas. (STJ, HC 582.962/RJ, 6ª T, J. 30/06/2020)

No mesmo sentido: STJ, HC 692.427/GO, 6ª T, J. 15/02/2022; STJ, HC 568.693/ES, 3ª Seção, J. 14/10/2020.

Não cabe fiança:
1. Nos crimes de racismo, tortura, tráfico ilícito de drogas, terrorismo, crimes hediondos e a ação de grupos armados, civis ou militares, contra a ordem constitucional e o Estado Democrático (Art. 5º, XLII, XLIII e XLIV, da CF/88 e art. 323 do CPP), embora caiba liberdade provisória sem fiança;
2. Aos que, no mesmo processo, tiverem quebrado fiança anteriormente concedida ou infringido, sem motivo justo, qualquer das obrigações a que se referem os arts. 327 e 328 do CPP; em caso de prisão civil ou militar; e quando presentes os motivos que autorizam a decretação da prisão preventiva (art. 324 do CPP);

---

31. Caso haja pedido de imposição de outras medidas cautelares diversas da prisão, o MP deve ser ouvido.

3. Nos crimes contra o Sistema Financeiro Nacional punidos com pena de reclusão (art. 31 da Lei nº 7.492/1986).

Quebrada (art. 343) ou cassada a fiança, o juiz deverá decidir sobre a eventual imposição de outra medida cautelar de natureza processual penal.

Quanto à destinação da fiança:

1. Em caso de condenação com trânsito em julgado ou extinção da punibilidade após o trânsito em julgado, serão descontadas as custas, a indenização pelo dano causado, a prestação pecuniária e a multa, com a devolução de eventual valor remanescente a quem houver prestado a fiança (arts. 326, 336 e 347 do CPP);

2. Em caso de absolvição ou extinção da punibilidade antes do trânsito em julgado, é devolvido o valor atualizado (art. 337 do CPP);

3. Havendo condenação com perda do valor da fiança, após deduzidas as custas e outros encargos, o valor restante será recolhido ao fundo penitenciário (art. 345 do CPP e LC nº 79/1994);

4. Havendo condenação com quebra da fiança, deduzidas as custas e outros encargos, o valor restante será recolhido ao fundo penitenciário (art. 346 do CPP e LC nº 79/1994).

8.6 RELAXAMENTO DA PRISÃO, LIBERDADE PROVISÓRIA E REVOGAÇÃO DA PRISÃO CAUTELAR

O relaxamento é a contracautela à prisão ilegal. A liberdade provisória é a contracautela à prisão legal, mas desnecessária, ou seja, a prisão foi feita corretamente, mas a sua manutenção não se mostra necessária diante da ausência dos requisitos da prisão preventiva. A revogação da prisão cautelar ocorre quando uma prisão cautelar é corretamente decretada, mas a necessidade de sua manutenção deixa de existir com o decurso do tempo.

Sobre o relaxamento da prisão, o art. 5º, inciso LXV, da CF/88, estatuiu que *a prisão ilegal será imediatamente relaxada pela autoridade judiciária*.

Nessa mesma esteira, o art. 310, inciso I, do CPP e o art. 9º, parágrafo único, inciso I, da Lei nº 13.869/2019 (Lei de Abuso de Autoridade) assim dispõem:

CPP

Art. 310. Após receber o auto de prisão em flagrante, no prazo máximo de até 24 (vinte e quatro) horas após a realização da prisão, o juiz deverá promover audiência de custódia com a presença do acusado, seu advogado constituído ou membro da Defensoria Pública e o membro do Ministério Público, e, nessa audiência, o juiz deverá, fundamentadamente:

I – *relaxar a prisão ilegal*; ou

II – converter a prisão em flagrante em preventiva, quando presentes os requisitos constantes do art. 312 deste Código, e se revelarem inadequadas ou insuficientes as medidas cautelares diversas da prisão; ou

III – conceder liberdade provisória, com ou sem fiança.
Lei nº 13.869/2019
Art. 9º Decretar medida de privação da liberdade em manifesta desconformidade com as hipóteses legais:
Pena: detenção, de 1 (um) a 4 (quatro) anos, e multa.
Parágrafo único. Incorre na mesma pena a autoridade judiciária que, dentro de prazo razoável, *deixar de:*
I – *relaxar a prisão manifestamente ilegal;*
II – substituir a prisão preventiva por medida cautelar diversa ou de conceder liberdade provisória, quando manifestamente cabível;
III – deferir liminar ou ordem de *habeas corpus*, quando manifestamente cabível.

Quanto à liberdade provisória, conforme mencionado no tópico anterior, *ninguém será levado à prisão ou nela mantido, quando a lei admitir a liberdade provisória, com ou sem fiança* (art. 5º, LXVI, CF/88).

O art. 648, V, do CPP, inclusive, prevê que, *quando não for alguém admitido a prestar fiança, nos casos em que a lei a autoriza*, haverá hipótese de coação considerada ilegal na liberdade de ir e vir, passível de concessão de *habeas corpus*.

No mesmo sentido, o art. 310 do CPP, em seus incisos II e III, acima consignados, também deixa claro que a prisão cautelar é a exceção, enquanto a liberdade provisória é a regra, uma vez que, ausentes os requisitos para a decretação da prisão preventiva, deve ser concedida a liberdade provisória.

Por sua vez, a revogação da prisão cautelar aplica-se às prisões decretadas judicialmente (preventiva ou temporária) e decorre da inexistência dos motivos que legitimaram a segregação cautelar.

Nessa linha, o art. 282, § 5º, do CPP estabelece que *o juiz poderá, de ofício ou a pedido das partes, revogar a medida cautelar ou substituí-la quando verificar a falta de motivo para que subsista, bem como voltar a decretá-la, se sobrevierem razões que a justifiquem.*

Na mesma esteira, o art. 316 do CPP dispõe que *o juiz poderá, de ofício ou a pedido das partes, revogar a prisão preventiva se, no correr da investigação ou do processo, verificar a falta de motivo para que ela subsista, bem como novamente decretá-la, se sobrevierem razões que a justifiquem.*

9
PROCESSOS E PROCEDIMENTOS

Processo é o instrumento por meio do qual o Estado exerce a jurisdição, o autor o direito de ação e o acusado o direito de defesa, havendo entre seus sujeitos (partes e juiz) uma relação jurídica processual, que impõe a todos deveres, direitos, ônus e sujeições (Lima, 2021).

O processo também pode ser conceituado como sendo o instrumento democrático de que se vale o Estado para dar resposta à pretensão punitiva e fazer justiça. É o ambiente em que se materializa formalmente o conflito que se estabelece entre o *jus puniendi* do Estado e o *jus libertatis* do acusado (Marcão, 2021).

Em outras palavras, o processo remete à existência de uma pretensão acusatória deduzida em juízo, frente a um órgão jurisdicional, estabelecendo situações jurídico-processuais dinâmicas, que dão origem a expectativas, perspectivas, chances, cargas e liberação de cargas, pelas quais as partes atravessam rumo a uma sentença favorável ou desfavorável, conforme o aproveitamento das chances e liberação ou não de cargas e assunção de riscos (Lopes Junior, 2021).

Por outro lado, procedimento é a sequência ordenada de atos judiciais até o momento da prolação da sentença, é sinônimo de rito, o que traduz a ideia de evolução ou desenvolvimento conforme o prescrito, segundo uma forma, é a marcha ordenada de atos processuais; a sequência como se desenvolve o processo com seus rituais, do início ao fim (Marcão, 2021).

Portanto, processo é mais do que procedimento: além de procedimento, o processo constitui-se de relação jurídica processual entre autor, juiz e réu, mais os princípios constitucionais do devido processo legal e demais normas aplicáveis.

Logo, o *processo penal* é um todo que compreende o Estado-juiz, as partes, o *procedimento*, os princípios e garantias constitucionais do processo penal e as regras legais pertinentes, dividindo-se em duas espécies: *processo de conhecimento* e *processo de execução*.

O *procedimento* é um dos componentes do *processo*. É a sequência ordenada de atos judiciais que devem ocorrer durante o processo, o rito a ser seguido. Metaforicamente, "o procedimento é para o processo o que os trilhos são para o trem",[1] ou seja, procedi-

---

1. ARAGONESES ALONSO, Pedro. *Proceso y derecho procesal*, Madrid, Aguilar, 1960, p. 137 apud MARCÃO, Renato, 2021, p. 406.

mento é o caminho a ser percorrido pelo processo. O procedimento se divide em duas espécies: *procedimento especial* e *procedimento comum* (art. 394, CPP).

Os procedimentos especiais são aqueles trazidos de forma expressa pela Lei, tais como: (1) Crimes da competência do Tribunal do Júri (arts. 406 a 497, CPP); (2) Crimes de responsabilidade dos funcionários públicos (arts. 513 a 518, CPP); (3) Crimes contra a propriedade imaterial (arts. 524 a 530-I, CPP e Lei nº 9.279/1996); (4) Crimes falimentares (Lei nº 11.101/2005, arts. 183 a 188); (5) Drogas (Lei nº 11.343/2006, arts. 48 e 49, bem como 54 a 59); (6) Competência originária dos Tribunais (Lei nº 8.038/1990 e Lei nº 8.658/1993); (7) Crimes eleitorais (Lei nº 4.737/1965, arts. 355 a 364).

O procedimento comum é residual, subsidiário, e será adotado quando não houver um procedimento especial, subdividindo-se em: (1) *Procedimento comum ordinário*; (2) *Procedimento comum sumário*; (3) *Procedimento comum sumaríssimo*.

Os processos que apurem a prática de crime hediondo ou violência contra a mulher terão prioridade de tramitação em todas as instâncias e, nos casos de violência contra a mulher, independerão do pagamento de custas, taxas ou despesas processuais, salvo em caso de má-fé, sendo que tais isenções aplicam-se à vítima e, em caso de morte, ao cônjuge, ascendente, descendente ou irmão, quando a estes couber o direito de representação ou de oferecer queixa ou prosseguir com a ação, conforme art. 394-A do CPP.

9.1 PROCEDIMENTO COMUM ORDINÁRIO

O procedimento comum ordinário é destinado aos crimes cuja pena máxima cominada seja igual ou superior a 4 anos de prisão, estando regulado nos arts. 395 a 405 do CPP, se iniciando com a denúncia ou queixa, que deverá preencher os requisitos do art. 41 do CPP.

A denúncia ou queixa será rejeitada quando: I – for manifestamente inepta; II – faltar pressuposto processual ou condição para o exercício da ação penal; III – faltar justa causa para o exercício da ação penal (art. 395, CPP).

Se não for caso de rejeição da denúncia ou queixa, o juiz a receberá e ordenará a citação do acusado para responder à acusação, por escrito, no prazo de 10 dias (art. 396, CPP). A resposta à acusação é uma peça obrigatória, sem a qual o processo não seguirá. Se o advogado do réu citado pessoalmente[2] não a apresentar no prazo legal, o juiz nomeará um defensor para fazê-lo.

Na resposta à acusação o acusado poderá arguir preliminares e alegar tudo o que interesse à sua defesa, oferecer documentos e justificações, especificar as provas pretendidas e arrolar até 8 testemunhas, qualificando-as e requerendo sua intimação, quando necessário (art. 396-A, CPP).

---

2. Ou por hora certa, conforme art. 362 do CPP e arts. 252 a 254 do CPC.

Caso o acusado não seja encontrado para ser citado pessoalmente, deve ser feita sua citação por edital.[3] Se mesmo assim não comparecer, nem constituir advogado, o juiz deve determinar a suspensão do processo e do curso do prazo prescricional,[4] bem como a produção antecipada das provas urgentes e, se for o caso, decretará a prisão preventiva (art. 366, CPP).

Apresentada a resposta à acusação, o juiz deverá absolver sumariamente o acusado quando verificar: I – *a existência manifesta de causa excludente da ilicitude do fato*; II – *a existência manifesta de causa excludente da culpabilidade do agente, salvo inimputabilidade*, pois se o acusado for inimputável por doença mental, será preciso seguir o procedimento para a eventual aplicação de medida de segurança; III – *que o fato narrado evidentemente não constitui crime*; IV – *extinta a punibilidade do agente* (art. 397, CPP).

Se não for o caso de absolvição sumária, o juiz designará audiência de instrução e julgamento, a ser realizada no prazo máximo de 60 dias, para produção e coleta da prova. Por força do princípio da identidade física do juiz, o magistrado que presidiu a instrução deverá proferir a sentença (art. 399, § 2º, CPP). As partes deverão ser intimadas para o ato (art. 399, CPP), devendo ser requisitado o acusado que estiver preso (art. 399, § 1º, CPP).

Na audiência de instrução e julgamento, inicialmente serão colhidas as declarações do ofendido (vítima). Na sequência, serão ouvidas as testemunhas arroladas pela acusação e depois as testemunhas indicadas pela defesa, nessa ordem e sob pena de nulidade, exceto quando a inversão decorrer da expedição e cumprimento de carta precatória (arts. 222 e 400, CPP). Em seguida, procede-se aos esclarecimentos dos peritos, às acareações e ao reconhecimento de pessoas e coisas. O *interrogatório* será o *último ato da instrução criminal* (STF, HC nº 127.900/AM), sendo imprescindível a presença do defensor (art. 185, CPP).

Ao final da audiência, o Ministério Público, o querelante e o assistente e, a seguir, o acusado poderão requerer diligências cuja necessidade se origine de circunstâncias ou fatos apurados na instrução (art. 402, CPP). Nesse caso não haverá debate oral, mas sim alegações finais por memoriais, nos quais devem ser desenvolvidas as teses acusatórias e defensivas (art. 404, *caput* e parágrafo único, CPP), no prazo sucessivo de 5 dias, cabendo inicialmente à acusação apresentar suas alegações e, após, à defesa, sendo que, no prazo de 10 dias, o juiz proferirá a sentença. Também, em casos complexos ou com número excessivo de réus, o juiz poderá conceder às partes a substituição das alegações finais orais por memorais, apresentados em 5 dias, sucessivamente, tendo o juiz 10 (dez) dias para proferir sentença (art. 403, § 3º, CPP).

---

3. Ou por hora certa, conforme art. 362 do CPP e arts. 252 a 254 do CPC.
4. STJ, Súmula 415 – O período de suspensão do prazo prescricional é regulado pelo máximo da pena cominada (J. 09/12/2009).

Caso se trate de processo com colaboração premiada, as alegações finais devem seguir a ordem constitucional sucessiva, ou seja, primeiro a acusação, depois a defesa do réu colaborador e, por fim, a defesa do réu delatado, conforme decisão do STF, no HC 166.373/PR, em 02/10/2019 (Informativos 953 e 954), e art. 4º, § 10-A, da Lei nº 12.850/2013, segundo o qual e*m todas as fases do processo, deve-se garantir ao réu delatado a oportunidade de manifestar-se após o decurso do prazo concedido ao réu que o delatou.*

Não havendo requerimento de diligências ou sendo indeferido, e nem se tratando de casos complexos ou com número excessivo de réus, serão oferecidas alegações finais orais por 20 minutos, pela acusação e pela defesa (se houver colaboração premiada, a defesa do delatado fala por último), respectivamente, prorrogáveis por mais 10 minutos, proferindo o juiz, a seguir, sentença (art. 403, CPP).

Se a ação penal for privada, deve haver pedido expresso de condenação nas alegações finais, sob pena de peremção (art. 60, III, CPP).

9.2 PROCEDIMENTO COMUM SUMÁRIO

O procedimento comum sumário aplica-se aos crimes cuja pena máxima seja inferior a 4 anos e superior a 2 anos, estando disciplinado nos arts. 531 a 538 do CPP.

Ele pouco difere do rito ordinário, destacando-se quatro distinções:
1. 30 dias para realização da audiência de instrução e julgamento (no ordinário são 60 dias);
2. 5 testemunhas para cada parte (no ordinário são 8 testemunhas);
3. Não há previsão de pedido de diligências ao final da audiência de instrução e julgamento (o que é previsto no ordinário);
4. Não há previsão de substituição dos debates orais por memoriais (o que é previsto no ordinário).

Embora não previstos na lei, o eventual deferimento de pedido de diligências ao final da audiência de instrução e julgamento ou a substituição dos debates orais por memoriais leva à chamada ordinarização do procedimento, o que, segundo entendimento majoritário, não é causa de nulidade por inexistir prejuízo para as partes.

9.3 PROCEDIMENTO COMUM SUMARÍSSIMO

O procedimento comum sumaríssimo, estabelecido nos arts. 69 a 76 (fase preliminar) e 77 a 83 (o procedimento propriamente dito) da Lei nº 9.099/1995, aplica-se às infrações penais de menor potencial ofensivo, ou seja, às contravenções penais e aos crimes punidos com pena privativa de liberdade máxima não superior a dois anos, cumulada ou não com multa, excetuando-se, por expressa disposição legal, os crimes militares (art. 90-A, Lei nº 9.099/1995) e os crimes praticados contra a mulher no contexto doméstico ou familiar (art. 41, Lei nº 11.340/2006).

Em caso de conexão ou continência entre um crime de menor potencial ofensivo e outro mais grave, haverá reunião fora do Juizado Especial Criminal, mas serão mantidas as possibilidades de transação penal e composição dos danos civis em relação ao crime de menor potencial ofensivo (art. 60, parágrafo único, Lei nº 9.099/1995 e art. 2º, parágrafo único, Lei nº 10.259/2001).

Para fins de verificação do limite de pena do crime no patamar máximo de 2 (dois) anos devem ser observadas eventuais causas de aumento ou de diminuição de pena (exemplo: tentativa), bem como o concurso de crimes (material, formal ou continuidade delitiva). Como se busca a pena máxima não superior a dois anos, o cálculo das causas de aumento de pena deve se dar pelo máximo, enquanto o cálculo das causas de diminuição de pena deve ser feito pelo mínimo.[5]

A *fase preliminar* geralmente se inicia com a lavratura de um termo circunstanciado pela autoridade policial,[6] com imediato encaminhamento ao Juizado Especial Criminal, não se impondo prisão em flagrante, nem se exigindo fiança, ao autor do fato que, após a lavratura do termo, for imediatamente encaminhado ao juizado ou assumir o compromisso de a ele comparecer (art. 69, *caput* e parágrafo único, Lei nº 9.099/1995). Não sendo possível a realização imediata da audiência preliminar, esta será designada em data próxima (art. 70, Lei nº 9.099/1995).

Na audiência preliminar, presente o representante do Ministério Público, o autor do fato e a vítima e, se possível, o responsável civil (por exemplo, o empregador), acompanhados por seus advogados, o juiz esclarecerá sobre a possibilidade da composição dos danos e da aceitação da proposta de aplicação imediata de pena não privativa de liberdade (art. 72, Lei nº 9.099/1995).

A composição dos danos civis será reduzida a escrito e, homologada pelo juiz mediante sentença irrecorrível, terá eficácia de título a ser executado no juízo cível competente. Tratando-se de ação penal privada ou de ação penal pública condicionada à representação, o acordo homologado acarreta renúncia ao direito de queixa ou representação (art. 74, Lei nº 9.099/1995).

Não obtida a composição dos danos civis, será dada imediatamente ao ofendido a oportunidade de exercer o direito de representação verbal, que será reduzida a termo.

---

5. LOPES JR., Aury, 2021, p. 333.
6. Vale lembrar que o STF, na ADI 3807, tratou da lavratura de TCO pelo magistrado no caso de usuário de drogas e disse que o magistrado poderia sim lavrar o termo, conforme art. 48, §§ 2º e 3º, da Lei 11.343/2006, que visa a retirada do usuário do ambiente policial. Neste caso, na ausência de autoridade judicial, o TCO será lavrado por autoridade policial (delegado de polícia). Mais recentemente, no dia 14/03/2022, na ADI 5637, o STF julgou constitucional o art. 191 da Lei nº 22.257, de 27 de julho de 2016, do Estado de Minas Gerais, que autoriza a lavratura do TCO "por todos os integrantes dos órgãos a que se referem os incisos IV e V do *caput* do art. 144 da Constituição da República", ou seja, por quaisquer policiais civis, militares e bombeiros militares.

O não oferecimento da representação na audiência preliminar não implica decadência do direito, que poderá ser exercido no prazo previsto em lei (art. 75, Lei nº 9.099/1995).

Havendo representação ou tratando-se de crime de ação penal pública incondicionada, não sendo caso de arquivamento, o Ministério Público poderá propor a transação penal, consistente na aplicação imediata de pena restritiva de direitos ou multas, a ser especificada na proposta (art. 76, Lei nº 9.099/1995).

A transação penal é vedada nas hipóteses dos incisos I a III do § 2º do art. 76 da Lei 9.099/1995, a saber: (1) *Ter sido o autor da infração condenado, pela prática de crime, à pena privativa de liberdade, por sentença definitiva* – veda a transação penal ao reincidente por crime doloso ou culposo, exceto àquele condenado anteriormente por contravenção penal ou ao qual não foi aplicada pena privativa de liberdade; (2) *Ter sido o agente beneficiado anteriormente, no prazo de cinco anos, pela aplicação de pena restritiva ou multa, nos termos deste artigo* – o sujeito somente poderá se beneficiar da transação penal uma vez a cada cinco anos; (3) *Não indicarem os antecedentes, a conduta social e a personalidade do agente, bem como os motivos e as circunstâncias, ser necessária e suficiente a adoção da medida.*

Da decisão homologatória da transação penal caberá recurso de apelação, no prazo de 10 dias (art. 76, § 5º, Lei nº 9.099/1995). Na hipótese de não propositura da transação penal pelo MP, quando cabível, se aplica, por analogia, o art. 28 do CPP.

Caso não haja transação penal, o feito seguirá o rito sumaríssimo previsto nos arts. 77 a 83 da Lei nº 9.099/1995. O MP oferecerá ao juiz, de imediato, denúncia oral, se não houver necessidade de diligências imprescindíveis (art. 77, Lei nº 9.099/95). Se a ação penal for privada, a queixa-crime poderá ser proposta oralmente ou por escrito no prazo decadencial de seis meses (art. 38, CPP).

Oferecida a denúncia ou queixa, o réu será citado para audiência de instrução e julgamento, devendo constar do mandado de citação que ele deve estar acompanhado de advogado, bem como da prova testemunhal que pretende produzir ou apresentar requerimento para intimação, no mínimo cinco dias antes da realização da audiência (art. 78, § 1º, Lei nº 9.099/1995).

Quando o acusado não for encontrado para ser citado pessoalmente (e nem for hipótese de citação por hora certa),[7] o juiz encaminhará as peças existentes ao juízo comum (art. 66, parágrafo único, Lei 9.099/1995) para adoção do procedimento comum sumário (art. 538, CPP) e eventual citação por edital (art. 366, CPP).

Da mesma forma, se a complexidade ou circunstâncias do caso não permitirem a formulação da denúncia, o Ministério Público poderá requerer ao juiz o encaminhamento das peças existentes ao juízo comum (art. 77, § 2º, Lei nº 9.099/1995). Na ação penal de iniciativa privada, caberá ao juiz verificar se a complexidade e as circunstâncias

---

7. Enunciado Criminal 110 do FONAJE: No Juizado Especial Criminal é cabível a citação com hora certa.

do caso determinam o encaminhamento das peças existentes ao juízo comum (art. 77, § 3º, Lei nº 9.099/1995).

Conforme disposto no art. 79 da Lei nº 9.099/1995, no dia e hora designados para a audiência de instrução e julgamento, se na fase preliminar não tiver havido possibilidade de tentativa de conciliação e de oferecimento de proposta pelo Ministério Público, isso deverá ser feito nos termos dos arts. 72, 73, 74 e 75 da referida Lei.

Aberta a audiência, será dada a palavra ao defensor para responder à acusação, momento em que devem ser arguidas as causas de rejeição liminar (art. 395, CPP) e de absolvição sumária (art. 397, CPP), após o que o juiz receberá ou não a denúncia ou queixa. Da decisão que rejeitar a denúncia ou a queixa caberá recurso de apelação, no prazo de 10 dias, contados da ciência da sentença, conforme art. 82, § 1º, da Lei nº 9.099/1995. Da decisão que receber a denúncia ou queixa não cabe recurso, apenas *habeas corpus* para trancar um eventual processo infundado.

Havendo recebimento, serão ouvidas a vítima e as testemunhas de acusação e defesa, interrogando-se a seguir o acusado, passando-se imediatamente aos debates orais e à prolação da sentença (art. 81, Lei nº 9.099/1995), que será impugnável por meio de apelação (art. 82, Lei nº 9.099/1995), que poderá ser julgada por turma composta de três juízes em exercício no primeiro grau de jurisdição, reunidos na sede do Juizado.

A apelação será interposta no prazo de dez dias, contados da ciência da sentença pelo Ministério Público, pelo réu e seu defensor, por petição escrita, da qual constarão as razões e o pedido do recorrente. O recorrido será intimado para oferecer resposta escrita no prazo de dez dias.

São cabíveis embargos de declaração quando, em sentença ou acórdão, houver obscuridade, contradição ou omissão (art. 83, Lei nº 9.099/1995), opostos por escrito ou oralmente, no prazo de 5 dias, contados da ciência da decisão. Os embargos de declaração interrompem o prazo para interposição de recurso. Erros materiais podem ser corrigidos de ofício.

Caso haja descumprimento da transação penal, aplica-se a Súmula Vinculante nº 35 do Supremo Tribunal Federal, segundo a qual, "a homologação da transação penal prevista no artigo 76 da Lei 9.099/1995 não faz coisa julgada material e, descumpridas suas cláusulas, retoma-se a situação anterior, possibilitando-se ao Ministério Público a continuidade da persecução penal mediante oferecimento de denúncia ou requisição de inquérito policial" (J. 16/10/2014).

9.4 SUSPENSÃO CONDICIONAL DO PROCESSO

A suspensão condicional do processo, disciplinada no art. 89 da Lei nº 9.099/1995, é cabível nos casos em que a pena mínima cominada for igual ou inferior a um ano, proposta que deverá ser feita pelo Ministério Público por ocasião do oferecimento da denúncia, sempre que preenchidos os requisitos legais, quais sejam: (1) O acusado não esteja sendo processado criminalmente; (2) O acusado não tenha sido condenado por outro crime; (3) Presentes os requisitos do art. 77 do CP.

Se, mesmo presentes os pressupostos legais, o Ministério Público não fizer a proposta de suspensão condicional do processo, aplica-se analogicamente o art. 28 do CPP, conforme Súmula 696 do Supremo Tribunal Federal.

A Súmula 337 do Superior Tribunal de Justiça estabelece ser cabível a suspensão do processo após o oferecimento da denúncia, nas hipóteses de desclassificação do crime (art. 383, § 1º, CPP) e procedência parcial da pretensão punitiva, o que geralmente ocorre quando há uma acusação incialmente abusiva.

A suspensão do processo deverá se dar por um período de dois a quatro anos, durante o qual o réu ficará sujeito ao cumprimento de certas obrigações estabelecidas pelo juiz, após o que será declarada extinta a punibilidade. Caso haja o descumprimento injustificado das condições, durante o período de prova, o processo volta a tramitar a partir de onde parou. As hipóteses de revogação da suspensão, obrigatórias e facultativas, estão previstas, respectivamente, nos §§ 3º e 4º do art. 89 da Lei 9.099/1995.

O rol de condições[8] previsto nos incisos do § 1º do art. 89 da Lei nº 9.099/1995 é apenas exemplificativo, conforme deixa bem claro o § 2º do mesmo dispositivo ao estabelecer que o Juiz poderá especificar outras condições a que fica subordinada a suspensão, desde que adequadas ao fato e à situação pessoal do acusado.

9.5 PROCEDIMENTO ESPECIAL RELATIVO AOS PROCESSOS DA COMPETÊNCIA DO TRIBUNAL DO JÚRI

O procedimento relativo aos processos da competência do Tribunal do Júri está previsto nos arts. 406 a 497 do CPP e se divide em duas fases: (1ª) *Instrução preliminar*, que se inicia com o recebimento da denúncia ou queixa e vai até uma de quatro decisões possíveis (*pronúncia; impronúncia; absolvição sumária; desclassificação própria*); (2ª) *Julgamento em plenário*, que se inicia com a preclusão da *pronúncia* ou da decisão posterior que julgou admissível a acusação e vai até a decisão proferida no julgamento realizado no plenário do Tribunal do Júri.[9]

Ofertada a acusação (denúncia ou queixa subsidiária), o juiz deve recebê-la (art. 406, CPP) ou rejeitá-la (art. 395, CPP). Caso a acusação seja recebida, o acusado deve ser citado para apresentar resposta a acusação, por escrito, no prazo de 10 dias, podendo arguir preliminares, alegar tudo que interesse a sua defesa, juntar documentos e postular provas, além de arrolar até 8 testemunhas (art. 406, § 3º, CPP).

---

8. Lei nº 9.099/1995, art. 89, § 1º, I – reparação do dano, salvo impossibilidade de fazê-lo; II – proibição de frequentar determinados lugares; III – proibição de ausentar-se da comarca onde reside, sem autorização do Juiz; IV – comparecimento pessoal e obrigatório a juízo, mensalmente, para informar e justificar suas atividades.
9. LOPES JR., Aury, 2021, p. 348.

A defesa escrita é peça obrigatória, na medida em que "nenhum acusado, ainda que ausente ou foragido, será processado ou julgado sem defensor" (art. 261, CPP). Além disso, "no processo penal, a falta da defesa constitui nulidade absoluta" (Súmula 523 do STF). Logo, caso o acusado seja citado e a defesa escrita não seja apresentada, o juiz deve nomear um defensor dativo para oferecê-la, no prazo de 10 dias, concedendo-lhe vista dos autos (art. 408, CPP).

Apresentada a defesa escrita, dela será dada vista ao Ministério Público ou querelante, por 5 dias, para manifestar-se sobre preliminares e documentos (art. 409, CPP). Na sequência, deve ser designada audiência de instrução, para tomada de declarações do ofendido, se possível, oitiva das testemunhas de acusação e defesa, nesta ordem, esclarecimentos dos peritos, acareações, reconhecimento de pessoas e coisas, interrogatório do acusado e debate (art. 411 do CPP).

Visando a celeridade processual, o CPP previu alegações finais orais, pelo prazo de 20 minutos, prorrogáveis por mais 10 (para cada réu). Na hipótese, pode ser aplicado subsidiariamente o § 3º do art. 403 do CPP, segundo o qual o juiz poderá, considerada a complexidade do caso ou o número de acusados, conceder às partes o prazo de 5 dias sucessivamente[10] para a apresentação de memoriais. Nesse caso, terá o prazo de 10 dias para proferir a sentença.[11]

Ao final da audiência, encerrada a instrução, poderá haver a *mutatio libelli*, prevista no art. 384 do CPP, quando for cabível nova definição jurídica do fato decorrente de prova de novo elemento ou circunstância não contida na denúncia, hipótese em que a denúncia deverá ser aditada (Exemplo: denúncia por crime de homicídio tentado, cuja consumação ocorreu durante a instrução preliminar; surgimento de prova de uma qualificadora que não havia sido elencada na denúncia).[12] Havendo o aditamento, o juiz deve dar vista à defesa por cinco dias, além de oportunizar que acusação e defesa arrolem até 3 testemunhas, sendo designada nova data para inquirição dessas testemunhas, novo interrogatório do réu, debate e julgamento (art. 384, §§ 2º e 4º, do CPP).

9.5.1 Decisão de pronúncia

A decisão de pronúncia é uma decisão interlocutória mista não terminativa, prevista no art. 413 do CPP, que reconhece a procedência da acusação e manda o réu a julgamento em plenário, impugnável pelo recurso em sentido estrito (art. 581, IV, CPP).

Na fundamentação da decisão de pronúncia o juiz deve se limitar a indicar a materialidade do fato e a existência de indícios suficientes de autoria ou de participação, com

---

10. Se houver colaboração premiada, a defesa do delatado fala por último (STF, Informativos 953 e 954 e art. 4º, § 10-A, da Lei nº 12.850/2013).
11. Nesse sentido: CPP, art. 394, § 5º Aplicam-se subsidiariamente aos procedimentos especial, sumário e sumaríssimo as disposições do procedimento ordinário.
12. LOPES JR., Aury, 2021, p. 350.

linguagem comedida e sóbria,[13] declarando o dispositivo legal em que julgar incurso o acusado e especificando as circunstâncias qualificadoras e as causas de aumento de pena (art. 413, § 1º, CPP). Durante o julgamento em plenário, a acusação não pode ir além do que restou consignado na decisão de pronúncia.

O juiz pode atribuir ao fato descrito uma definição jurídica diversa, ainda que isso signifique sujeitar o acusado a pena mais grave, permanecendo o feito no Tribunal do Júri se for de sua competência (arts. 418 e 383, CPP).

Quanto à prisão preventiva ou medidas cautelares diversas da prisão, o juiz decidirá, motivadamente, no caso de manutenção, revogação ou substituição da prisão ou medida restritiva de liberdade anteriormente decretada e, tratando-se de acusado solto, sobre a necessidade da decretação da prisão ou imposição de quaisquer das medidas cautelares diversas da prisão (art. 413, § 3º, CPP).

9.5.2 Decisão de impronúncia

A decisão de impronúncia é terminativa, na medida em que encerra o processo sem julgamento de mérito, estando prevista no art. 414 do CPP, contra a qual cabe recurso de apelação (art. 416, CPP). Ocorrerá impronúncia quando não restar demonstrada a verossimilhança da acusação, por insuficiência de elementos aptos a demonstrar a existência do crime (materialidade do fato) ou que o acusado para ele concorreu (autoria ou participação).

A decisão de impronúncia não gera coisa julgada material, pois encerra o processo sem julgamento do mérito, podendo ser apresentada nova denúncia ou queixa se houver prova nova (art. 414, parágrafo único, CPP). Por prova nova entende-se aquela prova que não era conhecida no momento da decisão, ou seja, pode ser que a prova já existisse, mas ainda não constava dos autos e nem era conhecida da Justiça. O limite temporal para a eventual nova acusação é a extinção da punibilidade (arts. 107 e 109, CP).[14]

9.5.3 Absolvição sumária

A absolvição sumária é uma verdadeira sentença, com análise de mérito (art. 415, CPP), contra a qual cabe recurso de apelação (art. 416, CPP). A primeira hipótese de absolvição sumária ocorre quando restar provada a inexistência do fato, o que se verifica, por exemplo, quando em um processo por crime de homicídio consumado, a suposta vítima é encontrada viva.[15]

A segunda hipótese de absolvição sumária ocorre quando restar provado que o acusado não é autor ou partícipe do fato. A terceira hipótese prevista é aquela em que

---

13. STF, RHC 122.909/SE, 2ª T, J. 04/11/2014. No mesmo sentido: STF, HC 103.037/PR, 1ª T, J. 22/03/2011.
14. LOPES JR., Aury, 2021, p. 355.
15. LOPES JR., Aury, 2021, p. 356.

o fato imputado é atípico, enquanto a quarta e última hipótese de absolvição sumária se refere aos casos de exclusão da ilicitude ou da culpabilidade.

Caso seja proferida decisão de absolvição sumária do acusado pelo crime de competência do Tribunal do Júri, eventual crime a ele conexo deverá ser redistribuído ao juízo competente, não podendo, em relação a este último crime (conexo), haver absolvição sumária.[16]

9.5.4 Desclassificação própria

A desclassificação própria acontece quando o juiz dá ao fato definição jurídica diversa, conduzindo a outra figura típica, não dolosa contra a vida, que não é de competência do Tribunal do Júri (Exemplo: acusação de homicídio, mas o juiz desclassifica para lesão corporal seguida de morte). Nesse caso, o juiz deverá remeter os autos para o juiz competente (art. 419, CPP). O crime conexo seguirá o prevalente.[17] Dessa decisão cabe recurso em sentido estrito (art. 581, II, CPP).

Caso a desclassificação para um crime que não seja de competência do Tribunal do Júri ocorra na segunda fase do procedimento, em plenário, em decorrência das respostas dadas pelos jurados aos quesitos, caberá ao juiz presidente do Tribunal do Júri proferir a sentença sobre o crime prevalente e o conexo (art. 492, § 2º, CPP).

9.5.5 Segunda fase

Com a preclusão da decisão de pronúncia ou decisão posterior que julgou admissível a acusação, os autos serão encaminhados ao juiz presidente do Tribunal do Júri (art. 421, CPP) que determinará a intimação da acusação e da defesa para, no prazo de 5 dias, apresentarem o rol de testemunhas, até o máximo de 5, que serão ouvidas em plenário, momento em que poderão juntar documentos e postular diligências (art. 422, CPP).

Na sequência, o juiz decidirá sobre os requerimentos de provas a serem produzidas ou exibidas no plenário do júri, ordenará as diligências necessárias para sanar qualquer nulidade ou esclarecer fato que interesse ao julgamento da causa (art. 423, *caput* e inciso I, CPP), elaborará relatório sucinto do processo, descrevendo os atos praticados até ali, e determinará a sua inclusão em pauta da reunião do Tribunal do Júri (art. 423, inciso II, CPP).

O desaforamento, que constitui exceção à regra da competência em razão do lugar, pois o processo é retirado do seu foro e encaminhado para outro, é cabível em quatro hipóteses: (1) *Interesse da ordem pública*; (2) *Dúvida sobre a imparcialidade do júri*; (3) *Segurança pessoal do acusado*; (4) *Comprovado excesso de serviço* (arts. 427 e 428, CPP).

---

16. LOPES JR., Aury, 2021, p. 357.
17. LOPES JR., Aury, 2021, p. 358.

O desaforamento será determinado pelo Tribunal de Justiça ou Tribunal Regional Federal, conforme o caso, a requerimento do MP, do assistente, do querelante ou do acusado ou mediante representação do juiz competente, devendo ser feito para outra comarca da mesma região, onde não existam os mesmos motivos que fundamentaram o desaforamento, preferindo-se as mais próximas. Quando o pedido de desaforamento não for requerido pela defesa, deverá ela ser ouvida, sob pena de nulidade, conforme Súmula nº 712 do Supremo Tribunal Federal. Também, deverá ser ouvido o juiz competente quando a solicitação de desaforamento não for objeto de representação feita por ele, conforme dispõe o art. 427, § 3º, do CPP.

Quanto aos jurados, o alistamento será feito na forma prevista nos arts. 425 e 426 do CPP. Por sua vez, os arts. 436 a 446 do CPP dispõem sobre a função do jurado, a obrigatoriedade do serviço, os requisitos, isenções, dispensas, consequências das recusas, vantagens e responsabilidades. Os impedimentos e as incompatibilidades constam dos arts. 448 e 449 do CPP.

O Tribunal do Júri é composto por 1 (um) juiz togado (seu presidente) e por 25 (vinte e cinco) jurados que serão sorteados dentre os alistados, 7 (sete) dos quais constituirão o Conselho de Sentença em cada sessão de julgamento. O CPP, em seu art. 463, dispõe que "comparecendo, *pelo menos, 15 (quinze) jurados*, o juiz presidente declarará instalados os trabalhos, anunciando o processo que será submetido a julgamento."

O acusado tem o direito de não ir ao julgamento, tanto que não se adiará o julgamento do acusado solto que não comparecer, embora regularmente intimado (art. 457, CPP). Se o acusado estiver preso, o pedido de dispensa deve ser subscrito por ele e seu defensor (art. 457, § 2º, CPP).

Formado o Conselho de Sentença, feito o juramento solene (art. 472, CPP) e entregues aos jurados cópias da pronúncia (ou decisão posterior que admitiu a acusação) e do relatório do processo (feito pelo juiz), inicia-se a instrução em plenário quando o juiz presidente, o MP, o assistente, o querelante e o defensor do acusado tomarão, sucessiva e diretamente, as declarações do ofendido, se possível, e inquirirão as testemunhas arroladas pela acusação (art. 473, CPP).

Para a inquirição das testemunhas arroladas pela defesa, o defensor do acusado formulará as perguntas antes do Ministério Público e do assistente, mantidos no mais a ordem e os critérios citados no parágrafo anterior (art. 473, § 1º, CPP). Os jurados poderão formular perguntas ao ofendido e às testemunhas, por intermédio do juiz presidente (art. 473, § 2º, CPP).

As partes e os jurados poderão requerer acareações, reconhecimento de pessoas e coisas e esclarecimento dos peritos, bem como a leitura de peças que se refiram, exclusivamente, às provas colhidas por carta precatória e às provas cautelares, antecipadas ou não repetíveis (art. 473, § 3º, CPP).

A seguir, será o acusado interrogado pelo juiz. Após o juiz, o Ministério Público, o assistente, o querelante e o defensor, nessa ordem, poderão formular, diretamente, perguntas ao acusado. Os jurados formularão perguntas por intermédio do juiz (art. 474, §§ 1º e 2º, CPP).

Não se permitirá o uso de algemas[18] no acusado durante o período em que permanecer no plenário do júri, salvo se absolutamente necessário à ordem dos trabalhos, à segurança das testemunhas ou à garantia da integridade física dos presentes (art. 474, § 3º, CPP e Súmula Vinculante nº 11 do STF).

Concluída a instrução com o interrogatório do réu, iniciam-se os debates, por *uma hora e meia* para cada parte, falando primeiro a acusação e depois a defesa. Poderá haver réplica de *uma hora* por parte da acusação e tréplica de uma hora por parte da defesa, sendo que, segundo entendimento majoritário, somente haverá tréplica se tiver havido réplica (art. 477, CPP).

Havendo mais de um acusado, o tempo para a acusação e a defesa será *acrescido de uma hora* e elevado ao *dobro* o da *réplica e da tréplica* (art. 477, § 2º, CPP), ou seja, tanto a acusação, quanto a defesa, passam a ter duas horas e meia para os debates, além de duas horas para réplica (acusação) e duas horas para tréplica (defesa). Havendo mais de um acusador (Ministério Público e assistente de acusação, por exemplo) ou mais de um defensor, combinarão entre si a distribuição do tempo, que, na falta de acordo, será dividido pelo juiz presidente (art. 477, § 1º, CPP).

Concluídos os debates e feitos os esclarecimentos necessários, passa-se para a fase de quesitação e votação (arts. 482 a 491, CPP). Os quesitos serão formulados na seguinte ordem, indagando sobre: (1) A materialidade do fato; (2) A autoria ou participação: (3) Se o acusado deve ser absolvido: (4) Se existe causa de diminuição de pena alegada pela defesa: (5) Se existe circunstância qualificadora ou causa de aumento de pena reconhecidas na pronúncia ou em decisões posteriores que julgaram admissível a acusação (art. 483, CPP).

As agravantes e atenuantes não serão objeto de quesitação, mas devem ser objeto de debate para que sejam valoradas na eventual sentença condenatória (art. 492, I, *b*, CPP). Havendo mais de um crime ou mais de um acusado, os quesitos serão formulados em séries distintas, uma para cada réu e uma para cada crime, iniciando do crime prevalente (art. 483, § 6º, CPP).

Para a votação, o juiz presidente, os jurados, o MP, o assistente, o querelante, o defensor do acusado, o escrivão e o oficial de justiça dirigir-se-ão à sala especial. Na falta de sala especial, o juiz presidente determinará que o público se retire, permanecendo somente as pessoas mencionadas acima, sendo que o juiz presidente advertirá as partes de que não será permitida qualquer intervenção que possa perturbar a livre

---

18. Sobre o uso de algemas em menores, recomendo a leitura das condições fixadas pelo STF na Reclamação nº 61.876/RJ.

manifestação do Conselho e fará retirar da sala quem se portar inconvenientemente (art. 485, *caput* e §§ 1º e 2º, CPP).

Ao final do júri, caberá ao juiz presidente proferir a sentença, nos limites do que foi decidido pelo Conselho de Sentença, observando a regra do art. 381, bem como dos arts. 492 e 493, todos do CPP.

Por fim, sobre a possibilidade de execução provisória da pena nos casos de decisão condenatória no Tribunal do Júri (art. 492, inciso I, *alínea e*, c/c §§ 3º, 4º, 5º e 6º, do CPP), o MP[19] e a 1ª Turma[20] do STF afirmavam que execução provisória da pena é constitucional, enquanto a Defensoria Pública de Minas Gerais[21] e a 2ª Turma[22] do STF sustentavam a sua inconstitucionalidade.

A questão foi objeto do Tema 1.068 no STF (RE 1.235.340), onde se decidiu pela *constitucionalidade da execução imediata de pena aplicada pelo Tribunal do Júri*, ou seja, que *a soberania dos vereditos do Tribunal do Júri autoriza a imediata execução de pena imposta pelo Conselho de Sentença*, independentemente do total da pena aplicada.[23]

O STF, por maioria, deu interpretação conforme à Constituição, com redução de texto, ao art. 492 do CPP, excluindo da *alínea e* do inciso I do referido artigo o limite mínimo de 15 anos para a execução da condenação imposta pelo corpo de jurados. Por arrastamento, excluiu do § 4º e do § 5º, inciso II, do mesmo art. 492 do CPP, a referência ao limite de 15 anos.

Assim, o STF fixou a tese de que "a soberania dos veredictos do Tribunal do Júri autoriza a imediata execução de condenação imposta pelo corpo de jurados, independentemente do total da pena aplicada".

9.6 CRIMES DE RESPONSABILIDADE DOS FUNCIONÁRIOS PÚBLICOS

O procedimento aplicável aos processos por crimes funcionais praticados por funcionários públicos, capitulados nos arts. 312 a 326 do Código Penal, se encontra regulamentado nos arts. 513 a 518 do CPP, ressalvada a aplicação do procedimento sumaríssimo quando se tratar de infração penal de menor potencial ofensivo.

---

19. O Conselho Nacional de Procuradores-Gerais dos Ministérios Públicos dos Estados e da União (CNPG) e o Grupo Nacional de Coordenadores de Centro de Apoio Criminal (GNCCRIM), em seu Enunciado 37 sobre a Lei nº 13.964/2019, assim afirmam: A execução provisória da pena decorrente de condenação pelo Tribunal do Júri é constitucional, fundamentando-se no princípio da soberania dos veredictos (CF, art. 5º, XXXVIII, *c*).
20. STF, HC 144.712/SP, 1ª T, J. 27/11/2018, STF, HC 183.263 AgR/CE, 1ª T, J. 16/06/2020 e caso da Boate Kiss.
21. Enunciado 26 da Defensoria Pública de Minas Gerais sobre a Lei nº 13.964/2019: O artigo 492, I, *e*, do CPP, é inconstitucional e inconvencional, visto que a prisão baseada em quantitativo de pena viola: (i) o direito de defesa ao intimidar o comparecimento do réu ao julgamento; (ii) estimula por via transversa a aplicação de pena que implique em prisão; e (iii) viola a presunção de inocência, na forma da jurisprudência do STF.
22. STF, HC 174.759/CE, 2ª T, J. 10/10/2020, STF, HC 176.229, Rel. Min. Gilmar Mendes, decisão monocrática em 26/09/2019 e STF, HC 163.814 ED/MG, 2ª T, J. 19/11/2019.
23. Disponível em: https://portal.stf.jus.br/processos/detalhe.asp?incidente=5776893. Pesquisa efetuada em 21/09/2024.

A especificidade deste rito é a defesa preliminar, apresentada antes do recebimento da acusação, prevista no art. 514 (*Nos crimes afiançáveis,*[24] *estando a denúncia ou queixa em devida forma, o juiz mandará autuá-la e ordenará a notificação do acusado, para responder por escrito, dentro do prazo de quinze dias*), que visa evitar o recebimento de acusações infundadas, mediante manifestação prévia do funcionário público imputado. Caso o imputado não mais ocupe cargo público por ocasião do oferecimento da denúncia, o rito especial não será aplicado.[25]

Segundo entendimento sumulado pelo Superior Tribunal de Justiça, essa defesa preliminar (anterior ao recebimento da denúncia) é desnecessária quando a ação penal estiver lastreada por inquérito policial.[26]

Em sentido diverso, o Supremo Tribunal Federal entende ser indispensável a defesa preliminar nas hipóteses do art. 514 do Código de Processo Penal, mesmo quando a denúncia seja lastreada em inquérito policial.[27]

Ainda segundo o Supremo Tribunal Federal, a ausência da defesa preliminar, prevista no art. 514 do Código de Processo Penal, em qualquer que seja a situação, é causa de nulidade relativa, que reclama a demonstração de prejuízo.[28]

É preciso registrar o entendimento jurisprudencial no sentido de que o art. 514 do Código de Processo Penal tem aplicabilidade apenas quando a acusação for exclusivamente de crime funcional, pois caso a denúncia impute ao agente público crime funcional e crime não funcional, será incabível a defesa preliminar do art. 514.[29]

Além disso, conforme entendimentos do Superior Tribunal de Justiça e do Supremo Tribunal Federal, o corréu que não for funcionário público não faz jus à resposta preliminar, assim como o acusado que não mais esteja no efetivo exercício da função pública.[30]

---

24. Atualmente, todos os crimes previstos nos arts. 312 a 326 do CP são afiançáveis.
25. DEZEM, Guilherme Madeira, 2018, p. 557-558.
26. STJ, Súmula 330 – É desnecessária a resposta preliminar de que trata o artigo 514 do Código de Processo Penal, na ação penal instruída por inquérito policial (J. 13/09/2006, DJ 20/09/2006).
27. STF, HC 95.969/SP, 1ª T, J. 12/05/2009.
28. "(...) 1. É pacífica a jurisprudência desta Corte no sentido de que, para o reconhecimento de nulidade decorrente da inobservância da regra prevista no art. 514 do CPP, é necessária a demonstração do efetivo prejuízo causado à parte. Improcede, pois, pedido de renovação de todo o procedimento criminal com base em alegações genéricas sobre a ocorrência de nulidade absoluta. 2. Ademais, se a finalidade da defesa preliminar está relacionada ao interesse público de evitar persecução criminal temerária contra funcionário público, a superveniência de sentença condenatória, que decorre do amplo debate da lide penal, prejudica a preliminar de nulidade processual, sobretudo se considerado que essa insurgência só foi veiculada nas razões de apelação (...)" (STF, HC 128.109/MG, 2ª T, rel. Min. Teori Zavascki, J. 08/09/2015).
29. Nesse sentido: STJ, HC 164.643/SP, 5ª T, rel. Min. Laurita Vaz, J. 25/09/2012; STF, HC 89.686/SP, 1ª T, rel. Min. Sepúlveda Pertence, J. 12/06/2007.
30. "De acordo com a jurisprudência do Superior Tribunal de Justiça, a notificação do acusado para apresentar defesa antes do recebimento da denúncia, nos termos do artigo 514 do Código de Processo Penal, somente se aplica ao funcionário público, não se estendendo ao particular que seja coautor ou partícipe" (STJ, HC 102.816/DF, 6ª T, J. 22/08/2011); "O procedimento especial estabelecido nos artigos 513 a 516 do Código de

Apresentada a defesa preliminar, o juiz rejeitará a queixa ou denúncia, em despacho fundamentado, se convencido, pela resposta do acusado ou do seu defensor, da inexistência do crime ou da improcedência da ação.

Recebida a denúncia ou a queixa, será o acusado citado, na forma estabelecida no Capítulo I (Das citações) do Título X (Das citações e intimações) do Livro I (Do processo em geral) do Código de Processo Penal, sendo que para alguns não há que se falar em nova defesa (resposta à acusação) após o recebimento da denúncia.[31]

No mais, deverá ser observado o procedimento comum.

9.7 AUDIÊNCIAS VIRTUAIS

As audiências virtuais, realizadas por meio de videoconferência, ganharam destaque durante o período da pandemia da COVID-19, sendo uma alternativa para manter o andamento das atividades do Poder Judiciário, seguindo como uma realidade nos tempos atuais, mesmo com o retorno das atividades presenciais nos Fóruns e Tribunais.

Com vistas à regulamentação dessa nova ferramenta, o CNJ elaborou diversas resoluções para fornecer diretrizes para que as audiências possam ocorrer normalmente, utilizando-se da tecnologia a favor da prestação jurisdicional. Uma das mais relevantes é a Resolução nº 465, de 22/06/2022, que estabeleceu as regras para aprimoramento das audiências. Vejamos:

> Resolução nº 465 de 22/06/2022 CNJ
>
> Art. 1º Instituir diretrizes para a realização de videoconferências no âmbito do Poder Judiciário, de modo a possibilitar que os jurisdicionados compreendam a dinâmica processual no cenário virtual, e a aprimorar a prestação jurisdicional de forma digital.
>
> Art. 2º Nas hipóteses em que for realizada videoconferência no exercício da magistratura, em que 1 (um) ou mais participantes estiverem em local diverso, deve o magistrado estar presente na unidade jurisdicional e adotar providências para garantir: (redação dada pela Resolução n. 481, de 22.11.2022)
>
> I – identificação adequada, na plataforma e sessão;
>
> II – utilização de vestimenta adequada, como terno ou toga;
>
> III – utilização de fundo adequado e estático, preconizando-se o uso de:
>
> a) modelo padronizado disponibilizado pelo tribunal a que pertença, se for o caso;
>
> b) imagem que guarde relação com a sala de audiências, fórum local ou tribunal a que pertença, ou
>
> c) fundos de natureza neutra, como uma simples parede ou uma estante de livros.

Processo Penal não é aplicável ao servidor público aposentado" (STF, HC 96.058/SP, 2ª T, *J.* 15/12/2009); "O procedimento especial previsto no artigo 514 do CPP não é de ser aplicado ao funcionário público que deixou de exercer a função na qual estava investido" (STF, HC 95.402/SP, 2ª T, *J.* 02/06/2009).

31. "(...) 1. Não há se falar em oferecimento de nova defesa após o recebimento da denúncia, nos termos do art. 396-A do Código de Processo Penal, porquanto já apresentada defesa preliminar antes do seu recebimento, conforme disciplina o art. 514 do referido Diploma. Note-se que a mescla dos ritos se mostra não apenas inviável, mas também desnecessária, uma vez que o réu já teve a chance de refutar os termos da inicial acusatória, antes mesmo do seu recebimento (...)" (STJ, HC 334.868/MG, 5ª T, rel. Min. Reynaldo Soares da Fonseca, *J.* 27/10/2015).

Art. 3º Recomenda-se, ainda, que os magistrados, ao presidirem audiências:

I – velem pela adequada identificação, na sessão, de promotores, defensores, procuradores e advogados, devendo aquela abarcar tanto o cargo, a ocupação ou função no ato quanto nome e sobrenome;

II – zelem pela utilização de vestimenta adequada por parte dos participantes, como terno ou beca; e

III – certifiquem-se de que todos se encontram participando da videoconferência com a câmera ligada, em condições satisfatórias e em local adequado.

§ 1º A recusa de observância das diretrizes previstas nesta Resolução pode justificar a suspensão ou adiamento da audiência, bem como a expedição, pelo magistrado, de ofício ao órgão correcional da parte que descumprir a determinação judicial.

§ 2º Os tribunais poderão, em razão de peculiaridades locais, criar regras específicas para dispensar o uso de terno ou beca, hipótese em que deve ser realizada, no prazo de 30 (trinta) dias, comunicação ao CNJ.

§ 3º O advogado, defensor e membro do Ministério Público poderão, em caráter emergencial e de forma excepcional e fundamentada, requerer ao magistrado que preside a audiência a dispensa de utilização de beca ou terno, o que que poderá ser comunicado pelo juízo, por meio de ofício, à seccional da Ordem dos Advogados do Brasil ou à respectiva instituição.

Vê-se, portanto, a preocupação do CNJ em salvaguardar nas audiências virtuais os ritos e formalidades que são típicos de uma audiência presencial, buscando ao máximo utilizar-se da tecnologia, sem abrir mão da liturgia.

Outra resolução importante do CNJ é a de nº 354, de 19/11//2020, cujos principais dispositivos colaciono abaixo:

Art. 1º Esta Resolução regulamenta a realização de audiências e sessões por videoconferência e telepresenciais e a comunicação de atos processuais por meio eletrônico nas unidades jurisdicionais de primeira e segunda instâncias da Justiça dos Estados, Federal, Trabalhista, Militar e Eleitoral, bem como nos Tribunais Superiores, à exceção do Supremo Tribunal Federal.

Art. 2º Para fins desta Resolução, entende-se por:

I – videoconferência: comunicação a distância realizada em ambientes de unidades judiciárias; e

II – telepresenciais: as audiências e sessões realizadas a partir de ambiente físico externo às unidades judiciárias.

Parágrafo único. A participação por videoconferência, via rede mundial de computadores, ocorrerá:

I – em unidade judiciária diversa da sede do juízo que preside a audiência ou sessão, na forma da Resolução CNJ nº 341/2020; e

II – em estabelecimento prisional.

Art. 3º As audiências só poderão ser realizadas na forma telepresencial a pedido da parte, ressalvado o disposto no § 1º, bem como nos incisos I a IV do § 2º do art. 185 do CPP, cabendo ao juiz decidir pela conveniência de sua realização no modo presencial. Em qualquer das hipóteses, o juiz deve estar presente na unidade judiciária.

§ 1º O juiz poderá determinar excepcionalmente, de ofício, a realização de audiências telepresenciais, nas seguintes hipóteses:

I – urgência;

II – substituição ou designação de magistrado com sede funcional diversa;

III – mutirão ou projeto específico;

IV – conciliação ou mediação no âmbito dos Centros Judiciários de Solução de Conflito e Cidadania (Cejusc);

V – indisponibilidade temporária do foro, calamidade pública ou força maior.

VI – atos processuais praticados em Pontos de Inclusão Digital, na forma da Resolução CNJ 508/2023. (incluído pela Resolução n. 508, de 22.6.2023)

§2º A oposição à realização de audiência telepresencial deve ser fundamentada, submetendo-se ao controle judicial.

Art. 4º Salvo requerimento de apresentação espontânea, o ofendido, a testemunha e o perito residentes fora da sede do juízo serão inquiridos e prestarão esclarecimentos por videoconferência, na sede do foro de seu domicílio ou no estabelecimento prisional ao qual estiverem recolhidos.

§ 1º No interesse da parte que residir distante da sede do juízo, o depoimento pessoal ou interrogatório será realizado por videoconferência, na sede do foro de seu domicílio.

§ 2º Salvo impossibilidade técnica ou dificuldade de comunicação, deve-se evitar a expedição de carta precatória inquiritória.

Art. 5º Os advogados, públicos e privados, e os membros do Ministério Público poderão requerer a participação própria ou de seus representados por videoconferência.

§ 1º No interesse de partes, advogados, públicos ou privados, ou membros do Ministério Público, que não atuarem frequentemente perante o juízo, o requerimento será instruído por cópia do documento de identidade.

§ 2º O deferimento da participação por videoconferência depende de viabilidade técnica e de juízo de conveniência pelo magistrado.

§ 3º É ônus do requerente comparecer na sede do juízo, em caso de indeferimento ou de falta de análise do requerimento de participação por videoconferência.

Art. 6º O réu preso fora da sede da Comarca ou em local distante da Subseção Judiciária participará da audiência por videoconferência, a partir do estabelecimento prisional ao qual estiver recolhido.

Parágrafo único. A pedido da defesa, a participação de réu preso na sede da Comarca ou do réu solto poderá ocorrer por videoconferência.

Art. 7º A audiência telepresencial e a participação por videoconferência em audiência ou sessão observará as seguintes regras:

I – as oitivas telepresenciais ou por videoconferência serão equiparadas às presenciais para todos os fins legais, asseguradas a publicidade dos atos praticados e as prerrogativas processuais de advogados, membros do Ministério Público, defensores públicos, partes e testemunhas;

II – as testemunhas serão inquiridas cada uma de per si, de modo que umas não saibam nem ouçam os depoimentos umas das outras;

III – quando o ofendido ou testemunha manifestar desejo de depor sem a presença de uma das partes do processo, na forma da legislação pertinente, a imagem poderá ser desfocada, desviada ou inabilitada, sem prejuízo da possibilidade de transferência para lobby ou ambiente virtual similar;

IV – as oitivas telepresenciais ou por videoconferência serão gravadas, devendo o arquivo audiovisual ser juntado aos autos ou disponibilizado em repositório oficial de mídias indicado pelo CNJ (PJe Mídia) ou pelo tribunal;

V – a publicidade será assegurada, ressalvados os casos de segredo de justiça, por transmissão em tempo real ou por meio hábil que possibilite o acompanhamento por terceiros estranhos ao feito, ainda que mediante a exigência de prévio cadastro;

VI – a participação em audiência telepresencial ou por videoconferência exige que as partes e demais participantes sigam a mesma liturgia dos atos processuais presenciais, inclusive quanto às vestimentas; e

VII – a critério do juiz e em decisão fundamentada, poderão ser repetidos os atos processuais dos quais as partes, as testemunhas ou os advogados não tenham conseguido participar em virtude de obstáculos de natureza técnica, desde que devidamente justificados.

Parágrafo único. A participação por videoconferência a partir de estabelecimento prisional observará também as seguintes regras:

I – os estabelecimentos prisionais manterão sala própria para a realização de videoconferência, com estrutura material, física e tecnológica indispensável à prática do ato, e disponibilizarão pessoal habilitado à operação dos equipamentos e à segurança da audiência;

II – magistrado, advogados, defensores públicos e membros do Ministério Público poderão participar na sala do estabelecimento prisional em que a pessoa privada da liberdade estiver, na sede do foro ou em ambos;

III – o Juiz tomará as cautelas necessárias para assegurar a inexistência de circunstâncias ou defeitos que impeçam a manifestação livre;

IV – o Juiz garantirá ao réu o direito de entrevista prévia e reservada com seu defensor, presencial ou telepresencialmente; e

V – ao réu deverá ser disponibilizada linha de comunicação direta e reservada para contato com seu defensor durante o ato, caso não estejam no mesmo ambiente.

Art. 8º Nos casos em que cabível a citação e a intimação pelo correio, por oficial de justiça ou pelo escrivão ou chefe de secretaria, o ato poderá ser cumprido por meio eletrônico que assegure ter o destinatário do ato tomado conhecimento do seu conteúdo.

Parágrafo único. As citações e intimações por meio eletrônico serão realizadas na forma da lei (art. 246, V, do CPC, combinado com art. 6º e 9º da Lei nº 11.419/2006), não se lhes aplicando o disposto nesta Resolução.

Art. 9º As partes e os terceiros interessados informarão, por ocasião da primeira intervenção nos autos, endereços eletrônicos para receber notificações e intimações, mantendo-os atualizados durante todo o processo.

Parágrafo único. Aquele que requerer a citação ou intimação deverá fornecer, além dos dados de qualificação, os dados necessários para comunicação eletrônica por aplicativos de mensagens, redes sociais e correspondência eletrônica (e-mail), salvo impossibilidade de fazê-lo.

Art. 10. O cumprimento da citação e da intimação por meio eletrônico será documentado por:

I – comprovante do envio e do recebimento da comunicação processual, com os respectivos dia e hora de ocorrência; ou

II – certidão detalhada de como o destinatário foi identificado e tomou conhecimento do teor da comunicação.

§ 1º O cumprimento das citações e das intimações por meio eletrônico poderá ser realizado pela secretaria do juízo ou pelos oficiais de justiça.

§ 2º Salvo ocultação, é vedado o cumprimento eletrônico de atos processuais por meio de mensagens públicas.

Art. 11. A intimação e a requisição de servidor público, bem como a cientificação do chefe da repartição, serão realizadas preferencialmente por meio eletrônico.

Art. 12. O CNJ disponibilizará sistema para agendamento de participação por videoconferência em unidade judiciária diversa da sede do juízo que preside a audiência ou sessão, na forma da Resolução CNJ nº 341/2020, e em estabelecimento prisional.

Art. 13. Caberá aos tribunais regulamentar a aplicação desta Resolução no âmbito de sua competência e dos juízos de primeiro grau que lhe são vinculados, à exceção da Justiça do Trabalho, cuja regulamentação competirá ao Conselho Superior da Justiça do Trabalho.

Art. 14. Esta Resolução entra em vigor na data de sua publicação, não alterando e nem derrogando a Resolução CNJ nº 345/2020.

Ponto muito importante desta resolução é a distinção feita, em seu art. 2º, entre videoconferência (comunicação a distância realizada em ambientes de unidades judiciárias) e telepresenciais (audiências e sessões realizadas a partir de ambiente físico externo às unidades judiciárias).

Importante lembrar que o § 1º do art. 3º-B do CPP determina que *o preso em flagrante ou por força de mandado de prisão provisória será encaminhado à presença do juiz de garantias no prazo de 24 (vinte e quatro) horas, momento em que se realizará audiência com a presença do Ministério Público e da Defensoria Pública ou de advogado constituído, vedado o emprego de videoconferência.*

Embora o dispositivo vede a realização de *audiência de custódia por videoconferência*, o STF lhe atribuiu interpretação conforme "para estabelecer que o preso em flagrante ou por força de mandado de prisão provisória será encaminhado à presença do juiz das garantias, no prazo de 24 horas, *salvo impossibilidade fática*, momento em que se realizará a audiência com a presença do Ministério Público e da Defensoria Pública ou de advogado constituído, *cabendo, excepcionalmente, o emprego de videoconferência, mediante decisão da autoridade judiciária competente, desde que este meio seja apto à verificação da integridade do preso e à garantia de todos os seus direitos*" (ADIs nº 6.298, 6.299, 6.300 e 6.305).

Nesse mesmo sentido, o STF atribuiu interpretação conforme ao *caput* do art. 310 do CPP "para assentar que o juiz, em caso de urgência e se o meio se revelar idôneo, poderá realizar a audiência de custódia por videoconferência."

O STF também atribuiu interpretação conforme ao § 4º do art. 310 do CPP para assentar que a autoridade judiciária deverá avaliar se estão presentes os requisitos para a prorrogação excepcional do prazo ou para sua realização por videoconferência, sem prejuízo da possibilidade de imediata decretação de prisão preventiva.

10
RECURSOS

Conceitualmente, recurso é o meio processual através do qual a parte que sofreu um gravame (um prejuízo), postula a modificação ou anulação, no todo ou em parte, de uma decisão judicial ainda não transitada em julgado, no mesmo processo em que ela foi proferida, ou a anulação, total ou parcial, do próprio processo.[1]

10.1 FUNGIBILIDADE

O art. 579 do CPP estabelece que, "salvo a hipótese de má-fé, a parte não será prejudicada pela interposição de um recurso por outro. Se o juiz, desde logo, reconhecer a impropriedade do recurso interposto pela parte, mandará processá-lo de acordo com o rito do recurso cabível". Má-fé é o agir intencional, doloso, destinado a burlar o sistema recursal, muito embora os tribunais também a reconheçam no erro grosseiro.[2] Para grande parte da doutrina e jurisprudência majoritária, ainda que o recurso seja errado, ele deve ser interposto com tempestividade em relação ao correto.[3]

10.2 PROIBIÇÃO DA *REFORMATIO IN PEJUS*

Havendo apenas recurso da defesa, não pode o tribunal reformar a decisão para piorar a situação jurídica do réu (art. 617, CPP). É vedada, ainda, a denominada *reformatio in pejus* indireta, que ocorre quando, após procedência de exclusivo recurso da defesa contra decisão do juiz singular ou do Tribunal do Júri, há anulação da sentença anterior e o réu é submetido a novo julgamento em que lhe é aplicada pena mais alta do que aquela aplicada na sentença anulada.[4]

10.3 DISPONIBILIDADE DOS RECURSOS

Na hipótese de ação penal privada, regida pelo princípio da disponibilidade, pode o querelante desistir do recurso que houver interposto ou renunciar ao que ainda não

---

1. LOPES JR., Aury, 2021, p. 426.
2. BADARÓ, Gustavo Henrique, 2018, p. 837.
3. PACELLI, Eugênio, 2021, p. 760.
4. STF, RE 647.302/RS, 2ª T, J. 15/10/2013; STF, HC 115.428/RJ, 1ª T, J. 11/06/2013; STJ, HC 139.621/RS, 6ª T, J. 24/05/2016); STJ, HC 317.163/SC, 5ª T, J. 13/12/2016.

interpôs. O mesmo não ocorre quando a ação penal é de iniciativa pública, uma vez que *o Ministério Público não poderá desistir de recurso que haja interposto* (art. 576, CPP).

O réu, por sua vez, poderá desistir do recurso ou renunciá-lo, desde que o faça em consenso com o defensor.[5] Havendo divergência entre o réu e seu defensor, prevalecerá a vontade de quem deseja recorrer, por ser a que melhor atende a ampla defesa.[6]

10.4 INTERPOSIÇÃO

Embora a regra seja a interposição dos recursos por meio de petição escrita, o art. 578 do CPP possibilita a interposição *por termo nos autos, assinado pelo recorrente ou por seu representante*, o que poderá ser feito na própria audiência ou em cartório, mediante redução da manifestação oral à forma escrita.

A interposição *por termo nos autos* somente é possível em casos de recursos que possuam dois momentos distintos no seu processamento, um primeiro de interposição e outro para as razões (Exemplos: apelação, recurso em sentido estrito[7] e agravo em execução). Nesses casos, somente o primeiro momento (da interposição) poderá ser feito por termo nos autos, devendo as razões serem apresentadas em petição escrita juntada ao processo.[8]

Os recursos devem ser interpostos no prazo legal, sob pena de não serem conhecidos (admitidos), muito menos apreciados, sendo os prazos recursais fatais e peremptórios, cuja contagem é regulada pelo art. 798 do CPP e Súmulas 310 e 710 do STF.[9] Já a apresentação das razões fora do prazo, nos recursos em que a interposição se dá num momento e a apresentação das razões em outro, constitui mera irregularidade.

10.5 EFEITOS DOS RECURSOS

A doutrina faz referência a diversos efeitos dos recursos: *efeito devolutivo; efeito suspensivo; efeito extensivo; efeito regressivo, diferido ou iterativo*.

O *efeito devolutivo* diz respeito à matéria que será levada à reapreciação pela instância recursal, podendo ser *total*, quando a reapreciação for plena (condenado apela pedindo absolvição e, caso seja mantida a condenação, que haja redução de pena), ou

---

5. STF, Súmula 705 – A renúncia do réu ao direito de apelação, manifestada sem a assistência do defensor, não impede o conhecimento da apelação por este interposta. STF, Súmula 708 – É nulo o julgamento da apelação se, após a manifestação nos autos da renúncia do único defensor, o réu não foi previamente intimado para constituir outro.
6. MARCÃO, Renato, 2021, p. 474.
7. LOPES JR., Aury, 2021, p. 436.
8. LOPES JR., Aury, 2021, p. 436.
9. STF, Súmula 310 – Quando a intimação tiver lugar na sexta-feira, ou a publicação com efeito de intimação for feita nesse dia, o prazo judicial terá início na segunda-feira imediata, salvo se não houver expediente, caso em que começará no primeiro dia útil que se seguir. STF, Súmula 710 – No processo penal, contam-se os prazos da data da intimação, e não da juntada aos autos do mandado ou da carta precatória ou de ordem.

parcial, quando houver reapreciação de apenas parte da matéria (condenado apela pedindo apenas redução da pena).[10]

O *efeito suspensivo* faz com que a eficácia do ato condenatório continue suspensa até o julgamento pelo Tribunal recursal.[11] Por seu turno, a decisão absolutória não tem efeito suspensivo, devendo o juiz, se for o caso, mandar libertar o réu e ordenar a cessação das medidas cautelares e provisoriamente aplicadas (art. 386, parágrafo único, CPP).

Previsto no art. 580 do CPP, o *efeito extensivo* faz com que, no caso de concurso de agentes, a decisão do recurso interposto por um dos réus, se fundada em motivos que não sejam de caráter exclusivamente pessoal, aproveite aos outros (Exemplo: reconhecida a atipicidade pelo Tribunal recursal, a decisão aproveitará a todos os concorrentes, mesmo os que não recorreram).[12]

Efeito regressivo, diferido ou iterativo constitui a devolução da matéria recorrida ao próprio juiz que proferiu a decisão, possibilitando-o que reveja o seu ato decisório (juízo de retratação). São exemplos o recurso em sentido estrito (art. 589, CPP) e o agravo em execução (art. 197 da Lei nº 7.210/1084 c/c art. 589 do CPP c/c Súmula 700 do STF).[13]

10.6 RECURSO EM SENTIDO ESTRITO

O recurso em sentido estrito tem a finalidade de impugnar determinadas decisões interlocutórias proferidas ao longo do processo penal, as quais estão expressamente previstas no art. 581 do CPP e em algumas leis especiais.[14] Segundo dispõe o art. 581 do CPP, caberá recurso, no sentido estrito, da decisão ou sentença:

I – que não receber a denúncia ou a queixa;

A decisão que recebe a denúncia ou a queixa é irrecorrível, atacável apenas por *habeas corpus*. Já a decisão que rejeita a denúncia ou a queixa é impugnável por meio de recurso em sentido estrito, assim como a decisão que rejeita o aditamento próprio (arts. 384 e 411, § 3º, CPP).

Interposto recurso em sentido estrito contra a decisão que não receber a denúncia ou a queixa, o acusado deve ser intimado para oferecer contrarrazões, sob pena de nulidade, não a suprindo a nomeação de defensor dativo (Súmula 707 do STF).

II – que concluir pela incompetência do juízo;

A hipótese aqui tratada é a da decisão que conclui pela incompetência do juízo, quando proferida pelo próprio juiz que se julga incompetente, no bojo do processo,

---

10. BADARÓ, Gustavo Henrique, 2018, p. 846.
11. BADARÓ, Gustavo Henrique, 2018, p. 846.
12. BADARÓ, Gustavo Henrique, 2018, p. 849-850.
13. BADARÓ, Gustavo Henrique, 2018, p. 849.
14. Exemplos de leis especiais que preveem o recurso em sentido estrito: art. 294, parágrafo único, do Código de Trânsito Brasileiro; art. 2º, III, do Decreto-Lei nº 201/1967.

havendo ou não alegação da parte. Caso se trate de decisão proferida no bojo de um incidente específico de exceção de incompetência, em que o juiz julgar procedente a exceção apresentada pela parte, o fundamento legal para impetração do recurso em sentido estrito passa a ser encontrado no inciso seguinte.[15]

III – que julgar procedentes as exceções, salvo a de suspeição;

As exceções são previstas nos arts. 95 a 111 do CPP. A exceção de suspeição foi expressamente excluída, uma vez que a decisão que julga procedente a exceção de suspeição é irrecorrível quando proferida por juiz singular (arts. 99, 104 e 105, CPP) e impugnável por meio de recurso especial ou extraordinário quando proferida por Tribunal.

IV – que pronunciar o réu;

A pronúncia é a decisão que encerra a primeira fase do rito do Tribunal do Júri e encaminha o acusado para julgamento em plenário (art. 413, CPP).

V – que conceder, negar, arbitrar, cassar ou julgar inidônea a fiança, indeferir requerimento de prisão preventiva ou revogá-la, conceder liberdade provisória ou relaxar a prisão em flagrante;

Este inciso trata de decisões interlocutórias simples, referentes ao *status libertatis* do imputado, proferidas pelo juiz de primeiro grau, muitas vezes após o recebimento do auto de prisão em flagrante, conforme disposto no art. 310 do CPP.

VI – que absolver o réu, nos casos do art. 411;

Este inciso foi revogado pela Lei nº 11.689/2008.

VII – que julgar quebrada a fiança ou perdido o seu valor;

As hipóteses de quebramento da fiança estão previstas nos arts. 327, 328 e 341, enquanto as de perdimento encontram-se nos arts. 343 e 344, todos do CPP.

VIII – que decretar a prescrição ou julgar, por outro modo, extinta a punibilidade;

A extinção da punibilidade ocorre nas hipóteses previstas no art. 107 do CP e a decisão do juiz de primeiro grau que a decretar será impugnável por meio de recurso em sentido estrito.[16] No entanto, se a extinção da punibilidade for decretada no bojo de

---

15. LOPES JR., Aury, 2021, p. 442-443.
16. BADARÓ, Gustavo Henrique, 2018, p. 890.

uma decisão de absolvição sumária ou na sentença absolutória, em que há resolução do mérito do feito, o recurso cabível será a apelação, prevista no art. 593, I e § 4º, do CPP.

Caso a decisão que decrete a extinção da punibilidade seja proferida no curso da execução criminal, o recurso cabível será o agravo em execução, previsto no art. 197 da Lei de Execução Penal, o qual deve ser interposto no prazo de 5 dias, conforme Súmula 700 do STF, observando-se o mesmo rito do recurso em sentido em estrito.

IX – que indeferir o pedido de reconhecimento da prescrição ou de outra causa extintiva da punibilidade;

O pedido de reconhecimento da prescrição ou de outra causa extintiva da punibilidade é, em regra, interposto pela defesa. Havendo indeferimento do pleito, eventual recurso em sentido estrito será manejado com fundamento neste inciso.

X – que conceder ou negar a ordem de habeas corpus;

Este inciso cuida da impugnação da decisão proferida por juiz de primeiro grau em sede de *habeas corpus*, geralmente impetrado contra ato praticado por autoridade policial ou particular. Concedida ou negada a ordem, cabe recurso em sentido estrito. Caso se trate de decisão denegatória da ordem de *habeas corpus* proferida por Tribunal, caberá Recurso Ordinário Constitucional (art. 102, II, *a*, e art. 105, II, *a*, ambos da CF/88).

XI – que conceder, negar ou revogar a suspensão condicional da pena;

A decisão de concessão ou denegação da suspensão condicional da pena pode ser dada, tanto no bojo de uma sentença penal condenatória, quanto na fase de execução penal, enquanto a decisão de revogação da suspensão condicional da pena ocorrerá na fase de execução penal.[17]

Quando a concessão ou a denegação da suspensão condicional da pena for objeto de uma sentença penal condenatória, o recurso cabível será a apelação, ainda que somente dessa parte da decisão se recorra (art. 593, § 4º, CPP).[18] Quando a concessão, denegação ou revogação da suspensão condicional da pena se der na fase de execução penal, o recurso cabível será o agravo em execução (art. 197, Lei nº 7.210/1984). Dessa forma, este inciso XI não tem mais aplicação.

XII – que conceder, negar ou revogar livramento condicional;

Este inciso XII também perdeu aplicabilidade com a vigência da Lei de Execução Penal, uma vez que a decisão que concede, nega ou revoga livramento condicional[19] é

---
17. LOPES JR., Aury, 2021, p. 444.
18. BADARÓ, Gustavo Henrique, 2018, p. 887.
19. Sobre o livramento condicional, o STJ assim decidiu: "Agravo regimental no habeas corpus. Execução penal. Livramento condicional. Art. 83 do código penal com redação dada pela lei n. 13.964/2019. Ausência do requisito subjetivo. Existência de falta disciplinar recentemente reabilitada. Exigência de bom comportamento

proferida durante a execução penal, sendo, portanto, impugnável por meio de agravo em execução.[20]

XIII - que anular o processo da instrução criminal, no todo ou em parte;

Nas hipóteses de ato processual com defeito insanável, deve ser decretada a nulidade do ato processual defeituoso, com a sua respectiva ineficácia e o desentranhamento das peças correspondentes. Caso o ato processual tenha contaminado os atos posteriores de tal forma que comprometa todo o processo, deverá ser decretada a nulidade do processo como um todo.[21] Tratando-se de defeito insanável, independentemente da anulação total ou parcial do processo, a decisão que a decretar será impugnável por meio do recurso em sentido estrito.

XIV - que incluir jurado na lista geral ou desta o excluir;

O art. 426 do CPP estabelece que a lista geral dos jurados será publicada pela imprensa até o dia 10 de outubro de cada ano, podendo ser alterada, de ofício ou mediante reclamação de qualquer do povo ao juiz presidente, até o dia 10 de novembro, data de sua publicação definitiva. É justamente essa decisão que incluir ou excluir jurado da lista geral que pode ser impugnada por meio de recurso em sentido estrito, no prazo de 20 dias, contado da data da publicação definitiva da lista de jurados (art. 586, parágrafo único, CPP).

Contudo, grande parte da doutrina sustenta que esta hipótese recursal foi substituída pela reclamação prevista no art. 426, § 1º, do CPP.

XV - que denegar a apelação ou a julgar deserta;

Decisão que denega a apelação é aquela que, no juízo de admissibilidade feito em primeiro grau, não permite a subida da apelação ao Tribunal por ausência de algum dos seus requisitos objetivos (cabimento, adequação e tempestividade) ou subjetivos

---

durante o cumprimento da pena. Fundamentação idônea. Precedentes. Agravo regimental desprovido. 1. Não obstante a inclusão da alínea b no inciso III do art. 83 do Código Penal pela Lei n. 13.964/2019 - introduzido com o objetivo de impedir a concessão do livramento condicional quando há falta grave nos últimos 12 (doze) meses – *a ausência de falta grave no mencionado período não é suficiente para satisfazer o requisito subjetivo exigido para a concessão do livramento condicional*, nem sequer que eventuais faltas disciplinares ocorridas anteriormente não possam ser consideradas pelo Juízo das Execuções Penais para aferir fundamentadamente o mérito do Apenado. 2. Na espécie, o Juízo das Execuções Penais, em decisão proferida no dia 11/06/2021, indeferiu o pedido de livramento condicional ao Agravante, que cumpre pena de 33 (trinta e três) anos, 10 (dez) meses e 2 (dois) dias de reclusão, com término previsto para 03/05/2029 (art. 75 do Código Penal). No *decisum*, ressaltou-se que o Apenado praticou faltas graves no curso da execução penal, a última consistente em "liderança negativa e subversão à ordem e disciplina" reabilitada em data não antiga (em 16/04/2021 – fl. 47) e contemporânea à decisão proferida pelo Juízo da Execução Penal. 3. Dessa forma, o Agravante não ostenta o "bom comportamento durante a execução da pena" exigido pelo art. 83, inciso III, alínea a, do Código Penal. 4. Agravo regimental desprovido." (STJ, AgRg no HC 725.280/SP, 6ª T, J. 15/03/2022). No mesmo sentido: STJ, AgRg no HC 776.645/SP, 6ª T, J. 25/10/2022.

20. LOPES JR., Aury, 2021, p. 444.
21. LOPES JR., Aury, 2021, p. 444.

(legitimidade e interesse).[22] Quanto à deserção da apelação (requisito objetivo recursal da ação penal privada), ela é cabível na hipótese de falta de preparo. Portanto, quando não for feito o pagamento das custas recursais na ação penal privada, a apelação será julgada deserta.[23]

Caso o juiz também obste o prosseguimento do recurso em sentido estrito, será cabível a carta testemunhável, prevista no art. 639, I, do CPP, que deverá ser requerida no prazo de 48 horas seguintes ao despacho que denegar o recurso em sentido estrito (art. 640, CPP).[24]

XVI – que ordenar a suspensão do processo, em virtude de questão prejudicial;

As *questões prejudiciais* são aquelas que precisam ser analisadas primeiramente para que seja possível solucionar a questão penal (prejudicada), estando previstas nos arts. 92 a 94 do CPP. Da decisão *que ordenar a suspensão do processo, em virtude de questão prejudicial*, caberá recurso em sentido estrito (art. 581, XVI, CPP). Em sentido oposto, não há recurso previsto contra a decisão que indefere pedido de suspensão do processo, podendo ser impetrado *habeas corpus*.[25]

XVII – que decidir sobre a unificação de penas;

A decisão sobre a unificação de penas é proferida durante a execução penal, razão pela qual o recurso hoje cabível é o agravo em execução, tendo este inciso perdido sua eficácia.

XVIII – que decidir o incidente de falsidade;

O incidente de falsidade está previsto nos arts. 145 a 148 do CPP. Qualquer que seja a decisão, reconhecendo ou não a falsidade, será impugnável por meio do recurso em sentido estrito.

As decisões citadas nos incisos XIX a XXIII se referem à medida de segurança e são proferidas no processo de execução penal, sendo impugnáveis por meio do agravo em execução, razão pela qual tais incisos perderam sua eficácia com o advento da Lei de Execução Penal.

XXIV – que converter a multa em detenção ou em prisão simples.

Com a proibição da conversão da multa originária em detenção ou prisão simples (art. 51, CP), este inciso também perdeu eficácia.

---

22. LOPES JR., Aury, 2021, p. 445.
23. LOPES JR., Aury, 2021, p. 445.
24. BADARÓ, Gustavo Henrique, 2018, p. 886.
25. MARCÃO, Renato, 2021, p. 480.

XXV – que recusar homologação à proposta de acordo de não persecução penal, previsto no art. 28-A desta Lei.

O acordo de não persecução penal foi instituído por meio da Lei nº 13.964/2019 e encontra-se disciplinado no art. 28-A do CPP, sendo que, para a homologação do acordo, será realizada audiência na qual o juiz deverá verificar a sua voluntariedade, por meio da oitiva do investigado na presença do defensor, e sua legalidade.

Se o juiz considerar inadequadas, insuficientes ou abusivas as condições dispostas no acordo de não persecução penal, devolverá os autos ao Ministério Público para que seja reformulada a proposta de acordo, com concordância do investigado e seu defensor, podendo o juiz recusar homologação à proposta que não atender aos requisitos legais ou quando não for realizada a citada adequação (a reformulação da proposta determinada pelo juiz). Recusada a homologação, o juiz devolverá os autos ao Ministério Público para a análise da necessidade de complementação das investigações ou para o oferecimento da denúncia, podendo ainda optar pela interposição de recurso em sentido estrito, nos termos deste inciso.

Por outro lado, contra a decisão que recusar homologação ao *acordo de colaboração premiada*, o recurso cabível é a apelação, com fundamento no art. 593, II, do CPP (STJ, REsp 1.834.215/RS, 6ª T, J. 27/10/2020).

O recurso em sentido estrito deve ser interposto no prazo de cinco dias (art. 586, CPP), enquanto as razões devem ser apresentadas em dois dias (art. 588, CPP). Interposto o recurso em sentido estrito e apresentadas as razões recursais, os autos serão conclusos ao juiz para que decida se mantém ou se reforma a decisão (art. 589, *caput* e parágrafo único, CPP).

Na hipótese do juiz se retratar, ou seja, dele reformar a sua decisão em face do recurso em sentido estrito interposto, a parte contrária poderá recorrer dessa nova decisão por simples petição, no prazo de 5 dias, desde que essa nova decisão seja recorrível.[26]

Exemplo clássico de situação em que não é cabível o recurso por simples petição reside na hipótese em que o juiz rejeita a denúncia e o promotor interpõe recurso em sentido estrito para impugnar essa decisão de rejeição da inicial acusatória (art. 581, I, CPP). À vista dos argumentos do *Parquet*, explicitados nas razões recursais, o juiz reforma a decisão anterior e recebe a denúncia. Como não cabe recurso da decisão que recebe a denúncia ou a queixa, não será possível, nesse caso, a interposição de recurso por simples petição, restando ao réu, apenas, a possibilidade de impetração de *habeas corpus* contra eventual recebimento indevido da acusação.[27]

---

26. LOPES JR., Aury, 2021, p. 448. No mesmo sentido: BADARÓ, Gustavo Henrique, 2018, p. 891.
27. LOPES JR., Aury, 2021, p. 448.

10.7 APELAÇÃO

A apelação é um meio de impugnação ordinário por excelência, podendo ser total ou parcial, que autoriza um órgão jurisdicional de grau superior a revisar, de forma crítica, o julgamento realizado em primeiro grau.[28]

Poderá ser interposta por termo nos autos ou por petição, no prazo de 5 dias, em regra, ou de 15 dias a partir do dia em que terminar o prazo do Ministério Público, quando o recorrente for assistente da acusação não habilitado, conforme art. 598, parágrafo único, do CPP.

Após o recebimento da acusação, abre-se então a possibilidade de apresentação das razões que fundamentam o pedido, estas no prazo de 8 dias (art. 600, CPP).

As hipóteses de cabimento do recurso de apelação estão elencadas no art. 593 do CPP e são as seguintes:

I – das sentenças definitivas de condenação ou absolvição proferidas por juiz singular;

Se refere às sentenças definitivas de condenação ou absolvição proferidas por juiz singular, do primeiro grau de jurisdição. Por sentença definitiva entende-se aquela decisão que põe fim ao processo com julgamento de mérito, mas ainda não transitada em julgado, tais como as sentenças de condenação, absolvição, absolvição imprópria e absolvição sumária (arts. 397 e 415, CPP), diferenciando-se, assim, das decisões interlocutórias.[29]

II – das decisões definitivas, ou com força de definitivas, proferidas por juiz singular nos casos não previstos no Capítulo anterior;

Decisões definitivas ou com força de definitivas são decisões interlocutórias mistas que *têm cunho decisório e geram gravame ou prejuízo para a parte atingida, encerrando o processo sem julgamento do mérito ou finalizando uma etapa do procedimento* ou um procedimento apartado, podendo ser terminativas ou não (Exemplos: decisões proferidas em sede de medidas assecuratórias, tais como as que decretam o sequestro de bens, a hipoteca legal, o arresto etc.).[30]

III – das decisões do Tribunal do Júri, quando:

Este inciso trata de hipóteses de apelação vinculadas, direcionadas às decisões do Tribunal do Júri, devendo a parte indicar na petição de interposição o fundamento legal

---

28. LOPES JR., Aury, 2021, p. 449.
29. LOPES JR., Aury, 2021, p. 449.
30. LOPES JR., Aury, 2021, p. 450.

em que baseia o recurso, apontando a *alínea* ou *alíneas* nas quais a apelação se funda, além de delinear perfeitamente as suas pretensões.[31]

a) ocorrer nulidade posterior à pronúncia;

A apelação prevista nesta *alínea* refere-se aos atos processuais defeituosos praticados após a preclusão da decisão de pronúncia, geralmente em plenário (Exemplos: leitura de documento ou exibição de objeto em plenário do Tribunal do Júri que não tenha sido juntado aos autos com antecedência mínima de três dias úteis, dando-se ciência à outra parte, conforme determina o art. 479 do CPP; participação de jurado impedido; inversão da ordem de oitiva das testemunhas de acusação e defesa, em plenário; referências, durante os debates, à decisão de pronúncia ou decisão posterior que julgou admissível a acusação; defeito na formulação dos quesitos; uso injustificado de algemas[32] durante o julgamento etc.). Caso o tribunal dê provimento ao recurso previsto nesta *alínea*, o julgamento será anulado e outro será realizado.[33]

b) for a sentença do juiz-presidente contrária à lei expressa ou à decisão dos jurados;

Trata-se de casos em que o juiz contraria a lei expressa (Exemplo: juiz substitui a pena aplicada ao homicídio doloso por prestação de serviços à comunidade, contrariando o disposto no art. 44, I, do CP) ou contraria a decisão dos jurados (Exemplo: jurados absolvem e o juiz condena).[34] Caso seja acolhida a apelação com base nesta *alínea*, não haverá novo julgamento, cabendo ao Tribunal fazer a devida retificação da sentença (art. 593, § 1º, CPP).

c) houver erro ou injustiça no tocante à aplicação da pena ou da medida de segurança;

Caberá apelação quando houver aplicação errada da pena ou da medida de segurança, o que se verifica, por exemplo, quando o sujeito é condenado por homicídio simples e o juiz inicia a dosimetria pela pena do homicídio qualificado ou o juiz erra as somas ou diminuições da pena.[35]

Também, caberá apelação quando houver injustiça, desproporcionalidade, na aplicação da pena ou da medida de segurança (Exemplo: fixar a pena base próxima à pena máxima prevista para o crime em um caso em que as circunstâncias do art. 59 do Código Penal não sejam desfavoráveis ao réu).[36] Provido o recurso, o Tribunal retificará a sentença, corrigindo o erro ou a injustiça, não havendo outro julgamento (art. 593, § 2º, CPP).

---

31. STF, Súmula 713 – O efeito devolutivo da apelação contra decisões do Júri é adstrito aos fundamentos da sua interposição (J. 24/09/2003).
32. Sobre o uso de algemas em menores, recomendo a leitura das condições fixadas pelo STF na Reclamação nº 61.876/RJ.
33. LOPES JR., Aury, 2021, p. 451.
34. LOPES JR., Aury, 2021, p. 451.
35. LOPES JR., Aury, 2021, p. 452.
36. LOPES JR., Aury, 2021, p. 452.

d) for a decisão dos jurados manifestamente contrária à prova dos autos.

Decisão manifestamente contrária à prova dos autos é aquela frontalmente contrária à prova validamente constituída, bem como aquela decisão que não encontra ressonância em nenhuma linha de probabilidade decorrente das provas carreadas ao processo. A apelação poderá ser interposta com base nesta *alínea d* uma única vez, não se admitindo, pelo mesmo motivo, segunda apelação (art. 593, § 3º, CPP). Provido o recurso, será realizado novo julgamento.[37]

A 2ª Turma do STF chegou a decidir que não seria cabível apelação com base nesta *alínea d* quando a absolvição decorresse de resposta afirmativa ao quesito obrigatório do art. 483, § 2º, do CPP (*O jurado absolve o acusado?*),[38]

O raciocínio jurídico desenvolvido pela 2ª Turma do STF era perfeito, na medida em que somente se chega ao quesito obrigatório se os jurados, antes, tiverem respondido afirmativamente aos quesitos sobre a materialidade do fato e sobre a autoria ou participação, ou seja, somente se vota o quesito obrigatório se os jurados tiverem decidido previamente que houve o crime e o acusado para ele concorreu.

Dessa forma, a absolvição subsequente pela resposta afirmativa à pergunta se "o jurado absolve o acusado", o que pode ter ocorrido até mesmo por clemência, não poderia ser considerada manifestamente contrária à prova dos autos, na medida em que os jurados já decidiram conforme a prova dos autos ao admitirem que a materialidade e a autoria delitivas estavam comprovadas.

Contudo, no julgamento do Tema 1.087, o Plenário do STF acabou mitigando o entendimento acima ao decidir que:

> 1. É cabível recurso de apelação com base no artigo 593, III, *d*, do Código de Processo Penal, nas hipóteses em que a decisão do Tribunal do Júri, amparada em quesito genérico, for considerada pela acusação como manifestamente contrária à prova dos autos.
> 2. O Tribunal de Apelação não determinará novo Júri quando tiver ocorrido a apresentação, constante em Ata, de tese conducente à clemência ao acusado, e esta for acolhida pelos jurados, desde que seja compatível com a Constituição, os precedentes vinculantes do Supremo Tribunal Federal e com as circunstâncias fáticas apresentadas nos autos. (STF, ARE 1.225.185, Pleno, J. 4/10/2024)

Além disso, o STF já havia fixado entendimento no sentido de que "não fere a soberania dos veredictos do Tribunal do Júri o provimento de apelação que anule a absolvição fundada em quesito genérico, quando, de algum modo, possa implicar a repristinação da odiosa tese da legítima defesa da honra".[39]

---

37. STF, Súmula 206 – É nulo o julgamento ulterior pelo júri com a participação de jurado que funcionou em julgamento anterior do mesmo processo (J. 13/12/1963).
38. STF, HC 185.068/SP, 2ª T, J. 20/10/2020 e STF, RHC 117.076 AgR/PR, 2ª T, J. 20/10/2020. Vide: STF, ARE 1.225.185/MG – Tema 1087.
39. STF, ADPF 779, Pleno, J. 1º/08/2023.

10.8 EMBARGOS INFRINGENTES E EMBARGOS DE NULIDADE

Os embargos infringentes e de nulidade são recursos exclusivos da defesa, previstos no parágrafo único do art. 609 do CPP, segundo o qual *"quando não for unânime a decisão de segunda instância, desfavorável ao réu, admitem-se embargos infringentes e de nulidade*, que poderão ser opostos dentro de 10 (dez) dias, a contar da publicação de acórdão, na forma do art. 613. Se o desacordo for parcial, os embargos serão restritos à matéria objeto de divergência".

10.9 AGRAVO EM EXECUÇÃO OU AGRAVO DE EXECUÇÃO

O agravo em execução ou agravo de execução tem previsão no art. 197 da Lei nº 7.210/1984, a Lei de Execução Penal, segundo a qual, *das decisões*[40] *proferidas pelo Juiz* (da execução penal) *caberá recurso de agravo, sem efeito suspensivo.*

A lei não estabeleceu um procedimento específico para o agravo em execução, razão pela qual doutrina[41] e jurisprudência dominantes entendem que a ele se aplica o mesmo procedimento do recurso em sentido estrito.

Logo, o prazo para interposição será de 5 dias (art. 586 do CPP e Súmula nº 700 do STF), podendo a interposição ser feita por petição ou por termo nos autos (art. 578, CPP). O agravante disporá de 2 dias para apresentação das razões (art. 588, CPP). Ao agravo em execução aplica-se o juízo de retratação (art. 589, CPP) e a competência recursal será do Tribunal de Justiça, quando o juízo da execução penal for estadual, e do TRF, quando o juízo da execução penal for federal.[42]

---

40. A competência do juiz da execução penal consta do art. 66 da Lei de Execução Penal.
41. Dentre outros: PACELLI, Eugênio, 2021, p. 801; LOPES JR., Aury, 2021, p. 467; BADARÓ, Gustavo Henrique, 2018, p. 972; DEZEM, Guilherme Madeira, 2018, p. 689; MARCÃO, Renato, 2021, p. 507.
42. STJ, Súmula 192 – Compete ao Juízo das Execuções Penais do Estado a execução das penas impostas a sentenciados pela Justiça Federal, Militar ou Eleitoral, quando recolhidos a estabelecimentos sujeitos a Administração Estadual (J. 25/06/1997).

11
QUESTÕES

Questão 1 – GODOFREDO foi preso em flagrante por Policiais Militares que o encontraram transportando, no porta-malas de um veículo Fiat Siena, cinco quilos de pasta base de cocaína. O veículo conduzido por GODOFREDO estava registrado em nome de seu primo SERAPIÃO.

Conduzido para a Delegacia de Polícia, GODOFREDO foi autuado em flagrante pelo crime capitulado no art. 33 da Lei nº 11.343/2006 (tráfico de drogas), tendo o DELEGADO TIRO CERTO apreendido o veículo, a droga e o celular do preso, além de ter adotado as formalidades legais pertinentes ao flagrante, incluindo a juntada de laudo de constatação, a comunicação da prisão ao juiz competente e o encaminhamento das peças pertinentes.

Adicionalmente, TIRO CERTO representou pela decretação da prisão temporária de GODOFREDO, a qual foi decretada pelo juiz. Após realizar as diligências pertinentes, inclusive a oitiva de SERAPIÃO, mas sem indiciá-lo, TIRO CERTO relatou o feito e o encaminhou para a Justiça.

Oito dias após receber o inquérito, o promotor de Justiça ofereceu denúncia contra GODOFREDO e SERAPIÃO, bem como requereu ao juiz que determinasse a TIRO CERTO que procedesse ao indiciamento de SERAPIÃO.

Marque a alternativa correta:

(A) ( ) É correta a determinação judicial, atendendo a requerimento do Ministério Público, para que o Delegado de Polícia proceda ao indiciamento de investigado.

(B) ( ) Caso GODOFREDO, durante sua qualificação perante o DELEGADO TIRO CERTO, ao ser perguntado sobre o seu nome completo e demais dados qualificativos, tivesse fornecido o nome e os dados qualificativos de seu irmão ao invés dos seus, não poderia sofrer qualquer consequência, pois além de não ser obrigado a produzir prova contra si, estaria agindo em autodefesa.

(C) ( ) O acusado que solto não atender à intimação para o interrogatório, não poderá ser conduzido coercitivamente para tanto, mas se intimado para o ato de reconhecimento ou qualquer outro ato que, sem ele, não possa ser realizado, como o ato de identificação criminal, por exemplo, caso não compareça e nem justifique a ausência, poderá ser determinada a sua condução coercitiva.

(D) Por se tratar de crime de tráfico de drogas, aplica-se o procedimento especial previsto em lei própria, devendo o interrogatório dos réus ser o primeiro ato da instrução criminal.

(E) Caso seja decretada a prisão preventiva de GODOFREDO, apenas o juiz que a decretar deve revisar a necessidade de sua manutenção a cada 90 dias, mediante decisão fundamentada, de ofício, sob pena de tornar a prisão ilegal, obrigação essa que não passará para o Tribunal de Justiça em caso de atuação como Órgão recursal.

GABARITO: C, que tem por fundamento o art. 260 do CPP. A vedação à condução coercitiva do acusado para o interrogatório não atingiu a possibilidade legal de sua condução coercitiva para o ato de reconhecimento ou qualquer outro ato que, sem ele, não possa ser realizado, como o ato de identificação criminal, por exemplo, desde que, previamente intimado para o ato, não compareça e nem justifique a ausência (STF, ADPF 395 e ADPF 444, *J.* 14/06/2018 e STF, HC 151.395/MG, *J.* 08/03/2018.

A alternativa A está errada, pois *não cabe ao promotor ou ao juiz exigir, através de requisição, que alguém seja indiciado pela autoridade policial* (STF, HC 169.731/SP, *J.* 30/04/2019).

A alternativa B está errada, pois contraria à Súmula 522 do STJ, segundo a qual *a conduta de atribuir-se falsa identidade perante autoridade policial é típica, ainda que em situação de alegada autodefesa.*

A alternativa D está errada, pois embora haja procedimento especial para os crimes de tráfico de drogas, o interrogatório deve ser o último ato da instrução criminal, conforme orientação fixada pelo STF no HC 127.900/AM, publicado em 03/08/2016: *a norma inscrita no art. 400 do Código de Processo Penal comum aplica-se, a partir da publicação da ata do presente julgamento, aos processos penais militares, aos processos penais eleitorais e a todos os procedimentos penais regidos por legislação especial incidindo somente naquelas ações penais cuja instrução não se tenha encerrado.*

A alternativa E está errada, pois embora represente o entendimento inicial do STJ (AgRg no HC 569.701/SP, 5ª T, *J.* 09/06/2020 e HC 589.544/SC, 6ª T, *J.* 08/09/2020), não corresponde ao entendimento atual e que restou consolidado no STF, segundo o qual *o art. 316, parágrafo único, do Código de Processo Penal aplica-se até o final dos processos de conhecimento, onde há o encerramento da cognição plena pelo Tribunal de segundo grau* (ADI 6581/DF, Pleno, *J.* 09/03/2022 e Publicação em 03/05/2022).

QUESTÃO 2 – O DELEGADO GASTÃO, chefe da Unidade de Polícia Judiciária estadual instalada em Itabira/MG, recebeu uma denúncia anônima dando conta de que PEREBA estaria guardando armas ilícitas em sua residência.

De imediato, o Delegado determinou aos agentes de Polícia que procedessem à verificação da procedência da informação, tendo os agentes apurado e informado, em documento oficial, que realmente PEREBA estaria comercializando armas, em parceria com MERTHIOLATE, sendo inclusive juntadas fotos de redes sociais de ambos empunhando armas e exibindo grandes quantias em dinheiro, além de registros policiais pretéritos em que os dois foram presos em flagrante por porte ilegal de armas.

Com base na informação recebida, o DELEGADO GASTÃO instaurou inquérito e, após juntar aos autos documentos que comprovavam a inexistência de armas lícitas registradas em nome dos investigados, representou por autorização judicial para realizar busca e apreensão nos endereços residenciais de PEREBA e MERTHIOLATE, o que foi deferido pelo juiz competente.

Considerando as informações acima, é correto afirmar, exceto:

(A) ( ) Foi legal a instauração do inquérito policial no caso concreto, uma vez que, recebida a *notitia criminis* anônima, o Delegado de Polícia, antes de proceder à instauração do inquérito policial, determinou a verificação da procedência da informação, conforme preceitua o art. 5º, § 3º, do CPP e consoante jurisprudência sedimentada no STF no sentido de que, embora a denúncia anônima não seja meio hábil para sustentar, por si só, a instauração de inquérito policial, tal informação apócrifa não inibe e nem prejudica a prévia coleta de elementos de informação dos fatos delituosos com vistas a apurar a veracidade dos dados nela contidos.

(B) ( ) Caso PEREBA celebre acordo de colaboração premiada e delate MERTHIOLATE e outros comparsas, em todas as fases do processo deve-se garantir aos réus delatados a oportunidade de manifestarem-se após o decurso do prazo concedido ao réu PEREBA que os delatou.

(C) ( ) Se PEREBA ou MERTHIOLATE forem processados sem defensor, isso constituirá hipótese de nulidade absoluta.

(D) ( ) Na hipótese do inquérito policial ser arquivado por decisão do juiz, atendendo a requerimento do Ministério Público, por motivo de extinção da punibilidade ou de atipicidade do fato, a decisão fará coisa julgada formal e material, mas mesmo assim o Promotor de Justiça poderá oferecer denúncia, desde que baseada em novas provas.

(E) ( ) A figura do agente policial disfarçado, no tráfico de drogas, não exige prévia autorização judicial.

GABARITO: D, pois o enunciado exige marcar a alternativa que traz informação incorreta. Verifica-se que a alternativa D está errada porque ela contraria a jurisprudência do STF e do STJ, segundo a qual, quando o inquérito policial é arquivado por decisão do juiz, a requerimento do *Parquet*, por motivo de extinção da punibilidade ou de atipicidade do fato, a decisão faz coisa julgada formal e material, não podendo o Promotor de Justiça oferecer denúncia (STF, HC 100.161 AgR/RJ, 1ª T, J. 02/08/2011, STF, Pet 3943/MG, Plenário, J. 14/04/2008 e STJ, PET no Inq 818/DF, Corte Especial, J. 18/04/2018). Mas há uma exceção, verificada quando a suposta extinção da punibilidade for reconhecida com base em certidão de óbito falsa, caso em que a decisão será absolutamente nula, não produzirá efeitos de coisa julgada em sentido estrito e o inquérito policial poderá ser reaberto, bem como a denúncia poderá ser oferecida (STF, HC 104.998/SP, 1ª T, J. 14/12/2010).

As demais alternativas trazem informações corretas, razão pela qual não deveriam ser marcadas.

A alternativa A encontra respaldo na jurisprudência do STF (Informativo 565) e do STJ (APn 644-BA, J. 30/11/2011 – Informativo STJ nº 488).

A alternativa B tem por base o art. 4º, § 10-A, da Lei nº 12.850/2013.

A alternativa C tem por base os arts. 261 e 564, III, *c*, do CPP e a Súmula 523 do STF.

A alternativa E tem por base o art. 33, § 1º, IV, da Lei nº 11.343/2006.

QUESTÃO 3 – JOSUÉ foi preso em flagrante por descumprir decisão judicial que deferiu medidas protetivas de urgência previstas na Lei nº 11.340/2006, mais conhecida como Lei Maria da Penha.

As medidas protetivas de urgência descumpridas haviam sido determinadas por juiz cível.

O crime é punido com pena de reclusão, de 2 (dois) a 5 (cinco) anos.

Neste caso, é incorreto afirmar que:

(A) ( ) A configuração do crime independe da competência civil ou criminal do juiz que deferiu as medidas.

(B) ( ) Apenas a autoridade judicial poderá conceder fiança.

(C) ( ) O delegado deverá lavrar termo circunstanciado.

(D) ( ) É possível a decretação de prisão preventiva no caso.

(E) ( ) A ação penal relativa ao crime de lesão corporal resultante de violência doméstica contra a mulher é pública incondicionada.

GABARITO: C, pois o enunciado exige marcar a alternativa que traz informação incorreta. Conforme prevê o art. 41 da Lei nº 11.340/2006, *aos crimes praticados com violência doméstica e familiar contra a mulher, independentemente da pena prevista, não se aplica a Lei nº 9.099, de 26 de setembro de 1995*. Vale lembrar que o termo circunstanciado é previsto no art. 69 da Lei nº 9.099/1995 que, conforme mencionado, não se aplica ao caso objeto da questão.

As demais alternativas trazem informações corretas e, por isso, não deveriam ser marcadas.

A alternativa A encontra respaldo no art. 24-A, § 1º, da Lei nº 11.340/2006.

A alternativa B encontra respaldo no art. 24-A, § 2º, da Lei nº 11.340/2006.

A alternativa D encontra respaldo no art. 313, I e III, do CPP.

A alternativa E encontra respaldo no julgamento do STF na ADI 4424 e na Súmula 542 do STJ.

QUESTÃO 4 – Foi instaurado e concluído inquérito policial que apurou a prática de um crime de roubo em uma agência franqueada dos CORREIOS.

Mediante grave ameaça, o autor subtraiu R$ 5.000,00 que estavam no cofre e eram do Banco Postal.

O prejuízo total dos CORREIOS foi de R$ 10,00.

Neste caso:

(A) ( ) A competência será da Justiça Federal, por se tratar de crime praticado contra os CORREIOS, empresa pública da União.

(B) ( ) A competência será da Justiça Federal, já que se trata de crime contra sociedade de economia mista.

(C) ( ) Caso o crime fosse praticado contra a CAIXA ou uma de suas casas lotéricas, a competência seria da Justiça Federal.

(D) ( ) Caso tivesse sido praticada uma contravenção contra agência própria dos CORREIOS a competência seria da Justiça Federal.

(E) ( ) Por se tratar de crime em uma agência franqueada, com atingimento do patrimônio do Banco Postal e prejuízo ínfimo dos CORREIOS, a competência para o processo e o julgamento do crime será da Justiça Estadual.

GABARITO: E, que tem por fundamento a jurisprudência consolidada no STJ, no sentido de que são da competência da Justiça Estadual os crimes patrimoniais praticados contra agência franqueada dos CORREIOS ou contra o Banco Postal, quando não houver prejuízo direto dos CORREIOS ou quando os CORREIOS sofrerem prejuízo ínfimo (Nesse sentido: STJ, CC 155.448/MG, 3ª Seção, J. 22/02/2018; STJ, AgRg no CC 161.363/MG, 3ª Seção, J. 24/04/2019).

A alternativa A está errada, pois embora os CORREIOS sejam de fato uma empresa pública da União, o crime foi praticado contra uma agência franqueada (que pertence a um particular) e com prejuízo do Banco Postal, cujos recursos são do Banco do Brasil, uma sociedade de economia mista, não se aplicando, portanto, o art. 109, IV, da CF/88.

A alternativa B está duplamente errada, pois os CORREIOS são empresa pública e não sociedade de economia mista, bem como porque os crimes praticados contra sociedade de economia mista são da competência da Justiça Estadual, conforme Súmula 42 do STJ.

A alternativa C está errada, pois embora os crimes praticados contra a CAIXA sejam de competência da Justiça Federal (art. 109, IV, CF/88), os crimes praticados contra a casa lotérica são de competência da Justiça Estadual.

A alternativa D está errada, pois a Justiça Federal não julga contravenções, conforme ressalva expressa constante do inciso IV do art. 109 da CF/88 e consoante teor da Súmula 38 do STJ.

QUESTÃO 5 (adaptada do CESPE – DPC/GO – 2016) – **Cláudio, maior e capaz, residente e domiciliado em Goiânia/GO, praticou determinado crime em Anápolis/GO, para o qual é prevista ação penal privada.**

A vítima do crime, Maria, maior e capaz, é residente e domiciliada em Mineiros/GO.

Nessa situação hipotética, considerando-se o disposto no Código de Processo Penal, o(s) foro(s) competente(s) para processar e julgar eventual ação privada proposta por Maria contra Cláudio será(ão):

(A) ( ) Anápolis/GO ou Goiânia/GO.
(B) ( ) Goiânia/GO ou Mineiros/GO.
(C) ( ) Goiânia/GO, exclusivamente.
(D) ( ) Anápolis/GO, exclusivamente.
(E) ( ) Mineiros/GO, exclusivamente.

GABARITO: A, que tem por fundamento o art. 73 do CPP, segundo o qual, *nos casos de exclusiva ação privada, o querelante poderá preferir o foro de domicílio ou da residência do réu, ainda quando conhecido o lugar da infração.*

QUESTÃO 6 – Sobre o Inquérito Policial, a Lei Processual Penal e o entendimento do STJ e do STF é correto afirmar que:

(A) ( ) Nos crimes comuns e nos casos de prisão em flagrante, deverá a autoridade policial garantir a assistência de advogado quando do interrogatório do indiciado, devendo nomear defensor dativo caso o indiciado não indique profissional de sua confiança.

(B) ( ) Sendo o interrogatório um dos principais meios de defesa, que expressa o princípio do contraditório e da ampla defesa, é imperioso, de regra, que o réu seja interrogado ao início da audiência de instrução e julgamento.

(C) ( ) A lei processual penal em vigor durante a ocorrência do fato que tiver dado origem à ação penal será aplicada em detrimento da lei vigente à época em que a ação penal estiver em curso.

(D) ( ) A competência para processar e julgar o crime de uso de documento falso é firmada em razão da entidade ou órgão ao qual foi apresentado o documento público, não importando a qualificação do órgão expedidor.

(E) ( ) No sistema acusatório a iniciativa probatória é das partes, razão pela qual o juiz não pode determinar a produção de provas de ofício, em nenhuma hipótese.

GABARITO: D, que tem por fundamento a Súmula 546 do STJ, segundo a qual, *a competência para processar e julgar o crime de uso de documento falso é firmada em razão da entidade ou órgão ao qual foi apresentado o documento público, não importando a qualificação do órgão expedidor.*

A alternativa A está errada, pois embora seja assegurado ao advogado o direito de *assistir a seus clientes investigados durante a apuração de infrações, sob pena de nulidade absoluta do respectivo interrogatório ou depoimento e, subsequentemente, de todos os elementos investigatórios e probatórios dele decorrentes ou derivados, direta ou indiretamente, podendo, inclusive, no curso da respectiva apuração, apresentar razões e quesitos* (art. 7º, XXI, Lei nº 8.906/1994), é preciso ressaltar que o inquérito policial não perdeu o seu caráter inquisitivo e que *a presença do advogado*, embora não possa ser vedada, *não é imprescindível à realização do interrogatório em sede policial*, exceto quando se tratar de hipótese de colaboração premiada, conforme determina o Art. 3º-C, § 1º, e o Art. 4º, §§ 6º, 9º, 14 e 15, todos da Lei nº 12.850/2013. Assim, em caso de flagrante delito, se o autuado não informar o nome de seu advogado, o delegado deverá

determinar o encaminhamento de cópia integral do auto de prisão em flagrante para a Defensoria Pública, em até 24 horas após a realização da prisão (art. 306, § 1º, CPP), inexistindo obrigação legal de que o delegado nomeie defensor para garantir a assistência de advogado, quando do interrogatório do indiciado.
A alternativa B está errada, pois contraria os arts. 400, 411 e 531 do CPP, bem como a orientação firmada pelo STF no HC 127.900/AM.
A alternativa C está errada, pois contraria o art. 2º do CPP que trata do princípio da imediatidade.
A alternativa E está errada, pois contraria os arts. 156, 209 e 401, § 2º, todos do CPP, bem como a jurisprudência consolidada do STJ (AgRg no HC 747.441/SC, 6ª T., J. 20/03/2023) e a decisão do STF nas ADIs 6.298, 6.299. 6.300 e 6.305.

QUESTÃO 7 – Na madrugada de 25 de outubro de 2022, determinado suspeito, conduzido até a delegacia de polícia para a lavratura do auto de prisão em flagrante pelo cometimento de feminicídio, apresentou carteira de identidade contendo rasura. Diante disso, o delegado de polícia:
(A) ( ) Deve conferir credibilidade à qualificação pessoal fornecida pelo autor do crime durante o interrogatório, em complemento aos dados existentes no documento rasurado, considerando que eventual informação inverídica acarretará a imputação pelo crime de falsa identidade.
(B) ( ) Determinará a coleta de amostra de sangue do autuado para remessa à perícia e averiguação da identidade, independente de consentimento, resguardada a privacidade na realização do ato.
(C) ( ) Dispensará a identificação criminal do suspeito em razão de que a carteira de identidade, ainda que contenha rasuras, é documento idôneo à identificação civil, conforme expressa disposição legal.
(D) ( ) Determinará a identificação criminal do suspeito, que incluirá o processo datiloscópico e o fotográfico, que serão juntados aos autos da comunicação da prisão em flagrante ou do inquérito policial.
(E) ( ) Deverá aguardar o prazo de até 24h para que defensor ou familiar do autuado apresente outro documento idôneo de identificação civil, tendo em vista que é assegurada ao preso a assistência da família e de advogado pela Constituição Federal.

GABARITO: D, que tem por fundamento o art. 3º, I c/c art. 5º, *caput*, ambos da Lei nº 12.037/2009.
A alternativa A está errada, pois contraria o disposto no art. 3º, I, da Lei nº 12.037/2009.
A alternativa B está errada, pois a coleta de amostra de sangue só pode ser feita com consentimento do autuado. Caso ele não consinta, a coleta de material biológico para a obtenção de perfil genético somente poderá ser feita com autorização judicial e por método não invasivo (art. 3º, IV c/c art. 5º, parágrafo único, ambos da Lei nº 12.037/2009. Vale lembrar, contudo, que caso se trate de material descartado (copo em que bebeu água, talher utilizado para se alimentar, cigarros fumados e jogados fora etc.) ou partes desintegradas do corpo humano (placenta, após o nascimento), a prova será lícita, independentemente de consentimento do imputado ou de autorização judicial (STJ, HC 354.068/MG, 5ª T, J. 13/3/2018 e STF, HC 155.364/MG, Rel. Min. Alexandre de Moraes, J. 05/02/2019).

A alternativa C está errada, pois contraria o disposto no art. 3º, I, da Lei nº 12.037/2009.
A alternativa E está errada, pois inexiste previsão legal que obrigue o delegado a aguardar o prazo de 24h para que defensor ou familiar do autuado apresente outro documento idôneo de identificação civil.

QUESTÃO 8 – Júlio, durante discussão familiar com sua mulher no local onde ambos residem, sem justo motivo, agrediu-a, causando-lhe lesão corporal leve.
Nessa situação hipotética, conforme a Lei n.º 11.340/2006 e o entendimento do STJ:
(A) ( ) a ofendida poderá renunciar à representação, desde que o faça perante o juiz.
(B) ( ) a ação penal proposta pelo Ministério Público será pública incondicionada.
(C) ( ) a autoridade policial, independentemente de haver necessidade, deverá acompanhar a vítima para assegurar a retirada de seus pertences do domicílio familiar.
(D) ( ) Júlio poderá ser beneficiado com a suspensão condicional do processo, se presentes todos os requisitos que autorizam o referido ato.
(E) ( ) Júlio poderá receber proposta de transação penal do Ministério Público, se houver anuência da vítima.

GABARITO: B, que encontra respaldo no julgamento do STF na ADI 4424 e na Súmula 542 do STJ.
A alternativa A está errada, pois *a ação penal relativa ao crime de lesão corporal resultante de violência doméstica contra a mulher é pública incondicionada* (Súmula 542 do STJ).
A alternativa C está errada, pois contraria o disposto no art. 11, IV, da Lei nº 11.340/2006.
As alternativas D e E estão erradas, pois contrariam a Súmula 536 do STJ, segundo a qual, *a suspensão condicional do processo e a transação penal não se aplicam na hipótese de delitos sujeitos ao rito da Lei Maria da Penha*.

QUESTÃO 9 – Segundo a doutrina, o inquérito policial pode ser conceituado como sendo um procedimento administrativo preliminar, pré-processual, de natureza investigatória, presidido pelo Delegado de Polícia Civil ou Federal, conforme o caso, que tem por objetivo apurar materialidade, circunstâncias e autoria de infrações penais, constituindo o principal instrumento de que se vale o Estado para a investigação de fato tipificado como delito (RENATO MARCÃO). **Sobre o inquérito policial, considerando a doutrina majoritária e a jurisprudência dominante, é correto afirmar que:**
(A) ( ) Possui as características de ser inquisitivo, sigiloso, indispensável e indisponível.
(B) ( ) Os autos que compõem as matérias de competência do juiz das garantias serão remetidos ao juiz da instrução e julgamento.
(C) ( ) Não pode, em nenhuma hipótese, ser iniciado com base em denúncia anônima.
(D) ( ) Nos crimes de ação penal privada personalíssima, a autoridade policial somente poderá iniciar o

inquérito policial se houver requerimento de quem tenha qualidade para intentar tal ação, ou, no caso de morte do ofendido ou quando declarado ausente por decisão judicial, por requerimento do cônjuge, ascendente, descendente ou irmão.

(E) ( ) Em caso de prisão em flagrante delito, caso o preso não possua advogado, o delegado deverá nomear defensor para acompanhar a lavratura do respectivo auto.

GABARITO: B. A alternativa é baseada na decisão proferida pelo STF nas ADIs 6.298, 6.299, 6.300 e 6.305, segundo a qual: "Por unanimidade, declarar a inconstitucionalidade, com redução de texto, dos §§ 3º e 4º do art. 3º-C do CPP, incluídos pela Lei nº 13.964/2019, e atribuir interpretação conforme para entender que os autos que compõem as matérias de competência do juiz das garantias serão remetidos ao juiz da instrução e julgamento."
As demais alternativas estão erradas pelos seguintes motivos:
A – O inquérito policial é dispensável;
C – O inquérito policial pode ser iniciado com base em denúncia anônima quando o documento em questão tiver sido produzido pelo acusado ou constituir o próprio corpo de delito (Informativos 488 do STJ e 565 do STF);
D – No caso de ação penal privada personalíssima, existente no crime do art. 236 do Código Penal, só o cônjuge enganado pode intentar a ação penal, razão pela qual somente ele pode requerer a instauração de inquérito policial para apurar tal crime;
E – No caso de prisão em flagrante, caso o preso não possua advogado, o delegado deve observar o art. 306, § 1º, do CPP: "§ 1º Em até 24 (vinte e quatro) horas após a realização da prisão, será encaminhado ao juiz competente o auto de prisão em flagrante e, caso o autuado não informe o nome de seu advogado, cópia integral para a Defensoria Pública".

QUESTÃO 10 – JOSÉ, de 35 anos, praticou um crime de estelionato contra ANTÃO, de 42 anos, no dia 18 de outubro de 2022. Considerando a lei e a jurisprudência, é correto afirmar que:

(A) ( ) Trata-se de um crime de ação penal pública incondicionada.
(B) ( ) Se ANTÃO tivesse 62 anos, o crime seria de ação penal pública incondicionada.
(C) ( ) Se o crime tivesse ocorrido antes do advento da Lei Anticrime, a ação penal seria pública incondicionada e a denúncia poderia ser oferecida, a qualquer tempo, sem necessidade de representação.
(D) ( ) O inquérito policial somente poderá ser instaurado se houver representação de ANTÃO ou de quem tiver qualidade para representá-lo, sendo que, no caso de morte de ANTÃO ou se declarado ausente por decisão judicial, o direito de representação passará ao cônjuge, ascendente, descendente ou irmão.
(E) ( ) A representação será irretratável, depois de recebida a denúncia.

GABARITO: D. A alternativa é baseada no art. 171, § 5º, do CP c/c art. 5º, § 4º do CPP c/c art. 24, § 1º, do CPP.
As demais alternativas estão erradas pelos seguintes motivos:
A – O crime de estelionato, em regra, é de ação penal pública condicionada à representação (art. 171, § 5º, do CP);
B – Considerando a idade da vítima, o crime de estelionato será de ação penal pública incondicionada quando a vítima for menor (criança ou adolescente) ou maior de 70 anos (art. 171, § 5º, incisos II e IV, do CP);
C – Se o crime tivesse ocorrido antes da Lei Anticrime, a ação penal seria pública incondicionada, mas a denúncia teria que ter sido oferecida antes da vigência da lei, pois depois disso, para a denúncia, a representação tornou-se imprescindível, ressalvadas as exceções dos incisos I, II, III e IV do § 5º do art. 171 do CP. Vale registrar que, recentemente, o STF firmou o entendimento de que o § 5º do art. 171 do Código Penal retroage, mesmo nos casos em que a denúncia tenha sido oferecida antes da vigência da Lei Anticrime (STF, HC 208.817/RJ, Pleno, Sessão Virtual de 31.3.2023 a 12.4.2023).
E – A alternativa contraria o art. 102 do CP e o art. 25 do CPP, segundo os quais "a representação será irretratável depois de *oferecida* a denúncia" e não depois de *recebida* a denúncia, como erroneamente consta da alternativa.

QUESTÃO 11 – Conforme dispõe o art. 28-A do CPP, não sendo caso de arquivamento e tendo o investigado confessado formal e circunstancialmente a prática de infração penal sem violência ou grave ameaça e com pena mínima inferior a 4 (quatro) **anos, o Ministério Público poderá propor acordo de não persecução penal, desde que necessário e suficiente para reprovação e prevenção do crime, mediante condições ajustadas cumulativa e alternativamente. Sobre o acordo de não persecução penal é correto afirmar:**

(A) ( ) Segundo posicionamento externado pelo Ministério Público, é cabível o acordo de não persecução penal nos crimes culposos com resultado violento, uma vez que nos delitos desta natureza a conduta consiste na violação de um dever de cuidado objetivo por negligência, imperícia ou imprudência, cujo resultado é involuntário, não desejado e nem aceito pelo agente, apesar de previsível.
(B) ( ) Como condição do ANPP, pode ser estabelecida a prestação serviço à comunidade ou a entidades públicas, por período de 2 a 4 anos, em local a ser indicado pelo juízo da execução.
(C) ( ) Para aferição da pena mínima inferior a 4 anos, serão consideradas as causas de aumento e diminuição aplicáveis ao caso concreto, assim como as agravantes e as atenuantes.
(D) ( ) O juiz participará das negociações realizadas entre o Ministério Público, o imputado e o seu defensor para a formalização do acordo de não persecução penal e verificará a sua voluntariedade, por meio da oitiva do investigado na presença do seu defensor, e sua legalidade.
(E) ( ) No caso de recusa, por parte do Ministério Público, em propor o acordo de não persecução penal, o investigado poderá requerer ao juiz que determine ao *Parquet* que faça a proposta.

GABARITO: A. A alternativa é baseada no Enunciado 23 do Conselho Nacional de Procuradores-Gerais dos Ministérios Públicos dos Estados e da União sobre a Lei nº 13.964/2019.
As demais alternativas estão erradas pelos seguintes motivos:

B – Embora a prestação de serviço à comunidade ou a entidades públicas seja uma das condições passíveis de aplicação em caso de ANPP, isso ocorrerá por período correspondente à pena mínima cominada ao delito, diminuída de um a dois terços (art. 28-A, III, do CPP) e não pelo prazo de 2 a 4 anos que é aquele previsto para a suspensão condicional do processo, no art. 89 da Lei nº 9.099/1995;
C – Para aferição da pena mínima inferior a 4 anos, serão consideradas as causas de aumento e diminuição aplicáveis ao caso concreto (art. 28-A, § 1º, do CPP), mas não as agravantes e as atenuantes;
D – O juiz NÃO participará das negociações do ANPP;
E – No caso de recusa, por parte do Ministério Público, em propor o acordo de não persecução penal, o investigado poderá requerer a remessa dos autos a órgão superior, na forma do art. 28 do CPP (art. 28-A, § 14, do CPP) e não que o juiz determine ao *Parquet* que faça a proposta, pois, segundo o STF, não cabe ao Poder Judiciário impor ao Ministério Público obrigação de ofertar acordo em âmbito penal (STF, HC 194.677/SP, 2ª T, *J*. 11/05/2021).

QUESTÃO 12 – DORALICE foi a quarta vítima de um maníaco sexual que estava aterrorizando Goiânia. O autor do crime, ainda não identificado, mas cujo material genético encontrado nas vítimas demonstrava se tratar do mesmo homem, usava uma kombi branca para a prática dos crimes. Ele escolhia suas vítimas nas ruas dos bairros da periferia, quando elas estavam indo para o trabalho, as ameaçava com arma de fogo, as obrigava a entrar em uma Kombi, tinha conjunção carnal forçada com elas e depois as matava e jogava seus corpos em matas. No caso de DORALICE, após ser baleada e abandonada na mata, acabou sobrevivendo e sendo socorrida. Feitas as intervenções médicas e já sem risco de morte, DORALICE foi ouvida no curso do inquérito policial, quando forneceu elementos que levaram à feitura de um retrato falado do autor, que foi divulgado pela imprensa, levando um cidadão a ligar para a Polícia Civil dizendo que aquela pessoa seria JORJÃO DA BORRACHARIA. Diligências evidenciaram que JORJÃO apresentava características físicas semelhantes às do autor e que foram descritas por DORALICE, bem como que na empresa onde ele trabalhava havia uma kombi branca. Localizado, qualificado e intimado para ser ouvido e para o ato de reconhecimento, JORJÃO não compareceu e nem justificou sua ausência. Neste caso é correto dizer que:

(A) ( ) Não cabe a condução coercitiva de JORJÃO para o interrogatório e nem para o ato de reconhecimento.
(B)) Cabe a condução coercitiva de JORJÃO para a reconstituição do crime.
(C) ( ) Ainda que civilmente identificado, pode ser determinada, pelo Delegado de Polícia, mesmo contra a vontade de JORJÃO, a coleta direta de seu material genético, para fins de exame de DNA, por ser essencial para as investigações.
(D) ( ) O civilmente identificado, em nenhuma hipótese, poderá ser submetido a identificação criminal, exceto se houver prévia autorização judicial.
(E) ( ) Ainda que JORJÃO se negue a fornecer material genético para exame de DNA, caso ele descarte um copo ou talher que acabou de utilizar e a Polícia arrecade tal utensílio preservando a cadeia de custódia, será lícita a prova produzida a partir desse material descartado.

GABARITO: E. A alternativa é baseada na jurisprudência do STF e do STJ (STF, HC 155.364/MG, Rel. Min. Alexandre de Moraes, *J*. 05/02/2019 e STJ, HC 354.068/MG, 5ª T, *J*. 13/03/2018).
As demais alternativas estão erradas pelos seguintes motivos:
A – Embora não caiba a condução coercitiva de JORJÃO para o interrogatório (ADPFs 395 e 444), cabe sim para o reconhecimento (STF, HC 151.395/MG, Rel. Min. Gilmar Mendes, *J*. 08/03/2018);
B – A participação do imputado na reconstituição crime fica ao seu alvedrio, por se tratar de ato que pode ser realizado sem a sua presença e do qual não é obrigado a participar, na medida em que não é obrigado a produzir prova contra si, sendo incabível a condução coercitiva para tanto;
C – Contrária ao art. 3º, inciso IV c/c art. 5º, parágrafo único, ambos da Lei nº 12.037/2009, o qual, na hipótese, exige autorização judicial;
D – Contrária ao art. 3º, incisos I, II, III, V e VI, da Lei nº 12.037/2009, hipóteses em que o próprio Delegado de Polícia pode determinar a identificação criminal.

QUESTÃO 13 – Sobre a busca e apreensão pessoal, considerando a lei processual penal e os precedentes mais recentes do STJ, é correto afirmar, exceto:

(A) ( ) A percepção de nervosismo do averiguado por parte de agentes públicos é dotada de excesso de subjetivismo e, por isso, não é suficiente para caracterizar a fundada suspeita para fins de busca pessoal, medida invasiva que exige mais do que mera desconfiança fundada em elementos intuitivos.
(B) ( ) A busca pessoal independerá de mandado, no caso de prisão ou quando houver fundada suspeita de que a pessoa esteja na posse de arma proibida ou de objetos ou papéis que constituam corpo de delito, ou quando a medida for determinada no curso de busca domiciliar.
(C) ( ) A apreensão de pequena quantidade de drogas na posse do agente, em via pública, justifica, por si só, o ingresso domiciliar sem mandado judicial.
(D) ( ) Não satisfazem a exigência legal, por si sós, meras informações de fonte não identificada, como denúncias anônimas, ou intuições e impressões subjetivas, intangíveis e não demonstráveis de maneira clara e concreta, apoiadas, por exemplo, exclusivamente, no tirocínio policial. Ante a ausência de descrição concreta e precisa, pautada em elementos objetivos, a classificação subjetiva de determinada atitude ou aparência como suspeita, ou de certa reação ou expressão corporal como nervosa, não preenche o *standard* probatório de "fundada suspeita" exigido pelo art. 244 do CPP.
(E) ( ) Preenchido o *standard* probatório de "fundada suspeita" exigido pelo art. 244 do CPP, a busca pessoal e a busca veicular poderão ser realizadas, sem necessidade de autorização judicial.

GABARITO: C. A alternativa faz afirmação incorreta, razão pela qual deveria ser marcada. Conforme precedentes do STJ: "a apreensão de

pequena quantidade de drogas na posse do agente, em via pública, NÃO justifica, por si só, o ingresso domiciliar sem mandado judicial" (STJ, AgRg no RHC 166.508/GO, 6ª T, *J.* 27/09/2022). No mesmo sentido: STJ, AgRg no HC 728.208/GO, 6ª T, *J.* 27/09/2022.
As demais alternativas fazem afirmações corretas, portanto não deveriam ser marcadas:
A – Afirmativa conforme STJ, REsp 1.961.459/SP, 6ª T, *J.* 05/04/2022;
B – Afirmativa reproduz o art. 244 do CPP;
D – Afirmativa conforme STJ, HC 158.580/BA, 6ª T, *J.* 19/04/2022 e STJ, AgRg no HC 711.013/RJ, 6ª T, *J.* 27/09/2022;
E – Afirmativa conforme STJ, EDcl no AgRg no HC 692.646/SC, 6ª T, *J.* 04/10/2022.

QUESTÃO 14 – O Supremo Tribunal Federal, em 03/05/2018, no julgamento da Ação Penal nº 937, fixou a tese de que "o foro por prerrogativa de função aplica-se apenas aos crimes cometidos durante o exercício do cargo e relacionados às funções desempenhadas". Mais recentemente, no julgamento do Habeas Corpus nº 232.627, em 11/03/2025, por 7 votos a 4, o STF fixou a tese de que "a prerrogativa de foro para julgamento de crimes praticados no cargo e em razão das funções subsiste mesmo após o afastamento do cargo, ainda que o inquérito ou a ação penal sejam iniciados depois de cessado seu exercício, ressalvados todos os atos praticados pelo STF e pelos demais Juízos com base na jurisprudência anterior". Considerando a jurisprudência do STF sobre a competência em razão da pessoa, é correto afirmar que:

(A) ( ) Os prefeitos, deputados estaduais e deputados distritais, caso pratiquem crime no exercício do cargo e relacionado com o cargo, serão processados e julgados: pelo Tribunal de Justiça do seu Estado, caso pratiquem crime estadual; pelo Tribunal Regional Federal da região onde exercem suas funções, caso pratiquem crime federal; e pelo Tribunal Superior Eleitoral, caso pratiquem crime eleitoral.

(B) ( ) Juízes e promotores, assim como juízes federais e procuradores da República, serão julgados pelos Tribunais de Justiça dos seus Estados, ainda que o crime não guarde relação com o cargo que ocupam. No entanto, caso qualquer um deles pratique crime eleitoral, a competência será do Tribunal Regional Eleitoral.

(C) ( ) Um deputado federal ininterruptamente eleito senador, que tiver praticado um crime ainda no cargo de deputado e em razão das funções, será processado e julgado perante ao STF.

(D) ( ) Caso um deputado estadual seja eleito senador, ininterruptamente, o crime praticado durante o mandato de parlamentar estadual será de competência do STF.

(E) ( ) Compete à Justiça Federal processar e julgar prefeito municipal por desvio de verba transferida e incorporada ao patrimônio municipal.

GABARITO: C. A alternativa é baseada na jurisprudência do STF. Nesse sentido: STF, Pet 9189/DF, Pleno, *J.* 12/05/2021.
As demais alternativas estão erradas pelos seguintes motivos:

A – Caso as autoridades citadas pratiquem crime eleitoral serão julgadas pelo TRE e não pelo TSE;
B – Os juízes federais e os procuradores da República serão julgados pelo TRF da sua região (Art. 108, I, *a*, CF/88) e não pelo TJ;
D – A afirmativa contraria precedente do STF, segundo o qual, neste caso, será prorrogada a competência do TJ (STF, Recl. 41.910, 2ª T, *J.* 30/11/2021);
E – A afirmativa contraria as súmulas 208 e 209 do STJ, pois mescla a primeira parte da súmula 208 com a segunda parte da súmula 209.

QUESTÃO 15 – O reconhecimento de pessoas é um meio de prova previsto no art. 226 do CPP. Segundo a lei processual penal e os precedentes mais recentes do STJ:

(A) ( ) Se houver razão para recear que a pessoa chamada para o reconhecimento, por efeito de intimidação ou outra influência, não diga a verdade em face da pessoa que deve ser reconhecida, a autoridade providenciará para que esta não veja aquela, ainda que na fase da instrução criminal ou em plenário de julgamento.

(B) ( ) O reconhecimento de pessoa, presencialmente ou por fotografia, realizado na fase do inquérito policial, apenas é apto, para identificar o réu e fixar a autoria delitiva, quando observadas as formalidades previstas no art. 226 do Código de Processo Penal e quando corroborado por outras provas colhidas na fase judicial, sob o crivo do contraditório e da ampla defesa.

(C) ( ) O procedimento previsto no art. 226 do CPP, cujas formalidades constituem garantia mínima para quem se vê na condição de suspeito da prática de um crime, é mera recomendação do legislador.

(D) ( ) O reconhecimento fotográfico é amplamente aceito pelo STJ, ainda que não observado o procedimento do art. 226 do CPP.

(E) ( ) Segundo entendimento sumulado pelo STJ, é inconstitucional a condução coercitiva para o ato de reconhecimento.

GABARITO: B. A alternativa é baseada na jurisprudência do STJ. Nesse sentido: STJ, AgRg no HC 664.416/SC, 6ª T, *J.* 23/11/2021.
As demais alternativas estão erradas pelos seguintes motivos:
A – A parte final da alternativa contraria o parágrafo único do art. 226 do CPP;
C – A alternativa contraria o entendimento do STJ firmado no HC 598.886/SC, 6ª T, *J.* 27/10/2020, pois não se trata de mera recomendação do legislador;
D – A alternativa contraria a jurisprudência do STJ nos últimos dois anos;
E – Inexiste súmula nesse sentido e há precedente do STF admitindo a condução coercitiva para o ato de reconhecimento (STF, HC 151.395/MG, Rel. Min. Gilmar Mendes, *J.* 08/03/2018), o que, inclusive, é previsto no art. 260 do CPP.

QUESTÃO 16 – BESTIÃO foi preso e autuado em flagrante delito pela prática do crime de latrocínio. O delegado responsável pela lavratura do APFD, após analisar a FAC do preso, verificou que ele possuía diversas passagens pela Polícia, nos últimos cinco anos, duas por roubo, outra por lesão corporal leve e até uma por homicídio doloso. Por ocasião da comunicação da prisão em flagrante, tais informações foram enviadas para o juiz. Considerando a jurisprudência atual do STJ e do STF, é correto afirmar:

(A) ( ) A impossibilidade de decretação da prisão preventiva ex officio pelo juiz não se aplica a este caso, pois, independentemente de representação da autoridade policial ou requerimento do Parquet, o magistrado pode converter a prisão em flagrante em preventiva.

(B) ( ) A posterior manifestação do órgão ministerial ou da autoridade policial pela prisão cautelar supre o vício de não observância da formalidade do prévio requerimento.

(C) ( ) Caso a hipótese fosse de crime de violência doméstica e familiar contra a mulher, se justificaria a decretação da prisão preventiva de ofício pelo magistrado, com base no art. 20 da Lei nº 11.340/2006 (Lei Maria da Penha), com fundamento no princípio da especialidade.

(D) ( ) Caso o Parquet se manifeste pela decretação de medida cautelar diversa, poderá o magistrado decretar a prisão preventiva, conforme entendimento unânime do STJ.

(E) ( ) O juiz não pode decretar a prisão preventiva de ofício, portanto, está vinculado a pedido formulado pelo Ministério Público, ou seja, após decretar a prisão a pedido do Ministério Público, o magistrado é obrigado a revogá-la, quando novamente requerido pelo Parquet.

GABARITO: B. A alternativa é baseada na jurisprudência do STJ. Nesse sentido: STJ, AgRg no HC 685.729 / SP, 5ª T, J. 23/11/2021; STJ, AgRg no RHC 152.473 / BA, 5ª T, J. 19/10/2021; STJ, AgRg no RHC 144647 / BA, 6ª T, J. 17/08/2021.
As demais alternativas estão erradas pelos seguintes motivos:
A – A alternativa contraria o entendimento firmado pelo STF no HC 188.888/MG, 2ª T, J. 06/10/2020;
C – A alternativa contraria o entendimento firmado pelo STJ no RHC 145.225/RO, 6ª T, J. 15/02/2022 – Informativo 725;
D – A primeira parte da alternativa, embora corresponda ao decidido pela 6ª Turma do STJ no RHC 145.225/RO (J. 15/02/2022 – Informativo 725), contraria a decisão da 5ª Turma do STJ no AgRg no HC 754.506/MG (J. 16/08/2022), não se tratando, portanto, de entendimento unânime;
E – A alternativa contraria o entendimento firmado pelo STF no julgamento do HC 203.208.

QUESTÃO 17 – Sobre o acesso a aparelho celular do preso em flagrante por policiais é correto afirmar, exceto:

(A) ( ) Lícita é a devassa de dados, bem como das conversas de WhatsApp, obtidas diretamente pela polícia em celular apreendido no flagrante, sem prévia autorização judicial.

(B) ( ) O acesso ao conteúdo armazenado em telefone celular ou smartphone, quando determinada judicialmente a busca e apreensão destes aparelhos, não ofende ao art. 5º, inciso XII, da Constituição da República.

(C) ( ) Em caso de crime de produção de pornografia infantil, em que a materialidade delitiva está incorporada na própria coisa, ou seja, quando a própria materialidade do crime se encontrar plasmada em fotografias que são armazenadas naquele aparelho, a autorização judicial não será imprescindível.

(D) ( ) Caso o acesso seja ao celular da vítima, morta em decorrência de crime de homicídio, cujo aparelho foi entregue à Polícia pela esposa interessada no esclarecimento do fato, a prova produzida a partir da análise dos dados constantes do aparelho será lícita, sendo desnecessária prévia autorização judicial para tanto.

(E) ( ) Não é possível que a autoridade policial faça o espelhamento das conversas de WhatsApp, fazendo uso do WhatsApp Web, em analogia à interceptação telefônica, ou que habilite chip em substituição ao do usuário, pois, enquanto na interceptação telefônica o investigador possui um papel exclusivamente passivo, restrito a acompanhar o diálogo desenvolvido entre os interlocutores, no WhatsApp Web ou na troca do chip habilitado é possível que ele influencie diretamente a conversa, seja enviando mensagens se passando pelo investigado, seja deletando partes do diálogo. Como a tecnologia do aplicativo não permite um registro de atividades, pois o servidor não armazena dados dessa natureza, não há como garantir a autenticidade da comunicação espelhada.

GABARITO: A. A alternativa contraria a jurisprudência do STF e do STJ, pois exige-se prévia autorização judicial no caso, razão pela qual deveria ser marcada. Nesse sentido: STF, HC 168.052/SP, 2ª T, J. 20/10/2020; STJ, RHC 51.531/RO, 6ª T, J. 19/4/2016.
As demais alternativas estão corretas e não deveriam ser marcadas:
B – Alternativa conforme STJ, RHC 75.800/PR, 5ª T, J. 15/09/2016;
C – Alternativa conforme STJ, AgRg no HC 656.873/SC, 5ª T, J. 23/11/2021;
D – Alternativa conforme STJ, RHC 86.076/MT, 6ª T, J. 19/10/2017 e STF, AgRg no HC 152.836/MT, 2ª T, J. 22/06/2018;
E – Alternativa conforme STJ, RHC nº 99.735/SC, 6ª T, J. 27/11/2018 e STJ, REsp 1.806.792/SP, 6ª T, J. 11/05/2021.

QUESTÃO 18 – A citação é o ato processual que completa a relação processual e que tem por objetivo chamar o acusado para o processo penal, dando a ele conhecimento da acusação e oportunidade para exercer a sua defesa (art. 363 do CPP), **sendo que a sua falta é causa de nulidade absoluta (art. 564, III, e, do CPP). Sobre a citação, é correto afirmar:**

(A) ( ) No procedimento sumaríssimo a citação é pessoal, não havendo citação por edital, pois na hipótese de não ser encontrado o acusado, os autos deverão ser distribuídos ao juízo comum, onde será observado o procedimento sumário, sendo inadmissível a citação com hora certa no JECRIM.

(B) ( ) Réu em outra comarca será citado por carta rogatória.

(C) ( ) Se o réu estiver solto, será sempre pessoalmente citado.

(D) ( ) Quando se tratar de crime de lavagem de dinheiro, se o acusado, citado por edital, não comparecer, nem constituir advogado, ficarão suspensos o processo e o curso do prazo prescricional, podendo o juiz determinar a produção antecipada das provas consideradas urgentes e, se for o caso, decretar prisão preventiva, conforme art. 366 do CPP.

(E) ( ) É possível a citação do acusado por WhatsApp, desde que sejam adotadas medidas suficientes para atestar a autenticidade do número telefônico, bem como a identidade do indivíduo destinatário do ato processual, sendo necessária a certeza de que o receptor das mensagens trata-se do citando, o que é demonstrado pelas três formas de verificação ou três elementos de verificação ou três elementos indutivos da autenticidade do destinatário, a saber: 1) número de telefone; 2) confirmação escrita; e 3) foto individual.

GABARITO: E. Alternativa correta conforme jurisprudência do STJ: STJ, HC 679.962/PR, 5ª T, J. 05/10/2021; STJ, AgRg no RHC 141.245/DF, 5ª T, J. 13/04/2021; Informativo 688 do STJ.
As demais alternativas estão erradas pelos seguintes motivos:
A – Embora a primeira parte da alternativa esteja conforme o art. 66, *caput* e parágrafo único, da Lei nº 9.099/1995 c/c art. 538 do CPP, a parte final contraria o Enunciado 110 do FONAJE – Fórum Nacional de Juizados Especiais: "No Juizado Especial Criminal é cabível a citação com hora certa;
B – Réu em outra comarca será citado por carta PRECATÓRIA (art. 353 do CPP);
C – Se o réu estiver PRESO, será pessoalmente citado (art. 360 do CPP);
D – O art. 2º, § 2º, da Lei nº 9.613/1998, dispõe que no processo por crime previsto em tal Lei não se aplica o disposto no art. 366 do CPP.

QUESTÃO 19 – Prova é o meio pelo qual o juiz chega à verdade, convencendo-se da ocorrência ou inocorrência dos fatos juridicamente relevantes para o julgamento do processo (BADARÓ). **Sobre o tema provas, é correto afirmar:**

(A) ( ) A conduta de atribuir-se falsa identidade perante autoridade policial não será típica quando o indivíduo se encontrar em situação de alegada autodefesa.

(B) ( ) Uma das etapas da cadeia de custódia é o isolamento, que consiste na descrição detalhada do vestígio conforme se encontra no local de crime ou no corpo de delito, e a sua posição na área de exames, podendo ser ilustrada por fotografias, filmagens ou croqui, sendo indispensável a sua descrição no laudo pericial produzido pelo perito responsável pelo atendimento.

(C) ( ) A coleta dos vestígios deverá ser realizada preferencialmente por perito oficial, que dará o encaminhamento necessário para a central de custódia, mesmo quando for necessária a realização de exames complementares.

(D) ( ) A quebra da cadeia de custódia implica, necessariamente, na imprestabilidade da prova.

(E) ( ) A fuga ante a iminente abordagem policial constitui razão séria para a mitigação da inviolabilidade do domicílio, especialmente quando houver posterior descoberta e apreensão de drogas no interior da residência.

GABARITO: C. A alternativa reproduz o texto do art. 158-C do CPP.
As demais alternativas estão erradas pelos seguintes motivos:
A – Contraria a Súmula 522 do STJ;
B – A alternativa misturou o nome da etapa do isolamento com o conceito da etapa da fixação, fazendo uma mescla dos incisos II e III do art. 158-B do CPP;
D – A alternativa contraria a jurisprudência do STJ (STJ, AgRg no RHC 147.885/SP, 6ª T, J. 07/12/2021 e STJ, HC 653.515/RJ, 6ª T, J. 23/11/2021);
E – Contraria a jurisprudência do STJ (STJ, REsp 1.574.681/RS, 6ª T, J. 20/04/2017).

QUESTÃO 20 – O art. 70 do CPP estabelece que a competência será, de regra, determinada pelo lugar em que se consumar a infração, ou, no caso de tentativa, pelo lugar em que for praticado o último ato de execução. Sobre a competência territorial é correto dizer que:

(A) ( ) O crime de extorsão consuma-se independentemente da obtenção da vantagem indevida, razão pela qual, quando se tratar de crime do "falso sequestro", a competência será do juízo do local onde a vítima se encontrava quando atendeu o telefone e sofreu a primeira ameaça para efetuar o pagamento exigido.

(B) ( ) Nos crimes praticados por meio de contato telefônico, o local de consumação do delito é o de origem da ligação telefônica (momento em que o autor faz as ameaças), e não o de seu recebimento.

(C) ( ) Nos crimes de estelionato, quando praticados mediante depósito, mediante emissão de cheques sem suficiente provisão de fundos em poder do sacado ou com o pagamento frustrado mediante transferência de valores, a competência será definida pelo local do domicílio do autor, e, em caso de pluralidade de vítimas, a competência firmar-se-á pela prevenção.

(D) ( ) Quando se tratar de crime contra a honra praticado com a utilização da *Internet* para o envio de mensagem de áudio com conteúdo ofensivo à vítima por meio do *Instagram Direct*, o local da consumação será aquele onde incluído o conteúdo ofensivo na rede mundial de computadores.

(E) ( ) Compete ao juiz federal do local da apreensão da droga remetida do exterior pela via postal processar e julgar o crime de tráfico internacional.

GABARITO: A. A alternativa é baseada na jurisprudência do STJ. Nesse sentido: STJ, CC 163.854/RJ, 3ª Seção, J. 28/08/2019; STJ, AgRg no AREsp 1.880.393/SP, 5ª T, J. 14/09/2021.
As demais alternativas estão erradas pelos seguintes motivos:
B – Contraria a jurisprudência do STJ (STJ, HC 563.973/DF, 5ª T, J. 08/06/2021);

C – Contraria o novo § 4º do art. 70 do CPP que prevê que "a competência será definida pelo local do domicílio da vítima" e não do autor;
D – Contraria a jurisprudência do STJ (STJ, CC 184.269/PB, 3ª Seção, J. 09/02/2022), pois caso a ofensa não seja visualizada por terceiros, nas hipóteses em que o crime for praticado, por exemplo, via *direct* do *Instagram*, a competência será do local onde a vítima tomar conhecimento do conteúdo ofensivo;
E – A alternativa é cópia fiel da Súmula 528 do STJ, a qual foi inicialmente flexibilizada pelo próprio STJ e depois cancelada pela Corte, em 25/02/2022, sob o argumento de que "a fixação da competência no local de destino da droga, quando houver postagem do exterior para o Brasil com o conhecimento do endereço designado para a entrega, proporcionará eficiência da colheita de provas relativamente à autoria e, consequentemente, também viabilizará o exercício da defesa de forma mais ampla. Em suma, deve ser estabelecida a competência no Juízo do local de destino do entorpecente, mediante flexibilização da Súmula n. 528/STJ, em favor da facilitação da fase investigativa, da busca da verdade e da duração razoável do processo" (STJ, CC 177.882/PR, 3ª Seção, J. 26/05/2021).

GABARITO

QUESTÃO	GABARITO	QUESTÃO	GABARITO
1	C	11	A
2	D	12	E
3	C	13	C
4	E	14	C
5	A	15	B
6	D	16	B
7	D	17	A
8	B	18	E
9	B	19	C
10	D	20	A

REFERÊNCIAS

ALEXY, Robert. *Teoria dos direitos fundamentais*. Trad. Virgílio Afonso da Silva. São Paulo: Malheiros, 2012.

ANDREUCCI, Ricardo. A. *Legislação Penal Especial*. São Paulo: Saraiva, 2021.

BADARÓ, Gustavo Henrique. *Processo penal*. 6. ed. rev., atual. e ampl. São Paulo: RT, 2018.

BALTAZAR JUNIOR, José Paulo. *Crimes federais*. 9. ed. rev., atual. e ampl. São Paulo: Saraiva, 2014.

BARROS, Marco Antonio de. *Lavagem de capitais*: crimes, investigação, procedimento penal e medidas preventivas. 5. ed. Curitiba: Juruá, 2017.

BARROSO, Luís Roberto. *A dignidade da pessoa humana no direito constitucional contemporâneo*: natureza jurídica, conteúdos mínimos e critérios de aplicação. Versão provisória para debate público. Mimeografado, dezembro de 2010. Disponível em: <https://luisrobertobarroso.com.br/wp-content/uploads/2016/06/Dignidade_texto-base_11dez2010.pdf>. Acesso em: 04 jan. 2022.

BONAVIDES, Paulo. *Curso de direito constitucional*. 27. ed. São Paulo: Malheiros, 2012.

BRASIL. Constituição da República Federativa do Brasil: promulgada em 5 de outubro de 1988: atualizada até a Emenda Constitucional nº 96, de 6 de junho de 2017. Disponível em: <http://www.planalto.gov.br/ccivil_03/constituicao/constituicao.htm>. Acesso em: 04 jan. 2022.

BRASIL. Código Brasileiro de Aeronáutica: Lei nº 7.565, de 19 de dezembro de 1986. Disponível em: <http://www.planalto.gov.br/ccivil_03/leis/L7565.htm>. Acesso em: 04 jan. 2022..

BRASIL. Código Civil: Lei nº 10.406, de 10 de janeiro de 2002. Disponível em: <http://www.planalto.gov.br/ccivil_03/leis/2002/L10406.htm>. Acesso em: 04 jan. 2022..

BRASIL. Código de processo penal: Decreto-lei nº 3.689, de 3 de outubro de 1941. Disponível em: <http://www.planalto.gov.br/ccivil_03/decreto-lei/Del3689Compilado.htm>. Acesso em: 05 jan. 2022.

BRASIL. Código de processo penal militar: Decreto-lei nº 1.002, de 21 de outubro de 1969. Disponível em: <http://www.planalto.gov.br/ccivil_03/decreto-lei/Del1002.htm>. Acesso em: 05 jan. 2022.

BRASIL. Código de proteção e defesa do consumidor: Lei nº 8.078, de 11 de setembro de 1990. Disponível em: <http://www.planalto.gov.br/ccivil_03/leis/L8078.htm>. Acesso em: 05 jan. 2022.

BRASIL. Código eleitoral: Lei nº 4.737, de 15 de julho de 1965. Disponível em: <http://www.planalto.gov.br/ccivil_03/leis/L4737.htm>. Acesso em: 05 jan. 2022.

BRASIL. Código penal: Decreto-lei nº 2.848, de 7 de dezembro de 1940. Disponível em: <http://www.planalto.gov.br/ccivil_03/decreto-lei/Del2848compilado.htm>. Acesso em: 05 jan. 2022.

BRASIL. Código penal militar: Decreto-lei nº 1.001, de 21 de outubro de 1969. Disponível em: <http://www.planalto.gov.br/ccivil_03/decreto-lei/Del1001Compilado.htm>. Acesso em: 05 jan. 2022.

BRASIL. Decreto nº 154, de 26 de junho de 1991. Promulga a Convenção contra o Tráfico Ilícito de Entorpecentes e de Substâncias Psicotrópicas. Disponível em: <http://www.planalto.gov.br/ccivil_03/decreto/1990-1994/D0154.htm>. Acesso em: 05 jan. 2022.

BRASIL. Decreto nº 569, de 16 de junho de 1992. Disponível em: <http://www.planalto.gov.br/ccivil_03/decreto/antigos/D569.htm>. Acesso em: 05 jan. 2022.

BRASIL. Decreto nº 678, de 6 de novembro de 1992. Disponível em: <http://www.planalto.gov.br/ccivil_03/decreto/d0678.htm>. Acesso em: 05 jan. 2022.

BRASIL. Decreto-lei nº 4.657, de 4 de setembro de 1942. Lei de introdução às normas do Direito Brasileiro. Disponível em: <http://www.planalto.gov.br/ccivil_03/decreto-lei/Del4657compilado.htm>. Acesso em: 05 jan. 2022.

BRASIL. Decreto-lei nº 201, de 27 de fevereiro de 1967. Dispõe sobre a responsabilidade dos Prefeitos e Vereadores, e dá outras providências. Disponível em: <http://www.planalto.gov.br/ccivil_03/decreto-lei/Del0201.htm>. Acesso em: 05 jan. 2022.

BRASIL. Estatuto da advocacia e a Ordem dos Advogados do Brasil (OAB): Lei nº 8.906, de 4 de julho de 1994. Disponível em: <http://www.planalto.gov.br/ccivil_03/leis/L8906.htm>. Acesso em: 05 jan. 2022.

BRASIL. Estatuto da criança e do adolescente: Lei nº 8.069, de 13 de julho de 1990. Disponível em: <http://www.planalto.gov.br/ccivil_03/leis/L8069.htm>. Acesso em: 05 jan. 2022.

BRASIL. Estatuto do desarmamento: Lei nº 10.826, de 22 de dezembro de 2003. Disponível em: <http://www.planalto.gov.br/ccivil_03/leis/2003/L10.826.htm>. Acesso em: 05 jan. 2022.

BRASIL. Estatuto do índio: Lei nº 6.001, de 19 de dezembro de 1973. Disponível em: <http://www.planalto.gov.br/ccivil_03/leis/L6001.htm>. Acesso em: 05 jan. 2022.

BRASIL. Lei nº 1.079, de 10 de abril de 1950. Define os crimes de responsabilidade e regula o respectivo processo de julgamento. Disponível em: <http://www.planalto.gov.br/ccivil_03/leis/L1079.htm>. Acesso em: 05 jan. 2022.

BRASIL. Lei nº 1.521, de 26 de dezembro de 1951. Altera dispositivos da legislação vigente sobre crimes contra a economia popular. Disponível em: <http://www.planalto.gov.br/ccivil_03/leis/L1521.htm>. Acesso em: 05 jan. 2022.

BRASIL. Lei nº 4.898, de 9 de dezembro de 1965. Regula o direito de representação e o processo de responsabilidade administrativa, civil e penal, nos casos de abuso de autoridade. Disponível em: <http://www.planalto.gov.br/ccivil_03/leis/L4898.htm>. Acesso em: 05 jan. 2022.

BRASIL. Lei nº 5.010, de 30 de maio de 1966. Organiza a Justiça Federal de primeira instância, e dá outras providências. Disponível em: <http://www.planalto.gov.br/ccivil_03/leis/L5010.htm>. Acesso em: 07 jan. 2022.

BRASIL. Lei nº 5.250, de 9 de fevereiro de 1967. Regula a liberdade de manifestação do pensamento e de informação. Disponível em: <http://www.planalto.gov.br/ccivil_03/leis/L5250.htm>. Acesso em: 07 jan. 2022.

BRASIL. Lei nº 5.553, de 6 de dezembro de 1968. Dispõe sobre a apresentação e uso de documentos de identificação pessoal. Disponível em: <http://www.planalto.gov.br/ccivil_03/leis/L5553.htm>. Acesso em: 07 jan. 2022.

BRASIL. Lei nº 7.210, de 11 de julho de 1984. Lei de execução penal. Disponível em: <http://www.planalto.gov.br/ccivil_03/leis/L7210.htm>. Acesso em: 07 jan. 2022.

BRASIL. Lei nº 7.492, de 16 de junho de 1986. Define os crimes contra o sistema financeiro nacional, e dá outras providências. Disponível em: <http://www.planalto.gov.br/ccivil_03/leis/L7492.htm>. Acesso em: 07 jan. 2022.

BRASIL. Lei nº 7.716, de 5 de janeiro de 1989. Define os crimes resultantes de preconceito de raça ou de cor. Disponível em: <http://www.planalto.gov.br/ccivil_03/leis/L7716.htm>. Acesso em: 07 jan. 2022.

BRASIL. Lei nº 7.960, de 21 de dezembro de 1989. Dispõe sobre prisão temporária. Disponível em: <http://www.planalto.gov.br/ccivil_03/leis/L7960.htm>. Acesso em: 07 jan. 2022.

BRASIL. Lei nº 8.038, de 28 de maio de 1990. Institui normas procedimentais para os processos que especifica, perante o Superior Tribunal de Justiça e o Supremo Tribunal Federal. Disponível em: <http://www.planalto.gov.br/ccivil_03/leis/L8038.htm>. Acesso em: 07 jan. 2022.

BRASIL. Lei nº 8.072, de 25 de julho de 1990. Dispõe sobre os crimes hediondos, nos termos do art. 5º, inciso XLIII, da Constituição Federal, e determina outras providências. Disponível em: <http://www.planalto.gov.br/ccivil_03/leis/L8072.htm>. Acesso em: 07 jan. 2022.

BRASIL. Lei nº 8.137, de 27 de dezembro de 1990. Define crimes contra a ordem tributária, econômica e contra as relações de consumo, e dá outras providências. Disponível em: <http://www.planalto.gov.br/ccivil_03/leis/L8137.htm>. Acesso em: 07 jan. 2022.

BRASIL. Lei nº 8.176, de 8 de fevereiro de 1991. Define crimes contra a ordem econômica e cria o Sistema de Estoques de Combustíveis. Disponível em: <http://www.planalto.gov.br/ccivil_03/leis/L8176.htm>. Acesso em: 07 jan. 2022.

BRASIL. Lei nº 8.625, de 12 de fevereiro de 1993. Institui a Lei Orgânica Nacional do Ministério Público, dispõe sobre normas gerais para a organização do Ministério Público dos Estados e dá outras providências. Disponível em: <http://www.planalto.gov.br/ccivil_03/leis/L8625.htm>. Acesso em: 07 jan. 2022.

BRASIL. Lei nº 8.658, de 26 de maio de 1993. Dispõe sobre a aplicação, nos Tribunais de Justiça e nos Tribunais Regionais Federais, das normas da Lei nº 8.038, de 28 de maio de 1990, sobre ações penais originárias. Disponível em: <http://www.planalto.gov.br/ccivil_03/leis/L8658.htm>. Acesso em: 07 jan. 2022

BRASIL. Lei nº 8.666, de 21 de junho de 1993. Regulamenta o art. 37, inciso XXI, da Constituição Federal, institui normas para licitações e contratos da Administração Pública e dá outras providências. Disponível em: <http://www.planalto.gov.br/ccivil_03/leis/L8666cons.htm>. Acesso em: 07 jan. 2022.

BRASIL. Lei nº 9.099, de 26 de setembro de 1995. Dispõe sobre os Juizados Especiais Cíveis e Criminais e dá outras providências. Disponível em: <http://www.planalto.gov.br/ccivil_03/leis/L9099.htm>. Acesso em: 07 jan. 2022.

BRASIL. Lei nº 9.279, de 14 de maio de 1996. Regula direitos e obrigações relativos à propriedade industrial. Disponível em: <http://www.planalto.gov.br/ccivil_03/leis/L9279.htm>. Acesso em: 07 jan. 2022.

BRASIL. Lei nº 9.296, de 24 de julho de 1996. Regulamenta o inciso XII, parte final, do art. 5º da Constituição Federal. Disponível em: <http://www.planalto.gov.br/ccivil_03/leis/L9296.htm>. Acesso em: 07 jan. 2022.

BRASIL. Lei nº 9.455, de 7 de abril de 1997. Define os crimes de tortura e dá outras providências. Disponível em: <http://www.planalto.gov.br/ccivil_03/leis/L9455.htm>. Acesso em: 07 jan. 2022.

BRASIL. Lei nº 9.605, de 12 de fevereiro de 1998. Dispõe sobre as sanções penais e administrativas derivadas de condutas e atividades lesivas ao meio ambiente, e dá outras providências. Disponível em: <http://www.planalto.gov.br/ccivil_03/leis/L9605.htm>. Acesso em: 07 jan. 2022.

BRASIL. Lei nº 9.613, de 3 de março de 1998. Dispõe sobre os crimes de "lavagem" ou ocultação de bens, direitos e valores; a prevenção da utilização do sistema financeiro para os ilícitos previstos nesta Lei; cria o Conselho de Controle de Atividades Financeiras - COAF, e dá outras providências. Disponível em: <http://www.planalto.gov.br/ccivil_03/leis/L9613.htm>. Acesso em: 07 jan. 2022.

BRASIL. Lei nº 10.216, de 6 de abril de 2001. Dispõe sobre a proteção e os direitos das pessoas portadoras de transtornos mentais e redireciona o modelo assistencial em saúde mental. Disponível em: <http://www.planalto.gov.br/ccivil_03/leis/leis_2001/l10216.htm>. Acesso em: 07 jan. 2022.

BRASIL. Lei nº 10.446, de 8 de maio de 2002. Dispõe sobre infrações penais de repercussão interestadual ou internacional que exigem repressão uniforme, para os fins do disposto no inciso I do § 1º do art. 144 da Constituição. Disponível em: <http://www.planalto.gov.br/ccivil_03/leis/2002/L10446.htm>. Acesso em: 07 jan. 2022.

BRASIL. Lei nº 11.101, de 9 de fevereiro de 2005. Regula a recuperação judicial, a extrajudicial e a falência do empresário e da sociedade empresária. Disponível em: <http://www.planalto.gov.br/ccivil_03/_ato2004-2006/2005/lei/l11101.htm>. Acesso em: 07 jan. 2022.

BRASIL. Lei nº 11.340, de 7 de agosto de 2006. Lei Maria da Penha. Disponível em: <http://www.planalto.gov.br/ccivil_03/_ato2004-2006/2006/lei/l11340.htm>. Acesso em: 07 jan. 2022.

BRASIL. Lei nº 11.343, de 23 de agosto de 2006. Lei de drogas. Disponível em: <http://www.planalto.gov.br/ccivil_03/_ato2004-2006/2006/lei/l11343.htm>. Acesso em: 07 jan. 2022.

BRASIL. Lei nº 11.419, de 19 de dezembro de 2006. Lei de informatização do processo judicial. Disponível em: <http://www.planalto.gov.br/ccivil_03/_ato2004-2006/2006/lei/l11419.htm>. Acesso em: 07 jan. 2022.

BRASIL. Lei nº 12.037, de 1º de outubro de 2009. Dispõe sobre a identificação criminal do civilmente identificado, regulamentando o art. 5º, inciso LVIII, da Constituição Federal. Disponível em: <http://www.planalto.gov.br/ccivil_03/_ato2007-2010/2009/lei/l12037.htm>. Acesso em: 07 jan. 2022.

BRASIL. Lei nº 12.654, de 28 de maio de 2012. Altera as Leis nº 12.037, de 1º de outubro de 2009, e 7.210, de 11 de julho de 1984 - Lei de Execução Penal, para prever a coleta de perfil genético como forma de identificação criminal, e dá outras providências. Disponível em: <http://www.planalto.gov.br/ccivil_03/_ato2011-2014/2012/lei/l12654.htm>. Acesso em: 07 jan. 2022.

BRASIL. Lei nº 12.830, de 20 de junho de 2013. Dispõe sobre a investigação conduzida pelo delegado de polícia. Disponível em: <http://www.planalto.gov.br/ccivil_03/_ato2011-2014/2013/lei/l12830.htm>. Acesso em: 07 jan. 2022.

BRASIL. Lei nº 12.850, de 2 de agosto de 2013. Define organização criminosa e dispõe sobre a investigação criminal, os meios de obtenção da prova, infrações penais correlatas e o procedimento criminal (...). Disponível em: <http://www.planalto.gov.br/ccivil_03/_ato2011-2014/2013/lei/l12850.htm>. Acesso em: 07 jan. 2022.

BRASIL. Lei nº 13.260, de 16 de março de 2016. Regulamenta o disposto no inciso XLIII do art. 5º da Constituição Federal, disciplinando o terrorismo, tratando de disposições investigatórias e processuais e reformulando o conceito de organização terrorista; e altera as Leis nºs 7.960, de 21 de dezembro de 1989, e 12.850, de 2 de agosto de 2013. Disponível em: <http://www.planalto.gov.br/ccivil_03/_ato2015-2018/2016/lei/l13260.htm>. Acesso em: 07 jan. 2022.

BRASIL. Lei nº 13.344, de 6 de outubro de 2016. Dispõe sobre prevenção e repressão ao tráfico interno e internacional de pessoas e sobre medidas de atenção às vítimas (...). Disponível em: <http://www.planalto.gov.br/ccivil_03/_ato2015-2018/2016/lei/L13344.htm>. Acesso em: 07 jan. 2022.

BRASIL. Lei nº 13.874, de 20 de setembro de 2019. Institui a Declaração de Direitos de Liberdade Econômica; estabelece garantias de livre mercado (...). Disponível em: <http://www.planalto.gov.br/ccivil_03/_ato2019-2022/2019/lei/L13874.htm>. Acesso em: 07 jan. 2022.

BRASIL. Lei nº 13.869, de 5 de setembro de 2019. Dispõe sobre os crimes de abuso de autoridade (...). Disponível em: <http://www.planalto.gov.br/ccivil_03/_ato2019-2022/2019/lei/L13869.htm>. Acesso em: 07 jan. 2022.

BRASIL. Lei nº 13.964, de 24 de dezembro de 2019. Aperfeiçoa a legislação penal e processual penal. Disponível em: <http://www.planalto.gov.br/ccivil_03/_Ato2019-2022/2019/Lei/L13964.htm>. Acesso em: 07 jan. 2022.

BRASIL. Lei Complementar nº 75, de 20 de maio de 1993. Dispõe sobre a organização, as atribuições e o estatuto do Ministério Público da União. Disponível em: <http://www.planalto.gov.br/ccivil_03/leis/lcp/lcp75.htm>. Acesso em: 07 jan. 2022.

BRASIL. Lei Complementar nº 80, de 12 de janeiro de 1994. Organiza a Defensoria Pública da União, do Distrito Federal e dos Territórios e prescreve normas gerais para sua organização nos Estados, e dá outras providências. Disponível em: <http://www.planalto.gov.br/ccivil_03/leis/lcp/Lcp80.htm>. Acesso em: 07 jan. 2022.

CABETTE, Eduardo Luiz Santos. *Interceptação telefônica*. 2. ed. São Paulo: Saraiva, 2011.

CANOTILHO, José Joaquim Gomes. *Direito constitucional e teoria da constituição*. 6. ed. São Paulo: Almedina, 2002.

CAPEZ, Fernando. *A relevância das provas digitais para o Direito contemporâneo*. 2023.

CAPEZ, Fernando. *Curso de processo penal*. 28. ed. São Paulo: Saraiva, 2021.

CARNELLUTI, Francesco. *Verità, Dubbio e Certezza*. Trad+ Eduardo Cambi: *Verdade, dúvida e certeza*. Disponível em: <https://www.passeidireto.com/arquivo/22730253/carnelutti-c---verita-dubbio-certezza-traduzido>. Acesso em: 07 jan. 2021.

CARVALHO, Kildare Gonçalves. *Direito constitucional*: Teoria do Estado e da Constituição; Direito constitucional positivo. 17. ed. rev. atual. e ampl. Belo Horizonte: Del Rey, 2011.

CARVALHO, Salo. *Pena e garantias*: Uma Leitura do Garantismo de Luigi Ferrajoli no Brasil. Rio de Janeiro: Lumen Juris, 2001.

CASTRO, Henrique Hoffmann Monteiro de. *Deputado cometeu crimes, mas STF se equivoca ao decretar prisão*. Curitiba: Revista Consultor Jurídico, 2022.

CASTRO, Henrique Hoffmann Monteiro de. *Inquérito policial tem sido conceituado de forma equivocada*. Curitiba: Revista Consultor Jurídico, 2017.

CONSELHO NACIONAL DE JUSTIÇA. Resolução nº 213, de 15 de dezembro de 2015. In: *CNJ*. Disponível em: <http://www.cnj.jus.br/busca-atos-adm?documento=3059>. Acesso em: 07 jan. 2022.

CONSELHO DA JUSTIÇA FEDERAL. Resolução nº 63, de 26 de junho de 2009 (DOU 30.06.2009). In: *CJF*. Disponível em: <http://www.cjf.jus.br/download/res063-2009.pdf>. Acesso em: 10 ago. 2017.

COSTA, Ana Paula Motta. *As garantias processuais e o Direito Penal juvenil*: como limite na aplicação da medida socioeducativa de internação. Porto Alegre: Livraria do Advogado, 2005.

DEZEM, Guilherme Madeira. *Curso de processo penal*. 4. ed. rev., atual. e ampl. São Paulo: RT, 2018.

DWORKIN, Ronald. *Levando os direitos a sério*. Trad. Nelson Boeira. 3. ed. São Paulo: Ed. WMF Martins Fontes, 2010.

ESPÍNDOLA, Ruy Samuel. *Conceito de princípios constitucionais*: elementos teóricos para uma formulação dogmática constitucionalmente adequada. 2. ed. rev. atual. e ampl. São Paulo: RT, 2002.

ESTEFAM, André. *Direito penal: parte geral*. 10. ed. São Paulo: Saraiva, 2021.

FIORILLO, Celso Antonio Pacheco; CONTE, Christiany Pegorari. *Crimes ambientais*. São Paulo: Saraiva, 2012.

GOMES, José Jairo. *Crimes e processo penal eleitorais*. São Paulo: Atlas, 2015.

GONÇALVES, Vanessa Chiari. Direito penitenciário: reflexões e noções preliminares. In: SILVA, Ângelo Roberto Ilha da (Org.). *Temas de direito penal, criminologia e processo penal*. Porto Alegre: Livraria do Advogado, 2015.

GRECO, Rogério. *Curso de direito penal: parte geral*. 20. ed. Niterói, RJ: Impetus, 2018. v. I.

HABERMAS, Jürgen. *The concept of human dignity and the realistic utopia of human rights*. In: *Metaphilosofy*, v. 41, n. 4. Oxford, July, 2010.

HABIB, Gabriel. *Leis penais especiais*. Vol. único. 11. ed. rev., atual. e ampl. Salvador: JusPodivm, 2019.

JAYME, Fernando G. *Os crimes de responsabilidade dos prefeitos municipais e a jurisprudência*. Disponível em:<http://200.198.41.151:8081/tribunal_contas/2002/01/-sumario?next=2>. Acesso em: 10 ago. 2017.

LENZA, Pedro. *Direito constitucional esquematizado*. 24. ed. São Paulo: Saraiva, 2020.

LIMA, Renato Brasileiro de. *Legislação criminal especial comentada*. 8.ed. rev., ampl. e atual. Salvador: JusPodivm, 2020.

LIMA, Renato Brasileiro de. *Manual de processo penal*. 9. ed. rev., ampl. e atual. Salvador: JusPodivm, 2021.

LOPES JUNIOR, Aury Celso Lima. *Direito processual penal*. 18. ed. São Paulo: Saraiva, 2021 (versão digital).

MAGALHÃES, José Luiz Quadros de. *Poder municipal*: paradigmas para o Estado Constitucional brasileiro. Belo Horizonte: Del Rey, 1997.

MARCÃO, Renato. *Curso de processo penal*. 7. ed. rev., ampl. e atual. São Paulo: Saraiva, 2021 (versão digital).

MARMELSTEIN, George. *Curso de direitos fundamentais*. 4. ed. São Paulo: Atlas, 2013.

MASSON, Cleber; MARÇAL, Vinicius. *Crime organizado*. Rio de Janeiro: Forense; São Paulo: Método, 2015.

MELLO, Celso Antônio Bandeira de. *Curso de direito administrativo*. 25. ed. São Paulo: Malheiros, 2008.

MESQUITA JÚNIOR, Sidio Rosa de. *Execução criminal*: teoria e prática: doutrina, jurisprudência, modelos. 7. ed. São Paulo: Atlas, 2014.

MINISTÉRIO DA JUSTIÇA. Comissão Nacional de Política Indigenista. Estatuto dos Povos Indígenas: Proposta da Comissão Nacional de Política Indigenista, 2009. Disponível em: <http://www.funai.gov.br/arquivos/conteudo/presidencia/pdf/Estatuto-do-Indio_CNPI/Estatuto_Povos_Indigenas-Proposta_CNPI-2009.pdf>. Acesso em: 10 ago. 2017.

MINISTÉRIO DA JUSTIÇA. Portaria nº 155, de 27 de setembro de 2018. *MJSP*. Disponível em: <https://www.gov.br/pf/pt-br/acesso-a-informacao/institucional/regimento-interno-da-policia-federal-2018>. Acesso em: 12 ago. 2017.

MORAES, Alexandre de. *Direito constitucional*. 36. ed. rev., atual. e ampl. até a EC nº 105. São Paulo: Atlas, 2020.

NOVELINO, Marcelo. *Manual de direito constitucional*. 8. ed. rev. e atual. São Paulo: Método, 2013.

NUCCI, Guilherme de Souza. *Curso de direito penal: parte geral*. 5. ed., rev. e atual. Rio de Janeiro: Forense, 2021 (versão digital). v. 1.

NUCCI, Guilherme de Souza. Leis Penais e Processuais Penais Comentadas. Rio de Janeiro: Forense, 2021(versão digital). v. 2.

NUCCI, Guilherme de Souza. Manual de Processo Penal. Rio de Janeiro: Forense, 2021 (versão digital).

PACELLI, Eugênio. *Curso de processo penal*. 25. ed. rev. e atual. São Paulo: Atlas, 2021 (versão digital).

PAULO, Vicente; ALEXANDRINO, Marcelo. *Direito constitucional descomplicado*. 9. ed. São Paulo: Método, 2012.

PRADO, Luiz Regis; SANTOS, Diego Prezzi. Infração (crime) de responsabilidade e *impeachment*. In: *Revista de Direito Constitucional e Internacional*. São Paulo: RT, abr.-jun./2016. Disponível em: <https://irp.cdn-website.com/f6e36b8e/files/uploaded/Infra%C3%A7%C3%A3o%20%28crime%29%20de%20responsabilidade%20e%20impeachment.pdf>. Acesso em: 07 jan. 2022.

SANTOS, Marcos Paulo Dutra. *Pacote anticrime*. SUPREMOTV: Belo Horizonte/MG, 2020.

SILVA, José Afonso da. *Curso de direito constitucional positivo*. 35. ed. rev. e atual. até a Emenda Constitucional n. 68, de 21.12.2011. São Paulo: Malheiros, 2012.

STUMVOLL, Victor Paulo. *Criminalística*. 6. ed. Campinas: Millennium, 2014.

SUPERIOR TRIBUNAL DE JUSTIÇA. Incidente de Deslocamento de Competência 2/DF. Terceira Seção, rel. Min. Laurita Vaz. *Dje* 22/11/2010. Disponível em: <https://ww2.stj.jus.br/processo/revista/inteiroteor/?num_registro=200901212626&dt_publicacao=22/11/2010>. Acesso em: 05 ago. 2017.

SUPREMO TRIBUNAL FEDERAL. Ação Direta de Inconstitucionalidade 5.104/DF. Plenário, Brasília, 21 mai. 2014. Disponível em: <http://www.stf.jus.br/portal/peticaoInicial/vcrPcticaoInicial.asp?base=ADIN&s1=5104&processo=5104>. Acesso em: 06 ago. 2017.

SUPREMO TRIBUNAL FEDERAL. Ações declaratórias de constitucionalidade 43 e 44. Constitucionalidade do art. 283 do Código de Processo Penal. Plenário, rel. Min. Marco Aurélio, Brasília, 7 nov. 2019. Disponível em: <http://www.stf.jus.br/arquivo/informativo/documento/informativo958.htm>. Acesso em: 02 jan. 2019.

THUMS, Gilberto. *Nova lei de drogas*: crimes, investigação e processo. Porto Alegre: Verbo Jurídico, 2010.

TOURINHO FILHO, Fernando da Costa. *Comentários à Lei dos Juizados Especiais Criminais*. 6. ed. rev. e atual. São Paulo: Saraiva, 2009.

UNIVERSIDADE DE SÃO PAULO. *Declaração de direitos do homem e do cidadão, de 26 de agosto de 1789*. In: USP. Disponível em: <http://www.direitoshumanos.usp.br/index.php/Documentos-anteriores-%C3%A0-cria%C3%A7%C3%A3o-da-Sociedade-das-Na%C3%A7%C3%B5es-at%C3%A9-1919/declaracao-de-direitos-do-homem-e-do-cidadao-1789.html>. Acesso em: 07. jan. 2022.

ZAFFARONI, Eugenio Raúl; PIERANGELI, José Henrique. *Manual de direito penal brasileiro*: parte geral. 2. ed. rev. e atual. São Paulo: RT, 1999.